Disfrute gratuitamente **DURANTE UN AÑO** de los eBook y audiolibros de las obras de Editorial Colex*

- Acceda a la página web de la editorial **www.colex.es**

- Identifíquese con su usuario y contraseña. En caso de no disponer de una cuenta regístrese.

- Acceda en el menú de usuario a la pestaña «Mis códigos» e introduzca el que aparece a continuación:

RASCAR PARA VISUALIZAR EL CÓDIGO

- Una vez se valide el código, aparecerá una ventana de confirmación y su eBook y/o audiolibro estará disponible **durante 1 año desde su activación** en la pestaña «Mis libros» en el menú de usuario.

---

* Los audiolibros están disponibles en las ediciones más recientes de nuestras obras. Se excluyen expresamente las colecciones «Códigos comentados», «Biblioteca digital» y los productos de www.vademecumlegal.es.

No se admitirá la devolución si el código promocional ha sido manipulado y/o utilizado.

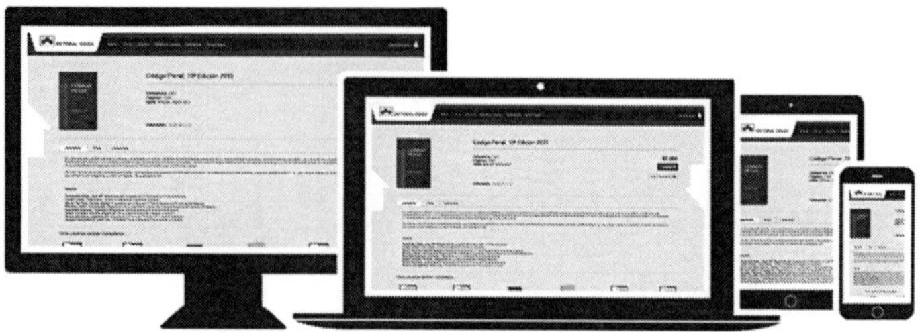

¡Gracias por confiar en nosotros!

La obra que acaba de adquirir incluye de forma gratuita la versión electrónica. Acceda a nuestra página web para aprovechar todas las funcionalidades de las que dispone en nuestro lector.

Funcionalidades eBook

Acceso desde cualquier dispositivo con conexión a internet

Idéntica visualización a la edición de papel

Navegación intuitiva

Tamaño del texto adaptable

Síguenos en:     

LEGISLACIÓN ADMINISTRATIVA

Contiene concordancias, modificaciones resaltadas e índice analítico

2.ª EDICIÓN 2026

(Edición actualizada a 1 de febrero de 2026)

COLEX 2026

© Editorial Colex, S.L.
Calle Costa Rica, número 5, 3º B (local comercial)
A Coruña, 15004, A Coruña (Galicia)
info@colex.es
www.colex.es

I.S.B.N.: 979-13-7011-601-9
Depósito Legal: C 187-2026

LEYENDA ICONOS

TEXTO MODIFICADO	TEXTO NUEVO

ABREVIATURAS

ART.	Artículo
CC	Código Civil
CE	Constitución Española, de 27 de diciembre de 1978
CP	Código Penal *(LO 10/1995, de 23 de noviembre)*
DA / D.A.	Disposición Adicional
DDT / D.DT.	Disposición Derogatoria
DF / D.F.	Disposición Final
DT / D.T.	Disposición Transitoria
EOMF	Estatuto Orgánico del Ministerio Fiscal *(Ley 50/1981, de 30 de diciembre)*
LBRL	Ley de bases de Régimen Local *(Ley 7/1985, de 2 de abril)*
LDPJ	Ley de Demarcación y de Planta Judicial *(Ley 38/1988, de 28 de diciembre)*
LEC / LECIV	Ley de Enjuiciamiento Civil *(Ley 1/2000, de 7 de enero)*
LECR / LECRIM	Ley de Enjuiciamiento Criminal *(RD. de 14 de septiembre de 1882)*
LFTC	Ley de Funcionamiento del Tribunal de Cuentas *(Ley 7/1988, de 5 de abril)*
LGPR	Ley General Presupuestaria *(Ley 47/2003, de 26 de noviembre)*
LJCA	Ley de la Jurisdicción Contencioso-Administrativa *(Ley 29/1998, de 13 de julio)*
LJS	Ley de Jurisdicción Social *(Ley 36/2011, de 10 de octubre)*
LO	Ley Orgánica
LOCJ	Ley de Conflictos Jurisdiccionales *(LO 2/1987, de 18 de mayo)*
LOPJ	Ley Orgánica del Poder Judicial *(LO 6/1985, de 1 de julio)*
LOPM	Ley Orgánica Procesal Militar *(LO 2/1989, de 13 de abril)*
LOREG	Ley Orgánica del Régimen Electoral General *(LO 5/1985, de 19 de junio)*
LOTC	Ley Orgánica del Tribunal Constitucional *(LO 2/1979, de 3 de octubre)*
LPAC	Ley del Procedimiento Administrativo Común de las Administraciones Públicas *(Ley 39/2015, de 1 de octubre)*
LRJSP	Ley de Régimen Jurídico del Sector Público *(Ley 40/2015, de 1 de octubre)*

SUMARIO

I.
LEY 39/2015, DE 1 DE OCTUBRE, DEL PROCEDIMIENTO ADMINISTRATIVO COMÚN DE LAS ADMINISTRACIONES PÚBLICAS

–BOE núm. 236, de 2 de octubre de 2015–

FELIPE VI
REY DE ESPAÑA

A todos los que la presente vieren y entendieren.
Sabed: Que las Cortes Generales han aprobado y Yo vengo en sancionar la siguiente ley:

I

La esfera jurídica de derechos de los ciudadanos frente a la actuación de las Administraciones Públicas se encuentra protegida a través de una serie de instrumentos tanto de carácter reactivo, entre los que destaca el sistema de recursos administrativos o el control realizado por jueces y tribunales, como preventivo, a través del procedimiento administrativo, que es la expresión clara de que la Administración Pública actúa con sometimiento pleno a la Ley y al Derecho, como reza el artículo 103 de la Constitución.

El informe elaborado por la Comisión para la Reforma de las Administraciones Públicas en junio de 2013 parte del convencimiento de que una economía competitiva exige unas Administraciones Públicas eficientes, transparentes y ágiles.

En esta misma línea, el Programa nacional de reformas de España para 2014 recoge expresamente la aprobación de nuevas leyes administrativas como una de las medidas a impulsar para racionalizar la actuación de las instituciones y entidades del poder ejecutivo, mejorar la eficiencia en el uso de los recursos públicos y aumentar su productividad.

Los defectos que tradicionalmente se han venido atribuyendo a las Administraciones españolas obedecen a varias causas, pero el ordenamiento vigente no es ajeno a ellas, puesto que el marco normativo en el que se ha desenvuelto la actuación pública ha propiciado la aparición de duplicidades e ineficiencias, con procedimientos administrativos demasiado complejos que, en ocasiones, han generado problemas de inseguridad jurídica. Para superar estas deficiencias es necesaria una reforma integral y estructural que permita ordenar y clarificar cómo se organizan y relacionan las Administraciones tanto externamente, con los ciudadanos y empresas, como internamente con el resto de Administraciones e instituciones del Estado.

En coherencia con este contexto, se propone una reforma del ordenamiento jurídico público articulada en dos ejes fundamentales: las relaciones «ad extra» y «ad intra» de las Administraciones Públicas. Para ello se impulsan simultáneamente dos nuevas leyes que constituirán los pilares sobre los que se asentará el Derecho administrativo español: la Ley del Procedimiento Administrativo Común de las Administraciones Públicas, y la Ley de Régimen Jurídico del Sector Público.

Esta Ley constituye el primero de estos dos ejes, al establecer una regulación completa y sistemática de las relaciones «ad extra» entre las Administraciones y los administrados, tanto en lo referente al ejercicio de la potestad de autotutela y en cuya virtud se dictan actos administrativos que inciden directamente en la esfera jurídica de los interesados, como en lo relativo al ejercicio de la potestad reglamentaria y la iniciativa legislativa. Queda así reunido en cuerpo legislativo único la regulación de las relaciones «ad extra» de las Administraciones con los ciudadanos como ley administrativa de referencia que se ha de complementar con todo lo previsto en la normativa presupuestaria respecto de las actuaciones de las Administraciones Públicas, destacando especialmente lo previsto en la Ley Orgánica 2/2012, de 27 de abril, de Estabilidad Presupuestaria y Sostenibilidad Financiera; la Ley 47/2003, de 26 de noviembre, General Presupuestaria, y la Ley de Presupuestos Generales del Estado.

II

La Constitución recoge en su título IV, bajo la rúbrica «Del Gobierno y la Administración», los rasgos propios que diferencian al Gobierno de la Nación de la Administración, definiendo al primero como un órgano eminentemente político al que se reserva la función de gobernar, el ejercicio de la potestad reglamentaria y la dirección de la Administración y estableciendo la subordinación de ésta a la dirección de aquel.

En el mencionado título constitucional el artículo 103 establece los principios que deben regir la actuación de las Administraciones Públicas, entre los que destacan el de eficacia y el de legalidad, al imponer el sometimiento pleno de la actividad administrativa a la Ley y al Derecho. La materialización de estos principios se produce en el procedimiento, constituido por una serie de cauces formales que han de garantizar el adecuado equilibrio entre la eficacia de la actuación administrativa y la imprescindible salvaguarda de los derechos de los ciudadanos y las empresas, que deben ejercerse en condiciones básicas de igualdad en cualquier parte del territorio, con independencia de la Administración con la que se relacionen sus titulares.

Estas actuaciones «ad extra» de las Administraciones cuentan con mención expresa en el artículo 105 del texto constitucional, que establece que la Ley regulará la audiencia de los ciudadanos, directamente o a través de las organizaciones y asociaciones reconocidas por la Ley, en el procedimiento de elaboración de las disposiciones administrativas que les afecten, así como el procedimiento a través del cual deben producirse los actos administrativos, garantizando, cuando proceda, la audiencia a los interesados.

A ello cabe añadir que el artículo 149.1.18.ª de la Constitución Española atribuye al Estado, entre otros aspectos, la competencia para regular el procedimiento administrativo común, sin perjuicio de las especialidades derivadas de la organización propia de las Comunidades Autónomas, así como el sistema de responsabilidad de todas las Administraciones Públicas.

De acuerdo con el marco constitucional descrito, la presente Ley regula los derechos y garantías mínimas que corresponden a todos los ciudadanos respecto de la actividad administrativa, tanto en su vertiente del ejercicio de la potestad de autotutela, como de la potestad reglamentaria e iniciativa legislativa.

Por lo que se refiere al procedimiento administrativo, entendido como el conjunto ordenado de trámites y actuaciones formalmente realizadas, según el cauce legalmente previsto, para dictar un acto administrativo o expresar la voluntad de la Administración, con esta nueva regulación no se agotan las competencias estatales y autonómicas para establecer especialidades «ratione materiae» o para concretar ciertos extremos, como el órgano competente para resolver, sino que su carácter de común resulta de su aplicación a todas las Administraciones Públicas y respecto a todas sus actuaciones. Así lo ha venido reconociendo el Tribunal Constitucional en su jurisprudencia, al considerar que la regulación del procedimiento administrativo común por el Estado no obsta a que las Comunidades Autónomas dicten las normas de procedimiento necesarias para la aplicación de su Derecho sustantivo, siempre que se respeten las reglas que, por ser competencia exclusiva del Estado, integran el concepto de Procedimiento Administrativo Común con carácter básico.

III

Son varios los antecedentes legislativos relevantes en esta materia. El legislador ha hecho evolucionar el concepto de procedimiento administrativo y adaptando la forma de actuación de las Administraciones al contexto histórico y la realidad social de cada momento. Al margen de la conocida como Ley de Azcárate, de 19 de octubre de 1889, la primera regulación completa del procedimiento administrativo en nuestro ordenamiento jurídico es la contenida en la Ley de Procedimiento Administrativo de 17 de julio de 1958.

La Constitución de 1978 alumbra un nuevo concepto de Administración, expresa y plenamente sometida a la Ley y al Derecho, como expresión democrática de la voluntad popular, y consagra su carácter instrumental, al ponerla al servicio objetivo de los intereses generales bajo la dirección del Gobierno, que responde políticamente por su gestión. En este sentido, la Ley 30/1992, de 26 de noviembre, de Régimen Jurídico de las Administraciones Públicas y del Procedimiento Administrativo Común, supuso un hito clave de la evolución del Derecho administrativo en el nuevo marco constitucional. Para ello, incorporó avances significativos en las relaciones de las Administraciones con los administrados mediante la mejora del funcionamiento de aquellas y, sobre todo, a través de una mayor garantía de los derechos de los ciudadanos frente a la potestad de autotutela de la Administración, cuyo elemento de cierre se encuentra en la revisión judicial de su actuación por ministerio del artículo 106 del texto fundamental.

La Ley 4/1999, de 13 de enero, de modificación de la Ley 30/1992, de 26 de noviembre, de Régimen Jurídico de las Administraciones Públicas y del Procedimiento Administrativo Común, reformuló varios aspectos sustanciales del procedimiento administrativo, como el silencio administrativo, el sistema de revisión de actos administrativos o el régimen de responsabilidad patrimonial de las Administraciones, lo que permitió incrementar la seguridad jurídica de los interesados.

El desarrollo de las tecnologías de la información y comunicación también ha venido afectando profundamente a la forma y al contenido de las relaciones de la Administración con los ciudadanos y las empresas.

Si bien la Ley 30/1992, de 26 de noviembre, ya fue consciente del impacto de las nuevas tecnologías en las relaciones administrativas, fue la Ley 11/2007, de 22 de junio, de acceso electrónico de los ciudadanos a los Servicios Públicos, la que les dio carta de naturaleza legal, al establecer el derecho de los ciudadanos a relacionarse electrónicamente con las Administraciones Públicas, así como la obligación de éstas de dotarse de los medios y sistemas necesarios para que ese derecho pudiera ejercerse. Sin embargo, en el entorno actual, la tramitación electrónica no puede ser todavía una forma especial de gestión de los procedimientos sino que debe constituir la actuación habitual de las Administraciones. Porque una Administración sin papel basada en un funcionamiento íntegramente electrónico no sólo sirve mejor a los principios de eficacia y eficiencia, al ahorrar costes a ciudadanos y empresas, sino que también refuerza las garantías de los interesados. En efecto, la constancia de documentos y actuaciones en un archivo electrónico facilita el cumplimiento de las obligaciones de transparencia, pues permite ofrecer información puntual, ágil y actualizada a los interesados.

Por otra parte, la regulación de esta materia venía adoleciendo de un problema de dispersión normativa y superposición de distintos regímenes jurídicos no siempre coherentes entre sí, de lo que es muestra la sucesiva aprobación de normas con incidencia en la materia, entre las que cabe citar: la Ley 17/2009, de 23 de noviembre, sobre libre acceso a las actividades de servicios y su ejercicio; la Ley 2/2011, de 4 de marzo, de Economía Sostenible; la Ley 19/2013, de 9 de diciembre, de transparencia, acceso a la información pública y buen gobierno, o la Ley 20/2013, de 9 de diciembre, de garantía de la unidad de mercado.

Ante este escenario legislativo, resulta clave contar con una nueva Ley que sistematice toda la regulación relativa al procedimiento administrativo, que clarifique e integre el contenido de las citadas Ley 30/1992, de 26 de noviembre y Ley 11/2007, de 22 de junio, y profundice en la agilización de los procedimientos con un pleno funcionamiento electrónico. Todo ello revertirá en un mejor cumplimiento de los principios constitucionales de eficacia y seguridad jurídica que deben regir la actuación de las Administraciones Públicas.

<h2 style="text-align:center">IV</h2>

Durante los más de veinte años de vigencia de la Ley 30/1992, de 26 de noviembre, en el seno de la Comisión Europea y de la Organización para la Cooperación y el Desarrollo Económicos se ha ido avanzando en la mejora de la producción normativa («Better regulation» y «Smart regulation»). Los diversos informes internacionales sobre la materia definen la regulación inteligente como un marco jurídico de calidad, que permite el cumplimiento de un objetivo regulatorio a la vez que ofrece los incentivos adecuados para dinamizar la actividad económica, permite simplificar procesos y reducir cargas administrativas. Para ello, resulta esencial un adecuado análisis de impacto de las normas de forma continua, tanto ex ante como ex post, así como la participación de los ciudadanos y empresas en los procesos de elaboración normativa, pues sobre ellos recae el cumplimiento de las leyes.

En la última década, la Ley 17/2009, de 23 de noviembre, y la Ley 2/2011, de 4 de marzo, supusieron un avance en la implantación de los principios de buena regulación, especialmente en lo referido al ejercicio de las actividades económicas. Ya en esta legislatura, la Ley 20/2013, de 9 de diciembre, ha dado importantes pasos adicionales, al poner a disposición de los ciudadanos la información con relevancia jurídica propia del procedimiento de elaboración de normas.

Sin embargo, es necesario contar con una nueva regulación que, terminando con la dispersión normativa existente, refuerce la participación ciudadana, la seguridad jurídica y la revisión del ordenamiento. Con estos objetivos, se establecen por primera vez en una ley las bases con arreglo a las cuales se ha de desenvolver la iniciativa legislativa y la potestad reglamentaria de las Administraciones Públicas con el objeto de asegurar su ejercicio de acuerdo con los principios de buena regulación, garantizar de modo adecuado la audiencia y participación de los ciudadanos en la elaboración de las normas y lograr la predictibilidad y evaluación pública del ordenamiento, como corolario imprescindible del derecho constitucional a la seguridad jurídica. Esta novedad deviene crucial especialmente en un Estado territorialmente descentralizado en el que coexisten tres niveles de Administración territorial que proyectan su actividad normativa sobre espacios subjetivos y geográficos en muchas ocasiones coincidentes. Con esta regulación se siguen las recomendaciones que en esta materia ha formulado la Organización para la Cooperación y el Desarrollo Económicos (OCDE) en su informe emitido en 2014 «Spain: From Administrative Reform to Continous Improvement».

V

La Ley se estructura en 133 artículos, distribuidos en siete títulos, cinco disposiciones adicionales, cinco disposiciones transitorias, una disposición derogatoria y siete disposiciones finales.

El título preliminar, de disposiciones generales, aborda el ámbito objetivo y subjetivo de la Ley. Entre sus principales novedades, cabe señalar, la inclusión en el objeto de la Ley, con carácter básico, de los principios que informan el ejercicio de la iniciativa legislativa y la potestad reglamentaria de las Administraciones. Se prevé la aplicación de lo previsto en esta Ley a todos los sujetos comprendidos en el concepto de Sector Público, si bien las Corporaciones de Derecho Público se regirán por su normativa específica en el ejercicio de las funciones públicas que les hayan sido atribuidas y supletoriamente por la presente Ley.

Asimismo, destaca la previsión de que sólo mediante Ley puedan establecerse trámites adicionales o distintos a los contemplados en esta norma, pudiéndose concretar reglamentariamente ciertas especialidades del procedimiento referidas a la identificación de los órganos competentes, plazos, formas de iniciación y terminación, publicación e informes a recabar. Esta previsión no afecta a los trámites adicionales o distintos ya recogidos en las leyes especiales vigentes, ni a la concreción que, en normas reglamentarias, se haya producido de los órganos competentes, los plazos propios del concreto procedimiento por razón de la materia, las formas de iniciación y terminación, la publicación de los actos o los informes a recabar, que mantendrán sus efectos. Así, entre otros casos, cabe señalar la vigencia del anexo 2 al que se refiere la disposición adicional vigésima novena de la Ley 14/2000, de 29 de diciembre, de medidas fiscales, administrativas y del orden social, que establece una serie de procedimientos que quedan excepcionados de la regla general del silencio administrativo positivo.

El título I, de los interesados en el procedimiento, regula entre otras cuestiones, las especialidades de la capacidad de obrar en el ámbito del Derecho administrativo, haciéndola extensiva por primera vez a los grupos de afectados, las uniones y entidades sin personalidad jurídica y los patrimonios independientes o autónomos cuando la Ley así lo declare expresamente. En materia de representación, se incluyen nuevos medios para acreditarla en el ámbito exclusivo de las Administraciones Públicas, como son el apoderamiento «apud acta», presencial o electrónico, o la acreditación de su inscripción en el registro electrónico de apoderamientos de la Administración Pública u Organismo competente. Igualmente, se dispone la obligación de cada Administración Pública de contar con un registro electrónico de apoderamientos, pudiendo las Administraciones territoriales adherirse al del Estado, en aplicación del principio de eficiencia, reconocido en el artículo 7 de la Ley Orgánica 2/2012, de 27 de abril, de Estabilidad Presupuestaria y Sostenibilidad Financiera.

Por otro lado, este título dedica parte de su articulado a una de las novedades más importantes de la Ley: la separación entre identificación y firma electrónica y la simplificación de los medios para acreditar una u otra, de modo que, con carácter general, sólo será necesaria la primera, y se exigirá la segunda cuando deba acreditarse la voluntad y consentimiento del interesado. Se establece, con carácter básico, un conjunto mínimo de categorías de medios de identificación y firma a utilizar por todas las Administraciones. En particular, se admitirán como sistemas de firma: los sistemas de firma electrónica reconocida o cualificada y avanzada basados en certificados electrónicos cualificados de firma electrónica, que comprenden tanto los certificados electrónicos de persona jurídica como los de entidad sin personalidad jurídica; los sistemas de sello electrónico reconocido o cualificado y de sello electrónico avanzado basados en certificados cualificados de sello electrónico; así como cualquier otro sistema que las Administraciones Públicas consideren válido, en los términos y condiciones que se establezcan. Se admitirán como sistemas de identificación cualquiera de los sistemas de firma admitidos, así como sistemas de clave concertada y cualquier otro que establezcan las Administraciones Públicas.

Tanto los sistemas de identificación como los de firma previstos en esta Ley son plenamente coherentes con lo dispuesto en el Reglamento (UE) n.º 910/2014 del Parlamento Europeo y del Consejo, de 23 de julio de 2014, relativo a la identificación electrónica y los servicios de confianza para las transacciones electrónicas en el mercado interior y por la que se deroga la Directiva 1999/93/CE. Debe recordarse la obligación de los Estados miembros de admitir los sistemas de identificación electrónica notificados a la Comisión Europea por el resto de Estados miembros, así como los sistemas de firma y sello electrónicos basados en certificados electrónicos cualificados emitidos por prestadores de servicios que figuren en las listas de confianza de otros Estados miembros de la Unión Europea, en los términos que prevea dicha norma comunitaria.

El título II, de la actividad de las Administraciones Públicas, se estructura en dos capítulos. El capítulo I sobre normas generales de actuación identifica como novedad, los sujetos obligados a relacionarse electrónicamente con las Administraciones Públicas.

Asimismo, en el citado Capítulo se dispone la obligación de todas las Administraciones Públicas de contar con un registro electrónico general, o, en su caso, adherirse al de la Administración General del Estado. Estos registros estarán asistidos a su vez por la actual red de oficinas en materia de registros, que pasarán a denominarse oficinas de asistencia en materia de registros, y que permitirán a los interesados, en el caso que así lo deseen, presentar sus solicitudes en papel, las cuales se convertirán a formato electrónico.

En materia de archivos se introduce como novedad la obligación de cada Administración Pública de mantener un archivo electrónico único de los documentos que correspondan a procedimientos finalizados, así como la obligación de que estos expedientes sean conservados en un formato que permita garantizar la autenticidad, integridad y conservación del documento.

A este respecto, cabe señalar que la creación de este archivo electrónico único resultará compatible con los diversos sistemas y redes de archivos en los términos previstos en la legislación vigente, y respetará el reparto de responsabilidades sobre la custodia o traspaso correspondiente. Asimismo, el archivo electrónico único resultará compatible con la continuidad del Archivo Histórico Nacional de acuerdo con lo previsto en la Ley 16/1985, de 25 de junio, del Patrimonio Histórico Español y su normativa de desarrollo.

Igualmente, en el capítulo I se regula el régimen de validez y eficacia de las copias, en donde se aclara y simplifica el actual régimen y se definen los requisitos necesarios para que una copia sea auténtica, las características que deben reunir los documentos emitidos por las Administraciones Públicas para ser considerados válidos, así como los que deben aportar los interesados al procedimiento, estableciendo con carácter general la obligación de las Administraciones Públicas de no requerir documentos ya aportados por los interesados, elaborados por las Administraciones Públicas o documentos originales, salvo las excepciones contempladas en la Ley. Por tanto, el interesado podrá presentar con carácter general copias de documentos, ya sean digitalizadas por el propio interesado o presentadas en soporte papel.

Destaca asimismo, la obligación de las Administraciones Públicas de contar con un registro u otro sistema equivalente que permita dejar constancia de los funcionarios habilitados para la realización de copias auténticas, de forma que se garantice que las mismas han sido expedidas adecuadamente, y en el que, si así decide organizarlo cada Administración, podrán constar también conjuntamente los funcionarios dedicados a asistir a los interesados en el uso de medios electrónicos, no existiendo impedimento a que un mismo funcionario tenga reconocida ambas funciones o sólo una de ellas.

El capítulo II, de términos y plazos, establece las reglas para su cómputo, ampliación o la tramitación de urgencia. Como principal novedad destaca la introducción del cómputo de plazos por horas y la declaración de los sábados como días inhábiles, unificando de este modo el cómputo de plazos en el ámbito judicial y el administrativo.

El título III, de los actos administrativos, se estructura en tres capítulos y se centra en la regulación de los requisitos de los actos administrativos, su eficacia y las reglas sobre nulidad y anulabilidad, manteniendo en su gran mayoría las reglas generales ya establecidas por la Ley 30/1992, de 26 de noviembre.

Merecen una mención especial las novedades introducidas en materia de notificaciones electrónicas, que serán preferentes y se realizarán en la sede electrónica o en la dirección electrónica habilitada única, según corresponda. Asimismo, se incrementa la seguridad jurídica de los interesados estableciendo nuevas medidas que garanticen el conocimiento de la puesta a disposición de las notificaciones como: el envío de avisos de notificación, siempre que esto sea posible, a los dispositivos electrónicos y/o a la dirección de correo electrónico que el interesado haya comunicado, así como el acceso a sus notificaciones a través del Punto de Acceso General Electrónico de la Administración que funcionará como un portal de entrada.

El título IV, de disposiciones sobre el procedimiento administrativo común, se estructura en siete capítulos y entre sus principales novedades destaca que los anteriores procedimientos especiales sobre potestad sancionadora y responsabilidad patrimonial que la Ley 30/1992, de 26 de noviembre, regulaba en títulos separados, ahora se han integrado como especialidades del procedimiento administrativo común. Este planteamiento responde a uno de los objetivos que persigue esta Ley, la simplificación de los procedimientos administrativos y su integración como especialidades en el procedimiento administrativo común, contribuyendo así a aumentar la seguridad jurídica. De acuerdo con la sistemática seguida, los principios generales de la potestad sancionadora y de la responsabilidad patrimonial de las Administraciones Públicas, en cuanto que atañen a aspectos más orgánicos que procedimentales, se regulan en la Ley de Régimen Jurídico del Sector Público.

Asimismo, este título incorpora a las fases de iniciación, ordenación, instrucción y finalización del procedimiento el uso generalizado y obligatorio de medios electrónicos. Igualmente, se incorpora la regulación del expediente administrativo estableciendo su formato electrónico y los documentos que deben integrarlo.

Como novedad dentro de este título, se incorpora un nuevo Capítulo relativo a la tramitación simplificada del procedimiento administrativo común, donde se establece su ámbito objetivo de aplicación, el plazo máximo de resolución que será de treinta días y los trámites de que constará. Si en un procedimiento fuera necesario realizar cualquier otro trámite adicional, deberá seguirse entonces la tramitación ordinaria. Asimismo, cuando en un procedimiento tramitado de manera simplificada fuera preceptiva la emisión del Dictamen del Consejo de Estado, u órgano consultivo equivalente, y éste manifestara un criterio contrario al fondo de la propuesta de resolución, para mayor garantía de los interesados se deberá continuar el procedimiento pero siguiendo la tramitación ordinaria, no ya la abreviada, pudiéndose en este caso realizar otros trámites no previstos en el caso de la tramitación simplificada, como la realización de pruebas a solicitud de los interesados. Todo ello, sin perjuicio de la posibilidad de acordar la tramitación de urgencia del procedimiento en los mismos términos que ya contemplaba la Ley 30/1992, de 26 de noviembre.

El título V, de la revisión de los actos en vía administrativa, mantiene las mismas vías previstas en la Ley 30/1992, de 26 de noviembre, permaneciendo por tanto la revisión de oficio y la tipología de recursos administrativos existentes hasta la fecha (alzada, potestativo de reposición y extraordinario de revisión). No obstante, cabe destacar como novedad la posibilidad de que cuando una Administración deba resolver una pluralidad de recursos administrativos que traigan causa de un mismo acto administrativo y se hubiera interpuesto un recurso judicial contra una resolución administrativa o contra el correspondiente acto presunto desestimatorio, el órgano administrativo podrá acordar la suspensión del plazo para resolver hasta que recaiga pronunciamiento judicial.

De acuerdo con la voluntad de suprimir trámites que, lejos de constituir una ventaja para los administrados, suponían una carga que dificultaba el ejercicio de sus derechos, la Ley no contempla ya las reclamaciones previas en vía civil y laboral, debido a la escasa utilidad práctica que han demostrado hasta la fecha y que, de este modo, quedan suprimidas.

El título VI, sobre la iniciativa legislativa y potestad normativa de las Administraciones Públicas, recoge los principios a los que ha de ajustar su ejercicio la Administración titular, haciendo efectivos los derechos constitucionales en este ámbito.

Junto con algunas mejoras en la regulación vigente sobre jerarquía, publicidad de las normas y principios de buena regulación, se incluyen varias novedades para incrementar la participación de los ciudadanos en el procedimiento de elaboración de normas, entre las que destaca, la necesidad de recabar, con carácter previo a la elaboración de la norma, la opinión de ciudadanos y empresas acerca de los problemas que se pretenden solucionar con la iniciativa, la necesidad y oportunidad de su aprobación, los objetivos de la norma y las posibles soluciones alternativas regulatorias y no regulatorias.

Por otra parte, en aras de una mayor seguridad jurídica, y la predictibilidad del ordenamiento, se apuesta por mejorar la planificación normativa ex ante. Para ello, todas las Administraciones divulgarán un Plan Anual Normativo en el que se recogerán todas las propuestas con rango de ley o de reglamento que vayan a ser elevadas para su aprobación el año siguiente. Al mismo tiempo, se fortalece la evaluación ex post, puesto que junto con el deber de revisar de forma continua la adaptación de la normativa a los principios de buena regulación, se impone la obligación de evaluar periódicamente la aplicación de las normas en vigor, con el objeto de comprobar si han cumplido los objetivos perseguidos y si el coste y cargas derivados de ellas estaba justificado y adecuadamente valorado.

Por lo que respecta a las disposiciones adicionales, transitorias, derogatorias y finales, cabe aludir a la relativa a la adhesión por parte de las Comunidades Autónomas y Entidades Locales a los registros y sistemas establecidos por la Administración General del Estado en aplicación del principio de eficiencia reconocido en la Ley Orgánica 2/2012, de 27 de abril.

Destaca igualmente, la disposición sobre las especialidades por razón de la materia donde se establece una serie de actuaciones y procedimientos que se regirán por su normativa específica y supletoriamente por lo previsto en esta Ley, entre las que cabe destacar las de aplicación de los tributos y revisión en materia tributaria y aduanera, las de gestión, inspección, liquidación, recaudación, impugnación y revisión en materia de Seguridad Social y Desempleo, en donde se entienden comprendidos, entre otros, los actos de encuadramiento y afiliación de la Seguridad Social y las aportaciones económicas por despidos que afecten a trabajadores de cincuenta o más años en empresas con beneficios, así como las actuaciones y procedimientos sancionadores en materia tributaria y aduanera, en el orden social, en materia de tráfico y seguridad vial y en materia de extranjería.

Por último, la Ley contiene las disposiciones de derecho transitorio aplicables a los procedimientos en curso, a su entrada en vigor, a archivos y registros y al Punto de Acceso General electrónico, así como las que habilitan para el desarrollo de lo previsto en la Ley.

TÍTULO PRELIMINAR
Disposiciones generales

ART. 1. Objeto de la Ley.

1. La presente Ley tiene por objeto regular los requisitos de validez y eficacia de los actos administrativos, el procedimiento administrativo común a todas las Administraciones Públicas, incluyendo el sancionador y el de reclamación de responsabilidad de las Administraciones Públicas, así como los principios a los que se ha de ajustar el ejercicio de la iniciativa legislativa y la potestad reglamentaria.

2. Solo mediante ley, cuando resulte eficaz, proporcionado y necesario para la consecución de los fines propios del procedimiento, y de manera motivada, podrán incluirse trámites adicionales o distintos a los contemplados en esta Ley. Reglamentariamente podrán establecerse especialidades del procedimiento referidas a los órganos competentes, plazos propios del concreto procedimiento por razón de la materia, formas de iniciación y terminación, publicación e informes a recabar.

Ver arts. 103, 105 c) y 149.1.18.ª CE.

ART. 2. Ámbito subjetivo de aplicación.

1. La presente Ley se aplica al sector público, que comprende:
a) La Administración General del Estado.
b) Las Administraciones de las Comunidades Autónomas.
c) Las Entidades que integran la Administración Local.
d) El sector público institucional.
2. El sector público institucional se integra por:
a) Cualesquiera organismos públicos y entidades de derecho público vinculados o dependientes de las Administraciones Públicas.
b) Las entidades de derecho privado vinculadas o dependientes de las Administraciones Públicas, que quedarán sujetas a lo dispuesto en las normas de esta Ley que específicamente se refieran a las mismas, y en todo caso, cuando ejerzan potestades administrativas.
c) Las Universidades públicas, que se regirán por su normativa específica y supletoriamente por las previsiones de esta Ley.

3. Tienen la consideración de Administraciones Públicas la Administración General del Estado, las Administraciones de las Comunidades Autónomas, las Entidades que integran la Administración Local, así como los organismos públicos y entidades de derecho público previstos en la letra a) del apartado 2 anterior.

4. Las Corporaciones de Derecho Público se regirán por su normativa específica en el ejercicio de las funciones públicas que les hayan sido atribuidas por Ley o delegadas por una Administración Pública, y supletoriamente por la presente Ley.

Ver art. 1.2 LJCA; D.A. 1.ª y D.A. 3.ª LRJSP

TÍTULO I
De los interesados en el procedimiento

CAPÍTULO I
La capacidad de obrar y el concepto de interesado

ART. 3. Capacidad de obrar.

A los efectos previstos en esta Ley, tendrán capacidad de obrar ante las Administraciones Públicas:

a) Las personas físicas o jurídicas que ostenten capacidad de obrar con arreglo a las normas civiles.

b) Los menores de edad para el ejercicio y defensa de aquellos de sus derechos e intereses cuya actuación esté permitida por el ordenamiento jurídico sin la asistencia de la persona que ejerza la patria potestad, tutela o curatela. Se exceptúa el supuesto de los menores incapacitados, cuando la extensión de la incapacitación afecte al ejercicio y defensa de los derechos o intereses de que se trate.

c) Cuando la Ley así lo declare expresamente, los grupos de afectados, las uniones y entidades sin personalidad jurídica y los patrimonios independientes o autónomos.

Ver art. 12 CE; 37, 240, 246 y 249 CC; 18 LJCA.

ART. 4. Concepto de interesado.

1. Se consideran interesados en el procedimiento administrativo:

a) Quienes lo promuevan como titulares de derechos o intereses legítimos individuales o colectivos.

b) Los que, sin haber iniciado el procedimiento, tengan derechos que puedan resultar afectados por la decisión que en el mismo se adopte.

c) Aquellos cuyos intereses legítimos, individuales o colectivos, puedan resultar afectados por la resolución y se personen en el procedimiento en tanto no haya recaído resolución definitiva.

2. Las asociaciones y organizaciones representativas de intereses económicos y sociales serán titulares de intereses legítimos colectivos en los términos que la Ley reconozca.

3. Cuando la condición de interesado derivase de alguna relación jurídica transmisible, el derecho-habiente sucederá en tal condición cualquiera que sea el estado del procedimiento.

Ver arts. 5-8 de esta Ley; 18-22 LJCA; art. 7 LOPJ.

ART. 5. Representación.

1. Los interesados con capacidad de obrar podrán actuar por medio de representante, entendiéndose con éste las actuaciones administrativas, salvo manifestación expresa en contra del interesado.

2. Las personas físicas con capacidad de obrar y las personas jurídicas, siempre que ello esté previsto en sus Estatutos, podrán actuar en representación de otras ante las Administraciones Públicas.

3. Para formular solicitudes, presentar declaraciones responsables o comunicaciones, interponer recursos, desistir de acciones y renunciar a derechos en nombre de otra persona, deberá acreditarse la representación. Para los actos y gestiones de mero trámite se presumirá aquella representación.

4. La representación podrá acreditarse mediante cualquier medio válido en Derecho que deje constancia fidedigna de su existencia.

A estos efectos, se entenderá acreditada la representación realizada mediante apoderamiento apud acta efectuado por comparecencia personal o comparecencia electrónica en la correspondiente sede electrónica, o a través de la acreditación de su inscripción en el registro electrónico de apoderamientos de la Administración Pública competente.

5. El órgano competente para la tramitación del procedimiento deberá incorporar al expediente administrativo acreditación de la condición de representante y de los poderes que tiene reconocidos en dicho momento. El documento electrónico que acredite el resultado de la consulta al registro electrónico de apoderamientos correspondiente tendrá la condición de acreditación a estos efectos.

6. La falta o insuficiente acreditación de la representación no impedirá que se tenga por realizado el acto de que se trate, siempre que se aporte aquélla o se subsane el defecto dentro del plazo de diez días que deberá conceder al efecto el órgano administrativo, o de un plazo superior cuando las circunstancias del caso así lo requieran.

7. Las Administraciones Públicas podrán habilitar con carácter general o específico a personas físicas o jurídicas autorizadas para la realización de determinadas transacciones electrónicas en representación de los interesados. Dicha habilitación deberá especificar las condiciones y obligaciones a las que se comprometen los que así adquieran la condición de representantes, y determinará la presunción de validez de la representación salvo que la normativa de aplicación prevea otra cosa. Las Administraciones Públicas podrán requerir, en cualquier momento, la acreditación de dicha representación. No obstante, siempre podrá comparecer el interesado por sí mismo en el procedimiento.

Ver arts. 4 y 6 a 8 de esta Ley.

ART. 6. Registros electrónicos de apoderamientos.

1. La Administración General del Estado, las Comunidades Autónomas y las Entidades Locales dispondrán de un registro electrónico general de apoderamientos, en el que deberán inscribirse, al menos, los de carácter general otorgados apud acta, presencial o electrónicamente, por quien ostente la condición de interesado en un procedimiento administrativo a favor de representante, para actuar en su nombre ante las Administraciones Públicas. También deberá constar el bastanteo realizado del poder.

En el ámbito estatal, este registro será el Registro Electrónico de Apoderamientos de la Administración General del Estado.

Los registros generales de apoderamientos no impedirán la existencia de registros particulares en cada Organismo donde se inscriban los poderes otorgados para la realización de trámites específicos en el mismo. Cada Organismo podrá disponer de su propio registro electrónico de apoderamientos.

2. Los registros electrónicos generales y particulares de apoderamientos pertenecientes a todas y cada una de las Administraciones, deberán ser plenamente interoperables entre sí, de modo que se garantice su interconexión, compatibilidad informática, así como la transmisión telemática de las solicitudes, escritos y comunicaciones que se incorporen a los mismos.

Los registros electrónicos generales y particulares de apoderamientos permitirán comprobar válidamente la representación de quienes actúen ante las Administraciones Públicas en nombre de un tercero, mediante la consulta a otros registros administrativos similares, al registro mercantil, de la propiedad, y a los protocolos notariales.

Los registros mercantiles, de la propiedad, y de los protocolos notariales serán interoperables con los registros electrónicos generales y particulares de apoderamientos.

3. Los asientos que se realicen en los registros electrónicos generales y particulares de apoderamientos deberán contener, al menos, la siguiente información:

a) Nombre y apellidos o la denominación o razón social, documento nacional de identidad, número de identificación fiscal o documento equivalente del poderdante.

b) Nombre y apellidos o la denominación o razón social, documento nacional de identidad, número de identificación fiscal o documento equivalente del apoderado.

c) Fecha de inscripción.

d) Período de tiempo por el cual se otorga el poder.

e) Tipo de poder según las facultades que otorgue.

4. Los poderes que se inscriban en los registros electrónicos generales y particulares de apoderamientos deberán corresponder a alguna de las siguientes tipologías:

a) Un poder general para que el apoderado pueda actuar en nombre del poderdante en cualquier actuación administrativa y ante cualquier Administración.

b) Un poder para que el apoderado pueda actuar en nombre del poderdante en cualquier actuación administrativa ante una Administración u Organismo concreto.

c) Un poder para que el apoderado pueda actuar en nombre del poderdante únicamente para la realización de determinados trámites especificados en el poder.

***A tales efectos, por Orden del Ministro de Hacienda y Administraciones Públicas se aprobarán, con carácter básico, los modelos de poderes inscribibles en el registro distinguiendo si permiten la actuación ante todas las Administraciones de acuerdo con lo previsto en la letra a) anterior, ante la Administración General del Estado o ante las Entidades Locales.**

Cada Comunidad Autónoma aprobará los modelos de poderes inscribibles en el registro cuando se circunscriba a actuaciones ante su respectiva Administración.

5. El apoderamiento «apud acta» se otorgará mediante comparecencia electrónica en la correspondiente sede electrónica haciendo uso de los sistemas de firma electrónica previstos en esta Ley, o bien mediante comparecencia personal en las oficinas de asistencia en materia de registros.

6. Los poderes inscritos en el registro tendrán una validez determinada máxima de cinco años a contar desde la fecha de inscripción. En todo caso, en cualquier momento antes de la finalización de dicho plazo el poderdante podrá revocar o prorrogar el poder. Las prórrogas otorgadas por el poderdante al registro tendrán una validez determinada máxima de cinco años a contar desde la fecha de inscripción.

7. Las solicitudes de inscripción del poder, de revocación, de prórroga o de denuncia del mismo podrán dirigirse a cualquier registro, debiendo quedar inscrita esta circunstancia en el registro de la Administración u Organismo ante la que tenga efectos el poder y surtiendo efectos desde la fecha en la que se produzca dicha inscripción.

**Segundo párrafo del apdo. 4 declarado inconstitucional y nulo por Sentencia del Tribunal Constitucional 55/2018, de 24 de mayo de 2018. Recurso de inconstitucionalidad 3628-2016. Interpuesto por el Gobierno de la Generalitat de Cataluña en relación con diversos preceptos de la Ley 39/2015, de 1 de octubre, del procedimiento administrativo común de las administraciones públicas. Competencias sobre procedimiento administrativo: nulidad de diversos extremos de los preceptos relativos a los registros electrónicos de apoderamientos, los principios de buena regulación y que identifican los títulos competenciales habilitantes para la aprobación de la ley; inconstitucionalidad de distintos preceptos que regulan la iniciativa legislativa y la potestad reglamentaria; interpretación conforme de la disposición relativa a la adhesión de las administraciones territoriales a las plataformas y registros de la Administración General del Estado. (BOE de 22-06-2018).*

Ver D.F. 7.ª de esta Ley, último párrafo.

ART. 7. Pluralidad de interesados.

Cuando en una solicitud, escrito o comunicación figuren varios interesados, las actuaciones a que den lugar se efectuarán con el representante o el interesado que expresamente hayan señalado, y, en su defecto, con el que figure en primer término.

Ver arts. 4 y 6 a 8 de esta Ley.

ART. 8. Nuevos interesados en el procedimiento.

Si durante la instrucción de un procedimiento que no haya tenido publicidad, se advierte la existencia de personas que sean titulares de derechos o intereses legítimos y directos cuya identificación resulte del expediente y que puedan resultar afectados por la resolución que se dicte, se comunicará a dichas personas la tramitación del procedimiento.

Ver art. 4 de esta Ley.

CAPÍTULO II
Identificación y firma de los interesados en el procedimiento administrativo

ART. 9. Sistemas de identificación de los interesados en el procedimiento.

1. Las Administraciones Públicas están obligadas a verificar la identidad de los interesados en el procedimiento administrativo, mediante la comprobación de su nombre y apellidos o denominación o razón social, según corresponda, que consten en el Documento Nacional de Identidad o documento identificativo equivalente.

2. Los interesados podrán identificarse electrónicamente ante las Administraciones Públicas a través de los sistemas siguientes:

a) Sistemas basados en certificados electrónicos cualificados de firma electrónica expedidos por prestadores incluidos en la ''Lista de confianza de prestadores de servicios de certificación''.

b) Sistemas basados en certificados electrónicos cualificados de sello electrónico expedidos por prestadores incluidos en la ''Lista de confianza de prestadores de servicios de certificación''.

c) Cualquier otro sistema que las Administraciones públicas consideren válido en los términos y condiciones que se establezca, siempre que cuenten con un registro previo como usuario que permita garantizar su identidad y previa comunicación a la Secretaría General de Administración Digital del Ministerio de Asuntos Económicos y Transformación Digital. Esta comunicación vendrá acompañada de una declaración responsable de que se cumple con todos los requisitos establecidos en la normativa vigente. De forma previa a la eficacia jurídica del sistema, habrán de transcurrir dos meses desde dicha comunicación, durante los cuales el órgano estatal competente por motivos de seguridad pública podrá acudir a la vía jurisdiccional, previo informe vinculante de la Secretaría de Estado de Seguridad, que deberá emitir en el plazo de diez días desde su solicitud.

Las Administraciones Públicas deberán garantizar que la utilización de uno de los sistemas previstos en las letras a) y b) sea posible para todo procedimiento, aun cuando se admita para ese mismo procedimiento alguno de los previstos en la letra c).

3. En relación con los sistemas de identificación previstos en la letra c) del apartado anterior, se establece la obligatoriedad de que los recursos técnicos necesarios para la recogida, almacenamiento, tratamiento y gestión de dichos sistemas se encuentren situados en territorio de la Unión Europea, y en caso de tratarse de categorías especiales de datos a los que se refiere el artículo 9 del Reglamento (UE) 2016/679, del Parlamento Europeo y del Consejo, de 27 de abril de 2016, relativo a la protección de las personas físicas en lo que respecta al tratamiento de datos personales y a la libre circulación de estos datos y por el que se deroga la Directiva 95/46/CE, en territorio español. En cualquier caso, los datos se encontrarán disponibles para su acceso por parte de las autoridades judiciales y administrativas competentes.

Los datos a que se refiere el párrafo anterior no podrán ser objeto de transferencia a un tercer país u organización internacional, con excepción de los que hayan sido objeto de una decisión de adecuación de la Comisión Europea o cuando así lo exija el cumplimiento de las obligaciones internacionales asumidas por el Reino de España.

4. En todo caso, la aceptación de alguno de estos sistemas por la Administración General del Estado servirá para acreditar frente a todas las Administraciones Públicas, salvo prueba en contrario, la identificación electrónica de los interesados en el procedimiento administrativo.

Apdo. 2.c) se modifica por Ley 11/2022, de 28 de junio, General de Telecomunicaciones. (BOE de 29-06-2022)

Apdo. 2 se modifica, apdo. 3 se añade y anterior apdo. 3 se renumera como apdo. 4 por Real Decreto-ley 14/2019, de 31 de octubre, por el que se adoptan medidas urgentes por razones de seguridad pública en materia de administración digital, contratación del sector público y telecomunicaciones. (BOE de 05-11-2019).

Ver art. 4 de esta Ley y D.T. 1.ª del Real Decreto-ley 14/2019, de 31 de octubre, que regula la aplicación de esta modificación.

ART. 10. Sistemas de firma admitidos por las Administraciones Públicas.

1. Los interesados podrán firmar a través de cualquier medio que permita acreditar la autenticidad de la expresión de su voluntad y consentimiento, así como la integridad e inalterabilidad del documento.

2. En el caso de que los interesados optaran por relacionarse con las Administraciones Públicas a través de medios electrónicos, se considerarán válidos a efectos de firma:

a) Sistemas de firma electrónica cualificada y avanzada basados en certificados electrónicos cualificados de firma electrónica expedidos por prestadores incluidos en la ''Lista de confianza de prestadores de servicios de certificación''.

b) Sistemas de sello electrónico cualificado y de sello electrónico avanzado basados en certificados electrónicos cualificados de sello electrónico expedidos por prestador incluido en la ''Lista de confianza de prestadores de servicios de certificación''.

c) Cualquier otro sistema que las Administraciones públicas consideren válido en los términos y condiciones que se establezca, siempre que cuenten con un registro previo como usuario que permita garantizar su identidad y previa comunicación a la Secretaría General de Administración Digital del Ministerio de Asuntos Económicos y Transformación Digital.

Esta comunicación vendrá acompañada de una declaración responsable de que se cumple con todos los requisitos establecidos en la normativa vigente. De forma previa a la eficacia jurídica del sistema, habrán de transcurrir dos meses desde dicha comunicación, durante los cuales el órgano estatal competente por motivos de seguridad pública podrá acudir a la vía jurisdiccional, previo informe vinculante de la Secretaría de Estado de Seguridad, que deberá emitir en el plazo de diez días desde su solicitud.

Las Administraciones Públicas deberán garantizar que la utilización de uno de los sistemas previstos en las letras a) y b) sea posible para todos los procedimientos en todos sus trámites, aun cuando adicionalmente se permita alguno de los previstos al amparo de lo dispuesto en la letra c).

3. En relación con los sistemas de firma previstos en la letra c) del apartado anterior, se establece la obligatoriedad de que los recursos técnicos necesarios para la recogida, almacenamiento, tratamiento y gestión de dichos sistemas se encuentren situados en territorio de la Unión Europea, y en caso de tratarse de categorías especiales de datos a los que se refiere el artículo 9 del Reglamento (UE) 2016/679, del Parlamento Europeo y del Consejo, de 27 de abril de 2016, en territorio español. En cualquier caso, los datos se encontrarán disponibles para su acceso por parte de las autoridades judiciales y administrativas competentes.

Los datos a que se refiere el párrafo anterior no podrán ser objeto de transferencia a un tercer país u organización internacional, con excepción de los que hayan sido objeto de una decisión de adecuación de la Comisión Europea o cuando así lo exija el cumplimiento de las obligaciones internacionales asumidas por el Reino de España.

4. Cuando así lo disponga expresamente la normativa reguladora aplicable, las Administraciones Públicas podrán admitir los sistemas de identificación contemplados en esta Ley como sistema de firma cuando permitan acreditar la autenticidad de la expresión de la voluntad y consentimiento de los interesados.

5. Cuando los interesados utilicen un sistema de firma de los previstos en este artículo, su identidad se entenderá ya acreditada mediante el propio acto de la firma.

> *Apdo. 2.c) se modifica por Ley 11/2022, de 28 de junio, General de Telecomunicaciones. (BOE de 29-06-2022)*
>
> *Apdo. 2 se modifica, apdo. 3 se añade y anteriores apdos. 3 y 4 se renumeran como apdos. 4 y 5 por Real Decreto-ley 14/2019, de 31 de octubre, por el que se adoptan medidas urgentes por razones de seguridad pública en materia de administración digital, contratación del sector público y telecomunicaciones. (BOE de 05-11-2019).*
>
> *Ver art. 12 de esta Ley y D.T. 1.ª del Real Decreto-ley 14/2019, de 31 de octubre, que regula la aplicación de esta modificación.*

ART. 11. Uso de medios de identificación y firma en el procedimiento administrativo.

1. Con carácter general, para realizar cualquier actuación prevista en el procedimiento administrativo, será suficiente con que los interesados acrediten previamente su identidad a través de cualquiera de los medios de identificación previstos en esta Ley.

2. Las Administraciones Públicas sólo requerirán a los interesados el uso obligatorio de firma para:

a) Formular solicitudes.
b) Presentar declaraciones responsables o comunicaciones.
c) Interponer recursos.
d) Desistir de acciones.
e) Renunciar a derechos.

> *Ver art. 18 de esta Ley.*

ART. 12. Asistencia en el uso de medios electrónicos a los interesados.

1. Las Administraciones Públicas deberán garantizar que los interesados pueden relacionarse con la Administración a través de medios electrónicos, para lo que pondrán a su disposición los canales de acceso que sean necesarios así como los sistemas y aplicaciones que en cada caso se determinen.

2. Las Administraciones Públicas asistirán en el uso de medios electrónicos a los interesados no incluidos en los apartados 2 y 3 del artículo 14 que así lo soliciten, especialmente en lo referente a la identificación y firma electrónica, presentación de solicitudes a través del registro electrónico general y obtención de copias auténticas.

Asimismo, si alguno de estos interesados no dispone de los medios electrónicos necesarios, su identificación o firma electrónica en el procedimiento administrativo podrá ser válidamente realizada por un funcionario público mediante el uso del sistema de firma electrónica del que esté dotado para ello. En este caso, será necesario que el interesado que carezca de los medios electrónicos necesarios se identifique ante el funcionario y preste su consentimiento expreso para esta actuación, de lo que deberá quedar constancia para los casos de discrepancia o litigio.

3. La Administración General del Estado, las Comunidades Autónomas y las Entidades Locales mantendrán actualizado un registro, u otro sistema equivalente, donde constarán los funcionarios habilitados para la identificación o firma regulada en este artículo. Estos registros o sistemas deberán ser plenamente interoperables y estar interconectados con los de las restantes Administraciones Públicas, a los efectos de comprobar la validez de las citadas habilitaciones.

En este registro o sistema equivalente, al menos, constarán los funcionarios que presten servicios en las oficinas de asistencia en materia de registros.

Ver art. 10 de esta Ley.

TÍTULO II
De la actividad de las Administraciones Públicas

CAPÍTULO I
Normas generales de actuación

ART. 13. Derechos de las personas en sus relaciones con las Administraciones Públicas.

Quienes de conformidad con el artículo 3, tienen capacidad de obrar ante las Administraciones Públicas, son titulares, en sus relaciones con ellas, de los siguientes derechos:

a) A comunicarse con las Administraciones Públicas a través de un Punto de Acceso General electrónico de la Administración.

b) A ser asistidos en el uso de medios electrónicos en sus relaciones con las Administraciones Públicas.

c) A utilizar las lenguas oficiales en el territorio de su Comunidad Autónoma, de acuerdo con lo previsto en esta Ley y en el resto del ordenamiento jurídico.

d) Al acceso a la información pública, archivos y registros, de acuerdo con lo previsto en la Ley 19/2013, de 9 de diciembre, de transparencia, acceso a la información pública y buen gobierno y el resto del Ordenamiento Jurídico.

e) A ser tratados con respeto y deferencia por las autoridades y empleados públicos, que habrán de facilitarles el ejercicio de sus derechos y el cumplimiento de sus obligaciones.

f) A exigir las responsabilidades de las Administraciones Públicas y autoridades, cuando así corresponda legalmente.

g) A la obtención y utilización de los medios de identificación y firma electrónica contemplados en esta Ley.

h) A la protección de datos de carácter personal, y en particular a la seguridad y confidencialidad de los datos que figuren en los ficheros, sistemas y aplicaciones de las Administraciones Públicas.

i) Cualesquiera otros que les reconozcan la Constitución y las leyes.

Estos derechos se entienden sin perjuicio de los reconocidos en el artículo 53 referidos a los interesados en el procedimiento administrativo.

Ver art. 12, 15, 16, 53, 66.3, 76, 118 LPAC; 3 y 105 CE.

ART. 14. Derecho y obligación de relacionarse electrónicamente con las Administraciones Públicas.

1. Las personas físicas podrán elegir en todo momento si se comunican con las Administraciones Públicas para el ejercicio de sus derechos y obligaciones a través de medios electrónicos o no, salvo que estén obligadas a relacionarse a través de medios electrónicos con las Administraciones Públicas. El medio elegido por la persona para comunicarse con las Administraciones Públicas podrá ser modificado por aquella en cualquier momento.

2. En todo caso, estarán obligados a relacionarse a través de medios electrónicos con las Administraciones Públicas para la realización de cualquier trámite de un procedimiento administrativo, al menos, los siguientes sujetos:

a) Las personas jurídicas.

b) Las entidades sin personalidad jurídica.

c) Quienes ejerzan una actividad profesional para la que se requiera colegiación obligatoria, para los trámites y actuaciones que realicen con las Administraciones Públicas en ejercicio de dicha actividad profesional. En todo caso, dentro de este colectivo se entenderán incluidos los notarios y registradores de la propiedad y mercantiles.

d) Quienes representen a un interesado que esté obligado a relacionarse electrónicamente con la Administración.

e) Los empleados de las Administraciones Públicas para los trámites y actuaciones que realicen con ellas por razón de su condición de empleado público, en la forma en que se determine reglamentariamente por cada Administración.

3. Reglamentariamente, las Administraciones podrán establecer la obligación de relacionarse con ellas a través de medios electrónicos para determinados procedimientos y para ciertos colectivos de personas físicas que por razón de su capacidad económica, técnica, dedicación profesional u otros motivos quede acreditado que tienen acceso y disponibilidad de los medios electrónicos necesarios.

Ver Real Decreto 203/2021, de 30 de marzo, por el que se aprueba el Reglamento de actuación y funcionamiento del sector público por medios electrónicos.

ART. 15. Lengua de los procedimientos.

1. La lengua de los procedimientos tramitados por la Administración General del Estado será el castellano. No obstante lo anterior, los interesados que se dirijan a los órganos de la Administración General del Estado con sede en el territorio de una Comunidad Autónoma podrán utilizar también la lengua que sea cooficial en ella.

En este caso, el procedimiento se tramitará en la lengua elegida por el interesado. Si concurrieran varios interesados en el procedimiento, y existiera discrepancia en cuanto a la lengua, el procedimiento se tramitará en castellano, si bien los documentos o testimonios que requieran los interesados se expedirán en la lengua elegida por los mismos.

2. En los procedimientos tramitados por las Administraciones de las Comunidades Autónomas y de las Entidades Locales, el uso de la lengua se ajustará a lo previsto en la legislación autonómica correspondiente.

3. La Administración Pública instructora deberá traducir al castellano los documentos, expedientes o partes de los mismos que deban surtir efecto fuera del territorio de la Comunidad Autónoma y los documentos dirigidos a los interesados que así lo soliciten expresamente. Si debieran surtir efectos en el territorio de una Comunidad Autónoma donde sea cooficial esa misma lengua distinta del castellano, no será precisa su traducción.

Ver art. 13.c) LPAC.

ART. 16. Registros.

1. Cada Administración dispondrá de un Registro Electrónico General, en el que se hará el correspondiente asiento de todo documento que sea presentado o que se reciba en cualquier órgano administrativo, Organismo público o Entidad vinculado o dependiente a éstos. También se podrán anotar en el mismo, la salida de los documentos oficiales dirigidos a otros órganos o particulares.

Los Organismos públicos vinculados o dependientes de cada Administración podrán disponer de su propio registro electrónico plenamente interoperable e interconectado con el Registro Electrónico General de la Administración de la que depende.

El Registro Electrónico General de cada Administración funcionará como un portal que facilitará el acceso a los registros electrónicos de cada Organismo. Tanto el Registro Electrónico General de cada Administración como los registros electrónicos de cada Organismo cumplirán con las garantías y medidas de seguridad previstas en la legislación en materia de protección de datos de carácter personal.

Las disposiciones de creación de los registros electrónicos se publicarán en el diario oficial correspondiente y su texto íntegro deberá estar disponible para consulta en la sede electrónica de acceso al registro. En todo caso, las disposiciones de creación de registros electrónicos especificarán el órgano o unidad responsable de su gestión, así como la fecha y hora oficial y los días declarados como inhábiles.

En la sede electrónica de acceso a cada registro figurará la relación actualizada de trámites que pueden iniciarse en el mismo.

2. Los asientos se anotarán respetando el orden temporal de recepción o salida de los documentos, e indicarán la fecha del día en que se produzcan. Concluido el trámite de registro, los documentos serán cursados sin dilación a sus destinatarios y a las unidades administrativas correspondientes desde el registro en que hubieran sido recibidas.

3. El registro electrónico de cada Administración u Organismo garantizará la constancia, en cada asiento que se practique, de un número, epígrafe expresivo de su naturaleza, fecha y hora de su presentación, identificación del interesado, órgano administrativo remitente, si procede, y persona u órgano administrativo al que se envía, y, en su caso, referencia al contenido del documento que se registra. Para ello, se emitirá automáticamente un recibo consistente en una copia autenticada del documento de que se trate, incluyendo la fecha y hora de presentación y el número de entrada de registro, así como un recibo acreditativo de otros documentos que, en su caso, lo acompañen, que garantice la integridad y el no repudio de los mismos.

4. Los documentos que los interesados dirijan a los órganos de las Administraciones Públicas podrán presentarse:

a) En el registro electrónico de la Administración u Organismo al que se dirijan, así como en los restantes registros electrónicos de cualquiera de los sujetos a los que se refiere el artículo 2.1.

b) En las oficinas de Correos, en la forma que reglamentariamente se establezca.

c) En las representaciones diplomáticas u oficinas consulares de España en el extranjero.

d) En las oficinas de asistencia en materia de registros.

e) En cualquier otro que establezcan las disposiciones vigentes.

Los registros electrónicos de todas y cada una de las Administraciones, deberán ser plenamente interoperables, de modo que se garantice su compatibilidad informática e interconexión, así como la transmisión telemática de los asientos registrales y de los documentos que se presenten en cualquiera de los registros.

5. Los documentos presentados de manera presencial ante las Administraciones Públicas, deberán ser digitalizados, de acuerdo con lo previsto en el artículo 27 y demás normativa aplicable, por la oficina de asistencia en materia de registros en la que hayan sido presentados para su incorporación al expediente administrativo electrónico, devolviéndose los originales al interesado, sin perjuicio de aquellos supuestos en que la norma determine la custodia por la Administración de los documentos presentados o resulte obligatoria la presentación de objetos o de documentos en un soporte específico no susceptibles de digitalización.

Reglamentariamente, las Administraciones podrán establecer la obligación de presentar determinados documentos por medios electrónicos para ciertos procedimientos y colectivos de personas físicas que, por razón de su capacidad económica, técnica, dedicación profesional u otros motivos quede acreditado que tienen acceso y disponibilidad de los medios electrónicos necesarios.

6. Podrán hacerse efectivos mediante transferencia dirigida a la oficina pública correspondiente cualesquiera cantidades que haya que satisfacer en el momento de la presentación de documentos a las Administraciones Públicas, sin perjuicio de la posibilidad de su abono por otros medios.

7. Las Administraciones Públicas deberán hacer pública y mantener actualizada una relación de las oficinas en las que se prestará asistencia para la presentación electrónica de documentos.

8. No se tendrán por presentados en el registro aquellos documentos e información cuyo régimen especial establezca otra forma de presentación.

Ver art. 31, 117.3, D.A. 2.ª, D.A. 4.ª, D.T. 2.ª y D.T. 4.ª LPAC; Orden PCM/1382/2021, de 9 de diciembre, por la que se regula el Registro Electrónico General en el ámbito de la Administración General del Estado.

ART. 17. Archivo de documentos.

1. Cada Administración deberá mantener un archivo electrónico único de los documentos electrónicos que correspondan a procedimientos finalizados, en los términos establecidos en la normativa reguladora aplicable.

2. Los documentos electrónicos deberán conservarse en un formato que permita garantizar la autenticidad, integridad y conservación del documento, así como su consulta con independencia del tiempo transcurrido desde su emisión. Se asegurará en todo caso la posibilidad de trasladar los datos a otros formatos y soportes que garanticen el acceso desde diferentes aplicaciones. La eliminación de dichos documentos deberá ser autorizada de acuerdo a lo dispuesto en la normativa aplicable.

3. Los medios o soportes en que se almacenen documentos, deberán contar con medidas de seguridad, de acuerdo con lo previsto en el Esquema Nacional de Seguridad, que garanticen la integridad, autenticidad, confidencialidad, calidad, protección y conservación de los documentos almacenados. En particular, asegurarán la identificación de los usuarios y el control de accesos, así como el cumplimiento de las garantías previstas en la legislación de protección de datos.

ART. 18. Colaboración de las personas.

1. Las personas colaborarán con la Administración en los términos previstos en la Ley que en cada caso resulte aplicable, y a falta de previsión expresa, facilitarán a la Administración los informes, inspecciones y otros actos de investigación que requieran para el ejercicio de sus competencias, salvo que la revelación de la información solicitada por la Administración atentara contra el honor, la intimidad personal o familiar o supusieran la comunicación de datos confidenciales de terceros de los que tengan conocimiento por la prestación de servicios profesionales de diagnóstico, asesoramiento o defensa, sin perjuicio de lo dispuesto en la legislación en materia de blanqueo de capitales y financiación de actividades terroristas.

2. Los interesados en un procedimiento que conozcan datos que permitan identificar a otros interesados que no hayan comparecido en él tienen el deber de proporcionárselos a la Administración actuante.

3. Cuando las inspecciones requieran la entrada en el domicilio del afectado o en los restantes lugares que requieran autorización del titular, se estará a lo dispuesto en el artículo 100.

Ver arts. 9 a 12 LPAC.

ART. 19. Comparecencia de las personas.

1. La comparecencia de las personas ante las oficinas públicas, ya sea presencialmente o por medios electrónicos, sólo será obligatoria cuando así esté previsto en una norma con rango de ley.

2. En los casos en que proceda la comparecencia, la correspondiente citación hará constar expresamente el lugar, fecha, hora, los medios disponibles y objeto de la comparecencia, así como los efectos de no atenderla.

3. Las Administraciones Públicas entregarán al interesado certificación acreditativa de la comparecencia cuando así lo solicite.

ART. 20. Responsabilidad de la tramitación.

1. Los titulares de las unidades administrativas y el personal al servicio de las Administraciones Públicas que tuviesen a su cargo la resolución o el despacho de los asuntos, serán responsables directos de su tramitación y adoptarán las medidas oportunas para remover los obstáculos que impidan, dificulten o retrasen el ejercicio pleno de los derechos de los interesados o el respeto a sus intereses legítimos, disponiendo lo necesario para evitar y eliminar toda anormalidad en la tramitación de procedimientos.

2. Los interesados podrán solicitar la exigencia de esa responsabilidad a la Administración Pública de que dependa el personal afectado.

Ver arts. 71 y 76 LPAC.

ART. 21. Obligación de resolver.

1. La Administración está obligada a dictar resolución expresa y a notificarla en todos los procedimientos cualquiera que sea su forma de iniciación.

En los casos de prescripción, renuncia del derecho, caducidad del procedimiento o desistimiento de la solicitud, así como de desaparición sobrevenida del objeto del procedimiento, la resolución consistirá en la declaración de la circunstancia que concurra en cada caso, con indicación de los hechos producidos y las normas aplicables.

Se exceptúan de la obligación a que se refiere el párrafo primero, los supuestos de terminación del procedimiento por pacto o convenio, así como los procedimientos relativos al ejercicio de derechos sometidos únicamente al deber de declaración responsable o comunicación a la Administración.

2. El plazo máximo en el que debe notificarse la resolución expresa será el fijado por la norma reguladora del correspondiente procedimiento.

Este plazo no podrá exceder de seis meses salvo que una norma con rango de Ley establezca uno mayor o así venga previsto en el Derecho de la Unión Europea.

3. Cuando las normas reguladoras de los procedimientos no fijen el plazo máximo, éste será de tres meses. Este plazo y los previstos en el apartado anterior se contarán:

a) En los procedimientos iniciados de oficio, desde la fecha del acuerdo de iniciación.

b) En los iniciados a solicitud del interesado, desde la fecha en que la solicitud haya tenido entrada en el registro electrónico de la Administración u Organismo competente para su tramitación.

4. Las Administraciones Públicas deben publicar y mantener actualizadas en el portal web, a efectos informativos, las relaciones de procedimientos de su competencia, con indicación de los plazos máximos de duración de los mismos, así como de los efectos que produzca el silencio administrativo.

En todo caso, las Administraciones Públicas informarán a los interesados del plazo máximo establecido para la resolución de los procedimientos y para la notificación de los actos que les pongan término, así como de los efectos que pueda producir el silencio administrativo. Dicha mención se incluirá en la notificación o publicación del acuerdo de iniciación de oficio, o en la comunicación que se dirigirá al efecto al interesado dentro de los diez días siguientes a la recepción de la solicitud iniciadora del procedimiento en el registro electrónico de la Administración u Organismo competente para su tramitación. En este último caso, la comunicación indicará además la fecha en que la solicitud ha sido recibida por el órgano competente.

5. Cuando el número de las solicitudes formuladas o las personas afectadas pudieran suponer un incumplimiento del plazo máximo de resolución, el órgano competente para resolver, a propuesta razonada del órgano instructor, o el superior jerárquico del órgano competente para resolver, a propuesta de éste, podrán habilitar los medios personales y materiales para cumplir con el despacho adecuado y en plazo.

6. El personal al servicio de las Administraciones Públicas que tenga a su cargo el despacho de los asuntos, así como los titulares de los órganos administrativos competentes para instruir y resolver son directamente responsables, en el ámbito de sus competencias, del cumplimiento de la obligación legal de dictar resolución expresa en plazo.

El incumplimiento de dicha obligación dará lugar a la exigencia de responsabilidad disciplinaria, sin perjuicio de la que hubiere lugar de acuerdo con la normativa aplicable.

Ver arts. 24, 25, 32, 68, 88, 94 y 95 LPAC; 30 LRJSP

ART. 22. Suspensión del plazo máximo para resolver.

1. El transcurso del plazo máximo legal para resolver un procedimiento y notificar la resolución se podrá suspender en los siguientes casos:

a) Cuando deba requerirse a cualquier interesado para la subsanación de deficiencias o la aportación de documentos y otros elementos de juicio necesarios, por el tiempo que medie entre la notificación del requerimiento y su efectivo cumplimiento por el destinatario, o, en su defecto, por el del plazo concedido, todo ello sin perjuicio de lo previsto en el artículo 68 de la presente Ley.

b) Cuando deba obtenerse un pronunciamiento previo y preceptivo de un órgano de la Unión Europea, por el tiempo que medie entre la petición, que habrá de comunicarse a los interesados, y la notificación del pronunciamiento a la Administración instructora, que también deberá serles comunicada.

c) Cuando exista un procedimiento no finalizado en el ámbito de la Unión Europea que condicione directamente el contenido de la resolución de que se trate, desde que se tenga constancia de su existencia, lo que deberá ser comunicado a los interesados, hasta que se resuelva, lo que también habrá de ser notificado.

d) Cuando se soliciten informes preceptivos a un órgano de la misma o distinta Administración, por el tiempo que medie entre la petición, que deberá comunicarse a los interesados, y la recepción del informe, que igualmente deberá ser comunicada a los mismos. Este plazo de suspensión no podrá exceder en ningún caso de tres meses. En caso de no recibirse el informe en el plazo indicado, proseguirá el procedimiento.

e) Cuando deban realizarse pruebas técnicas o análisis contradictorios o dirimentes propuestos por los interesados, durante el tiempo necesario para la incorporación de los resultados al expediente.

f) Cuando se inicien negociaciones con vistas a la conclusión de un pacto o convenio en los términos previstos en el artículo 86 de esta Ley, desde la declaración formal al respecto y hasta la conclusión sin efecto, en su caso, de las referidas negociaciones, que se constatará mediante declaración formulada por la Administración o los interesados.

g) Cuando para la resolución del procedimiento sea indispensable la obtención de un previo pronunciamiento por parte de un órgano jurisdiccional, desde el momento en que se solicita, lo que habrá de comunicarse a los interesados, hasta que la Administración tenga constancia del mismo, lo que también deberá serles comunicado.

2. El transcurso del plazo máximo legal para resolver un procedimiento y notificar la resolución se suspenderá en los siguientes casos:

a) Cuando una Administración Pública requiera a otra para que anule o revise un acto que entienda que es ilegal y que constituya la base para el que la primera haya de dictar en el ámbito de sus competencias, en el supuesto al que se refiere el apartado 5 del artículo 39 de esta Ley, desde que se realiza el requerimiento hasta que se atienda o, en su caso, se resuelva el recurso interpuesto ante la jurisdicción contencioso administrativa. Deberá ser comunicado a los interesados tanto la realización del requerimiento, como su cumplimiento o, en su caso, la resolución del correspondiente recurso contencioso-administrativo.

b) Cuando el órgano competente para resolver decida realizar alguna actuación complementaria de las previstas en el artículo 87, desde el momento en que se notifique a los interesados el acuerdo motivado del inicio de las actuaciones hasta que se produzca su terminación.

c) Cuando los interesados promuevan la recusación en cualquier momento de la tramitación de un procedimiento, desde que ésta se plantee hasta que sea resuelta por el superior jerárquico del recusado.

ART. 23. Ampliación del plazo máximo para resolver y notificar.

1. Excepcionalmente, cuando se hayan agotado los medios personales y materiales disponibles a los que se refiere el apartado 5 del artículo 21, el órgano competente para resolver, a propuesta, en su caso, del órgano instructor o el superior jerárquico del órgano competente para resolver, podrá acordar de manera motivada la ampliación del plazo máximo de resolución y notificación, no pudiendo ser éste superior al establecido para la tramitación del procedimiento.

2. Contra el acuerdo que resuelva sobre la ampliación de plazos, que deberá ser notificado a los interesados, no cabrá recurso alguno.

ART. 24. Silencio administrativo en procedimientos iniciados a solicitud del interesado.

1. En los procedimientos iniciados a solicitud del interesado, sin perjuicio de la resolución que la Administración debe dictar en la forma prevista en el apartado 3 de este artículo, el vencimiento del plazo máximo sin haberse notificado resolución expresa, legitima al interesado o interesados para entenderla estimada por silencio administrativo, excepto en los supuestos en los que una norma con rango de ley o una norma de Derecho de la Unión Europea o de Derecho internacional aplicable en España establezcan lo contrario. Cuando el procedimiento tenga por objeto el acceso a actividades o su ejercicio, la ley que disponga el carácter desestimatorio del silencio deberá fundarse en la concurrencia de razones imperiosas de interés general.

El silencio tendrá efecto desestimatorio en los procedimientos relativos al ejercicio del derecho de petición, a que se refiere el artículo 29 de la Constitución, aquellos cuya estimación tuviera como consecuencia que se transfirieran al solicitante o a terceros facultades relativas al dominio público o al servicio público, impliquen el ejercicio de actividades que puedan dañar el medio ambiente y en los procedimientos de responsabilidad patrimonial de las Administraciones Públicas.

El sentido del silencio también será desestimatorio en los procedimientos de impugnación de actos y disposiciones y en los de revisión de oficio iniciados a solicitud de los interesados. No obstante, cuando el recurso de alzada se haya interpuesto contra la desestimación por silencio administrativo de una solicitud por el transcurso del plazo, se entenderá estimado el mismo si, llegado el plazo de resolución, el órgano administrativo competente no dictase y notificase resolución expresa, siempre que no se refiera a las materias enumeradas en el párrafo anterior de este apartado.

2. La estimación por silencio administrativo tiene a todos los efectos la consideración de acto administrativo finalizador del procedimiento. La desestimación por silencio administrativo tiene los solos efectos de permitir a los interesados la interposición del recurso administrativo o contencioso-administrativo que resulte procedente.

3. La obligación de dictar resolución expresa a que se refiere el apartado primero del artículo 21 se sujetará al siguiente régimen:

a) En los casos de estimación por silencio administrativo, la resolución expresa posterior a la producción del acto sólo podrá dictarse de ser confirmatoria del mismo.

b) En los casos de desestimación por silencio administrativo, la resolución expresa posterior al vencimiento del plazo se adoptará por la Administración sin vinculación alguna al sentido del silencio.

4. Los actos administrativos producidos por silencio administrativo se podrán hacer valer tanto ante la Administración como ante cualquier persona física o jurídica, pública o privada. Los mismos producen efectos desde el vencimiento del plazo máximo en el que debe dictarse y notificarse la resolución expresa sin que la misma se haya expedido, y su existencia puede ser acreditada por cualquier medio de prueba admitido en Derecho, incluido el certificado acreditativo del silencio producido. Este certificado se expedirá de oficio por el órgano competente para resolver en el plazo de quince días desde que expire el plazo máximo para resolver el procedimiento. Sin perjuicio de lo anterior, el interesado podrá pedirlo en cualquier momento, computándose el plazo indicado anteriormente desde el día siguiente a aquél en que la petición tuviese entrada en el registro electrónico de la Administración u Organismo competente para resolver.

Ver arts. 21 y 25 LPAC y 25 LJCA.

ART. 25. Falta de resolución expresa en procedimientos iniciados de oficio.

1. En los procedimientos iniciados de oficio, el vencimiento del plazo máximo establecido sin que se haya dictado y notificado resolución expresa no exime a la Administración del cumplimiento de la obligación legal de resolver, produciendo los siguientes efectos:

a) En el caso de procedimientos de los que pudiera derivarse el reconocimiento o, en su caso, la constitución de derechos u otras situaciones jurídicas favorables, los interesados que hubieren comparecido podrán entender desestimadas sus pretensiones por silencio administrativo.

b) En los procedimientos en que la Administración ejercite potestades sancionadoras o, en general, de intervención, susceptibles de producir efectos desfavorables o de gravamen, se producirá la caducidad. En estos casos, la resolución que declare la caducidad ordenará el archivo de las actuaciones, con los efectos previstos en el artículo 95.

2. En los supuestos en los que el procedimiento se hubiera paralizado por causa imputable al interesado, se interrumpirá el cómputo del plazo para resolver y notificar la resolución.

Ver arts. 21, 24 y 95 LPAC.

ART. 26. Emisión de documentos por las Administraciones Públicas.

1. Se entiende por documentos públicos administrativos los válidamente emitidos por los órganos de las Administraciones Públicas. Las Administraciones Públicas emitirán los documentos administrativos por escrito, a través de medios electrónicos, a menos que su naturaleza exija otra forma más adecuada de expresión y constancia.

2. Para ser considerados válidos, los documentos electrónicos administrativos deberán:

a) Contener información de cualquier naturaleza archivada en un soporte electrónico según un formato determinado susceptible de identificación y tratamiento diferenciado.

b) Disponer de los datos de identificación que permitan su individualización, sin perjuicio de su posible incorporación a un expediente electrónico.

c) Incorporar una referencia temporal del momento en que han sido emitidos.

d) Incorporar los metadatos mínimos exigidos.

e) Incorporar las firmas electrónicas que correspondan de acuerdo con lo previsto en la normativa aplicable.

Se considerarán válidos los documentos electrónicos, que cumpliendo estos requisitos, sean trasladados a un tercero a través de medios electrónicos.

3. No requerirán de firma electrónica, los documentos electrónicos emitidos por las Administraciones Públicas que se publiquen con carácter meramente informativo, así como aquellos que no formen parte de un expediente administrativo. En todo caso, será necesario identificar el origen de estos documentos.

ART. 27. Validez y eficacia de las copias realizadas por las Administraciones Públicas.

1. Cada Administración Pública determinará los órganos que tengan atribuidas las competencias de expedición de copias auténticas de los documentos públicos administrativos o privados.

Las copias auténticas de documentos privados surten únicamente efectos administrativos. Las copias auténticas realizadas por una Administración Pública tendrán validez en las restantes Administraciones.

A estos efectos, la Administración General del Estado, las Comunidades Autónomas y las Entidades Locales podrán realizar copias auténticas mediante funcionario habilitado o mediante actuación administrativa automatizada.

Se deberá mantener actualizado un registro, u otro sistema equivalente, donde constarán los funcionarios habilitados para la expedición de copias auténticas que deberán ser plenamente interoperables y estar interconectados con los de las restantes Administraciones Públicas, a los efectos de comprobar la validez de la citada habilitación. En este registro o sistema equivalente constarán, al menos, los funcionarios que presten servicios en las oficinas de asistencia en materia de registros.

2. Tendrán la consideración de copia auténtica de un documento público administrativo o privado las realizadas, cualquiera que sea su soporte, por los órganos competentes de las Administraciones Públicas en las que quede garantizada la identidad del órgano que ha realizado la copia y su contenido.

Las copias auténticas tendrán la misma validez y eficacia que los documentos originales.

3. Para garantizar la identidad y contenido de las copias electrónicas o en papel, y por tanto su carácter de copias auténticas, las Administraciones Públicas deberán ajustarse a lo previsto en el Esquema Nacional de Interoperabilidad, el Esquema Nacional de Seguridad y sus normas técnicas de desarrollo, así como a las siguientes reglas:

a) Las copias electrónicas de un documento electrónico original o de una copia electrónica auténtica, con o sin cambio de formato, deberán incluir los metadatos que acrediten su condición de copia y que se visualicen al consultar el documento.

b) Las copias electrónicas de documentos en soporte papel o en otro soporte no electrónico susceptible de digitalización, requerirán que el documento haya sido digitalizado y deberán incluir los metadatos que acrediten su condición de copia y que se visualicen al consultar el documento.

Se entiende por digitalización, el proceso tecnológico que permite convertir un documento en soporte papel o en otro soporte no electrónico en un fichero electrónico que contiene la imagen codificada, fiel e íntegra del documento.

c) Las copias en soporte papel de documentos electrónicos requerirán que en las mismas figure la condición de copia y contendrán un código generado electrónicamente u otro sistema de verificación, que permitirá contrastar la autenticidad de la copia mediante el acceso a los archivos electrónicos del órgano u Organismo público emisor.

d) Las copias en soporte papel de documentos originales emitidos en dicho soporte se proporcionarán mediante una copia auténtica en papel del documento electrónico que se encuentre en poder de la Administración o bien mediante una puesta de manifiesto electrónica conteniendo copia auténtica del documento original.

A estos efectos, las Administraciones harán públicos, a través de la sede electrónica correspondiente, los códigos seguros de verificación u otro sistema de verificación utilizado.

4. Los interesados podrán solicitar, en cualquier momento, la expedición de copias auténticas de los documentos públicos administrativos que hayan sido válidamente emitidos por las Administraciones Públicas. La solicitud se dirigirá al órgano que emitió el documento original, debiendo expedirse, salvo las excepciones derivadas de la aplicación de la Ley

19/2013, de 9 de diciembre, en el plazo de quince días a contar desde la recepción de la solicitud en el registro electrónico de la Administración u Organismo competente.

Asimismo, las Administraciones Públicas estarán obligadas a expedir copias auténticas electrónicas de cualquier documento en papel que presenten los interesados y que se vaya a incorporar a un expediente administrativo.

5. Cuando las Administraciones Públicas expidan copias auténticas electrónicas, deberá quedar expresamente así indicado en el documento de la copia.

6. La expedición de copias auténticas de documentos públicos notariales, registrales y judiciales, así como de los diarios oficiales, se regirá por su legislación específica.

Ver arts. 1220, 1221, 1225 a 1230 CC; 320, 322, 326 y ss. LEC; 36 LPAC.

ART. 28. Documentos aportados por los interesados al procedimiento administrativo.

1. Los interesados deberán aportar al procedimiento administrativo los datos y documentos exigidos por las Administraciones Públicas de acuerdo con lo dispuesto en la normativa aplicable. Asimismo, los interesados podrán aportar cualquier otro documento que estimen conveniente.

2. Los interesados tienen derecho a no aportar documentos que ya se encuentren en poder de la Administración actuante o hayan sido elaborados por cualquier otra Administración. La administración actuante podrá consultar o recabar dichos documentos salvo que el interesado se opusiera a ello. No cabrá la oposición cuando la aportación del documento se exigiera en el marco del ejercicio de potestades sancionadoras o de inspección.

Las Administraciones Públicas deberán recabar los documentos electrónicamente a través de sus redes corporativas o mediante consulta a las plataformas de intermediación de datos u otros sistemas electrónicos habilitados al efecto.

Cuando se trate de informes preceptivos ya elaborados por un órgano administrativo distinto al que tramita el procedimiento, estos deberán ser remitidos en el plazo de diez días a contar desde su solicitud. Cumplido este plazo, se informará al interesado de que puede aportar este informe o esperar a su remisión por el órgano competente.

3. Las Administraciones no exigirán a los interesados la presentación de documentos originales, salvo que, con carácter excepcional, la normativa reguladora aplicable establezca lo contrario.

Asimismo, las Administraciones Públicas no requerirán a los interesados datos o documentos no exigidos por la normativa reguladora aplicable o que hayan sido aportados anteriormente por el interesado a cualquier Administración. A estos efectos, el interesado deberá indicar en qué momento y ante qué órgano administrativo presentó los citados documentos, debiendo las Administraciones Públicas recabarlos electrónicamente a través de sus redes corporativas o de una consulta a las plataformas de intermediación de datos u otros sistemas electrónicos habilitados al efecto, salvo que conste en el procedimiento la oposición expresa del interesado o la ley especial aplicable requiera su consentimiento expreso. Excepcionalmente, si las Administraciones Públicas no pudieran recabar los citados documentos, podrán solicitar nuevamente al interesado su aportación.

4. Cuando con carácter excepcional, y de acuerdo con lo previsto en esta Ley, la Administración solicitara al interesado la presentación de un documento original y éste estuviera en formato papel, el interesado deberá obtener una copia auténtica, según los requisitos establecidos en el artículo 27, con carácter previo a su presentación electrónica. La copia electrónica resultante reflejará expresamente esta circunstancia.

5. Excepcionalmente, cuando la relevancia del documento en el procedimiento lo exija o existan dudas derivadas de la calidad de la copia, las Administraciones podrán solicitar de manera motivada el cotejo de las copias aportadas por el interesado, para lo que podrán requerir la exhibición del documento o de la información original.

6. Las copias que aporten los interesados al procedimiento administrativo tendrán eficacia, exclusivamente en el ámbito de la actividad de las Administraciones Públicas.

7. Los interesados se responsabilizarán de la veracidad de los documentos que presenten.

Apdos. 2 y 3 modificados por Ley Orgánica 3/2018, de 5 de diciembre, de Protección de Datos Personales y garantía de los derechos digitales. (BOE de 06-12-2018).

CAPÍTULO II
Términos y plazos

ART. 29. Obligatoriedad de términos y plazos.

Los términos y plazos establecidos en ésta u otras leyes obligan a las autoridades y personal al servicio de las Administraciones Públicas competentes para la tramitación de los asuntos, así como a los interesados en los mismos.

Ver arts. 48.3, 73 y 76 LPAC.

ART. 30. Cómputo de plazos.

1. Salvo que por Ley o en el Derecho de la Unión Europea se disponga otro cómputo, cuando los plazos se señalen por horas, se entiende que éstas son hábiles. Son hábiles todas las horas del día que formen parte de un día hábil.

Los plazos expresados por horas se contarán de hora en hora y de minuto en minuto desde la hora y minuto en que tenga lugar la notificación o publicación del acto de que se trate y no podrán tener una duración superior a veinticuatro horas, en cuyo caso se expresarán en días.

2. Siempre que por Ley o en el Derecho de la Unión Europea no se exprese otro cómputo, cuando los plazos se señalen por días, se entiende que éstos son hábiles, excluyéndose del cómputo los sábados, los domingos y los declarados festivos.

Cuando los plazos se hayan señalado por días naturales por declararlo así una ley o por el Derecho de la Unión Europea, se hará constar esta circunstancia en las correspondientes notificaciones.

3. Los plazos expresados en días se contarán a partir del día siguiente a aquel en que tenga lugar la notificación o publicación del acto de que se trate, o desde el siguiente a aquel en que se produzca la estimación o la desestimación por silencio administrativo.

4. Si el plazo se fija en meses o años, éstos se computarán a partir del día siguiente a aquel en que tenga lugar la notificación o publicación del acto de que se trate, o desde el siguiente a aquel en que se produzca la estimación o desestimación por silencio administrativo.

El plazo concluirá el mismo día en que se produjo la notificación, publicación o silencio administrativo en el mes o el año de vencimiento. Si en el mes de vencimiento no hubiera día equivalente a aquel en que comienza el cómputo, se entenderá que el plazo expira el último día del mes.

5. Cuando el último día del plazo sea inhábil, se entenderá prorrogado al primer día hábil siguiente.

6. Cuando un día fuese hábil en el municipio o Comunidad Autónoma en que residiese el interesado, e inhábil en la sede del órgano administrativo, o a la inversa, se considerará inhábil en todo caso.

7. La Administración General del Estado y las Administraciones de las Comunidades Autónomas, con sujeción al calendario laboral oficial, fijarán, en su respectivo ámbito, el calendario de días inhábiles a efectos de cómputos de plazos. El calendario aprobado por las Comunidades Autónomas comprenderá los días inhábiles de las Entidades Locales correspondientes a su ámbito territorial, a las que será de aplicación.

Dicho calendario deberá publicarse antes del comienzo de cada año en el diario oficial que corresponda, así como en otros medios de difusión que garanticen su conocimiento generalizado.

8. La declaración de un día como hábil o inhábil a efectos de cómputo de plazos no determina por sí sola el funcionamiento de los centros de trabajo de las Administraciones Públicas, la organización del tiempo de trabajo o el régimen de jornada y horarios de las mismas.

Ver arts. 29, 32, 40, 42 y 43 LPAC.

ART. 31. Cómputo de plazos en los registros.

1. Cada Administración Pública publicará los días y el horario en el que deban permanecer abiertas las oficinas que prestarán asistencia para la presentación electrónica de documentos, garantizando el derecho de los interesados a ser asistidos en el uso de medios electrónicos.

2. El registro electrónico de cada Administración u Organismo se regirá a efectos de cómputo de los plazos, por la fecha y hora oficial de la sede electrónica de acceso, que deberá contar con las medidas de seguridad necesarias para garantizar su integridad y figurar de modo accesible y visible.

El funcionamiento del registro electrónico se regirá por las siguientes reglas:

a) Permitirá la presentación de documentos todos los días del año durante las veinticuatro horas.

b) A los efectos del cómputo de plazo fijado en días hábiles, y en lo que se refiere al cumplimiento de plazos por los interesados, la presentación en un día inhábil se entenderá realizada en la primera hora del primer día hábil siguiente salvo que una norma permita expresamente la recepción en día inhábil.

Los documentos se considerarán presentados por el orden de hora efectiva en el que lo fueron en el día inhábil. Los documentos presentados en el día inhábil se reputarán anteriores, según el mismo orden, a los que lo fueran el primer día hábil posterior.

c) El inicio del cómputo de los plazos que hayan de cumplir las Administraciones Públicas vendrá determinado por la fecha y hora de presentación en el registro electrónico de cada Administración u Organismo. En todo caso, la fecha y hora efectiva de inicio del cómputo de plazos deberá ser comunicada a quien presentó el documento.

3. La sede electrónica del registro de cada Administración Pública u Organismo, determinará, atendiendo al ámbito territorial en el que ejerce sus competencias el titular de aquélla y al calendario previsto en el artículo 30.7, los días que se considerarán inhábiles a los efectos previstos en este artículo. Este será el único calendario de días inhábiles que se aplicará a efectos del cómputo de plazos en los registros electrónicos, sin que resulte de aplicación a los mismos lo dispuesto en el artículo 30.6.

Ver arts. 6 y 16 LPAC.

ART. 32. Ampliación.

1. La Administración, salvo precepto en contrario, podrá conceder de oficio o a petición de los interesados, una ampliación de los plazos establecidos, que no exceda de la mitad de los mismos, si las circunstancias lo aconsejan y con ello no se perjudican derechos de tercero. El acuerdo de ampliación deberá ser notificado a los interesados.

2. La ampliación de los plazos por el tiempo máximo permitido se aplicará en todo caso a los procedimientos tramitados por las misiones diplomáticas y oficinas consulares, así como a aquellos que, sustanciándose en el interior, exijan cumplimentar algún trámite en el extranjero o en los que intervengan interesados residentes fuera de España.

3. Tanto la petición de los interesados como la decisión sobre la ampliación deberán producirse, en todo caso, antes del vencimiento del plazo de que se trate. En ningún caso podrá ser objeto de ampliación un plazo ya vencido. Los acuerdos sobre ampliación de plazos o sobre su denegación no serán susceptibles de recurso, sin perjuicio del procedente contra la resolución que ponga fin al procedimiento.

4. Cuando una incidencia técnica haya imposibilitado el funcionamiento ordinario del sistema o aplicación que corresponda, y hasta que se solucione el problema, la Administración podrá determinar una ampliación de los plazos no vencidos, debiendo publicar en la sede electrónica tanto la incidencia técnica acontecida como la ampliación concreta del plazo no vencido.

5. Cuando como consecuencia de un ciberincidente se hayan visto gravemente afectados los servicios y sistemas utilizados para la tramitación de los procedimientos y el ejercicio de los derechos de los interesados que prevé la normativa vigente, la Administración podrá acordar la ampliación general de plazos de los procedimientos administrativos.

Apdo. 5 se añade por Real Decreto-ley 6/2022, de 29 de marzo, por el que se adoptan medidas urgentes en el marco del Plan Nacional de respuesta a las consecuencias económicas y sociales de la guerra en Ucrania. (BOE de 30-03-2022)

Ver arts. 21 y 35.1.e) LPAC.

ART. 33. Tramitación de urgencia.

1. Cuando razones de interés público lo aconsejen, se podrá acordar, de oficio o a petición del interesado, la aplicación al procedimiento de la tramitación de urgencia, por la cual se reducirán a la mitad los plazos establecidos para el procedimiento ordinario, salvo los relativos a la presentación de solicitudes y recursos.

2. No cabrá recurso alguno contra el acuerdo que declare la aplicación de la tramitación de urgencia al procedimiento, sin perjuicio del procedente contra la resolución que ponga fin al procedimiento.

Ver arts. 35.1.e) y 96.4 LPAC.

TÍTULO III
De los actos administrativos

CAPÍTULO I
Requisitos de los actos administrativos

ART. 34. Producción y contenido.

1. Los actos administrativos que dicten las Administraciones Públicas, bien de oficio o a instancia del interesado, se producirán por el órgano competente ajustándose a los requisitos y al procedimiento establecido.

2. El contenido de los actos se ajustará a lo dispuesto por el ordenamiento jurídico y será determinado y adecuado a los fines de aquéllos.

Ver arts. 47.1.b) y 48 LPAC; 80 LJCA.

ART. 35. Motivación.

1. Serán motivados, con sucinta referencia de hechos y fundamentos de derecho:

a) Los actos que limiten derechos subjetivos o intereses legítimos.

b) Los actos que resuelvan procedimientos de revisión de oficio de disposiciones o actos administrativos, recursos administrativos y procedimientos de arbitraje y los que declaren su inadmisión.

c) Los actos que se separen del criterio seguido en actuaciones precedentes o del dictamen de órganos consultivos.

d) Los acuerdos de suspensión de actos, cualquiera que sea el motivo de ésta, así como la adopción de medidas provisionales previstas en el artículo 56.

e) Los acuerdos de aplicación de la tramitación de urgencia, de ampliación de plazos y de realización de actuaciones complementarias.

f) Los actos que rechacen pruebas propuestas por los interesados.

g) Los actos que acuerden la terminación del procedimiento por la imposibilidad material de continuarlo por causas sobrevenidas, así como los que acuerden el desistimiento por la Administración en procedimientos iniciados de oficio.

h) Las propuestas de resolución en los procedimientos de carácter sancionador, así como los actos que resuelvan procedimientos de carácter sancionador o de responsabilidad patrimonial.

i) Los actos que se dicten en el ejercicio de potestades discrecionales, así como los que deban serlo en virtud de disposición legal o reglamentaria expresa.

2. La motivación de los actos que pongan fin a los procedimientos selectivos y de concurrencia competitiva se realizará de conformidad con lo que dispongan las normas que regulen sus convocatorias, debiendo, en todo caso, quedar acreditados en el procedimiento los fundamentos de la resolución que se adopte.

Ver arts. 32, 33, 56, 106 a 108, 117 y 119 LPAC

ART. 36. Forma.

1. Los actos administrativos se producirán por escrito a través de medios electrónicos, a menos que su naturaleza exija otra forma más adecuada de expresión y constancia.

2. En los casos en que los órganos administrativos ejerzan su competencia de forma verbal, la constancia escrita del acto, cuando sea necesaria, se efectuará y firmará por el titular del órgano inferior o funcionario que la reciba oralmente, expresando en la comunicación del mismo la autoridad de la que procede. Si se tratara de resoluciones, el titular de la competencia deberá autorizar una relación de las que haya dictado de forma verbal, con expresión de su contenido.

3. Cuando deba dictarse una serie de actos administrativos de la misma naturaleza, tales como nombramientos, concesiones o licencias, podrán refundirse en un único acto, acor-

dado por el órgano competente, que especificará las personas u otras circunstancias que individualicen los efectos del acto para cada interesado.

CAPÍTULO II
Eficacia de los actos

ART. 37. Inderogabilidad singular.

1. Las resoluciones administrativas de carácter particular no podrán vulnerar lo establecido en una disposición de carácter general, aunque aquéllas procedan de un órgano de igual o superior jerarquía al que dictó la disposición general.

2. Son nulas las resoluciones administrativas que vulneren lo establecido en una disposición reglamentaria, así como aquellas que incurran en alguna de las causas recogidas en el artículo 47.

Ver arts. 9.3 CE; 128.2 LPAC; 2 CC; 70.2 y 111 LBRL.

ART. 38. Ejecutividad.

Los actos de las Administraciones Públicas sujetos al Derecho Administrativo serán ejecutivos con arreglo a lo dispuesto en esta Ley.

Ver arts. 39, 97, 98 y 117 LPAC.

ART. 39. Efectos.

1. Los actos de las Administraciones Públicas sujetos al Derecho Administrativo se presumirán válidos y producirán efectos desde la fecha en que se dicten, salvo que en ellos se disponga otra cosa.

2. La eficacia quedará demorada cuando así lo exija el contenido del acto o esté supeditada a su notificación, publicación o aprobación superior.

3. Excepcionalmente, podrá otorgarse eficacia retroactiva a los actos cuando se dicten en sustitución de actos anulados, así como cuando produzcan efectos favorables al interesado, siempre que los supuestos de hecho necesarios existieran ya en la fecha a que se retrotraiga la eficacia del acto y ésta no lesione derechos o intereses legítimos de otras personas.

4. Las normas y actos dictados por los órganos de las Administraciones Públicas en el ejercicio de su propia competencia deberán ser observadas por el resto de los órganos administrativos, aunque no dependan jerárquicamente entre sí o pertenezcan a otra Administración.

5. Cuando una Administración Pública tenga que dictar, en el ámbito de sus competencias, un acto que necesariamente tenga por base otro dictado por una Administración Pública distinta y aquélla entienda que es ilegal, podrá requerir a ésta previamente para que anule o revise el acto de acuerdo con lo dispuesto en el artículo 44 de la Ley 29/1998, de 13 de julio, reguladora de la Jurisdicción Contencioso- Administrativa, y, de rechazar el requerimiento, podrá interponer recurso contencioso-administrativo. En estos casos, quedará suspendido el procedimiento para dictar resolución.

Ver arts. 37, 38, 42, 43, 84.2, 85 y 98 LPAC.

ART. 40. Notificación.

1. El órgano que dicte las resoluciones y actos administrativos los notificará a los interesados cuyos derechos e intereses sean afectados por aquéllos, en los términos previstos en los artículos siguientes.

2. Toda notificación deberá ser cursada dentro del plazo de diez días a partir de la fecha en que el acto haya sido dictado, y deberá contener el texto íntegro de la resolución, con indicación de si pone fin o no a la vía administrativa, la expresión de los recursos que procedan, en su caso, en vía administrativa y judicial, el órgano ante el que hubieran de presentarse y el plazo para interponerlos, sin perjuicio de que los interesados puedan ejercitar, en su caso, cualquier otro que estimen procedente.

3. Las notificaciones que, conteniendo el texto íntegro del acto, omitiesen alguno de los demás requisitos previstos en el apartado anterior, surtirán efecto a partir de la fecha en que el interesado realice actuaciones que supongan el conocimiento del contenido y alcance de la resolución o acto objeto de la notificación, o interponga cualquier recurso que proceda.

4. Sin perjuicio de lo establecido en el apartado anterior, y a los solos efectos de entender cumplida la obligación de notificar dentro del plazo máximo de duración de los procedimientos, será suficiente la notificación que contenga, cuando menos, el texto íntegro de la resolución, así como el intento de notificación debidamente acreditado.

5. Las Administraciones Públicas podrán adoptar las medidas que consideren necesarias para la protección de los datos personales que consten en las resoluciones y actos administrativos, cuando éstos tengan por destinatarios a más de un interesado.

Ver arts. 4, 39, 42 y 43 LPAC.

ART. 41. Condiciones generales para la práctica de las notificaciones.

1. Las notificaciones se practicarán preferentemente por medios electrónicos y, en todo caso, cuando el interesado resulte obligado a recibirlas por esta vía.

No obstante lo anterior, las Administraciones podrán practicar las notificaciones por medios no electrónicos en los siguientes supuestos:

a) Cuando la notificación se realice con ocasión de la comparecencia espontánea del interesado o su representante en las oficinas de asistencia en materia de registro y solicite la comunicación o notificación personal en ese momento.

b) Cuando para asegurar la eficacia de la actuación administrativa resulte necesario practicar la notificación por entrega directa de un empleado público de la Administración notificante.

Con independencia del medio utilizado, las notificaciones serán válidas siempre que permitan tener constancia de su envío o puesta a disposición, de la recepción o acceso por el interesado o su representante, de sus fechas y horas, del contenido íntegro, y de la identidad fidedigna del remitente y destinatario de la misma. La acreditación de la notificación efectuada se incorporará al expediente.

Los interesados que no estén obligados a recibir notificaciones electrónicas, podrán decidir y comunicar en cualquier momento a la Administración Pública, mediante los modelos normalizados que se establezcan al efecto, que las notificaciones sucesivas se practiquen o dejen de practicarse por medios electrónicos.

Reglamentariamente, las Administraciones podrán establecer la obligación de practicar electrónicamente las notificaciones para determinados procedimientos y para ciertos colectivos de personas físicas que por razón de su capacidad económica, técnica, dedicación profesional u otros motivos quede acreditado que tienen acceso y disponibilidad de los medios electrónicos necesarios.

Adicionalmente, el interesado podrá identificar un dispositivo electrónico y/o una dirección de correo electrónico que servirán para el envío de los avisos regulados en este artículo, pero no para la práctica de notificaciones.

2. En ningún caso se efectuarán por medios electrónicos las siguientes notificaciones:

a) Aquellas en las que el acto a notificar vaya acompañado de elementos que no sean susceptibles de conversión en formato electrónico.

b) Las que contengan medios de pago a favor de los obligados, tales como cheques.

3. En los procedimientos iniciados a solicitud del interesado, la notificación se practicará por el medio señalado al efecto por aquel. Esta notificación será electrónica en los casos en los que exista obligación de relacionarse de esta forma con la Administración.

Cuando no fuera posible realizar la notificación de acuerdo con lo señalado en la solicitud, se practicará en cualquier lugar adecuado a tal fin, y por cualquier medio que permita tener constancia de la recepción por el interesado o su representante, así como de la fecha, la identidad y el contenido del acto notificado.

4. En los procedimientos iniciados de oficio, a los solos efectos de su iniciación, las Administraciones Públicas podrán recabar, mediante consulta a las bases de datos del Instituto Nacional de Estadística, los datos sobre el domicilio del interesado recogidos en el Padrón Municipal, remitidos por las Entidades Locales en aplicación de lo previsto en la Ley 7/1985, de 2 de abril, reguladora de las Bases del Régimen Local.

5. Cuando el interesado o su representante rechace la notificación de una actuación administrativa, se hará constar en el expediente, especificándose las circunstancias del intento de notificación y el medio, dando por efectuado el trámite y siguiéndose el procedimiento.

6. Con independencia de que la notificación se realice en papel o por medios electrónicos, las Administraciones Públicas enviarán un aviso al dispositivo electrónico y/o a la dirección de correo electrónico del interesado que éste haya comunicado, informándole de la puesta

a disposición de una notificación en la sede electrónica de la Administración u Organismo correspondiente o en la dirección electrónica habilitada única. La falta de práctica de este aviso no impedirá que la notificación sea considerada plenamente válida.

7. Cuando el interesado fuera notificado por distintos cauces, se tomará como fecha de notificación la de aquélla que se hubiera producido en primer lugar.

ART. 42. Práctica de las notificaciones en papel.

1. Todas las notificaciones que se practiquen en papel deberán ser puestas a disposición del interesado en la sede electrónica de la Administración u Organismo actuante para que pueda acceder al contenido de las mismas de forma voluntaria.

2. Cuando la notificación se practique en el domicilio del interesado, de no hallarse presente éste en el momento de entregarse la notificación, podrá hacerse cargo de la misma cualquier persona mayor de catorce años que se encuentre en el domicilio y haga constar su identidad. Si nadie se hiciera cargo de la notificación, se hará constar esta circunstancia en el expediente, junto con el día y la hora en que se intentó la notificación, intento que se repetirá por una sola vez y en una hora distinta dentro de los tres días siguientes. En caso de que el primer intento de notificación se haya realizado antes de las quince horas, el segundo intento deberá realizarse después de las quince horas y viceversa, dejando en todo caso al menos un margen de diferencia de tres horas entre ambos intentos de notificación. Si el segundo intento también resultara infructuoso, se procederá en la forma prevista en el artículo 44.

3. Cuando el interesado accediera al contenido de la notificación en sede electrónica, se le ofrecerá la posibilidad de que el resto de notificaciones se puedan realizar a través de medios electrónicos.

Ver arts. 39, 40 y 43 LPAC.

ART. 43. Práctica de las notificaciones a través de medios electrónicos.

1. Las notificaciones por medios electrónicos se practicarán mediante comparecencia en la sede electrónica de la Administración u Organismo actuante, a través de la dirección electrónica habilitada única o mediante ambos sistemas, según disponga cada Administración u Organismo.

A los efectos previstos en este artículo, se entiende por comparecencia en la sede electrónica, el acceso por el interesado o su representante debidamente identificado al contenido de la notificación.

2. Las notificaciones por medios electrónicos se entenderán practicadas en el momento en que se produzca el acceso a su contenido.

Cuando la notificación por medios electrónicos sea de carácter obligatorio, o haya sido expresamente elegida por el interesado, se entenderá rechazada cuando hayan transcurrido diez días naturales desde la puesta a disposición de la notificación sin que se acceda a su contenido.

3. Se entenderá cumplida la obligación a la que se refiere el artículo 40.4 con la puesta a disposición de la notificación en la sede electrónica de la Administración u Organismo actuante o en la dirección electrónica habilitada única.

4. Los interesados podrán acceder a las notificaciones desde el Punto de Acceso General electrónico de la Administración, que funcionará como un portal de acceso.

Ver arts. 39, 40 y 42 LPAC.

ART. 44. Notificación infructuosa.

Cuando los interesados en un procedimiento sean desconocidos, se ignore el lugar de la notificación o bien, intentada ésta, no se hubiese podido practicar, la notificación se hará por medio de un anuncio publicado en el «Boletín Oficial del Estado».

Asimismo, previamente y con carácter facultativo, las Administraciones podrán publicar un anuncio en el boletín oficial de la Comunidad Autónoma o de la Provincia, en el tablón de edictos del Ayuntamiento del último domicilio del interesado o del Consulado o Sección Consular de la Embajada correspondiente.

Las Administraciones Públicas podrán establecer otras formas de notificación complementarias a través de los restantes medios de difusión, que no excluirán la obligación de publicar el correspondiente anuncio en el «Boletín Oficial del Estado».

ART. 45. Publicación.

1. Los actos administrativos serán objeto de publicación cuando así lo establezcan las normas reguladoras de cada procedimiento o cuando lo aconsejen razones de interés público apreciadas por el órgano competente.

En todo caso, los actos administrativos serán objeto de publicación, surtiendo ésta los efectos de la notificación, en los siguientes casos:

a) Cuando el acto tenga por destinatario a una pluralidad indeterminada de personas o cuando la Administración estime que la notificación efectuada a un solo interesado es insuficiente para garantizar la notificación a todos, siendo, en este último caso, adicional a la individualmente realizada.

b) Cuando se trate de actos integrantes de un procedimiento selectivo o de concurrencia competitiva de cualquier tipo. En este caso, la convocatoria del procedimiento deberá indicar el medio donde se efectuarán las sucesivas publicaciones, careciendo de validez las que se lleven a cabo en lugares distintos.

2. La publicación de un acto deberá contener los mismos elementos que el artículo 40.2 exige respecto de las notificaciones. Será también aplicable a la publicación lo establecido en el apartado 3 del mismo artículo.

En los supuestos de publicaciones de actos que contengan elementos comunes, podrán publicarse de forma conjunta los aspectos coincidentes, especificándose solamente los aspectos individuales de cada acto.

3. La publicación de los actos se realizará en el diario oficial que corresponda, según cual sea la Administración de la que proceda el acto a notificar.

4. Sin perjuicio de lo dispuesto en el artículo 44, la publicación de actos y comunicaciones que, por disposición legal o reglamentaria deba practicarse en tablón de anuncios o edictos, se entenderá cumplida por su publicación en el Diario oficial correspondiente.

Ver arts. 40, 42, 43 y 46 LPAC; 2 CC.

ART. 46. Indicación de notificaciones y publicaciones.

Si el órgano competente apreciase que la notificación por medio de anuncios o la publicación de un acto lesiona derechos o intereses legítimos, se limitará a publicar en el Diario oficial que corresponda una somera indicación del contenido del acto y del lugar donde los interesados podrán comparecer, en el plazo que se establezca, para conocimiento del contenido íntegro del mencionado acto y constancia de tal conocimiento.

Adicionalmente y de manera facultativa, las Administraciones podrán establecer otras formas de notificación complementarias a través de los restantes medios de difusión que no excluirán la obligación de publicar en el correspondiente Diario oficial.

Ver arts. 41.5, 44 y 45 LPAC.

CAPÍTULO III
Nulidad y anulabilidad

ART. 47. Nulidad de pleno derecho.

1. Los actos de las Administraciones Públicas son nulos de pleno derecho en los casos siguientes:

a) Los que lesionen los derechos y libertades susceptibles de amparo constitucional.

b) Los dictados por órgano manifiestamente incompetente por razón de la materia o del territorio.

c) Los que tengan un contenido imposible.

d) Los que sean constitutivos de infracción penal o se dicten como consecuencia de ésta.

e) Los dictados prescindiendo total y absolutamente del procedimiento legalmente establecido o de las normas que contienen las reglas esenciales para la formación de la voluntad de los órganos colegiados.

f) Los actos expresos o presuntos contrarios al ordenamiento jurídico por los que se adquieren facultades o derechos cuando se carezca de los requisitos esenciales para su adquisición.

g) Cualquier otro que se establezca expresamente en una disposición con rango de Ley.

2. También serán nulas de pleno derecho las disposiciones administrativas que vulneren la Constitución, las leyes u otras disposiciones administrativas de rango superior, las que

regulen materias reservadas a la Ley, y las que establezcan la retroactividad de disposiciones sancionadoras no favorables o restrictivas de derechos individuales.

Ver arts. 9.3, 14 a 30 y 53 CE; arts. 114 a 122 bis LJCA; art. 41 LOTC; 24, 34, y 128.2, 53 LPAC; 1 CC.

ART. 48. Anulabilidad.

1. Son anulables los actos de la Administración que incurran en cualquier infracción del ordenamiento jurídico, incluso la desviación de poder.

2. No obstante, el defecto de forma sólo determinará la anulabilidad cuando el acto carezca de los requisitos formales indispensables para alcanzar su fin o dé lugar a la indefensión de los interesados.

3. La realización de actuaciones administrativas fuera del tiempo establecido para ellas sólo implicará la anulabilidad del acto cuando así lo imponga la naturaleza del término o plazo.

Ver arts. 29, 34 y 122 LPAC y 70 LJCA.

ART. 49. Límites a la extensión de la nulidad o anulabilidad de los actos.

1. La nulidad o anulabilidad de un acto no implicará la de los sucesivos en el procedimiento que sean independientes del primero.

2. La nulidad o anulabilidad en parte del acto administrativo no implicará la de las partes del mismo independientes de aquélla, salvo que la parte viciada sea de tal importancia que sin ella el acto administrativo no hubiera sido dictado.

Ver arts. 47 y 48 LPAC.

ART. 50. Conversión de actos viciados.

Los actos nulos o anulables que, sin embargo, contengan los elementos constitutivos de otro distinto producirán los efectos de éste.

Ver arts. 47 a 49 LPAC.

ART. 51. Conservación de actos y trámites.

El órgano que declare la nulidad o anule las actuaciones dispondrá siempre la conservación de aquellos actos y trámites cuyo contenido se hubiera mantenido igual de no haberse cometido la infracción.

Ver arts. 47 a 50 LPAC.

ART. 52. Convalidación.

1. La Administración podrá convalidar los actos anulables, subsanando los vicios de que adolezcan.

2. El acto de convalidación producirá efecto desde su fecha, salvo lo dispuesto en el artículo 39.3 para la retroactividad de los actos administrativos.

3. Si el vicio consistiera en incompetencia no determinante de nulidad, la convalidación podrá realizarse por el órgano competente cuando sea superior jerárquico del que dictó el acto viciado.

4. Si el vicio consistiese en la falta de alguna autorización, podrá ser convalidado el acto mediante el otorgamiento de la misma por el órgano competente.

Ver arts. 39 y 47 LPAC.

TÍTULO IV
De las disposiciones sobre el procedimiento administrativo común

CAPÍTULO I
Garantías del procedimiento

ART. 53. Derechos del interesado en el procedimiento administrativo.

1. Además del resto de derechos previstos en esta Ley, los interesados en un procedimiento administrativo, tienen los siguientes derechos:

a) A conocer, en cualquier momento, el estado de la tramitación de los procedimientos en los que tengan la condición de interesados; el sentido del silencio administrativo que corresponda, en caso de que la Administración no dicte ni notifique resolución expresa en plazo; el órgano competente para su instrucción, en su caso, y resolución; y los actos de trámite dictados. Asimismo, también tendrán derecho a acceder y a obtener copia de los documentos contenidos en los citados procedimientos.

Quienes se relacionen con las Administraciones Públicas a través de medios electrónicos, tendrán derecho a consultar la información a la que se refiere el párrafo anterior, en el Punto de Acceso General electrónico de la Administración que funcionará como un portal de acceso. Se entenderá cumplida la obligación de la Administración de facilitar copias de los documentos contenidos en los procedimientos mediante la puesta a disposición de las mismas en el Punto de Acceso General electrónico de la Administración competente o en las sedes electrónicas que correspondan.

b) A identificar a las autoridades y al personal al servicio de las Administraciones Públicas bajo cuya responsabilidad se tramiten los procedimientos.

c) A no presentar documentos originales salvo que, de manera excepcional, la normativa reguladora aplicable establezca lo contrario. En caso de que, excepcionalmente, deban presentar un documento original, tendrán derecho a obtener una copia autenticada de éste.

d) A no presentar datos y documentos no exigidos por las normas aplicables al procedimiento de que se trate, que ya se encuentren en poder de las Administraciones Públicas o que hayan sido elaborados por éstas.

e) A formular alegaciones, utilizar los medios de defensa admitidos por el Ordenamiento Jurídico, y a aportar documentos en cualquier fase del procedimiento anterior al trámite de audiencia, que deberán ser tenidos en cuenta por el órgano competente al redactar la propuesta de resolución.

f) A obtener información y orientación acerca de los requisitos jurídicos o técnicos que las disposiciones vigentes impongan a los proyectos, actuaciones o solicitudes que se propongan realizar.

g) A actuar asistidos de asesor cuando lo consideren conveniente en defensa de sus intereses.

h) A cumplir las obligaciones de pago a través de los medios electrónicos previstos en el artículo 98.2.

i) Cualesquiera otros que les reconozcan la Constitución y las leyes.

2. Además de los derechos previstos en el apartado anterior, en el caso de procedimientos administrativos de naturaleza sancionadora, los presuntos responsables tendrán los siguientes derechos:

a) A ser notificado de los hechos que se le imputen, de las infracciones que tales hechos puedan constituir y de las sanciones que, en su caso, se les pudieran imponer, así como de la identidad del instructor, de la autoridad competente para imponer la sanción y de la norma que atribuya tal competencia.

b) A la presunción de no existencia de responsabilidad administrativa mientras no se demuestre lo contrario.

Ver art. 24 CE; 13 LPAC.

CAPÍTULO II
Iniciación del procedimiento

Sección 1.ª Disposiciones generales

ART. 54. Clases de iniciación.

Los procedimientos podrán iniciarse de oficio o a solicitud del interesado.

Ver arts. 58, 66 y 68 LPAC.

ART. 55. Información y actuaciones previas.

1. Con anterioridad al inicio del procedimiento, el órgano competente podrá abrir un período de información o actuaciones previas con el fin de conocer las circunstancias del caso concreto y la conveniencia o no de iniciar el procedimiento.

2. En el caso de procedimientos de naturaleza sancionadora las actuaciones previas se orientarán a determinar, con la mayor precisión posible, los hechos susceptibles de motivar la incoación del procedimiento, la identificación de la persona o personas que pudieran resultar responsables y las circunstancias relevantes que concurran en unos y otros.

Las actuaciones previas serán realizadas por los órganos que tengan atribuidas funciones de investigación, averiguación e inspección en la materia y, en defecto de éstos, por la persona u órgano administrativo que se determine por el órgano competente para la iniciación o resolución del procedimiento.

ART. 56. Medidas provisionales.

1. Iniciado el procedimiento, el órgano administrativo competente para resolver, podrá adoptar, de oficio o a instancia de parte y de forma motivada, las medidas provisionales que estime oportunas para asegurar la eficacia de la resolución que pudiera recaer, si existiesen elementos de juicio suficientes para ello, de acuerdo con los principios de proporcionalidad, efectividad y menor onerosidad.

2. Antes de la iniciación del procedimiento administrativo, el órgano competente para iniciar o instruir el procedimiento, de oficio o a instancia de parte, en los casos de urgencia inaplazable y para la protección provisional de los intereses implicados, podrá adoptar de forma motivada las medidas provisionales que resulten necesarias y proporcionadas. Las medidas provisionales deberán ser confirmadas, modificadas o levantadas en el acuerdo de iniciación del procedimiento, que deberá efectuarse dentro de los quince días siguientes a su adopción, el cual podrá ser objeto del recurso que proceda.

En todo caso, dichas medidas quedarán sin efecto si no se inicia el procedimiento en dicho plazo o cuando el acuerdo de iniciación no contenga un pronunciamiento expreso acerca de las mismas.

3. De acuerdo con lo previsto en los dos apartados anteriores, podrán acordarse las siguientes medidas provisionales, en los términos previstos en la Ley 1/2000, de 7 de enero, de Enjuiciamiento Civil:

a) Suspensión temporal de actividades.

b) Prestación de fianzas.

c) Retirada o intervención de bienes productivos o suspensión temporal de servicios por razones de sanidad, higiene o seguridad, el cierre temporal del establecimiento por estas u otras causas previstas en la normativa reguladora aplicable.

d) Embargo preventivo de bienes, rentas y cosas fungibles computables en metálico por aplicación de precios ciertos.

e) El depósito, retención o inmovilización de cosa mueble.

f) La intervención y depósito de ingresos obtenidos mediante una actividad que se considere ilícita y cuya prohibición o cesación se pretenda.

g) Consignación o constitución de depósito de las cantidades que se reclamen.

h) La retención de ingresos a cuenta que deban abonar las Administraciones Públicas.

i) Aquellas otras medidas que, para la protección de los derechos de los interesados, prevean expresamente las leyes, o que se estimen necesarias para asegurar la efectividad de la resolución.

4. No se podrán adoptar medidas provisionales que puedan causar perjuicio de difícil o imposible reparación a los interesados o que impliquen violación de derechos amparados por las leyes.

5. Las medidas provisionales podrán ser alzadas o modificadas durante la tramitación del procedimiento, de oficio o a instancia de parte, en virtud de circunstancias sobrevenidas o que no pudieron ser tenidas en cuenta en el momento de su adopción.

En todo caso, se extinguirán cuando surta efectos la resolución administrativa que ponga fin al procedimiento correspondiente.

Ver arts. 35.1.d), 58, 64, 66, 90, 108 y 117 LPAC; 129 y ss. LJCA.

ART. 57. Acumulación.

El órgano administrativo que inicie o tramite un procedimiento, cualquiera que haya sido la forma de su iniciación, podrá disponer, de oficio o a instancia de parte, su acumulación a otros con los que guarde identidad sustancial o íntima conexión, siempre que sea el mismo órgano quien deba tramitar y resolver el procedimiento.

Contra el acuerdo de acumulación no procederá recurso alguno.

Sección 2.ª Iniciación del procedimiento de oficio por la administración

ART. 58. Iniciación de oficio.

Los procedimientos se iniciarán de oficio por acuerdo del órgano competente, bien por propia iniciativa o como consecuencia de orden superior, a petición razonada de otros órganos o por denuncia.

Ver arts. 54 y 56 LPAC.

ART. 59. Inicio del procedimiento a propia iniciativa.

Se entiende por propia iniciativa, la actuación derivada del conocimiento directo o indirecto de las circunstancias, conductas o hechos objeto del procedimiento por el órgano que tiene atribuida la competencia de iniciación.

ART. 60. Inicio del procedimiento como consecuencia de orden superior.

1. Se entiende por orden superior, la emitida por un órgano administrativo superior jerárquico del competente para la iniciación del procedimiento.

2. En los procedimientos de naturaleza sancionadora, la orden expresará, en la medida de lo posible, la persona o personas presuntamente responsables; las conductas o hechos que pudieran constituir infracción administrativa y su tipificación; así como el lugar, la fecha, fechas o período de tiempo continuado en que los hechos se produjeron.

ART. 61. Inicio del procedimiento por petición razonada de otros órganos.

1. Se entiende por petición razonada, la propuesta de iniciación del procedimiento formulada por cualquier órgano administrativo que no tiene competencia para iniciar el mismo y que ha tenido conocimiento de las circunstancias, conductas o hechos objeto del procedimiento, bien ocasionalmente o bien por tener atribuidas funciones de inspección, averiguación o investigación.

2. La petición no vincula al órgano competente para iniciar el procedimiento, si bien deberá comunicar al órgano que la hubiera formulado los motivos por los que, en su caso, no procede la iniciación.

3. En los procedimientos de naturaleza sancionadora, las peticiones deberán especificar, en la medida de lo posible, la persona o personas presuntamente responsables; las conductas o hechos que pudieran constituir infracción administrativa y su tipificación; así como el lugar, la fecha, fechas o período de tiempo continuado en que los hechos se produjeron.

4. En los procedimientos de responsabilidad patrimonial, la petición deberá individualizar la lesión producida en una persona o grupo de personas, su relación de causalidad con el funcionamiento del servicio público, su evaluación económica si fuera posible, y el momento en que la lesión efectivamente se produjo.

ART. 62. Inicio del procedimiento por denuncia.

1. Se entiende por denuncia, el acto por el que cualquier persona, en cumplimiento o no de una obligación legal, pone en conocimiento de un órgano administrativo la existencia de un determinado hecho que pudiera justificar la iniciación de oficio de un procedimiento administrativo.

2. Las denuncias deberán expresar la identidad de la persona o personas que las presentan y el relato de los hechos que se ponen en conocimiento de la Administración. Cuando dichos hechos pudieran constituir una infracción administrativa, recogerán la fecha de su comisión y, cuando sea posible, la identificación de los presuntos responsables.

3. Cuando la denuncia invocara un perjuicio en el patrimonio de las Administraciones Públicas la no iniciación del procedimiento deberá ser motivada y se notificará a los denunciantes la decisión de si se ha iniciado o no el procedimiento.

4. Cuando el denunciante haya participado en la comisión de una infracción de esta naturaleza y existan otros infractores, el órgano competente para resolver el procedimiento deberá eximir al denunciante del pago de la multa que le correspondería u otro tipo de sanción de carácter no pecuniario, cuando sea el primero en aportar elementos de prueba que permitan iniciar el procedimiento o comprobar la infracción, siempre y cuando en el momento de aportarse aquellos no se disponga de elementos suficientes para ordenar la misma y se repare el perjuicio causado.

Asimismo, el órgano competente para resolver deberá reducir el importe del pago de la multa que le correspondería o, en su caso, la sanción de carácter no pecuniario, cuando no cumpliéndose alguna de las condiciones anteriores, el denunciante facilite elementos de prueba que aporten un valor añadido significativo respecto de aquellos de los que se disponga.

En ambos casos será necesario que el denunciante cese en la participación de la infracción y no haya destruido elementos de prueba relacionados con el objeto de la denuncia.

5. La presentación de una denuncia no confiere, por sí sola, la condición de interesado en el procedimiento.

ART. 63. Especialidades en el inicio de los procedimientos de naturaleza sancionadora.

1. Los procedimientos de naturaleza sancionadora se iniciarán siempre de oficio por acuerdo del órgano competente y establecerán la debida separación entre la fase instructora y la sancionadora, que se encomendará a órganos distintos.

Se considerará que un órgano es competente para iniciar el procedimiento cuando así lo determinen las normas reguladoras del mismo.

2. En ningún caso se podrá imponer una sanción sin que se haya tramitado el oportuno procedimiento.

3. No se podrán iniciar nuevos procedimientos de carácter sancionador por hechos o conductas tipificadas como infracciones en cuya comisión el infractor persista de forma continuada, en tanto no haya recaído una primera resolución sancionadora, con carácter ejecutivo.

ART. 64. Acuerdo de iniciación en los procedimientos de naturaleza sancionadora.

1. El acuerdo de iniciación se comunicará al instructor del procedimiento, con traslado de cuantas actuaciones existan al respecto, y se notificará a los interesados, entendiendo en todo caso por tal al inculpado.

Asimismo, la incoación se comunicará al denunciante cuando las normas reguladoras del procedimiento así lo prevean.

2. El acuerdo de iniciación deberá contener al menos:

a) Identificación de la persona o personas presuntamente responsables.

b) Los hechos que motivan la incoación del procedimiento, su posible calificación y las sanciones que pudieran corresponder, sin perjuicio de lo que resulte de la instrucción.

c) Identificación del instructor y, en su caso, Secretario del procedimiento, con expresa indicación del régimen de recusación de los mismos.

d) Órgano competente para la resolución del procedimiento y norma que le atribuya tal competencia, indicando la posibilidad de que el presunto responsable pueda reconocer voluntariamente su responsabilidad, con los efectos previstos en el artículo 85.

e) Medidas de carácter provisional que se hayan acordado por el órgano competente para iniciar el procedimiento sancionador, sin perjuicio de las que se puedan adoptar durante el mismo de conformidad con el artículo 56.

f) Indicación del derecho a formular alegaciones y a la audiencia en el procedimiento y de los plazos para su ejercicio, así como indicación de que, en caso de no efectuar alegaciones en el plazo previsto sobre el contenido del acuerdo de iniciación, éste podrá ser considerado propuesta de resolución cuando contenga un pronunciamiento preciso acerca de la responsabilidad imputada.

3. Excepcionalmente, cuando en el momento de dictar el acuerdo de iniciación no existan elementos suficientes para la calificación inicial de los hechos que motivan la incoación del procedimiento, la citada calificación podrá realizarse en una fase posterior mediante la elaboración de un Pliego de cargos, que deberá ser notificado a los interesados.

Ver arts. 112 y 114 LPAC; 32 a 34, 36 y 37 LRJSP.

ART. 65. Especialidades en el inicio de oficio de los procedimientos de responsabilidad patrimonial.

1. Cuando las Administraciones Públicas decidan iniciar de oficio un procedimiento de responsabilidad patrimonial será necesario que no haya prescrito el derecho a la reclamación del interesado al que se refiere el artículo 67.

2. El acuerdo de iniciación del procedimiento se notificará a los particulares presuntamente lesionados, concediéndoles un plazo de diez días para que aporten cuantas alega-

ciones, documentos o información estimen conveniente a su derecho y propongan cuantas pruebas sean pertinentes para el reconocimiento del mismo. El procedimiento iniciado se instruirá aunque los particulares presuntamente lesionados no se personen en el plazo establecido.

Ver arts. 112 y 114 LPAC; 32 a 34, 36 y 37 LRJSP.

Sección 3.ª Inicio del procedimiento a solicitud del interesado

ART. 66. Solicitudes de iniciación.

1. Las solicitudes que se formulen deberán contener:

a) Nombre y apellidos del interesado y, en su caso, de la persona que lo represente.

b) Identificación del medio electrónico, o en su defecto, lugar físico en que desea que se practique la notificación. Adicionalmente, los interesados podrán aportar su dirección de correo electrónico y/o dispositivo electrónico con el fin de que las Administraciones Públicas les avisen del envío o puesta a disposición de la notificación.

c) Hechos, razones y petición en que se concrete, con toda claridad, la solicitud.

d) Lugar y fecha.

e) Firma del solicitante o acreditación de la autenticidad de su voluntad expresada por cualquier medio.

f) Órgano, centro o unidad administrativa a la que se dirige y su correspondiente código de identificación.

Las oficinas de asistencia en materia de registros estarán obligadas a facilitar a los interesados el código de identificación si el interesado lo desconoce. Asimismo, las Administraciones Públicas deberán mantener y actualizar en la sede electrónica correspondiente un listado con los códigos de identificación vigentes.

2. Cuando las pretensiones correspondientes a una pluralidad de personas tengan un contenido y fundamento idéntico o sustancialmente similar, podrán ser formuladas en una única solicitud, salvo que las normas reguladoras de los procedimientos específicos dispongan otra cosa.

3. De las solicitudes, comunicaciones y escritos que presenten los interesados electrónicamente o en las oficinas de asistencia en materia de registros de la Administración, podrán éstos exigir el correspondiente recibo que acredite la fecha y hora de presentación.

4. Las Administraciones Públicas deberán establecer modelos y sistemas de presentación masiva que permitan a los interesados presentar simultáneamente varias solicitudes. Estos modelos, de uso voluntario, estarán a disposición de los interesados en las correspondientes sedes electrónicas y en las oficinas de asistencia en materia de registros de las Administraciones Públicas.

Los solicitantes podrán acompañar los elementos que estimen convenientes para precisar o completar los datos del modelo, los cuales deberán ser admitidos y tenidos en cuenta por el órgano al que se dirijan.

5. Los sistemas normalizados de solicitud podrán incluir comprobaciones automáticas de la información aportada respecto de datos almacenados en sistemas propios o pertenecientes a otras Administraciones u ofrecer el formulario cumplimentado, en todo o en parte, con objeto de que el interesado verifique la información y, en su caso, la modifique y complete.

6. Cuando la Administración en un procedimiento concreto establezca expresamente modelos específicos de presentación de solicitudes, éstos serán de uso obligatorio por los interesados.

Ver art. 7 LPAC.

ART. 67. Solicitudes de iniciación en los procedimientos de responsabilidad patrimonial.

1. Los interesados sólo podrán solicitar el inicio de un procedimiento de responsabilidad patrimonial, cuando no haya prescrito su derecho a reclamar. El derecho a reclamar prescribirá al año de producido el hecho o el acto que motive la indemnización o se manifieste su efecto lesivo. En caso de daños de carácter físico o psíquico a las personas, el plazo empezará a computarse desde la curación o la determinación del alcance de las secuelas.

En los casos en que proceda reconocer derecho a indemnización por anulación en vía administrativa o contencioso-administrativa de un acto o disposición de carácter general, el derecho a reclamar prescribirá al año de haberse notificado la resolución administrativa o la sentencia definitiva.

En los casos de responsabilidad patrimonial a que se refiere el artículo 32, apartados 4 y 5, de la Ley de Régimen Jurídico del Sector Público, el derecho a reclamar prescribirá al año de la publicación en el «Boletín Oficial del Estado» o en el «Diario Oficial de la Unión Europea», según el caso, de la sentencia que declare la inconstitucionalidad de la norma o su carácter contrario al Derecho de la Unión Europea.

2. Además de lo previsto en el artículo 66, en la solicitud que realicen los interesados se deberán especificar las lesiones producidas, la presunta relación de causalidad entre éstas y el funcionamiento del servicio público, la evaluación económica de la responsabilidad patrimonial, si fuera posible, y el momento en que la lesión efectivamente se produjo, e irá acompañada de cuantas alegaciones, documentos e informaciones se estimen oportunos y de la proposición de prueba, concretando los medios de que pretenda valerse el reclamante.

ART. 68. Subsanación y mejora de la solicitud.

1. Si la solicitud de iniciación no reúne los requisitos que señala el artículo 66, y, en su caso, los que señala el artículo 67 u otros exigidos por la legislación específica aplicable, se requerirá al interesado para que, en un plazo de diez días, subsane la falta o acompañe los documentos preceptivos, con indicación de que, si así no lo hiciera, se le tendrá por desistido de su petición, previa resolución que deberá ser dictada en los términos previstos en el artículo 21.

2. Siempre que no se trate de procedimientos selectivos o de concurrencia competitiva, este plazo podrá ser ampliado prudencialmente, hasta cinco días, a petición del interesado o a iniciativa del órgano, cuando la aportación de los documentos requeridos presente dificultades especiales.

3. En los procedimientos iniciados a solicitud de los interesados, el órgano competente podrá recabar del solicitante la modificación o mejora voluntarias de los términos de aquélla. De ello se levantará acta sucinta, que se incorporará al procedimiento.

4. Si alguno de los sujetos a los que hace referencia el artículo 14.2 y 14.3 presenta su solicitud presencialmente, las Administraciones Públicas requerirán al interesado para que la subsane a través de su presentación electrónica. A estos efectos, se considerará como fecha de presentación de la solicitud aquella en la que haya sido realizada la subsanación

Ver arts. 14.2, 14.3, 21, 52, 66, 67 y 94 LPAC.

ART. 69. Declaración responsable y comunicación.

1. A los efectos de esta Ley, se entenderá por declaración responsable el documento suscrito por un interesado en el que éste manifiesta, bajo su responsabilidad, que cumple con los requisitos establecidos en la normativa vigente para obtener el reconocimiento de un derecho o facultad o para su ejercicio, que dispone de la documentación que así lo acredita, que la pondrá a disposición de la Administración cuando le sea requerida, y que se compromete a mantener el cumplimiento de las anteriores obligaciones durante el período de tiempo inherente a dicho reconocimiento o ejercicio.

Los requisitos a los que se refiere el párrafo anterior deberán estar recogidos de manera expresa, clara y precisa en la correspondiente declaración responsable. Las Administraciones podrán requerir en cualquier momento que se aporte la documentación que acredite el cumplimiento de los mencionados requisitos y el interesado deberá aportarla.

2. A los efectos de esta Ley, se entenderá por comunicación aquel documento mediante el que los interesados ponen en conocimiento de la Administración Pública competente sus datos identificativos o cualquier otro dato relevante para el inicio de una actividad o el ejercicio de un derecho.

3. Las declaraciones responsables y las comunicaciones permitirán, el reconocimiento o ejercicio de un derecho o bien el inicio de una actividad, desde el día de su presentación, sin perjuicio de las facultades de comprobación, control e inspección que tengan atribuidas las Administraciones Públicas.

No obstante lo dispuesto en el párrafo anterior, la comunicación podrá presentarse dentro de un plazo posterior al inicio de la actividad cuando la legislación correspondiente lo prevea expresamente.

4. La inexactitud, falsedad u omisión, de carácter esencial, de cualquier dato o información que se incorpore a una declaración responsable o a una comunicación, o la no presen-

tación ante la Administración competente de la declaración responsable, la documentación que sea en su caso requerida para acreditar el cumplimiento de lo declarado, o la comunicación, determinará la imposibilidad de continuar con el ejercicio del derecho o actividad afectada desde el momento en que se tenga constancia de tales hechos, sin perjuicio de las responsabilidades penales, civiles o administrativas a que hubiera lugar.

Asimismo, la resolución de la Administración Pública que declare tales circunstancias podrá determinar la obligación del interesado de restituir la situación jurídica al momento previo al reconocimiento o al ejercicio del derecho o al inicio de la actividad correspondiente, así como la imposibilidad de instar un nuevo procedimiento con el mismo objeto durante un período de tiempo determinado por la ley, todo ello conforme a los términos establecidos en las normas sectoriales de aplicación.

5. Las Administraciones Públicas tendrán permanentemente publicados y actualizados modelos de declaración responsable y de comunicación, fácilmente accesibles a los interesados.

6. Únicamente será exigible, bien una declaración responsable, bien una comunicación para iniciar una misma actividad u obtener el reconocimiento de un mismo derecho o facultad para su ejercicio, sin que sea posible la exigencia de ambas acumulativamente.

CAPÍTULO III
Ordenación del procedimiento

ART. 70. Expediente Administrativo.

1. Se entiende por expediente administrativo el conjunto ordenado de documentos y actuaciones que sirven de antecedente y fundamento a la resolución administrativa, así como las diligencias encaminadas a ejecutarla.

2. Los expedientes tendrán formato electrónico y se formarán mediante la agregación ordenada de cuantos documentos, pruebas, dictámenes, informes, acuerdos, notificaciones y demás diligencias deban integrarlos, así como un índice numerado de todos los documentos que contenga cuando se remita. Asimismo, deberá constar en el expediente copia electrónica certificada de la resolución adoptada.

3. Cuando en virtud de una norma sea preciso remitir el expediente electrónico, se hará de acuerdo con lo previsto en el Esquema Nacional de Interoperabilidad y en las correspondientes Normas Técnicas de Interoperabilidad, y se enviará completo, foliado, autentificado y acompañado de un índice, asimismo autentificado, de los documentos que contenga. La autenticación del citado índice garantizará la integridad e inmutabilidad del expediente electrónico generado desde el momento de su firma y permitirá su recuperación siempre que sea preciso, siendo admisible que un mismo documento forme parte de distintos expedientes electrónicos.

4. No formará parte del expediente administrativo la información que tenga carácter auxiliar o de apoyo, como la contenida en aplicaciones, ficheros y bases de datos informáticas, notas, borradores, opiniones, resúmenes, comunicaciones e informes internos o entre órganos o entidades administrativas, así como los juicios de valor emitidos por las Administraciones Públicas, salvo que se trate de informes, preceptivos y facultativos, solicitados antes de la resolución administrativa que ponga fin al procedimiento.

ART. 71. Impulso.

1. El procedimiento, sometido al principio de celeridad, se impulsará de oficio en todos sus trámites y a través de medios electrónicos, respetando los principios de transparencia y publicidad.

2. En el despacho de los expedientes se guardará el orden riguroso de incoación en asuntos de homogénea naturaleza, salvo que por el titular de la unidad administrativa se dé orden motivada en contrario, de la que quede constancia.

El incumplimiento de lo dispuesto en el párrafo anterior dará lugar a la exigencia de responsabilidad disciplinaria del infractor y, en su caso, será causa de remoción del puesto de trabajo.

3. Las personas designadas como órgano instructor o, en su caso, los titulares de las unidades administrativas que tengan atribuida tal función serán responsables directos de la tramitación del procedimiento y, en especial, del cumplimiento de los plazos establecidos.

Ver art. 20 LPAC.

ART. 72. Concentración de trámites.

1. De acuerdo con el principio de simplificación administrativa, se acordarán en un solo acto todos los trámites que, por su naturaleza, admitan un impulso simultáneo y no sea obligado su cumplimiento sucesivo.

2. Al solicitar los trámites que deban ser cumplidos por otros órganos, deberá consignarse en la comunicación cursada el plazo legal establecido al efecto.

ART. 73. Cumplimiento de trámites.

1. Los trámites que deban ser cumplimentados por los interesados deberán realizarse en el plazo de diez días a partir del siguiente al de la notificación del correspondiente acto, salvo en el caso de que en la norma correspondiente se fije plazo distinto.

2. En cualquier momento del procedimiento, cuando la Administración considere que alguno de los actos de los interesados no reúne los requisitos necesarios, lo pondrá en conocimiento de su autor, concediéndole un plazo de diez días para cumplimentarlo.

3. A los interesados que no cumplan lo dispuesto en los apartados anteriores, se les podrá declarar decaídos en su derecho al trámite correspondiente. No obstante, se admitirá la actuación del interesado y producirá sus efectos legales, si se produjera antes o dentro del día que se notifique la resolución en la que se tenga por transcurrido el plazo.

Ver arts. 29, 32, 52, 68, 94 y 95 LPAC.

ART. 74. Cuestiones incidentales.

Las cuestiones incidentales que se susciten en el procedimiento, incluso las que se refieran a la nulidad de actuaciones, no suspenderán la tramitación del mismo, salvo la recusación.

Ver arts. 22.2.c) y 47 LPAC; 24 LRJSP.

CAPÍTULO IV
Instrucción del procedimiento

Sección 1.ª Disposiciones generales

ART. 75. Actos de instrucción.

1. Los actos de instrucción necesarios para la determinación, conocimiento y comprobación de los hechos en virtud de los cuales deba pronunciarse la resolución, se realizarán de oficio y a través de medios electrónicos, por el órgano que tramite el procedimiento, sin perjuicio del derecho de los interesados a proponer aquellas actuaciones que requieran su intervención o constituyan trámites legal o reglamentariamente establecidos.

2. Las aplicaciones y sistemas de información utilizados para la instrucción de los procedimientos deberán garantizar el control de los tiempos y plazos, la identificación de los órganos responsables y la tramitación ordenada de los expedientes, así como facilitar la simplificación y la publicidad de los procedimientos.

3. Los actos de instrucción que requieran la intervención de los interesados habrán de practicarse en la forma que resulte más conveniente para ellos y sea compatible, en la medida de lo posible, con sus obligaciones laborales o profesionales.

4. En cualquier caso, el órgano instructor adoptará las medidas necesarias para lograr el pleno respeto a los principios de contradicción y de igualdad de los interesados en el procedimiento.

Ver arts. 71 y 76 LPAC.

ART. 76. Alegaciones.

1. Los interesados podrán, en cualquier momento del procedimiento anterior al trámite de audiencia, aducir alegaciones y aportar documentos u otros elementos de juicio.

Unos y otros serán tenidos en cuenta por el órgano competente al redactar la correspondiente propuesta de resolución.

2. En todo momento podrán los interesados alegar los defectos de tramitación y, en especial, los que supongan paralización, infracción de los plazos preceptivamente señalados o la omisión de trámites que pueden ser subsanados antes de la resolución definitiva

del asunto. Dichas alegaciones podrán dar lugar, si hubiere razones para ello, a la exigencia de la correspondiente responsabilidad disciplinaria.

Ver arts. 64.f), 20, 29, 73, 75, 82 y 118 LPAC.

Sección 2.ª Prueba

ART. 77. Medios y período de prueba.

1. Los hechos relevantes para la decisión de un procedimiento podrán acreditarse por cualquier medio de prueba admisible en Derecho, cuya valoración se realizará de acuerdo con los criterios establecidos en la Ley 1/2000, de 7 de enero, de Enjuiciamiento Civil.

2. Cuando la Administración no tenga por ciertos los hechos alegados por los interesados o la naturaleza del procedimiento lo exija, el instructor del mismo acordará la apertura de un período de prueba por un plazo no superior a treinta días ni inferior a diez, a fin de que puedan practicarse cuantas juzgue pertinentes. Asimismo, cuando lo considere necesario, el instructor, a petición de los interesados, podrá decidir la apertura de un período extraordinario de prueba por un plazo no superior a diez días.

3. El instructor del procedimiento sólo podrá rechazar las pruebas propuestas por los interesados cuando sean manifiestamente improcedentes o innecesarias, mediante resolución motivada.

3 bis. Cuando el interesado alegue discriminación y aporte indicios fundados sobre su existencia, corresponderá a la persona a quien se impute la situación discriminatoria la aportación de una justificación objetiva y razonable, suficientemente probada, de las medidas adoptadas y de su proporcionalidad.

A los efectos de lo dispuesto en el párrafo anterior, el órgano administrativo podrá recabar informe de los organismos públicos competentes en materia de igualdad.

4. En los procedimientos de carácter sancionador, los hechos declarados probados por resoluciones judiciales penales firmes vincularán a las Administraciones Públicas respecto de los procedimientos sancionadores que substancien.

5. Los documentos formalizados por los funcionarios a los que se reconoce la condición de autoridad y en los que, observándose los requisitos legales correspondientes se recojan los hechos constatados por aquéllos harán prueba de éstos salvo que se acredite lo contrario.

6. Cuando la prueba consista en la emisión de un informe de un órgano administrativo, organismo público o Entidad de derecho público, se entenderá que éste tiene carácter preceptivo.

7. Cuando la valoración de las pruebas practicadas pueda constituir el fundamento básico de la decisión que se adopte en el procedimiento, por ser pieza imprescindible para la correcta evaluación de los hechos, deberá incluirse en la propuesta de resolución.

Apdo. 3 bis se añade por Ley 15/2022, de 12 de julio, integral para la igualdad de trato y la no discriminación. (BOE de 13-07-2022)

Ver arts. 39, 78, 53 LPAC; 299 y ss. LEC; 1216 y ss. CC.

ART. 78. Práctica de prueba.

1. La Administración comunicará a los interesados, con antelación suficiente, el inicio de las actuaciones necesarias para la realización de las pruebas que hayan sido admitidas.

2. En la notificación se consignará el lugar, fecha y hora en que se practicará la prueba, con la advertencia, en su caso, de que el interesado puede nombrar técnicos para que le asistan.

3. En los casos en que, a petición del interesado, deban efectuarse pruebas cuya realización implique gastos que no deba soportar la Administración, ésta podrá exigir el anticipo de los mismos, a reserva de la liquidación definitiva, una vez practicada la prueba. La liquidación de los gastos se practicará uniendo los comprobantes que acrediten la realidad y cuantía de los mismos.

Ver arts. 77 y 75.2 LPAC.

Sección 3.ª Informes

ART. 79. Petición.

1. A efectos de la resolución del procedimiento, se solicitarán aquellos informes que sean preceptivos por las disposiciones legales, y los que se juzguen necesarios para resol-

ver, citándose el precepto que los exija o fundamentando, en su caso, la conveniencia de reclamarlos.

2. En la petición de informe se concretará el extremo o extremos acerca de los que se solicita.

Ver arts. 20, 29, 53.e), 73, 75, 82 y 118 LPAC.

ART. 80. Emisión de informes.

1. Salvo disposición expresa en contrario, los informes serán facultativos y no vinculantes.

2. Los informes serán emitidos a través de medios electrónicos y de acuerdo con los requisitos que señala el artículo 26 en el plazo de diez días, salvo que una disposición o el cumplimiento del resto de los plazos del procedimiento permita o exija otro plazo mayor o menor.

3. De no emitirse el informe en el plazo señalado, y sin perjuicio de la responsabilidad en que incurra el responsable de la demora, se podrán proseguir las actuaciones salvo cuando se trate de un informe preceptivo, en cuyo caso se podrá suspender el transcurso del plazo máximo legal para resolver el procedimiento en los términos establecidos en la letra d) del apartado 1 del artículo 22.

4. Si el informe debiera ser emitido por una Administración Pública distinta de la que tramita el procedimiento en orden a expresar el punto de vista correspondiente a sus competencias respectivas, y transcurriera el plazo sin que aquél se hubiera emitido, se podrán proseguir las actuaciones.

El informe emitido fuera de plazo podrá no ser tenido en cuenta al adoptar la correspondiente resolución.

Ver arts. 79 LPAC.

ART. 81. Solicitud de informes y dictámenes en los procedimientos de responsabilidad patrimonial.

1. En el caso de los procedimientos de responsabilidad patrimonial será preceptivo solicitar informe al servicio cuyo funcionamiento haya ocasionado la presunta lesión indemnizable, no pudiendo exceder de diez días el plazo de su emisión.

2. Cuando las indemnizaciones reclamadas sean de cuantía igual o superior a 50.000 euros o a la que se establezca en la correspondiente legislación autonómica, así como en aquellos casos que disponga la Ley Orgánica 3/1980, de 22 de abril, del Consejo de Estado, será preceptivo solicitar dictamen del Consejo de Estado o, en su caso, del órgano consultivo de la Comunidad Autónoma.

A estos efectos, el órgano instructor, en el plazo de diez días a contar desde la finalización del trámite de audiencia, remitirá al órgano competente para solicitar el dictamen una propuesta de resolución, que se ajustará a lo previsto en el artículo 91, o, en su caso, la propuesta de acuerdo por el que se podría terminar convencionalmente el procedimiento.

El dictamen se emitirá en el plazo de dos meses y deberá pronunciarse sobre la existencia o no de relación de causalidad entre el funcionamiento del servicio público y la lesión producida y, en su caso, sobre la valoración del daño causado y la cuantía y modo de la indemnización de acuerdo con los criterios establecidos en esta Ley.

3. En el caso de reclamaciones en materia de responsabilidad patrimonial del Estado por el funcionamiento anormal de la Administración de Justicia, será preceptivo el informe del Consejo General del Poder Judicial que será evacuado en el plazo máximo de dos meses. El plazo para dictar resolución quedará suspendido por el tiempo que medie entre la solicitud del informe y su recepción, no pudiendo exceder dicho plazo de los citados dos meses.

Sección 4.ª Participación de los interesados

ART. 82. Trámite de audiencia.

1. Instruidos los procedimientos, e inmediatamente antes de redactar la propuesta de resolución, se pondrán de manifiesto a los interesados o, en su caso, a sus representantes, para lo que se tendrán en cuenta las limitaciones previstas en su caso en la Ley 19/2013, de 9 de diciembre.

La audiencia a los interesados será anterior a la solicitud del informe del órgano competente para el asesoramiento jurídico o a la solicitud del Dictamen del Consejo de Estado u órgano consultivo equivalente de la Comunidad Autónoma, en el caso que éstos formaran parte del procedimiento.

2. Los interesados, en un plazo no inferior a diez días ni superior a quince, podrán alegar y presentar los documentos y justificaciones que estimen pertinentes.

3. Si antes del vencimiento del plazo los interesados manifiestan su decisión de no efectuar alegaciones ni aportar nuevos documentos o justificaciones, se tendrá por realizado el trámite.

4. Se podrá prescindir del trámite de audiencia cuando no figuren en el procedimiento ni sean tenidos en cuenta en la resolución otros hechos ni otras alegaciones y pruebas que las aducidas por el interesado.

5. En los procedimientos de responsabilidad patrimonial a los que se refiere el artículo 32.9 de la Ley de Régimen Jurídico del Sector Público, será necesario en todo caso dar audiencia al contratista, notificándole cuantas actuaciones se realicen en el procedimiento, al efecto de que se persone en el mismo, exponga lo que a su derecho convenga y proponga cuantos medios de prueba estime necesarios.

Ver arts. 105.c) CE; arts. 32, 33, 76, 118 y 119 LPAC.

ART. 83. Información pública.

1. El órgano al que corresponda la resolución del procedimiento, cuando la naturaleza de éste lo requiera, podrá acordar un período de información pública.

2. A tal efecto, se publicará un anuncio en el Diario oficial correspondiente a fin de que cualquier persona física o jurídica pueda examinar el expediente, o la parte del mismo que se acuerde.

El anuncio señalará el lugar de exhibición, debiendo estar en todo caso a disposición de las personas que lo soliciten a través de medios electrónicos en la sede electrónica correspondiente, y determinará el plazo para formular alegaciones, que en ningún caso podrá ser inferior a veinte días.

3. La incomparecencia en este trámite no impedirá a los interesados interponer los recursos procedentes contra la resolución definitiva del procedimiento.

La comparecencia en el trámite de información pública no otorga, por sí misma, la condición de interesado. No obstante, quienes presenten alegaciones u observaciones en este trámite tienen derecho a obtener de la Administración una respuesta razonada, que podrá ser común para todas aquellas alegaciones que planteen cuestiones sustancialmente iguales.

4. Conforme a lo dispuesto en las leyes, las Administraciones Públicas podrán establecer otras formas, medios y cauces de participación de las personas, directamente o a través de las organizaciones y asociaciones reconocidas por la ley en el procedimiento en el que se dictan los actos administrativos.

Ver arts. 4 LPAC; 9 y 105.a) CE.

CAPÍTULO V
Finalización del procedimiento

Sección 1.ª Disposiciones generales

ART. 84. Terminación.

1. Pondrán fin al procedimiento la resolución, el desistimiento, la renuncia al derecho en que se funde la solicitud, cuando tal renuncia no esté prohibida por el ordenamiento jurídico, y la declaración de caducidad.

2. También producirá la terminación del procedimiento la imposibilidad material de continuarlo por causas sobrevenidas. La resolución que se dicte deberá ser motivada en todo caso.

Ver arts. 35, 85 a 95 LPAC y 6 CC.

ART. 85. Terminación en los procedimientos sancionadores.

1. Iniciado un procedimiento sancionador, si el infractor reconoce su responsabilidad, se podrá resolver el procedimiento con la imposición de la sanción que proceda.

2. Cuando la sanción tenga únicamente carácter pecuniario o bien quepa imponer una sanción pecuniaria y otra de carácter no pecuniario pero se ha justificado la improceden-

cia de la segunda, el pago voluntario por el presunto responsable, en cualquier momento anterior a la resolución, implicará la terminación del procedimiento, salvo en lo relativo a la reposición de la situación alterada o a la determinación de la indemnización por los daños y perjuicios causados por la comisión de la infracción.

3. En ambos casos, cuando la sanción tenga únicamente carácter pecuniario, el órgano competente para resolver el procedimiento aplicará reducciones de, al menos, el 20 % sobre el importe de la sanción propuesta, siendo éstos acumulables entre sí. Las citadas reducciones, deberán estar determinadas en la notificación de iniciación del procedimiento y su efectividad estará condicionada al desistimiento o renuncia de cualquier acción o recurso en vía administrativa contra la sanción.

El porcentaje de reducción previsto en este apartado podrá ser incrementado reglamentariamente.

Ver art. 88 LPAC; Real Decreto 137/2021, de 2 de marzo, por el que se establecen disposiciones específicas para la tramitación de procedimientos sancionadores en comercio y sanidad exterior, en materia de sanidad vegetal, y de sanidad y protección animal.

ART. 86. Terminación convencional.

1. Las Administraciones Públicas podrán celebrar acuerdos, pactos, convenios o contratos con personas tanto de Derecho público como privado, siempre que no sean contrarios al ordenamiento jurídico ni versen sobre materias no susceptibles de transacción y tengan por objeto satisfacer el interés público que tienen encomendado, con el alcance, efectos y régimen jurídico específico que, en su caso, prevea la disposición que lo regule, pudiendo tales actos tener la consideración de finalizadores de los procedimientos administrativos o insertarse en los mismos con carácter previo, vinculante o no, a la resolución que les ponga fin.

2. Los citados instrumentos deberán establecer como contenido mínimo la identificación de las partes intervinientes, el ámbito personal, funcional y territorial, y el plazo de vigencia, debiendo publicarse o no según su naturaleza y las personas a las que estuvieran destinados.

3. Requerirán en todo caso la aprobación expresa del Consejo de Ministros u órgano equivalente de las Comunidades Autónomas, los acuerdos que versen sobre materias de la competencia directa de dicho órgano.

4. Los acuerdos que se suscriban no supondrán alteración de las competencias atribuidas a los órganos administrativos, ni de las responsabilidades que correspondan a las autoridades y funcionarios, relativas al funcionamiento de los servicios públicos.

5. En los casos de procedimientos de responsabilidad patrimonial, el acuerdo alcanzado entre las partes deberá fijar la cuantía y modo de indemnización de acuerdo con los criterios que para calcularla y abonarla establece el artículo 34 de la Ley de Régimen Jurídico del Sector Público.

Ver Ley 9/2017, de 8 de noviembre, de Contratos del Sector Público, por la que se transponen al ordenamiento jurídico español las Directivas del Parlamento Europeo y del Consejo 2014/23/UE y 2014/24/UE, de 26 de febrero de 2014; art. 5 Ley 50/1997, de 27 de noviembre, del Gobierno.

Sección 2.ª Resolución

ART. 87. Actuaciones complementarias.

Antes de dictar resolución, el órgano competente para resolver podrá decidir, mediante acuerdo motivado, la realización de las actuaciones complementarias indispensables para resolver el procedimiento. No tendrán la consideración de actuaciones complementarias los informes que preceden inmediatamente a la resolución final del procedimiento.

El acuerdo de realización de actuaciones complementarias se notificará a los interesados, concediéndoseles un plazo de siete días para formular las alegaciones que tengan por pertinentes tras la finalización de las mismas. Las actuaciones complementarias deberán practicarse en un plazo no superior a quince días. El plazo para resolver el procedimiento quedará suspendido hasta la terminación de las actuaciones complementarias.

ART. 88. Contenido.

1. La resolución que ponga fin al procedimiento decidirá todas las cuestiones planteadas por los interesados y aquellas otras derivadas del mismo.

Cuando se trate de cuestiones conexas que no hubieran sido planteadas por los interesados, el órgano competente podrá pronunciarse sobre las mismas, poniéndolo antes de manifiesto a aquéllos por un plazo no superior a quince días, para que formulen las alegaciones que estimen pertinentes y aporten, en su caso, los medios de prueba.

2. En los procedimientos tramitados a solicitud del interesado, la resolución será congruente con las peticiones formuladas por éste, sin que en ningún caso pueda agravar su situación inicial y sin perjuicio de la potestad de la Administración de incoar de oficio un nuevo procedimiento, si procede.

3. Las resoluciones contendrán la decisión, que será motivada en los casos a que se refiere el artículo 35. Expresarán, además, los recursos que contra la misma procedan, órgano administrativo o judicial ante el que hubieran de presentarse y plazo para interponerlos, sin perjuicio de que los interesados puedan ejercitar cualquier otro que estimen oportuno.

4. Sin perjuicio de la forma y lugar señalados por el interesado para la práctica de las notificaciones, la resolución del procedimiento se dictará electrónicamente y garantizará la identidad del órgano competente, así como la autenticidad e integridad del documento que se formalice mediante el empleo de alguno de los instrumentos previstos en esta Ley.

5. En ningún caso podrá la Administración abstenerse de resolver so pretexto de silencio, oscuridad o insuficiencia de los preceptos legales aplicables al caso, aunque podrá acordarse la inadmisión de las solicitudes de reconocimiento de derechos no previstos en el ordenamiento jurídico o manifiestamente carentes de fundamento, sin perjuicio del derecho de petición previsto por el artículo 29 de la Constitución.

6. La aceptación de informes o dictámenes servirá de motivación a la resolución cuando se incorporen al texto de la misma.

7. Cuando la competencia para instruir y resolver un procedimiento no recaiga en un mismo órgano, será necesario que el instructor eleve al órgano competente para resolver una propuesta de resolución.

En los procedimientos de carácter sancionador, la propuesta de resolución deberá ser notificada a los interesados en los términos previstos en el artículo siguiente.

Ver arts. 21 a 25, 32 y 33 LPAC.

ART. 89. Propuesta de resolución en los procedimientos de carácter sancionador.

1. El órgano instructor resolverá la finalización del procedimiento, con archivo de las actuaciones, sin que sea necesaria la formulación de la propuesta de resolución, cuando en la instrucción procedimiento se ponga de manifiesto que concurre alguna de las siguientes circunstancias:

a) La inexistencia de los hechos que pudieran constituir la infracción.

b) Cuando los hechos no resulten acreditados.

c) Cuando los hechos probados no constituyan, de modo manifiesto, infracción administrativa.

d) Cuando no exista o no se haya podido identificar a la persona o personas responsables o bien aparezcan exentos de responsabilidad.

e) Cuando se concluyera, en cualquier momento, que ha prescrito la infracción.

2. En el caso de procedimientos de carácter sancionador, una vez concluida la instrucción del procedimiento, el órgano instructor formulará una propuesta de resolución que deberá ser notificada a los interesados. La propuesta de resolución deberá indicar la puesta de manifiesto del procedimiento y el plazo para formular alegaciones y presentar los documentos e informaciones que se estimen pertinentes.

3. En la propuesta de resolución se fijarán de forma motivada los hechos que se consideren probados y su exacta calificación jurídica, se determinará la infracción que, en su caso, aquéllos constituyan, la persona o personas responsables y la sanción que se proponga, la valoración de las pruebas practicadas, en especial aquellas que constituyan los fundamentos básicos de la decisión, así como las medidas provisionales que, en su caso, se hubieran adoptado. Cuando la instrucción concluya la inexistencia de infracción o responsabilidad y no se haga uso de la facultad prevista en el apartado primero, la propuesta declarará esa circunstancia.

ART. 90. Especialidades de la resolución en los procedimientos sancionadores.

1. En el caso de procedimientos de carácter sancionador, además del contenido previsto en los dos artículos anteriores, la resolución incluirá la valoración de las pruebas practicadas, en especial aquellas que constituyan los fundamentos básicos de la decisión, fijarán los hechos y, en su caso, la persona o personas responsables, la infracción o infracciones cometidas y la sanción o sanciones que se imponen, o bien la declaración de no existencia de infracción o responsabilidad.

2. En la resolución no se podrán aceptar hechos distintos de los determinados en el curso del procedimiento, con independencia de su diferente valoración jurídica. No obstante, cuando el órgano competente para resolver considere que la infracción o la sanción revisten mayor gravedad que la determinada en la propuesta de resolución, se notificará al inculpado para que aporte cuantas alegaciones estime convenientes en el plazo de quince días.

3. La resolución que ponga fin al procedimiento será ejecutiva cuando no quepa contra ella ningún recurso ordinario en vía administrativa, pudiendo adoptarse en la misma las disposiciones cautelares precisas para garantizar su eficacia en tanto no sea ejecutiva y que podrán consistir en el mantenimiento de las medidas provisionales que en su caso se hubieran adoptado.

Cuando la resolución sea ejecutiva, se podrá suspender cautelarmente, si el interesado manifiesta a la Administración su intención de interponer recurso contencioso-administrativo contra la resolución firme en vía administrativa. Dicha suspensión cautelar finalizará cuando:

a) Haya transcurrido el plazo legalmente previsto sin que el interesado haya interpuesto recurso contencioso-administrativo.

b) Habiendo el interesado interpuesto recurso contencioso-administrativo:

1.º No se haya solicitado en el mismo trámite la suspensión cautelar de la resolución impugnada.

2.º El órgano judicial se pronuncie sobre la suspensión cautelar solicitada, en los términos previstos en ella.

4. Cuando las conductas sancionadas hubieran causado daños o perjuicios a las Administraciones y la cuantía destinada a indemnizar estos daños no hubiera quedado determinada en el expediente, se fijará mediante un procedimiento complementario, cuya resolución será inmediatamente ejecutiva. Este procedimiento será susceptible de terminación convencional, pero ni ésta ni la aceptación por el infractor de la resolución que pudiera recaer implicarán el reconocimiento voluntario de su responsabilidad. La resolución del procedimiento pondrá fin a la vía administrativa.

ART. 91. Especialidades de la resolución en los procedimientos en materia de responsabilidad patrimonial.

1. Una vez recibido, en su caso, el dictamen al que se refiere el artículo 81.2 o, cuando éste no sea preceptivo, una vez finalizado el trámite de audiencia, el órgano competente resolverá o someterá la propuesta de acuerdo para su formalización por el interesado y por el órgano administrativo competente para suscribirlo. Cuando no se estimase procedente formalizar la propuesta de terminación convencional, el órgano competente resolverá en los términos previstos en el apartado siguiente.

2. Además de lo previsto en el artículo 88, en los casos de procedimientos de responsabilidad patrimonial, será necesario que la resolución se pronuncie sobre la existencia o no de la relación de causalidad entre el funcionamiento del servicio público y la lesión producida y, en su caso, sobre la valoración del daño causado, la cuantía y el modo de la indemnización, cuando proceda, de acuerdo con los criterios que para calcularla y abonarla se establecen en el artículo 34 de la Ley de Régimen Jurídico del Sector Público.

3. Transcurridos seis meses desde que se inició el procedimiento sin que haya recaído y se notifique resolución expresa o, en su caso, se haya formalizado el acuerdo, podrá entenderse que la resolución es contraria a la indemnización del particular.

ART. 92. Competencia para la resolución de los procedimientos de responsabilidad patrimonial.

En el ámbito de la Administración General del Estado, los procedimientos de responsabilidad patrimonial se resolverán por el Ministro respectivo o por el Consejo de Ministros en los casos del artículo 32.3 de la Ley de Régimen Jurídico del Sector Público o cuando una ley así lo disponga.

En el ámbito autonómico y local, los procedimientos de responsabilidad patrimonial se resolverán por los órganos correspondientes de las Comunidades Autónomas o de las Entidades que integran la Administración Local.

En el caso de las Entidades de Derecho Público, las normas que determinen su régimen jurídico podrán establecer los órganos a quien corresponde la resolución de los procedimientos de responsabilidad patrimonial. En su defecto, se aplicarán las normas previstas en este artículo.

Sección 3.ª Desistimiento y renuncia

ART. 93. Desistimiento por la Administración.

En los procedimientos iniciados de oficio, la Administración podrá desistir, motivadamente, en los supuestos y con los requisitos previstos en las Leyes.

ART. 94. Desistimiento y renuncia por los interesados.

1. Todo interesado podrá desistir de su solicitud o, cuando ello no esté prohibido por el ordenamiento jurídico, renunciar a sus derechos.

2. Si el escrito de iniciación se hubiera formulado por dos o más interesados, el desistimiento o la renuncia sólo afectará a aquellos que la hubiesen formulado.

3. Tanto el desistimiento como la renuncia podrán hacerse por cualquier medio que permita su constancia, siempre que incorpore las firmas que correspondan de acuerdo con lo previsto en la normativa aplicable.

4. La Administración aceptará de plano el desistimiento o la renuncia, y declarará concluso el procedimiento salvo que, habiéndose personado en el mismo terceros interesados, instasen éstos su continuación en el plazo de diez días desde que fueron notificados del desistimiento o renuncia.

5. Si la cuestión suscitada por la incoación del procedimiento entrañase interés general o fuera conveniente sustanciarla para su definición y esclarecimiento, la Administración podrá limitar los efectos del desistimiento o la renuncia al interesado y seguirá el procedimiento.

Ver arts. 5, 66, 84 LPAC; 6.2 CC.

Sección 4.ª Caducidad

ART. 95. Requisitos y efectos.

1. En los procedimientos iniciados a solicitud del interesado, cuando se produzca su paralización por causa imputable al mismo, la Administración le advertirá que, transcurridos tres meses, se producirá la caducidad del procedimiento. Consumido este plazo sin que el particular requerido realice las actividades necesarias para reanudar la tramitación, la Administración acordará el archivo de las actuaciones, notificándoselo al interesado. Contra la resolución que declare la caducidad procederán los recursos pertinentes.

2. No podrá acordarse la caducidad por la simple inactividad del interesado en la cumplimentación de trámites, siempre que no sean indispensables para dictar resolución. Dicha inactividad no tendrá otro efecto que la pérdida de su derecho al referido trámite.

3. La caducidad no producirá por sí sola la prescripción de las acciones del particular o de la Administración, pero los procedimientos caducados no interrumpirán el plazo de prescripción.

En los casos en los que sea posible la iniciación de un nuevo procedimiento por no haberse producido la prescripción, podrán incorporarse a éste los actos y trámites cuyo contenido se hubiera mantenido igual de no haberse producido la caducidad. En todo caso, en el nuevo procedimiento deberán cumplimentarse los trámites de alegaciones, proposición de prueba y audiencia al interesado.

4. Podrá no ser aplicable la caducidad en el supuesto de que la cuestión suscitada afecte al interés general, o fuera conveniente sustanciarla para su definición y esclarecimiento.

Ver arts. 25 y 73 LPAC.

CAPÍTULO VI
De la tramitación simplificada del procedimiento administrativo común

ART. 96. Tramitación simplificada del procedimiento administrativo común.

1. Cuando razones de interés público o la falta de complejidad del procedimiento así lo aconsejen, las Administraciones Públicas podrán acordar, de oficio o a solicitud del interesado, la tramitación simplificada del procedimiento.

En cualquier momento del procedimiento anterior a su resolución, el órgano competente para su tramitación podrá acordar continuar con arreglo a la tramitación ordinaria.

2. Cuando la Administración acuerde de oficio la tramitación simplificada del procedimiento deberá notificarlo a los interesados. Si alguno de ellos manifestara su oposición expresa, la Administración deberá seguir la tramitación ordinaria.

3. Los interesados podrán solicitar la tramitación simplificada del procedimiento. Si el órgano competente para la tramitación aprecia que no concurre alguna de las razones previstas en el apartado 1, podrá desestimar dicha solicitud, en el plazo de cinco días desde su presentación, sin que exista posibilidad de recurso por parte del interesado. Transcurrido el mencionado plazo de cinco días se entenderá desestimada la solicitud.

4. En el caso de procedimientos en materia de responsabilidad patrimonial de las Administraciones Públicas, si una vez iniciado el procedimiento administrativo el órgano competente para su tramitación considera inequívoca la relación de causalidad entre el funcionamiento del servicio público y la lesión, así como la valoración del daño y el cálculo de la cuantía de la indemnización, podrá acordar de oficio la suspensión del procedimiento general y la iniciación de un procedimiento simplificado.

5. En el caso de procedimientos de naturaleza sancionadora, se podrá adoptar la tramitación simplificada del procedimiento cuando el órgano competente para iniciar el procedimiento considere que, de acuerdo con lo previsto en su normativa reguladora, existen elementos de juicio suficientes para calificar la infracción como leve, sin que quepa la oposición expresa por parte del interesado prevista en el apartado 2.

6. Salvo que reste menos para su tramitación ordinaria, los procedimientos administrativos tramitados de manera simplificada deberán ser resueltos en treinta días, a contar desde el siguiente al que se notifique al interesado el acuerdo de tramitación simplificada del procedimiento, y constarán únicamente de los siguientes trámites:

a) Inicio del procedimiento de oficio o a solicitud del interesado.

b) Subsanación de la solicitud presentada, en su caso.

c) Alegaciones formuladas al inicio del procedimiento durante el plazo de cinco dias.

d) Trámite de audiencia, únicamente cuando la resolución vaya a ser desfavorable para el interesado.

e) Informe del servicio jurídico, cuando éste sea preceptivo.

f) Informe del Consejo General del Poder Judicial, cuando éste sea preceptivo.

g) Dictamen del Consejo de Estado u órgano consultivo equivalente de la Comunidad Autónoma en los casos en que sea preceptivo. Desde que se solicite el Dictamen al Consejo de Estado, u órgano equivalente, hasta que éste sea emitido, se producirá la suspensión automática del plazo para resolver.

El órgano competente solicitará la emisión del Dictamen en un plazo tal que permita cumplir el plazo de resolución del procedimiento. El Dictamen podrá ser emitido en el plazo de quince días si así lo solicita el órgano competente.

En todo caso, en el expediente que se remita al Consejo de Estado u órgano consultivo equivalente, se incluirá una propuesta de resolución. Cuando el Dictamen sea contrario al fondo de la propuesta de resolución, con independencia de que se atienda o no este criterio, el órgano competente para resolver acordará continuar el procedimiento con arreglo a la tramitación ordinaria, lo que se notificará a los interesados. En este caso, se entenderán convalidadas todas las actuaciones que se hubieran realizado durante la tramitación simplificada del procedimiento, a excepción del Dictamen del Consejo de Estado u órgano consultivo equivalente.

h) Resolución.

7. En el caso que un procedimiento exigiera la realización de un trámite no previsto en el apartado anterior, deberá ser tramitado de manera ordinaria.

Ver arts. 32 a 37 LRJSP.

CAPÍTULO VII
Ejecución

ART. 97. Título.

1. Las Administraciones Públicas no iniciarán ninguna actuación material de ejecución de resoluciones que limite derechos de los particulares sin que previamente haya sido adoptada la resolución que le sirva de fundamento jurídico.

2. El órgano que ordene un acto de ejecución material de resoluciones estará obligado a notificar al particular interesado la resolución que autorice la actuación administrativa.

Ver arts. 40, 42, 43 y 98 a 104 LPAC.

ART. 98. Ejecutoriedad.

1. Los actos de las Administraciones Públicas sujetos al Derecho Administrativo serán inmediatamente ejecutivos, salvo que:

a) Se produzca la suspensión de la ejecución del acto.

b) Se trate de una resolución de un procedimiento de naturaleza sancionadora contra la que quepa algún recurso en vía administrativa, incluido el potestativo de reposición.

c) Una disposición establezca lo contrario.

d) Se necesite aprobación o autorización superior.

2. Cuando de una resolución administrativa, o de cualquier otra forma de finalización del procedimiento administrativo prevista en esta ley, nazca una obligación de pago derivada de una sanción pecuniaria, multa o cualquier otro derecho que haya de abonarse a la Hacienda pública, éste se efectuará preferentemente, salvo que se justifique la imposibilidad de hacerlo, utilizando alguno de los medios electrónicos siguientes:

a) Tarjeta de crédito y débito.

b) Transferencia bancaria.

c) Domiciliación bancaria.

d) Cualesquiera otros que se autoricen por el órgano competente en materia de Hacienda Pública.

Ver arts. 38, 39, 85, 97 y 117 LPAC.

ART. 99. Ejecución forzosa.

Las Administraciones Públicas, a través de sus órganos competentes en cada caso, podrán proceder, previo apercibimiento, a la ejecución forzosa de los actos administrativos, salvo en los supuestos en que se suspenda la ejecución de acuerdo con la Ley, o cuando la Constitución o la Ley exijan la intervención de un órgano judicial.

ART. 100. Medios de ejecución forzosa.

1. La ejecución forzosa por las Administraciones Públicas se efectuará, respetando siempre el principio de proporcionalidad, por los siguientes medios:

a) Apremio sobre el patrimonio.

b) Ejecución subsidiaria.

c) Multa coercitiva.

d) Compulsión sobre las personas.

2. Si fueran varios los medios de ejecución admisibles se elegirá el menos restrictivo de la libertad individual.

3. Si fuese necesario entrar en el domicilio del afectado o en los restantes lugares que requieran la autorización de su titular, las Administraciones Públicas deberán obtener el consentimiento del mismo o, en su defecto, la oportuna autorización judicial.

ART. 101. Apremio sobre el patrimonio.

1. Si en virtud de acto administrativo hubiera de satisfacerse cantidad líquida se seguirá el procedimiento previsto en las normas reguladoras del procedimiento de apremio.

2. En cualquier caso no podrá imponerse a los administrados una obligación pecuniaria que no estuviese establecida con arreglo a una norma de rango legal.

ART. 102. Ejecución subsidiaria.

1. Habrá lugar a la ejecución subsidiaria cuando se trate de actos que por no ser personalísimos puedan ser realizados por sujeto distinto del obligado.

2. En este caso, las Administraciones Públicas realizarán el acto, por sí o a través de las personas que determinen, a costa del obligado.

3. El importe de los gastos, daños y perjuicios se exigirá conforme a lo dispuesto en el artículo anterior.

4. Dicho importe podrá liquidarse de forma provisional y realizarse antes de la ejecución, a reserva de la liquidación definitiva.

ART. 103. Multa coercitiva.

1. Cuando así lo autoricen las Leyes, y en la forma y cuantía que éstas determinen, las Administraciones Públicas pueden, para la ejecución de determinados actos, imponer multas coercitivas, reiteradas por lapsos de tiempo que sean suficientes para cumplir lo ordenado, en los siguientes supuestos:

a) Actos personalísimos en que no proceda la compulsión directa sobre la persona del obligado.

b) Actos en que, procediendo la compulsión, la Administración no la estimara conveniente.

c) Actos cuya ejecución pueda el obligado encargar a otra persona.

2. La multa coercitiva es independiente de las sanciones que puedan imponerse con tal carácter y compatible con ellas.

Ver arts. 97 a 100 LPAC.

ART. 104. Compulsión sobre las personas.

1. Los actos administrativos que impongan una obligación personalísima de no hacer o soportar podrán ser ejecutados por compulsión directa sobre las personas en los casos en que la ley expresamente lo autorice, y dentro siempre del respeto debido a su dignidad y a los derechos reconocidos en la Constitución.

2. Si, tratándose de obligaciones personalísimas de hacer, no se realizase la prestación, el obligado deberá resarcir los daños y perjuicios, a cuya liquidación y cobro se procederá en vía administrativa.

Ver arts. 97 a 100 LPAC.

ART. 105. Prohibición de acciones posesorias.

No se admitirán a trámite acciones posesorias contra las actuaciones de los órganos administrativos realizadas en materia de su competencia y de acuerdo con el procedimiento legalmente establecido.

Ver art. 125 Ley de 16 de diciembre de 1954 sobre expropiación forzosa.

TÍTULO V
De la revisión de los actos en vía administrativa

CAPÍTULO I
Revisión de oficio

ART. 106. Revisión de disposiciones y actos nulos.

1. Las Administraciones Públicas, en cualquier momento, por iniciativa propia o a solicitud de interesado, y previo dictamen favorable del Consejo de Estado u órgano consultivo equivalente de la Comunidad Autónoma, si lo hubiere, declararán de oficio la nulidad de los actos administrativos que hayan puesto fin a la vía administrativa o que no hayan sido recurridos en plazo, en los supuestos previstos en el artículo 47.1.

2. Asimismo, en cualquier momento, las Administraciones Públicas de oficio, y previo dictamen favorable del Consejo de Estado u órgano consultivo equivalente de la Comunidad Autónoma si lo hubiere, podrán declarar la nulidad de las disposiciones administrativas en los supuestos previstos en el artículo 47.2.

3. El órgano competente para la revisión de oficio podrá acordar motivadamente la inadmisión a trámite de las solicitudes formuladas por los interesados, sin necesidad de recabar Dictamen del Consejo de Estado u órgano consultivo de la Comunidad Autónoma, cuando las mismas no se basen en alguna de las causas de nulidad del artículo 47.1 o carezcan manifiestamente de fundamento, así como en el supuesto de que se hubieran desestimado en cuanto al fondo otras solicitudes sustancialmente iguales.

4. Las Administraciones Públicas, al declarar la nulidad de una disposición o acto, podrán establecer, en la misma resolución, las indemnizaciones que proceda reconocer a los interesados, si se dan las circunstancias previstas en los artículos 32.2 y 34.1 de la Ley de Régimen Jurídico del Sector Público sin perjuicio de que, tratándose de una disposición, subsistan los actos firmes dictados en aplicación de la misma.

5. Cuando el procedimiento se hubiera iniciado de oficio, el transcurso del plazo de seis meses desde su inicio sin dictarse resolución producirá la caducidad del mismo. Si el procedimiento se hubiera iniciado a solicitud de interesado, se podrá entender la misma desestimada por silencio administrativo.

Ver arts. 21 a 25, 47 y 107 LPAC; 32 y 34 LRJSP.

ART. 107. Declaración de lesividad de actos anulables.

1. Las Administraciones Públicas podrán impugnar ante el orden jurisdiccional contencioso-administrativo los actos favorables para los interesados que sean anulables conforme a lo dispuesto en el artículo 48, previa su declaración de lesividad para el interés público.

2. La declaración de lesividad no podrá adoptarse una vez transcurridos cuatro años desde que se dictó el acto administrativo y exigirá la previa audiencia de cuantos aparezcan como interesados en el mismo, en los términos establecidos por el artículo 82.

Sin perjuicio de su examen como presupuesto procesal de admisibilidad de la acción en el proceso judicial correspondiente, la declaración de lesividad no será susceptible de recurso, si bien podrá notificarse a los interesados a los meros efectos informativos.

3. Transcurrido el plazo de seis meses desde la iniciación del procedimiento sin que se hubiera declarado la lesividad, se producirá la caducidad del mismo.

4. Si el acto proviniera de la Administración General del Estado o de las Comunidades Autónomas, la declaración de lesividad se adoptará por el órgano de cada Administración competente en la materia.

5. Si el acto proviniera de las entidades que integran la Administración Local, la declaración de lesividad se adoptará por el Pleno de la Corporación o, en defecto de éste, por el órgano colegiado superior de la entidad.

Ver arts. 2, 25, 48, 82, 106, 108 a 110 LPAC; 43 LJCA.

ART. 108. Suspensión.

Iniciado el procedimiento de revisión de oficio al que se refieren los artículos 106 y 107, el órgano competente para declarar la nulidad o lesividad, podrá suspender la ejecución del acto, cuando ésta pudiera causar perjuicios de imposible o difícil reparación.

Ver arts. 56, 106, 107 y 117 LPAC.

ART. 109. Revocación de actos y rectificación de errores.

1. Las Administraciones Públicas podrán revocar, mientras no haya transcurrido el plazo de prescripción, sus actos de gravamen o desfavorables, siempre que tal revocación no constituya dispensa o exención no permitida por las leyes, ni sea contraria al principio de igualdad, al interés público o al ordenamiento jurídico.

2. Las Administraciones Públicas podrán, asimismo, rectificar en cualquier momento, de oficio o a instancia de los interesados, los errores materiales, de hecho o aritméticos existentes en sus actos.

Ver arts. 106, 107, 110 y 125 LPAC.

ART. 110. Límites de la revisión.

Las facultades de revisión establecidas en este Capítulo, no podrán ser ejercidas cuando por prescripción de acciones, por el tiempo transcurrido o por otras circunstancias, su ejercicio resulte contrario a la equidad, a la buena fe, al derecho de los particulares o a las leyes.

Ver arts. 95, 106, 107 y 109 LPAC; 1961 a 1975 CC.

ART. 111. Competencia para la revisión de oficio de las disposiciones y de actos nulos y anulables en la Administración General del Estado.

En el ámbito estatal, serán competentes para la revisión de oficio de las disposiciones y los actos administrativos nulos y anulables:

a) El Consejo de Ministros, respecto de sus propios actos y disposiciones y de los actos y disposiciones dictados por los Ministros.

b) En la Administración General del Estado:

1.º Los Ministros, respecto de los actos y disposiciones de los Secretarios de Estado y de los dictados por órganos directivos de su Departamento no dependientes de una Secretaría de Estado.

2.º Los Secretarios de Estado, respecto de los actos y disposiciones dictados por los órganos directivos de ellos dependientes.

c) En los Organismos públicos y entidades de derecho público vinculados o dependientes de la Administración General del Estado:

1.º Los órganos a los que estén adscritos los Organismos públicos y entidades de derecho público, respecto de los actos y disposiciones dictados por el máximo órgano rector de éstos.

2.º Los máximos órganos rectores de los Organismos públicos y entidades de derecho público, respecto de los actos y disposiciones dictados por los órganos de ellos dependientes.

CAPÍTULO II
Recursos administrativos
Sección 1.ª Principios generales

ART. 112. Objeto y clases.

1. Contra las resoluciones y los actos de trámite, si estos últimos deciden directa o indirectamente el fondo del asunto, determinan la imposibilidad de continuar el procedimiento, producen indefensión o perjuicio irreparable a derechos e intereses legítimos, podrán interponerse por los interesados los recursos de alzada y potestativo de reposición, que cabrá fundar en cualquiera de los motivos de nulidad o anulabilidad previstos en los artículos 47 y 48 de esta Ley.

La oposición a los restantes actos de trámite podrá alegarse por los interesados para su consideración en la resolución que ponga fin al procedimiento.

2. Las leyes podrán sustituir el recurso de alzada, en supuestos o ámbitos sectoriales determinados, y cuando la especificidad de la materia así lo justifique, por otros procedimientos de impugnación, reclamación, conciliación, mediación y arbitraje, ante órganos colegiados o Comisiones específicas no sometidas a instrucciones jerárquicas, con respeto a los principios, garantías y plazos que la presente Ley reconoce a las personas y a los interesados en todo procedimiento administrativo.

En las mismas condiciones, el recurso de reposición podrá ser sustituido por los procedimientos a que se refiere el párrafo anterior, respetando su carácter potestativo para el interesado.

La aplicación de estos procedimientos en el ámbito de la Administración Local no podrá suponer el desconocimiento de las facultades resolutorias reconocidas a los órganos representativos electos establecidos por la Ley.

3. Contra las disposiciones administrativas de carácter general no cabrá recurso en vía administrativa.

Los recursos contra un acto administrativo que se funden únicamente en la nulidad de alguna disposición administrativa de carácter general podrán interponerse directamente ante el órgano que dictó dicha disposición.

4. Las reclamaciones económico-administrativas se ajustarán a los procedimientos establecidos por su legislación específica.

Ver arts. 26 y 27 LJCA.

ART. 113. Recurso extraordinario de revisión.

Contra los actos firmes en vía administrativa, sólo procederá el recurso extraordinario de revisión cuando concurra alguna de las circunstancias previstas en el artículo 125.1.

Ver arts. 125 y 126 LPAC.

ART. 114. Fin de la vía administrativa.

1. Ponen fin a la vía administrativa:

a) Las resoluciones de los recursos de alzada.

b) Las resoluciones de los procedimientos a que se refiere el artículo 112.2.

c) Las resoluciones de los órganos administrativos que carezcan de superior jerárquico, salvo que una Ley establezca lo contrario.

d) Los acuerdos, pactos, convenios o contratos que tengan la consideración de finalizadores del procedimiento.

e) La resolución administrativa de los procedimientos de responsabilidad patrimonial, cualquiera que fuese el tipo de relación, pública o privada, de que derive.

f) La resolución de los procedimientos complementarios en materia sancionadora a los que se refiere el artículo 90.4.

g) Las demás resoluciones de órganos administrativos cuando una disposición legal o reglamentaria así lo establezca.

2. Además de lo previsto en el apartado anterior, en el ámbito estatal ponen fin a la vía administrativa los actos y resoluciones siguientes:

a) Los actos administrativos de los miembros y órganos del Gobierno.

b) Los emanados de los Ministros y los Secretarios de Estado en el ejercicio de las competencias que tienen atribuidas los órganos de los que son titulares.

c) Los emanados de los órganos directivos con nivel de Director general o superior, en relación con las competencias que tengan atribuidas en materia de personal.

d) En los Organismos públicos y entidades de derecho público vinculados o dependientes de la Administración General del Estado, los emanados de los máximos órganos de dirección unipersonales o colegiados, de acuerdo con lo que establezcan sus estatutos, salvo que por ley se establezca otra cosa.

Ver arts. 64 y 67, 90.4, 112.2 LPAC; 36.5 LRJSP.

ART. 115. Interposición de recurso.

1. La interposición del recurso deberá expresar:

a) El nombre y apellidos del recurrente, así como la identificación personal del mismo.

b) El acto que se recurre y la razón de su impugnación.

c) Lugar, fecha, firma del recurrente, identificación del medio y, en su caso, del lugar que se señale a efectos de notificaciones.

d) Órgano, centro o unidad administrativa al que se dirige y su correspondiente código de identificación.

e) Las demás particularidades exigidas, en su caso, por las disposiciones específicas.

2. El error o la ausencia de la calificación del recurso por parte del recurrente no será obstáculo para su tramitación, siempre que se deduzca su verdadero carácter.

3. Los vicios y defectos que hagan anulable un acto no podrán ser alegados por quienes los hubieren causado.

Ver arts. 112, 113 y 123 LPAC.

ART. 116. Causas de inadmisión.

Serán causas de inadmisión las siguientes:

a) Ser incompetente el órgano administrativo, cuando el competente perteneciera a otra Administración Pública. El recurso deberá remitirse al órgano competente, de acuerdo con lo establecido en el artículo 14.1 de la Ley de Régimen Jurídico del Sector Público.

b) Carecer de legitimación el recurrente.

c) Tratarse de un acto no susceptible de recurso.

d) Haber transcurrido el plazo para la interposición del recurso.

e) Carecer el recurso manifiestamente de fundamento.

ART. 117. Suspensión de la ejecución.

1. La interposición de cualquier recurso, excepto en los casos en que una disposición establezca lo contrario, no suspenderá la ejecución del acto impugnado.

2. No obstante lo dispuesto en el apartado anterior, el órgano a quien competa resolver el recurso, previa ponderación, suficientemente razonada, entre el perjuicio que causaría al interés público o a terceros la suspensión y el ocasionado al recurrente como consecuen-

cia de la eficacia inmediata del acto recurrido, podrá suspender, de oficio o a solicitud del recurrente, la ejecución del acto impugnado cuando concurran alguna de las siguientes circunstancias:

a) Que la ejecución pudiera causar perjuicios de imposible o difícil reparación.

b) Que la impugnación se fundamente en alguna de las causas de nulidad de pleno derecho previstas en el artículo 47.1 de esta Ley.

3. La ejecución del acto impugnado se entenderá suspendida si transcurrido un mes desde que la solicitud de suspensión haya tenido entrada en el registro electrónico de la Administración u Organismo competente para decidir sobre la misma, el órgano a quien competa resolver el recurso no ha dictado y notificado resolución expresa al respecto. En estos casos, no será de aplicación lo establecido en el artículo 21.4 segundo párrafo, de esta Ley.

4. Al dictar el acuerdo de suspensión podrán adoptarse las medidas cautelares que sean necesarias para asegurar la protección del interés público o de terceros y la eficacia de la resolución o el acto impugnado.

Cuando de la suspensión puedan derivarse perjuicios de cualquier naturaleza, aquélla sólo producirá efectos previa prestación de caución o garantía suficiente para responder de ellos, en los términos establecidos reglamentariamente.

La suspensión se prolongará después de agotada la vía administrativa cuando, habiéndolo solicitado previamente el interesado, exista medida cautelar y los efectos de ésta se extiendan a la vía contencioso-administrativa. Si el interesado interpusiera recurso contencioso-administrativo, solicitando la suspensión del acto objeto del proceso, se mantendrá la suspensión hasta que se produzca el correspondiente pronunciamiento judicial sobre la solicitud.

5. Cuando el recurso tenga por objeto la impugnación de un acto administrativo que afecte a una pluralidad indeterminada de personas, la suspensión de su eficacia habrá de ser publicada en el periódico oficial en que aquél se insertó.

Ver arts. 21, 38, 45, 47, 56, 98 y 108 LPAC.

ART. 118. Audiencia de los interesados.

1. Cuando hayan de tenerse en cuenta nuevos hechos o documentos no recogidos en el expediente originario, se pondrán de manifiesto a los interesados para que, en un plazo no inferior a diez días ni superior a quince, formulen las alegaciones y presenten los documentos y justificantes que estimen procedentes.

No se tendrán en cuenta en la resolución de los recursos, hechos, documentos o alegaciones del recurrente, cuando habiendo podido aportarlos en el trámite de alegaciones no lo haya hecho. Tampoco podrá solicitarse la práctica de pruebas cuando su falta de realización en el procedimiento en el que se dictó la resolución recurrida fuera imputable al interesado.

2. Si hubiera otros interesados se les dará, en todo caso, traslado del recurso para que en el plazo antes citado, aleguen cuanto estimen procedente.

3. El recurso, los informes y las propuestas no tienen el carácter de documentos nuevos a los efectos de este artículo. Tampoco lo tendrán los que los interesados hayan aportado al expediente antes de recaer la resolución impugnada.

Ver arts. 105.a) y c) CE; 33, 42, 43 y 82 LPAC.

ART. 119. Resolución.

1. La resolución del recurso estimará en todo o en parte o desestimará las pretensiones formuladas en el mismo o declarará su inadmisión.

2. Cuando existiendo vicio de forma no se estime procedente resolver sobre el fondo se ordenará la retroacción del procedimiento al momento en el que el vicio fue cometido, sin perjuicio de que eventualmente pueda acordarse la convalidación de actuaciones por el órgano competente para ello, de acuerdo con lo dispuesto en el artículo 52.

3. El órgano que resuelva el recurso decidirá cuantas cuestiones, tanto de forma como de fondo, plantee el procedimiento, hayan sido o no alegadas por los interesados. En este último caso se les oirá previamente. No obstante, la resolución será congruente con las peticiones formuladas por el recurrente, sin que en ningún caso pueda agravarse su situación inicial.

Ver arts. 85 y 88 LPAC.

ART. 120. Pluralidad de recursos administrativos.

1. Cuando deban resolverse una pluralidad de recursos administrativos que traigan causa de un mismo acto administrativo y se hubiera interpuesto un recurso judicial contra una resolución administrativa o bien contra el correspondiente acto presunto desestimatorio, el órgano administrativo podrá acordar la suspensión del plazo para resolver hasta que recaiga pronunciamiento judicial.

2. El acuerdo de suspensión deberá ser notificado a los interesados, quienes podrán recurrirlo.

La interposición del correspondiente recurso por un interesado, no afectará a los restantes procedimientos de recurso que se encuentren suspendidos por traer causa del mismo acto administrativo.

3. Recaído el pronunciamiento judicial, será comunicado a los interesados y el órgano administrativo competente para resolver podrá dictar resolución sin necesidad de realizar ningún trámite adicional, salvo el de audiencia, cuando proceda.

Sección 2.ª Recurso de alzada

ART. 121. Objeto.

1. Las resoluciones y actos a que se refiere el artículo 112.1, cuando no pongan fin a la vía administrativa, podrán ser recurridos en alzada ante el órgano superior jerárquico del que los dictó. A estos efectos, los Tribunales y órganos de selección del personal al servicio de las Administraciones Públicas y cualesquiera otros que, en el seno de éstas, actúen con autonomía funcional, se considerarán dependientes del órgano al que estén adscritos o, en su defecto, del que haya nombrado al presidente de los mismos.

2. El recurso podrá interponerse ante el órgano que dictó el acto que se impugna o ante el competente para resolverlo.

Si el recurso se hubiera interpuesto ante el órgano que dictó el acto impugnado, éste deberá remitirlo al competente en el plazo de diez días, con su informe y con una copia completa y ordenada del expediente.

El titular del órgano que dictó el acto recurrido será responsable directo del cumplimiento de lo previsto en el párrafo anterior.

Ver arts. 29, 30, 112, 114 y 122 a 124 LPAC.

ART. 122. Plazos.

1. El plazo para la interposición del recurso de alzada será de un mes, si el acto fuera expreso. Transcurrido dicho plazo sin haberse interpuesto el recurso, la resolución será firme a todos los efectos.

Si el acto no fuera expreso el solicitante y otros posibles interesados podrán interponer recurso de alzada en cualquier momento a partir del día siguiente a aquel en que, de acuerdo con su normativa específica, se produzcan los efectos del silencio administrativo.

2. El plazo máximo para dictar y notificar la resolución será de tres meses. Transcurrido este plazo sin que recaiga resolución, se podrá entender desestimado el recurso, salvo en el supuesto previsto en el artículo 24.1, tercer párrafo.

3. Contra la resolución de un recurso de alzada no cabrá ningún otro recurso administrativo, salvo el recurso extraordinario de revisión, en los casos establecidos en el artículo 125.1.

Sección 3.ª Recurso potestativo de reposición

ART. 123. Objeto y naturaleza.

1. Los actos administrativos que pongan fin a la vía administrativa podrán ser recurridos potestativamente en reposición ante el mismo órgano que los hubiera dictado o ser impugnados directamente ante el orden jurisdiccional contencioso-administrativo.

2. No se podrá interponer recurso contencioso-administrativo hasta que sea resuelto expresamente o se haya producido la desestimación presunta del recurso de reposición interpuesto.

ART. 124. Plazos.

1. El plazo para la interposición del recurso de reposición será de un mes, si el acto fuera expreso. Transcurrido dicho plazo, únicamente podrá interponerse recurso contencioso-administrativo, sin perjuicio, en su caso, de la procedencia del recurso extraordinario de revisión.

Si el acto no fuera expreso, el solicitante y otros posibles interesados podrán interponer recurso de reposición en cualquier momento a partir del día siguiente a aquel en que, de acuerdo con su normativa específica, se produzca el acto presunto.

2. El plazo máximo para dictar y notificar la resolución del recurso será de un mes.

3. Contra la resolución de un recurso de reposición no podrá interponerse de nuevo dicho recurso.

Sección 4.ª Recurso extraordinario de revisión

ART. 125. Objeto y plazos.

1. Contra los actos firmes en vía administrativa podrá interponerse el recurso extraordinario de revisión ante el órgano administrativo que los dictó, que también será el competente para su resolución, cuando concurra alguna de las circunstancias siguientes:

a) Que al dictarlos se hubiera incurrido en error de hecho, que resulte de los propios documentos incorporados al expediente.

b) Que aparezcan documentos de valor esencial para la resolución del asunto que, aunque sean posteriores, evidencien el error de la resolución recurrida.

c) Que en la resolución hayan influido esencialmente documentos o testimonios declarados falsos por sentencia judicial firme, anterior o posterior a aquella resolución.

d) Que la resolución se hubiese dictado como consecuencia de prevaricación, cohecho, violencia, maquinación fraudulenta u otra conducta punible y se haya declarado así en virtud de sentencia judicial firme.

2. El recurso extraordinario de revisión se interpondrá, cuando se trate de la causa a) del apartado anterior, dentro del plazo de cuatro años siguientes a la fecha de la notificación de la resolución impugnada. En los demás casos, el plazo será de tres meses a contar desde el conocimiento de los documentos o desde que la sentencia judicial quedó firme.

3. Lo establecido en el presente artículo no perjudica el derecho de los interesados a formular la solicitud y la instancia a que se refieren los artículos 106 y 109.2 de la presente Ley ni su derecho a que las mismas se sustancien y resuelvan.

ART. 126. Resolución.

1. El órgano competente para la resolución del recurso podrá acordar motivadamente la inadmisión a trámite, sin necesidad de recabar dictamen del Consejo de Estado u órgano consultivo de la Comunidad Autónoma, cuando el mismo no se funde en alguna de las causas previstas en el apartado 1 del artículo anterior o en el supuesto de que se hubiesen desestimado en cuanto al fondo otros recursos sustancialmente iguales.

2. El órgano al que corresponde conocer del recurso extraordinario de revisión debe pronunciarse no sólo sobre la procedencia del recurso, sino también, en su caso, sobre el fondo de la cuestión resuelta por el acto recurrido.

3. Transcurrido el plazo de tres meses desde la interposición del recurso extraordinario de revisión sin haberse dictado y notificado la resolución, se entenderá desestimado, quedando expedita la vía jurisdiccional contencioso-administrativa.

TÍTULO VI
De la iniciativa legislativa y de la potestad para dictar reglamentos y otras disposiciones

ART. 127. Iniciativa legislativa y potestad para dictar normas con rango de ley.

El Gobierno de la Nación ejercerá la iniciativa legislativa prevista en la Constitución mediante la elaboración y aprobación de los anteproyectos de Ley y la ulterior remisión de los proyectos de ley a las Cortes Generales.

La iniciativa legislativa se ejercerá por los órganos de gobierno de las Comunidades Autónomas en los términos establecidos por la Constitución y sus respectivos Estatutos de Autonomía.

Asimismo, el Gobierno de la Nación podrá aprobar reales decretos-leyes y reales decretos legislativos en los términos previstos en la Constitución. Los respectivos órganos de gobierno de las Comunidades Autónomas podrán aprobar normas equivalentes a aquéllas en su ámbito territorial, de conformidad con lo establecido en la Constitución y en sus respectivos Estatutos de Autonomía.

ART. 128. Potestad reglamentaria.

1. El ejercicio de la potestad reglamentaria corresponde al Gobierno de la Nación, a los órganos de Gobierno de las Comunidades Autónomas, de conformidad con lo establecido en sus respectivos Estatutos, y a los órganos de gobierno locales, de acuerdo con lo previsto en la Constitución, los Estatutos de Autonomía y la Ley 7/1985, de 2 de abril, reguladora de las Bases del Régimen Local.

2. Los reglamentos y disposiciones administrativas no podrán vulnerar la Constitución o las leyes ni regular aquellas materias que la Constitución o los Estatutos de Autonomía reconocen de la competencia de las Cortes Generales o de las Asambleas Legislativas de las Comunidades Autónomas. Sin perjuicio de su función de desarrollo o colaboración con respecto a la ley, no podrán tipificar delitos, faltas o infracciones administrativas, establecer penas o sanciones, así como tributos, exacciones parafiscales u otras cargas o prestaciones personales o patrimoniales de carácter público.

3. Las disposiciones administrativas se ajustarán al orden de jerarquía que establezcan las leyes. Ninguna disposición administrativa podrá vulnerar los preceptos de otra de rango superior.

Ver arts. 93 y 97 CE; 1.2 CC; 6 y 8 LOPJ y 47.2 LPAC.

ART. 129. Principios de buena regulación.

1. En el ejercicio de la iniciativa legislativa y la potestad reglamentaria, las Administraciones Públicas actuarán de acuerdo con los principios de necesidad, eficacia, proporcionalidad, seguridad jurídica, transparencia, y eficiencia. En la exposición de motivos o en el preámbulo, según se trate, respectivamente, de anteproyectos de ley o de proyectos de reglamento, quedará suficientemente justificada su adecuación a dichos principios.

2. En virtud de los principios de necesidad y eficacia, la iniciativa normativa debe estar justificada por una razón de interés general, basarse en una identificación clara de los fines perseguidos y ser el instrumento más adecuado para garantizar su consecución.

3. En virtud del principio de proporcionalidad, la iniciativa que se proponga deberá contener la regulación imprescindible para atender la necesidad a cubrir con la norma, tras constatar que no existen otras medidas menos restrictivas de derechos, o que impongan menos obligaciones a los destinatarios.

4. A fin de garantizar el principio de seguridad jurídica, la iniciativa normativa se ejercerá de manera coherente con el resto del ordenamiento jurídico, nacional y de la Unión Europea, para generar un marco normativo estable, predecible, integrado, claro y de certidumbre, que facilite su conocimiento y comprensión y, en consecuencia, la actuación y toma de decisiones de las personas y empresas.

Cuando en materia de procedimiento administrativo la iniciativa normativa establezca trámites adicionales o distintos a los contemplados en esta Ley, éstos deberán ser justificados atendiendo a la singularidad de la materia o a los fines perseguidos por la propuesta.

Las habilitaciones para el desarrollo reglamentario de una ley serán conferidas, con carácter general, al Gobierno *o Consejo de Gobierno respectivo*. La atribución directa a los titulares de los departamentos ministeriales *o de las consejerías del Gobierno*, o a otros órganos dependientes o subordinados de ellos, tendrá carácter excepcional y deberá justificarse en la ley habilitante.

Las leyes podrán habilitar directamente a Autoridades Independientes u otros organismos que tengan atribuida esta potestad para aprobar normas en desarrollo o aplicación de las mismas, cuando la naturaleza de la materia así lo exija.

5. En aplicación del principio de transparencia, las Administraciones Públicas posibilitarán el acceso sencillo, universal y actualizado a la normativa en vigor y los documentos

propios de su proceso de elaboración, en los términos establecidos en el artículo 7 de la Ley 19/2013, de 9 de diciembre, de transparencia, acceso a la información pública y buen gobierno; definirán claramente los objetivos de las iniciativas normativas y su justificación en el preámbulo o exposición de motivos; y posibilitarán que los potenciales destinatarios tengan una participación activa en la elaboración de las normas.

6. En aplicación del principio de eficiencia, la iniciativa normativa debe evitar cargas administrativas innecesarias o accesorias y racionalizar, en su aplicación, la gestión de los recursos públicos.

7. Cuando la iniciativa normativa afecte a los gastos o ingresos públicos presentes o futuros, se deberán cuantificar y valorar sus repercusiones y efectos, y supeditarse al cumplimiento de los principios de estabilidad presupuestaria y sostenibilidad financiera.

Este artículo se declara contrario al orden constitucional de competencias (salvo el apartado cuarto, párrafos segundo y tercero) en los términos del fundamento jurídico 7 b) de la Sentencia del Tribunal Constitucional 55/2018, de 24 de mayo de 2018. Recurso de inconstitucionalidad 3628-20. También esta sentencia declara inconstitucionales los incisos «o Consejo de Gobierno respectivo» y «o de las consejerías de Gobierno» del párrafo tercero del apartado 4. (BOE de 22-06-2018).

ART. 130. Evaluación normativa y adaptación de la normativa vigente a los principios de buena regulación.

1. Las Administraciones Públicas revisarán periódicamente su normativa vigente para adaptarla a los principios de buena regulación y para comprobar la medida en que las normas en vigor han conseguido los objetivos previstos y si estaba justificado y correctamente cuantificado el coste y las cargas impuestas en ellas.

El resultado de la evaluación se plasmará en un informe que se hará público, con el detalle, periodicidad y por el órgano que determine la normativa reguladora de la Administración correspondiente.

2. Las Administraciones Públicas promoverán la aplicación de los principios de buena regulación y cooperarán para promocionar el análisis económico en la elaboración de las normas y, en particular, para evitar la introducción de restricciones injustificadas o desproporcionadas a la actividad económica.

Artículo declarado contrario al orden constitucional de competencias en los términos del f.j 7 b) de la Sentencia del Tribunal Constitucional 55/2018, de 24 de mayo de 2018. Recurso de inconstitucionalidad 3628-2016. (BOE de 22-06-2018).

ART. 131. Publicidad de las normas.

Las normas con rango de ley, los reglamentos y disposiciones administrativas habrán de publicarse en el diario oficial correspondiente para que entren en vigor y produzcan efectos jurídicos. Adicionalmente, y de manera facultativa, las Administraciones Públicas podrán establecer otros medios de publicidad complementarios.

La publicación de los diarios o boletines oficiales en las sedes electrónicas de la Administración, Órgano, Organismo público o Entidad competente tendrá, en las condiciones y con las garantías que cada Administración Pública determine, los mismos efectos que los atribuidos a su edición impresa.

La publicación del «Boletín Oficial del Estado» en la sede electrónica del Organismo competente tendrá carácter oficial y auténtico en las condiciones y con las garantías que se determinen reglamentariamente, derivándose de dicha publicación los efectos previstos en el título preliminar del Código Civil y en las restantes normas aplicables.

ART. 132. Planificación normativa.

1. Anualmente, las Administraciones Públicas harán público un Plan Normativo que contendrá las iniciativas legales o reglamentarias que vayan a ser elevadas para su aprobación en el año siguiente.

2. Una vez aprobado, el Plan Anual Normativo se publicará en el Portal de la Transparencia de la Administración Pública correspondiente.

Artículo declarado contrario al orden constitucional de competencias en los términos del f.j. 7 b) y 7 c) de la Sentencia del Tribunal Constitucional 55/2018, de 24 de mayo de 2018. Recurso de inconstitucionalidad 3628-2016. (BOE de 22-06-2018).

ART. 133. Participación de los ciudadanos en el procedimiento de elaboración de normas con rango de Ley y reglamentos.

1. Con carácter previo a la elaboración del proyecto o anteproyecto de ley o de reglamento, se sustanciará una consulta pública, a través del portal web de la Administración competente en la que se recabará la opinión de los sujetos y de las organizaciones más representativas potencialmente afectados por la futura norma acerca de:

a) Los problemas que se pretenden solucionar con la iniciativa.

b) La necesidad y oportunidad de su aprobación.

c) Los objetivos de la norma.

d) Las posibles soluciones alternativas regulatorias y no regulatorias.

2. Sin perjuicio de la consulta previa a la redacción del texto de la iniciativa, cuando la norma afecte a los derechos e intereses legítimos de las personas, el centro directivo competente publicará el texto en el portal web correspondiente, con el objeto de dar audiencia a los ciudadanos afectados y recabar cuantas aportaciones adicionales puedan hacerse por otras personas o entidades. Asimismo, podrá también recabarse directamente la opinión de las organizaciones o asociaciones reconocidas por ley que agrupen o representen a las personas cuyos derechos o intereses legítimos se vieren afectados por la norma y cuyos fines guarden relación directa con su objeto.

3. La consulta, audiencia e información públicas reguladas en este artículo deberán realizarse de forma tal que los potenciales destinatarios de la norma y quienes realicen aportaciones sobre ella tengan la posibilidad de emitir su opinión, para lo cual deberán ponerse a su disposición los documentos necesarios, que serán claros, concisos y reunir toda la información precisa para poder pronunciarse sobre la materia.

4. Podrá prescindirse de los trámites de consulta, audiencia e información públicas previstos en este artículo en el caso de normas presupuestarias u organizativas de la Administración General del Estado, la Administración autonómica, la Administración local o de las organizaciones dependientes o vinculadas a éstas, o cuando concurran razones graves de interés público que lo justifiquen.

Cuando la propuesta normativa no tenga un impacto significativo en la actividad económica, no imponga obligaciones relevantes a los destinatarios o regule aspectos parciales de una materia, podrá omitirse la consulta pública regulada en el apartado primero. Si la normativa reguladora del ejercicio de la iniciativa legislativa o de la potestad reglamentaria por una Administración prevé la tramitación urgente de estos procedimientos, la eventual excepción del trámite por esta circunstancia se ajustará a lo previsto en aquella.

Artículo declarado contrario al orden constitucional de competencias en los términos del f.j. 7 b), salvo el inciso de su apartado primero «Con carácter previo a la elaboración del proyecto o anteproyecto de ley o de reglamento, se sustanciará una consulta pública» y el primer párrafo de su apartado 4, en los términos del f.j. 7 c) de la Sentencia del Tribunal Constitucional 55/2018, de 24 de mayo de 2018. Recurso de inconstitucionalidad 3628-2016. (BOE de 22-06-2018).

DISPOSICIONES ADICIONALES

D.A. 1.ª Especialidades por razón de materia.

1. Los procedimientos administrativos regulados en leyes especiales por razón de la materia que no exijan alguno de los trámites previstos en esta Ley o regulen trámites adicionales o distintos se regirán, respecto a éstos, por lo dispuesto en dichas leyes especiales.

2. Las siguientes actuaciones y procedimientos se regirán por su normativa específica y supletoriamente por lo dispuesto en esta Ley:

a) Las actuaciones y procedimientos de aplicación de los tributos en materia tributaria y aduanera, así como su revisión en vía administrativa.

b) Las actuaciones y procedimientos de gestión, inspección, liquidación, recaudación, impugnación y revisión en materia de Seguridad Social y Desempleo.

c) Las actuaciones y procedimientos sancionadores en materia tributaria y aduanera, en el orden social, en materia de tráfico y seguridad vial y en materia de extranjería.

d) Las actuaciones y procedimientos en materia de extranjería y asilo.

D.A. 2.ª Adhesión de las Comunidades Autónomas y Entidades Locales a las plataformas y registros de la Administración General del Estado.

Para cumplir con lo previsto en materia de registro electrónico de apoderamientos, registro electrónico, archivo electrónico único, plataforma de intermediación de datos y punto de acceso general electrónico de la Administración, las Comunidades Autónomas y las Entidades Locales podrán adherirse voluntariamente y a través de medios electrónicos a las plataformas y registros establecidos al efecto por la Administración General del Estado. Su no adhesión, deberá justificarse en términos de eficiencia conforme al artículo 7 de la Ley Orgánica 2/2012, de 27 de abril, de Estabilidad Presupuestaria y Sostenibilidad Financiera.

En el caso que una Comunidad Autónoma o una Entidad Local justifique ante el Ministerio de Hacienda y Administraciones Públicas que puede prestar el servicio de un modo más eficiente, de acuerdo con los criterios previstos en el párrafo anterior, y opte por mantener su propio registro o plataforma, las citadas Administraciones deberán garantizar que éste cumple con los requisitos del Esquema Nacional de Interoperabilidad, el Esquema Nacional de Seguridad, y sus normas técnicas de desarrollo, de modo que se garantice su compatibilidad informática e interconexión, así como la transmisión telemática de las solicitudes, escritos y comunicaciones que se realicen en sus correspondientes registros y plataformas.

Se declara que el párrafo segundo no es inconstitucional interpretado en los términos del f.j. 11 f) de la Sentencia del Tribunal Constitucional 55/2018, de 24 de mayo de 2018. Recurso de inconstitucionalidad 3628-2016. (BOE de 22-06-2018).

D.A. 3.ª Notificación por medio de anuncio publicado en el «Boletín Oficial del Estado».

1. El «Boletín Oficial del Estado» pondrá a disposición de las diversas Administraciones Públicas, un sistema automatizado de remisión y gestión telemática para la publicación de los anuncios de notificación en el mismo previstos en el artículo 44 de esta Ley y en esta disposición adicional. Dicho sistema, que cumplirá con lo establecido en esta Ley, y su normativa de desarrollo, garantizará la celeridad de la publicación, su correcta y fiel inserción, así como la identificación del órgano remitente.

2. En aquellos procedimientos administrativos que cuenten con normativa específica, de concurrir los supuestos previstos en el artículo 44 de esta Ley, la práctica de la notificación se hará, en todo caso, mediante un anuncio publicado en el «Boletín Oficial del Estado», sin perjuicio de que previamente y con carácter facultativo pueda realizarse en la forma prevista por dicha normativa específica.

3. La publicación en el «Boletín Oficial del Estado» de los anuncios a que se refieren los dos párrafos anteriores se efectuará sin contraprestación económica alguna por parte de quienes la hayan solicitado.

D.A. 4.ª Oficinas de asistencia en materia de registros.

Las Administraciones Públicas deberán mantener permanentemente actualizado en la correspondiente sede electrónica un directorio geográfico que permita al interesado identificar la oficina de asistencia en materia de registros más próxima a su domicilio.

D.A. 5.ª Actuación administrativa de los órganos constitucionales del Estado y de los órganos legislativos y de control autonómicos.

La actuación administrativa de los órganos competentes del Congreso de los Diputados, del Senado, del Consejo General del Poder Judicial, del Tribunal Constitucional, del Tribunal de Cuentas, del Defensor del Pueblo, de las Asambleas Legislativas de las Comunidades Autónomas y de las instituciones autonómicas análogas al Tribunal de Cuentas y al Defensor del Pueblo, se regirá por lo previsto en su normativa específica, en el marco de los principios que inspiran la actuación administrativa de acuerdo con esta Ley.

D.A. 6.ª Sistemas de identificación y firma previstos en los artículos 9.2 c) y 10.2 c).

1. No obstante lo dispuesto en los artículos 9.2 c) y 10.2 c) de la presente Ley, en las relaciones de los interesados con los sujetos sometidos al ámbito de aplicación de esta Ley, no serán admisibles en ningún caso y, por lo tanto, no podrán ser autorizados, los sistemas de identificación basados en tecnologías de registro distribuido y los sistemas de firma basados en los anteriores, en tanto que no sean objeto de regulación específica por el Estado en el marco del Derecho de la Unión Europea.

2. En todo caso, cualquier sistema de identificación basado en tecnología de registro distribuido que prevea la legislación estatal a que hace referencia el apartado anterior deberá contemplar asimismo que la Administración General del Estado actuará como autoridad intermedia que ejercerá las funciones que corresponda para garantizar la seguridad pública.

Añadida por Real Decreto-ley 14/2019, de 31 de octubre, por el que se adoptan medidas urgentes por razones de seguridad pública en materia de administración digital, contratación del sector público y telecomunicaciones. (BOE de 05-11-2019).

Ver D.T. 1.ª del Real Decreto-ley 14/2019, de 31 de octubre, que regula la aplicación de este artículo.

D.A. 7.ª

La Secretaría General de Administración Digital del Ministerio de Asuntos Económicos y Transformación Digital informará a la Conferencia Sectorial para asuntos de Seguridad Nacional de las resoluciones denegatorias de la autorización prevista en los artículos 9.2.c) y 10.2.c) de esta ley, que, en su caso, se hayan dictado en el plazo máximo de tres meses desde la adopción de la citada resolución.

Añadida por Ley 11/2022, de 28 de junio, General de Telecomunicaciones. (BOE de 29-06-2022).

D.A. 8.ª Resoluciones de Secretaría General de Administración Digital del Ministerio de Asuntos Económicos y Transformación Digital que establezcan las condiciones de uso de sistemas de identificación y/o firma no criptográfica.

Cuando se trate de sistemas establecidos por medio de Resolución de la Secretaría General de Administración Digital del Ministerio de Asuntos Económicos y Transformación Digital para su ámbito competencial con objeto de determinar las circunstancias en las que un sistema de firma electrónica no basado en certificados electrónicos será considerado como válido en las relaciones de los interesados con los órganos administrativos de la Administración General del Estado, sus organismos públicos y entidades de Derecho Público vinculados o dependientes, no será preciso el transcurso del plazo de dos meses para la eficacia jurídica del sistema a que se refiere el artículo 10.2.c) de la presente ley, adquiriendo eficacia jurídica al día siguiente de la publicación de la Resolución, salvo que esta disponga otra cosa.

Añadida por Real Decreto-ley 18/2022, de 18 de octubre, por el que se aprueban medidas de refuerzo de la protección de los consumidores de energía y de contribución a la reducción del consumo de gas natural en aplicación del «Plan + seguridad para tu energía (+SE)», así como medidas en materia de retribuciones del personal al servicio del sector público y de protección de las personas trabajadoras agrarias eventuales afectadas por la sequía. (BOE de 19-10-2022).

D.A. 9.ª Suspensión de plazos administrativos en los acuerdos de declaración de zonas afectadas gravemente por emergencias de protección civil.

El acuerdo de Consejo de Ministros por el que se declare una zona afectada gravemente por una emergencia de protección civil, previsto en el artículo 23 de la Ley 17/2015, de 9 de julio, del Sistema Nacional de Protección Civil, podrá establecer la suspensión de los plazos para el cumplimiento de los trámites de los procedimientos administrativos del sector público que correspondan a los interesados residentes en los términos municipales incluidos en el ámbito de aplicación del acuerdo y, en su caso, a aquellos otros interesados que acrediten el carácter imposible o gravoso de su cumplimiento en atención a los efectos de la emergencia. La suspensión se mantendrá hasta el momento en que se dicte un nuevo acuerdo de Consejo de Ministros decretando la finalización de esta medida, tras lo cual se reanudarán los plazos suspendidos.

Añadida por Real Decreto-ley 6/2024, de 5 de noviembre, por el que se adoptan medidas urgentes de respuesta ante los daños causados por la Depresión Aislada en Niveles Altos (DANA) en diferentes municipios entre el 28 de octubre y el 4 de noviembre de 2024. (BOE de 06/11/2024).

DISPOSICIONES TRANSITORIAS

D.T. 1.ª Archivo de documentos.

1. El archivo de los documentos correspondientes a procedimientos administrativos ya iniciados antes de la entrada en vigor de la presente Ley, se regirán por lo dispuesto en la normativa anterior.

2. Siempre que sea posible, los documentos en papel asociados a procedimientos administrativos finalizados antes de la entrada en vigor de esta Ley, deberán digitalizarse de acuerdo con los requisitos establecidos en la normativa reguladora aplicable.

D.T. 2.ª Registro electrónico y archivo electrónico único.

Mientras no entren en vigor las previsiones relativas al registro electrónico y el archivo electrónico único, en el ámbito de la Administración General del Estado se aplicarán las siguientes reglas:

a) Durante el primer año, tras la entrada en vigor de la Ley, podrán mantenerse los registros y archivos existentes en el momento de la entrada en vigor de esta ley.

b) Durante el segundo año, tras la entrada en vigor de la Ley, se dispondrá como máximo, de un registro electrónico y un archivo electrónico por cada Ministerio, así como de un registro electrónico por cada Organismo público.

D.T. 3.ª Régimen transitorio de los procedimientos.

a) A los procedimientos ya iniciados antes de la entrada en vigor de la Ley no les será de aplicación la misma, rigiéndose por la normativa anterior.

b) Los procedimientos de revisión de oficio iniciados después de la entrada en vigor de la presente Ley se sustanciarán por las normas establecidas en ésta.

c) Los actos y resoluciones dictados con posterioridad a la entrada en vigor de esta Ley se regirán, en cuanto al régimen de recursos, por las disposiciones de la misma.

d) Los actos y resoluciones pendientes de ejecución a la entrada en vigor de esta Ley se regirán para su ejecución por la normativa vigente cuando se dictaron.

e) A falta de previsiones expresas establecidas en las correspondientes disposiciones legales y reglamentarias, las cuestiones de Derecho transitorio que se susciten en materia de procedimiento administrativo se resolverán de acuerdo con los principios establecidos en los apartados anteriores.

D.T. 4.ª Régimen transitorio de los archivos, registros y punto de acceso general.

Mientras no entren en vigor las previsiones relativas al registro electrónico de apoderamientos, registro electrónico, punto de acceso general electrónico de la Administración y archivo único electrónico, las Administraciones Públicas mantendrán los mismos canales, medios o sistemas electrónicos vigentes relativos a dichas materias, que permitan garantizar el derecho de las personas a relacionarse electrónicamente con las Administraciones.

D.T. 5.ª Procedimientos de responsabilidad patrimonial derivados de la declaración de inconstitucionalidad de una norma o su carácter contrario al Derecho de la Unión Europea.

Los procedimientos administrativos de responsabilidad patrimonial derivados de la declaración de inconstitucionalidad de una norma o su carácter contrario al Derecho de la Unión Europea iniciados con anterioridad a la entrada en vigor de esta Ley, se resolverán de acuerdo con la normativa vigente en el momento de su iniciación.

DISPOSICIONES DEROGATORIAS

D.DT. ÚNICA. Derogación normativa.

1. Quedan derogadas todas las normas de igual o inferior rango en lo que contradigan o se opongan a lo dispuesto en la presente Ley.

2. Quedan derogadas expresamente las siguientes disposiciones:

a) Ley 30/1992, de 26 de noviembre, de Régimen Jurídico de las Administraciones Públicas y del Procedimiento Administrativo Común.

b) Ley 11/2007, de 22 de junio, de acceso electrónico de los ciudadanos a los Servicios Públicos.

c) Los artículos 4 a 7 de la Ley 2/2011, de 4 de marzo, de Economía Sostenible.

d) Real Decreto 429/1993, de 26 de marzo, por el que se aprueba el Reglamento de los procedimientos de las Administraciones Públicas en materia de responsabilidad patrimonial.

e) Real Decreto 1398/1993, de 4 de agosto, por el que se aprueba el Reglamento del Procedimiento para el Ejercicio de la Potestad Sancionadora.

f) Real Decreto 772/1999, de 7 de mayo, por el que se regula la presentación de solicitudes, escritos y comunicaciones ante la Administración General del Estado, la expedición de copias de documentos y devolución de originales y el régimen de las oficinas de registro.

g) Los artículos 2.3, 10, 13, 14, 15, 16, 26, 27, 28, 29.1.a), 29.1.d), 31, 32, 33, 35, 36, 39, 48, 50, los apartados 1, 2 y 4 de la disposición adicional primera, la disposición adicional tercera, la disposición transitoria primera, la disposición transitoria segunda, la disposición transitoria tercera y la disposición transitoria cuarta del Real Decreto 1671/2009, de 6 de noviembre, por el que se desarrolla parcialmente la Ley 11/2007, de 22 de junio, de acceso electrónico de los ciudadanos a los Servicios Públicos.

Hasta que, de acuerdo con lo dispuesto en la disposición final séptima, produzcan efectos las previsiones relativas al registro electrónico de apoderamientos, registro electrónico, punto de acceso general electrónico de la Administración y archivo único electrónico, se mantendrán en vigor los artículos de las normas previstas en las letras a), b) y g) relativos a las materias mencionadas.

3. Las referencias contenidas en normas vigentes a las disposiciones que se derogan expresamente deberán entenderse efectuadas a las disposiciones de esta Ley que regulan la misma materia que aquéllas.

DISPOSICIONES FINALES

D.F. 1.ª Título competencial.

1. Esta Ley se aprueba al amparo de lo dispuesto en el artículo 149.1.18.ª de la Constitución Española, que atribuye al Estado la competencia para dictar las bases del régimen jurídico de las Administraciones Públicas y competencia en materia de procedimiento administrativo común y sistema de responsabilidad de todas las Administraciones Públicas.

2. (Inconstitucional y nulo).

3. Lo previsto en los artículos 92 primer párrafo, 111, 114.2 y disposición transitoria segunda, serán de aplicación únicamente a la Administración General del Estado, así como el resto de apartados de los distintos preceptos que prevén su aplicación exclusiva en el ámbito de la Administración General del Estado.

Apdo. 2 declarado inconstitucional y nulo por Sentencia del Tribunal Constitucional 55/2018, de 24 de mayo de 2018. Recurso de inconstitucionalidad 3628-2016. Interpuesto por el Gobierno de la Generalitat de Cataluña en relación con diversos preceptos de la Ley 39/2015, de 1 de octubre, del procedimiento administrativo común de las administraciones públicas. Competencias sobre procedimiento administrativo: nulidad de diversos extremos de los preceptos relativos a los registros electrónicos de apoderamientos, los principios de buena regulación y que identifican los títulos competenciales habilitantes para la aprobación de la ley; inconstitucionalidad de distintos preceptos que regulan la iniciativa legislativa y la potestad reglamentaria; interpretación conforme de la disposición relativa a la adhesión de las administraciones territoriales a las plataformas y registros de la Administración General del Estado. (BOE de 22-06-2018).

D.F. 2.ª Modificación de la Ley 59/2003, de 19 de diciembre, de firma electrónica.

En la Ley 59/2003, de 19 de diciembre, de firma electrónica, se incluye un nuevo apartado 11 en el artículo 3 con la siguiente redacción:

«11. Todos los sistemas de identificación y firma electrónica previstos en la Ley de Procedimiento Administrativo Común de las Administraciones Públicas y en la Ley de Régimen Jurídico del Sector Público tendrán plenos efectos jurídicos.»

D.F. 3.ª Modificación de la Ley 36/2011, de 10 de octubre, reguladora de la jurisdicción social.

La Ley 36/2011, de 10 de octubre, reguladora de la jurisdicción social, queda redactada en los siguientes términos:

Uno. El artículo 64 queda redactado como sigue:

«**Artículo 64. Excepciones a la conciliación o mediación previas.**

1. Se exceptúan del requisito del intento de conciliación o, en su caso, de mediación los procesos que exijan el agotamiento de la vía administrativa, en su caso, los que versen sobre Seguridad Social, los relativos a la impugnación del despido colectivo por los representantes de los trabajadores, disfrute de vacaciones y a materia electoral, movilidad geográfica, modificación sustancial de las condiciones de trabajo, suspensión del contrato y reducción de jornada por causas económicas, técnicas, organizativas o de producción o derivadas de fuerza mayor, derechos de conciliación de la vida personal, familiar y laboral a los que se refiere el artículo 139, los iniciados de oficio, los de impugnación de convenios colectivos, los de impugnación de los estatutos de los sindicatos o de su modificación, los de tutela de los derechos fundamentales y libertades públicas, los procesos de anulación de laudos arbitrales, los de impugnación de acuerdos de conciliaciones, de mediaciones y de transacciones, así como aquellos en que se ejerciten acciones laborales de protección contra la violencia de género.

2. Igualmente, quedan exceptuados:

a) Aquellos procesos en los que siendo parte demandada el Estado u otro ente público también lo fueren personas privadas, siempre que la pretensión hubiera de someterse al agotamiento de la vía administrativa y en ésta pudiera decidirse el asunto litigioso.

b) Los supuestos en que, en cualquier momento del proceso, después de haber dirigido la papeleta o la demanda contra personas determinadas, fuera necesario dirigir o ampliar la misma frente a personas distintas de las inicialmente demandadas.

3. Cuando por la naturaleza de la pretensión ejercitada pudiera tener eficacia jurídica el acuerdo de conciliación o de mediación que pudiera alcanzarse, aun estando exceptuado el proceso del referido requisito del intento previo, si las partes acuden en tiempo oportuno voluntariamente y de común acuerdo a tales vías previas, se suspenderán los plazos de caducidad o se interrumpirán los de prescripción en la forma establecida en el artículo siguiente.»

Dos. El artículo 69 queda redactado como sigue:

«**Artículo 69. Agotamiento de la vía administrativa previa a la vía judicial social.**

1. Para poder demandar al Estado, Comunidades Autónomas, entidades locales o entidades de Derecho público con personalidad jurídica propia vinculadas o dependientes de los mismos será requisito necesario haber agotado la vía administrativa, cuando así proceda, de acuerdo con lo establecido en la normativa de procedimiento administrativo aplicable.

En todo caso, la Administración pública deberá notificar a los interesados las resoluciones y actos administrativos que afecten a sus derechos e intereses, conteniendo la notificación el texto íntegro de la resolución, con indicación de si es o no definitivo en la vía administrativa, la expresión de los recursos que procedan, órgano ante el que hubieran de presentarse y plazo para interponerlos, sin perjuicio de que los interesados puedan ejercitar, en su caso, cualquier otro que estimen procedente.

Las notificaciones que conteniendo el texto íntegro del acto omitiesen alguno de los demás requisitos previstos en el párrafo anterior mantendrán suspendidos los plazos de caducidad e interrumpidos los de prescripción y únicamente surtirán efecto a partir de la fecha en que el interesado realice actuaciones que supongan el conocimiento del contenido y alcance de la resolución o acto objeto de la notificación o resolución, o interponga cualquier recurso que proceda.

2. Desde que se deba entender agotada la vía administrativa el interesado podrá formalizar la demanda en el plazo de dos meses ante el juzgado o la Sala competente. A la demanda se acompañará copia de la resolución denegatoria o documento acreditativo de la interposición o resolución del recurso administrativo, según proceda, uniendo copia de todo ello para la entidad demandada.

3. En las acciones derivadas de despido y demás acciones sujetas a plazo de caducidad, el plazo de interposición de la demanda será de veinte días hábiles o el especial que sea aplicable, contados a partir del día siguiente a aquél en que se hubiera producido el acto o la notificación de la resolución impugnada, o desde que se deba entender agotada la vía administrativa en los demás casos.»

Tres. El artículo 70 queda redactado como sigue:

«**Artículo 70. Excepciones al agotamiento de la vía administrativa.**

No será necesario agotar la vía administrativa para interponer demanda de tutela de derechos fundamentales y libertades públicas frente a actos de las Administraciones públicas en el ejercicio de sus potestades en materia laboral y sindical, si bien el plazo para la interposición de la demanda será de veinte días desde el día siguiente a la notificación del acto o al transcurso del plazo fijado para la resolución, sin más trámites; cuando la lesión del derecho fundamental tuviera su origen en la inactividad administrativa o en actuación en vías de hecho, o se hubiera interpuesto potestativamente un recurso administrativo, el plazo de veinte días se iniciará transcurridos veinte días desde la reclamación contra la inactividad o vía de hecho, o desde la presentación del recurso, respectivamente.»

Cuatro. El artículo 72 queda redactado como sigue:

«Artículo 72. Vinculación respecto a la reclamación administrativa previa en materia de prestaciones de Seguridad Social o vía administrativa previa.

En el proceso no podrán introducir las partes variaciones sustanciales de tiempo, cantidades o conceptos respecto de los que fueran objeto del procedimiento administrativo y de las actuaciones de los interesados o de la Administración, bien en fase de reclamación previa en materia de prestaciones de Seguridad Social o de recurso que agote la vía administrativa, salvo en cuanto a los hechos nuevos o que no hubieran podido conocerse con anterioridad.»

Cinco. El artículo 73 queda redactado como sigue:

«Artículo 73. Efectos de la reclamación administrativa previa en materia de prestaciones de Seguridad Social.

La reclamación previa en materia de prestaciones de Seguridad Social interrumpirá los plazos de prescripción y suspenderá los de caducidad, reanudándose estos últimos al día siguiente al de la notificación de la resolución o del transcurso del plazo en que deba entenderse desestimada.»

Seis. El artículo 85 queda redactado como sigue:

«Artículo 85. Celebración del juicio.

1. Si no hubiera avenencia en conciliación, se pasará seguidamente a juicio y se dará cuenta de lo actuado.

Con carácter previo se resolverá, motivadamente, en forma oral y oídas las partes, sobre las cuestiones previas que se puedan formular en ese acto, así como sobre los recursos u otras incidencias pendientes de resolución, sin perjuicio de la ulterior sucinta fundamentación en la sentencia, cuando proceda. Igualmente serán oídas las partes y, en su caso, se resolverá, motivadamente y en forma oral, lo procedente sobre las cuestiones que el juez o tribunal pueda plantear en ese momento sobre su competencia, los presupuestos de la demanda o el alcance y límites de la pretensión formulada, respetando las garantías procesales de las partes y sin prejuzgar el fondo del asunto.

A continuación, el demandante ratificará o ampliará su demanda, aunque en ningún caso podrá hacer en ella variación sustancial.

2. El demandado contestará afirmando o negando concretamente los hechos de la demanda, y alegando cuantas excepciones estime procedentes.

3. Únicamente podrá formular reconvención cuando la hubiese anunciado en la conciliación previa al proceso o en la contestación a la reclamación previa en materia de prestaciones de Seguridad Social o resolución que agote la vía administrativa, y hubiese expresado en esencia los hechos en que se funda y la petición en que se concreta. No se admitirá la reconvención, si el órgano judicial no es competente, si la acción que se ejercita ha de ventilarse en modalidad procesal distinta y la acción no fuera acumulable, y cuando no exista conexión entre sus pretensiones y las que sean objeto de la demanda principal.

No será necesaria reconvención para alegar compensación de deudas, siempre que sean vencidas y exigibles y no se formule pretensión de condena reconvencional, y en general cuando el demandado esgrima una pretensión que tienda exclusivamente a ser absuelto de la pretensión o pretensiones objeto de la demanda principal, siendo suficiente que se alegue en la contestación a la demanda. Si la obligación precisa de determinación judicial por no ser líquida con antelación al juicio, será necesario expresar concretamente los hechos que fundamenten la excepción y la forma de liquidación de la deuda, así como haber anunciado la misma en la conciliación o mediación previas, o en la reclamación en materia de prestaciones de Seguridad Social o resolución que agoten la vía administrativa. Formulada la reconvención, se dará traslado a las demás partes para su contestación en los términos establecidos para la demanda. El mismo trámite de traslado se acordará para dar respuesta a las excepciones procesales, caso de ser alegadas.

4. Las partes harán uso de la palabra cuantas veces el juez o tribunal lo estime necesario.

5. Asimismo, en este acto, las partes podrán alegar cuanto estimen conveniente a efectos de lo dispuesto en la letra b) del apartado 3 del artículo 191, ofreciendo, para el momento procesal oportuno, los elementos de juicio necesarios para fundamentar sus alegaciones. No será preciso aportar prueba sobre esta concreta cuestión cuando el hecho de que el proceso afecta a muchos trabajadores o beneficiarios sea notorio por su propia naturaleza.

6. Si no se suscitasen cuestiones procesales o si, suscitadas, se hubieran contestado, las partes o sus defensores con el tribunal fijarán los hechos sobre los que exista conformidad o disconformidad de los litigantes, consignándose en caso necesario en el acta o, en su caso, por diligencia, sucinta referencia a aquellos extremos esenciales conformes, a efectos de ulterior recurso. Igualmente podrán facilitar las partes unas notas breves de cálculo o resumen de datos numéricos.

7. En caso de allanamiento total o parcial será aprobado por el órgano jurisdiccional, oídas las demás partes, de no incurrir en renuncia prohibida de derechos, fraude de ley o perjuicio a terceros, o ser contrario al interés público, mediante resolución que podrá dictarse en forma oral. Si el allanamiento fuese total se dictará sentencia condenatoria de acuerdo con las pretensiones del actor. Cuando el allanamiento sea parcial, podrá dictarse auto aprobatorio, que podrá llevarse a efecto por los trámites de la ejecución definitiva parcial, siempre que por la naturaleza de las pretensiones objeto de allanamiento, sea posible un pronunciamiento separado que no prejuzgue las restantes cuestiones no allanadas, respecto de las cuales continuará el acto de juicio.

8. El juez o tribunal, una vez practicada la prueba y antes de las conclusiones, salvo que exista oposición de alguna de las partes, podrá suscitar la posibilidad de llegar a un acuerdo y de no alcanzarse el mismo en ese momento proseguirá la celebración del juicio.»

Siete. El artículo 103 queda redactado como sigue:

«Artículo 103. Presentación de la demanda por despido.

1. El trabajador podrá reclamar contra el despido, dentro de los veinte días hábiles siguientes a aquél en que se hubiera producido. Dicho plazo será de caducidad a todos los efectos y no se computarán los sábados, domingos y los festivos en la sede del órgano jurisdiccional.

2. Si se promoviese papeleta de conciliación o solicitud de mediación o demanda por despido contra una persona a la que erróneamente se hubiere atribuido la cualidad de empresario, y se acreditase con posterioridad, sea en el juicio o en otro momento anterior del proceso, que lo era un tercero, el trabajador podrá promover nueva demanda contra éste, o ampliar la demanda si no se hubiera celebrado el juicio, sin que comience el cómputo del plazo de caducidad hasta el momento en que conste quién sea el empresario.

3. Las normas del presente capítulo serán de aplicación a la impugnación de las decisiones empresariales de extinción de contrato con las especialidades necesarias, sin perjuicio de lo previsto en el artículo 120 y de las consecuencias sustantivas de cada tipo de extinción contractual.»

Ocho. El artículo 117 queda redactado como sigue:

«Artículo 117. Requisito del agotamiento de la vía administrativa previa a la vía judicial.

1. Para demandar al Estado por los salarios de tramitación, será requisito previo haber reclamado en vía administrativa en la forma y plazos establecidos, contra cuya denegación el empresario o, en su caso, el trabajador, podrá promover la oportuna acción ante el juzgado que conoció en la instancia del proceso de despido.

2. A la demanda habrá de acompañarse copia de la resolución administrativa denegatoria o de la instancia de solicitud de pago.

3. El plazo de prescripción de esta acción es el previsto en el apartado 2 del artículo 59 del texto refundido de la Ley del Estatuto de los Trabajadores, iniciándose el cómputo del mismo, en caso de reclamación efectuada por el empresario, desde el momento en que éste sufre la disminución patrimonial ocasionada por el abono de los salarios de tramitación y, en caso de reclamación por el trabajador, desde la fecha de notificación al mismo del auto judicial que haya declarado la insolvencia del empresario.»

D.F. 4.ª Referencias normativas.

Las referencias hechas a la Ley 30/1992, de 26 de noviembre, de Régimen Jurídico de las Administraciones Públicas y del Procedimiento Administrativo Común, se entenderán hechas a la Ley del Procedimiento Administrativo Común de las Administraciones Públicas o a la Ley de Régimen Jurídico del Sector Público, según corresponda.

D.F. 5.ª Adaptación normativa.

En el plazo de un año a partir de la entrada en vigor de la Ley, se deberán adecuar a la misma las normas reguladoras estatales, autonómicas y locales de los distintos procedimientos normativos que sean incompatibles con lo previsto en esta Ley.

D.F. 6.ª Desarrollo normativo de la Ley.

Se faculta al Consejo de Ministros y al Ministro de Hacienda y Administraciones Públicas, en el ámbito de sus competencias, para dictar cuantas disposiciones reglamentarias sean necesarias para el desarrollo de la presente Ley, así como para acordar las medidas necesarias para garantizar la efectiva ejecución e implantación de las previsiones de esta Ley.

D.F. 7.ª Entrada en vigor.

La presente Ley entrará en vigor al año de su publicación en el «Boletín Oficial del Estado».

No obstante, las previsiones relativas al registro electrónico de apoderamientos, registro electrónico, registro de empleados públicos habilitados, punto de acceso general electrónico de la Administración y archivo único electrónico producirán efectos a partir del día 2 de abril de 2021.

Modificada por Ley 10/2021, de 9 de julio, de trabajo a distancia. (BOE de 10-07-2021).

Modificada por Real Decreto-ley 28/2020, de 22 de septiembre, de trabajo a distancia (efectos desde el 23 de septiembre de 2020). (BOE de 23-09-2020).

Por tanto,

Mando a todos los españoles, particulares y autoridades, que guarden y hagan guardar esta ley.

Madrid, 1 de octubre de 2015.

FELIPE R.

El Presidente del Gobierno,
MARIANO RAJOY BREY

II.
LEY 29/1998, DE 13 DE JULIO, REGULADORA DE LA JURISDICCIÓN CONTENCIOSO-ADMINISTRATIVA

–BOE núm. 167, de 14 de julio de 1998–

JUAN CARLOS I
REY DE ESPAÑA

A todos los que la presente vieren y entendieren.
Sabed: Que las Cortes Generales han aprobado y Yo vengo en sancionar la siguiente Ley.

EXPOSICIÓN DE MOTIVOS

I. Justificación de la reforma

La Jurisdicción Contencioso-administrativa es una pieza capital de nuestro Estado de Derecho. Desde que fue instaurada en nuestro suelo por las Leyes de 2 de abril y 6 de julio de 1845, y a lo largo de muchas vicisitudes, ha dado sobrada muestra de sus virtualidades.

Sobre todo desde que la Ley de 27 de diciembre de 1956 la dotó de las características que hoy tiene y de las atribuciones imprescindibles para asumir la misión que le corresponde de controlar la legalidad de la actividad administrativa, garantizando los derechos e intereses legítimos de los ciudadanos frente a las extralimitaciones de la Administración.

Dicha Ley, en efecto, universalmente apreciada por los principios en los que se inspira y por la excelencia de su técnica, que combina a la perfección rigor y sencillez, acertó a generalizar el control judicial de la actuación administrativa, aunque con algunas excepciones notorias que imponía el régimen político bajo el que fue aprobada. Ratificó con énfasis el carácter judicial del orden contencioso administrativo, ya establecido por la legislación precedente, preocupándose por la especialización de sus Magistrados. Y dio luz a un procedimiento simple y en teoría ágil, coherente con su propósito de lograr una justicia eficaz y ajena a interpretaciones y prácticas formalistas que pudieran enervar su buen fin. De esta manera, la Ley de la Jurisdicción Contencioso-administrativa de 1956 abrió una vía necesaria, aunque no suficiente, para colmar las numerosas lagunas y limitaciones históricas de nuestro Estado de Derecho, oportunidad que fue adecuadamente aprovechada por una jurisprudencia innovadora, alentada por el espectacular desarrollo que ha experimentado la doctrina española del Derecho Administrativo.

Sin embargo, las cuatro décadas transcurridas desde que aquella Ley se aprobó han traído consigo numerosos y trascendentales cambios, en el ordenamiento jurídico, en las instituciones político-administrativas y en la sociedad. Estos cambios exigen, para alcanzar los mismos fines institucionales, soluciones necesariamente nuevas, pues, no obstante la versatilidad de buena parte de su articulado, la Ley de 1956 no está ajustada a la evolución del ordenamiento y a las demandas que la sociedad dirige a la Administración de Justicia.

Ante todo, hay que tener en cuenta el impacto producido por la Constitución de 1978. Si bien algunos de los principios en que ésta se funda son los mismos que inspiraron la reforma jurisdiccional de 1956 y que fue deduciendo la jurisprudencia elaborada a su amparo, es evidente que las consecuencias que el texto constitucional depara en punto al control judicial de la actividad administrativa son muy superiores. Sólo a raíz de la Constitución de 1978 se garantizan en nuestro país plenamente los postulados del Estado de Derecho y, entre ellos, el derecho de toda persona a la tutela judicial efectiva de sus derechos e intereses legítimos, el sometimiento de la Administración pública a la ley y al derecho y el control de la potestad reglamentaria y de la legalidad de la actuación administrativa por los Tribunales. La proclamación de estos derechos y principios en la Constitución y su eficacia jurídica directa han producido la derogación implícita de aquellos preceptos de la Ley Jurisdiccional que establecían limitaciones en el acceso a los recursos o en su eficacia carentes de justificación en un sistema democrático. Pero el alcance de este efecto derogatorio en relación a algunos extremos de la Ley de 1956 ha seguido siendo objeto de polémica, lo que hacía muy conveniente una clarificación legal. Además, la jurisprudencia, tanto constitucional como contencioso-administrativa, ha extraído de los principios y preceptos constitucionales otras muchas reglas, que imponen determinadas interpretaciones de dicha Ley, o incluso sostienen potestades y actuaciones judiciales no contempladas expresamente en su texto. Por último, la influencia de la Constitución en el régimen de la Jurisdicción Contencioso-administrativa no se reduce a lo que disponen los artículos 9.1, 24, 103.1 y 106.1. De manera más o menos mediata, la organización, el ámbito y extensión material y el funcionamiento de este orden jurisdiccional se ve afectado por otras muchas disposiciones constitucionales, tanto las que regulan principios sustantivos y derechos fundamentales, como las que diseñan la estructura de nuestra Monarquía parlamentaria y la organización territorial del Estado. Como el resto del ordenamiento, también el régimen legal de la Jurisdicción Contencioso-administrativa debe adecuarse por entero a la letra y al espíritu de la Constitución.

Por otra parte, durante los últimos lustros la sociedad y la Administración españolas han experimentado enormes transformaciones. La primera es hoy incomparablemente más desarrollada, más libre y plural, emancipada y consciente de sus derechos que hace cuarenta años. Mientras, la Administración reducida, centralizada y jerarquizada de antaño se ha convertido en una organización extensa y compleja, dotada de funciones múltiples y considerables recursos, descentralizada territorial y funcionalmente. Al hilo de estas transformaciones han variado en buena medida y se han diversificado las formas jurídicas de la organización administrativa, los fines, el contenido y las formas de la actividad de la Administración, los derechos que las personas y los grupos sociales ostentan frente a ella y, en definitiva, el sistema de relaciones regido por el Derecho Administrativo.

Todos estos cambios repercuten de una u otra forma sobre la Jurisdicción Contencioso-administrativa.

Concebida en origen como jurisdicción especializada en la resolución de un limitado número de conflictos jurídicos, ha sufrido hasta la saturación el extraordinario incremento de la litigiosidad entre ciudadanos y Administraciones y de éstas entre sí que se ha producido en los últimos tiempos. En este aspecto los problemas son comunes a los que los sistemas de control judicial de la Administración están soportando en otros muchos países.

Pero además, el instrumental jurídico que en el nuestro se otorga a la Jurisdicción para el cumplimiento de sus fines ha quedado relativamente desfasado. En particular, para someter a control jurídico las actividades materiales y la inactividad de la Administración, pero también para hacer ejecutar con prontitud las propias decisiones judiciales y para adoptar medidas cautelares que aseguren la eficacia del proceso. De ahí que, pese al aumento de los efectivos de la Jurisdicción, pese al esfuerzo creativo de la jurisprudencia, pese al desarrollo de la justicia cautelar y a otros remedios parciales, la Jurisdicción Contencioso-administrativa esté atravesando un período crítico ante el que es preciso reaccionar mediante las oportunas reformas.

Algunas de ellas, ciertamente, ya han venido afrontándose por el legislador en diferentes textos, más lejanos o recientes. De hecho, las normas que han modificado o que complementan en algún aspecto el régimen de la Jurisdicción son ya tan numerosas y dispersas que justificarían de por sí una refundición.

La reforma que ahora se aborda, que toma como base los trabajos parlamentarios realizados durante la anterior Legislatura -en los que se alcanzó un estimable grado de consenso en muchos aspectos-, va bastante más allá. De un lado tiene en cuenta esas modificaciones parciales o indirectas, pero no sólo para incorporarlas a un texto único, sino también para corregir aquellos de sus elementos que la práctica judicial o la crítica doctrinal han revelado inapropiados o susceptibles de mejora. De otro lado, pretende completar la adecuación del régimen jurídico del recurso contencioso-administrativo a los valores y principios constitucionales, tomando en consideración las aportaciones de la jurisprudencia del Tribunal Constitucional y del Tribunal Supremo, la nueva organización del Estado y la evolución de la doctrina jurídica. Por último, persigue dotar a la Jurisdicción Contencioso-administrativa de los instrumentos necesarios para el ejercicio de su función, a la vista de las circunstancias en que hoy en día se enmarca.

Desde este último punto de vista, la reforma compagina las medidas que garantizan la plenitud material de la tutela judicial en el orden contencioso-administrativo y el criterio favorable al ejercicio de las acciones y recursos y a la defensa de las partes, sin concesión alguna a tentaciones formalistas, con las que tienen por finalidad agilizar la resolución de los litigios. La preocupación por conseguir un equilibrio entre las garantías, tanto de los derechos e intereses públicos y privados en juego como del acierto y calidad de las decisiones judiciales, con la celeridad de los procesos y la efectividad de lo juzgado constituye uno de los ejes de la reforma. Pues es evidente que una justicia tardía o la meramente cautelar no satisfacen el derecho que reconoce el artículo 24.1 de la Constitución.

Bien es verdad que lograr una justicia ágil y de calidad no depende solamente de una reforma legal. También es cierto que el control de la legalidad de las actividades administrativas puede y debe ejercerse asimismo por otras vías complementarias de la judicial, que sería necesario perfeccionar para evitar la proliferación de recursos innecesarios y para ofrecer fórmulas poco costosas y rápidas de resolución de numerosos conflictos. Pero, en cualquier caso, el régimen legal de la Jurisdicción Contencioso-administrativa, insustituible en su doble función garantizadora y creadora de jurisprudencia, debe adaptarse a las condiciones del momento para hacer posible aquel objetivo.

En virtud de estas premisas, la reforma es a la vez continuista y profundamente renovadora. Continuista porque mantiene la naturaleza estrictamente judicial que la Jurisdicción Contencioso-administrativa ya tenía en la legislación anterior y que la Constitución ha venido a consolidar definitivamente; porque mantiene asimismo el carácter de juicio entre partes que el recurso contencioso-administrativo tiene y su doble finalidad de garantía individual y control del sometimiento de la Administración al derecho, y porque se ha querido conservar, conscientemente, todo aquello que en la práctica ha funcionado bien, de conformidad con los imperativos constitucionales.

No obstante, la trascendencia y amplitud de las transformaciones a las que la institución debe acomodarse hacían inevitable una revisión general de su régimen jurídico, imposible de abordar mediante simples retoques de la legislación anterior. Además, la reforma no sólo pretende responder a los retos de nuestro tiempo, sino que, en la medida de lo posible y con la necesaria prudencia, mira al futuro e introduce aquí y allá preceptos y cláusulas generales que a la doctrina y a la jurisprudencia corresponde dotar de contenido preciso, con el fin de perfeccionar el funcionamiento de la Jurisdicción.

II. Ámbito y extensión de la Jurisdicción Contencioso-administrativa

Fiel al propósito de no alterar más de lo necesario la sistemática de la Ley anterior, el nuevo texto legal comienza definiendo el ámbito propio, el alcance y los límites de la Jurisdicción Contencioso-administrativa.

Respetando la tradición y de conformidad con el artículo 106.1 de la Constitución, se le asigna el control de la potestad reglamentaria y de la legalidad de la actuación administrativa sujeta a Derecho Administrativo. Sin embargo, la Ley incorpora a la definición del ámbito de la Jurisdicción ciertas novedades, en parte obligadas y todas ellas trascendentales.

En primer lugar, era necesario actualizar el concepto de Administración pública válido a los efectos de la Ley, en atención a los cambios organizativos que se han venido produciendo y en conexión con lo que disponen otras Leyes. También era imprescindible confirmar en ésta la sujeción al enjuiciamiento de la Jurisdicción Contencioso-administrativa de actos y disposiciones emanados de otros órganos públicos que no forman parte de la Administración, cuando dichos actos y disposiciones tienen, por su contenido y efectos, una naturaleza materialmente administrativa. Sin intención de inmiscuirse en ningún debate dogmático, que no es tarea del legislador, la Ley atiende a un problema práctico, consistente en asegurar la tutela judicial de quienes resulten afectados en sus derechos o intereses por dichos actos y disposiciones, en casi todo semejantes a los que emanan de las Administraciones públicas.

En segundo término, es evidente que a la altura de nuestro tiempo histórico el ámbito material de la Jurisdicción quedaría muy incompleto si aquélla se limitara a enjuiciar las pretensiones que se deduzcan en relación con las disposiciones de rango inferior a la Ley y con los actos y contratos administrativos en sentido estricto.

Lo que realmente importa y lo que justifica la existencia de la propia Jurisdicción Contencioso-administrativa es asegurar, en beneficio de los interesados y del interés general, el exacto sometimiento de la Administración al derecho en todas las actuaciones que realiza en su condición de poder público y en uso de las prerrogativas que como tal le corresponde. No toda la actuación administrativa, como es notorio, se expresa a través de reglamentos, actos administrativos o contratos públicos, sino que la actividad prestacional, las actividades negociables de diverso tipo, las actuaciones materiales, las inactividades u omisiones de actuaciones debidas expresan también la voluntad de la Administración, que ha de estar sometida en todo caso al imperio de la ley. La imposibilidad legal de controlar mediante los recursos contencioso-administrativos estas otras manifestaciones de la acción administrativa, desde hace tiempo criticada, resulta ya injustificable, tanto a la luz de los principios constitucionales como en virtud de la crecida importancia cuantitativa y cualitativa de tales manifestaciones.

Por eso la nueva Ley somete a control de la Jurisdicción la actividad de la Administración pública de cualquier clase que esté sujeta al Derecho Administrativo, articulando para ello las acciones procesales oportunas.

En esta línea, la Ley precisa la competencia del orden jurisdiccional contencioso-administrativo para conocer de las cuestiones que se susciten en relación no sólo con los contratos administrativos, sino también con los actos separables de preparación y adjudicación de los demás contratos sujetos a la legislación de contratos de las Administraciones públicas. Se trata, en definitiva, de adecuar la vía contencioso-administrativa a la legislación de contratos, evitando que la pura y simple aplicación del Derecho privado en actuaciones directamente conectadas a fines de utilidad pública se realice, cualquiera que sean las razones que la determinen, en infracción de los principios generales que han de regir, por imperativo constitucional y del Derecho comunitario europeo, el comportamiento contractual de los sujetos públicos. La garantía de la necesaria observancia de tales principios, muy distintos de los que rigen la contratación puramente privada, debe corresponder, como es natural, a la Jurisdicción Contencioso-administrativa.

Algo parecido debe decirse de las cuestiones que se susciten en relación con la responsabilidad patrimonial de la Administración pública. Los principios de su peculiar régimen jurídico, que tiene cobertura constitucional, son de naturaleza pública y hoy en día la Ley impone que en todo caso la responsabilidad se exija a través de un mismo tipo de procedimiento administrativo. Por eso parece muy conveniente unificar la competencia para conocer de este tipo de asuntos en la Jurisdicción Contencioso-administrativa, evitando la dispersión de acciones que actualmente existe y garantizando la uniformidad jurisprudencial, salvo, como es lógico, en aquellos casos en que la responsabilidad derive de la comisión de una infracción penal.

La delimitación del ámbito material de la Jurisdicción lleva también a precisar algunas exclusiones. La nueva Ley respeta en tal sentido la atribución de ciertas competencias relacionadas con la actividad administrativa a otros órdenes jurisdiccionales que establecen otras Leyes, en su mayor parte por razones pragmáticas, y tiene en cuenta lo dispuesto por la más reciente legislación sobre los conflictos jurisdiccionales y de atribuciones. En cambio, la Ley no recoge ya, entre estas exclusiones, la relativa a los llamados actos políticos del Gobierno, a que se refería la Ley de 1956.

Sobre este último aspecto conviene hacer alguna precisión. La Ley parte del principio de sometimiento pleno de los poderes públicos al ordenamiento jurídico, verdadera cláusula regia del Estado de Derecho. Semejante principio es incompatible con el reconocimiento de cualquier categoría genérica de actos de autoridad -llámense actos políticos, de Gobierno, o de dirección política excluida «per se» del control jurisdiccional. Sería ciertamente un contrasentido que una Ley que pretende adecuar el régimen legal de la Jurisdicción Contencioso-administrativa a la letra y al espíritu de la Constitución, llevase a cabo la introducción de toda una esfera de actuación gubernamental inmune al derecho. En realidad, el propio concepto de «acto político» se halla hoy en franca retirada en el Derecho público europeo. Los intentos encaminados a mantenerlo, ya sea delimitando genéricamente un ámbito en la actuación del poder ejecutivo regido sólo por el Derecho Constitucional, y exento del control de la Jurisdicción Contencioso-administrativa, ya sea estableciendo una lista de supuestos excluidos del control judicial, resultan inadmisibles en un Estado de Derecho.

Por el contrario, y por si alguna duda pudiera caber al respecto, la Ley señala -en términos positivos una serie de aspectos sobre los que en todo caso siempre será posible el control judicial, por amplia que sea la discrecionalidad de la resolución gubernamental: los derechos fundamentales, los elementos reglados del acto y la determinación de las indemnizaciones procedentes.

III. Los órganos de la Jurisdicción y sus competencias

Dado que, como se ha expuesto, la Jurisdicción Contencioso-administrativa se enfrenta a un gravísimo problema por la avalancha creciente de recursos, es obvio que la reforma de sus aspectos organizativos debía considerarse prioritaria.

La novedad más importante en este capítulo consiste en la regulación de las competencias de los Juzgados de lo Contencioso-administrativo. La creación de estos órganos judiciales, que previo la Ley Orgánica del Poder Judicial, fue recibida en su día con división de opiniones.

Si, por un lado, parecía imprescindible descongestionar a los Tribunales de lo Contencioso-administrativo de un buen número de asuntos, por otro surgieron dudas acerca de la idoneidad de los Juzgados, órganos unipersonales, para afrontar el ejercicio de las competencias que habrían de corresponderles en virtud de la cláusula general establecida en la citada Ley Orgánica.

Ciertamente, la complejidad técnica de muchos de los asuntos y la trascendencia política de otros que habrían de enjuiciar a tenor de dicha cláusula ha dado origen a una larga controversia, que era necesario resolver para implantar definitivamente los Juzgados.

La presente reforma aborda el problema con decisión y con cautela a la vez. Define la competencia de los Juzgados mediante un sistema de lista tasada. En la elaboración de esta lista se ha tenido en cuenta la conveniencia de atribuir a estos órganos unipersonales un conjunto de competencias relativamente uniformes y de menor trascendencia económica y social, pero que cubren un elevado porcentaje de los recursos que cotidianamente se interponen ante los órganos de la Jurisdicción. De esta manera es posible aportar remedio a la saturación que soportan los Tribunales Superiores de Justicia, que se verán descargados de buen número de pleitos, aunque conservan la competencia para juzgar en primera instancia los más importantes «a priori» y toda la variedad de los que se incluyen en la cláusula residual, que ahora se traslada a su ámbito competencial.

Por su parte, los Juzgados obtienen un conjunto de competencias que pueden razonablemente ejercer y que parecen suficientes para consolidar la experiencia. Nada impide, antes al contrario, que tras un primer período de rodaje la lista de competencias se revise a la vista de esa experiencia. De todas formas, es evidente que el éxito de la reforma depende más que nada de la pronta y adecuada selección y formación de los titulares de los Juzgados.

No termina aquí la reforma en cuanto a órganos unipersonales. Se regulan también las competencias de los Juzgados Centrales de lo Contencioso-administrativo, con jurisdicción en toda España, para contribuir a paliar la sobrecarga de trabajo de órganos jurisdiccionales actualmente muy saturados.

IV. Las partes

La regulación de las partes que se contenía en la Ley de 27 de diciembre de 1956, fundada en un criterio sustancialmente individualista con ciertos ribetes corporativos, ha quedado hace tiempo superada y ha venido siendo corregida por otras normas posteriores, además de reinterpretada por la jurisprudencia en un sentido muy distinto al que originariamente tenía. La nueva Ley se limita a recoger las sucesivas modificaciones, clarificando algunos puntos todavía oscuros y sistematizando los preceptos de la manera más sencilla posible. Lo que se pretende es que nadie, persona física o jurídica, privada o pública, que tenga capacidad jurídica suficiente y sea titular de un interés legítimo que tutelar, concepto comprensivo de los derechos subjetivos pero más amplio, pueda verse privado del acceso a la justicia.

Sobre esta base, que ya se deduce de la Constitución, las novedades de la Ley tienen un carácter esencialmente técnico. Las más significativas se incorporan en los preceptos que regulan la legitimación. En cuanto a la activa, se han reducido a sistema todas las normas generales o especiales que pueden considerarse vigentes y conformes con el criterio elegido. El enunciado de supuestos da idea, en cualquier caso, de la evolución que ha experimentado el recurso contencioso-administrativo, hoy en día instrumento útil para una pluralidad de fines: la defensa del interés personal, la de los intereses colectivos y cualesquiera otros legítimos, incluidos los de naturaleza política, mecanismo de control de legalidad de las Administraciones inferiores, instrumento de defensa de su autonomía, cauce para la defensa de derechos y libertades encomendados a ciertas instituciones públicas y para la del interés objetivo de la ley en los supuestos legales de acción popular, entre otros.

Por lo que se refiere a la legitimación pasiva, el criterio de fondo es el mismo y conduce a simplificar las reglas anteriores. En particular, carece de sentido mantener la figura del coadyuvante, cuando ninguna diferencia hay ya entre la legitimación por derecho subjetivo y por interés legítimo. En cambio, ha parecido necesario precisar un poco más qué Administración tiene carácter de demandada en caso de impugnación de actos sujetos a fiscalización previa y, sobre todo, atribuir también este carácter, en caso de impugnación indirecta de una disposición general, a la Administración autora de la misma, aunque no lo sea de la actuación directamente recurrida.

Esta previsión viene a dar cauce procesal al interés de cada Administración en defender en todo caso la legalidad de las normas que aprueba y constituye una de las especialidades de los recursos que versan sobre la conformidad a derecho de disposiciones generales, que se desgranan a lo largo de todo el articulado.

En cuanto a la representación y defensa, se distingue entre órganos colegiados y unipersonales. En los primeros, procurador y abogado son obligatorios; en los segundos, el procurador es potestativo y el abogado obligatorio. Los funcionarios públicos podrán comparecer por sí mismos en cuestiones de personal que no impliquen separación de empleados públicos inamovibles.

Por lo que atañe a la representación y defensa de las Administraciones públicas y órganos constitucionales, la Ley se remite a lo que disponen la Ley Orgánica del Poder Judicial y la Ley de Asistencia Jurídica al Estado e Instituciones Públicas para todo tipo de procesos, así como a las normas que sobre la materia y en el marco de sus competencias hayan dictado las Comunidades Autónomas, pues no hay en los contencioso-administrativos ninguna peculiaridad que merezca recogerse en norma con rango de ley.

V. Objeto del recurso

Los escasos preceptos incluidos en los dos primeros capítulos del Título III contienen algunas de las innovaciones más importantes que la Ley introduce en nuestro sistema de control judicial de la Administración. Se trata nada menos que de superar la tradicional y restringida concepción del recurso contencioso-administrativo como una revisión judicial de actos administrativos previos, es decir, como un recurso al acto, y de abrir definitivamente las puertas para obtener justicia frente a cualquier comportamiento ilícito de la Administración.

Pero al mismo tiempo, es necesario diferenciar las pretensiones que pueden deducirse en cada caso, pues es evidente que la diversidad de actuaciones y omisiones que pueden ser objeto del recurso no permiten seguir configurando éste como una acción procesal uniforme.

Sin merma de sus características comunes, empezando por el «nomen iuris», el recurso admite modulaciones de relieve en función del objeto sobre el que recae.

Cohonestar los elementos comunes y los diferenciales en un esquema simple y flexible es otro de los objetivos de la reforma.

Por razón de su objeto se establecen cuatro modalidades de recurso: el tradicional dirigido contra actos administrativos, ya sean expresos o presuntos; el que, de manera directa o indirecta, versa sobre la legalidad de alguna disposición general, que precisa de algunas reglas especiales; el recurso contra la inactividad de la Administración y el que se interpone contra actuaciones materiales constitutivas de vía de hecho.

Del recurso contra actos, el mejor modelado en el período precedente, poco hay que renovar. La Ley, no obstante, depura el ordenamiento anterior de algunas normas limitativas que carecen de justificación, aunque mantiene la inadmisibilidad del recurso contra actos confirmatorios de otros firmes y consentidos. Esta última regla se apoya en elementales razones de seguridad jurídica, que no sólo deben tenerse en cuenta en favor del perjudicado por un acto administrativo, sino también en favor del interés general y de quienes puedan resultar individual o colectivamente beneficiados o amparados por él. Por lo demás, el relativo sacrificio del acceso a la tutela judicial que se mantiene por dicha causa resulta hoy menos gravoso que antaño, si se tiene en cuenta la reciente ampliación de los plazos del recurso administrativo ordinario, la falta de eficacia que la legislación en vigor atribuye, sin límite temporal alguno, a las notificaciones defectuosas e inclusive la ampliación de las facultades de revisión de oficio. Conservar esa excepción es una opción razonable y equilibrada.

En cambio, ha parecido necesario destacar en el texto de la Ley las peculiaridades de los recursos en que se enjuicia la conformidad a derecho de las disposiciones generales, hasta ahora no suficientemente consideradas.

En realidad, los efectos que tienen estos tipos de recurso y, en particular, la declaración de ilegalidad de una disposición general por cualquier vía que se produzca, no pueden compararse, en términos generales, con los del recurso contra actos. La diferencia asume cada vez mayor relieve en la práctica, si se tiene en cuenta la extensión y relevancia que en el polifacético Estado moderno ha asumido la producción reglamentaria.

La nueva Ley asegura las más amplias posibilidades de someter a control judicial la legalidad de las disposiciones generales, preservando los que se han dado en llamar recursos directo e indirecto y eliminando todo rastro de las limitaciones para recurrir que estableció la legislación anterior. Ahora bien, al mismo tiempo procura que la impugnación de las disposiciones generales se tramite con celeridad y que aboque siempre a una decisión judicial clara y única, de efectos generales, con el fin de evitar innecesarios vacíos normativos y situaciones de inseguridad o interinidad en torno a la validez y vigencia de las normas. Este criterio se plasma, entre otras muchas reglas de detalle, en el tratamiento procesal que se da al denominado recurso indirecto.

Hasta ahora ha existido una cierta confusión en la teoría jurídica y en la práctica judicial sobre los efectos de esta clase de recurso, cuando la norma que aplica el acto impugnado es considerada contraria a derecho.

Y, lo que es más grave, el carácter difuso de este tipo de control ha generado situaciones de inseguridad jurídica y desigualdad manifiesta, pues según el criterio de cada órgano judicial y a falta de una instancia unificadora, que no siempre existe, determinadas disposiciones se aplican en unos casos o ámbitos y se inaplican en otros.

La solución pasa por unificar la decisión judicial sobre la legalidad de las disposiciones generales en un solo órgano, el que en cada caso es competente para conocer del recurso directo contra ellas, dotando siempre a esa decisión de efectos «erga omnes». De ahí que, cuando sea ese mismo órgano el que conoce de un recurso indirecto, la Ley disponga que declarará la validez o nulidad de la disposición general. Para cuando el órgano competente en un recurso de este tipo sea otro distinto del que puede conocer del recurso directo contra la disposición de que se trate, la Ley introduce la cuestión de ilegalidad.

La regulación de este procedimiento ha tenido en cuenta la experiencia de la cuestión de inconstitucionalidad prevista por el artículo 163 de la Constitución y se inspira parcialmente en su mecánica; las analogías acaban aquí. La cuestión de ilegalidad no tiene otro significado que el de un remedio técnico tendente a reforzar la seguridad jurídica, que no impide el enjuiciamiento de las normas por el Juez o Tribunal competente para decidir sobre la legalidad del acto aplicativo del reglamento cuya ilegalidad se aduce, pero que pretende alcanzar una decisión unitaria a todo eventual pronunciamiento indirecto sobre su validez.

Largamente reclamado por la doctrina jurídica, la Ley crea un recurso contra la inactividad de la Administración, que tiene precedentes en otros ordenamientos europeos. El recurso se dirige a obtener de la Administración, mediante la correspondiente sentencia de condena, una prestación material debida o la adopción de un acto expreso en procedimientos iniciados de oficio, allí donde no juega el mecanismo del silencio administrativo. De esta manera se otorga un instrumento jurídico al ciudadano para combatir la pasividad y las dilaciones administrativas. Claro está que este remedio no permite a los órganos judiciales sustituir a la Administración en aspectos de su actividad no prefigurados por el derecho, incluida la discrecionalidad en el «quando» de una decisión o de una actuación material, ni les faculta para traducir en mandatos precisos las genéricas e indeterminadas habilitaciones u obligaciones legales de creación de servicios o realización de actividades, pues en tal caso estarían invadiendo las funciones propias de aquélla. De ahí que la Ley se refiera siempre a prestaciones concretas y actos que tengan un plazo legal para su adopción y de ahí que la eventual sentencia de condena haya de ordenar estrictamente el cumplimiento de las obligaciones administrativas en los concretos términos en que estén establecidas. El recurso contencioso-administrativo, por su naturaleza, no puede poner remedio a todos los casos de indolencia, lentitud e ineficacia administrativas, sino tan sólo garantizar el exacto cumplimiento de la legalidad.

Otra novedad destacable es el recurso contra las actuaciones materiales en vía de hecho. Mediante este recurso se pueden combatir aquellas actuaciones materiales de la Administración que carecen de la necesaria cobertura jurídica y lesionan derechos e intereses legítimos de cualquier clase. La acción tiene una naturaleza declarativa y de condena y a la vez, en cierto modo, interdictal, a cuyo efecto no puede dejar de relacionarse con la regulación de las medidas cautelares. Por razón de la materia, la competencia del orden jurisdiccional contencioso-administrativo para conocer de estos recursos se explica sobradamente.

En el caso del recurso contra la inactividad de la Administración, la Ley establece una reclamación previa en sede administrativa; en el del recurso contra la vía de hecho, un requerimiento previo de carácter potestativo, asimismo en sede administrativa. Pero eso no convierte a estos recursos en procesos contra la desestimación, en su caso por silencio, de tales reclamaciones o requerimientos. Ni, como se ha dicho, estas nuevas acciones se atienen al tradicional carácter revisor del recurso contencioso-administrativo, ni puede considerarse que la falta de estimación, total o parcial, de la reclamación o el requerimiento constituyan auténticos actos administrativos, expresos o presuntos. Lo que se persigue es sencillamente dar a la Administración la oportunidad de resolver el conflicto y de evitar la intervención judicial.

En caso contrario, lo que se impugna sin más trámites es, directamente, la inactividad o actuación material correspondiente, cuyas circunstancias delimitan el objeto material del proceso.

El resto de los preceptos del Título III se ciñe a introducir algunas mejoras técnicas. La preocupación por agilizar la tramitación de las causas es dominante y, en particular, explica la regla que permite al Juez o Tribunal suspender la tramitación de los recursos masivos que tengan idéntico objeto y resolver con carácter preferente uno o varios de ellos. De esta manera se puede eludir la reiteración de trámites, pues los efectos de la primera o primeras sentencias resultantes podrían aplicarse a los demás casos en vía de ejecución o, eventualmente, podrían inducir al desistimiento de otros recursos.

VI. El procedimiento

1. La regulación del procedimiento contencioso-administrativo ordinario se basa en el esquema de la legislación anterior. Sin embargo, las modificaciones son muy numerosas, pues, por una parte, se han tenido muy en cuenta la experiencia práctica y las aportaciones doctrinales y, por otra, se han establecido normas especiales para diferentes tipos de recursos, que no precisan de un procedimiento especial. Basado en principios comunes y en un mismo esquema procesal, la Ley arbitra un procedimiento dúctil, que ofrece respuestas parcialmente distintas para cada supuesto. En todo momento se ha buscado conciliar las garantías de eficacia y celeridad del proceso con las de defensa de las partes.

Constituye una novedad importante la introducción de un procedimiento abreviado para determinadas materias de cuantía determinada limitada, basado en el principio de oralidad.

Las garantías que la Ley establece para lograr la pronta y completa remisión del expediente administrativo al órgano judicial han sido reformadas con la intención de poner definitivamente coto a prácticas administrativas injustificables y demasiado extendidas, que alargan la tramitación de muchas causas. Incompatibles con los deberes que la Administración tiene para con los ciudadanos y con el de colaboración con la Administración de Justicia, es necesario que dichas prácticas queden desterradas para siempre.

En la línea de procurar la rápida resolución de los procesos, la Ley arbitra varias facultades en manos de las partes o del órgano judicial, tales como la posibilidad de iniciar el recurso mediante demanda en algunos casos, la de solicitar que se falle sin necesidad de prueba, vista o conclusiones o la de llevar a cabo un intento de conciliación. Del criterio de los Jueces y Magistrados y de la colaboración de las partes dependerá que estas medidas alcancen sus fines.

Por lo que se refiere a la sentencia, la Ley sigue de cerca la regulación anterior. En particular, se mantiene la referencia de la conformidad o disconformidad de la disposición, actuación o acto genéricamente al derecho, al ordenamiento jurídico, por entender -en frase de la exposición de motivos de la Ley de 1956 que reconducirla simplemente a las leyes equivale a olvidar que lo jurídico no se encierra y circunscribe a las disposiciones escritas, sino que se extiende a los principios y a la normatividad inmanente en la naturaleza de las instituciones. Añade, no obstante, algunas prescripciones sobre el contenido y efectos de algunos fallos estimatorios: los que condenen a la Administración a hacer algo, los que estimen pretensiones de resarcimiento de daños y perjuicios, los que anulen disposiciones generales y los que versen sobre actuaciones discrecionales.

En relación con estos últimos, la Ley recuerda la naturaleza de control en derecho que tiene el recurso contencioso-administrativo y de ahí que precise que no pueden los Jueces y Tribunales determinar el contenido discrecional de los actos que anulen. Como es lógico, esta regla no pretende coartar en absoluto la potestad de los órganos judiciales para extender su control de los actos discrecionales hasta donde lo exija el sometimiento de la Administración al derecho, es decir mediante el enjuiciamiento de los elementos reglados de dichos actos y la garantía de los límites jurídicos de la discrecionalidad.

2. Por lo que se refiere a los recursos contra las resoluciones judiciales, la Ley se atiene en general a los que dispuso la reciente Ley 10/1992, de 30 de abril, de Medidas Urgentes de Reforma Procesal. Pero introduce algunos cambios necesarios, motivados unos por la creación de los Juzgados de lo Contencioso-administrativo, que conduce a reimplantar los recursos de apelación contra sus resoluciones, y otros por la experiencia, breve pero significativa, derivada de aquella última reforma procesal.

El nuevo recurso de apelación ordinario contra las sentencias de los Juzgados no tiene, sin embargo, carácter universal. No siendo la doble instancia en todo tipo de procesos una exigencia constitucional, ha parecido conveniente descargar a los Tribunales Superiores de Justicia de conocer también en segunda instancia de los asuntos de menor entidad, para resolver el agobio que hoy padecen. Sin embargo, la apelación procede siempre que el asunto no ha sido resuelto en cuanto al fondo, en garantía del contenido normal del derecho a la tutela judicial efectiva, así como en el procedimiento para la protección de los derechos fundamentales, en los litigios entre Administraciones y cuando se resuelve la impugnación indirecta de disposiciones generales, por la mayor trascendencia que «a priori» tienen todos estos asuntos.

La Ley eleva sustancialmente la cuantía de los que tienen acceso a la casación ordinaria y en menor medida la de los que pueden acceder a la casación para unificación de doctrina. Aunque rigurosa, la medida es necesaria a la vista de la experiencia de los últimos años, pues las cuantías fijadas por la Ley 10/1992 no han permitido reducir la abrumadora carga de trabajo que pesa sobre la Sala de lo Contencioso-administrativo del Tribunal Supremo. Si bien las nuevas reglas eliminan la posibilidad de doble instancia en muchos supuestos, la alternativa sería consentir el agravamiento progresivo de aquella carga, ya hoy muy superior a lo que sería razonable. Los efectos de tal situación son mucho más perniciosos, pues se corre el riesgo de alargar la resolución de los recursos pendientes ante el Tribunal Supremo hasta extremos totalmente incompatibles con el derecho a una justicia efectiva. Por otro lado, no es posible aumentar sustancialmente el número de Secciones y Magistrados del Alto Tribunal, que ha de poder atender a su importantísima función objetiva de fijar la doctrina jurisprudencial.

Se regulan dos modalidades de recurso para la unificación de doctrina, cuyo conocimiento corresponderá, respectivamente, al Tribunal Supremo y a los Tribunales Superiores de Justicia.

Se ha considerado oportuno mantener el recurso de casación en interés de la Ley, que se adapta a la creación de los Juzgados de lo Contencioso-administrativo y que, junto al tradicional recurso de revisión, cierra el sistema de impugnaciones en este orden jurisdiccional.

3. La Ley ha realizado un importante esfuerzo para incrementar las garantías de ejecución de las sentencias, desde siempre una de las zonas grises de nuestro sistema contencioso-administrativo. El punto de partida reside en la imperiosa obligación de cumplir las resoluciones judiciales y colaborar en la ejecución de lo resuelto, que la Constitución prescribe, y en la potestad de los órganos judiciales de hacer ejecutar lo juzgado, que la propia Constitución les atribuye. Prescripciones que entroncan directamente con el derecho a la tutela judicial efectiva, ya que, como viene señalando la jurisprudencia, ese derecho no se satisface mediante una justicia meramente teórica, sino que conlleva el derecho a la ejecución puntual de lo fallado en sus propios términos. La negativa, expresa o implícita, a cumplir una resolución judicial constituye un atentado a la Constitución frente al que no caben excusas.

La Ley Orgánica del Poder Judicial, que eliminó la potestad gubernativa de suspensión e inejecución de sentencias, abrió paso, en cambio, a la expropiación de los derechos reconocidos por éstas frente a la Administración. Sin embargo, no especificó las causas de utilidad pública e interés social que habrían de legitimar el ejercicio de esta potestad expropiatoria.

La Ley atiende a esta necesidad, concretando tres supuestos muy determinados, entre los que debe destacarse el de la preservación del libre ejercicio de los derechos fundamentales y libertades públicas.

A salvo lo anterior, la Ley regula la forma de ejecutar las sentencias que condenan a la Administración al pago de cantidad, sin eliminar la prerrogativa de inembargabilidad de los bienes y derechos de la Hacienda Pública, ya que dicha modificación no puede abordarse aisladamente en la Ley Jurisdiccional, sino -en su caso a través de una nueva regulación, completa y sistemática, del estatuto jurídico de los bienes públicos. Pero compensa al interesado económicamente frente a cualquier retraso injustificado; previene frente a las ejecuciones aparentes, declarando la nulidad de pleno derecho de los actos contrarios a los pronunciamientos y estableciendo una forma rápida para anularlos, y especifica las formas posibles de ejecución forzosa de las sentencias que condenan a la Administración a realizar una actividad o dictar un acto y otorga a los órganos judiciales potestades sancionadoras para lograr la efectividad de lo mandado, aparte las consecuencias que se deduzcan en el ámbito penal.

Dos novedades importantes completan este capítulo de la Ley. La primera se refiere a la posibilidad de extender los efectos de una sentencia firme en materia de personal y en materia tributaria a personas distintas de las partes que se encuentren en situación idéntica. Aun regulada con la necesaria cautela, la apertura puede ahorrar la reiteración de múltiples procesos innecesarios contra los llamados actos en masa. La segunda consiste en otorgar al acuerdo de conciliación judicial la misma fuerza que a la sentencia a efectos de ejecución forzosa, lo que refuerza el interés de la Ley por esta forma de terminación del procedimiento.

4. De los recursos especiales se ha suprimido el de personal, aunque subsisten algunas especialidades relativas a esta materia a lo largo del articulado. Se trae al texto de la Ley Jurisdiccional la regulación del proceso especial en materia de derechos fundamentales, con el mismo carácter preferente y urgente que ya tiene y con importantes variaciones sobre la normativa vigente, cuyo carácter restrictivo ha conducido, en la práctica, a un importante deterioro de esta vía procesal. La más relevante novedad es el tratamiento del objeto del recurso -y, por tanto, de la sentencia de acuerdo con el fundamento común de los procesos contencioso-administrativos, esto es, contemplando la lesión de los derechos susceptibles de amparo desde la perspectiva de la conformidad de la actuación administrativa con el ordenamiento jurídico. La Ley pretende superar, por tanto, la rígida distinción entre legalidad ordinaria y derechos fundamentales, por entender que la protección del derecho fundamental o libertad pública no será factible, en muchos casos, si no se tiene en cuenta el desarrollo legal de los mismos.

El procedimiento de la cuestión de ilegalidad, que se inicia de oficio, aúna la garantía de defensa de las partes con la celeridad que le es inherente.

Por último, el procedimiento en caso de suspensión administrativa previa de acuerdos se adapta a los supuestos legales de suspensión previstos en la legislación vigente, al tiempo que establece las reglas que permiten su rápida tramitación.

5. De las disposiciones comunes sobresale la regulación de las medidas cautelares. El espectacular desarrollo de estas medidas en la jurisprudencia y la práctica procesal de los últimos años ha llegado a desbordar las moderadas previsiones de la legislación anterior, certificando su antigüedad en este punto. La nueva Ley actualiza considerablemente la regulación de la materia, amplía los tipos de medidas cautelares posibles y determina los criterios que han de servir de guía a su adopción.

Se parte de la base de que la justicia cautelar forma parte del derecho a la tutela efectiva, tal como tiene declarado la jurisprudencia más reciente, por lo que la adopción de medidas provisionales que permitan asegurar el resultado del proceso no debe contemplarse como una excepción, sino como facultad que el órgano judicial puede ejercitar siempre que resulte necesario.

La Ley aborda esta cuestión mediante una regulación común a todas las medidas cautelares, cualquiera que sea su naturaleza. El criterio para su adopción consiste en que la ejecución del acto o la aplicación de la disposición pueden hacer perder la finalidad del recurso, pero siempre sobre la base de una ponderación suficientemente motivada de todos los intereses en conflicto.

Además, teniendo en cuenta la experiencia de los últimos años y la mayor amplitud que hoy tiene el objeto del recurso contencioso-administrativo, la suspensión de la disposición o acto recurrido no puede constituir ya la única medida cautelar posible. La Ley introduce en consecuencia la posibilidad de adoptar cualquier medida cautelar, incluso las de carácter positivo. No existen para ello especiales restricciones, dado el fundamento común a todas las medidas cautelares. Corresponderá al Juez o Tribunal determinar las que, según las circunstancias, fuesen necesarias. Se regulan medidas «inaudita parte debitoris» -con comparecencia posterior sobre el levantamiento, mantenimiento o modificación de la medida adoptada-, así como medidas previas a la interposición del recurso en los supuestos de inactividad o vía de hecho.

TÍTULO I
Del orden jurisdiccional contencioso-administrativo

CAPÍTULO I
Ámbito

ART. 1.

1. Los Juzgados y Tribunales del orden contencioso-administrativo conocerán de las pretensiones que se deduzcan en relación con la actuación de las Administraciones públicas sujeta al Derecho Administrativo, con las disposiciones generales de rango inferior a la Ley y con los Decretos legislativos cuando excedan los límites de la delegación.

2. Se entenderá a estos efectos por Administraciones públicas:

a) La Administración General del Estado.

b) Las Administraciones de las Comunidades Autónomas.

c) Las Entidades que integran la Administración local.

d) Las Entidades de Derecho público que sean dependientes o estén vinculadas al Estado, las Comunidades Autónomas o las Entidades locales.

3. Conocerán también de las pretensiones que se deduzcan en relación con:

a) Los actos y disposiciones en materia de personal, administración y gestión patrimonial sujetos al derecho público adoptados por los órganos competentes del Congreso de los Diputados, del Senado, del Tribunal Constitucional, del Tribunal de Cuentas y del Defensor del Pueblo, así como de las Asambleas Legislativas de las Comunidades Autónomas y de las Instituciones autonómicas análogas al Tribunal de Cuentas y al Defensor del Pueblo.

b) Los actos y disposiciones del Consejo General del Poder Judicial y la actividad administrativa de los órganos de gobierno de los Juzgados y Tribunales, en los términos de la Ley Orgánica del Poder Judicial.

c) La actuación de la Administración electoral, en los términos previstos en la Ley Orgánica del Régimen Electoral General.

Ver arts. 12.1.b) y c), 25 a 30, D.A. 1ª.1 LJCA; 6.2 LBRL; 9.1 y 4, 24, 58.1.°, 74.1.c) y f), 2 LPAC; 6 LGPr; 99.3 LOTC; 49 y 109 LOREG.

ART. 2.

El orden jurisdiccional contencioso-administrativo conocerá de las cuestiones que se susciten en relación con:

a) La protección jurisdiccional de los derechos fundamentales, los elementos reglados y la determinación de las indemnizaciones que fueran procedentes, todo ello en relación con los actos del Gobierno o de los Consejos de Gobierno de las Comunidades Autónomas, cualquiera que fuese la naturaleza de dichos actos.

b) Los contratos administrativos y los actos de preparación y adjudicación de los demás contratos sujetos a la legislación de contratación de las Administraciones públicas.

c) Los actos y disposiciones de las Corporaciones de Derecho público, adoptados en el ejercicio de funciones públicas.

d) Los actos administrativos de control o fiscalización dictados por la Administración concedente, respecto de los dictados por los concesionarios de los servicios públicos que impliquen el ejercicio de potestades administrativas conferidas a los mismos, así como los actos de los propios concesionarios cuando puedan ser recurridos directamente ante este orden jurisdiccional de conformidad con la legislación sectorial correspondiente.

e) La responsabilidad patrimonial de las Administraciones públicas, cualquiera que sea la naturaleza de la actividad o el tipo de relación de que derive, no pudiendo ser demandadas aquellas por este motivo ante los órdenes jurisdiccionales civil o social, aun cuando en la producción del daño concurran con particulares o cuenten con un seguro de responsabilidad.

f) Las restantes materias que le atribuya expresamente una Ley.

Ver arts. 14-29, 30.2, 53.2 CE; 114-122 LJCA; 9.4 párr.2.º LOPJ; 32 y sigs. LRJSP.

ART. 3.

No corresponden al orden jurisdiccional contencioso-administrativo:

a) Las cuestiones expresamente atribuidas a los órdenes jurisdiccionales civil, penal y social, aunque estén relacionadas con la actividad de la Administración pública.

b) El recurso contencioso-disciplinario militar.

c) Los conflictos de jurisdicción entre los Juzgados y Tribunales y la Administración pública y los conflictos de atribuciones entre órganos de una misma Administración.

d) Los recursos directos o indirectos que se interpongan contra las Normas Forales fiscales de las Juntas Generales de los Territorios Históricos de Álava, Guipúzcoa y Vizcaya, que corresponderán, en exclusiva, al Tribunal Constitucional en los términos establecidos por la disposición adicional quinta de su Ley Orgánica.

Ver arts. 9.2, 3, 5, 38-41 LOPJ; 2 y 3 LJS; D.A. 5.ª: LJCA; 448-518 Ley Orgánica 2/1989, de 13 de abril, Procesal Militar; Ver Ley Orgánica 2/1987, de 18 de mayo, de Conflictos Jurisdiccionales.

ART. 4.

1. La competencia del orden jurisdiccional contencioso-administrativo se extiende al conocimiento y decisión de las cuestiones prejudiciales e incidentales no pertenecientes al orden administrativo, directamente relacionadas con un recurso contencioso-administrativo, salvo las de carácter constitucional y penal y lo dispuesto en los Tratados internacionales.

2. La decisión que se pronuncie no producirá efectos fuera del proceso en que se dicte y no vinculará al orden jurisdiccional correspondiente.

Ver arts. 10 LOPJ; 40-43 LEC; 3 y 4 LECrim.

ART. 5.

1. La Jurisdicción Contencioso-administrativa es improrrogable.

2. Los órganos de este orden jurisdiccional apreciarán de oficio la falta de jurisdicción y resolverán sobre la misma, previa audiencia de las partes y del Ministerio Fiscal por plazo común de diez días.

3. En el supuesto previsto en el apartado anterior, si la nueva demanda que se formule ante el juzgado o tribunal competente del orden jurisdiccional indicado en la referida resolución se presenta en el plazo de un mes desde que fuera notificada, se entenderá presentada en la fecha en que se inició el plazo para interponer el recurso contencioso-administrativo, si se hubiere formulado éste siguiendo las indicaciones de la notificación del acto o ésta fuese defectuosa. Al objeto de acreditar tales extremos la parte interesada podrá solicitar testimonio de los particulares necesarios al órgano judicial que haya dictado la resolución a que se refiere el apartado anterior.

Apdo. 3 modificado por Real Decreto-ley 6/2023, de 19 de diciembre, por el que se aprueban medidas urgentes para la ejecución del Plan de Recuperación, Transformación y Resiliencia en materia de servicio público de justicia, función pública, régimen local y mecenazgo. (BOE de 20/12/2023). Modificación en vigor desde el 20 de marzo de 2024.

Ver arts. 7, 51.1.a) y 5, 58.1, 59.4, 69.a), 88.1.a) LJCA; 9.6 LOPJ.

CAPÍTULO II
Órganos y competencias

ART. 6.

El orden jurisdiccional contencioso-administrativo se halla integrado por los siguientes órganos:

a) Juzgados de lo Contencioso-administrativo.

b) Juzgados Centrales de lo Contencioso-administrativo.

c) Salas de lo Contencioso-administrativo de los Tribunales Superiores de Justicia.

d) Sala de lo Contencioso-administrativo de la Audiencia Nacional.

e) Sala de lo Contencioso-administrativo del Tribunal Supremo.

Ver arts. 8, 9, 10, 11, 12, 15, 16.1 y 2, 78.1 LJCA; 58, 61.1.1.º, 66, 72.1, 74, 90 y 91 LOPJ.

ART. 7.

1. Los órganos del orden jurisdiccional contencioso-administrativo que fueren competentes para conocer de un asunto lo serán también para todas sus incidencias y para hacer ejecutar las sentencias que dictaren en los términos señalados en el artículo 103.1.

2. La competencia de los Juzgados y Salas de lo Contencioso-administrativo no será prorrogable y deberá ser apreciada por los mismos, incluso de oficio, previa audiencia de las partes y del Ministerio Fiscal por plazo común de diez días.

3. La declaración de incompetencia adoptará la forma de auto y deberá efectuarse antes de la sentencia, remitiéndose las actuaciones al órgano de la jurisdicción que se estime competente para que ante él siga el curso del proceso, con emplazamiento a las partes para que en el plazo de diez días comparezcan ante el mismo. Si la competencia pudiera corresponder a un tribunal superior en grado, se acompañará una exposición razonada, estándose a lo que resuelva éste.

Apdo. 3 modificado por Real Decreto-ley 6/2023, de 19 de diciembre, por el que se aprueban medidas urgentes para la ejecución del Plan de Recuperación, Transformación y Resiliencia en materia de servicio público de justicia, función pública, régimen local y mecenazgo. (BOE de 20/12/2023). Modificación en vigor desde el 20 de marzo de 2024.

Ver arts. 5, 13, 51.1.a) y 5, 58.1, 59.4, 88.1, 103.1 LJCA; 42-50 LOPJ.

ART. 8.

1. Los Juzgados de lo Contencioso-administrativo conocerán, en única o primera instancia según lo dispuesto en esta ley, de los recursos que se deduzcan frente a los actos de las entidades locales o de las entidades y corporaciones dependientes o vinculadas a las mismas, excluidas las impugnaciones de cualquier clase de instrumentos de planeamiento urbanístico.

2. Conocerán, asimismo, en única o primera instancia de los recursos que se deduzcan frente a los actos administrativos de la Administración de las comunidades autónomas, salvo cuando procedan del respectivo Consejo de Gobierno, cuando tengan por objeto:

a) Cuestiones de personal, salvo que se refieran al nacimiento o extinción de la relación de servicio de funcionarios públicos de carrera.

b) Las sanciones administrativas que consistan en multas no superiores a 60.000 euros y en ceses de actividades o privación de ejercicio de derechos que no excedan de seis meses.

c) Las reclamaciones por responsabilidad patrimonial cuya cuantía no exceda de 30.050 euros.

3. Conocerán en única o primera instancia de los recursos que se deduzcan frente a disposiciones y actos de la Administración periférica del Estado y de las comunidades autónomas, contra los actos de los organismos, entes, entidades o corporaciones de derecho público, cuya competencia no se extienda a todo el territorio nacional y contra las resoluciones de los órganos superiores cuando confirmen íntegramente los dictados por aquéllos en vía de recurso, fiscalización o tutela.

Se exceptúan los actos de cuantía superior a 60.000 euros dictados por la Administración periférica del Estado y los organismos públicos estatales cuya competencia no se extienda a todo el territorio nacional, o cuando se dicten en ejercicio de sus competencias sobre dominio público, obras públicas del Estado, expropiación forzosa y propiedades especiales.

4. Conocerán, igualmente, de todas las resoluciones que se dicten en materia de extranjería por la Administración periférica del Estado o por los órganos competentes de las Comunidades Autónomas.

5. Corresponde conocer a los Juzgados de las impugnaciones contra actos de las Juntas Electorales de Zona y de las formuladas en materia de proclamación de candidaturas y candidatos efectuada por cualquiera de las Juntas Electorales, en los términos previstos en la legislación electoral.

6. Conocerán también los Juzgados de lo Contencioso-administrativo de las autorizaciones para la entrada en domicilios y restantes lugares cuyo acceso requiera el consentimiento de su titular, siempre que ello proceda para la ejecución forzosa de actos de la administración pública, salvo que se trate de la ejecución de medidas de protección de menores acordadas por la Entidad Pública competente en la materia.

Asimismo, corresponderá a los Juzgados de lo Contencioso-administrativo la autorización o ratificación judicial de las medidas adoptadas con arreglo a la legislación sanitaria que las autoridades sanitarias consideren urgentes y necesarias para la salud pública e impliquen limitación o restricción de derechos fundamentales cuando dichas medidas estén plasmadas en actos administrativos singulares que afecten únicamente a uno o varios particulares concretos e identificados de manera individualizada.

Además, los Juzgados de lo Contencioso-administrativo conocerán de las autorizaciones para la entrada e inspección de domicilios, locales, terrenos y medios de transporte que haya sido acordada por la Comisión Nacional de los Mercados y la Competencia, cuando, requiriendo dicho acceso e inspección el consentimiento de su titular, este se oponga a ello o exista riesgo de tal oposición.

Los Juzgados de lo Contencioso-administrativo conocerán también de las autorizaciones para la entrada en domicilios y otros lugares constitucionalmente protegidos, que haya sido acordada por la Administración Tributaria en el marco de una actuación o procedimiento de aplicación de los tributos aún con carácter previo a su inicio formal cuando, requiriendo dicho acceso el consentimiento de su titular, este se oponga a ello o exista riesgo de tal oposición.

Apdo. 6 modificado por Ley 11/2021, de 9 de julio, de medidas de prevención y lucha contra el fraude fiscal, de transposición de la Directiva (UE) 2016/1164, del Consejo, de 12 de julio de 2016, por la que se establecen normas contra las prácticas de elusión fiscal que inciden directamente en el funcionamiento del mercado interior, de modificación de diversas normas tributarias y en materia de regulación del juego (BOE de 10-07-2021).

Apdo. 6 modificado por Ley 3/2020, de 18 de septiembre, de medidas procesales y organizativas para hacer frente al COVID-19 en el ámbito de la Administración de Justicia. (BOE de 19-09-2020).

Ver arts. 78.1, 80.1.d) y D.A. 4.ª LJCA; 6.2 LBRL; 49, 109 LOREG; 91.2 LOPJ.

ART. 9.

1. Los Juzgados Centrales de lo Contencioso-administrativo conocerán de los recursos que se deduzcan frente a los actos administrativos que tengan por objeto:

a) En primera o única instancia en las materias de personal cuando se trate de actos dictados por Ministros y Secretarios de Estado, salvo que confirmen en vía de recurso, fiscalización o tutela, actos dictados por órganos inferiores, o se refieran al nacimiento o extinción de la relación de servicio de funcionarios de carrera, o a las materias recogidas en el artículo 11.1.a) sobre personal militar.

b) En única o primera instancia contra los actos de los órganos centrales de la Administración General del Estado en los supuestos previstos en el apartado 2.b) del artículo 8.

c) En primera o única instancia de los recursos contencioso-administrativos que se interpongan contra las disposiciones generales y contra los actos emanados de los organismos públicos con personalidad jurídica propia y entidades pertenecientes al sector público estatal con competencia en todo el territorio nacional, sin perjuicio de lo dispuesto en el párrafo i) del apartado 1 del artículo 10.

d) En primera o única instancia, de los recursos contra las resoluciones dictadas por los Ministros y Secretarios de Estado en materia de responsabilidad patrimonial cuando lo reclamado no exceda de 30.050 euros.

e) En primera instancia, de las resoluciones que acuerden la inadmisión de las peticiones de asilo político.

f) En única o primera instancia, de las resoluciones que, en vía de fiscalización, sean dictadas por el Comité Español de Disciplina Deportiva en materia de disciplina deportiva*.

2. Corresponderá a los Juzgados Centrales de lo Contencioso-Administrativo, la autorización a que se refiere el artículo 8.2 de la Ley 34/2002 así como autorizar la ejecución de los actos adoptados por la Sección Segunda de la Comisión de Propiedad Intelectual para que se interrumpa la prestación de servicios de la sociedad de la información o para que se retiren contenidos que vulneren la propiedad intelectual, en aplicación de la Ley 34/2002, de 11 de julio, de Servicios de la Sociedad de la información y de Comercio Electrónico.

3. Igualmente conocerán los Juzgados Centrales de lo Contencioso Administrativo del procedimiento previsto en el artículo 12 bis de la Ley Orgánica 6/2002, de 27 de junio, de Partidos Políticos.

**NOTA: Hay que tener en cuenta que el Comité de Disciplina Deportiva queda suprimido y que todas sus funciones pasan a corresponder al Tribunal Administrativo del Deporte, según se establece en la D.A. 4.ª de la LO. 3/2013, de 20, de junio.*

Modificado por Ley Orgánica 3/2015, de 30 de marzo, de control de la actividad económico-financiera de los Partidos Políticos. (BOE de 31-03-2015).

Ver arts. 6.b), 13, 78.1, D.F. 2.ª, D.T. 1.ª LJCA; 90.4 LOPJ. Ver también, D.A. 4.ª LJCA.

ART. 10. Competencias de las Salas de lo Contencioso-Administrativo de los Tribunales Superiores de Justicia.

1. Las Salas de lo Contencioso-Administrativo de los Tribunales Superiores de Justicia conocerán en única instancia de los recursos que se deduzcan en relación con:

a) Los actos de las Entidades locales y de las Administraciones de las Comunidades Autónomas, cuyo conocimiento no esté atribuido a los Juzgados de lo Contencioso-Administrativo.

b) Las disposiciones generales emanadas de las Comunidades Autónomas y de las Entidades locales.

c) Los actos y disposiciones de los órganos de gobierno de las asambleas legislativas de las Comunidades Autónomas, y de las instituciones autonómicas análogas al Tribunal de Cuentas y al Defensor del Pueblo, en materia de personal, administración y gestión patrimonial.

d) Los actos y resoluciones dictados por los Tribunales Económico-Administrativos Regionales y Locales que pongan fin a la vía económico-administrativa.

e) Las resoluciones dictadas por el Tribunal Económico-Administrativo Central en materia de tributos cedidos.

f) Los actos y disposiciones de las Juntas Electorales Provinciales y de Comunidades Autónomas, así como los recursos contencioso-electorales contra acuerdos de las Juntas Electorales sobre proclamación de electos y elección y proclamación de Presidentes de Corporaciones locales, en los términos de la legislación electoral.

g) Los convenios entre Administraciones públicas cuyas competencias se ejerzan en el ámbito territorial de la correspondiente Comunidad Autónoma.

h) La prohibición o la propuesta de modificación de reuniones previstas en la Ley Orgánica 9/1983, de 15 de julio, Reguladora del Derecho de Reunión.

i) Los actos y resoluciones dictados por órganos de la Administración General del Estado cuya competencia se extienda a todo el territorio nacional y cuyo nivel orgánico sea inferior al de Ministro o Secretario de Estado en materias de personal, propiedades especiales y expropiación forzosa.

j) Los actos y resoluciones de los órganos de las Comunidades Autónomas competentes para la aplicación de la Ley de Defensa de la Competencia.

k) Las resoluciones dictadas por el órgano competente para la resolución de recursos en materia de contratación previsto en el artículo 311 de la Ley 30/2007, de 30 de octubre, de Contratos del Sector Público, en relación con los contratos incluidos en el ámbito competencial de las Comunidades Autónomas o de las Corporaciones locales.

l) Las resoluciones dictadas por los Tribunales Administrativos Territoriales de Recursos Contractuales.

m) Los actos y disposiciones dictados por las autoridades independientes autonómicas u órganos competentes de las comunidades autónomas referidos en la Ley reguladora de la protección de las personas que informen sobre infracciones normativas y de lucha contra la corrupción.

n) Cualesquiera otras actuaciones administrativas no atribuidas expresamente a la competencia de otros órganos de este orden jurisdiccional.

2. Conocerán, en segunda instancia, de las apelaciones promovidas contra sentencias y autos dictados por los Juzgados de lo Contencioso-administrativo, y de los correspondientes recursos de queja.

3. También les corresponde, con arreglo a lo establecido en esta Ley, el conocimiento de los recursos de revisión contra las sentencias firmes de los Juzgados de lo Contencioso-administrativo.

4. Conocerán de las cuestiones de competencia entre los Juzgados de lo Contencioso-administrativo con sede en la Comunidad Autónoma.

5. Conocerán del recurso de casación para la unificación de doctrina previsto en el artículo 99.

6. Conocerán del recurso de casación en interés de la ley previsto en el artículo 101.

7. Conocerán de la solicitud de autorización al amparo del artículo 122 ter, cuando sea formulada por la autoridad de protección de datos de la Comunidad Autónoma respectiva.

8. *(Inconstitucional y nulo).*

Apdo. 1.m) se modifica y apdo. n) se añade por Ley 2/2023, de 20 de febrero, reguladora de la protección de las personas que informen sobre infracciones normativas y de lucha contra la corrupción. (BOE de 21/02/2023).

Apdo. 8 declarado inconstitucional y nulo por Sentencia del Tribunal Constitucional 70/2022, de 2 de junio de 2022. Cuestión de inconstitucionalidad 6283-2020. Planteada por la Sección Primera de la Sala de lo Contencioso-Administrativo del Tribunal Superior de Justicia de Aragón, en relación con el artículo 10.8 de la Ley reguladora de la jurisdicción contencioso-administrativa, redactado por la disposición final segunda de la Ley 3/2020, de 18 de septiembre, de medidas procesales y organizativas para hacer frente al Covid-19 en el ámbito de la administración de justicia (BOE de 04-07-2022).

Apdo. 8 añadido por Ley 3/2020, de 18 de septiembre, de medidas procesales y organizativas para hacer frente al COVID-19 en el ámbito de la Administración de Justicia. (BOE de 19-09-2020).

Apdo. 7 añadido por Ley Orgánica 3/2018, de 5 de diciembre, de Protección de Datos Personales y garantía de los derechos digitales. (BOE de 06-12-2018).

Ver arts. 6, 8 a 13, 16.2, 81, 83, 84, 88.2, 102 y 122, LJCA; 51, 52, 57 y 74 LOPJ; 6.2 LBRL; 109 LOREG; 47, 48, 151.2 a) LRJSP.

ART. 11.

1. La Sala de lo Contencioso-administrativo de la Audiencia Nacional conocerá en única instancia:

a) De los recursos que se deduzcan en relación con las disposiciones generales y los actos de los Ministros, **aun cuando se adopten previo informe o acuerdo del Consejo de Ministros o de las Comisiones Delegadas del Gobierno**, y de los Secretarios de Estado, en general y en materia de personal cuando se refieran al nacimiento o extinción de la relación de servicio de funcionarios de carrera. Asimismo, conocerá de los recursos contra los actos de cualesquiera órganos centrales del Ministerio de Defensa referidos a ascensos, orden y antigüedad en el escalafón y destinos.

b) De los recursos contra los actos de los Ministros y Secretarios de Estado cuando rectifiquen en vía de recurso o en procedimiento de fiscalización o de tutela los dictados por órganos o entes distintos con competencia en todo el territorio nacional.

c) De los recursos en relación con los convenios entre Administraciones públicas no atribuidos a los Tribunales Superiores de Justicia.

d) De los actos de naturaleza económico-administrativa dictados por el Ministro de Economía y Hacienda y por el Tribunal Económico-Administrativo Central, con excepción de lo dispuesto en el artículo 10.1.e).

e) De los recursos contra los actos dictados por la Comisión de Vigilancia de Actividades de Financiación del Terrorismo, y de la autorización de prórroga de los plazos de las medidas de dicha Comisión, conforme a lo previsto en la Ley de Prevención y Bloqueo de la Financiación del Terrorismo.

f) Las resoluciones dictadas por el Tribunal Administrativo Central de Recursos Contractuales, con excepción de lo dispuesto en el artículo 10.1.k).

g) De los recursos contra los actos del Banco de España, de la Comisión Nacional del Mercado de Valores y del FROB adoptados conforme a lo previsto en la Ley 11/2015, de 18 de junio, de recuperación y resolución de entidades de crédito y empresas de servicios de inversión.

h) De los recursos interpuestos por la Comisión Nacional de los Mercados y de la Competencia en defensa de la unidad de mercado.

i) *(Inconstitucional y nulo).*

2. Conocerá, en segunda instancia, de las apelaciones contra autos y sentencias dictados por los Juzgados Centrales de lo Contencioso-administrativo y de los correspondientes recursos de queja.

3. Conocerá de los recursos de revisión contra sentencias firmes dictadas por los Juzgados Centrales de lo Contencioso-administrativo.

4. También conocerá de las cuestiones de competencia que se puedan plantear entre los Juzgados Centrales de lo Contencioso-administrativo.

5. Conocerá de la solicitud de autorización al amparo del artículo 122 ter, cuando sea formulada por la Agencia Española de Protección de Datos.

Letra a) del apdo. 1 modificada por Ley Orgánica 1/2025, de 2 de enero, de medidas en materia de eficiencia del Servicio Público de Justicia. (BOE 03-01-2025). Esta modificación entró en vigor el 03-04-2025. Nota: debe tenerse en cuenta que el contenido de esta modificación se aplicará a los recursos contencioso-administrativos que se interpongan a partir de la entrada en vigor de esta norma (el 03-04-2025) según lo establecido en el apdo. 5 de la disposición transitoria novena de la precitada Ley Orgánica 1/2025.

Apdo. 1.i) declarado inconstitucional y nulo por Sentencia del Tribunal Constitucional 70/2022, de 2 de junio de 2022. Cuestión de inconstitucionalidad 6283-2020. Planteada por la Sección Primera de la Sala de lo Contencioso-Administrativo del Tribunal Superior de Justicia de Aragón, en relación con el artículo 10.8 de la Ley reguladora de la jurisdicción contencioso-administrativa, redactado por la disposición final segunda de la Ley 3/2020, de 18 de septiembre, de medidas procesales y organizativas para hacer frente al Covid-19 en el ámbito de la administración de justicia (BOE de 04-07-2022).

Apdo. 1 modificado por Ley 3/2020, de 18 de septiembre, de medidas procesales y organizativas para hacer frente al COVID-19 en el ámbito de la Administración de Justicia. (BOE de 19-09-2020).

Apdo. 5 añadido por Ley Orgánica 3/2018, de 5 de diciembre, de Protección de Datos Personales y garantía de los derechos digitales. (BOE de 06-12-2018).

Ver arts. 6.d), 10.1.e), 13, 16.1, 80, 81, 85.2 y 102 LJCA; 51, 52, 66 LOPJ.

ART. 12.

1. La Sala de lo Contencioso-administrativo del Tribunal Supremo conocerá en única instancia de los recursos que se deduzcan en relación con:

a) Los actos y disposiciones del Consejo de Ministros y de las Comisiones Delegadas del Gobierno.

b) Los actos y disposiciones del Consejo General del Poder Judicial y del Fiscal General del Estado.

c) Los actos y disposiciones en materia de personal, administración y gestión patrimonial adoptados por los órganos competentes del Congreso de los Diputados, del Senado, del Tribunal Constitucional, del Tribunal de Cuentas y del Defensor del Pueblo.

2. Conocerá también de:

a) Los recursos de casación de cualquier modalidad, en los términos establecidos por esta Ley, y los correspondientes recursos de queja.

b) Los recursos de casación y revisión contra las resoluciones dictadas por el Tribunal de Cuentas, con arreglo a lo establecido en su Ley de Funcionamiento.

c) Los recursos de revisión contra sentencias firmes dictadas por las Salas de lo Contencioso-administrativo de los Tribunales Superiores de Justicia, de la Audiencia Nacional y del Tribunal Supremo, salvo lo dispuesto en el artículo 61.1.1.º de la Ley Orgánica del Poder Judicial.

3. Asimismo conocerá de:

a) Los recursos que se deduzcan en relación con los actos y disposiciones de la Junta Electoral Central, así como los recursos contencioso-electorales que se deduzcan contra los acuerdos sobre proclamación de electos en los términos previstos en la legislación electoral.

b) Los recursos deducidos contra actos de las Juntas Electorales adoptados en el procedimiento para elección do miembros de las Salas de Gobierno de los Tribunales, en los términos de la Ley Orgánica del Poder Judicial.

4. Conocerá de la solicitud de autorización al amparo del artículo 122 ter, cuando sea formulada por el Consejo General del Poder Judicial.

Apdo. 1.b) modificado por Ley 16/2022, de 5 de septiembre, de reforma del texto refundido de la Ley Concursal, aprobado por el Real Decreto Legislativo 1/2020, de 5 de mayo, para la transposición de la Directiva (UE) 2019/1023 del Parlamento Europeo y del Consejo, de 20 de junio de 2019 (Directiva sobre reestructuración e insolvencia). (BOE de 06-09-2022).

Apdo. 4 añadido por Ley Orgánica 3/2018, de 5 de diciembre, de Protección de Datos Personales y garantía de los derechos digitales. (BOE de 06-12-2018).

Ver arts. 1.3.a y b), 6.e), 13, 15, 86-102 LJCA; 58, 61.1.1.º y 151.4 LOPJ; 81, 82, 83 Ley 7/1988, de 5 de abril, de Funcionamiento del Tribunal de Cuentas; 112.2 y 225.1 LOREG.

ART. 13.

Para aplicar las reglas de distribución de competencia contenidas en los artículos anteriores, se tendrán en cuenta los siguientes criterios:

a) Las referencias que se hacen a la Administración del Estado, Comunidades Autónomas y Entidades locales comprenden a las Entidades y Corporaciones dependientes o vinculadas a cada una de ellas.

b) La competencia atribuida a los Juzgados y Tribunales para el conocimiento de recursos contra actos administrativos incluye la relativa a la inactividad y a las actuaciones constitutivas de vía de hecho.

c) Salvo disposición expresa en contrario, la atribución de competencia por razón de la materia prevalece sobre la efectuada en razón del órgano administrativo autor del acto.

Ver arts. 8-12 LJCA.

CAPÍTULO III
Competencia territorial de los Juzgados y Tribunales

ART. 14.

1. La competencia territorial de los Juzgados y de los Tribunales Superiores de Justicia se determinará conforme a las siguientes reglas:

Primera. Con carácter general, será competente el órgano jurisdiccional en cuya circunscripción tenga su sede el órgano que hubiere dictado la disposición o el acto originario impugnado.

Segunda. Cuando el recurso tenga por objeto actos de las Administraciones públicas en materia de responsabilidad patrimonial, personal, propiedades especiales y sanciones será competente, a elección del demandante, el juzgado o el tribunal en cuya circunscripción tenga aquél su domicilio o se halle la sede del órgano autor del acto originario impugnado.

Cuando el recurso tenga por objeto actos de las Administraciones de las Comunidades Autónomas o de las entidades de la Administración Local, la elección a que se refiere esta regla segunda se entenderá limitada a la circunscripción del Tribunal Superior de Justicia en que tenga su sede el órgano que hubiere dictado el acto originario impugnado.

Tercera. La competencia corresponderá al órgano jurisdiccional en cuya circunscripción radiquen los inmuebles afectados cuando se impugnen planes de ordenación urbana y actuaciones urbanísticas, expropiatorias y, en general, las que comporten intervención administrativa en la propiedad privada.

2. Cuando el acto originario impugnado afectase a una pluralidad de destinatarios y fueran diversos los Juzgados o Tribunales competentes según las reglas anteriores, la competencia vendrá atribuida al órgano jurisdiccional en cuya circunscripción tenga su sede el órgano que hubiere dictado el acto originario impugnado.

Ver arts. 51 y 52 LOPJ.

CAPÍTULO IV
Constitución y actuación de las Salas de lo Contencioso-administrativo

ART. 15.

1. La Sala de lo Contencioso-administrativo del Tribunal Supremo actuará dividida en Secciones, cuyo Presidente será el que lo fuere de la Sala o el Magistrado más antiguo de los que integren la Sección, salvo en el supuesto previsto en el artículo 96.6 en el que la Sección a que se refiere será presidida por el Presidente del Tribunal Supremo.

2. Para la vista o deliberación y fallo será necesaria la concurrencia del que presida y de los Magistrados siguientes:

a) Todos los que componen la Sección para decidir los recursos de casación y revisión.

b) Cuatro en los demás casos.

3. Para el despacho ordinario será suficiente la concurrencia del que presida y dos Magistrados.

Ver arts. 6.e), 12 LJCA; 58, 196, 197 LOPJ.

ART. 16.

1. La Sala de lo Contencioso-administrativo de la Audiencia Nacional se compondrá de las Secciones que aconseje el número de asuntos, cuyo Presidente será el que lo fuere de la Sala o el Magistrado más antiguo de los integrantes de la Sección.

2. Las Salas de lo Contencioso-administrativo de los Tribunales Superiores de Justicia, cuando el número de sus miembros exceda de cinco, actuarán divididas en Secciones, cuyo Presidente será el que lo fuere de la Sala o el Magistrado más antiguo de los que integren la Sección.

3. Para la vista o deliberación y fallo, y despacho ordinario, será suficiente la concurrencia del que presida y dos Magistrados.

4. La resolución de los recursos de casación en interés de la ley, de casación para la unificación de doctrina y de revisión se encomendará a una Sección de la Sala de lo Contencioso-administrativo que tenga su sede en el Tribunal Superior de Justicia compuesta por el Presidente de dicha Sala que la presidirá, por el Presidente o Presidentes de las demás Salas de lo Contencioso-administrativo y, en su caso, de las Secciones de las mismas, en número

no superior a dos; y por los Magistrados de la referida Sala o Salas que fueran necesarios para completar un total de cinco miembros.

Si la Sala o Salas de lo Contencioso-administrativo tuviesen más de una Sección, la Sala de Gobierno del Tribunal Superior de Justicia establecerá para cada año judicial el turno con arreglo al cual los Presidentes de Sección ocuparán los puestos de la regulada en este apartado. También lo establecerá entre todos los Magistrados que presten servicio en la Sala o Salas.

Ver arts. 6.c) y d), 10, 11 y 102 LJCA; 66, 74, 152.1.1.º, 196 y 197 LOPJ.

CAPÍTULO V
Distribución de asuntos

ART. 17.

1. La distribución de asuntos entre las diversas Salas de un mismo Tribunal, o entre las diversas Secciones de una misma Sala, será acordada por la Sala de Gobierno del respectivo Tribunal, teniendo en cuenta la naturaleza y homogeneidad de la materia a que se refieren los recursos.

2. Idéntico criterio se tendrá en cuenta para la distribución de asuntos entre los diversos Juzgados de lo Contencioso-administrativo de una misma población. La aprobación corresponderá a la Sala de Gobierno del Tribunal Superior de Justicia, a propuesta de la Junta de Jueces de este orden jurisdiccional.

3. Los acuerdos sobre distribución de asuntos se adoptarán cada dos años y se comunicarán al Consejo General del Poder Judicial al solo efecto de su publicación, antes de la apertura de Tribunales, en el «Boletín Oficial del Estado» o en el de la Comunidad Autónoma, según corresponda.

En caso de resultar alterada la competencia de los distintos Juzgados con sede en un mismo partido judicial, de las diversas Salas de un mismo Tribunal o de las diversas Secciones de una Sala por razón de una nueva distribución de asuntos, de los procesos en tramitación continuará conociendo y fallará el órgano jurisdiccional que resultare competente al tiempo de la interposición del recurso, según los acuerdos entonces vigentes.

Ver art. 152.1.º LOPJ.

TÍTULO II
Las partes

CAPÍTULO I
Capacidad procesal

ART. 18.

Tienen capacidad procesal ante el orden jurisdiccional contencioso-administrativo, además de las personas que la ostenten con arreglo a la Ley de Enjuiciamiento Civil, los menores de edad para la defensa de aquellos de sus derechos e intereses legítimos cuya actuación les esté permitida por el ordenamiento jurídico sin necesidad de asistencia de la persona que ejerza la patria potestad, tutela o curatela.

Los grupos de afectados, uniones sin personalidad o patrimonios independientes o autónomos, entidades todas ellas aptas para ser titulares de derechos y obligaciones al margen de su integración en las estructuras formales de las personas jurídicas, también tendrán capacidad procesal ante el orden jurisdiccional contencioso-administrativo cuando la Ley así lo declare expresamente.

Ver arts. 58.1, 69.b) LJCA; 3 LPAC; 6-8 LEC; 7.3 LOPJ; 162-163 y 267 CC.

CAPÍTULO II
Legitimación

ART. 19.

1. Están legitimados ante el orden jurisdiccional contencioso-administrativo:

a) Las personas físicas o jurídicas que ostenten un derecho o interés legítimo.

b) Las corporaciones, asociaciones, sindicatos y grupos y entidades a que se refiere el artículo 18 que resulten afectados o estén legalmente habilitados para la defensa de los derechos e intereses legítimos colectivos.

c) La Administración del Estado, cuando ostente un derecho o interés legítimo, para impugnar los actos y disposiciones de la Administración de las Comunidades Autónomas y de los Organismos públicos vinculados a éstas, así como los de las Entidades locales, de conformidad con lo dispuesto en la legislación de régimen local, y los de cualquier otra entidad pública no sometida a su fiscalización.

d) La Administración de las Comunidades Autónomas, para impugnar los actos y disposiciones que afecten al ámbito de su autonomía, emanados de la Administración del Estado y de cualquier otra Administración u Organismo público, así como los de las Entidades locales, de conformidad con lo dispuesto en la legislación de régimen local.

e) Las Entidades locales territoriales, para impugnar los actos y disposiciones que afecten al ámbito de su autonomía, emanados de las Administraciones del Estado y de las Comunidades Autónomas, así como los de Organismos públicos con personalidad jurídica propia vinculados a una y otras o los de otras Entidades locales.

f) El Ministerio Fiscal para intervenir en los procesos que determine la Ley.

g) Las Entidades de Derecho público con personalidad jurídica propia vinculadas o dependientes de cualquiera de las Administraciones públicas para impugnar los actos o disposiciones que afecten al ámbito de sus fines.

h) Cualquier ciudadano, en ejercicio de la acción popular, en los casos expresamente previstos por las Leyes.

i) Para la defensa del derecho a la igualdad de trato y no discriminación e intolerancia, además de las personas afectadas y siempre con su autorización, estará también legitimada la Autoridad Independiente para la Igualdad de Trato y la No Discriminación, así como, en relación con las personas afiliadas o asociadas a los mismos, los partidos políticos, los sindicatos, las asociaciones profesionales de trabajadores autónomos, las organizaciones de personas consumidoras y usuarias y las asociaciones y organizaciones legalmente constituidas que tengan entre sus fines la defensa y promoción de los derechos humanos, de acuerdo con lo establecido en la Ley integral para la igualdad de trato y la no discriminación.

Cuando las personas afectadas sean una pluralidad indeterminada o de difícil determinación, la legitimación para instar acciones judiciales en defensa de derechos o intereses difusos corresponderá a la Autoridad Independiente para la Igualdad de Trato y la No Discriminación, a los partidos políticos, los sindicatos y las asociaciones profesionales de trabajadores autónomos más representativos, así como a las organizaciones de personas consumidoras y usuarias de ámbito estatal, y a las organizaciones, de ámbito estatal o del ámbito territorial en el que se produce la situación de discriminación, que tengan entre sus fines la defensa y promoción de los derechos humanos, de acuerdo con lo establecido en la Ley integral para la igualdad de trato y la no discriminación, sin perjuicio en todo caso de la legitimación individual de aquellas personas afectadas que estuviesen determinadas.

La persona acosada será la única legitimada en los litigios sobre acoso sexual y acoso discriminatorio.

j) Para la defensa de los derechos e intereses de las personas víctimas de discriminación por orientación e identidad sexual, expresión de género o características sexuales, además de las personas afectadas y siempre que cuenten con su autorización expresa, estarán también legitimados los partidos políticos, las organizaciones sindicales, las organizaciones empresariales, las asociaciones profesionales de personas trabajadoras autónomas, las asociaciones de personas consumidoras y usuarias y las asociaciones y organizaciones legalmente constituidas que tengan entre sus fines la defensa y promoción de los derechos de las personas lesbianas, gais, bisexuales, trans e intersexuales o de sus familias, de acuerdo con lo establecido en la Ley para la igualdad real y efectiva de las personas trans y para la garantía de los derechos de las personas LGTBI.

Cuando las personas afectadas sean una pluralidad indeterminada o de difícil determinación, la legitimación para demandar en juicio la defensa de estos intereses difusos corresponderá exclusivamente a los organismos públicos con competencia en la materia, a los partidos políticos, las organizaciones sindicales, las organizaciones empresariales, las asociaciones profesionales de personas trabajadoras autónomas, las asociaciones de personas consumidoras y usuarias y las asociaciones y organizaciones legalmente constituidas que tengan entre sus fines la defensa y promoción de los derechos de las personas lesbianas, gais, bisexuales, trans e intersexuales o de sus familias.

La persona acosada será la única legitimada en los litigios sobre acoso discriminatorio por razón de orientación e identidad sexual, expresión de género o características sexuales.

k) Los sindicatos estarán también legitimados para actuar, en nombre interés del personal funcionario y estatutario afiliado a ellos que así lo autorice, en defensa de sus derechos individuales, recayendo sobre dichos afiliados los efectos de aquella actuación.

2. La Administración autora de un acto está legitimada para impugnarlo ante este orden jurisdiccional, previa su declaración de lesividad para el interés público en los términos establecidos por la Ley.

3. El ejercicio de acciones por los vecinos en nombre e interés de las Entidades locales se rige por lo dispuesto en la legislación de régimen local.

4. Las Administraciones públicas y los particulares podrán interponer recurso contencioso-administrativo contra las decisiones adoptadas por los órganos administrativos a los que corresponde resolver los recursos especiales y las reclamaciones en materia de contratación a que se refiere la legislación de Contratos del Sector Público sin necesidad, en el primer caso, de declaración de lesividad.

5. Tendrán legitimación para recurrir ante el orden jurisdiccional contencioso-administrativo las resoluciones del Tribunal Administrativo del Deporte que se dicten en asuntos de disciplina deportiva en materia de dopaje, todas las personas mencionadas en el artículo 40.4 de la Ley Orgánica de Protección de la Salud del Deportista y Lucha contra el Dopaje en la Actividad Deportiva.

> *Letra k) del apdo. 1 añadida por Ley Orgánica 1/2025, de 2 de enero, de medidas en materia de eficiencia del Servicio Público de Justicia. (BOE 03-01-2025). Esta modificación entró en vigor el 03-04-2025.*
>
> *Apdo. 1.j) se añade por Ley 4/2023, de 28 de febrero, para la igualdad real y efectiva de las personas trans y para la garantía de los derechos de las personas LGTBI. (BOE de 01/03/2023).*
>
> *Apdo. 1.i) se modifica por Ley 15/2022, de 12 de julio, integral para la igualdad de trato y la no discriminación. (BOE de 13/07/2022).*
>
> *Ver arts. 18, 20-22, 43, 45.4, 46.5, 49.6, 51.1.b), 58.1, 69.b), 82, 89.3 LJCA; 24.1 CE; 7.3 LOPJ; 4 y 107 LPAC; 53, 63.1.a), 63.2, 65, 67, 68 y 110 LBRL; 3 EOMF.*

ART. 20.

No pueden interponer recurso contencioso-administrativo contra la actividad de una Administración pública:

a) Los órganos de la misma y los miembros de sus órganos colegiados, salvo que una Ley lo autorice expresamente.

b) Los particulares cuando obren por delegación o como meros agentes o mandatarios de ella.

c) Las Entidades de Derecho público que sean dependientes o estén vinculadas al Estado, las Comunidades Autónomas o las Entidades locales, respecto de la actividad de la Administración de la que dependan. Se exceptúan aquellos a los que por Ley se haya dotado de un estatuto específico de autonomía respecto de dicha Administración.

ART. 21.

1. Se considera parte demandada:

a) Las Administraciones públicas o cualesquiera de los órganos mencionados en el artículo 1.3 contra cuya actividad se dirija el recurso.

b) Las personas o entidades cuyos derechos o intereses legítimos pudieran quedar afectados por la estimación de las pretensiones del demandante.

c) Las aseguradoras de las Administraciones públicas, que siempre serán parte codemandada junto con la Administración a quien aseguren.

2. A efectos de lo dispuesto en el párrafo a) del apartado anterior, cuando se trate de Organismos o Corporaciones públicos sujetos a fiscalización de una Administración territorial, se entiende por Administración demandada:

a) El Organismo o Corporación autores del acto o disposición fiscalizados, si el resultado de la fiscalización es aprobatorio.

b) La que ejerza la fiscalización, si mediante ella no se aprueba íntegramente el acto o disposición.

3. En los recursos contra las decisiones adoptadas por los órganos administrativos a los que corresponde resolver los recursos especiales y las reclamaciones en materia de contratación a que se refiere la legislación de Contratos del Sector Público los citados órganos no tendrán la consideración de parte demandada, siéndolo las personas o Administraciones

favorecidas por el acto objeto del recurso, o que se personen en tal concepto, conforme a lo dispuesto en el artículo 49.

4. Si el demandante fundara sus pretensiones en la ilegalidad de una disposición general, se considerará también parte demandada a la Administración autora de la misma, aunque no proceda de ella la actuación recurrida.

Ver arts. 19, 25-27, 82 y 89.3 LJCA.

ART. 22.

Si la legitimación de las partes derivare de alguna relación jurídica transmisible, el causahabiente podrá suceder en cualquier estado del proceso a la persona que inicialmente hubiere actuado como parte.

Ver arts. 19, 21, 45.2.b) LJCA; 4 LPAC.

CAPÍTULO III
Representación y defensa de las partes

ART. 23.

1. En sus actuaciones ante órganos unipersonales, las partes podrán conferir su representación a un Procurador y serán asistidas, en todo caso, por Abogado.

Cuando las partes confieran su representación al Abogado, será a éste a quien se notifiquen las actuaciones.

2. En sus actuaciones ante órganos colegiados, las partes deberán conferir su representación a un Procurador y ser asistidas por Abogado.

3. Podrán, no obstante, comparecer por sí mismos los funcionarios públicos en defensa de sus derechos estatutarios, cuando se refieran a cuestiones de personal que no impliquen separación de empleados públicos inamovibles.

En este caso, estarán obligados al empleo de los sistemas electrónicos existentes, tanto para la remisión de escritos, iniciadores o no, y demás documentos, como para la recepción de notificaciones, de forma tal que esté garantizada su autenticidad y quede constancia fehaciente de la remisión y la recepción íntegras, así como de la fecha en que éstas se hicieren.

4. En todo caso, la representación prevista en este artículo podrá conferirse electrónicamente a través de los medios establecidos para ello.

Apdo. 3 se modifica y apdo. 4 se añade por Real Decreto-ley 6/2023, de 19 de diciembre, por el que se aprueban medidas urgentes para la ejecución del Plan de Recuperación, Transformación y Resiliencia en materia de servicio público de justicia, función pública, régimen local y mecenazgo. (BOE de 20/12/2023). Modificación en vigor desde el 20 de marzo de 2024.

Anteriormente modificado por Ley 42/2015, de 5 de octubre, de reforma de la LEC. (BOE de 06-10-2015).

Ver arts. 45.2, 58.1, 69.b) y 90.1 LJCA; 436-442 LOPJ.

ART. 24.

La representación y defensa de las Administraciones públicas y de los órganos constitucionales se rige por lo dispuesto en la Ley Orgánica del Poder Judicial y en la Ley de Asistencia Jurídica al Estado e Instituciones Públicas, así como en las normas que sobre la materia y en el marco de sus competencias hayan dictado las Comunidades Autónomas.

Ver arts. 45.2.a), 58.1, 69.b) LJCA; 447 LOPJ.

TÍTULO III
Objeto del recurso contencioso-administrativo

CAPÍTULO I
Actividad administrativa impugnable

ART. 25.

1. El recurso contencioso-administrativo es admisible en relación con las disposiciones de carácter general y con los actos expresos y presuntos de la Administración pública que pongan fin a la vía administrativa, ya sean definitivos o de trámite, si estos últimos deciden

directa o indirectamente el fondo del asunto, determinan la imposibilidad de continuar el procedimiento, producen indefensión o perjuicio irreparable a derechos o intereses legítimos.

2. También es admisible el recurso contra la inactividad de la Administración y contra sus actuaciones materiales que constituyan vía de hecho, en los términos establecidos en esta Ley.

Ver arts. 1.1, 26-30, 45.2.c), 51.1.c), 58.1, 69.c) LJCA; 24 LOPJ; 21-25 y 114 LPAC; 52.2 LBRL.

ART. 26.

1. Además de la impugnación directa de las disposiciones de carácter general, también es admisible la de los actos que se produzcan en aplicación de las mismas, fundada en que tales disposiciones no son conformes a Derecho.

2. La falta de impugnación directa de una disposición general o la desestimación del recurso que frente a ella se hubiera interpuesto no impiden la impugnación de los actos de aplicación con fundamento en lo dispuesto en el apartado anterior.

Ver arts. 25, 27, 81.2.d) LJCA.

ART. 27.

1. Cuando un Juez o Tribunal de lo Contencioso-administrativo hubiere dictado sentencia firme estimatoria por considerar ilegal el contenido de la disposición general aplicada, deberá plantear la cuestión de ilegalidad ante el Tribunal competente para conocer del recurso directo contra la disposición, salvo lo dispuesto en los dos apartados siguientes.

2. Cuando el Juez o Tribunal competente para conocer de un recurso contra un acto fundado en la invalidez de una disposición general lo fuere también para conocer del recurso directo contra ésta, la sentencia declarará la validez o nulidad de la disposición general.

3. Sin necesidad de plantear cuestión de ilegalidad, el Tribunal Supremo anulará cualquier disposición general cuando, en cualquier grado, conozca de un recurso contra un acto fundado en la ilegalidad de aquella norma.

Ver arts. 25, 26, 86.3, 123-126, D.T. 6.ª LJCA.

ART. 28.

No es admisible el recurso contencioso-administrativo respecto de los actos que sean reproducción de otros anteriores definitivos y firmes y los confirmatorios de actos consentidos por no haber sido recurridos en tiempo y forma.

Ver art. 25 LJCA.

ART. 29.

1. Cuando la Administración, en virtud de una disposición general que no precise de actos de aplicación o en virtud de un acto, contrato o convenio administrativo, esté obligada a realizar una prestación concreta en favor de una o varias personas determinadas, quienes tuvieran derecho a ella pueden reclamar de la Administración el cumplimiento de dicha obligación. Si en el plazo de tres meses desde la fecha de la reclamación, la Administración no hubiera dado cumplimiento a lo solicitado o no hubiera llegado a un acuerdo con los interesados, éstos pueden deducir recurso contencioso-administrativo contra la inactividad de la Administración.

2. Cuando la Administración no ejecute sus actos firmes podrán los afectados solicitar su ejecución, y si ésta no se produce en el plazo de un mes desde tal petición, podrán los solicitantes formular recurso contencioso-administrativo, que se tramitará por el procedimiento abreviado regulado en el artículo 78.

Ver arts. 25.2, 32.1, 46.2, 71.1.c) y 136 LJCA; 21-25 LPAC.

ART. 30.

En caso de vía de hecho, el interesado podrá formular requerimiento a la Administración actuante, intimando su cesación. Si dicha intimación no hubiere sido formulada o no fuere atendida dentro de los diez días siguientes a la presentación del requerimiento, podrá deducir directamente recurso contencioso-administrativo.

Ver arts. 24.2, 43.2.e), 44.3, 49.2, 78 LJCA.

CAPÍTULO II
Pretensiones de las partes

ART. 31.

1. El demandante podrá pretender la declaración de no ser conformes a Derecho y, en su caso, la anulación de los actos y disposiciones susceptibles de impugnación según el capítulo precedente.

2. También podrá pretender el reconocimiento de una situación jurídica individualizada y la adopción de las medidas adecuadas para el pleno restablecimiento de la misma, entre ellas la indemnización de los daños y perjuicios, cuando proceda.

Ver arts. 1.1, 32, 33, 34, 41.1, 42.1.a), 65.3, 71.1.a) y b), 72.2 y 3, 114.2 LJCA.

ART. 32.

1. Cuando el recurso se dirija contra la inactividad de la Administración pública, conforme a lo dispuesto en el artículo 29, el demandante podrá pretender del órgano jurisdiccional que condene a la Administración al cumplimiento de sus obligaciones en los concretos términos en que estén establecidas.

2. Si el recurso tiene por objeto una actuación material constitutiva de vía de hecho, el demandante podrá pretender que se declare contraria a Derecho, que se ordene el cese de dicha actuación y que se adopten, en su caso, las demás medidas previstas en el artículo 31.2.

Ver arts. 25.2, 29, 30, 31.2, 71.1.b) y c), 72.3 y 136 LJCA.

ART. 33.

1. Los órganos del orden jurisdiccional contencioso-administrativo juzgarán dentro del límite de las pretensiones formuladas por las partes y de los motivos que fundamenten el recurso y la oposición.

2. Si el Juez o Tribunal, al dictar sentencia, estimare que la cuestión sometida a su conocimiento pudiera no haber sido apreciada debidamente por las partes, por existir en apariencia otros motivos susceptibles de fundar el recurso o la oposición, lo someterá a aquéllas mediante providencia en que, advirtiendo que no se prejuzga el fallo definitivo, los expondrá y concederá a los interesados un plazo común de diez días para que formulen las alegaciones que estimen oportunas, con suspensión del plazo para pronunciar el fallo. Contra la expresada providencia no cabrá recurso alguno.

3. Esto mismo se observará si, impugnados directamente determinados preceptos de una disposición general, el Tribunal entendiera necesario extender el enjuiciamiento a otros de la misma disposición por razones de conexión o consecuencia con los preceptos recurridos.

Ver arts. 31, 32, 67, 88.1.c), 126.2 LJCA.

CAPÍTULO III
Acumulación

ART. 34.

1. Serán acumulables en un proceso las pretensiones que se deduzcan en relación con un mismo acto, disposición o actuación.

2. Lo serán también las que se refieran a varios actos, disposiciones o actuaciones cuando unos sean reproducción, confirmación o ejecución de otros o exista entre ellos cualquier otra conexión directa.

Ver arts. 31, 32, 35-39, 41.3 LJCA.

ART. 35.

1. El actor podrá acumular en su demanda cuantas pretensiones reúnan los requisitos señalados en el artículo anterior.

2. Si el Letrado de la Administración de Justicia no estimare pertinente la acumulación, dará cuenta al Tribunal, quien, en su caso, ordenará a la parte que interponga por separado los recursos en el plazo de treinta días. Si no lo efectuare, el Juez tendrá por caducado aquel recurso respecto del cual no se hubiere dado cumplimiento a lo ordenado.

Ver arts. 34 LJCA; 71-37 LEC.

ART. 36.

1. Si antes de la sentencia se dictare o se tuviere conocimiento de la existencia de algún acto, disposición o actuación que guarde con el que sea objeto del recurso en tramitación la relación prevista en el artículo 34, el demandante podrá solicitar, dentro del plazo que señala el artículo 46, la ampliación del recurso a aquel acto administrativo, disposición o actuación.

2. De esta petición, que producirá la suspensión del curso del procedimiento, el letrado o letrada de la Administración de Justicia dará traslado a las partes para que presenten alegaciones en el plazo común de cinco días. No obstante lo anterior, se mantendrán los señalamientos ya acordados, siempre que la decisión sobre la ampliación se produzca antes de la celebración de aquellos actos y no interfiera en los derechos de las partes ni en el interés de terceros.

3. Si el órgano jurisdiccional accediere a la ampliación, continuará la suspensión de la tramitación del proceso en tanto no se alcance respecto de aquélla el mismo estado que tuviere el procedimiento inicial.

4. Será asimismo aplicable lo dispuesto en el apartado 1 de este artículo cuando en los recursos contencioso-administrativos interpuestos contra actos presuntos la Administración dictare durante su tramitación resolución expresa respecto de la pretensión inicialmente deducida. En tal caso podrá el recurrente desistir del recurso interpuesto con fundamento en la aceptación de la resolución expresa que se hubiere dictado o solicitar la ampliación a la resolución expresa. Una vez producido el desistimiento del recurso inicialmente interpuesto, el plazo para recurrir la resolución expresa, que será de dos meses, se contará desde el día siguiente al de la notificación de la misma.

Apdo. 2 modificado por Real Decreto-ley 6/2023, de 19 de diciembre, por el que se aprueban medidas urgentes para la ejecución del Plan de Recuperación, Transformación y Resiliencia en materia de servicio público de justicia, función pública, régimen local y mecenazgo. (BOE de 20/12/2023). Modificación en vigor desde el 20 de marzo de 2024.

Ver arts. 46, 74 LJCA.

ART. 37.

1. Interpuestos varios recursos contencioso-administrativos con ocasión de actos, disposiciones o actuaciones en los que concurra alguna de las circunstancias señaladas en el artículo 34, el órgano jurisdiccional podrá en cualquier momento procesal, previa audiencia de las partes por plazo común de cinco días, acordar la acumulación de oficio o a instancia de alguna de ellas.

2. Cuando ante un juez o tribunal estuviera pendiente una pluralidad de recursos con idéntico objeto, el órgano jurisdiccional, si no se hubiesen acumulado, tramitará uno o varios con carácter preferente previa audiencia de las partes por plazo común de cinco días, suspendiendo el curso de los demás, en el estado en que se encuentren, hasta que se dicte sentencia en los primeros.

En caso de que esa pluralidad de recursos con idéntico objeto pudiera, a su vez, agruparse por categorías o grupos que planteen una controversia sustancialmente análoga, el órgano jurisdiccional, si no se hubieran acumulado, tramitará uno o varios de cada grupo o categoría con carácter preferente, previa audiencia de las partes por plazo común de cinco días, suspendiendo el curso de los demás en el estado en que se encuentren hasta que se dicte sentencia en los tramitados preferentemente para cada grupo o categoría.

3. Una vez firme, el Secretario judicial llevará testimonio de la sentencia a los recursos suspendidos y la notificará a los recurrentes afectados por la suspensión a fin de que en el plazo de cinco días puedan interesar la extensión de sus efectos en los términos previstos en el artículo 111, la continuación del procedimiento o bien desistir del recurso.

Apdo. 2 modificado por Real Decreto-ley 5/2023, de 28 de junio, por el que se adoptan y prorrogan determinadas medidas de respuesta a las consecuencias económicas y sociales de la Guerra de Ucrania, de apoyo a la reconstrucción de la isla de La Palma y a otras situaciones de vulnerabilidad; de transposición de Directivas de la Unión Europea en materia de modificaciones estructurales de sociedades mercantiles y conciliación de la vida familiar y la vida profesional de los progenitores y los cuidadores; y de ejecución y cumplimiento del Derecho de la Unión Europea. (BOE de 29/06/2023). Modificación con efectos desde el 29/07/2023.

Ver arts. 34 y 111 LJCA; 74-98 LEC.

ART. 38.

1. La Administración comunicará al Tribunal, al remitirle el expediente administrativo, si tiene conocimiento de la existencia de otros recursos contencioso-administrativos en los que puedan concurrir los supuestos de acumulación que previene el presente capítulo.

2. El Secretario judicial pondrá en conocimiento del Juez o Tribunal los procesos que se tramiten en la Oficina judicial en los que puedan concurrir los supuestos de acumulación que previene el presente Capítulo.

Ver arts. 34-37 LJCA.

ART. 39.

Contra las resoluciones sobre acumulación, ampliación y tramitación preferente solo se dará recurso de reposición.

Modificado por Real Decreto-ley 6/2023, de 19 de diciembre, por el que se aprueban medidas urgentes para la ejecución del Plan de Recuperación, Transformación y Resiliencia en materia de servicio público de justicia, función pública, régimen local y mecenazgo. (BOE de 20/12/2023). Modificación en vigor desde el 20 de marzo de 2024.

Ver art. 79 LJCA.

CAPÍTULO IV
Cuantía del recurso

ART. 40.

1. El Secretario judicial fijará la cuantía del recurso contencioso-administrativo una vez formulados los escritos de demanda y contestación, en los que las partes podrán exponer, por medio de otrosí, su parecer al respecto.

2. Cuando así no se hiciere, el Secretario judicial requerirá al demandante para que fije la cuantía, concediéndole al efecto un plazo no superior a diez días, transcurrido el cual sin haberlo realizado se estará a la que fije el Secretario judicial, previa audiencia del demandado.

3. Cuando el demandado no estuviere de acuerdo con la cuantía fijada por el demandante, lo expondrá por escrito dentro del término de diez días, resolviendo el Secretario judicial lo procedente. En este caso el Juez o Tribunal, en la sentencia, resolverá definitivamente la cuestión.

4. La parte perjudicada por la resolución prevista en el apartado anterior podrá fundar el recurso de queja en la indebida determinación de la cuantía si por causa de ésta no se tuviere por preparado el recurso de casación o no se admitiera el recurso de casación para la unificación de doctrina o el de apelación.

Ver arts. 56.1, 85.2, 90.2 LJCA; 255, 387-393 LEC.

ART. 41.

1. La cuantía del recurso contencioso-administrativo vendrá determinada por el valor económico de la pretensión objeto del mismo.

2. Cuando existan varios demandantes, se atenderá al valor económico de la pretensión deducida por cada uno de ellos, y no a la suma de todos.

3. En los supuestos de acumulación o de ampliación, la cuantía vendrá determinada por la suma del valor económico de las pretensiones objeto de aquéllas, pero no comunicará a las de cuantía inferior la posibilidad de casación o apelación.

Ver arts. 31, 32, 34, 36 y 37 LJCA.

ART. 42.

1. Para fijar el valor económico de la pretensión se tendrán en cuenta las normas de la legislación procesal civil, con las especialidades siguientes:

a) Cuando el demandante solicite solamente la anulación del acto, se atenderá al contenido económico del mismo, para lo cual se tendrá en cuenta el débito principal, pero no los recargos, las costas ni cualquier otra clase de responsabilidad, salvo que cualquiera de éstos fuera de importe superior a aquél.

b) Cuando el demandante solicite, además de la anulación, el reconocimiento de una situación jurídica individualizada, o cuando solicite el cumplimiento de una obligación administrativa, la cuantía vendrá determinada:

Primero. Por el valor económico total del objeto de la reclamación, si la Administración pública hubiere denegado totalmente, en vía administrativa, las pretensiones del demandante.

Segundo. Por la diferencia de la cuantía entre el objeto de la reclamación y el del acto que motivó el recurso, si la Administración hubiera reconocido parcialmente, en vía administrativa, las pretensiones del demandante.

2. Se reputarán de cuantía indeterminada los recursos dirigidos a impugnar directamente las disposiciones generales, incluidos los instrumentos normativos de planeamiento urbanístico, los que se refieran a los funcionarios públicos cuando no versen sobre derechos o sanciones susceptibles de valoración económica, así como aquéllos en los que junto a pretensiones evaluables económicamente se acumulen otras no susceptibles de tal valoración.

También se reputarán de cuantía indeterminada los recursos interpuestos contra actos, en materia de Seguridad Social, que tengan por objeto la inscripción de empresas, formalización de la protección frente a riesgos profesionales, tarifación, cobertura de la prestación de incapacidad temporal, afiliación, alta, baja y variaciones de datos de trabajadores.

Ver arts. 251 y 252 LEC; 31.1 y 2 y 32 LJCA.

TÍTULO IV
Procedimiento contencioso-administrativo

CAPÍTULO I
Procedimiento en primera o única instancia

Sección 1.ª Diligencias preliminares

ART. 43.

Cuando la propia Administración autora de algún acto pretenda demandar su anulación ante la Jurisdicción Contencioso-administrativa deberá, previamente, declararlo lesivo para el interés público

Ver arts. 19.2, 45.4, 46.5, 49.6 LJCA; 107 LPAC; 110 LBRL.

ART. 44.

1. En los litigios entre Administraciones públicas no cabrá interponer recurso en vía administrativa. No obstante, cuando una Administración interponga recurso contencioso-administrativo contra otra, podrá requerirla previamente para que derogue la disposición, anule o revoque el acto, haga cesar o modifique la actuación material, o inicie la actividad a que esté obligada.

Cuando la Administración contratante, el contratista o terceros pretendan recurrir las decisiones adoptadas por los órganos administrativos a los que corresponde resolver los recursos especiales y las reclamaciones en materia de contratación a que se refiere la legislación de Contratos del Sector Público interpondrán el recurso directamente y sin necesidad de previo requerimiento o recurso administrativo.

2. El requerimiento deberá dirigirse al órgano competente mediante escrito razonado que concretará la disposición, acto, actuación o inactividad, y deberá producirse en el plazo de dos meses contados desde la publicación de la norma o desde que la Administración requirente hubiera conocido o podido conocer el acto, actuación o inactividad.

3. El requerimiento se entenderá rechazado si, dentro del mes siguiente a su recepción, el requerido no lo contestara.

4. Queda a salvo lo dispuesto sobre esta materia en la legislación de régimen local.

Ver arts. 46.6 LJCA, 65 LBRL.

Sección 2.ª Interposición del recurso y reclamación del expediente

ART. 45.

1. El recurso contencioso-administrativo se iniciará por un escrito reducido a citar la disposición, acto, inactividad o actuación constitutiva de vía de hecho que se impugne y a solicitar que se tenga por interpuesto el recurso, salvo cuando esta Ley disponga otra cosa.

2. A este escrito se acompañará:

a) El documento que acredite la representación del compareciente, salvo si figurase unido a las actuaciones de otro recurso pendiente ante el mismo Juzgado o Tribunal, en cuyo caso podrá solicitarse que se expida certificación para su unión a los autos.

b) El documento o documentos que acrediten la legitimación del actor cuando la ostente por habérsela transmitido otro por herencia o por cualquier otro título.

c) La copia o traslado de la disposición o del acto expreso que se recurran, o indicación del expediente en que haya recaído el acto o el periódico oficial en que la disposición se haya publicado. Si el objeto del recurso fuera la inactividad de la Administración o una vía de hecho, se mencionará el órgano o dependencia al que se atribuya una u otra, en su caso, el expediente en que tuvieran origen, o cualesquiera otros datos que sirvan para identificar suficientemente el objeto del recurso.

d) El documento o documentos que acrediten el cumplimiento de los requisitos exigidos para entablar acciones las personas jurídicas con arreglo a las normas o estatutos que les sean de aplicación, salvo que se hubieran incorporado o insertado en lo pertinente dentro del cuerpo del documento mencionado en la letra a) de este mismo apartado.

e) En los casos en que el recurso se haya interpuesto por un sindicato que actúe en nombre e interés del personal funcionario y estatutario conforme dispone la letra k) del artículo 19.1, el documento o documentos que acrediten la afiliación de dicho personal y la existencia de comunicación por el sindicato al afiliado de la voluntad de iniciar el proceso, así como la autorización expresa del afiliado al sindicato para dicha iniciación.

3. El Secretario judicial examinará de oficio la validez de la comparecencia tan pronto como se haya presentado el escrito de interposición. Si estima que es válida, admitirá a trámite el recurso. Si con el escrito de interposición no se acompañan los documentos expresados en el apartado anterior o los presentados son incompletos y, en general, siempre que el Secretario judicial estime que no concurren los requisitos exigidos por esta Ley para la validez de la comparecencia, requerirá inmediatamente la subsanación de los mismos, señalando un plazo de diez días para que el recurrente pueda llevarla a efecto y, si no lo hiciere, el Juez o Tribunal se pronunciará sobre el archivo de las actuaciones.

4. El recurso de lesividad se iniciará por demanda formulada con arreglo al artículo 56.1, que fijará con precisión la persona o personas demandadas y su sede o domicilio si constara. A esta demanda se acompañarán en todo caso la declaración de lesividad, el expediente administrativo y, si procede, los documentos de las letras a) y d) del apartado 2 de este artículo.

5. El recurso dirigido contra una disposición general, acto, inactividad o vía de hecho en que no existan terceros interesados podrá iniciarse también mediante demanda en que se concretará la disposición, acto o conducta impugnados y se razonará su disconformidad a Derecho. Con la demanda se acompañarán los documentos que procedan de los previstos en el apartado 2 de este artículo.

Letra e) del apdo. 2 añadida por Ley Orgánica 1/2025, de 2 de enero, de medidas en materia de eficiencia del Servicio Público de Justicia. (BOE 03-01-2025). Esta modificación entró en vigor el 03-04-2025.

Ver arts. 19.2, 22, 23, 24, 25, 43, 45.2.a) y d), 45.4, 46, 47.2, 49.6, 54.1, 56.1, 66.2, 115.2, 127.2 y 129.1 LJCA.

ART. 46.

1. El plazo para interponer el recurso contencioso-administrativo será de dos meses contados desde el día siguiente al de la publicación de la disposición impugnada o al de la notificación o publicación del acto que ponga fin a la vía administrativa, si fuera expreso. Si no lo fuera, el plazo será de seis meses y se contará, para el solicitante y otros posibles interesados, a partir del día siguiente a aquél en que, de acuerdo con su normativa específica, se produzca el acto presunto.

2. En los supuestos previstos en el artículo 29, los dos meses se contarán a partir del día siguiente al vencimiento de los plazos señalados en dicho artículo.

3. Si el recurso contencioso-administrativo se dirigiera contra una actuación en vía de hecho, el plazo para interponer el recurso será de diez días a contar desde el día siguiente a la terminación del plazo establecido en el artículo 30. Si no hubiere requerimiento, el plazo será de veinte días desde el día en que se inició la actuación administrativa en vía de hecho.

4. El plazo para interponer el recurso contencioso-administrativo se contará desde el día siguiente a aquel en que se notifique la resolución expresa del recurso potestativo de reposición o en que éste deba entenderse presuntamente desestimado.

5. El plazo para interponer recurso de lesividad será de dos meses a contar desde el día siguiente a la fecha de la declaración de lesividad.

6. En los litigios entre Administraciones, el plazo para interponer recurso contencioso-administrativo será de dos meses, salvo que por Ley se establezca otra cosa. Cuando hubiera precedido el requerimiento regulado en los tres primeros apartados del artículo 44, el plazo se contará desde el día siguiente a aquel en que se reciba la comunicación del acuerdo expreso o se entienda presuntamente rechazado.

> *Ver arts. 19,2, 29, 30, 36.1, 43, 44, 45, 49.6, 115.1, 127.2 y 128.2 LJCA; 40-45 LPAC.*

ART. 47.

1. Una vez cumplido lo dispuesto en el artículo 45.3, el letrado de la Administración de Justicia en el siguiente día hábil acordará, si lo solicita el recurrente, que se anuncie la interposición del recurso y remitirá el oficio electrónicamente para su publicación por el órgano competente, sin perjuicio de que sea costeada por el recurrente, en el periódico oficial que proceda atendiendo al ámbito territorial de competencia del órgano autor de la actividad administrativa recurrida. El letrado de la Administración de Justicia podrá también acordar de oficio la publicación, si lo estima conveniente.

2. Si se hubiera iniciado el recurso mediante demanda en los supuestos previstos por el artículo 45.5 y éste se dirige contra una disposición general, deberá procederse a la publicación del anuncio de interposición de aquél, en el que se concederán quince días para la personación de quienes tengan interés legítimo en sostener la conformidad a Derecho de la disposición, acto o conducta impugnados. Transcurrido este plazo, el Secretario judicial procederá a dar traslado de la demanda y de los documentos que la acompañen para que sea contestada primero por la Administración y luego por los demás demandados que se hubieran personado.

> *Apdo. 1 modificado por Real Decreto-ley 6/2023, de 19 de diciembre, por el que se aprueban medidas urgentes para la ejecución del Plan de Recuperación, Transformación y Resiliencia en materia de servicio público de justicia, función pública, régimen local y mecenazgo. (BOE de 20/12/2023). Modificación en vigor desde el 20 de marzo de 2024.*

> *Ver arts. 45.3 y 5, 48.2, 49.5, 54.1, 66 y 124.2 LJCA.*

ART. 48.

1. El letrado o letrada de la Administración de Justicia, al acordar lo previsto en el apartado 1 del artículo anterior, o mediante diligencia si la publicación no fuere necesaria, requerirá a la Administración que le remita el expediente administrativo, ordenándole que practique los emplazamientos previstos en el artículo 49. El expediente se reclamará al órgano autor de la disposición o acto impugnado o a aquél al que se impute la inactividad o vía de hecho.

2. No se reclamará el expediente en el caso del apartado 2 del artículo anterior, sin perjuicio de la facultad otorgada por el apartado 5 de este artículo 48.

3. El expediente deberá ser remitido en el plazo improrrogable de veinte días, a contar desde que la comunicación judicial tenga entrada en el registro general del órgano requerido. La entrada se pondrá en conocimiento del órgano jurisdiccional.

4. El expediente se enviará completo, en soporte electrónico, foliado, autentificado y acompañado de un índice, asimismo autentificado, de los documentos que contenga. Al remitir el expediente, la Administración deberá identificar al órgano responsable del cumplimiento de la resolución judicial.

Si el expediente fuera reclamado por varios juzgados o tribunales, la Administración enviará copias en soporte electrónico del mismo, que deberán reunir los requisitos anteriormente expresados.

5. Cuando el recurso contra la disposición se hubiere iniciado por demanda, el tribunal podrá recabar de oficio o a petición del actor el expediente de elaboración, que se remitirá en soporte electrónico. Recibido el expediente, el letrado o letrada de la Administración de Justicia lo entregará a las partes por cinco días para que formulen alegaciones.

6. Se excluirán del expediente, mediante resolución motivada, los documentos clasificados como secreto oficial, haciéndolo constar así en el índice de documentos y en el lugar del expediente donde se encontraran los documentos excluidos.

7. Transcurrido el plazo de remisión del expediente sin haberse recibido completo, se reiterará la reclamación y, si no se enviara en el término de diez días contados como dispone el apartado 3, tras constatarse su responsabilidad, previo apercibimiento del letrado o letrada de la Administración de Justicia notificado personalmente para formulación de alegaciones, el juez, la jueza o el tribunal impondrán una multa coercitiva de trescientos a mil doscientos euros a la autoridad o empleado responsable. La multa será reiterada cada veinte días, hasta el cumplimiento de lo requerido.

De darse la causa de imposibilidad de determinación individualizada de la autoridad o empleado responsable, la Administración será la responsable del pago de la multa sin perjuicio de que se repercuta contra el responsable.

8. Contra los autos en los que se acuerde la imposición de multas a las que se refiere el apartado anterior podrá interponerse recurso de reposición en los términos previstos en el artículo 79.

9. Si no se hubieran satisfecho voluntariamente, las multas firmes se harán efectivas por vía judicial de apremio.

10. Impuestas las tres primeras multas coercitivas sin lograr que se remita el expediente completo, el Juez o Tribunal pondrá los hechos en conocimiento del Ministerio Fiscal, sin perjuicio de seguir imponiendo nuevas multas. El requerimiento cuya desatención pueda dar lugar a la tercera multa coercitiva contendrá el oportuno apercibimiento.

11. La Administración remitirá el expediente electrónicamente, utilizando, a tal efecto, los sistemas de interoperabilidad que resulten aplicables, al objeto de que el expediente administrativo en soporte electrónico así remitido quede automáticamente integrado en los sistemas de gestión procesal correspondientes.

Apdos. 3 y 4 modificados por Real Decreto-ley 6/2023, de 19 de diciembre, por el que se aprueban medidas urgentes para la ejecución del Plan de Recuperación, Transformación y Resiliencia en materia de servicio público de justicia, función pública, régimen local y mecenazgo. (BOE de 20/12/2023). Modificación en vigor desde el 20 de marzo de 2024.

Ver arts. 47.1 y 2, 49.1, 50.1, 53.1, 66.2, 78.3, 116, 127.3 LJCA; 17.1 LOPJ; 410 CP.

Sección 3.ª Emplazamiento de los demandados y admisión del recurso

ART. 49.

1. La resolución por la que se acuerde remitir el expediente se notificará en los cinco días siguientes a su adopción, a cuantos aparezcan como interesados en él, emplazándoles para que puedan personarse como demandados en el plazo de nueve días. La notificación se practicará con arreglo a lo dispuesto en la Ley que regule el procedimiento administrativo común.

En los recursos contra las decisiones adoptadas por los órganos administrativos a los que corresponde resolver los recursos especiales y las reclamaciones en materia de contratación a que se refiere la legislación de Contratos del Sector Público se emplazará como parte demandada a las personas, distintas del recurrente, que hubieren comparecido en el recurso administrativo, para que puedan personarse como demandados en el plazo de nueve días.

2. Hechas las notificaciones, se enviará el expediente al Juzgado o Tribunal, incorporando la justificación del emplazamiento o emplazamientos efectuados, salvo que no hubieran podido practicarse dentro del plazo fijado para la remisión del expediente, en cuyo caso éste se enviará sin demora, y la justificación de los emplazamientos una vez se ultimen.

3. Recibido el expediente, el letrado o letrada de la Administración de Justicia, a la vista del resultado de las actuaciones administrativas y del contenido del escrito de interposición y documentos anejos, comprobará que se han efectuado las debidas notificaciones para emplazamiento y, si advirtiere que son incompletas, ordenará a la Administración que se practiquen las necesarias para asegurar la defensa de los interesados que sean identificables.

4. Cuando no hubiera sido posible emplazar a algún interesado en el domicilio que conste, el letrado o letrada de la Administración de Justicia mandará insertar el correspondiente

edicto en el Tablón Edictal Judicial Único. Los emplazados por edictos podrán personarse hasta el momento en que hubiere de dárseles traslado para contestar a la demanda.

5. En el supuesto previsto en el artículo 47.2 se estará a lo que en él se dispone.

6. El emplazamiento de los demandados en el recurso de lesividad se efectuará personalmente por plazo de nueve días.

Apdos. 3 y 4 modificados por Real Decreto-ley 6/2023, de 19 de diciembre, por el que se aprueban medidas urgentes para la ejecución del Plan de Recuperación, Transformación y Resiliencia en materia de servicio público de justicia, función pública, régimen local y mecenazgo. (BOE de 20/12/2023). Modificación en vigor desde el 20 de marzo de 2024.

Ver arts. 40.1, 50.2, 54.1, 78.3 LJCA; 40-43 LPAC; 149 y ss. LEC.

ART. 50.

1. El emplazamiento de la Administración se entenderá efectuado por la reclamación del expediente.

2. Las Administraciones públicas se entenderán personadas por el envío del expediente.

3. Los demandados legalmente emplazados podrán personarse en autos dentro del plazo concedido. Si lo hicieren posteriormente, se les tendrá por parte para los trámites no precluidos. Si no se personaren oportunamente continuará el procedimiento por sus trámites, sin que haya lugar a practicarles, en estrados o en cualquier otra forma, notificaciones de clase alguna.

Ver arts. 48.1, 49.1 y 2, 58.2, 78.3 LJCA.

ART. 51.

1. El Juzgado o Sala, tras el examen del expediente administrativo, declarará no haber lugar a la admisión del recurso cuando constare de modo inequívoco y manifiesto:

a) La falta de jurisdicción o la incompetencia del Juzgado o Tribunal.

b) La falta de legitimación del recurrente.

c) Haberse interpuesto el recurso contra actividad no susceptible de impugnación.

d) Haber caducado el plazo de interposición del recurso.

2. El Juzgado o Sala podrá inadmitir el recurso cuando se hubieran desestimado en el fondo otros recursos sustancialmente iguales por sentencia firme, mencionando, en este último caso, la resolución o resoluciones desestimatorias.

3. Cuando se impugne una actuación material constitutiva de vía de hecho, el Juzgado o Sala podrá también inadmitir el recurso si fuera evidente que la actuación administrativa se ha producido dentro de la competencia y en conformidad con las reglas del procedimiento legalmente establecido.

Asimismo, cuando se impugne la no realización por la Administración de las obligaciones a que se refiere el artículo 29, el recurso se inadmitirá si fuera evidente la ausencia de obligación concreta de la Administración respecto de los recurrentes.

4. El Juzgado o la Sala, antes de pronunciarse sobre la inadmisión del recurso, hará saber a las partes el motivo en que pudiera fundarse para que, en el plazo común de diez días, aleguen lo que estimen procedente y acompañen los documentos a que hubiera lugar.

5. Contra el auto que declare la inadmisión podrán interponerse los recursos previstos en esta Ley. El auto de admisión no será recurrible pero no impedirá oponer cualquier motivo de inadmisibilidad en momento procesal posterior.

6. Declarada la inadmisión al amparo de lo establecido en el párrafo a) del apartado 1 de este artículo, se estará a lo que determinan los artículos 5.3 y 7.3.

Ver arts. 5, 7, 19, 20, 25, 46, 79.2, 80.1.c), 138 LJCA.

Sección 4.ª Demanda y contestación

ART. 52.

1. Recibido el expediente administrativo en soporte electrónico en el juzgado o tribunal y comprobados, y en su caso completados, los emplazamientos, por el letrado o letrada de la Administración de Justicia se acordará su incorporación a los autos en ese mismo soporte y su entrega al recurrente para que se deduzca la demanda en el plazo de veinte días, salvo que concurra alguno de los supuestos del artículo 51, en cuyo caso dará cuenta al tribunal para que resuelva lo que proceda. Cuando los recurrentes fuesen varios, y aunque no actua-

sen bajo una misma dirección, la demanda se formulará simultáneamente por todos ellos. La entrega del expediente a las partes se efectuará mediante su remisión por vía telemática al tiempo de notificar la resolución en que así se disponga o a través del punto de acceso electrónico al expediente judicial.

2. Si la demanda no se hubiere presentado dentro del plazo, el Juzgado o Sala, de oficio, declarará por auto la caducidad del recurso. No obstante, se admitirá el escrito de demanda, y producirá sus efectos legales, si se presentare dentro del día en que se notifique el auto.

Apdo. 1 modificado por Real Decreto-ley 6/2023, de 19 de diciembre, por el que se aprueban medidas urgentes para la ejecución del Plan de Recuperación, Transformación y Resiliencia en materia de servicio público de justicia, función pública, régimen local y mecenazgo. (BOE de 20/12/2023). Modificación en vigor desde el 20 de marzo de 2024.

Ver arts. 47.2, 49.3 y 4, 53.1, 55, 56, 57, 78.2, 80.1.c), 118 y 128.1 LJCA.

ART. 53.

1. Transcurrido el término para la remisión del expediente administrativo sin que éste hubiera sido enviado, la parte recurrente podrá pedir, por sí o a iniciativa del Secretario judicial, que se le conceda plazo para formalizar la demanda.

2. Si después de que la parte demandante hubiera usado del derecho establecido en el apartado anterior se recibiera el expediente, el Secretario judicial pondrá éste de manifiesto a las partes demandantes y, en su caso, demandadas por plazo común de diez días para que puedan efectuar las alegaciones complementarias que estimen oportunas.

Ver arts. 48.3, 54.1, 60.1, 116.4 LJCA.

ART. 54.

1. Presentada la demanda, el Secretario judicial dará traslado de la misma, con entrega del expediente administrativo, a las partes demandadas que hubieran comparecido, para que la contesten en el plazo de veinte días. Si la demanda se hubiere formalizado sin haberse recibido el expediente administrativo, emplazará a la Administración demandada para contestar, apercibiéndola de que no se admitirá la contestación si no va acompañada de dicho expediente.

2. Si el defensor de la Administración demandada estima que la disposición o actuación administrativa recurrida pudiera no ajustarse a Derecho, podrá solicitar la suspensión del procedimiento por un plazo de veinte días para comunicar su parecer razonado a aquélla. El Secretario judicial, previa audiencia del demandante, acordará lo procedente.

3. La contestación se formulará primero por la Administración demandada. Cuando hubieren de hacerlo, además de la Administración, otros demandados, y aunque no actuaren bajo una misma dirección, la contestación se formulará simultáneamente por todos ellos. En todos los casos la entrega del expediente se efectuará mediante su remisión por vía telemática al tiempo de notificar la resolución en que así se disponga o a través del punto de acceso electrónico al expediente judicial.

4. Si la Administración demandada fuere una entidad local y no se hubiere personado en el proceso pese a haber sido emplazada, se le dará no obstante traslado de la demanda para que, en el plazo de veinte días, pueda designar representante en juicio o comunicar al órgano judicial, por escrito, los fundamentos por los que estimare improcedente la pretensión del actor.

Apdo. 3 modificado por Real Decreto-ley 6/2023, de 19 de diciembre, por el que se aprueban medidas urgentes para la ejecución del Plan de Recuperación, Transformación y Resiliencia en materia de servicio público de justicia, función pública, régimen local y mecenazgo. (BOE de 20/12/2023). Modificación en vigor desde el 20 de marzo de 2024.

Ver arts. 21, 45.4 y 5, 53.1, 55, 57, 58.1, 78.3, 119 LJCA.

ART. 55.

1. Si las partes estimasen que el expediente administrativo no está completo, podrán solicitar, dentro del plazo para formular la demanda o la contestación, que se reclamen los antecedentes para completarlo. A estos efectos se entenderá que el expediente administrativo está integrado por los documentos y demás actuaciones que lo conforman según lo dispuesto en el artículo 70 de la Ley 39/2015, de 1 de octubre. Los documentos o elementos de prueba que formen parte de un expediente administrativo distinto no podrán solicitarse a través del trámite previsto en el presente artículo.

2. La solicitud a que se refiere el apartado anterior suspenderá el curso del plazo correspondiente.

3. El letrado o letrada de la Administración de Justicia resolverá lo pertinente en el plazo de tres días.

Si acepta la solicitud y esta se hubiera formulado dentro de los diez primeros días del plazo para formular la demanda o la contestación, el plazo se reiniciará una vez el expediente completo remitido por la Administración se haya puesto a disposición de la parte solicitante. Si rechazara la solicitud o si, aun aceptándola, esta se hubiera presentado una vez transcurridos los diez primeros días antes referidos, el cómputo del plazo simplemente se reanudará, salvo que, en este último caso, el letrado o letrada de la Administración de Justicia considere oportuno que el plazo se reinicie atendido el volumen o la importancia para la causa de los documentos añadidos.

En ningún caso el plazo se reiniciará cuando la solicitud de complemento la hubiera formulado la Administración demandada.

La Administración, al remitir de nuevo el expediente, deberá indicar en el índice a que se refiere el artículo 48.4 los documentos que se han adicionado.

Apdos. 1 y 3 modificados por Real Decreto-ley 6/2023, de 19 de diciembre, por el que se aprueban medidas urgentes para la ejecución del Plan de Recuperación, Transformación y Resiliencia en materia de servicio público de justicia, función pública, régimen local y mecenazgo. (BOE de 20/12/2023). Modificación en vigor desde el 20 de marzo de 2024.

Ver arts. 52.1, 54.1 LJCA.

ART. 56.

1. En los escritos de demanda y de contestación se consignarán con la debida separación los hechos, los fundamentos de Derecho y las pretensiones que se deduzcan, en justificación de las cuales podrán alegarse cuantos motivos procedan, hayan sido o no planteados ante la Administración.

2. El Secretario judicial examinará de oficio la demanda y requerirá que se subsanen las faltas de que adolezca en plazo no superior a diez días. Realizada la subsanación, admitirá la demanda. En otro caso, dará cuenta al Juez para que resuelva lo que proceda sobre su admisión.

3. Con la demanda y la contestación las partes acompañarán los documentos en que directamente funden su derecho, y si no obraren en su poder, designarán el archivo, oficina, protocolo o persona en cuyo poder se encuentren.

4. Después de la demanda y contestación no se admitirán a las partes más documentos que los que se hallen en alguno de los casos previstos para el proceso civil. No obstante, el demandante podrá aportar, además, los documentos que tengan por objeto desvirtuar alegaciones contenidas en las contestaciones a la demanda y que pongan de manifiesto disconformidad en los hechos, antes de la citación de vista o conclusiones.

5. Presentados los escritos de demanda y contestación, si un juzgado o tribunal, en cualquier momento anterior a dictar sentencia, tuviese conocimiento, por cualquier medio, de que la Sala de lo Contencioso-administrativo del Tribunal Supremo ha admitido un recurso de casación que presenta una identidad jurídica sustancial con la cuestión debatida en el recurso del que está conociendo, oirá a las partes personadas por el plazo común de diez días sobre su posible suspensión, adjuntándoles copia del referido auto.

Una vez presentadas las alegaciones o transcurrido el plazo, si el juzgado o tribunal apreciase una identidad jurídica sustancial y que la resolución que se dicte en casación puede resultar relevante para resolver el procedimiento, acordará la suspensión hasta que se dicte resolución firme en el recurso de casación. Contra el auto que resuelva sobre la suspensión no cabrá recurso alguno.

El auto que acuerde la suspensión se remitirá a la Sección de Enjuiciamiento de la Sala de lo Contencioso-administrativo del Tribunal Supremo indicada en el auto de admisión, que, a su vez, remitirá testimonio de la sentencia que recaiga en el recurso de casación al juzgado o tribunal remitente.

Recibido el testimonio de la sentencia del recurso de casación, el juzgado o tribunal alzará la suspensión y dará un nuevo trámite de audiencia a las partes personadas, por plazo común de diez días, a fin de que aleguen sobre la incidencia que dicho pronunciamiento tiene para resolver el recurso. Evacuado el traslado o transcurrido el plazo conferido, se continuará la tramitación del procedimiento en el momento en que se encontrare antes de la suspensión, salvo que las partes desistan del recurso o se allanen, en cuyo caso el juzgado o tribunal resolverá lo procedente.

> *Apdo. 5 añadido por Real Decreto-ley 5/2023, de 28 de junio, por el que se adoptan y prorrogan determinadas medidas de respuesta a las consecuencias económicas y sociales de la Guerra de Ucrania, de apoyo a la reconstrucción de la isla de La Palma y a otras situaciones de vulnerabilidad; de transposición de Directivas de la Unión Europea en materia de modificaciones estructurales de sociedades mercantiles y conciliación de la vida familiar y la vida profesional de los progenitores y los cuidadores; y de ejecución y cumplimiento del Derecho de la Unión Europea. (BOE de 29/06/2023). Modificación con efectos desde el 29/07/2023.*
>
> *Ver arts. 52.1, 54.1, 60.2, 65.1 y 138 LJCA.*

ART. 57.

El Secretario judicial declarará concluso el pleito, sin más trámite, para sentencia una vez contestada la demanda, salvo que el Juez o Tribunal haga uso de la facultad que le atribuye el artículo 61 en los siguientes supuestos:

1.º Si el actor pide por otrosí en su demanda que el recurso se falle sin necesidad de recibimiento a prueba ni tampoco de vista o conclusiones y la parte demandada no se opone.

2.º Si en los escritos de demanda y contestación no se solicita el recibimiento a prueba ni los trámites de vista o conclusiones, salvo que el Juez o Tribunal, excepcionalmente, atendida la índole del asunto, acuerde la celebración de vista o la formulación de conclusiones escritas.

En los dos supuestos anteriores, si el demandado solicita la inadmisión del recurso, se dará traslado al demandante para que en el plazo de cinco días formule las alegaciones que estime procedentes sobre la posible causa de inadmisión, y seguidamente se declarará concluso el pleito.

> *Ver arts. 60.1, 61, 62.2 LJCA.*

Sección 5.ª Alegaciones previas

ART. 58.

1. Las partes demandadas podrán alegar, dentro de los primeros cinco días del plazo para contestar la demanda, los motivos que pudieren determinar la incompetencia del órgano jurisdiccional o la inadmisibilidad del recurso con arreglo a lo dispuesto en el artículo 69, sin perjuicio de que tales motivos, salvo la incompetencia del órgano jurisdiccional, puedan ser alegados en la contestación, incluso si hubiesen sido desestimados como alegación previa.

2. Para hacer uso de este trámite la Administración demandada habrá de acompañar el expediente administrativo si no lo hubiera remitido antes.

> *Ver arts. 7, 50,2, 54.1 y 59, LJCA.*

ART. 59.

1. Del escrito formulando alegaciones previas el Secretario judicial dará traslado por cinco días al actor, el cual podrá subsanar el defecto, si procediera, en el plazo de diez días.

2. Evacuado el traslado, se seguirá la tramitación prevista para los incidentes.

3. El auto desestimatorio de las alegaciones previas no será susceptible de recurso y dispondrá que se conteste la demanda en el plazo que reste.

4. El auto estimatorio de las alegaciones previas declarará la inadmisibilidad del recurso. Si se hubiere declarado la falta de jurisdicción o de competencia, se estará a lo que determinan los artículos 5.3 y 7.3.

> *Apdo. 4 modificado por Real Decreto-ley 6/2023, de 19 de diciembre, por el que se aprueban medidas urgentes para la ejecución del Plan de Recuperación, Transformación y Resiliencia en materia de servicio público de justicia, función pública, régimen local y mecenazgo. (BOE de 20/12/2023). Modificación en vigor desde el 20 de marzo de 2024.*
>
> *Ver arts. 5.3, 7.3, 58, 79.2, 80.1.c), 87.1.a), 137 LJCA; 387-393 LEC.*

Sección 6.ª Prueba

ART. 60.

1. Solamente se podrá pedir el recibimiento del proceso a prueba por medio de otrosí, en los escritos de demanda y contestación y en los de alegaciones complementarias. En dichos escritos deberán expresarse en forma ordenada los puntos de hecho sobre los que haya de versar la prueba y los medios de prueba que se propongan.

2. Si de la contestación a la demanda resultaran nuevos hechos de trascendencia para la resolución del pleito, el recurrente podrá pedir el recibimiento a prueba y expresar los medios de prueba que se propongan dentro de los cinco días siguientes a aquel en que se haya dado traslado de la misma, sin perjuicio de que pueda hacer uso de su derecho a aportar documentos conforme a lo dispuesto en el apartado 4 del artículo 56.

3. Se recibirá el proceso a prueba cuando exista disconformidad en los hechos y éstos fueran de trascendencia, a juicio del órgano jurisdiccional, para la resolución del pleito. Si el objeto del recurso fuera una sanción administrativa o disciplinaria, el proceso se recibirá siempre a prueba cuando exista disconformidad en los hechos.

4. La prueba se desarrollará con arreglo a las normas generales establecidas para el proceso civil, siendo el plazo para practicarla de treinta días. No obstante, se podrán aportar al proceso las pruebas practicadas fuera de este plazo por causas no imputables a la parte que las propuso.

5. Las Salas podrán delegar en uno de sus Magistrados o en un Juzgado de lo Contencioso-administrativo la práctica de todas o algunas de las diligencias probatorias, y el representante en autos de la Administración podrá, a su vez, delegar en un funcionario público de la misma la facultad de intervenir en la práctica de pruebas.

6. En el acto de emisión de la prueba pericial, el Juez otorgará, a petición de cualquiera de las partes, un plazo no superior a cinco días para que las partes puedan solicitar aclaraciones al dictamen emitido.

7. De acuerdo con las leyes procesales, en aquellos procedimientos en los que las alegaciones de la parte actora se fundamenten en actuaciones discriminatorias por razón de sexo, orientación e identidad sexual, expresión de género o características sexuales y aporte indicios fundados sobre su existencia, corresponderá a la parte demandada la aportación de una justificación objetiva y razonable, suficientemente probada, de las medidas adoptadas y de su proporcionalidad.

A los efectos de lo dispuesto en el párrafo anterior, el órgano judicial, de oficio o a instancia de parte, podrá recabar informe o dictamen de los organismos públicos competentes.

8. La presentación de documentos en el curso de actos judiciales o procesales celebrados por videoconferencia se ajustará a lo establecido por la Ley que regule el uso de las tecnologías en la Administración de Justicia.

Apdo. 8 añadido por Real Decreto-ley 6/2023, de 19 de diciembre, por el que se aprueban medidas urgentes para la ejecución del Plan de Recuperación, Transformación y Resiliencia en materia de servicio público de justicia, función pública, régimen local y mecenazgo. (BOE de 20/12/2023). Modificación en vigor desde el 20 de marzo de 2024.

Apdo. 7 se modifica por Ley 4/2023, de 28 de febrero, para la igualdad real y efectiva de las personas trans y para la garantía de los derechos de las personas LGTBI. (BOE de 01/03/2023).

Apdo. 7 anteriormente modificado por Ley 15/2022, de 12 de julio, integral para la igualdad de trato y la no discriminación. (BOE de 13/07/2022).

Ver arts. 53.2, 54, 56.4, 57, 61.1, 78.2 y 3, 120 y 127.5 LJCA; 281-298, 301-316, 317-334, 335-352, 353-359, 360-381, 382-386 LEC.

ART. 61.

1. El Juez o Tribunal podrá acordar de oficio el recibimiento a prueba y disponer la práctica de cuantas estime pertinentes para la más acertada decisión del asunto.

2. Finalizado el período de prueba, y hasta que el pleito sea declarado concluso para sentencia, el órgano jurisdiccional podrá también acordar la práctica de cualquier diligencia de prueba que estimare necesaria.

3. Las partes tendrán intervención en las pruebas que se practiquen al amparo de lo previsto en los dos apartados anteriores.

4. Si el Juez o Tribunal hiciere uso de su facultad de acordar de oficio la práctica de una prueba, y las partes carecieran de oportunidad para alegar sobre ello en la vista o en el

escrito de conclusiones, el Secretario judicial pondrá de manifiesto el resultado de la prueba a las partes, las cuales podrán, en el plazo de cinco días, alegar cuanto estimen conveniente acerca de su alcance e importancia.

5. El Juez podrá acordar de oficio, previa audiencia a las partes, o bien a instancia de las mismas la extensión de los efectos de las pruebas periciales a los procedimientos conexos. A los efectos de la aplicación de las normas sobre costas procesales en relación al coste de estas pruebas se entenderá que son partes todos los intervinientes en los procesos sobre los cuales se haya acordado la extensión de sus efectos, prorrateándose su coste entre los obligados en dichos procesos al pago de las costas.

Ver arts. 60.1, 2 y 3, 64.4, 120, 125.3, 127.5 y 139 LJCA.

Sección 7.ª Vista y conclusiones

ART. 62.

1. Salvo que en esta Ley se disponga otra cosa, las partes podrán solicitar que se celebre vista, que se presenten conclusiones o que el pleito sea declarado concluso, sin más trámites, para sentencia.

2. Dicha solicitud habrá de formularse por medio de otrosí en los escritos de demanda o contestación o por escrito presentado en el plazo de cinco días contados desde que se notifique la diligencia de ordenación declarando concluso el período de prueba.

3. El Secretario judicial proveerá según lo que coincidentemente hayan solicitado las partes. En otro caso, sólo acordará la celebración de vista o la formulación de conclusiones escritas cuando lo solicite el demandante o cuando, habiéndose practicado prueba, lo solicite cualquiera de las partes; todo ello sin perjuicio de lo dispuesto en el apartado 4 del artículo 61.

4. Si las partes no hubieran formulado solicitud alguna el Juez o Tribunal, excepcionalmente, atendida la índole del asunto, podrá acordar la celebración de vista o la formulación de conclusiones escritas.

Ver arts. 57 y 60.5 LJCA.

ART. 63.

1. Si se acordara la celebración de vista, el Secretario judicial señalará la fecha de la audiencia por riguroso orden de antigüedad de los asuntos, excepto los referentes a materias que por prescripción de la ley o por acuerdo motivado del órgano jurisdiccional, fundado en circunstancias excepcionales, deban tener preferencia, los cuales, estando conclusos, podrán ser antepuestos a los demás cuyo señalamiento aún no se hubiera hecho. En el señalamiento de las vistas el Secretario judicial atenderá asimismo a los criterios establecidos en el artículo 182 de la Ley de Enjuiciamiento Civil.

2. En el acto de la vista, se dará la palabra a las partes por su orden para que de forma sucinta expongan sus alegaciones. El Juez o el Presidente de la Sala, por sí o a través del Magistrado ponente, podrá invitar a los defensores de las partes, antes o después de los informes orales, a que concreten los hechos y puntualicen, aclaren o rectifiquen cuanto sea preciso para delimitar el objeto de debate.

3. El desarrollo de las sesiones del juicio oral y resto de actuaciones orales se documentarán conforme a lo preceptuado en los artículos 146 y 147 de la Ley de Enjuiciamiento Civil. La oficina judicial deberá asegurar la correcta incorporación de la grabación al expediente judicial electrónico. Si los sistemas no proveen expediente judicial electrónico, el letrado de la Administración de Justicia deberá custodiar el documento electrónico que sirva de soporte a la grabación. Las partes podrán pedir a su costa copia o, en su caso, acceso electrónico de las grabaciones originales.

4. Siempre que se cuente con los medios tecnológicos necesarios, estos garantizarán la autenticidad e integridad de lo grabado o reproducido. A tal efecto, el letrado de la Administración de Justicia hará uso de la firma electrónica u otro sistema de seguridad que conforme a la ley ofrezca tales garantías. En este caso, la celebración del acto no requerirá la presencia en la sala del letrado de la Administración de Justicia salvo que lo hubieran solicitado las partes, al menos dos días antes de la celebración de la vista, o que excepcionalmente lo considere necesario el letrado de la Administración de Justicia atendiendo a la complejidad del asunto, al número y naturaleza de las pruebas a practicar, al número de intervinientes, a la posibilidad de que se produzcan incidencias que no pudieran registrarse, o a la concurrencia de otras circunstancias igualmente excepcionales que lo justifiquen. En

estos casos, el letrado de la Administración de Justicia extenderá acta sucinta en los términos previstos en el apartado siguiente.

5. Si los mecanismos de garantía previstos en el apartado anterior no se pudiesen utilizar, el Secretario judicial deberá consignar en el acta los siguientes extremos: número y clase de procedimiento; lugar y fecha de celebración; tiempo de duración, asistentes al acto; alegaciones de las partes; resoluciones que adopte el Juez o Tribunal; así como las circunstancias e incidencias que no pudieran constar en aquel soporte. A este acta se incorporarán los soportes de la grabación de las sesiones.

6. Cuando los medios de registro previstos en este artículo no se pudiesen utilizar por cualquier causa, el Secretario judicial extenderá acta de cada sesión, recogiendo en ella, con la extensión y detalle necesarios, las alegaciones de las partes, las incidencias y reclamaciones producidas y las resoluciones adoptadas.

7. El acta prevista en los apartados 5 y 6 de este artículo, se extenderá por procedimientos informáticos, sin que pueda ser manuscrita más que en las ocasiones en que la sala en que se esté celebrando la actuación careciera de medios informáticos. En estos casos, al terminar la sesión el Secretario judicial leerá el acta, haciendo en ella las rectificaciones que las partes reclamen, si las estima procedentes. Este acta se firmará por el Secretario judicial tras el Juez o Presidente, las partes, sus representantes o defensores y los peritos, en su caso.

Apdos. 3 y 4 modificados por Real Decreto-ley 6/2023, de 19 de diciembre, por el que se aprueban medidas urgentes para la ejecución del Plan de Recuperación, Transformación y Resiliencia en materia de servicio público de justicia, función pública, régimen local y mecenazgo. (BOE de 20/12/2023). Modificación en vigor desde el 20 de marzo de 2024.

Ver, con carácter general, arts. 37.2, 62, 65, 66.1, 85.8, 114 y 126.4 LJCA; 116.1 LOREG.

ART. 64.

1. Cuando se acuerde el trámite de conclusiones, las partes presentarán unas alegaciones sucintas acerca de los hechos, la prueba practicada y los fundamentos jurídicos en que apoyen sus pretensiones.

2. El plazo para formular el escrito será de diez días sucesivos para los demandantes y demandados, siendo simultáneo para cada uno de estos grupos de partes si en alguno de ellos hubiere comparecido más de una persona y no actuaran unidos bajo una misma representación.

3. El señalamiento de día para votación y fallo se ajustará al orden expresado en el apartado 1 del artículo anterior.

4. Celebrada la vista o presentadas las conclusiones, el Juez o Tribunal declarará que el pleito ha quedado concluso para sentencia, salvo que haga uso de la facultad a que se refiere el apartado 2 del artículo 61, en cuyo caso dicha declaración se hará inmediatamente después de que finalice la práctica de la diligencia o diligencias de prueba acordadas.

Ver arts. 61.2, 62, 65, 85.8 LJCA.

ART. 65.

1. En el acto de la vista o en el escrito de conclusiones no podrán plantearse cuestiones que no hayan sido suscitadas en los escritos de demanda y contestación.

2. Cuando el Juez o Tribunal juzgue oportuno que en el acto de la vista o en las conclusiones se traten motivos relevantes para el fallo y distintos de los alegados, lo pondrá en conocimiento de las partes mediante providencia, dándoles plazo de diez días para ser oídas sobre ello. Contra esta providencia no cabrá recurso alguno.

3. En el acto de la vista, o en el escrito de conclusiones, el demandante podrá solicitar que la sentencia formule pronunciamiento concreto sobre la existencia y cuantía de los daños y perjuicios de cuyo resarcimiento se trate, si constasen ya probados en autos.

Ver arts. 31.2, 56.1, 62-64, 79.2, 85.8 LJCA.

ART. 66.

Los recursos directos contra disposiciones generales gozarán de preferencia y, una vez conclusos, serán antepuestos para su votación y fallo a cualquier otro recurso contencioso-administrativo, sea cual fuere su instancia o grado, salvo el proceso especial de protección de derechos fundamentales.

Ver arts. 63.1, 114.3, 126.2 LJCA.

Sección 8.ª Sentencia

ART. 67.

1. La sentencia se dictará en el plazo de diez días desde que el pleito haya sido declarado concluso y decidirá todas las cuestiones controvertidas en el proceso.

2. Cuando el Juez o Tribunal apreciase que la sentencia no podrá dictarse dentro del plazo indicado, lo razonará debidamente y señalará una fecha posterior concreta en la que se dictará la misma, notificándolo a las partes.

Ver arts. 120.3 CE; 33, 62.4, 64.3, 78.7, 113, 121.1, 125.2, 127.6 LJCA.

ART. 68.

1. La sentencia pronunciará alguno de los fallos siguientes:
a) Inadmisibilidad del recurso contencioso-administrativo.
b) Estimación o desestimación del recurso contencioso-administrativo.

2. La sentencia contendrá además el pronunciamiento que corresponda respecto de las costas.

Ver arts. 69, 70-73, 126.1 y 139.1 LJCA.

ART. 69.

La sentencia declarará la inadmisibilidad del recurso o de alguna de las pretensiones en los casos siguientes:
a) Que el Juzgado o Tribunal Contencioso-administrativo carezca de jurisdicción.
b) Que se hubiera interpuesto por persona incapaz, no debidamente representada o no legitimada.
c) Que tuviera por objeto disposiciones, actos o actuaciones no susceptibles de impugnación.
d) Que recayera sobre cosa juzgada o existiera litispendencia.
e) Que se hubiera presentado el escrito inicial del recurso fuera del plazo establecido.

Ver arts. 5, 18-25, 46, 51.1, 58, 67, 68.1.a), 72.1, 73, 88.1.a), 126 LJCA; 9.4 y 6, 24 LOPJ; 222 LEC.

ART. 70.

1. La sentencia desestimará el recurso cuando se ajusten a Derecho la disposición, acto o actuación impugnados.

2. La sentencia estimará el recurso contencioso-administrativo cuando la disposición, la actuación o el acto incurrieran en cualquier infracción del ordenamiento jurídico, incluso la desviación de poder.

Se entiende por desviación de poder el ejercicio de potestades administrativas para fines distintos de los fijados por el ordenamiento jurídico.

Ver arts. 67, 68.1.b), 71-73, 75.2, 121.2, 126.2 LJCA.

ART. 71.

1. Cuando la sentencia estimase el recurso contencioso-administrativo:
a) Declarará no ser conforme a Derecho y, en su caso, anulará total o parcialmente la disposición o acto recurrido o dispondrá que cese o se modifique la actuación impugnada.
b) Si se hubiese pretendido el reconocimiento y restablecimiento de una situación jurídica individualizada, reconocerá dicha situación jurídica y adoptará cuantas medidas sean necesarias para el pleno restablecimiento de la misma.
c) Si la medida consistiera en la emisión de un acto o en la práctica de una actuación jurídicamente obligatoria, la sentencia podrá establecer plazo para que se cumpla el fallo.
d) Si fuera estimada una pretensión de resarcir daños y perjuicios, se declarará en todo caso el derecho a la reparación, señalando asimismo quién viene obligado a indemnizar. La sentencia fijará también la cuantía de la indemnización cuando lo pida expresamente el demandante y consten probados en autos elementos suficientes para ello. En otro caso, se establecerán las bases para la determinación de la cuantía, cuya definitiva concreción quedará diferida al período de ejecución de sentencia.

2. Los órganos jurisdiccionales no podrán determinar la forma en que han de quedar redactados los preceptos de una disposición general en sustitución de los que anularen ni podrán determinar el contenido discrecional de los actos anulados.

Ver arts. 31.1 y 2, 29, 31.2, 32.1, 65.3, 70.2, 72.2 y 3, 107, 108, 126.2 LJCA.

ART. 72.

1. La sentencia que declare la inadmisibilidad o desestimación del recurso contencioso-administrativo sólo producirá efectos entre las partes.

2. La anulación de una disposición o acto producirá efectos para todas las personas afectadas. Las sentencias firmes que anulen una disposición general tendrán efectos generales desde el día en que sea publicado su fallo y preceptos anulados en el mismo periódico oficial en que lo hubiera sido la disposición anulada. También se publicarán las sentencias firmes que anulen un acto administrativo que afecte a una pluralidad indeterminada de personas.

3. La estimación de pretensiones de reconocimiento o restablecimiento de una situación jurídica individualizada sólo producirá efectos entre las partes. No obstante, tales efectos podrán extenderse a terceros en los términos previstos en los artículos 110 y 111.

Ver arts. 31.2, 69 y 70.1 y 2, 71, 73, 110, 111, 126.2 LJCA.

ART. 73.

Las sentencias firmes que anulen un precepto de una disposición general no afectarán por sí mismas a la eficacia de las sentencias o actos administrativos firmes que lo hayan aplicado antes de que la anulación alcanzara efectos generales, salvo en el caso de que la anulación del precepto supusiera la exclusión o la reducción de las sanciones aún no ejecutadas completamente.

Ver arts. 67, 68.1.b), 70.2, 71, 72, 126.2 LJCA.

Sección 9.ª Otros modos de terminación del procedimiento

ART. 74.

1. El recurrente podrá desistir del recurso en cualquier momento anterior a la sentencia.

2. Para que el desistimiento del representante en juicio produzca efectos será necesario que lo ratifique el recurrente o que esté autorizado para ello. Si desistiere la Administración pública, habrá de presentarse testimonio del acuerdo adoptado por el órgano competente con arreglo a los requisitos exigidos por las leyes o reglamentos respectivos.

3. El letrado o letrada de la Administración de Justicia dará traslado a las demás partes, y en los supuestos de acción popular al Ministerio Fiscal, por plazo común de cinco días. Si prestaren su conformidad al desistimiento o no se opusieren a él, dictará decreto en el que declarará terminado el procedimiento, ordenando el archivo de los autos.

4. En otro caso, o cuando apreciare daño para el interés público, dará cuenta al Juez o Tribunal para que resuelva lo que proceda.

5. Si fueren varios los recurrentes, el procedimiento continuará respecto de aquellos que no hubieren desistido.

6. El desistimiento no implicará necesariamente la condena en costas.

7. Cuando se hubiera desistido del recurso porque la Administración demandada hubiera reconocido totalmente en vía administrativa las pretensiones del demandante, y después la Administración dictase un nuevo acto total o parcialmente revocatorio del reconocimiento, el actor podrá pedir que continúe el procedimiento en el estado en que se encontrase, extendiéndose al acto revocatorio. Si el Juez o Tribunal lo estimase conveniente, concederá a las partes un plazo común de diez días para que formulen por escrito alegaciones complementarias sobre la revocación.

8. Desistido un recurso de apelación o de casación, el letrado o la letrada de la Administración de Justicia sin más trámites declarará terminado el procedimiento por decreto, ordenando el archivo de los autos y la devolución de las actuaciones recibidas al órgano jurisdiccional de procedencia.

Apdo. 8 modificado por Ley Orgánica 1/2025, de 2 de enero, de medidas en materia de eficiencia del Servicio Público de Justicia. (BOE 03-01-2025). Esta modificación entró en vigor el 03-04-2025.

Apdo. 3 modificado por Real Decreto-ley 6/2023, de 19 de diciembre, por el que se aprueban medidas urgentes para la ejecución del Plan de Recuperación, Transformación y Resiliencia en materia de servicio público de justicia, función pública, régimen local y mecenazgo. (BOE de 20/12/2023). Modificación en vigor desde el 20 de marzo de 2024.

Ver arts. 23, 24, 36.4, 76, 80.1.c) y 139.1 LJCA.

ART. 75.

1. Los demandados podrán allanarse cumpliendo los requisitos exigidos en el apartado 2 del artículo anterior.

2. Producido el allanamiento, el Juez o Tribunal, sin más trámites, dictará sentencia de conformidad con las pretensiones del demandante, salvo si ello supusiere infracción manifiesta del ordenamiento jurídico, en cuyo caso el órgano jurisdiccional comunicará a las partes los motivos que pudieran oponerse a la estimación de las pretensiones y las oirá por plazo común de diez días, dictando luego la sentencia que estime ajustada a Derecho.

3. Si fueren varios los demandados, el procedimiento seguirá respecto de aquellos que no se hubiesen allanado.

Ver arts. 67, 70.2 y 74.2 LJCA.

ART. 76.

1. Si interpuesto recurso contencioso-administrativo la Administración demandada reconociese totalmente en vía administrativa las pretensiones del demandante, cualquiera de las partes podrá ponerlo en conocimiento del Juez o Tribunal, cuando la Administración no lo hiciera.

2. El letrado o letrada de la Administración de Justicia mandará oír a las partes por plazo común de cinco días y, previa comprobación de lo alegado, el juez, la jueza o el tribunal dictarán auto en el que declarará terminado el procedimiento y ordenará el archivo del recurso, si el reconocimiento no infringiera manifiestamente el ordenamiento jurídico. En este último caso dictará sentencia ajustada a Derecho.

Apdo. 2 modificado por Real Decreto-ley 6/2023, de 19 de diciembre, por el que se aprueban medidas urgentes para la ejecución del Plan de Recuperación, Transformación y Resiliencia en materia de servicio público de justicia, función pública, régimen local y mecenazgo. (BOE de 20/12/2023). Modificación en vigor desde el 20 de marzo de 2024.

Ver arts. 74.7, 80.1.c) LJCA.

ART. 77.

1. En los procedimientos en primera o única instancia, el Juez o Tribunal, de oficio o a solicitud de parte, una vez formuladas la demanda y la contestación, podrá someter a la consideración de las partes el reconocimiento de hechos o documentos, así como la posibilidad de alcanzar un acuerdo que ponga fin a la controversia, cuando el juicio se promueva sobre materias susceptibles de transacción y, en particular, cuando verse sobre estimación de cantidad.

Los representantes de las Administraciones públicas demandadas necesitarán la autorización oportuna para llevar a efecto la transacción, con arreglo a las normas que regulan la disposición de la acción por parte de los mismos.

2. El intento de conciliación no suspenderá el curso de las actuaciones salvo que todas las partes personadas lo solicitasen y podrá producirse en cualquier momento anterior al día en que el pleito haya sido declarado concluso para sentencia.

3. Si las partes llegaran a un acuerdo que implique la desaparición de la controversia, el Juez o Tribunal dictará auto declarando terminado el procedimiento, siempre que lo acordado no fuera manifiestamente contrario al ordenamiento jurídico ni lesivo del interés público o de terceros.

4. En todo caso, las actuaciones previstas en este artículo podrán llevarse a cabo por medios electrónicos.

Apdo. 4 añadido por Real Decreto-ley 6/2023, de 19 de diciembre, por el que se aprueban medidas urgentes para la ejecución del Plan de Recuperación, Transformación y Resiliencia en materia de servicio público de justicia, función pública, régimen local y mecenazgo. (BOE de 20/12/2023). Modificación en vigor desde el 20 de marzo de 2024.

Ver arts. 1809-1819 CC, 86 LPAC; 80.1.c), 113.1 LJCA.

CAPÍTULO II
Procedimiento abreviado

ART. 78.

1. Los Juzgados de lo Contencioso-Administrativo y, en su caso, los Juzgados Centrales de lo Contencioso-Administrativo de este Orden Jurisdiccional conocen, por el procedimiento abreviado, de los asuntos de su competencia que se susciten sobre cuestiones de

personal al servicio de las Administraciones Públicas, sobre extranjería y sobre inadmisión de peticiones de asilo político, asuntos de disciplina deportiva en materia de dopaje, así como todas aquellas cuya cuantía no supere los 30.000 euros.

2. El recurso se iniciará por demanda, a la que se acompañará el documento o documentos en que el actor funde su derecho y aquellos previstos en el artículo 45.2.

3. Presentada la demanda, el letrado o la letrada de la Administración de Justicia, apreciada la jurisdicción y competencia objetiva del Tribunal, admitirá la demanda. En otro caso, dará cuenta a éste para que resuelva lo que proceda.

Admitida la demanda, el letrado o la letrada de la Administración de Justicia acordará su traslado a la persona demandada, citando a las partes para la celebración de vista, con indicación de día y hora, y requerirá a la Administración demandada que remita el expediente administrativo **en soporte electrónico**, con al menos quince días de antelación del término señalado para la vista. **Si en la demanda se solicitasen diligencias de preparación de la prueba a practicar en juicio, el letrado o la letrada de la Administración de Justicia acordará lo que corresponda para posibilitar su práctica, sin perjuicio de lo que el juez o tribunal decida sobre su admisión o inadmisión en el acto del juicio.** En el señalamiento de las vistas atenderá a los criterios establecidos en el artículo 182 de la Ley 1/2000, de 7 de enero, de Enjuiciamiento Civil.

No obstante, si el actor pide por otrosí en su demanda que el recurso se falle sin necesidad de recibimiento a prueba ni tampoco de vista, el letrado o la letrada de la Administración de Justicia dará traslado de la misma a las partes demandadas para que la contesten en el plazo de veinte días, con el apercibimiento a que se refiere el apartado 1 del artículo 54. Una vez contestada la demanda, el letrado o la letrada de la Administración de Justicia procederán de acuerdo con lo dispuesto en el artículo 57, declarando concluso el pleito, salvo que el juez o la jueza hagan uso de la facultad que le atribuye el artículo 61.

Dentro de los diez primeros días del plazo para contestar la demanda, las partes demandadas podrán solicitar que se celebre la vista, argumentando a tal fin en qué hechos existe disconformidad y qué medios de prueba, distintos de los ya obrantes en actuaciones, habrían de ser practicados para despejar esa disconformidad. El juez o la jueza decidirá sobre dicha solicitud mediante auto.

El auto que acuerde la celebración de vista no será recurrible y, tras su notificación, el letrado o la letrada de la Administración de Justicia citarán a las partes al acto conforme a lo previsto en el párrafo segundo de este apartado.

El auto que rechace la celebración de vista dispondrá, además, que se conteste la demanda en el plazo que reste y contra el mismo podrá interponerse recurso de reposición. Presentada la contestación se abrirá un trámite de conclusiones, por plazo de cinco días sucesivos, si la parte actora lo hubiese solicitado en su demanda.

4. Recibido el expediente administrativo, el letrado o la letrada de la Administración de Justicia lo entregarán al actor y a las personas interesadas que se hubieren personado para que puedan hacer alegaciones en el acto de la vista.

5. Comparecidas las partes, o alguna de ellas, el Juez declarará abierta la vista.

Si las partes no comparecieren o lo hiciere sólo el demandado, el Juez o Tribunal tendrá al actor por desistido del recurso y le condenará en costas, y si compareciere sólo el actor, acordará que prosiga la vista en ausencia del demandado.

6. La vista comenzará con exposición por el demandante de los fundamentos de lo que pida o ratificación de los expuestos en la demanda.

7. Acto seguido, el demandado podrá formular las alegaciones que a su derecho convengan, comenzando, en su caso, por las cuestiones relativas a la jurisdicción, a la competencia objetiva y territorial y a cualquier otro hecho o circunstancia que pueda obstar a la válida prosecución y término del proceso mediante sentencia sobre el fondo.

8. Oído el demandante sobre estas cuestiones, el Juez resolverá lo que proceda, y si mandase proseguir el juicio, el demandado podrá pedir que conste en acta su disconformidad. Lo mismo podrá hacer el demandante si el Juez, al resolver sobre alguna de dichas cuestiones, declinara el conocimiento del asunto en favor de otro Juzgado o Tribunal o entendiese que debe declarar la inadmisibilidad del recurso.

9. Si en sus alegaciones el demandado hubiese impugnado la adecuación del procedimiento por razón de la cuantía, el Juez, antes de practicarse la prueba o, en su caso, las conclusiones, exhortará a las partes a ponerse de acuerdo sobre tal extremo. Si no se alcanzare

el acuerdo, decidirá el Juez, que dará al proceso el curso procedimental que corresponda según la cuantía que él determine. Frente a la decisión del Juez no se dará recurso alguno.

10. Si no se suscitasen las cuestiones procesales a que se refieren los apartados anteriores o si, habiéndose suscitado, se resolviese por el Juez la continuación del juicio, se dará la palabra a las partes para fijar con claridad los hechos en que fundamenten sus pretensiones. Si no hubiere conformidad sobre ellos, se propondrán las pruebas y, una vez admitidas las que no sean impertinentes o inútiles, se practicarán seguidamente.

11. Cuando de las alegaciones de las partes se desprenda la conformidad de todos los demandados con las pretensiones del actor, el carácter meramente jurídico de la controversia, la ausencia de proposición de la prueba o la inadmisibilidad de toda la prueba propuesta, y las partes no deseasen formular conclusiones, el Juez apreciará tal circunstancia en el acto y, si ninguna parte se opusiere, dictará sentencia sin más dilación.

Formulada oposición, el Juez resolverá estimándola, en cuyo caso proseguirá la vista conforme a lo reglado en los apartados siguientes, o desestimándola en la misma sentencia que dicte conforme a lo previsto en el párrafo anterior, antes de resolver sobre el fondo, como especial pronunciamiento.

12. Los medios de prueba se practicarán en los juicios abreviados, en cuanto no sea incompatible con sus trámites, del modo previsto para el juicio ordinario.

13. Las preguntas para la prueba de interrogatorio de parte se propondrán verbalmente, sin admisión de pliegos.

14. No se admitirán escritos de preguntas y repreguntas para la prueba testifical. Cuando el número de testigos fuese excesivo y, a criterio del órgano judicial, sus manifestaciones pudieran constituir inútil reiteración del testimonio sobre hechos suficientemente esclarecidos, aquél podrá limitarlos discrecionalmente.

15. Los testigos no podrán ser tachados y, únicamente en conclusiones, las partes podrán hacer las observaciones que sean oportunas respecto de sus circunstancias personales y de la veracidad de sus manifestaciones.

16. En la práctica de la prueba pericial no serán de aplicación las reglas generales sobre insaculación de peritos.

17. Contra las resoluciones del Juez sobre denegación de pruebas o sobre admisión de las que se denunciaran como obtenidas con violación de derechos fundamentales, las partes podrán interponer en el acto recurso de súplica*, que se sustanciará y resolverá seguidamente.

18. Si el juez o la jueza estimase que alguna prueba relevante no puede practicarse en la vista, sin mala fe por parte de quien tuviera la carga de aportarla, la suspenderá, señalando el letrado o la letrada de la Administración de Justicia competente, en el acto y sin necesidad de nueva notificación, el lugar, día y hora en que deba reanudarse. **Si no hubiera asistido a la vista, el letrado o la letrada de la Administración de Justicia efectuarán nuevo señalamiento en el día hábil siguiente a aquel en que se hubiera acordado la suspensión**.

19. Tras la práctica de la prueba, si la hubiere, y, en su caso, de las conclusiones, oídos los Letrados, las personas que sean parte en los asuntos podrán, con la venia del Juez, exponer de palabra lo que crean oportuno para su defensa a la conclusión de la vista, antes de darla por terminada.

20. El juez o la jueza dictarán sentencia en el plazo de diez días desde la celebración de la vista. **No obstante, la sentencia se podrá dictar oralmente al concluir dicho acto con los requisitos de forma y consecuencias previstas en los apartados 3 y 4 del artículo 210 de la Ley 1/2000, de 7 de enero, de Enjuiciamiento Civil, y pronunciando su fallo de acuerdo con lo dispuesto en los artículos 68 a 71 de la presente ley**.

21. La vista se documentará en la forma establecida en los apartados 3 y 4 del artículo 63.

22. Si los mecanismos de garantía previstos en el apartado anterior no se pudiesen utilizar deberán consignarse en el acta los siguientes extremos: número y clase de procedimiento; lugar y fecha de celebración; tiempo de duración, asistentes al acto; alegaciones de las partes; resoluciones que adopte el juez, la jueza o el tribunal; así como las circunstancias e incidencias que no pudieran constar en aquel soporte. A esta acta se incorporarán los soportes de la grabación de las sesiones.

Cuando no se pudiesen utilizar los medios de registro por cualquier causa, el letrado o letrada de la Administración de Justicia extenderá acta de cada sesión, en la que se hará constar:

a) Lugar, fecha, juez o jueza que preside el acto, partes comparecientes, representantes, en su caso, y defensores que las asisten.

b) Breve resumen de las alegaciones de las partes, medios de prueba propuestos por ellas, declaración expresa de su pertinencia o impertinencia, razones de la denegación y protesta, en su caso.

c) En cuanto a las pruebas admitidas y practicadas:

1.° Resumen suficiente de las de interrogatorio de parte y testifical.

2.° Relación circunstanciada de los documentos presentados, o datos suficientes que permitan identificarlos, en el caso de que su excesivo número haga desaconsejable la citada relación.

3.° Relación de las incidencias planteadas en el juicio respecto a la prueba documental.

4.° Resumen suficiente de los informes periciales, así como también de la resolución del juez o la jueza en torno a las propuestas de recusación de los peritos.

5.° Resumen de las declaraciones realizadas en la vista.

d) Conclusiones y peticiones concretas formuladas por las partes; en caso de que fueran de condena a cantidad, ésta deberá recogerse en el acta.

e) Declaración hecha por el juez o la jueza de conclusión de los autos, mandando traerlos a la vista para sentencia.

Las actas previstas en este apartado se extenderán por procedimientos informáticos, sin que puedan ser manuscritas más que en las ocasiones en que la sala en que se esté celebrando la actuación careciera de medios informáticos. En estos casos, al terminar la sesión el letrado o letrada de la Administración de Justicia leerá el acta, haciendo en ella las rectificaciones que las partes reclamen, si las estima procedentes. Esta acta se firmará por el letrado o letrada de la Administración de Justicia tras el juez, la jueza o el presidente o la presidenta, las partes, sus representantes o defensores y los peritos, en su caso.

23. El procedimiento abreviado, en lo no dispuesto en este capítulo, se regirá por las normas generales de la presente Ley.

Apdos. 3, 4, 18, 20 y 22 modificados por Ley Orgánica 1/2025, de 2 de enero, de medidas en materia de eficiencia del Servicio Público de Justicia. (BOE 03 01 2025). Esta modificación entró en vigor el 03-04-2025. Nota: debe tenerse en cuenta que la modificación del apdo. 20 se aplicará a los recursos contencioso-administrativos tramitados por el procedimiento abreviado en los que no se haya celebrado vista a la entrada en vigor de esta ley (el 03-04-2025) según lo establecido en el apdo. 6 de la disposición transitoria novena de la precitada Ley Orgánica 1/2025.

**(NOTA: La referencia al «recurso de súplica» se entiende hecha al «recurso de reposición» según establece la D.A. 8.ª de la presente ley)*

Ver arts. 8 y 29.2 LJCA.

CAPÍTULO III
Recursos contra resoluciones procesales

Sección 1.ª Recursos contra providencias y autos

ART. 79.

1. Contra las providencias y los autos no susceptibles de apelación o casación podrá interponerse recurso de reposición, sin perjuicio del cual se llevará a efecto la resolución impugnada, salvo que el órgano jurisdiccional, de oficio o a instancia de parte, acuerde lo contrario.

2. No es admisible el recurso de reposición contra las resoluciones expresamente exceptuadas del mismo en esta Ley, ni contra los autos que resuelvan los recursos de reposición y los de aclaración.

3. El recurso de reposición se interpondrá en el plazo de cinco días a contar desde el siguiente al de la notificación de la resolución impugnada.

4. Interpuesto el recurso en tiempo y forma, el Secretario judicial dará traslado de las copias del escrito a las demás partes, por término común de cinco días, a fin de que puedan impugnarlo si lo estiman conveniente. Transcurrido dicho plazo, el órgano jurisdiccional resolverá por auto dentro del tercer día.

Apdos. 1 y 3 modificados por Real Decreto-ley 6/2023, de 19 de diciembre, por el que se aprueban medidas urgentes para la ejecución del Plan de Recuperación, Transformación y Resiliencia en materia de servicio público de justicia, función pública, régimen local y mecenazgo. (BOE de 20/12/2023). Modificación en vigor desde el 20 de marzo de 2024.

Ver arts. 51.4, 59.3, 65.2, 80 y 87.1 y 2, 90.3, 93.6, 122.2, 123.1 LJCA; 223-224 LEC; 288, 289 LOPJ.

ART. 80.

1. Son apelables en un solo efecto los autos dictados por los Juzgados de lo Contencioso-administrativo y los Juzgados Centrales de lo Contencioso-administrativo, en procesos de los que conozcan en primera instancia, en los siguientes casos:

a) Los que pongan término a la pieza separada de medidas cautelares.

b) Los recaídos en ejecución de sentencia.

c) Los que declaren la inadmisión del recurso contencioso-administrativo o hagan imposible su continuación.

d) Los recaídos sobre las autorizaciones previstas en el artículo 8.6 y en los artículos 9.2 y 122 bis.

e) Los recaídos en aplicación de los artículos 83 y 84.

2. La apelación de los autos dictados por los Juzgados de lo Contencioso-Administrativo y los Juzgados Centrales de lo Contencioso-Administrativo en los supuestos de los artículos 110 y 111, se regirá por el mismo régimen de admisión de la apelación que corresponda a la sentencia cuya extensión se pretende.

3. La tramitación de los recursos de apelación interpuestos contra los autos de los Juzgados de lo Contencioso-administrativo y los Juzgados Centrales de lo Contencioso-administrativo se ajustará a lo establecido en la sección 2.ª de este capítulo.

Ver arts. 8.5, 10.2, 11.2, 82-85, 87.1, 103-113, 131, 134 LJCA; 18.1, 66, 74.2 LOPJ.

Sección 2.ª Recurso ordinario de apelación

ART. 81.

1. Las sentencias de los Juzgados de lo Contencioso-administrativo y de los Juzgados Centrales de lo Contencioso-administrativo serán susceptibles de recurso de apelación, salvo que se hubieran dictado en los asuntos siguientes:

a) Aquellos cuya cuantía no exceda de 30.000 euros.

b) Los relativos a materia electoral comprendidos en el artículo 8.º 4.

2. Serán siempre susceptibles de apelación las sentencias siguientes:

a) Las que declaren la inadmisibilidad del recurso en el caso de la letra a) del apartado anterior.

b) Las dictadas en el procedimiento para la protección de los derechos fundamentales de la persona.

c) Las que resuelvan litigios entre Administraciones públicas.

d) Las que resuelvan impugnaciones indirectas de disposiciones generales.

e) Las que, con independencia de la cuantía del procedimiento, sean susceptibles de extensión de efectos.

Apdo. 2.e) se añade por Real Decreto-ley 6/2023, de 19 de diciembre, por el que se aprueban medidas urgentes para la ejecución del Plan de Recuperación, Transformación y Resiliencia en materia de servicio público de justicia, función pública, régimen local y mecenazgo. (BOE de 20/12/2023). Modificación en vigor desde el 20 de marzo de 2024.

Ver arts. 8.4, 10.2, 11.2, 26, 44, 121.3 LJCA; 18.1, 66, 74.2 LOPJ; 65-67 LBRL.

ART. 82.

El recurso de apelación podrá interponerse por quienes, según esta Ley, se hallen legitimados como parte demandante o demandada.

Ver arts. 19 y 21 LJCA.

ART. 83.

1. El recurso de apelación contra las sentencias es admisible en ambos efectos, salvo en los casos en que la presente Ley disponga otra cosa.

2. No obstante lo dispuesto en el apartado anterior, el Juez, en cualquier momento, a instancia de la parte interesada, podrá adoptar las medidas cautelares que sean pertinentes para asegurar, en su caso, la ejecución de la sentencia atendiendo a los criterios establecidos en el capítulo II del Título VI.

Ver arts. 80.1.e), 121.3 y 129 LJCA.

ART. 84.

1. La interposición de un recurso de apelación no impedirá la ejecución provisional de la sentencia recurrida.

Las partes favorecidas por la sentencia podrán instar su ejecución provisional. Cuando de ésta pudieran derivarse perjuicios de cualquier naturaleza, podrán acordarse las medidas que sean adecuadas para evitar o paliar dichos perjuicios. Igualmente podrá exigirse la prestación de caución o garantía para responder de aquéllos. En este caso no podrá llevarse a cabo la ejecución provisional hasta que la caución o la medida acordada esté constituida y acreditada en autos.

2. La constitución de la caución se ajustará a lo establecido en el artículo 133.2.

3. No se acordará la ejecución provisional cuando la misma sea susceptible de producir situaciones irreversibles o perjuicios de imposible reparación.

4. Previa audiencia de las demás partes por plazo común de cinco días, el Juez resolverá sobre la ejecución provisional en el término de los cinco días siguientes.

5. Cuando quien inste la ejecución provisional sea una Administración pública, quedará exenta de la prestación de caución.

Ver arts. 80.1.e), 91, 106.5, 133 LJCA.

ART. 85.

1. El recurso de apelación se interpondrá ante el Juzgado que hubiere dictado la sentencia que se apele, dentro de los quince días siguientes al de su notificación, mediante escrito razonado que deberá contener las alegaciones en que se fundamente el recurso. Transcurrido el plazo de quince días sin haberse interpuesto el recurso de apelación, el Secretario judicial declarará la firmeza de la sentencia.

2. Si el escrito presentado cumple los requisitos previstos en el apartado anterior y se refiere a una sentencia susceptible de apelación, el Secretario judicial dictará resolución admitiendo el recurso, contra la que no cabrá recurso alguno, y dará traslado del mismo a las demás partes para que, en el plazo común de quince días, puedan formalizar su oposición. En otro caso, lo pondrá en conocimiento del Juez que, si lo estima oportuno, denegará la admisión por medio de auto, contra el que podrá interponerse recurso de queja, que se sustanciará en la forma establecida en la Ley de Enjuiciamiento Civil.

3. En los escritos de interposición del recurso y de oposición al mismo las partes podrán pedir el recibimiento a prueba para la práctica de las que hubieran sido denegadas o no hubieran sido debidamente practicadas en primera instancia por causas que no les sean imputables.

4. En el escrito de oposición, la parte apelada, si entendiera admitida indebidamente la apelación, deberá hacerlo constar, en cuyo caso el letrado o letrada de la Administración de Justicia dará vista a la apelante, por cinco días, de esta alegación. También podrá el apelado, en el mismo escrito, impugnar la sentencia apelada en lo que le resulte desfavorable, razonando los puntos en que crea que le es perjudicial la sentencia, y en este caso el letrado o letrada de la Administración de Justicia dará traslado al apelante del escrito de oposición por plazo de diez días, al solo efecto de que pueda oponerse a la impugnación.

5. Transcurridos los plazos a que se refieren los apartados 2 y 4 anteriores, el Juzgado elevará los autos y el expediente administrativo, en unión de los escritos presentados, ordenándose el emplazamiento de las partes para su comparecencia en el plazo de treinta días ante la Sala de lo Contencioso-administrativo competente, que resolverá, en su caso, lo que proceda sobre la discutida admisión del recurso o sobre el recibimiento a prueba.

6. Cuando la Sala estime procedente la prueba solicitada, su práctica tendrá lugar con citación de las partes.

7. Las partes, en los escritos de interposición y de oposición al recurso, podrán solicitar que se celebre vista, que se presenten conclusiones o que el pleito sea declarado concluso, sin más trámites, para sentencia.

8. El Secretario judicial acordará la celebración de vista, en cuyo caso hará el oportuno señalamiento, o la presentación de conclusiones si lo hubieren solicitado todas las partes o si se hubiere practicado prueba. La Sala también podrá acordar que se celebre vista, que señalará el secretario, o que se presenten conclusiones escritas cuando lo estimare necesario, atendida la índole del asunto. Será de aplicación a estos trámites lo dispuesto en los artículos 63 a 65.

Celebrada la vista o presentadas las conclusiones, el Secretario judicial declarará que el pleito ha quedado concluso para sentencia.

9. La Sala dictará sentencia en el plazo de diez días desde la declaración de que el pleito está concluso para sentencia.

10. Cuando la Sala revoque en apelación la sentencia impugnada que hubiere declarado la inadmisibilidad del recurso contencioso-administrativo, resolverá al mismo tiempo sobre el fondo del asunto.

Apdos. 3 y 4 modificados por Real Decreto-ley 6/2023, de 19 de diciembre, por el que se aprueban medidas urgentes para la ejecución del Plan de Recuperación, Transformación y Resiliencia en materia de servicio público de justicia, función pública, régimen local y mecenazgo. (BOE de 20/12/2023). Modificación en vigor desde el 20 de marzo de 2024.

Ver arts. 494 y 495 LEC; 60, 61.3, 63-65 y 139.2 LJCA.

Sección 3.ª Recurso de casación

ART. 86.

1. Las sentencias dictadas en única instancia por los Juzgados de lo Contencioso-administrativo y las dictadas en única instancia o en apelación por la Sala de lo Contencioso-administrativo de la Audiencia Nacional y por las Salas de lo Contencioso-administrativo de los Tribunales Superiores de Justicia serán susceptibles de recurso de casación ante la Sala de lo Contencioso-administrativo del Tribunal Supremo.

En el caso de las sentencias dictadas en única instancia por los Juzgados de lo Contencioso-administrativo, únicamente serán susceptibles de recurso las sentencias que contengan doctrina que se reputa gravemente dañosa para los intereses generales y sean susceptibles de extensión de efectos.

2. Se exceptúan de lo establecido en el apartado anterior las sentencias dictadas en el procedimiento para la protección del derecho fundamental de reunión y en los procesos contencioso-electorales.

3. Las sentencias que, siendo susceptibles de casación, hayan sido dictadas por las Salas de lo Contencioso-administrativo de los Tribunales Superiores de Justicia sólo serán recurribles ante la Sala de lo Contencioso-administrativo del Tribunal Supremo si el recurso pretende fundarse en infracción de normas de Derecho estatal o de la Unión Europea que sea relevante y determinante del fallo impugnado, siempre que hubieran sido invocadas oportunamente en el proceso o consideradas por la Sala sentenciadora.

Cuando el recurso se fundare en infracción de normas emanadas de la Comunidad Autónoma será competente una Sección de la Sala de lo Contencioso-administrativo que tenga su sede en el Tribunal Superior de Justicia compuesta por el Presidente de dicha Sala, que la presidirá, por el Presidente o Presidentes de las demás Salas de lo Contencioso-administrativo y, en su caso, de las Secciones de las mismas, en número no superior a dos, y por los Magistrados de la referida Sala o Salas que fueran necesarios para completar un total de cinco miembros.

Si la Sala o Salas de lo Contencioso-administrativo tuviesen más de una Sección, la Sala de Gobierno del Tribunal Superior de Justicia establecerá para cada año judicial el turno con arreglo al cual los Presidentes de Sección ocuparán los puestos de la regulada en este apartado. También lo establecerá entre todos los Magistrados que presten servicio en la Sala o Salas.

4. Las resoluciones del Tribunal de Cuentas en materia de responsabilidad contable serán susceptibles de recurso de casación en los casos establecidos en su Ley de Funcionamiento.

Modificado por LO. 7/2015, de 21 de julio, por la que se modifica la LOPJ. (BOE de 22-07-2015).

Ver arts. 8.1.a), 9.1.a), 11.1.a), 12.2.a) y b), 27.2, 88.1.d), 89.2, 121, 122, 126, D.T. 1.ª, 2.ª y 3.ª LJCA; 58.2.º LOPJ; 113 LOREG.

ART. 87.

1. También son susceptibles de recurso de casación los siguientes autos dictados por la Sala de lo Contencioso-administrativo de la Audiencia Nacional y por las Salas de lo Contencioso-administrativo de los Tribunales Superiores de Justicia, con la misma excepción e igual límite dispuestos en los apartados 2 y 3 del artículo anterior:

a) Los que declaren la inadmisión del recurso contencioso-administrativo o hagan imposible su continuación.

b) Los que pongan término a la pieza separada de suspensión o de otras medidas cautelares.

c) Los recaídos en ejecución de sentencia, siempre que resuelvan cuestiones no decididas, directa o indirectamente, en aquélla o que contradigan los términos del fallo que se ejecuta.

d) Los dictados en el caso previsto en el artículo 91.

e) Los dictados en aplicación de los artículos 110 y 111.

1 bis. Serán susceptibles de recurso de casación, en todo caso, los autos dictados en aplicación del artículo 10.8 y del artículo 11.1.i) de esta ley.

2. Para que pueda prepararse el recurso de casación en los casos previstos en el apartado 1, es requisito necesario interponer previamente el recurso de reposición. Sin embargo, no será requisito necesario interponer previamente recurso de reposición en los recursos de casación contra los autos a que se refiere el apartado 1 bis.

Apdo. 1 bis se añade y apdo. 2 se modifica por Real Decreto-ley 8/2021, de 4 de mayo, por el que se adoptan medidas urgentes en el orden sanitario, social y jurisdiccional, a aplicar tras la finalización de la vigencia del estado de alarma declarado por el Real Decreto 926/2020, de 25 de octubre, por el que se declara el estado de alarma para contener la propagación de infecciones causadas por el SARS-CoV-2. (BOE de 05-05-2021).

Ver arts. 51.4, 52.2, 59.4, 74.3, 77.3, 79, 80.1, 91, 103-113, 131 LJCA.

ART. 87 bis.

1. Sin perjuicio de lo dispuesto en el artículo 93.3, el recurso de casación ante la Sala de lo Contencioso-administrativo del Tribunal Supremo se limitará a las cuestiones de derecho, con exclusión de las cuestiones de hecho.

2. Las pretensiones del recurso de casación deberán tener por objeto la anulación, total o parcial, de la sentencia o auto impugnado y, en su caso, la devolución de los autos al Tribunal de instancia o la resolución del litigio por la Sala de lo Contencioso-administrativo del Tribunal Supremo dentro de los términos en que apareciese planteado el debate.

3. La Sala de Gobierno del Tribunal Supremo podrá determinar, mediante acuerdo que se publicará en el "Boletín Oficial del Estado", la extensión máxima y otras condiciones extrínsecas, incluidas las relativas a su presentación por medios telemáticos, de los escritos de interposición y de oposición de los recursos de casación.

Añadido por LO. 7/2015, de 21 de julio, por la que se modifica la LOPJ. (BOE de 22-07-2015).

ART. 87 ter.

1. El recurso de casación contra autos dictados en aplicación del artículo 10.8 y del artículo 11.1.i) de esta ley, se iniciará mediante escrito presentado ante la Sala de lo Contencioso-Administrativo del Tribunal Supremo en el que las partes comparecerán e interpondrán directamente el recurso de casación.

2. La parte recurrente, el mismo día en que interponga el recurso, habrá de presentar escrito ante la Sala de instancia poniendo en su conocimiento el hecho de la interposición, debiendo dicha Sala, en el día siguiente hábil a esa comunicación, remitir el testimonio de las actuaciones seguidas en el procedimiento en que se dictó el auto recurrido a la Sala de lo Contencioso-administrativo del Tribunal Supremo.

3. El escrito de comparecencia e interposición habrá de presentarse en el plazo de tres días hábiles contados desde la fecha de notificación del auto impugnado y, con acompañamiento de testimonio de dicho auto, expondrá los requisitos de procedimiento, señalando la cuestión de interés casacional sobre la que se interesa se fije doctrina y las pretensiones relativas al enjuiciamiento del auto recurrido.

4. Si el objeto de la autorización o ratificación hubiera sido una medida adoptada por una autoridad sanitaria de ámbito distinto al estatal en cumplimiento de actuaciones coordinadas en salud pública declaradas por el Ministerio de Sanidad, en su caso previo acuerdo

del Consejo Interterritorial del Sistema Nacional de Salud, también ostentará legitimación activa en el presente recurso la Administración General del Estado.

5. Cuando las circunstancias del caso lo hagan necesario y, en todo caso, cuando la demora en la resolución pueda causar perjuicios irreversibles, las partes podrán solicitar en el escrito de interposición que se habiliten los días inhábiles para la tramitación y resolución del recurso de casación. Contra la decisión que deniegue la habilitación solicitada no cabrá recurso.

6. Presentado el escrito será turnado de inmediato a la Sección competente para la tramitación y decisión, que lo tramitará preferentemente, dando traslado al Ministerio Fiscal y a las partes para que comparezcan y formulen alegaciones por plazo común de tres días.

7. Transcurrido el plazo de alegaciones, y sin que resulte de aplicación lo previsto en el artículo 128.1 de la presente ley sobre la declaración de caducidad, la Sección competente para la tramitación y decisión fijará doctrina y resolverá sobre las cuestiones y pretensiones planteadas, en el plazo de los cinco días siguientes.

8. Se aplicarán a todos los escritos los requisitos de extensión máxima y normas de estilo establecidas por la Sala en cumplimiento de lo dispuesto en el artículo 87 bis.3 de la presente ley.

Añadido por Real Decreto-ley 8/2021, de 4 de mayo, por el que se adoptan medidas urgentes en el orden sanitario, social y jurisdiccional, a aplicar tras la finalización de la vigencia del estado de alarma declarado por el Real Decreto 926/2020, de 25 de octubre, por el que se declara el estado de alarma para contener la propagación de infecciones causadas por el SARS-CoV-2. (BOE de 05-05-2021).

ART. 88.

1. El recurso de casación podrá ser admitido a trámite cuando, invocada una concreta infracción del ordenamiento jurídico, tanto procesal como sustantiva, o de la jurisprudencia, la Sala de lo Contencioso-Administrativo del Tribunal Supremo estime que el recurso presenta interés casacional objetivo para la formación de jurisprudencia.

2. El Tribunal de casación podrá apreciar que existe interés casacional objetivo, motivándolo expresamente en el auto de admisión, cuando, entre otras circunstancias, la resolución que se impugna:

a) Fije, ante cuestiones sustancialmente iguales, una interpretación de las normas de Derecho estatal o de la Unión Europea en las que se fundamenta el fallo contradictoria con la que otros órganos jurisdiccionales hayan establecido.

b) Siente una doctrina sobre dichas normas que pueda ser gravemente dañosa para los intereses generales.

c) Afecte a un gran número de situaciones, bien en sí misma o por trascender del caso objeto del proceso.

d) Resuelva un debate que haya versado sobre la validez constitucional de una norma con rango de ley, sin que la improcedencia de plantear la pertinente cuestión de inconstitucionalidad aparezca suficientemente esclarecida.

e) Interprete y aplique aparentemente con error y como fundamento de su decisión una doctrina constitucional.

f) Interprete y aplique el Derecho de la Unión Europea en contradicción aparente con la jurisprudencia del Tribunal de Justicia o en supuestos en que aun pueda ser exigible la intervención de éste a título prejudicial.

g) Resuelva un proceso en que se impugnó, directa o indirectamente, una disposición de carácter general.

h) Resuelva un proceso en que lo impugnado fue un convenio celebrado entre Administraciones públicas.

i) Haya sido dictada en el procedimiento especial de protección de derechos fundamentales.

3. Se presumirá que existe interés casacional objetivo:

a) Cuando en la resolución impugnada se hayan aplicado normas en las que se sustente la razón de decidir sobre las que no exista jurisprudencia.

b) Cuando dicha resolución se aparte de la jurisprudencia existente de modo deliberado por considerarla errónea o de modo inmotivado pese a haber sido citada en el debate o ser doctrina asentada.

c) Cuando la sentencia recurrida declare nula una disposición de carácter general, salvo que esta, con toda evidencia, carezca de trascendencia suficiente.

d) Cuando resuelva recursos contra actos o disposiciones de los organismos reguladores o de supervisión o agencias estatales cuyo enjuiciamiento corresponde a la Sala de lo Contencioso-administrativo de la Audiencia Nacional.

e) Cuando resuelva recursos contra actos o disposiciones de los Gobiernos o Consejos de Gobierno de las Comunidades Autónomas.

No obstante, en los supuestos referidos en las letras a), d) y e) el recurso podrá inadmitirse por auto motivado cuando el Tribunal aprecie que el asunto carece manifiestamente de interés casacional objetivo para la formación de jurisprudencia.

Apdo. 3.b) modificado por Real Decreto-ley 5/2023, de 28 de junio, por el que se adoptan y prorrogan determinadas medidas de respuesta a las consecuencias económicas y sociales de la Guerra de Ucrania, de apoyo a la reconstrucción de la isla de La Palma y a otras situaciones de vulnerabilidad; de transposición de Directivas de la Unión Europea en materia de modificaciones estructurales de sociedades mercantiles y conciliación de la vida familiar y la vida profesional de los progenitores y los cuidadores; y de ejecución y cumplimiento del Derecho de la Unión Europea. (BOE de 29/06/2023). Modificación con efectos desde el 29/07/2023.

Anteriormente modificado por LO. 7/2015, de 21 de julio, por la que se modifica la LOPJ. (BOE de 22-07-2015).

Ver arts. 5, 7, 67, 69.a), 86.4, 93.2 y 138 LJCA; 5.4 LOPJ; 24.1 CE.

ART. 89.

1. El recurso de casación se preparará ante la Sala de instancia en el plazo de treinta días, contados desde el siguiente al de la notificación de la resolución que se recurre, estando legitimados para ello quienes hayan sido parte en el proceso, o debieran haberlo sido.

2. El escrito de preparación deberá, en apartados separados que se encabezarán con un epígrafe expresivo de aquello de lo que tratan:

a) Acreditar el cumplimiento de los requisitos reglados en orden al plazo, la legitimación y la recurribilidad de la resolución que se impugna.

b) Identificar con precisión las normas o la jurisprudencia que se consideran infringidas, justificando que fueron alegadas en el proceso, o tomadas en consideración por la Sala de instancia, o que ésta hubiera debido observarlas aun sin ser alegadas.

c) Acreditar, si la infracción imputada lo es de normas o de jurisprudencia relativas a los actos o garantías procesales que produjo indefensión, que se pidió la subsanación de la falta o transgresión en la instancia, de haber existido momento procesal oportuno para ello.

d) Justificar que la o las infracciones imputadas han sido relevantes y determinantes de la decisión adoptada en la resolución que se pretende recurrir.

e) Justificar, en el caso de que ésta hubiera sido dictada por la Sala de lo Contencioso-administrativo de un Tribunal Superior de Justicia, que la norma supuestamente infringida forma parte del Derecho estatal o del de la Unión Europea.

f) Especialmente, fundamentar con singular referencia al caso, que concurren alguno o algunos de los supuestos que, con arreglo a los apartados 2 y 3 del artículo anterior, permiten apreciar el interés casacional objetivo y la conveniencia de un pronunciamiento de la Sala de lo Contencioso-administrativo del Tribunal Supremo.

3. Si el escrito de preparación no se presentara en el plazo de treinta días, la sentencia o auto quedará firme, declarándolo así el Letrado de la Administración de Justicia mediante decreto. Contra esta decisión sólo cabrá el recurso directo de revisión regulado en el artículo 102 bis de esta Ley.

4. Si, aun presentado en plazo, no cumpliera los requisitos que impone el apartado 2 de este artículo, la Sala de instancia, mediante auto motivado, tendrá por no preparado el recurso de casación, denegando el emplazamiento de las partes y la remisión de las actuaciones al Tribunal Supremo. Contra este auto únicamente podrá interponerse recurso de queja, que se sustanciará en la forma establecida por la Ley de Enjuiciamiento Civil.

5. Si se cumplieran los requisitos exigidos por el apartado 2, dicha Sala, mediante auto en el que se motivará suficientemente su concurrencia, tendrá por preparado el recurso de casación, ordenando el emplazamiento de las partes para su comparecencia dentro del plazo de quince días ante la Sala de lo Contencioso-administrativo del Tribunal Supremo, así como la remisión a ésta de los autos originales y del expediente administrativo. Y, si lo entiende oportuno, emitirá opinión sucinta y fundada sobre el interés objetivo del recurso para la formación de jurisprudencia, que unirá al oficio de remisión.

6. Contra el auto en que se tenga por preparado el recurso de casación, la parte recurrida no podrá interponer recurso alguno, pero podrá oponerse a su admisión al tiempo de comparecer ante el Tribunal Supremo, si lo hiciere dentro del término del emplazamiento.

Apdo. 5 modificado por Real Decreto-ley 5/2023, de 28 de junio, por el que se adoptan y prorrogan determinadas medidas de respuesta a las consecuencias económicas y sociales de la Guerra de Ucrania, de apoyo a la reconstrucción de la isla de La Palma y a otras situaciones de vulnerabilidad; de transposición de Directivas de la Unión Europea en materia de modificaciones estructurales de sociedades mercantiles y conciliación de la vida familiar y la vida profesional de los progenitores y los cuidadores; y de ejecución y cumplimiento del Derecho de la Unión Europea. (BOE de 29/06/2023). Modificación con efectos desde el 29/07/2023.

Anteriormente modificado por LO. 7/2015, de 21 de julio, por la que se modifica la LOPJ. (BOE de 22-07-2015).

Ver arts. 19, 21 y 86.4 LJCA; 494 y 495 LEC.

ART. 90.

1. Recibidos los autos originales y el expediente administrativo, la Sección de la Sala de lo Contencioso-administrativo del Tribunal Supremo a que se refiere el apartado siguiente podrá acordar, excepcionalmente y sólo si las características del asunto lo aconsejan, oír a las partes personadas por plazo común de veinte días acerca de si el recurso presenta interés casacional objetivo para la formación de jurisprudencia.

2. La admisión o inadmisión a trámite del recurso será decidida por una Sección de la Sala de lo Contencioso-administrativo del Tribunal Supremo integrada por el Presidente de la Sala y por al menos un Magistrado de cada una de sus restantes Secciones. Con excepción del Presidente de la Sala, dicha composición se renovará por mitad transcurrido un año desde la fecha de su primera constitución y en lo sucesivo cada seis meses, mediante acuerdo de la Sala de Gobierno del Tribunal Supremo que determinará sus integrantes para cada uno de los citados periodos y que se publicará en la página web del Poder Judicial.

3. La resolución sobre la admisión o inadmisión del recurso adoptará la siguiente forma:

a) En los supuestos del apartado 2 del artículo 88, en los que ha de apreciarse la existencia de interés casacional objetivo para la formación de jurisprudencia, la resolución adoptará la forma de providencia sucintamente motivada, si decide la inadmisión, y de auto, si acuerda la admisión a trámite. No obstante, si el órgano que dictó la resolución recurrida hubiera emitido en el trámite que prevé el artículo 89.5 opinión que, además de fundada, sea favorable a la admisión del recurso, la inadmisión se acordará por auto motivado.

b) En los supuestos del apartado 3 del artículo 88, en los que se presume la existencia de interés casacional objetivo, la inadmisión se acordará por auto motivado en el que se justificará que concurren las salvedades que en aquél se establecen.

4. Los autos de admisión precisarán la cuestión o cuestiones en las que se entiende que existe interés casacional objetivo e identificarán la norma o normas jurídicas que en principio serán objeto de interpretación, sin perjuicio de que la sentencia haya de extenderse a otras si así lo exigiere el debate finalmente trabado en el recurso. Las providencias de inadmisión únicamente indicarán si en el recurso de casación concurre una de estas circunstancias:

a) ausencia de los requisitos reglados de plazo, legitimación o recurribilidad de la resolución impugnada;

b) incumplimiento de cualquiera de las exigencias que el artículo 89.2 impone para el escrito de preparación;

c) no ser relevante y determinante del fallo ninguna de las infracciones denunciadas; o

d) carencia en el recurso de interés casacional objetivo para la formación de jurisprudencia.

5. Contra las providencias y los autos de admisión o inadmisión no cabrá recurso alguno.

6. El Letrado de la Administración de Justicia de Sala comunicará inmediatamente a la Sala de instancia la decisión adoptada y, si es de inadmisión, le devolverá las actuaciones procesales y el expediente administrativo recibidos.

7. Los autos de admisión del recurso de casación se publicarán en la página web del Tribunal Supremo. Con periodicidad semestral, su Sala de lo Contencioso-administrativo hará público, en la mencionada página web y en el «Boletín Oficial del Estado», el listado de recursos de casación admitidos a trámite, con mención sucinta de la norma o normas que serán objeto de interpretación y de la programación para su resolución.

8. La inadmisión a trámite del recurso de casación comportará la imposición de las costas a la parte recurrente, pudiendo tal imposición ser limitada a una parte de ellas o hasta una cifra máxima.

Apdo. 1 y apdo 3.a) modificados por Real Decreto-ley 5/2023, de 28 de junio, por el que se adoptan y prorrogan determinadas medidas de respuesta a las consecuencias económicas y sociales de la Guerra de Ucrania, de apoyo a la reconstrucción de la isla de La Palma y a otras situaciones de vulnerabilidad; de transposición de Directivas de la Unión Europea en materia de modificaciones estructurales de sociedades mercantiles y conciliación de la vida familiar y la vida profesional de los progenitores y los cuidadores; y de ejecución y cumplimiento del Derecho de la Unión Europea. (BOE de 29/06/2023). Modificación con efectos desde el 29/07/2023.

Anteriormente modificado por LO. 7/2015, de 21 de julio, por la que se modifica la LOPJ. (BOE de 22-07-2015).

Ver arts. 23.1, 79.2, 86, 87, 89.1 LJCA.

ART. 91.

1. La preparación del recurso de casación no impedirá la ejecución provisional de la sentencia recurrida.

Las partes favorecidas por la sentencia podrán instar su ejecución provisional. Cuando de ésta pudieran derivarse perjuicios de cualquier naturaleza, podrán acordarse las medidas que sean adecuadas para evitar o paliar dichos perjuicios. Igualmente podrá exigirse la presentación de caución o garantía para responder de aquéllos. No podrá llevarse a efecto la ejecución provisional hasta que la caución o la medida acordada esté constituida y acreditada en autos.

2. La constitución de la caución se ajustará a lo establecido en el artículo 133.2 de esta Ley.

3. El Tribunal de instancia denegará la ejecución provisional cuando pueda crear situaciones irreversibles o causar perjuicios de difícil reparación.

4. Cuando se tenga por preparado un recurso de casación, el Letrado de la Administración de Justicia dejara testimonio bastante de los autos y de la resolución recurrida a los efectos previstos en este artículo.

Modificado por LO. 7/2015, de 21 de julio, por la que se modifica la LOPJ. (BOE de 22-07-2015).

Ver arts. 84, 87.1.d), 106.5, 133 LJCA.

ART. 92.

1. Admitido el recurso, el letrado de la Administración de Justicia de la Sección de Admisión de la Sala de lo Contencioso-administrativo del Tribunal Supremo dictará diligencia de ordenación en la que dispondrá remitir las actuaciones a la Sección de dicha Sala competente para su tramitación y decisión y en la que hará saber a la parte recurrente que dispone de un plazo de treinta días, a contar desde la notificación de aquélla, para presentar en la Secretaría de esa Sección competente el escrito de interposición del recurso de casación. Durante este plazo, las actuaciones procesales y el expediente administrativo estarán de manifiesto en la Oficina judicial o por medios electrónicos.

2. Transcurrido dicho plazo sin presentar el escrito de interposición, el Letrado de la Administración de Justicia declarará desierto el recurso, ordenando la devolución de las actuaciones recibidas a la Sala de que procedieran. Contra tal declaración sólo podrán interponerse los recursos que prevé el artículo 102 bis de esta Ley.

3. El escrito de interposición deberá, en apartados separados que se encabezarán con un epígrafe expresivo de aquello de lo que tratan:

a) Exponer razonadamente por qué han sido infringidas las normas o la jurisprudencia que como tales se identificaron en el escrito de preparación, sin poder extenderse a otra u otras no consideradas entonces, debiendo analizar, y no sólo citar, las sentencias del Tribunal Supremo que a juicio de la parte son expresivas de aquella jurisprudencia, para justificar su aplicabilidad al caso; y

b) Precisar el sentido de las pretensiones que la parte deduce y de los pronunciamientos que solicita.

4. Si el escrito de interposición no cumpliera lo exigido en el apartado anterior, la Sección de la Sala de lo Contencioso-administrativo del Tribunal Supremo competente para la resolución del recurso acordará oír a la parte recurrente sobre el incumplimiento detectado y, sin más trámites, dictará sentencia inadmitiéndolo si entendiera tras la audiencia que el

incumplimiento fue cierto. En ella, impondrá a dicha parte las costas causadas, pudiendo tal imposición ser limitada a una parte de ellas o hasta una cifra máxima.

5. En otro caso, acordará dar traslado del escrito de interposición a la parte o partes recurridas y personadas para que puedan oponerse al recurso en el plazo común de treinta días. Durante este plazo estarán de manifiesto las actuaciones procesales y el expediente administrativo en la Oficina judicial o por medios electrónicos. En el escrito de oposición no podrá pretenderse la inadmisión del recurso.

6. Transcurrido dicho plazo, háyanse presentado o no los escritos de oposición, la Sección competente para la decisión del recurso, de oficio o a petición de cualquiera de las partes formulada por otrosí en los escritos de interposición u oposición, acordará la celebración de vista pública salvo que entendiera que la índole del asunto la hace innecesaria, en cuyo caso declarará que el recurso queda concluso y pendiente de votación y fallo. El señalamiento del día en que haya de celebrarse la vista o en que haya de tener lugar el acto de votación y fallo respetará la programación que, atendiendo prioritariamente al criterio de mayor antigüedad del recurso, se haya podido establecer.

7. Cuando la índole del asunto lo aconsejara, el Presidente de la Sala de lo Contencioso-administrativo del Tribunal Supremo, de oficio o a petición de la mayoría de los Magistrados de la Sección antes indicada, podrá acordar que los actos de vista pública o de votación y fallo tengan lugar ante el Pleno de la Sala.

8. La Sección competente, o el Pleno de la Sala en el caso previsto en el apartado anterior, dictará sentencia en el plazo de diez días desde que termine la deliberación para votación y fallo.

Apdos. 1 y 5 modificados por Real Decreto-ley 6/2023, de 19 de diciembre, por el que se aprueban medidas urgentes para la ejecución del Plan de Recuperación, Transformación y Resiliencia en materia de servicio público de justicia, función pública, régimen local y mecenazgo. (BOE de 20/12/2023). Modificación en vigor desde el 20 de marzo de 2024.

Anteriormente modificado por LO. 7/2015, de 21 de julio, por la que se modifica la LOPJ. (BOE de 22-07-2015).

Ver art. 90.1 LJCA.

ART. 93.

1. La sentencia fijará la interpretación de aquellas normas estatales o la que tenga por establecida o clara de las de la Unión Europea sobre las que, en el auto de admisión a trámite, se consideró necesario el pronunciamiento del Tribunal Supremo. Y, con arreglo a ella y a las restantes normas que fueran aplicables, resolverá las cuestiones y pretensiones deducidas en el proceso, anulando la sentencia o auto recurrido, en todo o en parte, o confirmándolos. Podrá asimismo, cuando justifique su necesidad, ordenar la retroacción de actuaciones a un momento determinado del procedimiento de instancia para que siga el curso ordenado por la ley hasta su culminación.

2. Si apreciara que el orden jurisdiccional contencioso-administrativo no es competente para el conocimiento de aquellas pretensiones, o que no lo era el órgano judicial de instancia, anulará la resolución recurrida e indicará, en el primer caso, el concreto orden jurisdiccional que se estima competente, con los efectos que prevé el artículo 5.3 de esta Ley, o remitirá, en el segundo, las actuaciones al órgano judicial que hubiera debido conocer de ellas.

3. En la resolución de la concreta controversia jurídica que es objeto del proceso, el Tribunal Supremo podrá integrar en los hechos admitidos como probados por la Sala de instancia aquellos que, habiendo sido omitidos por ésta, estén suficientemente justificados según las actuaciones y cuya toma en consideración resulte necesaria para apreciar la infracción alegada de las normas del ordenamiento jurídico o de la jurisprudencia, incluso la desviación de poder.

4. La sentencia que se dicte en el momento procesal a que se refiere el apartado 8 del artículo anterior, resolverá sobre las costas de la instancia conforme a lo establecido en el artículo 139.1 de esta ley y dispondrá, en cuanto a las del recurso de casación, que cada parte abone las causadas a su instancia y las comunes por mitad. No obstante, podrá imponer las del recurso de casación a una sola de ellas cuando la sentencia aprecie, y así lo motive, que ha actuado con mala fe o temeridad; imposición que podrá limitar a una parte de ellas o hasta una cifra máxima.

Modificado por LO. 7/2015, de 21 de julio, por la que se modifica la LOPJ. (BOE de 22-07-2015).

Ver arts. 79.2, 86-87, 88.1.d), 89.1, 139.2 LJCA.

ART. 94.

1. Cuando por la Sección de admisión de la Sala de lo Contencioso-administrativo del Tribunal Supremo se constate la existencia de un gran número de recursos que susciten una cuestión jurídica sustancialmente igual, podrá acordar la admisión de uno o varios de ellos, cuando cumplan las exigencias impuestas en el artículo 89.2 y presenten interés casacional objetivo, para su tramitación y resolución preferente, suspendiendo el trámite de admisión de los demás hasta que se dicte sentencia en el primero o primeros.

2. Una vez dictada sentencia de fondo se llevará testimonio de esta a los recursos suspendidos y se notificará a los interesados afectados por la suspensión, dándoles un plazo de alegaciones de diez días a fin de que puedan interesar la continuación del trámite de su recurso de casación, o bien desistir del mismo. En caso de que interesen la continuación valorarán la incidencia que la sentencia de fondo dictada por el Tribunal Supremo tiene sobre su recurso.

3. Efectuadas dichas alegaciones y cuando no se hubiera producido el desistimiento, si la sentencia impugnada en casación resulta coincidente, en su fallo y razón de decidir, con lo resuelto por la sentencia o sentencias del Tribunal Supremo, se inadmitirán por providencia los recursos de casación pendientes.

Por el contrario, si la sentencia impugnada en casación no resulta coincidente, en su fallo y razón de decidir, con lo resuelto por la sentencia o sentencias del Tribunal Supremo, se dictará auto de admisión y se remitirá el conocimiento del asunto a la Sección correspondiente, siempre que el escrito de preparación cumpla las exigencias impuestas en el artículo 89.2 y presente interés casacional objetivo.

4. Remitidas las actuaciones, la Sección resolverá si continua con la tramitación prevista en el artículo 92 o si dicta sentencia sin más trámite, remitiéndose a lo acordado en la sentencia de referencia y adoptando los demás pronunciamientos que considere necesarios.

Modificado por Real Decreto-ley 5/2023, de 28 de junio, por el que se adoptan y prorrogan determinadas medidas de respuesta a las consecuencias económicas y sociales de la Guerra de Ucrania, de apoyo a la reconstrucción de la isla de La Palma y a otras situaciones de vulnerabilidad; de transposición de Directivas de la Unión Europea en materia de modificaciones estructurales de sociedades mercantiles y conciliación de la vida familiar y la vida profesional de los progenitores y los cuidadores; y de ejecución y cumplimiento del Derecho de la Unión Europea. (BOE de 29/06/2023). Modificación con efectos desde el 29/07/2023.

ART. 95.

(SUPRIMIDO)

Suprimido por LO. 7/2015, de 21 de julio, por la que se modifica la LOPJ. (BOE de 22-07-2015).

Sección 4.ª Recursos de casación para la unificación de doctrina

ARTS. 96 A 99.

(SUPRIMIDOS)

Suprimidos por LO. 7/2015, de 21 de julio, por la que se modifica la LOPJ. (BOE de 22-07-2015).

Sección 5.ª Recursos de casación en interés de la Ley

ARTS. 100 Y 101.

(SUPRIMIDOS)

Suprimidos por LO. 7/2015, de 21 de julio, por la que se modifica la LOPJ. (BOE de 22-07-2015).

Sección 6.ª De la revisión de sentencias

ART. 102.

1. Habrá lugar a la revisión de una sentencia firme:

a) Si después de pronunciada se recobraren documentos decisivos, no aportados por causa de fuerza mayor o por obra de la parte en cuyo favor se hubiere dictado.

b) Si hubiere recaído en virtud de documentos que, al tiempo de dictarse aquélla, ignoraba una de las partes haber sido reconocidos y declarados falsos o cuya falsedad se reconociese o declarase después.

c) Si habiéndose dictado en virtud de prueba testifical, los testigos hubieren sido condenados por falso testimonio dado en las declaraciones que sirvieron de fundamento a la sentencia.

d) Si se hubiere dictado sentencia en virtud de cohecho, prevaricación, violencia u otra maquinación fraudulenta.

2. Asimismo se podrá interponer recurso de revisión contra una resolución judicial firme cuando el Tribunal Europeo de Derechos Humanos haya declarado que dicha resolución ha sido dictada en violación de alguno de los derechos reconocidos en el Convenio Europeo para la Protección de los Derechos Humanos y Libertades Fundamentales y sus Protocolos, siempre que la violación, por su naturaleza y gravedad, entrañe efectos que persistan y no puedan cesar de ningún otro modo que no sea mediante esta revisión, sin que la misma pueda perjudicar los derechos adquiridos de buena fe por terceras personas.

3. En lo referente a legitimación, plazos, procedimiento y efectos de las sentencias dictadas en este procedimiento de revisión, regirán las disposiciones de la Ley de Enjuiciamiento Civil. No obstante, sólo habrá lugar a la celebración de vista cuando lo pidan todas las partes o la Sala lo estime necesario.

4. La revisión en materia de responsabilidad contable procederá en los casos establecidos en la Ley de Funcionamiento del Tribunal de Cuentas.

Modificado por LO. 7/2015, de 21 de julio, por la que se modifica la LOPJ. (BOE de 22-07-2015).

Ver arts. 10.3, 12.2.b) y c) LJCA; 18.1, 58.2.º, 61.1.1.º, 74.3 LOPJ; 512-516 LEC; 83 Ley 7/1988, de 5 de abril, de Funcionamiento del Tribunal de Cuentas.

Sección 7.ª Recursos contra las resoluciones del Secretario judicial

ART. 102 bis.

1. Contra las diligencias de ordenación y decretos no definitivos del Secretario judicial cabrá recurso de reposición ante el Secretario que dictó la resolución recurrida, excepto en los casos en que la Ley prevea recurso directo de revisión.

El recurso de reposición se interpondrá en el plazo de cinco días a contar desde el siguiente al de la notificación de la resolución impugnada.

Si no se cumplieran los requisitos establecidos en el párrafo anterior, se inadmitirá mediante decreto directamente recurrible en revisión.

Interpuesto el recurso en tiempo y forma, el Secretario judicial dará traslado de las copias del escrito a las demás partes, por término común de tres días, a fin de que puedan impugnarlo si lo estiman conveniente. Transcurrido dicho plazo, el Secretario judicial resolverá mediante decreto dentro del tercer día.

2. Cabrá recurso de revisión ante el juez, la jueza o el tribunal contra el decreto resolutivo de la reposición y recurso directo de revisión contra los decretos por los que se ponga fin al procedimiento o impidan su continuación. Dichos recursos carecerán de efectos suspensivos sin que, en ningún caso, proceda actuar en sentido contrario a lo que se hubiese resuelto.

Cabrá interponer igualmente recurso directo de revisión contra los decretos en aquellos casos en que expresamente se prevea.

3. El recurso de revisión deberá interponerse en el plazo de cinco días mediante escrito en el que deberá citarse la infracción en que la resolución hubiera incurrido.

Cumplidos los anteriores requisitos, el Secretario judicial, mediante diligencia de ordenación, admitirá el recurso, concediendo a las demás partes personadas un plazo común de cinco días para impugnarlo, si lo estiman conveniente.

Si no se cumplieran los requisitos de admisibilidad del recurso, el Juzgado o Tribunal lo inadmitirá mediante providencia.

Transcurrido el plazo para impugnación, háyanse presentado o no escritos, el Juzgado o Tribunal resolverá sin más trámites, mediante auto, en un plazo de cinco días.

Contra las resoluciones sobre admisión o inadmisión no cabrá recurso alguno.

4. Contra el auto dictado resolviendo el recurso de revisión únicamente cabrá recurso de apelación y de casación en los supuestos previstos en los artículos 80 y 87 de esta Ley, respectivamente.

Apdo. 2 modificado por Real Decreto-ley 6/2023, de 19 de diciembre, por el que se aprueban medidas urgentes para la ejecución del Plan de Recuperación, Transformación y Resiliencia en materia de servicio público de justicia, función pública, régimen local y mecenazgo. (BOE de 20/12/2023). Modificación en vigor desde el 20 de marzo de 2024.

CAPÍTULO IV
Ejecución de sentencias y demás títulos ejecutivos

Rúbrica modificada por Real Decreto-ley 6/2023, de 19 de diciembre, por el que se aprueban medidas urgentes para la ejecución del Plan de Recuperación, Transformación y Resiliencia en materia de servicio público de justicia, función pública, régimen local y mecenazgo. (BOE de 20/12/2023). Modificación en vigor desde el 20 de marzo de 2024.

ART. 103.

1. La potestad de hacer ejecutar las sentencias y demás títulos ejecutivos adoptados en el proceso corresponde exclusivamente a los juzgados y tribunales de este orden jurisdiccional, y su ejercicio compete al que haya conocido del asunto en primera o única instancia.

2. Las partes están obligadas a cumplir las sentencias en la forma y términos que en éstas se consignen.

3. Todas las personas y entidades públicas y privadas están obligadas a prestar la colaboración requerida por los Jueces y Tribunales de lo Contencioso-administrativo para la debida y completa ejecución de lo resuelto.

4. Serán nulos de pleno derecho los actos y disposiciones contrarios a los pronunciamientos de las sentencias, que se dicten con la finalidad de eludir su cumplimiento.

5. El órgano jurisdiccional a quien corresponda la ejecución de la sentencia declarará, a instancia de parte, la nulidad de los actos y disposiciones a que se refiere el apartado anterior, por los trámites previstos en los apartados 2 y 3 del artículo 109, salvo que careciese de competencia para ello conforme a lo dispuesto en esta Ley.

Apdo. 1 modificado por Real Decreto-ley 6/2023, de 19 de diciembre, por el que se aprueban medidas urgentes para la ejecución del Plan de Recuperación, Transformación y Resiliencia en materia de servicio público de justicia, función pública, régimen local y mecenazgo. (BOE de 20/12/2023). Modificación en vigor desde el 20 de marzo de 2024.

Ver arts. 117.3, 118 CE; 2 y 17 LOPJ; 47 LPAC; 7.1, 109.2 y 3 LJCA.

ART. 104.

1. Luego que sea firme una sentencia, el letrado o letrada de la Administración de Justicia lo comunicará en el plazo de diez días al órgano previamente identificado como responsable de su cumplimiento, a fin de que, recibida la comunicación, la lleve a puro y debido efecto y practique lo que exija el cumplimiento de las declaraciones contenidas en el fallo.

2. Transcurridos dos meses a partir de la comunicación de la sentencia o el plazo fijado en ésta para el cumplimiento del fallo conforme al artículo 71.1.c), cualquiera de las partes y personas afectadas podrá instar su ejecución forzosa.

3. Atendiendo a la naturaleza de lo reclamado y a la efectividad de la sentencia, ésta podrá fijar un plazo inferior para el cumplimiento, cuando lo dispuesto en el apartado anterior lo haga ineficaz o cause grave perjuicio.

Apdo. 1 modificado por Real Decreto-ley 6/2023, de 19 de diciembre, por el que se aprueban medidas urgentes para la ejecución del Plan de Recuperación, Transformación y Resiliencia en materia de servicio público de justicia, función pública, régimen local y mecenazgo. (BOE de 20/12/2023). Modificación en vigor desde el 20 de marzo de 2024.

Ver arts. 71.1.c), 106.3 LJCA.

ART. 105.

1. No podrá suspenderse el cumplimiento ni declararse la inejecución total o parcial del fallo.

2. Si concurriesen causas de imposibilidad material o legal de ejecutar una sentencia, el órgano obligado a su cumplimiento lo manifestará a la autoridad judicial a través del representante procesal de la Administración, dentro del plazo previsto en el apartado segundo del artículo anterior, a fin de que, con audiencia de las partes y de quienes considere interesados, el Juez o Tribunal aprecie la concurrencia o no de dichas causas y adopte las medidas necesarias que aseguren la mayor efectividad de la ejecutoria, fijando en su caso la indemnización que proceda por la parte en que no pueda ser objeto de cumplimiento pleno.

3. Son causas de utilidad pública o de interés social para expropiar los derechos o intereses legítimos reconocidos frente a la Administración en una sentencia firme el peligro cierto de alteración grave del libre ejercicio de los derechos y libertades de los ciudadanos, el temor fundado de guerra o el quebranto de la integridad del territorio nacional. La declara-

ción de la concurrencia de alguna de las causas citadas se hará por el Gobierno de la Nación; podrá también efectuarse por el Consejo de Gobierno de la Comunidad Autónoma cuando se trate de peligro cierto de alteración grave del libre ejercicio de los derechos y libertades de los ciudadanos y el acto, actividad o disposición impugnados proviniera de los órganos de la Administración de dicha Comunidad o de las Entidades locales de su territorio, así como de las Entidades de Derecho público y Corporaciones dependientes de una y otras.

La declaración de concurrencia de alguna de las causas mencionadas en el párrafo anterior habrá de efectuarse dentro de los dos meses siguientes a la comunicación de la sentencia. El Juez o Tribunal a quien competa la ejecución señalará, por el trámite de los incidentes, la correspondiente indemnización y, si la causa alegada fuera la de peligro cierto de alteración grave del libre ejercicio de los derechos y libertades de los ciudadanos, apreciará, además, la concurrencia de dicho motivo.

Ver art. 18.2 LOPJ.

ART. 106.

1. Cuando la Administración fuere condenada al pago de cantidad líquida, el órgano encargado de su cumplimiento acordará el pago con cargo al crédito correspondiente de su presupuesto que tendrá siempre la consideración de ampliable. Si para el pago fuese necesario realizar una modificación presupuestaria, deberá concluirse el procedimiento correspondiente dentro de los tres meses siguientes al día de notificación de la resolución judicial.

2. A la cantidad a que se refiere el apartado anterior se añadirá el interés legal del dinero, calculado desde la fecha de notificación de la sentencia dictada en única o primera instancia.

3. No obstante lo dispuesto en el artículo 104.2, transcurridos tres meses desde que la sentencia firme sea comunicada al órgano que deba cumplirla, se podrá instar la ejecución forzosa. En este supuesto, la autoridad judicial, oído el órgano encargado de hacerla efectiva, podrá incrementar en dos puntos el interés legal a devengar, siempre que apreciase falta de diligencia en el cumplimiento.

4. Si la Administración condenada al pago de cantidad estimase que el cumplimiento de la sentencia habría de producir trastorno grave a su Hacienda, lo pondrá en conocimiento del Juez o Tribunal acompañado de una propuesta razonada para que, oídas las partes, se resuelva sobre el modo de ejecutar la sentencia en la forma que sea menos gravosa para aquélla.

5. Lo dispuesto en los apartados anteriores será de aplicación asimismo a los supuestos en que se lleve a efecto la ejecución provisional de las sentencias conforme a esta Ley.

6. Cualquiera de las partes podrá solicitar que la cantidad a satisfacer se compense con créditos que la Administración ostente contra el recurrente.

Ver arts. 84, 91, 104.2 LJCA; 1195-1202 CC.

ART. 107.

1. Si la sentencia firme anulase total o parcialmente el acto impugnado, el Secretario judicial dispondrá, a instancia de parte, la inscripción del fallo en los registros públicos a que hubiere tenido acceso el acto anulado, así como su publicación en los periódicos oficiales o privados, si concurriere causa bastante para ello, a costa de la parte ejecutada. Cuando la publicación sea en periódicos privados, se deberá acreditar ante el órgano jurisdiccional un interés público que lo justifique.

2. Si la sentencia anulara total o parcialmente una disposición general o un acto administrativo que afecte a una pluralidad indeterminada de personas, el Secretario del órgano judicial ordenará su publicación en diario oficial en el plazo de diez días a contar desde la firmeza de la sentencia.

Ver arts. 71.1.a), 123.2 LJCA.

ART. 108.

1. Si la sentencia condenare a la Administración a realizar una determinada actividad o a dictar un acto, el Juez o Tribunal podrá, en caso de incumplimiento:

a) Ejecutar la sentencia a través de sus propios medios o requiriendo la colaboración de las autoridades y agentes de la Administración condenada o, en su defecto, de otras Administraciones públicas, con observancia de los procedimientos establecidos al efecto.

b) Adoptar las medidas necesarias para que el fallo adquiera la eficacia que, en su caso, sería inherente al acto omitido, entre las que se incluye la ejecución subsidiaria con cargo a la Administración condenada.

2. Si la Administración realizare alguna actividad que contraviniera los pronunciamientos del fallo, el Juez o Tribunal, a instancia de los interesados, procederá a reponer la situación al estado exigido por el fallo y determinará los daños y perjuicios que ocasionare el incumplimiento.

3. El Juez o Tribunal, en los casos en que, además de declarar contraria a la normativa la construcción de un inmueble, ordene motivadamente la demolición del mismo y la reposición a su estado originario de la realidad física alterada, exigirá, como condición previa a la demolición, y salvo que una situación de peligro inminente lo impidiera, la prestación de garantías suficientes para responder del pago de las indemnizaciones debidas a terceros de buena fe.

Modificado por LO. 7/2015, de 21 de julio, por la que se modifica la LOPJ. (BOE de 22-07-2015).

Ver art. 71.1.c) LJCA.

ART. 109.

1. La Administración pública, las demás partes procesales y las personas afectadas por el fallo, mientras no conste en autos la total ejecución de la sentencia, podrán promover incidente para decidir, sin contrariar el contenido del fallo, cuantas cuestiones se planteen en la ejecución y especialmente las siguientes:

a) Órgano administrativo que ha de responsabilizarse de realizar las actuaciones.

b) Plazo máximo para su cumplimiento, en atención a las circunstancias que concurran.

c) Medios con que ha de llevarse a efecto y procedimiento a seguir.

2. Del escrito planteando la cuestión incidental el Secretario judicial dará traslado a las partes para que, en plazo común que no excederá de veinte días, aleguen lo que estimen procedente.

3. Evacuado el traslado o transcurrido el plazo a que se refiere el apartado anterior, el Juez o Tribunal dictará auto, en el plazo de diez días, decidiendo la cuestión planteada.

Ver art. 137 LJCA.

ART. 110.

1. En materia tributaria, de personal al servicio de la Administración pública y de unidad de mercado, los efectos de una sentencia firme que hubiera reconocido una situación jurídica individualizada a favor de una o varias personas podrán extenderse a otras, en ejecución de la sentencia, cuando concurran las siguientes circunstancias:

a) Que los interesados se encuentren en idéntica situación jurídica que los favorecidos por el fallo.

b) Que el juez o tribunal sentenciador fuera también competente, por razón del territorio, para conocer de sus pretensiones de reconocimiento de dicha situación individualizada.

c) Que soliciten la extensión de los efectos de la sentencia en el plazo de un año desde la última notificación de ésta a quienes fueron parte en el proceso. Si se hubiere interpuesto recurso en interés de ley o de revisión, este plazo se contará desde la última notificación de la resolución que ponga fin a éste.

2. La solicitud deberá dirigirse directamente al órgano jurisdiccional competente que hubiera dictado la resolución de la que se pretende que se extiendan los efectos.

3. La petición al órgano jurisdiccional se formulará en escrito razonado al que deberá acompañarse el documento o documentos que acrediten la identidad de situaciones o la no concurrencia de alguna de las circunstancias del apartado 5 de este artículo.

4. Antes de resolver, en los veinte días siguientes, el Secretario judicial recabará de la Administración los antecedentes que estime oportunos y, en todo caso, un informe detallado sobre la viabilidad de la extensión solicitada, poniendo de manifiesto el resultado de esas actuaciones a las partes para que aleguen por plazo común de cinco días, con emplazamiento en su caso de los interesados directamente afectados por los efectos de la extensión. Una vez evacuado el trámite, el Juez o Tribunal resolverá sin más por medio de auto, en el que no podrá reconocerse una situación jurídica distinta a la definida en la sentencia firme de que se trate.

5. El incidente se desestimará, en todo caso, cuando concurra alguna de las siguientes circunstancias:

a) Si existiera cosa juzgada.

b) Cuando la doctrina determinante del fallo cuya extensión se postule fuere contraria a la jurisprudencia del Tribunal Supremo o a la doctrina sentada por los Tribunales Superiores de Justicia en el recurso a que se refiere el artículo 99.

c) Si para el interesado se hubiere dictado resolución que, habiendo causado estado en vía administrativa, fuere consentida y firme por no haber promovido recurso contencioso-administrativo.

6. Si se encuentra pendiente un recurso de revisión o un recurso de casación en interés de la ley, quedará en suspenso la decisión del incidente hasta que se resuelva el citado recurso.

7. El régimen de recurso del auto dictado se ajustará a las reglas generales previstas en el artículo 80.

Ver arts. 72.3, 80.2 y 87.2 LJCA.

ART. 111.

Cuando se hubiere acordado suspender la tramitación de uno o más recursos con arreglo a lo previsto en el artículo 37.2, una vez declarada la firmeza de la sentencia dictada en el pleito que se hubiere tramitado con carácter preferente, el Secretario judicial requerirá a los recurrentes afectados por la suspensión para que en el plazo de cinco días interesen la extensión de los efectos de la sentencia o la continuación del pleito suspendido, o bien manifiesten si desisten del recurso.

Si se solicitase la extensión de los efectos de aquella sentencia, el Juez o Tribunal la acordará, salvo que concurra la circunstancia prevista en el artículo 110.5.b) o alguna de las causas de inadmisibilidad del recurso contempladas en el artículo 69 de esta Ley.

Ver arts. 37.2, 72.3, 80.2, 87.2, 110 LJCA.

ART. 112.

Transcurridos los plazos señalados para el total cumplimiento del fallo, el juez o tribunal adoptará, previa audiencia de las partes, las medidas necesarias para lograr la efectividad de lo mandado.

Singularmente, acreditada su responsabilidad, previo apercibimiento del Secretario judicial notificado personalmente para formulación de alegaciones, el Juez o la Sala podrán:

a) Imponer multas coercitivas de ciento cincuenta a mil quinientos euros a las autoridades, funcionarios o agentes que incumplan los requerimientos del Juzgado o de la Sala, así como reiterar estas multas hasta la completa ejecución del fallo judicial, sin perjuicio de otras responsabilidades patrimoniales a que hubiere lugar. A la imposición de estas multas les será aplicable lo previsto en el artículo 48.

b) Deducir el oportuno testimonio de particulares para exigir la responsabilidad penal que pudiera corresponder.

ART. 113.

1. Transcurrido el plazo de ejecución que se hubiere fijado en el acuerdo a que se refiere el artículo 77.3, cualquiera de las partes podrá instar su ejecución forzosa.

2. Si no se hubiere fijado plazo para el cumplimiento de las obligaciones derivadas del acuerdo, la parte perjudicada podrá requerir a la otra su cumplimiento y transcurridos dos meses podrá proceder a instar su ejecución forzosa.

Ver art. 77.3 LJCA.

TÍTULO V
Procedimientos especiales

CAPÍTULO I
Procedimiento para la protección de los derechos fundamentales de la persona

ART. 114.

1. El procedimiento de amparo judicial de las libertades y derechos, previsto en el artículo 53.2 de la Constitución española, se regirá, en el orden contencioso-administrativo, por lo dispuesto en este capítulo y, en lo no previsto en él, por las normas generales de la presente Ley.

2. Podrán hacerse valer en este proceso las pretensiones a que se refieren los artículos 31 y 32, siempre que tengan como finalidad la de restablecer o preservar los derechos o libertades por razón de los cuales el recurso hubiere sido formulado.

3. A todos los efectos, la tramitación de estos recursos tendrá carácter preferente.

Ver arts. 31, 32, 63, 126.4 y D.T. 5.ª LJCA.

ART. 115.

1. El plazo para interponer este recurso será de diez días, que se computarán, según los casos, desde el día siguiente al de notificación del acto, publicación de la disposición impugnada, requerimiento para el cese de la vía de hecho, o transcurso del plazo fijado para la resolución, sin más trámites. Cuando la lesión del derecho fundamental tuviera su origen en la inactividad administrativa, o se hubiera interpuesto potestativamente un recurso administrativo, o, tratándose de una actuación en vía de hecho, no se hubiera formulado requerimiento, el plazo de diez días se iniciará transcurridos veinte días desde la reclamación, la presentación del recurso o el inicio de la actuación administrativa en vía de hecho, respectivamente.

2. En el escrito de interposición se expresará con precisión y claridad el derecho o derechos cuya tutela se pretende y, de manera concisa, los argumentos sustanciales que den fundamento al recurso.

Ver arts. 45 y 46 LJCA.

ART. 116.

1. En el mismo día de la presentación del recurso o en el siguiente, el letrado o letrada de la Administración de Justicia requerirá con carácter urgente al órgano administrativo correspondiente, acompañando copia del escrito de interposición, para que en el plazo máximo de cinco días a contar desde la recepción del requerimiento remita el expediente administrativo en soporte electrónico, acompañado de los informes y datos que estime procedentes, que también se enviarán en soporte electrónico, y con apercibimiento de cuanto se establece en el artículo 48.

2. Al remitir el expediente, el órgano administrativo lo comunicará a todos los que aparezcan como interesados en el mismo, acompañando copia del escrito de interposición y emplazándoles para que puedan comparecer como demandados ante el Juzgado o Sala en el plazo de cinco días.

3. La Administración, con el envío del expediente, y los demás demandados, al comparecer, podrán solicitar razonadamente la inadmisión del recurso y la celebración de la comparecencia a que se refiere el artículo 117.2.

4. La falta de envío del expediente administrativo dentro del plazo previsto en el apartado anterior no suspenderá el curso de los autos.

5. Cuando el expediente administrativo se recibiese en el juzgado o Sala una vez transcurrido el plazo establecido en el apartado 1, el letrado o letrada de la Administración de Justicia lo entregará a las partes por plazo de cuarenta y ocho horas, en el que podrán hacer alegaciones, y sin alteración del curso del procedimiento.

Apdos. 1 y 5 modificados por Real Decreto-ley 6/2023, de 19 de diciembre, por el que se aprueban medidas urgentes para la ejecución del Plan de Recuperación, Transformación y Resiliencia en materia de servicio público de justicia, función pública, régimen local y mecenazgo. (BOE de 20/12/2023). Modificación en vigor desde el 20 de marzo de 2024.

Ver arts. 48, 49, 53.2 y 117.2 LJCA.

ART. 117.

1. Recibido el expediente o transcurrido el plazo para su remisión y, en su caso, el del emplazamiento a los demás interesados, el Secretario judicial, dentro del siguiente día, dictará decreto mandando seguir las actuaciones. Si estima que no procede la admisión, dará cuenta al Tribunal quien, en su caso, comunicará a las partes el motivo en que pudiera fundarse la inadmisión del procedimiento.

2. En el supuesto de posibles motivos de inadmisión del procedimiento, el Secretario judicial convocará a las partes y al Ministerio Fiscal a una comparecencia, que habrá de tener lugar antes de transcurrir cinco días, en la que se les oirá sobre la procedencia de dar al recurso la tramitación prevista en este capítulo.

3. En el siguiente día, el órgano jurisdiccional dictará auto mandando proseguir las actuaciones por este trámite o acordando su inadmisión por inadecuación del procedimiento.

Ver arts. 114-116 LJCA.

ART. 118.

Acordada la prosecución del procedimiento especial de este capítulo, el Secretario judicial pondrá de manifiesto al recurrente el expediente y demás actuaciones para que en el plazo improrrogable de ocho días pueda formalizar la demanda y acompañar los documentos.

Ver arts. 52, 56, 131 LJCA.

ART. 119.

Formalizada la demanda, el letrado o letrada de la Administración de Justicia dará traslado de la misma, con entrega del expediente administrativo, al Ministerio Fiscal y a las partes demandadas para que presenten sus alegaciones en el plazo común e improrrogable de ocho días y acompañen los documentos que estimen oportunos.

Modificado por Real Decreto-ley 6/2023, de 19 de diciembre, por el que se aprueban medidas urgentes para la ejecución del Plan de Recuperación, Transformación y Resiliencia en materia de servicio público de justicia, función pública, régimen local y mecenazgo. (BOE de 20/12/2023). Modificación en vigor desde el 20 de marzo de 2024.

Ver arts. 54 y 56 LJCA.

ART. 120.

Evacuado el trámite de alegaciones o transcurrido el plazo para efectuarlas, el órgano jurisdiccional decidirá en el siguiente día sobre el recibimiento a prueba, con arreglo a las normas generales establecidas en la presente Ley, y sin perjuicio de lo dispuesto en el artículo 57. El período probatorio no será en ningún caso superior a veinte días comunes para su proposición y práctica.

Ver arts. 57, 60, 61 LJCA.

ART. 121.

1. Conclusas las actuaciones, el órgano jurisdiccional dictará sentencia en el plazo de cinco días.

2. La sentencia estimará el recurso cuando la disposición, la actuación o el acto incurran en cualquier infracción del ordenamiento jurídico, incluso la desviación de poder, y como consecuencia de la misma vulneren un derecho de los susceptibles de amparo.

3. Contra las sentencias de los Juzgados de lo Contencioso-administrativo procederá siempre la apelación en un solo efecto.

Ver arts. 67, 70.2, 81.2.b), 83.1, 139.1 LJCA; 14-29, 30.2 CE.

ART. 122.

1. En el caso de prohibición o de propuesta de modificación de reuniones previstas en la Ley Orgánica Reguladora del Derecho de Reunión que no sean aceptadas por los promotores, éstos podrán interponer recurso contencioso-administrativo ante el Tribunal competente. El recurso se interpondrá dentro de las cuarenta y ocho horas siguientes a la notificación de la prohibición o modificación, trasladándose por los promotores copia debidamente registrada del escrito del recurso a la autoridad gubernativa, con el objeto de que ésta remita inmediatamente el expediente.

2. El letrado o letrada de la Administración de Justicia, en el plazo improrrogable de cuatro días, y haciendo entrega del expediente si se hubiera recibido, convocará al representante legal de la Administración, al Ministerio Fiscal y a los recurrentes o a la persona que éstos designen como representante a una audiencia en la que el tribunal, de manera contradictoria, oirá a todos los personados y resolverá sin ulterior recurso.

En cuanto se refiere a la grabación de la audiencia y a su documentación, serán aplicables las disposiciones contenidas en el artículo 63.

3. La decisión que se adopte únicamente podrá mantener o revocar la prohibición o las modificaciones propuestas.

Apdo. 2 modificado por Real Decreto-ley 6/2023, de 19 de diciembre, por el que se aprueban medidas urgentes para la ejecución del Plan de Recuperación, Transformación y Resiliencia en materia de servicio público de justicia, función pública, régimen local y mecenazgo. (BOE de 20/12/2023). Modificación en vigor desde el 20 de marzo de 2024.

Ver arts. 21 CE; 63, 79.2 LJCA.

ART. 122 bis.

1. El procedimiento para obtener la autorización judicial a que se refiere el artículo 8.2 de la Ley 34/2002, de 11 de julio, de Servicios de la Sociedad de la Información y del Comercio Electrónico, se iniciará con la solicitud de los órganos competentes en la que se expondrán las razones que justifican la petición acompañada de los documentos que sean procedentes a estos efectos. El Juzgado, en el plazo de 24 horas siguientes a la petición y, previa audiencia del Ministerio Fiscal, dictará resolución autorizando la solicitud efectuada siempre que no resulte afectado el artículo 18 apartados 1 y 3 de la Constitución.

2. La ejecución de las medidas para que se interrumpa la prestación de servicios de la sociedad de la información o para que se retiren contenidos que vulneren la propiedad intelectual, adoptadas por la Sección Segunda de la Comisión de Propiedad Intelectual en aplicación de la Ley 34/2002, de 11 de julio, de Servicios de la Sociedad de la información y de Comercio Electrónico, requerirá de autorización judicial previa de conformidad con lo establecido en los párrafos siguientes.

Acordada la medida por la Comisión, solicitará del Juzgado competente la autorización para su ejecución, referida a la posible afectación a los derechos y libertades garantizados en el artículo 20 de la Constitución. La solicitud habrá de ir acompañada del expediente administrativo.

En el plazo improrrogable de dos días siguientes a la recepción de la notificación de la resolución de la Comisión y poniendo de manifiesto el expediente, el Juzgado dará traslado de la resolución de la Comisión al representante legal de la Administración, al del Ministerio Fiscal y a los titulares de los derechos y libertades afectados o a la persona que éstos designen como representante para que puedan efectuar alegaciones escritas por plazo común de cinco días.

Si de las alegaciones escritas efectuadas resultaran nuevos hechos de trascendencia para la resolución, el Juez, atendida la índole del asunto, podrá acordar la celebración de vista oral o, en caso contrario, si de las alegaciones escritas efectuadas no resultaran nuevos hechos de trascendencia para la resolución, el Juez resolverá en el plazo improrrogable de dos días mediante auto. La decisión que se adopte únicamente podrá autorizar o denegar la ejecución de la medida.

Apdo. 2 modificado por Ley 14/2021, de 11 de octubre, por la que se modifica el Real Decreto-ley 17/2020, de 5 de mayo, por el que se aprueban medidas de apoyo al sector cultural y de carácter tributario para hacer frente al impacto económico y social del COVID-2019. (BOE de 12/10/2021).

ART. 122 ter. Procedimiento de autorización judicial de conformidad de una decisión de la Comisión Europea en materia de transferencia internacional de datos.

1. El procedimiento para obtener la autorización judicial a que se refiere la disposición adicional quinta de la Ley Orgánica de Protección de Datos Personales y Garantía de los Derechos Digitales, se iniciará con la solicitud de la autoridad de protección de datos dirigida al Tribunal competente para que se pronuncie acerca de la conformidad de una decisión de la Comisión Europea en materia de transferencia internacional de datos con el Derecho de la Unión Europea. La solicitud irá acompañada de copia del expediente que se encontrase pendiente de resolución ante la autoridad de protección de datos.

2. Serán partes en el procedimiento, además de la autoridad de protección de datos, quienes lo fueran en el procedimiento tramitado ante ella y, en todo caso, la Comisión Europea.

3. El acuerdo de admisión o inadmisión a trámite del procedimiento confirmará, modificará o levantará la suspensión del procedimiento por posible vulneración de la normativa de protección de datos tramitado ante la autoridad de protección de datos, del que trae causa este procedimiento de autorización judicial.

4. Admitida a trámite la solicitud, el Tribunal competente lo notificará a la autoridad de protección de datos a fin de que dé traslado a quienes interviniesen en el procedimiento tramitado ante la misma para que se personen en el plazo de tres días. Igualmente, se dará traslado a la Comisión Europea a los mismos efectos.

5. Concluido el plazo mencionado en la letra anterior, se dará traslado de la solicitud de autorización a las partes personadas a fin de que en el plazo de diez días aleguen lo que estimen procedente, pudiendo solicitar en ese momento la práctica de las pruebas que estimen necesarias.

6. Transcurrido el período de prueba, si alguna de las partes lo hubiese solicitado y el órgano jurisdiccional lo estimase pertinente, se celebrará una vista. El Tribunal podrá decidir el alcance de las cuestiones sobre las que las partes deberán centrar sus alegaciones en dicha vista.

7. Finalizados los trámites mencionados en los tres apartados anteriores, el Tribunal competente adoptará en el plazo de diez días una de estas decisiones:

a) Si considerase que la decisión de la Comisión Europea es conforme al Derecho de la Unión Europea, dictará sentencia declarándolo así y denegando la autorización solicitada.

b) En caso de considerar que la decisión es contraria al Derecho de la Unión Europea, dictará auto de planteamiento de cuestión prejudicial de validez de la citada decisión ante el Tribunal de Justicia de la Unión Europea, en los términos del artículo 267 del Tratado de Funcionamiento de la Unión Europea.

La autorización solamente podrá ser concedida si la decisión de la Comisión Europea cuestionada fuera declarada inválida por el Tribunal de Justicia de la Unión Europea.

8. El régimen de recursos será el previsto en esta ley.

Añadido por Ley Orgánica 3/2018, de 5 de diciembre, de Protección de Datos Personales y garantía de los derechos digitales. (BOE de 06-12-2018).

ART. 122 quater. Autorización o ratificación judicial de las medidas que las autoridades sanitarias consideren urgentes y necesarias para la salud pública e impliquen limitación o restricción de derechos fundamentales.

En la tramitación de las autorizaciones o ratificaciones a que se refieren los artículos 8.6, segundo párrafo, *10.8 y 11.1.i)** de la presente ley será parte el Ministerio fiscal. Esta tramitación tendrá siempre carácter preferente y deberá resolverse por auto en un plazo máximo de tres días naturales.

**Inciso «10.8 y 11.1 i)» declarado inconstitucional y nulo por Sentencia del Tribunal Constitucional 70/2022, de 2 de junio de 2022. Cuestión de inconstitucionalidad 6283-2020. Planteada por la Sección Primera de la Sala de lo Contencioso-Administrativo del Tribunal Superior de Justicia de Aragón, en relación con el artículo 10.8 de la Ley reguladora de la jurisdicción contencioso-administrativa, redactado por la disposición final segunda de la Ley 3/2020, de 18 de septiembre, de medidas procesales y organizativas para hacer frente al Covid-19 en el ámbito de la administración de justicia (BOE de 04-07-2022).*

Modificado por Real Decreto-ley 8/2021, de 4 de mayo, por el que se adoptan medidas urgentes en el orden sanitario, social y jurisdiccional, a aplicar tras la finalización de la vigencia del estado de alarma declarado por el Real Decreto 926/2020, de 25 de octubre, por el que se declara el estado de alarma para contener la propagación de infecciones causadas por el SARS-CoV-2.

Añadido por Ley 3/2020, de 18 de septiembre, de medidas procesales y organizativas para hacer frente al COVID-19 en el ámbito de la Administración de Justicia. (BOE de 19-09-2020).

CAPÍTULO II
Cuestión de ilegalidad

ART. 123.

1. El Juez o Tribunal planteará, mediante auto, la cuestión de ilegalidad prevista en el artículo 27.1 dentro de los cinco días siguientes a que conste en las actuaciones la firmeza de la sentencia. La cuestión habrá de ceñirse exclusivamente a aquel o aquellos preceptos reglamentarios cuya declaración de ilegalidad haya servido de base para la estimación de la demanda. Contra el auto de planteamiento no se dará recurso alguno.

2. En este auto se acordará emplazar a las partes para que, en el plazo de quince días, puedan comparecer y formular alegaciones ante el Tribunal competente para fallar la cuestión. Transcurrido este plazo, no se admitirá la personación.

Ver arts. 27.1, 79.2, DT 6.ª LJCA.

ART. 124.

1. Planteada la cuestión, el Secretario judicial remitirá urgentemente, junto con la certificación del auto de planteamiento, copia testimoniada de los autos principales y del expediente administrativo.

2. Acordará igualmente la publicación del auto de planteamiento de la cuestión en el mismo periódico oficial en que lo hubiera sido la disposición cuestionada.

Ver arts. 47.1 y 123 LJCA.

ART. 125.

1. Con el escrito de personación y alegaciones podrá acompañarse la documentación que se estime oportuna para enjuiciar la legalidad de la disposición cuestionada.

2. Terminado el plazo de personación y alegaciones, el Secretario judicial declarará concluso el procedimiento. La sentencia se dictará en los diez días siguientes a dicha declaración. No obstante, podrá el Tribunal rechazar, en trámite de admisión, mediante auto y sin necesidad de audiencia de las partes, la cuestión de ilegalidad cuando faltaren las condiciones procesales.

3. El plazo para dictar sentencia quedará interrumpido si, para mejor proveer, el Tribunal acordara reclamar el expediente de elaboración de la disposición cuestionada o practicar alguna prueba de oficio. En estos casos el Secretario judicial acordará oír a las partes por plazo común de cinco días sobre el expediente o el resultado de la prueba.

Ver arts. 61, 67 y 123.2 LJCA.

ART. 126.

1. La sentencia estimará o desestimará parcial o totalmente la cuestión, salvo que faltare algún requisito procesal insubsanable, caso en que la declarará inadmisible.

2. Se aplicará a la cuestión de ilegalidad lo dispuesto para el recurso directo contra disposiciones generales en los artículos 33.3, 66, 70, 71.1.a), 71.2, 72.2 y 73.

Se publicarán también las sentencias firmes que desestimen la cuestión.

3. Firme la sentencia que resuelva la cuestión de ilegalidad, por el Secretario judicial se comunicará al Juez o Tribunal que la planteó.

4. Cuando la cuestión de ilegalidad sea de especial trascendencia para el desarrollo de otros procedimientos, será objeto de tramitación y resolución preferente.

5. La sentencia que resuelva la cuestión de ilegalidad no afectará a la situación jurídica concreta derivada de la sentencia dictada por el Juez o Tribunal que planteó aquélla.

Ver arts. 33.3, 66, 70, 71.1.a), 71.2, 72.2 y 73 LJCA.

CAPÍTULO III
Procedimiento en los casos de suspensión administrativa previa de acuerdos

ART. 127.

1. En los casos en que, conforme a las Leyes, la suspensión administrativa de actos o acuerdos de Corporaciones o Entidades públicas deba ir seguida de la impugnación o traslado de aquéllos ante la Jurisdicción Contencioso-administrativa, se procederá conforme a lo dispuesto en este precepto.

2. En el plazo de los diez días siguientes a la fecha en que se hubiera dictado el acto de suspensión o en el que la Ley establezca, deberá interponerse el recurso contencioso-administrativo mediante escrito fundado, o darse traslado directo del acuerdo suspendido al órgano jurisdiccional, según proceda, acompañando en todo caso copia del citado acto de suspensión.

3. Interpuesto el recurso o trasladado el acuerdo suspendido, el letrado o letrada de la Administración de Justicia requerirá a la corporación o entidad que lo hubiera dictado para que en el plazo de diez días remita el expediente administrativo en soporte electrónico, alegue lo que estime conveniente en defensa de aquél y notifique a cuantos tuvieran interés legítimo en su mantenimiento o anulación la existencia del procedimiento, a efectos de su comparecencia ante el órgano jurisdiccional en el plazo de diez días.

4. Recibido el expediente administrativo, el letrado o letrada de la Administración de Justicia lo entregará junto con las actuaciones a los comparecidos en el procedimiento,

convocándolos para la celebración de la vista, que se celebrará como mínimo a los diez días de la entrega del expediente.

5. El órgano jurisdiccional podrá, motivadamente, sustituir el trámite de vista por el de alegaciones escritas, que se presentarán en el plazo común de los diez días siguientes a la notificación del auto en que así se acuerde. Podrá también abrir un período de prueba, para mejor proveer, por plazo no superior a quince días.

6. Celebrada la vista o deducidas las alegaciones a que se refieren los apartados anteriores, se dictará sentencia por la que se anule o confirme el acto o acuerdo objeto del recurso, disponiendo lo que proceda en cuanto a la suspensión.

Apdos. 3 y 4 modificados por Real Decreto-ley 6/2023, de 19 de diciembre, por el que se aprueban medidas urgentes para la ejecución del Plan de Recuperación, Transformación y Resiliencia en materia de servicio público de justicia, función pública, régimen local y mecenazgo. (BOE de 20/12/2023). Modificación en vigor desde el 20 de marzo de 2024.

Ver arts. 45, 46, 48.1, 61 y 67 LBRL.

CAPÍTULO IV
Procedimiento para la garantía de la unidad de mercado

Añadido por la disposición final 1.3 de la Ley 20/2013, de 9 de diciembre, de garantía de la unidad de mercado.

ART. 127 bis.

1. Cuando la Comisión Nacional de los Mercados y la Competencia considere que una disposición, acto, actuación, inactividad o vía de hecho procedente de cualquier Administración pública sea contraria a la libertad de establecimiento o de circulación en los términos previstos en la Ley 20/2013, de 9 de diciembre, de garantía de la unidad de mercado, podrá presentar el recurso contencioso-administrativo regulado en este Capítulo.

2. El plazo para interponer el recurso contencioso-administrativo para la garantía de la unidad de mercado será de dos meses conforme a lo previsto en los apartados 1 a 3 del artículo 46. Cuando el recurso se interponga a solicitud de un operador económico el plazo de dos meses se computará desde la presentación de la solicitud ante la Comisión Nacional de los Mercados y la Competencia.

ART. 127 ter.

1. En el mismo día de la interposición del recurso por la Comisión Nacional de los Mercados y la Competencia en garantía de la unidad de mercado o en el siguiente, el Secretario judicial requerirá con carácter urgente al órgano administrativo correspondiente, acompañando copia del escrito de interposición, para que en el plazo máximo de cinco días a contar desde la recepción del requerimiento remita el expediente acompañado de los informes y datos que se soliciten en el recurso, con apercibimiento de cuanto se establece en el artículo 48.

2. La falta de envío del expediente administrativo dentro del plazo previsto en el apartado anterior no suspenderá el curso de los autos.

3. El Secretario judicial pondrá de manifiesto al recurrente el expediente y demás actuaciones para que en el plazo improrrogable de diez días pueda formalizar la demanda y acompañar los documentos oportunos. Si el expediente administrativo se recibiese una vez formalizada la demanda, se concederá un trámite adicional de alegaciones a las partes.

4. Formalizada la demanda, el Secretario judicial dará traslado de la misma a las partes demandadas para que, a la vista del expediente, presenten contestación en el plazo común e improrrogable de diez días y acompañen los documentos que estimen oportunos.

5. Evacuado el trámite de contestación, el órgano jurisdiccional decidirá en el siguiente día sobre el recibimiento a prueba, con arreglo a las normas generales establecidas en la presente Ley, y sin perjuicio de lo dispuesto en el artículo 57. El período de práctica de prueba no será en ningún caso superior a veinte días.

6. Conclusas las actuaciones, el órgano jurisdiccional dictará sentencia en el plazo de cinco días. La sentencia estimará el recurso cuando la disposición, la actuación o el acto incurrieran en cualquier infracción del ordenamiento jurídico que afecte a la libertad de establecimiento o de circulación, incluida la desviación de poder.

Conforme a lo dispuesto en el artículo 71, la sentencia que estime el recurso implicará la corrección de la conducta infractora, así como el resarcimiento de los daños y perjuicios, incluido el lucro cesante, que dicha conducta haya causado.

El órgano jurisdiccional podrá convocar a las partes a una comparecencia con la finalidad de dictar su sentencia de viva voz, exponiendo verbalmente los razonamientos en que sustente su decisión, resolviendo sobre los motivos que fundamenten el recurso y la oposición y pronunciando su fallo, de acuerdo con lo dispuesto en los artículos 68 a 71.

La no comparecencia de todas o alguna de las partes no impedirá el dictado de la sentencia de viva voz.

En cuanto se refiere a la grabación de la comparecencia y a su documentación, serán aplicables las disposiciones contenidas en el artículo 63.

Caso de haberse dictado la Sentencia de forma oral, el Secretario judicial expedirá certificación que recoja todos los pronunciamientos del fallo, con expresa indicación de su firmeza y de la actuación administrativa a que se refiera. Dicha certificación será expedida en el plazo máximo de cinco días, notificándose a las partes.

La anterior certificación se registrará e incorporará al Libro de Sentencias del órgano judicial. El soporte videográfico de la comparecencia quedará unido al procedimiento.

7. Durante la tramitación del procedimiento, podrá solicitar su intervención, como parte recurrente, cualquier operador económico que tuviere interés directo en la anulación del acto, actuación o disposición impugnada y no la hubiera recurrido de forma independiente.

La solicitud del operador se resolverá por medio de auto, previa audiencia de las partes personadas, en el plazo común de cinco días.

Admitida la intervención, no se retrotraerán las actuaciones, pero el interviniente será considerado parte en el proceso a todos los efectos y podrá defender las pretensiones formuladas o las que el propio interviniente formule, si tuviere oportunidad procesal para ello.

El interviniente podrá utilizar los recursos que procedan contra las resoluciones que estime perjudiciales para su interés, aunque las consienta la Comisión Nacional de los Mercados y la Competencia o las demás partes personadas.

8. La Sala de lo Contencioso-Administrativo de la Audiencia Nacional acordará la acumulación al promovido por la Comisión Nacional de los Mercados y la Competencia de todo procedimiento que, iniciado por un operador económico ante el mismo u otro órgano jurisdiccional, se dirija frente a la misma disposición o actuación y se funde en la vulneración de la libertad de establecimiento o de circulación conforme a lo previsto en esta Ley.

9. A todos los efectos, la tramitación de estos recursos tendrá carácter preferente.

10. El procedimiento para la garantía de la unidad de mercado, en lo no dispuesto en este Capítulo, se regirá por las normas generales de la presente Ley.

Apdo. 6 modificado por Ley 18/2022, de 28 de septiembre, de creación y crecimiento de empresas. (BOE de 29-09-2022).

ART. 127 quáter.

1. La Comisión Nacional de los Mercados y la Competencia podrá solicitar en su escrito de interposición la suspensión de la disposición, acto o resolución impugnados, así como cualquier otra medida cautelar que asegure la efectividad de la sentencia. La solicitud de esta suspensión tendrá carácter excepcional y solo será solicitada en caso de entender que es imprescindible por la especial relevancia del supuesto para la libertad de establecimiento y circulación.

2. Solicitada la suspensión de la disposición, acto o resolución impugnados, la misma se tramitará en la forma prevista en el capítulo II del título VI, una vez admitido el recurso y sin exigencia de afianzamiento de los posibles perjuicios de cualquiera naturaleza que pudieran derivarse. La Administración cuya actuación se haya recurrido podrá solicitar el levantamiento de la suspensión durante el plazo de tres meses desde su adopción, siempre que acredite que de su mantenimiento pudiera seguirse una perturbación grave de los intereses generales o de tercero que el tribunal ponderará en forma circunstanciada.

3. La solicitud de cualquier otra medida cautelar se tramitará en la forma prevista en el Capítulo II del Título VI.

Apdos. 1 y 2 modificados por Ley 18/2022, de 28 de septiembre, de creación y crecimiento de empresas. (BOE de 29-09-2022).

CAPÍTULO V
Procedimiento para la declaración judicial de extinción de partidos políticos

Añadido por LO. 3/2015, de 30 de marzo, de control de la actividad económico-financiera de los Partidos Políticos. (BOE de 31-03-2015).

ART. 127 quinquies.

1. El procedimiento para la declaración judicial de extinción de un partido político se regirá por lo dispuesto en el artículo 78, con las siguientes especialidades:

a) En la demanda, deberá especificarse en cuál o cuáles de los motivos recogidos en el artículo 12 bis.1 de la Ley Orgánica 6/2002, de 27 de junio, de Partidos Políticos, se fundamenta la petición de declaración judicial de extinción.

b) El plazo de dos meses para la presentación de la demanda se contará a partir del día siguiente al vencimiento del plazo señalado en el artículo 12 bis.2 de la misma ley.

c) Cuando la sentencia declare la extinción del partido, será notificada al registro para que éste proceda a la cancelación de la inscripción.

2. El Ministerio Fiscal será parte del proceso.

Añadido por LO. 3/2015, de 30 de marzo, de control de la actividad económico-financiera de los Partidos Políticos. (BOE de 31-03-2015).

TÍTULO VI
Disposiciones comunes a los Títulos IV y V

CAPÍTULO I
Plazos

ART. 128.

1. Los plazos son improrrogables, y una vez transcurridos el Secretario judicial correspondiente tendrá por caducado el derecho y por perdido el trámite que hubiere dejado de utilizarse. No obstante, se admitirá el escrito que proceda, y producirá sus efectos legales, si se presentare dentro del día en que se notifique la resolución, salvo cuando se trate de plazos para preparar o interponer recursos.

2. Durante el mes de agosto no correrá el plazo para interponer el recurso contencioso-administrativo ni ningún otro plazo de los previstos en esta Ley salvo para el procedimiento para la protección de los derechos fundamentales en el que el mes de agosto tendrá carácter de hábil.

3. En casos de urgencia, o cuando las circunstancias del caso lo hagan necesario, las partes podrán solicitar al órgano jurisdiccional que habilite los días inhábiles en el procedimiento para la protección de los derechos fundamentales o en el incidente de suspensión o de adopción de otras medidas cautelares. El Juez o Tribunal oirá a las demás partes y resolverá por auto en el plazo de tres días, acordando en todo caso la habilitación cuando su denegación pudiera causar perjuicios irreversibles.

Ver arts. 182-185 LOPJ; 46, 52, 79.3, 85.1, 92.1, 114-122, 129-136 LJCA.

CAPÍTULO II
Medidas cautelares

ART. 129.

1. Los interesados podrán solicitar en cualquier estado del proceso la adopción de cuantas medidas aseguren la efectividad de la sentencia.

2. Si se impugnare una disposición general, y se solicitare la suspensión de la vigencia de los preceptos impugnados, la petición deberá efectuarse en el escrito de interposición o en el de demanda.

Ver arts. 78.2, 130-136, D.T. 8.ª LJCA; 117 LPAC.

ART. 130.

1. Previa valoración circunstanciada de todos los intereses en conflicto, la medida cautelar podrá acordarse únicamente cuando la ejecución del acto o la aplicación de la disposición pudieran hacer perder su finalidad legítima al recurso.

2. La medida cautelar podrá denegarse cuando de ésta pudiera seguirse perturbación grave de los intereses generales o de tercero que el Juez o Tribunal ponderará en forma circunstanciada.

Ver art. 129 LJCA.

ART. 131.

El incidente cautelar se sustanciará en pieza separada, con audiencia de la parte contraria, que ordenará el Secretario judicial por plazo que no excederá de diez días, y será resuelto por auto dentro de los cinco días siguientes. Si la Administración demandada no hubiere aún comparecido, la audiencia se entenderá con el órgano autor de la actividad impugnada.

Ver art. 137 LJCA.

ART. 132.

1. Las medidas cautelares estarán en vigor hasta que recaiga sentencia firme que ponga fin al procedimiento en el que se hayan acordado, o hasta que éste finalice por cualquiera de las causas previstas en esta Ley. No obstante, podrán ser modificadas o revocadas durante el curso del procedimiento si cambiaran las circunstancias en virtud de las cuales se hubieran adoptado.

2. No podrán modificarse o revocarse las medidas cautelares en razón de los distintos avances que se vayan haciendo durante el proceso respecto al análisis de las cuestiones formales o de fondo que configuran el debate, y, tampoco, en razón de la modificación de los criterios de valoración que el Juez o Tribunal aplicó a los hechos al decidir el incidente cautelar.

Ver art. 129 LJCA.

ART. 133.

1. Cuando de la medida cautelar pudieran derivarse perjuicios de cualquier naturaleza, podrán acordarse las medidas que sean adecuadas para evitar o paliar dichos perjuicios. Igualmente podrá exigirse la presentación de caución o garantía suficiente para responder de aquéllos.

2. La caución o garantía podrá constituirse en cualquiera de las formas admitidas en Derecho. La medida cautelar acordada no se llevará a efecto hasta que la caución o garantía esté constituida y acreditada en autos, o hasta que conste el cumplimiento de las medidas acordadas para evitar o paliar los perjuicios a que se refiere el apartado precedente.

3. Levantada la medida por sentencia o por cualquier otra causa, la Administración, o la persona que pretendiere tener derecho a indemnización de los daños sufridos, podrá solicitar ésta ante el propio órgano jurisdiccional por el trámite de los incidentes, dentro del año siguiente a la fecha del alzamiento. Si no se formulase la solicitud dentro de dicho plazo, se renunciase a la misma o no se acreditase el derecho, se cancelará la garantía constituida.

Ver arts. 84.2, 91.2 LJCA.

ART. 134.

1. El auto que acuerde la medida se comunicará al órgano administrativo correspondiente, el cual dispondrá su inmediato cumplimiento, siendo de aplicación lo dispuesto en el capítulo IV del Título IV, salvo el artículo 104.2 2. La suspensión de la vigencia de disposiciones de carácter general será publicada con arreglo a lo dispuesto en el artículo 107.2. Lo mismo se observará cuando la suspensión se refiera a un acto administrativo que afecte a una pluralidad indeterminada de personas.

Ver arts. 80.1.a), 103-113 LJCA.

ART. 135.

1. Cuando los interesados alegaran la concurrencia de circunstancias de especial urgencia en el caso, el juez o tribunal sin oír a la parte contraria, en el plazo de dos días podrá mediante auto:

a) Apreciar las circunstancias de especial urgencia y adoptar o denegar la medida, conforme al artículo 130. Contra este auto no se dará recurso alguno. En la misma resolución el órgano judicial dará audiencia a la parte contraria para que en el plazo de tres días alegue lo que estime procedente o bien convocará a las partes a una comparecencia que habrá de celebrarse dentro de los tres días siguientes a la adopción de la medida. Recibidas las alegaciones o transcurrido el plazo en su caso o bien celebrada la comparecencia, el juez o tribunal dictará auto sobre el levantamiento, mantenimiento o modificación de la medida adoptada, el cual será recurrible conforme a las reglas generales.

En cuanto se refiere a la grabación de la comparecencia y a su documentación, serán aplicables las disposiciones contenidas en el artículo 63.

b) No apreciar las circunstancias de especial urgencia y ordenar la tramitación del incidente cautelar conforme al artículo 131, durante la cual los interesados no podrán solicitar nuevamente medida alguna al amparo del presente artículo.

2. En los supuestos que tengan relación con actuaciones de la Administración en materia de extranjería, asilo político y condición de refugiado que impliquen retorno y el afectado sea un menor de edad, el órgano jurisdiccional oirá al Ministerio Fiscal con carácter previo a dictar el auto al que hace referencia el apartado primero de este artículo.

ART. 136.

1. En los supuestos de los artículos 29 y 30, la medida cautelar se adoptará salvo que se aprecie con evidencia que no se dan las situaciones previstas en dichos artículos o la medida ocasione una perturbación grave de los intereses generales o de tercero, que el Juez ponderará en forma circunstanciada.

2. En los supuestos del apartado anterior, las medidas también podrán solicitarse antes de la interposición del recurso, tramitándose conforme a lo dispuesto en el artículo precedente. En tal caso el interesado habrá de pedir su ratificación al interponer el recurso, lo que habrá de hacerse inexcusablemente en el plazo de diez días a contar desde la notificación de la adopción de las medidas cautelares. En los tres días siguientes, el Secretario judicial convocará la comparecencia a la que hace referencia el artículo anterior.

De no interponerse el recurso, quedarán automáticamente sin efecto las medidas acordadas, debiendo el solicitante indemnizar de los daños y perjuicios que la medida cautelar haya producido.

Ver art. 129 LJCA.

CAPÍTULO III
Incidentes e invalidez de actos procesales

ART. 137.

Todas las cuestiones incidentales que se susciten en el proceso, se sustanciarán en pieza separada y sin suspender el curso de los autos.

Ver arts. 59.2, 109, 131 LJCA; 240 LOPJ.

ART. 138.

1. Cuando se alegue que alguno de los actos de las partes no reúne los requisitos establecidos por la presente Ley, la que se halle en tal supuesto podrá subsanar el defecto u oponer lo que estime pertinente dentro de los diez días siguientes al de la notificación del escrito que contenga la alegación.

2. Cuando el Juzgado o Tribunal de oficio aprecie la existencia de algún defecto subsanable, el Secretario judicial dictará diligencia de ordenación en que lo reseñe y otorgue el mencionado plazo para la subsanación, con suspensión, en su caso, del fijado para dictar sentencia.

3. Sólo cuando el defecto sea insubsanable o no se subsane debidamente en plazo, podrá ser decidido el recurso con fundamento en tal defecto.

Ver arts. 51.3, 56.2 LJCA; 11.3 LOPJ.

CAPÍTULO IV
Costas procesales

ART. 139.

1. En primera o única instancia, el órgano jurisdiccional, al dictar sentencia o al resolver por auto los recursos o incidentes que ante el mismo se promovieren, impondrá las costas a la parte que haya visto rechazadas todas sus pretensiones, salvo que aprecie y así lo razone, que el caso presentaba serias dudas de hecho o de derecho.

En los supuestos de estimación o desestimación parcial de las pretensiones, cada parte abonará las costas causadas a su instancia y las comunes por mitad, salvo que el órgano jurisdiccional, razonándolo debidamente, las imponga a una de ellas por haber sostenido su acción o interpuesto el recurso con mala fe o temeridad.

2. En los recursos se impondrán las costas al recurrente si se desestima totalmente el recurso, salvo que el órgano jurisdiccional, razonándolo debidamente, aprecie la concurrencia de circunstancias que justifiquen su no imposición.

3. En el recurso de casación se impondrán las costas de conformidad con lo previsto en el artículo 93.4.

4. En primera o única instancia, la parte condenada en costas estará obligada a pagar una cantidad total que no exceda de la tercera parte de la cuantía del proceso, por cada uno de los favorecidos por esa condena; a estos solos efectos, las pretensiones de cuantía indeterminada se valorarán en 18.000 euros, salvo que, por razón de la complejidad del asunto, el tribunal disponga razonadamente otra cosa.

En los recursos, y sin perjuicio de lo previsto en el apartado anterior, la imposición de costas podrá ser a la totalidad, a una parte de éstas o hasta una cifra máxima.

5. Para la exacción de las costas impuestas a particulares, la Administración acreedora utilizará el procedimiento de apremio, en defecto de pago voluntario.

6. En ningún caso se impondrán las costas al Ministerio Fiscal.

7. Las costas causadas en los autos serán reguladas y tasadas según lo dispuesto en la Ley de Enjuiciamiento Civil.

Apdo. 4 modificado por Real Decreto-ley 6/2023, de 19 de diciembre, por el que se aprueban medidas urgentes para la ejecución del Plan de Recuperación, Transformación y Resiliencia en materia de servicio público de justicia, función pública, régimen local y mecenazgo. (BOE de 20/12/2023). Modificación en vigor desde el 20 de marzo de 2024.

Anteriormente modificado por LO. 7/2015, de 21 de julio, por la que se modifica la LOPJ. (BOE de 22-07-2015).

Ver arts. 61.5, 68.2, 74.6, 93.4 LJCA; 241-246 LEC.

DISPOSICIONES ADICIONALES

D.A. 1.ª Territorios Históricos y Comisión Arbitral del País Vasco.

1. En la Comunidad Autónoma del País Vasco, la referencia del apartado 2 del artículo 1 de esta Ley incluye las Diputaciones Forales y la Administración Institucional de ellas dependiente. Asimismo, la referencia del apartado 3, letra a), del artículo 1 incluye los actos y disposiciones en materia de personal y gestión patrimonial sujetos al derecho público adoptados por los órganos competentes de las Juntas Generales de los Territorios Históricos.

2. No corresponde a la Jurisdicción Contencioso-administrativa el conocimiento de las decisiones o resoluciones dictadas por la Comisión Arbitral a que se refiere el artículo 39 del Estatuto de Autonomía del País Vasco.

Ver arts. 1.2.b) LJCA; 39 del Estatuto de Autonomía del País Vasco.

D.A. 2.ª Actualización de cuantías.

El Gobierno queda autorizado para actualizar cada cinco años las cuantías señaladas en esta Ley, previo informe del Consejo General del Poder Judicial y del Consejo de Estado.

Ver arts. 48.6, 81.1.a), 86.2.b), 112.a) LJCA.

D.A. 3.ª Registro de sentencias.

1. Las Salas de lo Contencioso-administrativo de los Tribunales Superiores de Justicia, de la Audiencia Nacional y del Tribunal Supremo remitirán al Consejo General del Poder Judicial, dentro de los diez días siguientes a su firma, testimonio de las sentencias dictadas en los procesos de que conozcan.

2. El Consejo General del Poder Judicial constituirá, con dichas sentencias, un Registro, cuyas certificaciones harán fe en todo tipo de procesos.

D.A. 4.ª Recursos contra determinados actos, resoluciones y disposiciones.

Serán recurribles:

1. Los actos administrativos no susceptibles de recurso ordinario dictados por el Banco de España y las resoluciones del Ministro de Economía y Hacienda que resuelvan recursos ordinarios contra actos dictados por el Banco de España, así como las disposiciones dictadas por la citada entidad, directamente, en única instancia, ante la Sala de lo Contencioso-administrativo de la Audiencia Nacional de conformidad con lo dispuesto en la Ley 13/1994, de 1 de junio, de Autonomía del Banco de España.

2. Los actos administrativos no susceptibles de recurso ordinario dictados por la Comisión Nacional del Mercado de Valores y las resoluciones del Ministro de Economía y Hacienda que resuelvan recursos ordinarios contra actos dictados por la Comisión Nacional del Mercado de Valores, así como las disposiciones dictadas por la citada entidad, directamente, en única instancia, ante la Sala de lo Contencioso-administrativo de la Audiencia Nacional.

3. Las resoluciones y actos del Presidente y del Consejo de la Comisión Nacional de la Competencia, directamente, en única instancia, ante la Sala de lo Contencioso-administrativo de la Audiencia Nacional.

4. Las resoluciones de la Junta Arbitral regulada por la Ley Orgánica 3/1996, de 27 de diciembre, de Modificación parcial de la Ley Orgánica 8/1980, de 22 de septiembre, de Financiación de las Comunidades Autónomas, directamente, en única instancia, ante la Sala de lo Contencioso-administrativo de la Audiencia Nacional.

5. Los actos y disposiciones dictados por la Agencia Española de Protección de Datos, Comisión Nacional de los Mercados y la Competencia, Consejo de Transparencia y Buen Gobierno, Consejo Económico y Social, Instituto Cervantes, Consejo de Seguridad Nuclear, Consejo de Universidades, Autoridad Independiente de Protección del Informante, A.A.I., y Secciones Primera y Segunda de la Comisión de Propiedad Intelectual, directamente, ante la Sala de lo Contencioso-Administrativo de la Audiencia Nacional.

6. Las resoluciones del Ministro de Economía y Competitividad que resuelvan recursos de alzada contra actos dictados por el Instituto de Contabilidad y Auditoría de Cuentas, así como las resoluciones de carácter normativo dictadas por el Instituto de Contabilidad y Auditoría de Cuentas directamente, en única instancia, ante la Sala de lo Contencioso-Administrativo de la Audiencia Nacional.

7. Las resoluciones del Consejo Gestor del Fondo de apoyo a la solvencia de empresas estratégicas directamente, en única instancia, ante la Sala de lo Contencioso-administrativo de la Audiencia Nacional.

Apdo. 5 modificado por Real Decreto-ley 6/2023, de 19 de diciembre, por el que se aprueban medidas urgentes para la ejecución del Plan de Recuperación, Transformación y Resiliencia en materia de servicio público de justicia, función pública, régimen local y mecenazgo. (BOE de 20/12/2023). Modificación en vigor desde el 20 de marzo de 2024.

Apdo. 5 anteriormente modificado por Ley 2/2023, de 20 de febrero, reguladora de la protección de las personas que informen sobre infracciones normativas y de lucha contra la corrupción. (BOE de 21/02/2023).

Apdo. 7 añadido por Real Decreto-ley 25/2020, de 3 de julio, de medidas urgentes para apoyar la reactivación económica y el empleo. (BOE de 06-07-2020).

Ver arts. 16 y 97 LRMV; 8.3, 9, 11 LJCA.

D.A. 5.ª Modificación del Texto Refundido de la Ley de Procedimiento Laboral.

El artículo 3 del Texto Refundido de la Ley de Procedimiento Laboral, aprobado por Real Decreto Legislativo 2/1995, de 7 de abril, quedará redactado como sigue:

"1. No conocerán los Órganos Jurisdiccionales del Orden Social:

a) De la tutela de los derechos de libertad sindical y del derecho a huelga relativa a los funcionarios públicos y al personal al que se refiere el artículo 1.3.a) del texto refundido de la Ley del Estatuto de los Trabajadores.

b) De las resoluciones dictadas por la Tesorería General de la Seguridad Social en materia de gestión recaudatoria o, en su caso, por las Entidades Gestoras en el supuesto de cuotas de recaudación conjunta, así como de las relativas a las actas de liquidación y de infracción.

c) De las pretensiones que versen sobre la impugnación de las disposiciones generales y actos de las Administraciones Públicas sujetos al Derecho Administrativo en materia laboral, salvo los que se expresan en el apartado siguiente.

2. Los Órganos Jurisdiccionales del Orden Social conocerán de las pretensiones sobre:

a) Las resoluciones administrativas relativas a la imposición de cualesquiera sanciones por todo tipo de infracciones de orden social, con las excepciones previstas en la letra b) del apartado 1 de este artículo.

b) Las resoluciones administrativas relativas a regulación de empleo y actuación administrativa en materia de traslados colectivos.

3. En el plazo de nueve meses desde la entrada en vigor de esta Ley, el Gobierno remitirá a las Cortes Generales un Proyecto de Ley para incorporar a la Ley de Procedimiento Laboral las modalidades y especialidades procesales correspondientes a los supuestos del anterior número 2. Dicha Ley determinará la fecha de entrada en vigor de la atribución a la Jurisdicción del Orden Social de las materias comprendidas en el número 2 de este artículo."

D.A. 6.ª Modificación del texto articulado de la Ley de Bases sobre el procedimiento económico-administrativo.

El artículo 40 del texto articulado de la Ley de Bases 39/1980, de 5 de julio, sobre el procedimiento económico-administrativo, aprobado por Real Decreto legislativo 2795/1980, de 12 de diciembre, queda redactado como sigue:

«1. Las resoluciones del Ministro de Economía y Hacienda y del Tribunal Económico-Administrativo Central serán recurribles por vía contencioso-administrativa ante la Audiencia Nacional, salvo las resoluciones dictadas por el Tribunal Económico-Administrativo Central en materia de tributos cedidos, que serán recurribles ante el Tribunal Superior de Justicia competente.

2. Las resoluciones dictadas por los Tribunales Económico-Administrativos Regionales y Locales que pongan fin a la vía económico-administrativa serán recurribles ante el Tribunal Superior de Justicia competente.»

D.A. 7.ª

Los juzgados y tribunales del orden contencioso-administrativo también conocerán de las cuestiones que se promuevan entre Sociedad Estatal Correos y Telégrafos, S.A., y los empleados de ésta que conserven la condición de funcionarios y presten servicios en la misma, en los mismos términos en que conocen las cuestiones que se plantean entre los organismos públicos y su personal funcionario, atendiendo a la naturaleza específica de esta relación.

D.A. 8.ª Referencias al recurso de súplica.

Las referencias en el articulado de esta Ley al recurso de súplica se entenderán hechas al recurso de reposición.

D.A. 9.ª Incidencia de las competencias de la Unión Europea en el proceso contencioso-administrativo tributario.

1. De conformidad con lo dispuesto en el artículo 1 de esta Ley, cuando el recurso contencioso-administrativo tenga por objeto un acto administrativo que, relativo a una deuda aduanera, esté vinculado a una decisión adoptada por las instituciones de la Unión Europea, la revisión no podrá extenderse al contenido de dicha decisión.

De no proceder la anulación del acto administrativo recurrido en base al resto de alegaciones del demandante, en el supuesto de que la normativa de la Unión Europea haga depender la no contracción a posteriori, la condonación o la devolución de la deuda aduanera de una Decisión de la Comisión Europea, y el acto objeto de recurso haya sido dictado sin someter dicha cuestión a la Comisión, el órgano jurisdiccional deberá pronunciarse sobre si, conforme a lo dispuesto en la normativa de la Unión Europea, procede tal sometimiento. Si el órgano jurisdiccional entiende que dicho sometimiento es procedente, suspenderá el procedimiento e instará a la Administración Tributaria para que someta el asunto a la Comisión en el plazo máximo de dos meses.

2. Cuando el acto relativo a la liquidación de una deuda aduanera objeto de recurso, haya sido sometido a una decisión de las instituciones de la Unión Europea que haya de pronunciarse sobre la no contracción a posteriori, la devolución o la condonación de dicha deuda, se suspenderá el curso de los autos desde que esa circunstancia se ponga en conocimiento del órgano jurisdiccional y hasta que sea firme la resolución adoptada por dichas instituciones.

Igualmente procederá la suspensión del curso de los autos, exclusivamente respecto de los elementos de la obligación tributaria que sean objeto del procedimiento amistoso, desde que se inicie el procedimiento amistoso en materia de imposición directa a que se refiere la disposición adicional primera del texto refundido de la Ley del Impuesto sobre la Renta de no Residentes, aprobado por Real Decreto Legislativo 5/2004, de 5 de marzo, hasta que finalice dicho procedimiento amistoso.

En los procedimientos tramitados al amparo del Convenio 90/436/CEE y en los casos en los que la existencia de sanciones excluya el acceso a la fase arbitral del procedimiento amistoso, lo establecido en el párrafo anterior no será de aplicación cuando se haya interpuesto cualquier recurso en vía contencioso-administrativa contra las sanciones.

Apdo. 2 se modifica por Real Decreto-ley 3/2020, de 4 de febrero, de medidas urgentes por el que se incorporan al ordenamiento jurídico español diversas directivas de la Unión Europea en el ámbito de la contratación pública en determinados sectores; de seguros privados; de planes y fondos de pensiones; del ámbito tributario y de litigios fiscales. (BOE de 05-02-2020).

Añadida por Ley 34/2015, de 21 de septiembre, de modificación parcial de la Ley 58/2003, de 17 de diciembre, General Tributaria. (BOE de 22-09-2015).

D.A. 10.ª Delitos contra la Hacienda pública.

De conformidad con lo dispuesto en el artículo 3.a) de esta Ley, no corresponde al orden jurisdiccional contencioso-administrativo conocer de las pretensiones que se deduzcan respecto de las actuaciones tributarias vinculadas a delitos contra la Hacienda Pública que se dicten al amparo del Título VI de la Ley 58/2003, de 17 de diciembre, General Tributaria, salvo lo previsto en los artículos 256 y 258.3 de la misma.

Una vez iniciado el correspondiente proceso penal por delito contra la Hacienda Pública, tampoco corresponderá al orden jurisdiccional contencioso-administrativo conocer de las pretensiones que se deduzcan respecto de las medidas cautelares adoptadas al amparo del artículo 81 de la Ley 58/2003, de 17 de diciembre, General Tributaria.

Añadida por Ley 34/2015, de 21 de septiembre, de modificación parcial de la Ley 58/2003, de 17 de diciembre, General Tributaria. (BOE de 22-09-2015).

D.A. 11.ª Referencias al expediente administrativo contenidas en la Ley 29/1998, de 13 de julio, reguladora de la Jurisdicción Contencioso-administrativa.

Todas las referencias al expediente administrativo contenidas en la Ley 29/1998, de 13 de julio, reguladora de la Jurisdicción Contencioso-administrativa, se entenderán hechas al expediente administrativo en soporte electrónico.

Añadida por Real Decreto-ley 6/2023, de 19 de diciembre, por el que se aprueban medidas urgentes para la ejecución del Plan de Recuperación, Transformación y Resiliencia en materia de servicio público de justicia, función pública, régimen local y mecenazgo. (BOE de 20/12/2023). Modificación en vigor desde el 20 de marzo de 2024.

DISPOSICIONES TRANSITORIAS

D.T. 1.ª Asuntos de la competencia de los Juzgados de lo Contencioso-administrativo.

1. Los procesos pendientes ante las Salas de lo Contencioso-Administrativo de los Tribunales Superiores de Justicia cuya competencia corresponda, conforme a esta Ley, a los Juzgados de lo Contencioso-administrativo, continuarán tramitándose ante dichas Salas hasta su conclusión.

2. En tanto no entren en funcionamiento los Juzgados de lo Contencioso-administrativo, las Salas de lo Contencioso-administrativo de los Tribunales Superiores de Justicia ejercerán competencia para conocer de los procesos que, conforme a esta Ley, se hayan atribuido a los Juzgados. En estos casos, el régimen de recursos será el establecido en esta Ley para

las sentencias dictadas en segunda instancia por las Salas de lo Contencioso-administrativo de los Tribunales Superiores de Justicia.

Ver arts. 8 LJCA y 21 CC.

D.T. 2.ª Procedimiento ordinario.

1. Los recursos contencioso-administrativos interpuestos con anterioridad a la entrada en vigor de esta Ley continuarán sustanciándose conforme a las normas que regían a la fecha de su iniciación.

2. No obstante, cuando el plazo para dictar sentencia en tales procesos se hubiere iniciado con posterioridad a la entrada en vigor de esta Ley, se hará aplicación en la sentencia de lo dispuesto en la sección 8.ª del capítulo I del Título IV. Si hubiera de aplicarse un precepto que supusiera innovación, se otorgará a las partes un plazo común extraordinario de diez días para oírlas sobre ello.

3. Serán asimismo aplicables las reglas de la sección 9.ª del capítulo I del Título IV a todos los recursos contencioso-administrativos en que no se hubiese dictado sentencia a la entrada en vigor de esta Ley.

Ver arts. 67-77 LJCA.

D.T. 3.ª Recursos de casación.

1. El régimen de los distintos recursos de casación regulados en esta Ley será de plena aplicación a las resoluciones de las Salas de lo Contencioso-administrativo de la Audiencia Nacional y de los Tribunales Superiores de Justicia que se dicten con posterioridad a su entrada en vigor y a las de fecha anterior cuando al producirse aquélla no hubieren transcurrido los plazos establecidos en la normativa precedente para preparar o interponer el recurso de casación que procediera. En este último caso, el plazo para preparar o interponer el recurso de casación que corresponda con arreglo a esta Ley se contará desde la fecha de su entrada en vigor.

2. Los recursos de casación preparados con anterioridad a la entrada en vigor de esta Ley se regirán por la legislación anterior.

Ver arts. 86-93 LJCA.

D.T. 4.ª Ejecución de sentencias.

La ejecución de las sentencias firmes dictadas después de la entrada en vigor de esta Ley se llevará a cabo según lo dispuesto en ella. Las dictadas con anterioridad de las que no constare en autos su total ejecución se ejecutarán en lo pendiente con arreglo a la misma.

Ver arts. 103-113 LJCA.

D.T. 5.ª Procedimiento especial para la protección de los derechos fundamentales de la persona.

Los recursos interpuestos en materia de protección de los derechos fundamentales de la persona con anterioridad a la entrada en vigor de esta Ley continuarán sustanciándose por las normas que regían a la fecha de su iniciación.

Ver arts. 114-122 LJCA.

D.T. 6.ª Cuestión de ilegalidad.

La cuestión de ilegalidad sólo podrá plantearse en todos los procedimientos cuya sentencia adquiera firmeza desde la entrada en vigor de esta Ley.

Ver arts. 27, 123-126 LJCA.

D.T. 7.ª Procedimiento especial en materia de suspensión administrativa de acuerdos.

El régimen del procedimiento especial en los casos de suspensión administrativa de acuerdos regulado en el artículo 127 será de aplicación a las impugnaciones y traslados de actos suspendidos que tengan lugar con posterioridad a su entrada en vigor, aunque dichos actos hubieran sido dictados antes de esa fecha.

Ver art. 127 LJCA.

D.T. 8.ª Medidas cautelares.

En los procedimientos pendientes a la entrada en vigor de esta Ley podrán solicitarse y acordarse las medidas cautelares previstas en el capítulo II del Título VI.

Ver arts. 129-136 LJCA.

D.T. 9.ª Costas procesales.

El régimen de costas procesales establecido en esta Ley será aplicable a los procesos y a los recursos que se inicien o promuevan con posterioridad a su entrada en vigor.

Ver art. 139 LJCA.

DISPOSICIONES DEROGATORIAS

D.DT. 1.ª Cláusula general de derogación.

Quedan derogadas todas las normas de igual o inferior rango en lo que se opongan a la presente Ley.

D.DT. 2.ª Derogación de normas.

Quedan derogadas las siguientes disposiciones:

a) La Ley reguladora de la Jurisdicción Contencioso-administrativa, de 27 de diciembre de 1956.

b) Los artículos 114 y 249 de la Ley 118/1973, de 12 de enero, texto refundido de la Ley de Reforma y Desarrollo Agrario.

c) Los artículos 6, 7, 8, 9 y 10 de la Ley 62/1978, de 26 de diciembre, de Protección Jurisdiccional de los Derechos Fundamentales de la Persona.

d) El apartado 3 del artículo 110 de la Ley 30/1992, de 26 de noviembre, de Régimen Jurídico de las Administraciones Públicas y del Procedimiento Administrativo Común.

DISPOSICIONES FINALES

D.F. 1.ª Supletoriedad de la Ley de Enjuiciamiento Civil.

En lo no previsto por esta Ley, regirá como supletoria la de Enjuiciamiento Civil.

D.F. 2.ª Desarrollo de la Ley.

Se autoriza al Gobierno a dictar cuantas disposiciones de aplicación y desarrollo de la presente Ley sean necesarias. En concreto, en el plazo de un año a partir de la entrada en vigor de esta Ley, el Gobierno, a propuesta del Consejo General del Poder Judicial, regulará la organización y régimen de acceso al Registro previsto en la disposición adicional tercera. Al mismo tiempo, el Gobierno elaborará los programas necesarios para la instauración de los órganos unipersonales de lo contencioso-administrativo en el período comprendido entre 1998 y 2000, correspondiendo al Consejo General del Poder Judicial y al Ministerio de Justicia o, en su caso, al órgano competente de la Comunidad Autónoma el desarrollo y ejecución, dentro del ámbito de sus respectivas competencias.

Ver arts. 44 y 62 Ley 38/1988, de 28 de diciembre, de Demarcación y de Planta Judicial.

D.F. 3.ª Entrada en vigor.

La presente Ley entrará en vigor a los cinco meses de su publicación en el Boletín Oficial del Estado, sin perjuicio de lo establecido en la Disposición Adicional Quinta.

Por tanto,
Mando a todos los españoles, particulares y autoridades, que guarden y hagan guardar esta Ley.
Madrid, 13 de julio de 1998.

JUAN CARLOS R.

El Presidente del Gobierno,
JOSÉ MARÍA AZNAR LÓPEZ

III.
LEY ORGÁNICA 2/1987, DE 18 DE MAYO, DE CONFLICTOS JURISDICCIONALES

–BOE núm. 120, de 20 de mayo de 1987–

JUAN CARLOS I,
REY DE ESPAÑA

A todos los que la presente vieren y entendieren.

Sabed: Que las Cortes Generales han aprobado y Yo vengo en sancionar la siguiente Ley Orgánica:

La ordenación actual de los conflictos jurisdiccionales está contenida en la Ley de 17 de julio de 1948 que, inspirada en el principio de concentración de propio de un régimen autoritario, atribuyó al Jefe del Estado la competencia para resolver por Decreto tales conflictos. Tal principio es incompatible con nuestro ordenamiento constitucional, y con la posición que en el mismo ocupa el Rey. La Ley Orgánica 6/1985, de 1 de julio, del Poder Judicial ha solucionado esa primera incompatibilidad con la Constitución, al otorgar a órganos mixtos, formados por representantes del Poder Judicial y del Consejo de Estado, en unos casos, y de aquél y de la jurisdicción militar, en otros, siempre bajo la presidencia de la más alta autoridad judicial de la nación, la competencia para la resolución de los conflictos de jurisdicción.

No obstante, la ordenación procedimental de la resolución de los conflictos ha de ser modificada para cubrir las insuficiencias que aún son imputables a la Ley de 1948. En efecto, la nueva organización de los poderes del Estado hace precisa una nueva y correlativa enumeración de los órganos legitimados para suscitar los conflictos. Desde el punto de vista del Poder Judicial tal legitimación se extiende a todos sus órganos, a diferencia de lo que dispone la Ley de 1948. Desde el punto de vista de las Administraciones Públicas, la Ley, congruente con la nueva organización territorial del Estado, extiende la legitimación a las Comunidades Autónomas y a las diversas Administraciones Locales, asumiendo así, en lo que a estas últimas respecta, la doctrina del Tribunal Constitucional.

La regulación del procedimiento para el planteamiento y la resolución de los conflictos es objeto de una notoria simplificación. Esta es especialmente visible en la regulación de los llamados conflictos negativos, inspirada en la que se contiene en la Ley Orgánica del Tribunal Constitucional.

La Ley no contiene norma alguna sobre las llamadas «competencias» como conflictos intrajurisdiccionales que son, ni sobre los «conflictos de atribuciones». Las «competencias» están hoy reguladas bajo el nombre de «conflictos de competencia» en el capítulo II del título III del libro I de la Ley Orgánica del Poder Judicial. Los conflictos de atribuciones, en todo aquello que no son conflictos sometidos a la Ley Orgánica del Tribunal Constitucional, han de ser objeto de una norma distinta. La exclusión de esta materia hace imposible proceder a la derogación total e incondicionada de la Ley de 17 de julio de 1948.

CAPÍTULO I
De los conflictos de jurisdicción entre los Juzgados o Tribunales y la Administración

ART. 1.

Los conflictos de jurisdicción entre los Juzgados o Tribunales y la Administración, serán resueltos por el órgano colegiado a que se refiere el artículo 38 de la Ley Orgánica 6/1985, de 1 de julio, del Poder Judicial, que recibirá el nombre de Tribunal de Conflictos de Jurisdicción.

ART. 2.

Cualquier Juzgado o Tribunal podrá plantear conflictos jurisdiccionales a la Administración. Sin embargo, los Juzgados de Paz tramitarán la cuestión al Juez de Primera Instancia e Instrucción, que, de estimarlo, actuará conforme a lo dispuesto en el artículo 9.

ART. 3.

Podrán plantear conflictos de jurisdicción a los Juzgados y Tribunales:
1.° En la Administración del Estado:
a) Los miembros del Gobierno.
b) Los Delegados del Gobierno en las Comunidades Autónomas.
c) Los Generales con mando de región militar o zona militar, los Almirantes con mando de zona marítima, el Almirante Jefe de la jurisdicción central, el Comandante General de la Flota y los Generales Jefes de región aérea o zona aérea.
d) Los Gobernadores civiles.
e) Los Delegados de Hacienda.
2.° En la Administración autonómica, el órgano que señale el correspondiente Estatuto de Autonomía. A falta de previsión en el Estatuto de Autonomía, podrán plantear conflictos, el Consejo de Gobierno de la Comunidad Autónoma o cualquiera de sus miembros, por conducto del Presidente.
3.° En la Administración Local:
a) Los Presidentes de las Diputaciones Provinciales u órganos de la Administración Local de ámbito provincial.
b) Los Presidentes de los Cabildos y Consejos Insulares.
c) Los Alcaldes Presidentes de los Ayuntamientos.

ART. 4.

1. Cuando los demás órganos de las Administraciones Públicas estimen que deben proponer la promoción de un conflicto jurisdiccional en defensa de su esfera de competencias, podrán solicitar su planteamiento al órgano correspondiente de los mencionados en el artículo anterior. A tal efecto, se dirigirán a él por conducto reglamentario, destacando los motivos que aconsejen el planteamiento del conflicto y razonando, con invocación de los preceptos legales en que se funde, los términos de la propuesta.

2. Si el órgano que recibió la propuesta decide aceptarla, promoverá el conflicto y dirigirá las demás actuaciones que se sigan, sin perjuicio de recabar del órgano solicitante toda la información que necesite.

ART. 5.

Sólo los titulares de los órganos a que se refiere el artículo 3 podrán plantear conflictos de jurisdicción a los Juzgados y Tribunales, y únicamente lo harán para reclamar el conocimiento de los asuntos que, de acuerdo con la legislación vigente, les corresponda entender a ellos mismos, a las autoridades que de ellos dependan, o a los órganos de la Administración Pública en los ramos que representan.

ART. 6.

No podrán plantearse conflictos, frente a la iniciación o seguimiento de un procedimiento de «habeas corpus» o de adopción en el mismo de las resoluciones de puesta en libertad o a disposición judicial.

ART. 7.

No podrán plantearse conflictos de jurisdicción a los Juzgados y Tribunales en los asuntos judiciales resueltos por auto o sentencia firmes o pendientes sólo de recurso de casación o de revisión, salvo cuando el conflicto nazca o se plantee con motivo de la ejecución de aquéllos o afecte a facultades de la Administración que hayan de ejercitarse en trámite de ejecución.

ART. 8.

Los Jueces y Tribunales no podrán suscitar conflictos de jurisdicción a las Administraciones Públicas en relación con los asuntos ya resueltos por medio de acto que haya agotado la vía administrativa, salvo cuando el conflicto verse sobre la competencia para la ejecución del acto.

ART. 9.

1. El Juez o Tribunal que, por su propia iniciativa o a instancia de parte, considere de su jurisdicción un asunto de que está conociendo un órgano administrativo, deberá, antes de requerirle de inhibición, solicitar el informe del Ministerio Fiscal, que habrá de evacuarlo en plazo de cinco días. Si decide a su vista formalizar el conflicto de jurisdicción, dirigirá directamente al órgano que corresponda de los enumerados en el artículo 3, un requerimiento de inhibición citando los preceptos legales que sean de aplicación al caso y aquellos en que se apoye para reclamar el conocimiento del asunto.

2. El órgano requerido, una vez que reciba el oficio de inhibición, dará vista, si los hubiere, a los interesados en el procedimiento, para que se pronuncien en el plazo común de diez días, debiendo, en nuevo término de cinco días, pronunciar si mantiene su jurisdicción o si acepta la solicitud de inhibición. Contra esta decisión no cabrá recurso alguno.

ART. 10.

1. Cuando un órgano administrativo de los habilitados especialmente para ello por esta Ley entienda, de oficio o a instancia de parte, que debe plantear a un Juzgado o Tribunal un conflicto de jurisdicción, dará, en primer lugar, audiencia a los interesados en el expediente, si los hubiere.

2. Si el órgano administrativo acuerda, cumpliendo los requisitos establecidos por las normas sobre procedimiento administrativo y, en su caso, las previsiones de la presente Ley, tomar la iniciativa para plantear el conflicto de jurisdicción, dirigirá oficio de inhibición al Juez o Tribunal que esté conociendo de las actuaciones, expresando los preceptos legales a que se refiere el artículo 9.1.

3. Si el órgano que planteare el conflicto fuere uno de los comprendidos en el número 3, del artículo 3, el acuerdo de suscitarlo deberá ser adoptado, en todo caso, por la mayoría absoluta de los miembros del Pleno de la Corporación, previo informe del Secretario, quien deberá emitirlo en un plazo no superior a diez días.

4. Recibido el requerimiento, el Juez o Tribunal dará vista a las partes y al Ministerio Fiscal por plazo común de diez días para que se pronuncien y dictará auto, en el plazo de cinco días, manteniendo o declinando su jurisdicción.

5. Si el Juez o Tribunal declinara su competencia podrán las partes personados y el Ministerio Fiscal interponer recurso de apelación ante el órgano jurisdiccional superior, a cuya resolución se dará preferencia y sin que contra ella quepa ulterior recurso. Los autos que dicte el Tribunal Supremo no serán, en ningún caso, susceptibles de recurso.

ART. 11.

1. El órgano administrativo o jurisdiccional, tan pronto como reciba el oficio de inhibición, suspenderá el procedimiento en lo que se refiere al asunto cuestionado, hasta la resolución del conflicto, adoptando, en todo caso, con carácter provisional, aquellas medidas imprescindibles para evitar que se eluda la acción de la justicia, que se cause grave perjuicio al interés público o que se originen daños graves e irreparables.

2. Cuando el requerimiento se dirija a un órgano jurisdiccional del orden penal o que esté conociendo de un asunto tramitado por el procedimiento preferente para la tutela de los derechos y libertades fundamentales previsto en el artículo 53.2 de la Constitución no se suspenderá el procedimiento, sino, en su caso, hasta el momento de dictar sentencia. El Tribunal de conflictos otorgará preferencia a la tramitación de los conflictos en que concurran estas circunstancias.

3. Al remitirse las actuaciones al Tribunal de conflictos se expresarán las medidas que, en su caso, se hubieren adoptado en cumplimiento de lo dispuesto en el párrafo primero de este artículo.

ART. 12.

1. Cuando el requerido muestre su conformidad con el oficio de inhibición lo hará saber, en el plazo de cinco días, al órgano que tomó la iniciativa, remitiéndole las actuaciones y extendiendo la oportuna diligencia, sin perjuicio de lo previsto en el párrafo 5 del artículo 10.

2. Si el requerido decide mantener su jurisdicción, oficiará inmediatamente al órgano administrativo o Tribunal requirente, anunciándole que queda así formalmente planteado el conflicto de jurisdicción, y que envía en el mismo día las actuaciones al Presidente del Tribunal de conflictos, requiriéndole a que él haga lo propio en el mismo día de recepción. Ello no obstante, requirente y requerido conservarán, en su caso, testimonio de lo necesario para realizar las actuaciones provisionales que hayan de adoptarse o mantenerse para evitar que se eluda la acción de la justicia, que se cause grave perjuicio al interés público o que se originen daños graves e irreparables.

ART. 13.

1. Quien viere rechazado el conocimiento de un asunto de su interés tanto por el Juez o Tribunal como por el órgano administrativo que él estime competentes, podrá instar un conflicto negativo de jurisdicción.

2. Una vez que se haya declarado incompetente, en resolución firme la autoridad judicial o administrativa a la que inicialmente se hubiese dirigido, el interesado se dirigirá, acompañando copia auténtica o testimonio fehaciente de la resolución denegatoria dictada, a la otra autoridad.

3. Si también se declara incompetente, el interesado podrá formalizar sin más trámites y en el plazo improrrogable de quince días el conflicto negativo de jurisdicción, mediante escrito dirigido al Tribunal de conflictos de jurisdicción al que se unirán copias de las resoluciones de las autoridades administrativa y judicial, que se presentará ante el órgano jurisdiccional que se hubiera declarado incompetente. Este elevará las actuaciones al Tribunal de conflictos de jurisdicción y requerirá al órgano administrativo que hubiera intervenido para que actúe de igual forma, todo ello en plazo de diez días.

4. En todo caso se notificarán al interesado las resoluciones que se adopten.

ART. 14.

1. Para resolver cualquier conflicto de jurisdicción, el Tribunal de conflictos dará vista de las actuaciones al Ministerio Fiscal y a la Administración interviniente por plazo común de diez días, dictando sentencia dentro de los diez días siguientes.

2. Las actuaciones del Tribunal de conflictos jurisdiccionales se regirán, en cuanto a deliberación y votación, por lo previsto en el título III del libro III de la Ley Orgánica 6/1985, de 1 de julio, del Poder Judicial, sin perjuicio del voto de calidad que corresponde al Presidente en caso de empate.

ART. 15.

1. Si en cualquier momento anterior a la sentencia apreciare el Tribunal la existencia de irregularidades procedimentales de tal entidad que impidan la formulación de un juicio fundado acerca del contenido del conflicto planteado, pero que puedan ser subsanadas, oficiará al contendiente o contendientes que hubieren ocasionado las irregularidades, dándoles a su discreción un breve plazo para subsanarlas.

2. Igualmente, el Tribunal podrá, si lo estima conveniente para formar su juicio, requerir a las partes en conflicto o a otras autoridades, para que en el plazo que señale le remitan los antecedentes que estime pertinentes.

3. De estimar el Tribunal de Conflictos de Jurisdicción que a través de las actuaciones previstas en los párrafos anteriores se han incorporado nuevos datos relevantes, dará nueva vista al Ministerio Fiscal y a la Administración Pública contendiente, por plazo común de cinco días, y en los diez días siguientes dictará su sentencia.

ART. 16.

1. El Tribunal de Conflictos de Jurisdicción podrá apercibir o imponer multa, no superior a 50.000 pesetas, a aquellas personas, investidas o no de poder público, que no prestaren la necesaria colaboración y diligencia para la tramitación de los conflictos de jurisdicción, previo, en todo caso, el pertinente requerimiento.

2. La multa a que hace referencia el párrafo anterior podrá ser reiterada, si es preciso, y se impondrá sin perjuicio de las demás responsabilidades a que hubiere lugar.

ART. 17.

1. La sentencia declarará a quién corresponde la jurisdicción controvertida, no pudiendo extenderse a cuestiones ajenas al conflicto jurisdiccional planteado.

2. El Tribunal podrá también declarar que el conflicto fue planteado incorrectamente, en cuyo caso ordenará la reposición de las actuaciones al momento en que se produjo el defecto procedimental.

ART. 18.

1. El Tribunal de conflictos podrá imponer una multa no superior a 100.000 pesetas, a aquellas personas, investidas o no de poder público, que hubieren promovido un conflicto de jurisdicción con manifiesta temeridad o mala fe o para obstaculizar el normal funcionamiento de la Administración o de la Justicia.

2. Igual sanción podrá imponerse a la autoridad administrativa o judicial que, por haberse declarado incompetente de forma manifiestamente injustificada, hubiere dado lugar a un conflicto de jurisdicción.

3. Lo dispuesto en los párrafos anteriores se entiende sin perjuicio de la exigencia de las demás responsabilidades a que hubiere lugar.

ART. 19.

La sentencia se notificará inmediatamente a las partes y se publicará en el «Boletín Oficial del Estado», devolviéndose las actuaciones a quien corresponda.

ART. 20.

1. Contra las sentencias del Tribunal de Conflictos de Jurisdicción no cabrá otro recurso que el de amparo constitucional, cuando proceda. No obstante, podrá interponerse escrito de aclaración en los tres días siguientes a la notificación de la sentencia.

2. Las demás resoluciones del Tribunal de conflictos serán susceptibles de recurso de súplica ante el propio Tribunal que se interpondrá en los tres días siguientes a la notificación de la resolución recurrida.

ART. 21.

El procedimiento para la sustanciación y resolución de los conflictos de jurisdicción será gratuito.

CAPÍTULO II
De los conflictos de jurisdicción entre los Juzgados o Tribunales y la jurisdicción militar

ART. 22.

Los conflictos de jurisdicción entre los Juzgados y Tribunales ordinarios y los órganos de la jurisdicción militar serán resueltos por la Sala a que se refiere el artículo 39 de la Ley Orgánica del Poder Judicial, que se denominará Sala de Conflictos de Jurisdicción.

ART. 23.

1. El Juez o Tribunal que, por propia iniciativa o a instancia de parte, considere de su jurisdicción un asunto del que esté conociendo un órgano de la jurisdicción militar, solicitará el informe del Ministerio Fiscal, que deberá evacuarlo en término de cinco días. Si decide a su vista formalizar el conflicto de jurisdicción, se dirigirá directamente al órgano de la jurisdicción militar requerido.

2. Si un órgano de la jurisdicción militar considera de su jurisdicción un asunto del que esté conociendo un Juez o Tribunal ordinario, solicitará el parecer del Fiscal Jurídico Militar. Si visto éste, decide formalizar el conflicto, se dirigirá directamente al Juez o Tribunal requerido.

3. En los dos supuestos previstos en los párrafos anteriores, el requerimiento deberá ir acompañado de una exposición de los argumentos jurídicos y preceptos legales en que se funda.

ART. 24.

Recibido el requerimiento, el órgano requerido actuará según lo previsto en los párrafos 1 y, en su caso 2, del artículo 11, y dará vista a las partes y al Ministerio Fiscal o Fiscal Jurídico Militar, según corresponda, por plazo común de diez días, transcurrido el cual dictará auto, contra el que no cabrá recurso alguno, manteniendo o declinando su jurisdicción.

ART. 25.

Cuando el requerido muestre su conformidad con el oficio de inhibición, lo hará saber inmediatamente al órgano que tomó la iniciativa, remitiéndole las actuaciones y extendiendo la oportuna diligencia.

ART. 26.

1. Si el requerido decide mantener su jurisdicción, lo comunicará inmediatamente al órgano requirente, anunciándole que queda así planteado formalmente el conflicto de jurisdicción y que envía en el mismo día las actuaciones a la Sala de Conflictos de Jurisdicción, instándole a que él haga lo propio.

2. No obstante, ambos órganos conservarán los testimonios precisos para garantizar las medidas cautelares que, en su caso, hubiere adoptado.

ART. 27.

1. Quien viere rechazado el conocimiento de un asunto de su interés, tanto por los Jueces y Tribunales ordinarios como por los órganos de la jurisdicción militar, podrá instar un conflicto negativo de jurisdicción.

2. A tal fin, deberá agotar la vía jurisdiccional, ordinaria o militar, por la que inicialmente hubiera deducido su pretensión, y se dirigirá después a la alternativa, acompañando copia auténtica o testimonio fehaciente de la resolución denegatoria dictada por los órganos de la jurisdicción a la que inicialmente se dirigió.

3. Si también este órgano jurisdiccional se declara incompetente, podrá formalizar sin más trámite, y en el plazo improrrogable de quince días, el conflicto negativo de jurisdicción, mediante escrito dirigido a la Sala de Conflictos de Jurisdicción, al que se acompañarán copias de las resoluciones de los órganos de la jurisdicción ordinaria y militar y que se presentará ante el órgano de aquélla que se hubiera declarado incompetente. Este elevará las actuaciones a la Sala de Conflictos, y requerirá al órgano de la jurisdicción militar que hubiera intervenido para que actúe de igual forma, todo ello en el plazo de diez días.

4. En todo caso, se notificarán al interesado las resoluciones que se adopten.

ART. 28.

Recibidas las actuaciones, la Sala de Conflictos de Jurisdicción dará vista de las mismas al Ministerio Fiscal y al Fiscal Jurídico Militar, por plazo de quince días, dictando sentencia dentro de los diez días siguientes.

ART. 29.

Será de aplicación, para la tramitación de las conflictos regulados en este capítulo, lo dispuesto en los artículos 15 a 21 de la presente Ley, sin más especialidades que las derivadas de la sustitución de la autoridad administrativa por los órganos correspondientes de la jurisdicción militar.

CAPÍTULO III
De los conflictos de jurisdicción entre los Juzgados o Tribunales de la jurisdicción militar y la Administración

ART. 30.

Lo dispuesto en esta Ley en su capítulo I, es aplicable en su totalidad a los conflictos de jurisdicción que surjan entre los Juzgados o Tribunales de la jurisdicción militar y la Administración, sin más que entender referida la expresión Juzgados o Tribunales del articulado del capítulo a los Juzgados Militares o Tribunales Militares y la del Ministerio Fiscal, a la Fiscalía Jurídico Militar.

CAPÍTULO IV
De los conflictos con la jurisdicción contable

ART. 31.

1. Los conflictos de jurisdicción que se susciten entre los órganos de la jurisdicción contable y la Administración y los que surjan entre los primeros y los órganos de la jurisdicción militar, serán resueltos por el Tribunal de Conflictos de Jurisdicción y por la Sala de Conflictos de Jurisdicción, respectivamente, según el procedimiento establecido en la presente Ley Orgánica.

2. A loe efectos de los conflictos de competencia y cuestiones de competencia regulados en los capítulos II y III del título III de la Ley Orgánica 6/1985, de 1 de Julio, del Poder Judicial, los órganos de la jurisdicción contable se entenderán comprendidos en el orden jurisdiccional contencioso-administrativo.

DISPOSICIONES ADICIONALES

D.A. 1.ª

Se autoriza al Gobierno para revisar la cuantía de las multas previstas en los artículos 16 y 18 a fin de adaptarla a las modificaciones del índice de precios al consumo, así como para dictar las disposiciones necesarias para el desarrollo y ejecución de la presente Ley.

D.A. 2.ª

Al artículo 12 de la Ley Orgánica 3/1980, de 22 de abril, del Consejo de Estado, se añadirá un nuevo párrafo redactado en los siguientes términos:

«3. Sin perjuicio de las otras funciones que les encomiende la presente Ley Orgánica, tres Consejeros Permanentes designados para cada año por el Pleno a propuesta de la Comisión Permanente se integrarán en el Tribunal de Conflictos previsto en el artículo 38 de la Ley Orgánica 6/1985, de 1 de julio.»

D.A. 3.ª

Se suprime el inciso «y cuestiones de competencia» que figura en el texto del párrafo séptimo, del artículo 22 de la Ley Orgánica 3/1980, de 22 de abril, del Consejo de Estado.

D.A. 4.ª

No tienen carácter orgánico los artículos 9, 10, 12, 13, 15, 17.2, 19, 20, 21, 23, 25, 26 y 27, así como las disposiciones adicionales primera y transitoria primera.

DISPOSICIONES TRANSITORIAS

D.T. 1.ª

Los conflictos jurisdiccionales en curso seguirán tramitándose, cualquiera que sea su estado, de acuerdo con lo dispuesto en la presente Ley Orgánica, si bien no retrocederán en su tramitación.

D.T. 2.ª

En tanto no se promulgue y entre en vigor la Ley Orgánica de competencia y organización de la jurisdicción militar, y a los efectos del artículo 30, tendrán competencia para promover y sostener conflictos jurisdiccionales con la Administración, las Autoridades Judiciales Militares que enumera el artículo 49 del Código de Justicia Militar y el Consejo Supremo de Justicia Militar, en el ámbito de sus respectivas competencias. Los autos que dicte el Consejo Supremo de Justicia Militar, a los efectos del número 5 del artículo 10, no serán susceptibles de recurso.

DISPOSICIONES DEROGATORIAS

D.DT. 1.ª

1. Quedan derogados:

a) La Ley de 17 de julio de 1948, de Conflictos Jurisdiccionales, salvo los artículos 48 a 53, ambos inclusive, subsistiendo la vigencia, a los solos efectos de lo dispuesto en dichos artículos, de los capítulos II y III.

b) El título III del Libro I de la Ley de Enjuiciamiento Civil, cuyos artículos 125 a 152 quedan sin contenido y los artículos 48 a 50 de la Ley de Enjuiciamiento Criminal y 381 del Código Penal, que también quedan sin contenido.

2. Quedan derogados, igualmente, los artículos 459 y 460 del Código de Justicia Militar, en cuanto tengan por objeto conflictos jurisdiccionales de los comprendidos en esta Ley, así como el artículo 462 del mismo Código.

D.DT. 2.ª

Quedan derogadas, además, cuantas disposiciones se opongan a la presente Ley Orgánica.

Por tanto,
Mando a todos los españoles, particulares y autoridades que guarden y hagan guardar esta Ley Orgánica.

Palacio de la Zarzuela, Madrid, a 18 de mayo de 1987.
JUAN CARLOS R.

El Presidente del Gobierno,
FELIPE GONZÁLEZ MÁRQUEZ

IV.
LEY ORGÁNICA 6/1985, DE 1 DE JULIO, DEL PODER JUDICIAL
–BOE núm. 157, de 2 de julio de 1985–

(EXTRACTO: Arts. 2, 3, 9-12, 21, 24, 26, 27, 38, 39, 53-55, 58, 60, 61, 62-64, 66, 84, 93, 95, 179-185, 292-296)

A partir del 1 de octubre de 2015, todas las referencias que se contengan en esta Ley Orgánica a Secretarios judiciales, Secretarios sustitutos profesionales, Instituto de Medicina Legal e Instituto Nacional de Toxicología, deberán entenderse hechas, respectivamente, a Letrados de la Administración de Justicia, Letrados de la Administración de Justicia suplentes, Instituto de Medicina Legal y Ciencias Forenses e Instituto Nacional de Toxicología y Ciencias Forenses, según establece la disposición adicional 1 de la Ley Orgánica 7/2015, de 21 de julio.

Desde el 4 de diciembre de 2013, fecha en que se constituyó el primer Consejo General del Poder Judicial elegido de conformidad con la Ley Orgánica 4/2013, de 28 de junio, todas las referencias hechas a la Comisión de Calificación se entenderán hechas a la Comisión Permanente y las referencias hechas a los instructores delegados de los expedientes disciplinarios se entenderán hechas al Promotor de la Acción Disciplinaria, así como a los Letrados del Consejo General del Poder Judicial que le asistan, según establecen las disposiciones transitorias 6 y 7 de la citada Ley Orgánica 4/2013, de 28 de junio.

NOTA IMPORTANTE. La Ley Orgánica 1/2025, de 2 de enero, de medidas en materia de eficiencia del Servicio Público de Justicia (BOE 03-01-2025) ha realizado una importante modificación de las denominaciones utilizadas para referirnos a los diferentes juzgados y tribunales, por esto mismo encontramos en la disposición adicional primera de la precitada Ley Orgánica 1/2025 una matización sobre las menciones genéricas que se puedan encontrar en la LOPJ y que reproducimos a continuación:

«Una vez constituidos e implantados de forma efectiva los Tribunales de Instancia, las menciones genéricas que en la Ley Orgánica 6/1985, de 1 de julio, del Poder Judicial, se hacen a los Juzgados y Tribunales, se entenderán referidas a estos últimos o a los jueces, las juezas, los magistrados y las magistradas que sirven en ellos. Las referencias realizadas en las leyes y en el resto de disposiciones de nuestro ordenamiento jurídico a los Juzgados de Primera Instancia e Instrucción, de Primera Instancia, de lo Mercantil, de Instrucción, de Violencia sobre la Mujer, de lo Penal, de Menores, de Vigilancia Penitenciaria, de lo Contencioso-Administrativo, de lo Social se entenderán referidas a las Secciones del orden jurisdiccional correspondiente de los Tribunales de Instancia, de conformidad con lo previsto en esta ley. La misma consideración tendrán las referencias a los Juzgados Centrales respecto de las correspondientes Secciones del Tribunal Central de Instancia».

TITULO PRELIMINAR
Del Poder Judicial y del ejercicio de la potestad jurisdiccional

(...)

ART. 2.

1. El ejercicio de la potestad jurisdiccional, juzgando y haciendo ejecutar lo juzgado, corresponde exclusivamente a los jueces, a las juezas y a los Tribunales determinados en las leyes y en los tratados internacionales.

2. Los jueces, las juezas y los Tribunales no ejercerán más funciones que las señaladas en el apartado anterior, y las demás que expresamente les sean atribuidas por ley en garantía de cualquier derecho.

> *Modificado por la Ley Orgánica 1/2025, de 2 de enero, de medidas en materia de eficiencia del Servicio Público de Justicia. (BOE 03-01-25).*

ART. 3.

1. La jurisdicción es única y se ejerce por los jueces, las juezas y los Tribunales previstos en esta ley **orgánica**, sin perjuicio de las potestades jurisdiccionales reconocidas por la Constitución a otros órganos.

2. Los órganos de la jurisdicción militar, integrante del Poder Judicial del Estado, basan su organización y funcionamiento en el principio de unidad jurisdiccional y administran Justicia en el ámbito estrictamente castrense y, en su caso, en las materias que establezca la declaración del estado de sitio, de acuerdo con la Constitución y lo dispuesto en las leyes penales, procesales y disciplinarias militares.

> *Apdo. 1 modificado por la Ley Orgánica 1/2025, de 2 de enero, de medidas en materia de eficiencia del Servicio Público de Justicia. (BOE 03-01-25).*
>
> *Modificado por Ley Orgánica 7/2015, de 21 de julio, por la que se modifica la LOPJ. (BOE de 22-07-2015).*

(…)

ART. 9.

1. Los jueces y juezas, así como los Tribunales ejercerán su jurisdicción exclusivamente en aquellos casos en que les venga atribuida por esta u otra ley.

2. Los jueces y juezas, así como los Tribunales del orden civil conocerán, además de las materias que les son propias, de todas aquellas que no estén atribuidas a otro orden jurisdiccional.

En este orden civil, corresponderá a la Jurisdicción Militar la prevención de los juicios de testamentaría y de abintestato de los miembros de las Fuerzas Armadas que, en situación de conflicto armado, fallecieren en campaña o navegación, limitándose a la práctica de la asistencia imprescindible para disponer el sepelio del difunto y la formación del inventario y aseguramiento provisorio de sus bienes, dando siempre cuenta a la Autoridad judicial civil competente.

3. Los del orden jurisdiccional penal tendrán atribuido el conocimiento de las causas y juicios criminales, con excepción de los que correspondan a la jurisdicción militar.

4. Los del orden contencioso-administrativo conocerán de las pretensiones que se deduzcan en relación con la actuación de las Administraciones públicas sujeta al derecho administrativo, con las disposiciones generales de rango inferior a la ley y con los reales decretos legislativos en los términos previstos en el artículo 82.6 de la Constitución, de conformidad con lo que establezca la Ley de esa jurisdicción. También conocerán de los recursos contra la inactividad de la Administración y contra sus actuaciones materiales que constituyan vía de hecho. Quedan excluidos de su conocimiento los recursos directos o indirectos que se interpongan contra las Normas Forales fiscales de las Juntas Generales de los Territorios Históricos de Álava, Guipúzcoa y Vizcaya, que corresponderán, en exclusiva, al Tribunal Constitucional, en los términos establecidos por la disposición adicional quinta de su Ley Orgánica.

Conocerán, asimismo, de las pretensiones que se deduzcan en relación con la responsabilidad patrimonial de las Administraciones públicas y del personal a su servicio, cualquiera que sea la naturaleza de la actividad o el tipo de relación de que se derive. Si a la producción del daño hubieran concurrido sujetos privados, el demandante deducirá también frente a ellos su pretensión ante este orden jurisdiccional. Igualmente conocerán de las reclamaciones de responsabilidad cuando el interesado accione directamente contra la aseguradora de la Administración, junto a la Administración respectiva.

También será competente este orden jurisdiccional si las demandas de responsabilidad patrimonial se dirigen, además, contra las personas o entidades públicas o privadas indirectamente responsables de aquéllas.

5. Los del orden jurisdiccional social conocerán de las pretensiones que se promuevan dentro de la rama social del derecho, tanto en conflictos individuales como colectivos, así como las reclamaciones en materia de Seguridad Social o contra el Estado cuando le atribuya responsabilidad la legislación laboral.

Art. 21

6. La jurisdicción es improrrogable. Los órganos judiciales apreciarán de oficio la falta de jurisdicción y resolverán sobre la misma con audiencia de las partes y del Ministerio Fiscal. En todo caso, esta resolución será fundada y se efectuará indicando siempre el orden jurisdiccional que se estime competente.

Apdos. 1 y 2 modificados por la Ley Orgánica 1/2025, de 2 de enero, de medidas en materia de eficiencia del Servicio Público de Justicia. (BOE 03-01-25).

ART. 10.

1. A los solos efectos prejudiciales, cada orden jurisdiccional podrá conocer de asuntos que no le estén atribuidos privativamente.

2. No obstante, la existencia de una cuestión prejudicial penal de la que no pueda prescindirse para la debida decisión o que condicione directamente el contenido de ésta determinará la suspensión del procedimiento mientras aquélla no sea resuelta por los órganos penales a quienes corresponda, salvo las excepciones que la ley establezca.

ART. 11.

1. En todo tipo de procedimiento se respetarán las reglas de la buena fe. No surtirán efecto las pruebas obtenidas, directa o indirectamente, violentando los derechos o libertades fundamentales.

2. Los jueces y juezas, así como los Tribunales rechazarán fundadamente las peticiones, incidentes y excepciones que se formulen con manifiesto abuso de derecho o entrañen fraude de ley o procesal.

3. Los jueces y juezas, así como los Tribunales, de conformidad con el principio de tutela efectiva consagrado en el artículo 24 de la Constitución, deberán resolver siempre sobre las pretensiones que se les formulen, y solo podrán desestimarlas por motivos formales cuando el defecto fuese insubsanable o no se subsanare por el procedimiento establecido en las leyes.

Apdos. 2 y 3 modificados por la Ley Orgánica 1/2025, de 2 de enero, de medidas en materia de eficiencia del Servicio Público de Justicia. (BOE 03-01-25).

ART. 12.

1. En el ejercicio de la potestad jurisdiccional, los Jueces y Magistrados son independientes respecto a todos los órganos judiciales y de gobierno del Poder Judicial.

2. No podrán los Jueces y Tribunales corregir la aplicación o interpretación del ordenamiento jurídico hecha por sus inferiores en el orden jerárquico judicial sino cuando administren justicia en virtud de los recursos que las leyes establezcan.

3. Tampoco podrán los Jueces y Tribunales, órganos de gobierno de los mismos o el Consejo General del Poder Judicial dictar instrucciones, de carácter general o particular, dirigidas a sus inferiores, sobre la aplicación o interpretación del ordenamiento jurídico que lleven a cabo en el ejercicio de su función jurisdiccional.

(...)

LIBRO I

DE LA EXTENSIÓN Y LÍMITES DE LA JURISDICCIÓN Y DE LA PLANTA Y ORGANIZACIÓN DE LOS TRIBUNALES

Rúbrica del Libro I modificada por la Ley Orgánica 1/2025, de 2 de enero, de medidas en materia de eficiencia del Servicio Público de Justicia. (BOE 03-01-25).

TÍTULO I
De la extensión y límites de la jurisdicción

ART. 21.

1. Los Tribunales civiles españoles conocerán de las pretensiones que se susciten en territorio español con arreglo a lo establecido en los tratados y convenios internacionales en los que España sea parte, en las normas de la Unión Europea y en las leyes españolas.

2. No obstante, no conocerán de las pretensiones formuladas respecto de sujetos o bienes que gocen de inmunidad de jurisdicción y de ejecución de conformidad con la legislación española y las normas de Derecho Internacional Público.

Apdo. 2 modificado por Ley Orgánica 16/2015, de 27 de octubre, sobre privilegios e inmunidades de los Estados extranjeros, las Organizaciones Internacionales con sede u oficina en España y las Conferencias y Reuniones internacionales celebradas en España. (BOE de 28-10-2015).

(…)

ART. 24.

En el orden contencioso-administrativo será competente, en todo caso, la jurisdicción española cuando la pretensión que se deduzca se refiera a disposiciones de carácter general o a actos de las Administraciones Públicas españolas. Asimismo conocerá de las que se deduzcan en relación con actos de los poderes públicos españoles, de acuerdo con lo que dispongan las leyes.

(…)

TÍTULO II
De la planta y organización territorial

CAPÍTULO I
De los Tribunales

Rúbrica del capítulo I del título II del libro I modificada por la Ley Orgánica 1/2025, de 2 de enero, de medidas en materia de eficiencia del Servicio Público de Justicia. (BOE 03-01-25).

ART. 26.

Los Tribunales a los que se atribuye el ejercicio de la potestad jurisdiccional son los siguientes:
a) Jueces y juezas de paz.
b) Tribunales de Instancia.
c) Audiencias Provinciales.
d) Tribunales Superiores de Justicia.
e) Tribunal Central de Instancia.
f) Audiencia Nacional.
g) Tribunal Supremo.

Modificado por la Ley Orgánica 1/2025, de 2 de enero, de medidas en materia de eficiencia del Servicio Público de Justicia. (BOE 03-01-25).

ART. 27.

1. Cuando las Salas de los Tribunales se dividan en Secciones y hubiere dos o más, se designarán por numeración ordinal.
2. Las plazas judiciales que integran los Tribunales de Instancia y el Tribunal Central de Instancia se designarán por numeración cardinal dentro de la misma Sección.

Modificado por la Ley Orgánica 1/2025, de 2 de enero, de medidas en materia de eficiencia del Servicio Público de Justicia. (BOE 03-01-25).

(…)

TÍTULO III
De los conflictos de jurisdicción y de los conflictos y cuestiones de competencia

CAPÍTULO I
De los conflictos de jurisdicción

ART. 38.

1. Los conflictos de jurisdicción entre los Juzgados o Tribunales y la Administración serán resueltos por un órgano colegiado constituido por el Presidente del Tribunal Supremo, que

lo presidirá, y por cinco vocales, de los que dos serán Magistrados de la Sala de lo Contencioso-Administrativo del Tribunal Supremo, designados por el Pleno del Consejo General del Poder Judicial, y los otros tres serán Consejeros Permanentes de Estado, actuando como Secretario el de Gobierno del Tribunal Supremo.

2. El Presidente tendrá siempre voto de calidad en caso de empate.

ART. 39.

1. Los conflictos de jurisdicción entre los Juzgados o Tribunales de cualquier orden jurisdiccional de la jurisdicción ordinaria y los órganos judiciales militares, serán resueltos por la Sala de Conflictos de Jurisdicción, compuesta por el Presidente del Tribunal Supremo, que la presidirá, dos Magistrados de la Sala del Tribunal Supremo del orden jurisdiccional en conflicto y dos Magistrados de la Sala de lo Militar, todos ellos designados por el Pleno del Consejo General del Poder Judicial. Actuará como Secretario de esta Sala el de Gobierno del Tribunal Supremo.

2. El Presidente tendrá siempre voto de calidad en caso de empate.

(...)

TÍTULO IV
De la composición y atribuciones de los órganos jurisdiccionales

CAPÍTULO I
Del Tribunal Supremo

ART. 53.

El Tribunal Supremo, con sede en la villa de Madrid, es el órgano jurisdiccional superior en todos los órdenes, salvo lo dispuesto en materia de garantías Constitucionales. Tendrá jurisdicción en toda España y ningún otro podrá tener el título de Supremo.

ART. 54.

El Tribunal Supremo se compondrá de su Presidente, de los Presidentes de Sala y los Magistrados que determine la ley para cada una de las Salas y, en su caso, Secciones en que las mismas puedan articularse.

ART. 55.

El Tribunal Supremo estará integrado por las siguientes Salas:
Primera: De lo Civil.
Segunda: De lo Penal.
Tercera: De lo Contencioso-Administrativo.
Cuarta: De lo Social.
Quinta: De lo Militar, que se regirá por su legislación específica y supletoriamente por la presente Ley y por el ordenamiento común a las demás Salas del Tribunal Supremo.

(...)

ART. 58.

La Sala de lo Contencioso-administrativo del Tribunal Supremo conocerá:
Primero. En única instancia, de los recursos contencioso-administrativos contra actos y disposiciones del Consejo de Ministros, de las Comisiones Delegadas del Gobierno y del Consejo General del Poder Judicial y contra los actos y disposiciones de los órganos competentes del Congreso de los Diputados y del Senado, del Tribunal Constitucional, del Tribunal de Cuentas y del Defensor del Pueblo en los términos y materias que la Ley establezca y de aquellos otros recursos que excepcionalmente le atribuya la ley.
Segundo. De los recursos de casación y revisión en los términos que establezca la ley.
Tercero. De la solicitud de autorización para la declaración prevista en la disposición adicional quinta de la Ley Orgánica 3/2018, de 5 de diciembre, de Protección de Datos Per-

sonales y garantía de los derechos digitales, cuando tal solicitud sea formulada por el Consejo General del Poder Judicial.

Cuarto. De la solicitud del Gobierno prevista en el artículo cuarto de la Ley 11/2022, de 28 de junio, General de Telecomunicaciones, para la convalidación o revocación de los acuerdos de asunción o intervención de la gestión directa del servicio o los de intervención o explotación de redes.

> *Apdo. 4 añadido por la Ley Orgánica 5/2022, de 28 de junio, complementaria de la Ley 11/2022, de 28 de junio, General de Telecomunicaciones, de modificación de la Ley Orgánica 6/1985, de 1 de julio, del Poder Judicial. (BOE de 29/06/2022).*

(…)

ART. 60.

1. Conocerá además cada una de las Salas del Tribunal Supremo de las recusaciones que se interpusieren contra los Magistrados que las compongan, y de las cuestiones de competencia entre Juzgados o Tribunales del propio orden jurisdiccional que no tengan otro superior común.

2. A estos efectos, los Magistrados recusados no formarán parte de la Sala.

ART. 61.

1. Una Sala formada por el Presidente del Tribunal Supremo, los Presidentes de Sala y el Magistrado más antiguo y el más moderno de cada una de ellas conocerá:

1.º De los recursos de revisión contra las sentencias dictadas en única instancia por la Sala de lo Contencioso-Administrativo de dicho Tribunal.

2.º De los incidentes de recusación del Presidente del Tribunal Supremo, o de los Presidentes de Sala, o de más de dos Magistrados de una Sala. En este caso, los afectados directamente por la recusación serán sustituidos por quienes corresponda.

3.º De las demandas de responsabilidad civil que se dirijan contra los Presidentes de Sala o contra todos o la mayor parte de los Magistrados de una Sala de dicho Tribunal por hechos realizados en el ejercicio de su cargo.

4.º De la instrucción y enjuiciamiento de las causas contra los Presidentes de Sala o contra los Magistrados de una Sala, cuando sean Juzgados todos o la mayor parte de los que la constituyen.

5.º Del conocimiento de las pretensiones de declaración de error judicial cuando éste se impute a una Sala del Tribunal Supremo.

6.º De los procesos de declaración de ilegalidad y consecuente disolución de los partidos políticos, conforme a lo dispuesto en la Ley Orgánica 6/2002, de 27 de junio, de Partidos Políticos.

2. En las causas a que se refiere el número 4 del apartado anterior se designará de entre los miembros de la Sala, conforme a un turno preestablecido, un instructor que no formará parte de la misma para enjuiciarlos.

En las causas por delitos atribuidos a la Fiscalía Europea, se designará de entre los miembros de la Sala, conforme a un turno preestablecido, un Juez de garantías que no formará parte de la misma para enjuiciarlas.

3. Una Sección, formada por el Presidente del Tribunal Supremo, el de la Sala de lo Contencioso-administrativo y cinco Magistrados de esta misma Sala, que serán los dos más antiguos y los tres más modernos, conocerá del recurso de casación para la unificación de doctrina cuando la contradicción se produzca entre sentencias dictadas en única instancia por Secciones distintas de dicha Sala.

> *Apdo. 2, párrafo segundo, se añade por Ley Orgánica 9/2021, de 1 de julio, de aplicación del Reglamento (UE) 2017/1939 del Consejo, de 12 de octubre de 2017, por el que se establece una cooperación reforzada para la creación de la Fiscalía Europea (BOE de 02-07-2021).*

(…)

CAPÍTULO II
De la Audiencia Nacional

ART. 62.

La Audiencia Nacional, con sede en la villa de Madrid, tiene jurisdicción en toda España.

ART. 63.

1. La Audiencia Nacional se compondrá de su Presidente, los Presidentes de Sala y los magistrados que determine la ley para cada una de sus Salas y Secciones.

2. El Presidente de la Audiencia Nacional, que tendrá la consideración de Presidente de Sala del Tribunal Supremo, es el Presidente nato de todas sus Salas.

ART. 64.

1. La Audiencia Nacional estará integrada por las siguientes Salas:

De Apelación.

De lo Penal.

De lo Contencioso-Administrativo.

De lo Social.

2. En el caso de que el número de asuntos lo aconseje, podrán crearse dos o más Secciones dentro de una Sala.

(...)

ART. 66.

La Sala de lo Contencioso-Administrativo de la Audiencia Nacional conocerá:

a) En única instancia, de los recursos contencioso-administrativos contra disposiciones y actos de los Ministros, Ministras, Secretarios y Secretarias de Estado que la ley no atribuya a la Sección de lo Contencioso-Administrativo del Tribunal Central de Instancia.

b) En única instancia, de los recursos contencioso-administrativos contra los actos dictados por la Comisión de Vigilancia de Actividades de Financiación del Terrorismo. Conocerá, asimismo, de la posible prórroga de los plazos que le plantee dicha Comisión de Vigilancia respecto de las medidas previstas en los artículos 1 y 2 de la Ley 12/2003, de prevención y bloqueo de la financiación del terrorismo.

c) De los recursos devolutivos que la ley establezca contra las resoluciones de la Sección de lo Contencioso-Administrativo del Tribunal Central de Instancia.

d) De los recursos no atribuidos a los Tribunales Superiores de Justicia en relación a los convenios entre las Administraciones públicas y a las resoluciones del Tribunal Económico-Administrativo Central.

e) De las cuestiones de competencia que se puedan plantear entre los magistrados y magistradas de la Sección de lo Contencioso-Administrativo del Tribunal Central de Instancia y de aquellos otros recursos que excepcionalmente le atribuya la ley.

f) De la solicitud de autorización para la declaración prevista en la disposición adicional quinta de la Ley Orgánica de Protección de Datos Personales y Garantía de los Derechos Digitales, cuando tal solicitud sea formulada por la Agencia Española de Protección de Datos.

> *Letras a), c), y e) modificadas por la Ley Orgánica 1/2025, de 2 de enero, de medidas en materia de eficiencia del Servicio Público de Justicia. (BOE 03-01-25).*
>
> *Letra f) añadida por Ley Orgánica 3/2018, de 5 de diciembre, de Protección de Datos Personales y garantía de los derechos digitales. (BOE de 06-12-2018).*
>
> *Ver art. 11 LJCA.*

(...)

CAPÍTULO V
De los Tribunales de Instancia y del Tribunal Central de Instancia

> *Rúbrica del capítulo V del título IV del libro I modificada por la Ley Orgánica 1/2025, de 2 de enero, de medidas en materia de eficiencia del Servicio Público de Justicia. (BOE 03-01-25).*
>
> *Modificado por Ley Orgánica 1/2004, de 28 de diciembre, de Medidas de Protección Integral contra la Violencia de Genero. (BOE de 29-12-2004).*

ART. 84.

1. Habrá un Tribunal de Instancia en cada partido judicial, con sede en su capital, de la que tomará su nombre.

2. Los Tribunales de Instancia estarán integrados por una Sección Única, de Civil y de Instrucción. En los supuestos determinados por la Ley 38/1988, de 28 de diciembre, de Demarcación y de Planta Judicial, el Tribunal de Instancia se integrará por una Sección Civil y otra Sección de Instrucción.

Además de las anteriores, los Tribunales de Instancia podrán estar integrados por alguna o varias de las siguientes Secciones:

a) De Familia, Infancia y Capacidad.

b) De lo Mercantil.

c) De Violencia sobre la Mujer.

d) De Violencia contra la Infancia y la Adolescencia.

e) De lo Penal.

f) De Menores.

g) De Vigilancia Penitenciaria.

h) De lo Contencioso-Administrativo.

i) De lo Social.

3. Cada Tribunal de Instancia contará con una Presidencia. Las Secciones del Tribunal de Instancia contarán con una Presidencia de Sección cuando concurran las siguientes circunstancias:

a) Que en el Tribunal de Instancia hubiere dos o más Secciones.

b) Que en la Sección de que se trate existan ocho o más plazas judiciales.

c) Que el número total de plazas judiciales del Tribunal de Instancia sea igual o superior a doce.

4. El ejercicio de la función jurisdiccional corresponde a los jueces, las juezas, los magistrados y las magistradas destinados o destinadas en las diferentes Secciones que integren los Tribunales de Instancia. Su adscripción a las referidas Secciones será funcional. Conforme a criterios de racionalización del trabajo, los jueces, las juezas, los magistrados y las magistradas destinados o destinadas en una Sección del Tribunal de Instancia podrán conocer de los asuntos de nuevo ingreso de otras Secciones que lo integren, siempre que se trate de asuntos del mismo orden jurisdiccional. Esta asignación se realizará mediante acuerdo del Consejo General del Poder Judicial, a propuesta de la Presidencia del Tribunal y oída la Junta de Jueces y Juezas del orden jurisdiccional al que se refiera. Cuando la asignación se acuerde para cubrir ausencias provocadas por la concesión de comisiones de servicio o licencias de larga duración, podrá afectar a los asuntos de nuevo ingreso o a aquellos de los que esté conociendo el juez, la jueza, el magistrado o la magistrada que se encuentre en alguna de tales situaciones. Dichos acuerdos deberán publicarse en el "Boletín Oficial del Estado".

5. Se podrá establecer que algunas de las Secciones que integren los Tribunales de Instancia extiendan su jurisdicción a uno o varios partidos judiciales de la misma provincia, o de varias provincias limítrofes dentro del ámbito de un mismo Tribunal Superior de Justicia.

6. En el Tribunal de Instancia se podrá nombrar a dos de sus jueces, juezas, magistrados o magistradas, conforme a un turno anual preestablecido y público, para que, junto con aquel o aquella a quien le hubiere sido turnado el asunto inicialmente, se encarguen de la instrucción de un determinado proceso penal o conozcan en primera instancia de un procedimiento de cualquier orden jurisdiccional cuando, en atención al volumen, la especial complejidad o el número de intervinientes de un procedimiento, tal nombramiento favorezca el ejercicio de la función jurisdiccional. En estos casos, para la adopción de cuantas resoluciones se dictaren en el curso del proceso, actuará como ponente aquel o aquella a quien le hubiere sido turnado el asunto inicialmente. Estos jueces, juezas, magistrados o magistradas conocerán de dicho procedimiento hasta su completa terminación, sin perjuicio de que se les puedan seguir repartiendo otros asuntos.

Modificado por la Ley Orgánica 1/2025, de 2 de enero, de medidas en materia de eficiencia del Servicio Público de Justicia. (BOE 03-01-25).

Ver arts. 26, 30, 32, 35, 89 y 93 LOPJ; art. 3.1 b) LDYPJ.

(…)

ART. 93.

1. Con carácter general, en el Tribunal de Instancia con sede en la capital de cada provincia, y con jurisdicción en toda ella, existirá una Sección de lo Contencioso-Administrativo.

2. Cuando el volumen de asuntos lo requiera, se podrán establecer Secciones de lo Contencioso-Administrativo en Tribunales de Instancia que tengan su sede en poblaciones distintas de la capital de provincia, delimitándose en cada caso el ámbito territorial de su jurisdicción.

3. También podrán crearse excepcionalmente Secciones de lo Contencioso-Administrativo que extiendan su jurisdicción a más de una provincia dentro de la misma comunidad autónoma.

4. Las Secciones de lo Contencioso-Administrativo conocerán, en primera o única instancia, de los recursos contencioso-administrativos contra actos que expresamente les atribuya la ley.

5. También les corresponde autorizar, mediante auto, la entrada en los domicilios y en los restantes edificios o lugares cuyo acceso requiera el consentimiento de su titular, cuando ello proceda para la ejecución forzosa de actos de la Administración, salvo que se trate de la ejecución de medidas de protección de menores acordadas por la entidad pública competente en la materia.

6. A dichas Secciones les compete igualmente la autorización para la entrada en domicilios y otros lugares constitucionalmente protegidos, que haya sido acordada por la Administración Tributaria en el marco de una actuación o procedimiento de aplicación de los tributos aún con carácter previo a su inicio formal cuando, requiriendo dicho acceso el consentimiento de su titular, este se oponga a ello o exista riesgo de tal oposición.

Modificado por la Ley Orgánica 1/2025, de 2 de enero, de medidas en materia de eficiencia del Servicio Público de Justicia. (BOE 03-01-25).

Ver arts. 26 y 84 LOPJ; art. 3.1 b) LDYPJ.

(...)

ART. 95.

En la Villa de Madrid y con jurisdicción en todo el territorio nacional existirá un Tribunal Central de Instancia, que contará con las siguientes Secciones:

a) Sección de Instrucción, que instruirá las causas cuyo enjuiciamiento corresponda a la Sala de lo Penal de la Audiencia Nacional o, en su caso, a la Sección de lo Penal del propio Tribunal Central de Instancia y tramitará los expedientes de ejecución de las órdenes europeas de detención y entrega, los procedimientos de extradición pasiva, los relativos a la emisión y la ejecución de otros instrumentos de reconocimiento mutuo de resoluciones penales en la Unión Europea que les atribuya la ley, así como las solicitudes de información entre los servicios de seguridad de los Estados miembros de la Unión Europea cuando requieran autorización judicial, en los términos previstos en la ley.

En la Sección de Instrucción, los jueces y juezas de garantías conocerán de las peticiones de la Fiscalía Europea relativas a la adopción de medidas cautelares personales, la autorización de los actos que supongan limitación de los derechos fundamentales cuya adopción esté reservada a la autoridad judicial y demás supuestos que expresamente determine la ley.

Igualmente, conocerán de las impugnaciones que establezca la ley contra los decretos de los Fiscales europeos delegados.

b) Sección de lo Penal, que conocerá, en los casos en que así lo establezcan las leyes procesales, de las causas por los delitos a que se refiere el artículo 65 y de los demás asuntos que señalen las leyes. Corresponde asimismo a la Sección de lo Penal la ejecución de las sentencias dictadas en causas por delito grave o menos grave por la Sección de Instrucción del propio Tribunal Central de Instancia, y los procedimientos de decomiso autónomo por los delitos para cuyo conocimiento sean competentes.

c) Sección de Menores, que conocerá de las causas que le atribuya la legislación reguladora de la responsabilidad penal de los menores, así como de la emisión y la ejecución de los instrumentos de reconocimiento mutuo de resoluciones penales en la Unión Europea que le atribuya la ley.

d) Sección de Vigilancia Penitenciaria, que tendrá las funciones jurisdiccionales previstas en la Ley Orgánica 1/1979, de 26 de septiembre, General Penitenciaria, descritas en el apartado 1 del artículo 92 de esta ley, la competencia para la emisión y ejecución de los instrumentos de reconocimiento mutuo de resoluciones penales en la Unión Europea que les atribuya la ley y demás funciones que señale la ley, en relación con los delitos competencia de la Audiencia Nacional. En todo caso, la competencia de esta Sección será preferente y excluyente cuando el penado cumpla también otras condenas que no hubiesen sido impuestas por la Audiencia Nacional.

e) Sección de lo Contencioso-Administrativo, que conocerá, en primera o única instancia, de los recursos contencioso-administrativos contra disposiciones y actos emanados de autoridades, organismos, órganos y entidades públicas con competencia en todo el territorio nacional, en los términos que la ley establezca.

Corresponde también a la Sección de lo Contencioso-Administrativo autorizar, mediante auto, la cesión de los datos que permitan la identificación a que se refiere el artículo 8.2 de la Ley 34/2002, de 11 de julio, de servicios de la sociedad de la información y de comercio electrónico, la ejecución material de las resoluciones adoptadas por el órgano competente para que se interrumpa la prestación de servicios de la sociedad de la información o para que se retiren contenidos que vulneran la propiedad intelectual, en aplicación de la citada Ley 34/2002, de 11 de julio, así como la limitación al acceso de los destinatarios al servicio intermediario prevista en el artículo 51.2 b) del Reglamento (UE) 2022/2065 del Parlamento Europeo y del Consejo de 19 de octubre de 2022, relativo a un mercado único de servicios digitales y por el que se modifica la Directiva 2000/31/CE. Igualmente conocerá la Sección de lo Contencioso-Administrativo del procedimiento previsto en el artículo 12 bis de la Ley Orgánica 6/2002, de 27 de junio, de Partidos Políticos.

Corresponde a la Sección de lo Contencioso-Administrativo autorizar, mediante auto, el requerimiento de información por parte de la Agencia Española de Protección de Datos y otras autoridades administrativas independientes de ámbito estatal a los operadores que presten servicios de comunicaciones electrónicas disponibles al público y de los prestadores de servicios de la sociedad de la información, cuando ello sea necesario de acuerdo con la legislación específica.

Modificado por la Ley Orgánica 1/2025, de 2 de enero, de medidas en materia de eficiencia del Servicio Público de Justicia. (BOE 03-01-25).

Ver art. 26 e) LOPJ.

(…)

LIBRO III
DEL RÉGIMEN DE LOS JUZGADOS Y TRIBUNALES

TITULO I
Del tiempo de las actuaciones judiciales

CAPÍTULO I
Del periodo ordinario de actividad de los Tribunales

ART. 179.

El año judicial, período ordinario de actividad de los Tribunales, se extenderá desde el 1 de septiembre, o el siguiente día hábil, hasta el 31 de julio de cada año natural.

ART. 180.

1. Durante el período en que los Tribunales interrumpan su actividad ordinaria, se formará en los mismos una Sala compuesta por su Presidente y el número de Magistrados que determine el Consejo General del Poder Judicial, la cual asumirá las atribuciones de las Salas de gobierno y de Justicia, procurando que haya Magistrados de las diversas Salas.

2. Los Magistrados que no formen parte de esta Sala podrán ausentarse, a partir del fin del período ordinario de actividad, una vez ultimados los asuntos señalados.

ART. 181.

1. Al inicio del año judicial se celebrará un acto solemne en el Tribunal Supremo.

2. El Presidente del Consejo General del Poder Judicial y del Tribunal Supremo presentará en dicho acto la Memoria anual sobre el estado, funcionamiento y actividades de los Juzgados y Tribunales de Justicia.

3. El Fiscal General del Estado leerá también en este acto la Memoria anual sobre su actividad, la evolución de la criminalidad, la prevención del delito y las reformas convenientes para una mayor eficacia de la Justicia.

CAPÍTULO II
Del tiempo hábil para las actuaciones judiciales

ART. 182.

1. Son inhábiles a efectos procesales los sábados y domingos, los días de fiesta nacional y los festivos a efectos laborales en la respectiva Comunidad Autónoma o localidad.

El Consejo General del Poder Judicial, mediante reglamento, podrá habilitar estos días a efectos de actuaciones judiciales en aquellos casos no previstos expresamente por las leyes.

2. Son horas hábiles desde las ocho de la mañana a las ocho de la tarde, salvo que la ley disponga lo contrario.

Apdo. 1 modificado por Ley Orgánica 14/2022, de 22 de diciembre, de transposición de directivas europeas y otras disposiciones para la adaptación de la legislación penal al ordenamiento de la Unión Europea, y reforma de los delitos contra la integridad moral, desórdenes públicos y contrabando de armas de doble uso. (BOE de 23/12/2022). Modificación con efectos desde el 23 de diciembre de 2022.

ART. 183.

Serán inhábiles los días del mes de agosto, así como todos los días desde el 24 de diciembre hasta el 6 de enero del año siguiente, ambos inclusive, para todas las actuaciones judiciales, excepto las que se declaren urgentes por las leyes procesales. No obstante, el Consejo General del Poder Judicial, mediante reglamento, podrá habilitarlos a efectos de otras actuaciones.

Modificado por Ley Orgánica 14/2022, de 22 de diciembre, de transposición de directivas europeas y otras disposiciones para la adaptación de la legislación penal al ordenamiento de la Unión Europea, y reforma de los delitos contra la integridad moral, desórdenes públicos y contrabando de armas de doble uso. (BOE de 23/12/2022). Modificación con efectos desde el 23 de diciembre de 2022.

ART. 184.

1. Sin perjuicio de lo dispuesto en los artículos anteriores, todos los días del año y todas las horas serán hábiles para la instrucción de las causas criminales, sin necesidad de habilitación especial.

2. Los días y horas inhábiles podrán habilitarse con sujeción a lo dispuesto en las leyes procesales.

ART. 185.

1. Los plazos procesales se computarán con arreglo a lo dispuesto en el Código Civil. En los señalados por días quedarán excluidos los inhábiles.

2. Si el último día de plazo fuere inhábil, se entenderá prorrogado al primer día hábil siguiente.

(...)

TITULO V
De la responsabilidad patrimonial del Estado por el
funcionamiento de la Administración de Justicia

ART. 292.

1. Los daños causados en cualesquiera bienes o derechos por error judicial, así como los que sean consecuencia del funcionamiento anormal de la Administración de Justicia,

darán a todos los perjudicados derecho a una indemnización a cargo del estado, salvo en los casos de fuerza mayor, con arreglo a lo dispuesto en este Título.

2. En todo caso, el daño alegado habrá de ser efectivo, evaluable económicamente e individualizado con relación a una persona o grupo de personas.

3. La mera revocación o anulación de las resoluciones judiciales no presupone por sí sola derecho a indemnización.

ART. 293.

1. La reclamación de indemnización por causa de error deberá ir precedida de una decisión judicial que expresamente lo reconozca. Esta previa decisión podrá resultar directamente de una sentencia dictada en virtud de recurso de revisión. En cualquier otro caso distinto de éste se aplicaran las reglas siguientes:

a) La acción judicial para el reconocimiento del error deberá instarse inexcusablemente en el plazo de tres meses, a partir del día en que pudo ejercitarse.

b) La pretensión de declaración del error se deducirá ante la Sala del Tribunal Supremo correspondiente al mismo orden jurisdiccional que el órgano a quien se imputa el error, y si éste se atribuyese a una Sala o Sección del Tribunal Supremo la competencia corresponderá a la Sala que se establece en el artículo 61. Cuando se trate de órganos de la jurisdicción militar, la competencia corresponderá a la Sala Quinta de lo Militar del Tribunal Supremo.

c) El procedimiento para sustanciar la pretensión será el propio del recurso de revisión en materia civil, siendo partes, en todo caso, el Ministerio Fiscal y la Administración del Estado.

d) El Tribunal dictara sentencia definitiva, sin ulterior recurso, en el plazo de quince días, con informe previo del órgano jurisdiccional a quien se atribuye el error.

e) Si el error no fuera apreciado se impondrán las costas al peticionario.

f) No procederá la declaración de error contra la resolución judicial a la que se impute mientras no se hubieren agotado previamente los recursos previstos en el ordenamiento.

g) La mera solicitud de declaración del error no impedirá la ejecución de la resolución judicial a la que aquél se impute.

2. Tanto en el supuesto de error judicial declarado como en el de daño causado por el anormal funcionamiento de la Administración de Justicia, el interesado dirigirá su petición indemnizatoria directamente al Ministerio de Justicia, tramitándose la misma con arreglo a las normas reguladoras de la responsabilidad patrimonial del estado. Contra la resolución cabrá recurso contencioso-administrativo. El derecho a reclamar la indemnización prescribirá al año, a partir del día en que pudo ejercitarse.

ART. 294.

1. Tendrán derecho a indemnización quienes, después de haber sufrido prisión preventiva, sean absueltos ***por inexistencia del hecho imputado*** o ***por esta misma causa*** haya sido dictado auto de sobreseimiento libre, siempre que se le hayan irrogado perjuicios.

2. La cuantía de la indemnización se fijará en función del tiempo de privación de libertad y de las consecuencias personales y familiares que se hayan producido.

3. La petición indemnizatoria se tramitará de acuerdo con lo establecido en el apartado 2 del artículo anterior.

Se declaran inconstitucionales y nulos los incisos destacados por STC 85/2019, de 19 de junio de 2019. Cuestión interna de inconstitucionalidad 4314-2018. (BOE de 25-07-2019).

ART. 295.

En ningún caso habrá lugar a la indemnización cuando el error judicial o el anormal funcionamiento de los servicios tuviera por causa la conducta dolosa o culposa del perjudicado.

ART. 296.

1. Los daños y perjuicios causados por los Jueces y Magistrados en el ejercicio de sus funciones darán lugar, en su caso, a responsabilidad del Estado por error judicial o por funcionamiento anormal de la Administración de Justicia sin que, en ningún caso, puedan los perjudicados dirigirse directamente contra aquéllos.

2. Si los daños y perjuicios provinieren de dolo o culpa grave del Juez o Magistrado, la Administración General del Estado, una vez satisfecha la indemnización al perjudicado, podrá exigir, por vía administrativa a través del procedimiento reglamentariamente estable-

cido, al Juez o Magistrado responsable el reembolso de lo pagado sin perjuicio de la responsabilidad disciplinaria en que éste pudiera incurrir, de acuerdo con lo dispuesto en esta Ley.

El dolo o culpa grave del Juez o Magistrado se podrá reconocer en sentencia o en resolución dictada por el Consejo General del Poder Judicial conforme al procedimiento que éste determine. Para la exigencia de dicha responsabilidad se ponderarán, entre otros, los siguientes criterios: el resultado dañoso producido y la existencia o no de intencionalidad.

Modificado por Ley Orgánica 7/2015, de 21 de julio, por la que se modifica la LOPJ. (BOE de 22-07-2015).

(…)

V.
LEY 40/2015, DE 1 DE OCTUBRE, DE RÉGIMEN JURÍDICO DEL SECTOR PÚBLICO

–BOE núm. 236, de 2 de octubre de 2015–

FELIPE VI
REY DE ESPAÑA

A todos los que la presente vieren y entendieren.
Sabed: Que las Cortes Generales han aprobado y Yo vengo en sancionar la siguiente ley:

PREÁMBULO

I

El 26 de octubre de 2012 el Consejo de Ministros acordó la creación de la Comisión para la Reforma de las Administraciones Públicas con el mandato de realizar un estudio integral dirigido a modernizar el sector público español, dotarle de una mayor eficacia y eliminar las duplicidades que le afectaban y simplificar los procedimientos a través de los cuales los ciudadanos y las empresas se relacionan con la Administración.

El informe, que fue elevado al Consejo de Ministros el 21 de junio de 2013, formuló 218 propuestas basadas en el convencimiento de que una economía competitiva exige unas Administraciones Públicas eficientes, transparentes, ágiles y centradas en el servicio a los ciudadanos y las empresas. En la misma línea, el Programa nacional de reformas de España para 2014 establece la necesidad de impulsar medidas para racionalizar la actuación administrativa, mejorar la eficiencia en el uso de los recursos públicos y aumentar su productividad.

Este convencimiento está inspirado en lo que dispone el propio artículo 31.2 de la Constitución Española, cuando establece que el gasto público realizará una asignación equitativa de los recursos públicos, y su programación y ejecución responderán a los criterios de eficiencia y economía.

Como se señala en el Informe de la Comisión para la Reforma de las Administraciones Públicas (en adelante CORA), la normativa reguladora de las Administraciones Públicas ha pasado por diferentes etapas. Tradicionalmente, las reglas reguladoras de los aspectos orgánicos del poder ejecutivo estaban separadas de las que disciplinaban los procedimientos. Esta separación terminó con la Ley 30/1992, de 26 de noviembre, de Régimen Jurídico de las Administraciones Públicas y del Procedimiento Administrativo Común, que unificó en un solo instrumento estas materias.

La evolución normativa posterior se ha caracterizado por la profusión de leyes, reales decretos y demás disposiciones de inferior rango, que han completado la columna vertebral del derecho administrativo. De este modo, nos encontramos en el momento actual normas que regulan aspectos orgánicos, como la Ley 6/1997, de 14 de abril, de organización y funcionamiento de la Administración General del Estado; la Ley 50/1997, de 27 de noviembre, del Gobierno y la Ley 28/2006, de 18 de julio, de Agencias estatales para la mejora de los servicios públicos; y otras que tratan aspectos tanto orgánicos como procedimentales de la citada Ley 30/1992, de 26 de noviembre; o la Ley 11/2007, de 22 de junio, de acceso electrónico de los ciudadanos a los servicios públicos, por citar las más relevantes.

Resulta, por tanto evidente, la necesidad de dotar a nuestro sistema legal de un derecho administrativo sistemático, coherente y ordenado, de acuerdo con el proyecto general de mejora de la calidad normativa que inspira todo el informe aprobado por la CORA. En él se previó la elaboración de dos leyes: una, reguladora del procedimiento administrativo, que

V

integraría las normas que rigen la relación de los ciudadanos con las Administraciones. Otra, comprensiva del régimen jurídico de las Administraciones Públicas, donde se incluirían las disposiciones que disciplinan el sector público institucional. Con ello, se aborda una reforma integral de la organización y funcionamiento de las Administraciones articulada en dos ejes fundamentales: la ordenación de las relaciones ad extra de las Administraciones con los ciudadanos y empresas, y la regulación ad intra del funcionamiento interno de cada Administración y de las relaciones entre ellas.

La presente Ley responde al segundo de los ejes citados, y abarca, por un lado, la legislación básica sobre régimen jurídico administrativo, aplicable a todas las Administraciones Públicas; y por otro, el régimen jurídico específico de la Administración General del Estado, donde se incluye tanto la llamada Administración institucional, como la Administración periférica del Estado. Esta Ley contiene también la regulación sistemática de las relaciones internas entre las Administraciones, estableciendo los principios generales de actuación y las técnicas de relación entre los distintos sujetos públicos. Queda así sistematizado el ordenamiento de las relaciones ad intra e inter Administraciones, que se complementa con su normativa presupuestaria, destacando especialmente la Ley Orgánica 2/2012, de 27 de abril, de Estabilidad Presupuestaria y Sostenibilidad Financiera, la Ley 47/2003, de 26 de noviembre, General Presupuestaria y las leyes anuales de Presupuestos Generales del Estado.

Se conserva como texto independiente la Ley del Gobierno, que por regular de forma específica la cabeza del poder ejecutivo de la nación, de naturaleza y funciones eminentemente políticas, debe mantenerse separada de la norma reguladora de la Administración Pública, dirigida por aquél. De acuerdo con este criterio, la presente Ley modifica aquella, con el objeto de extraer aquellas materias que, por ser más propias de la organización y funciones de los miembros del gobierno en cuanto que órganos administrativos, deben regularse en este texto legal.

El Informe CORA recomienda reformar el ordenamiento jurídico administrativo no solo por razones de coherencia normativa y política legislativa. Las Administraciones Públicas, lejos de constituir un obstáculo para la vida de los ciudadanos y las empresas, deben facilitar la libertad individual y el desenvolvimiento de la iniciativa personal y empresarial. Para ello es imprescindible establecer un marco normativo que impida la creación de órganos o entidades innecesarios o redundantes, y asegure la eficacia y eficiencia de los entes públicos, ejerciendo sobre ellos una supervisión continua que permita evaluar el cumplimiento de los objetivos que justificaron su creación, y cuestionar su mantenimiento cuando aquellos se hayan agotado o exista otra forma más eficiente de alcanzarlos.

La Organización para la Cooperación y Desarrollo Económico (en adelante OCDE), ha valorado la reforma administrativa emprendida por la CORA de forma muy positiva. En el informe emitido sobre ella, señala que el paquete de reforma es resultado de un riguroso proceso de recolección de datos, diálogo entre profesionales y diagnóstico de las debilidades de la Administraciones Públicas españolas. Considera la OCDE que el conjunto de asuntos políticos incluidos en la reforma (por ejemplo, gobierno electrónico, relaciones de gobernanza multinivel, buena regulación, reformas presupuestarias), junto con las iniciativas paralelas adoptadas en los dos últimos años en áreas como estabilidad presupuestaria, transparencia y regeneración democrática, explica uno de los más ambiciosos procesos de reforma realizados en un país de la OCDE. La presente Ley, por tanto, no representa el único instrumento normativo que materializa la reforma, Pero sí constituye, junto con la que disciplinará el procedimiento administrativo, de tramitación paralela, y las ya aprobadas sobre transparencia y buen gobierno y estabilidad presupuestaria, la piedra angular sobre la que se edificará la Administración Pública española del futuro, al servicio de los ciudadanos.

II

La Ley comienza estableciendo, en sus disposiciones generales, los principios de actuación y de funcionamiento del sector público español.

Entre los principios generales, que deberán respetar todas las Administraciones Públicas en su actuación y en sus relaciones recíprocas, además de encontrarse los ya mencionados en la Constitución Española de eficacia, jerarquía, descentralización, desconcentración, coordinación, y sometimiento pleno a la Ley y al Derecho, destaca la incorporación de los de transparencia y de planificación y dirección por objetivos, como exponentes de los nuevos criterios que han de guiar la actuación de todas las unidades administrativas.

La Ley recoge, con las adaptaciones necesarias, las normas hasta ahora contenidas en la Ley 11/2007, de 22 de junio, en lo relativo al funcionamiento electrónico del sector público, y algunas de las previstas en el Real Decreto 1671/2009, de 6 de noviembre, por el que se desarrolla parcialmente la anterior. Se integran así materias que demandaban una regulación unitaria, como corresponde con un entorno en el que la utilización de los medios electrónicos ha de ser lo habitual, como la firma y sedes electrónicas, el intercambio electrónico de datos en entornos cerrados de comunicación y la actuación administrativa automatizada. Se establece asimismo la obligación de que las Administraciones Públicas se relacionen entre sí por medios electrónicos, previsión que se desarrolla posteriormente en el título referente a la cooperación interadministrativa mediante una regulación específica de las relaciones electrónicas entre las Administraciones. Para ello, también se contempla como nuevo principio de actuación la interoperabilidad de los medios electrónicos y sistemas y la prestación conjunta de servicios a los ciudadanos.

La enumeración de los principios de funcionamiento y actuación de las Administraciones Públicas se completa con los ya contemplados en la normativa vigente de responsabilidad, calidad, seguridad, accesibilidad, proporcionalidad, neutralidad y servicio a los ciudadanos.

El Título Preliminar regula pormenorizadamente el régimen de los órganos administrativos, tomando como base la normativa hasta ahora vigente contenida en la Ley 30/1992, de 26 de noviembre, en la que se incorporan ciertas novedades. La creación de órganos solo podrá hacerse previa comprobación de que no exista ninguna duplicidad con los existentes. Se completan las previsiones sobre los órganos de la Administración consultiva y se mejora la regulación de los órganos colegiados, en particular, los de la Administración General del Estado, destacando la generalización del uso de medios electrónicos para que éstos puedan constituirse, celebrar sus sesiones, adoptar acuerdos, elaborar y remitir las actas de sus reuniones.

También se incorporan en este Título los principios relativos al ejercicio de la potestad sancionadora y los que rigen la responsabilidad patrimonial de las Administraciones Públicas. Entre las novedades más destacables en este ámbito, merecen especial mención los cambios introducidos en la regulación de la denominada «responsabilidad patrimonial del Estado Legislador» por las lesiones que sufran los particulares en sus bienes y derechos derivadas de leyes declaradas inconstitucionales o contrarias al Derecho de la Unión Europea, concretándose las condiciones que deben darse para que se pueda proceder, en su caso, a la indemnización que corresponda.

Por último, se regulan en el Título Preliminar los convenios administrativos, en la línea prevista en el Dictamen 878 del Tribunal de Cuentas, de 30 de noviembre, de 2010, que recomendaba sistematizar su marco legal y tipología, establecer los requisitos para su validez, e imponer la obligación de remitirlos al propio Tribunal. De este modo, se desarrolla un régimen completo de los convenios, que fija su contenido mínimo, clases, duración, y extinción y asegura su control por el Tribunal de Cuentas.

III

En relación con la Administración del Estado, el Título primero parte de la regulación contenida en la Ley 6/1997, de 14 de abril, aplicando ciertas mejoras que el tiempo ha revelado necesarias. Se establecen los órganos superiores y directivos propios de la estructura ministerial y también en el ámbito de la Administración periférica y en el exterior. En el caso de los organismos públicos, serán sus estatutos los que establezcan sus órganos directivos.

La Ley regula los Ministerios y su organización interna, sobre la base de los siguientes órganos: Ministros, Secretarios de Estado, Subsecretarios, Secretarios Generales, Secretarios Generales Técnicos, Directores Generales y Subdirectores Generales.

Se integran en esta Ley funciones de los Ministros que, hasta ahora, estaban dispersas en otras normas o que eran inherentes al ejercicio de ciertas funciones, como celebrar en el ámbito de su competencia, contratos y convenios; autorizar las modificaciones presupuestarias; decidir la representación del Ministerio en los órganos colegiados o grupos de trabajo; rendir la cuenta del departamento ante el Tribunal de Cuentas; y resolver los recursos administrativos presentados ante los órganos superiores y directivos del Departamento. La Ley reordena parcialmente las competencias entre los órganos superiores, Ministros y Secretarios de Estado, y directivos, Subsecretarios, Secretarios Generales, Secretarios Generales Técnicos y Directores Generales de los Ministerios, atribuyendo a ciertos órganos como propias algunas funciones que hasta ahora habitualmente se delegaban en ellos.

Y con el objeto de posibilitar las medidas de mejora de gestión propuestas en el Informe CORA, se atribuye a los Subsecretarios una nueva competencia: la de adoptar e impulsar las medidas tendentes a la gestión centralizada de recursos y medios materiales en el ámbito de su Departamento.

Se atribuyen también expresamente a la Subsecretaría del Ministerio de la Presidencia, en coordinación con la Secretaría General de la Presidencia del Gobierno, las competencias propias de los servicios comunes de los Departamentos en relación con el área de la Presidencia del Gobierno. Debe recordarse que, al tratarse de un ámbito ajeno a la estructura del propio departamento ministerial, esta atribución excede del real decreto en que se fije la estructura orgánica de aquél.

Con el objeto de evitar la proliferación de centros encargados de la prestación de servicios administrativos en cada ente o unidad, y facilitar que los mismos se provean por órganos especializados en el ámbito del Ministerio o de forma centralizada para toda la Administración, se prevé la posibilidad de que la organización y gestión de los servicios comunes de los Ministerios y entidades dependientes pueda ser coordinada por el Ministerio de Hacienda y Administraciones Públicas u otro organismo público; o bien por la Subsecretaría de cada departamento.

IV

Sobre la base de la regulación de la Administración Periférica contenida en la Ley 6/1997, la Ley regula los órganos de la Administración General del Estado de carácter territorial, los Delegados y Subdelegados del Gobierno. Como principales novedades respecto a la regulación hasta ahora vigente, destacan las siguientes cuestiones.

En cuanto a los Delegados del Gobierno, se refuerza su papel político e institucional, se les define como órganos directivos, y se dispone que su nombramiento atenderá a criterios de competencia profesional y experiencia, siendo de aplicación al desempeño de sus funciones lo establecido en el Título II de la Ley 19/2013, de 9 de diciembre, de transparencia, acceso a la información pública y buen gobierno.

Se mejora la regulación de su suplencia, vacante o enfermedad, correspondiendo al Subdelegado del Gobierno que el Delegado designe. En caso de no haber realizado formalmente la designación, y cuando se trate de una Comunidad uniprovincial que carezca de Subdelegado, la suplencia recaerá sobre el Secretario General.

Las competencias de los Delegados del Gobierno, que hasta ahora eran recogidas en diversos preceptos, pasan a estar reguladas en un único artículo, sistematizándolas en cinco categorías: competencias de dirección y coordinación; de información de la acción del Gobierno y a los ciudadanos; de coordinación y colaboración con otras Administraciones Públicas; competencias relativas al control de legalidad; y competencias relacionadas con el desarrollo de las políticas públicas.

Se recoge expresamente en la Ley la competencia atribuida a los Delegados del Gobierno en la Ley 33/2003, de 3 de noviembre, de Patrimonio de las Administraciones Públicas, referente a la coordinación de los usos de los edificios de la Administración General del Estado en su ámbito de actuación, de acuerdo con las directrices establecidas por el Ministerio de Hacienda y Administraciones Públicas y la Dirección General de Patrimonio del Estado.

Respecto de los Subdelegados del Gobierno, se concretan los requisitos de titulación para ser nombrado Subdelegado del Gobierno, de tal manera que ahora se indica el subgrupo funcionarial al que debe pertenecer. En cuanto a las competencias de los Subdelegados del Gobierno, y como novedad más relevante, se le atribuye la de coordinar la utilización de los medios materiales y, en particular, de los edificios administrativos en el ámbito de su provincia.

Se recoge legalmente la existencia de un órgano que se ha revelado como fundamental en la gestión de las Delegaciones y Subdelegaciones, la Secretaría General, encargada de la llevanza de los servicios comunes y de la que dependerán las áreas funcionales. También se establece a nivel legal que la asistencia jurídica y el control financiero de las Delegaciones y Subdelegaciones del Gobierno serán ejercidos por la Abogacía del Estado y por la Intervención General de la Administración del Estado, respectivamente, cuestión anteriormente regulada por normativa reglamentaria.

La Ley también prevé expresamente la existencia de la Comisión Interministerial de Coordinación de la Administración Periférica del Estado, cuyas atribuciones, composición y funcionamiento serán objeto de regulación reglamentaria.

Por lo que se refiere a la Administración General del Estado en el exterior, se efectúa una remisión a la Ley 2/2014, de 25 de marzo, de la Acción y del Servicio Exterior del Estado, y a su normativa de desarrollo, declarándose la aplicación supletoria de la presente Ley.

V

En el ámbito de la denominada Administración institucional, la Ley culmina y hace efectivas las conclusiones alcanzadas en este ámbito por la CORA y que son reflejo de la necesidad de dar cumplimiento a lo previsto en el mencionado artículo 31.2 de la Constitución, que ordena que el gasto público realice una asignación equitativa de los recursos públicos, y que su programación y ejecución respondan a los criterios de eficiencia y economía. De forma congruente con este mandato, el artículo 135 de la Constitución establece que todas las Administraciones Públicas adecuarán sus actuaciones al principio de estabilidad presupuestaria.

La permanente necesidad de adaptación de la Administración Institucional se aprecia con el mero análisis de la regulación jurídica de los entes que la componen. Un panorama en el que se han aprobado de forma sucesiva diferentes leyes que desde distintas perspectivas han diseñado el marco normativo de los entes auxiliares de que el Estado dispone.

En primer lugar, la regulación jurídica fundamental de los diferentes tipos de entes y organismos públicos dependientes del Estado está prevista en la Ley 6/1997, de 14 de abril, que diferencia tres tipos de entidades: Organismos Autónomos, Entidades Públicas Empresariales y Agencias Estatales, categoría que se añadió con posterioridad. Cada uno de estos organismos públicos cuenta con una normativa reguladora específica, que normalmente consta de una referencia en la ley de creación y de un desarrollo reglamentario posterior dictado al aprobar los correspondientes estatutos.

No obstante, el marco aparentemente general es cuestionado por la previsión establecida en la disposición adicional décima de la Ley, 6/1997, de 14 de abril, que excluye de su aplicación a determinados entes que cuentan con previsiones legales propias, por lo que la Ley se les aplica de forma sólo supletoria. Esta excepción pone de relieve el principal obstáculo en la clarificación normativa de estos entes, que no es otro que el desplazamiento del derecho común en beneficio de un derecho especial normalmente vinculado a una percepción propia de un sector de actividad, social o corporativo, que a través de la legislación específica logra dotarse de un marco jurídico más sensible a sus necesidades.

Con posterioridad a la Ley 6/1997, de 14 de abril, la descentralización funcional del Estado recuperó rápidamente su tendencia a la diversidad. En primer lugar, por la aprobación de la Ley 50/2002, de 26 de diciembre, de Fundaciones. En ella se diseña el régimen aplicable a las fundaciones constituidas mayoritariamente por entidades del sector público estatal, aplicando la técnica fundacional al ámbito de la gestión pública.

Desde otra perspectiva, basada en el análisis de la actividad que realizan los diferentes entes, el ordenamiento vigente ha regulado en la Ley 47/2003, de 26 de noviembre, General Presupuestaria, la totalidad del denominado «sector público estatal», que está formado por tres sectores: Primero, el Sector Público administrativo, que está constituido por la Administración General del Estado; los organismos autónomos dependientes de la Administración General del Estado; las entidades gestoras, servicios comunes y las mutuas colaboradoras con la Seguridad Social en su función pública de colaboración en la gestión de la Seguridad Social; los órganos con dotación diferenciada en los Presupuestos Generales del Estado que, careciendo de personalidad jurídica, no están integrados en la Administración General del Estado pero forman parte del sector público estatal; las entidades estatales de derecho público y los consorcios, cuando sus actos estén sujetos directa o indirectamente al poder de decisión de un órgano del Estado, su actividad principal no consista en la producción en régimen de mercado de bienes y servicios y no se financien mayoritariamente con ingresos comerciales. Segundo, el Sector Público empresarial, que está constituido por las entidades públicas empresariales, dependientes de la Administración General del Estado, o de cualesquiera otros organismos públicos vinculados o dependientes de ella; las sociedades mercantiles estatales, definidas en la Ley 33/2003, de 3 de noviembre, de Patrimonio de las Administraciones Públicas; y las Entidades estatales de derecho público distintas de las comprendidas en el Sector Público administrativo y los consorcios no incluidos en él. Tercero, el Sector Público fundacional, constituido por las fundaciones del sector público estatal, definidas en la Ley 50/2002, de 26 de diciembre.

El siguiente hito normativo fue la Ley 33/2003, de 3 de noviembre, que regula el denominado «patrimonio empresarial de la Administración General del Estado», formado por las entidades públicas empresariales, a las que se refiere el Capítulo III del Título III de la Ley 6/1997, de 14 de abril, las entidades de Derecho público cuyos ingresos provengan, al menos en un 50 por 100, de operaciones realizadas en el mercado; y las sociedades mercantiles estatales.

La preocupación por la idoneidad de los entes públicos y la voluntad de abordar su reforma condujo a la aprobación de la Ley 28/2006, de 18 de julio, de Agencias Estatales para la Mejora de los Servicios Públicos, mediante la que se creó este nuevo tipo de ente. El objetivo prioritario de esta Ley fue establecer mecanismos de responsabilidad en la dirección y gestión de los nuevos organismos públicos, vinculando el sistema retributivo al logro de sus objetivos y reconociendo un mayor margen de discrecionalidad en la gestión presupuestaria.

La Ley autorizó la creación de 12 Agencias, si bien hasta el momento sólo se han constituido 7 de ellas, y la Agencia Española de Medicamentos y Productos Sanitarios, autorizada en otra Ley.

El objetivo de la reforma fue instaurar la Agencia como nuevo modelo de ente público, pero nació ya con una eficacia limitada. La disposición adicional quinta de la Ley autorizaba al Gobierno para transformar en Agencia los Organismos Públicos cuyos objetivos y actividades se ajustasen a su naturaleza, lo que implicaba el reconocimiento de la existencia de entidades que, por no cumplir este requisito, no precisarían transformación, y que permanecerían en su condición de Organismos Autónomos, Entidades Públicas Empresariales o entes con estatuto especial. Y, sin embargo, la disposición adicional séptima ordenaba atribuir el estatuto a todos los organismos públicos de futura creación «con carácter general».

Por todo ello, no puede decirse que los objetivos de la Ley se hayan alcanzado, incluso después de más de seis años de vigencia, porque su desarrollo posterior ha sido muy limitado, y porque las medidas de control de gasto público han neutralizado la pretensión de dotar a las agencias de mayor autonomía financiera.

Otras normas se han referido con mayor o menor amplitud, al ámbito y categoría del sector público. Es el caso de la Ley 30/2007, de 30 de octubre, de Contratos del Sector Público, que diferencia entre el «Sector Público» y las «Administraciones Públicas», introduciendo el concepto de «poderes adjudicadores». Distinción igualmente recogida en el posterior Real Decreto Legislativo 3/2011, de 14 de noviembre, por el que se aprueba el texto refundido de la Ley de Contratos del Sector Público.

La Ley 2/2011, de 4 de marzo, de Economía Sostenible, llevó a cabo una regulación propia y especial para los seis organismos reguladores existentes en esos momentos, con especial atención a garantizar su independencia respecto de los agentes del mercado. Posteriormente la Ley 3/2013, de 4 de junio, de creación de la Comisión Nacional de los Mercados y la Competencia integró en esta supervisión hasta siete preexistentes. Incluso nos encontramos con que la Ley Orgánica 2/2012, de 27 de abril, de Estabilidad Presupuestaria y Sostenibilidad Financiera, para evitar dudas interpretativas, se remite a la definición del «sector público» «en el ámbito comunitario».

El proyecto de reforma administrativa puesto en marcha aborda la situación de los entes instrumentales en dos direcciones: medidas concretas de racionalización del sector público estatal, fundacional y empresarial, que se han materializado en sucesivos Acuerdos de Consejo de Ministros, y en otras disposiciones; y la reforma del ordenamiento aplicable a los mismos, que se materializa en la presente Ley, y de la que ya se habían dado pasos en la reciente Ley 15/2014, de 16 de septiembre, de racionalización del Sector Público y otras medidas de reforma administrativa, que modificó el régimen jurídico de los consorcios.

Teniendo en cuenta todos estos antecedentes, la Ley establece, en primer lugar, dos normas básicas para todas las Administraciones Públicas. Por un lado, la obligatoriedad de inscribir la creación, transformación o extinción de cualquier entidad integrante del sector público institucional en el nuevo Inventario de Entidades del Sector Público Estatal, Autonómico y Local. Esta inscripción será requisito necesario para obtener el número de identificación fiscal definitivo de la Agencia Estatal de Administración Tributaria. Este Registro permitirá contar con información completa, fiable y pública del número y los tipos de organismos públicos y entidades existentes en cada momento. Y por otro lado, se obliga a todas las Administraciones a disponer de un sistema de supervisión continua de sus entidades dependientes, que conlleve la formulación periódica de propuestas de transformación, mantenimiento o extinción.

Ya en el ámbito de la Administración General del Estado, se establece una nueva clasificación del sector público estatal para los organismos y entidades que se creen a partir de la entrada en vigor de la Ley, más clara, ordenada y simple, pues quedan reducidos a los siguientes tipos: organismos públicos, que incluyen los organismos autónomos y las entidades públicas empresariales; autoridades administrativas independientes, sociedades mercantiles estatales, consorcios, fundaciones del sector público y fondos sin personalidad jurídica. La meta es la de sistematizar el régimen hasta ahora vigente en el ámbito estatal y mejorarlo siguiendo las pautas que se explican a continuación.

En primer lugar, preservando los aspectos positivos de la regulación de los distintos tipos de entes, de modo que se favorezca la programación de objetivos, el control de eficacia de los entes públicos y el mantenimiento de los estrictamente necesarios para la realización de las funciones legalmente encomendadas al sector público.

En segundo lugar, suprimiendo las especialidades que, sin mucha justificación, propiciaban la excepción de la aplicación de controles administrativos que deben existir en toda actuación pública, en lo que ha venido en denominarse la «huida del derecho administrativo». La flexibilidad en la gestión ha de ser compatible con los mecanismos de control de la gestión de fondos públicos.

Y, en tercer lugar, dedicando suficiente atención a la supervisión de los entes públicos y a su transformación y extinción, materias éstas que, por poco frecuentes, no habían demandado un régimen detallado en el pasado. Con ello se resuelve una de las principales carencias de la Ley de Agencias: la ausencia de una verdadera evaluación externa a la entidad, que permita juzgar si sigue siendo la forma más eficiente y eficaz posible de cumplir los objetivos que persiguió su creación y que proponga alternativas en caso de que no sea así.

De este modo, se establecen dos tipos de controles de las entidades integrantes del sector público estatal.

Una supervisión continua, desde su creación hasta su extinción, a cargo del Ministerio de Hacienda y Administraciones Públicas que vigilará la concurrencia de los requisitos previstos en esta Ley.

Un control de eficacia, centrado en el cumplimiento de los objetivos propios de la actividad de la entidad, que será ejercido anualmente por el Departamento al que esté adscrita la entidad u organismo público, sin perjuicio del control de la gestión económico financiera que se ejerza por la Intervención General de la Administración del Estado.

Este sistema, que sigue las mejores prácticas del derecho comparado, permitirá evaluar de forma continua la pervivencia de las razones que justificaron la creación de cada entidad y su sostenibilidad futura. Así se evitará tener que reiterar en el futuro el exhaustivo análisis que tuvo que ejecutar la CORA para identificar las entidades innecesarias o redundantes y que están en proceso de extinción.

Se incorpora al contenido de la Ley la regulación de los medios propios y servicios técnicos de la Administración, de acuerdo con lo que en la actualidad se establece en la normativa de contratos del sector público. Como novedad, la creación de un medio propio o su declaración como tal deberá ir precedida de una justificación, por medio de una memoria de la intervención general, de que la entidad resulta sostenible y eficaz, de acuerdo con los criterios de rentabilidad económica, y que resulta una opción más eficiente que la contratación pública para disponer del servicio o suministro cuya provisión le corresponda, o que concurren otras razones excepcionales que justifican su existencia, como la seguridad pública o la urgencia en la necesidad del servicio. Asimismo, estas entidades deberán estar identificadas a través de un acrónimo «MP», para mayor seguridad jurídica. Estos requisitos se aplicarán tanto a los medios propios que se creen en el futuro como a los ya existentes, estableciéndose un plazo de seis meses para su adaptación.

Bajo la denominación de «organismos públicos», la Ley regula los organismos autónomos y las entidades públicas empresariales del sector público estatal.

Los organismos públicos se definen como aquéllos dependientes o vinculados a la Administración General del Estado, bien directamente, bien a través de otro organismo público, cuyas características justifican su organización en régimen de descentralización funcional o de independencia, y que son creados para la realización de actividades administrativas, sean de fomento, prestación, gestión de servicios públicos o producción de bienes de interés público susceptibles de contraprestación, así como actividades de contenido económico reservadas a las Administraciones Públicas. Tienen personalidad jurídica pública diferenciada, patrimonio y tesorería propios, así como autonomía de gestión y les corresponden las potestades administrativas precisas para el cumplimiento de sus fines salvo la potestad expropiatoria.

Se establece una estructura organizativa común en el ámbito del sector público estatal, articulada en órganos de gobierno, ejecutivos y de control de eficacia, correspondiendo al Ministro de Hacienda y Administraciones Públicas la clasificación de las entidades, conforme a su naturaleza y a los criterios previstos en el Real Decreto 451/2012, de 5 de marzo, por el que se regula el régimen retributivo de los máximos responsables y directivos en el sector público empresarial y otras entidades.

En general, se hace más exigente la creación de organismos públicos al someterse a los siguientes requisitos: por un lado, la elaboración de un plan de actuación con un contenido mínimo que incluye un análisis de eficiencia y las razones que fundamentan la creación; justificación de la forma jurídica propuesta; determinación de los objetivos a cumplir y los indicadores para medirlos; acreditación de la inexistencia de duplicidades, etc. Y, por otro lado, un informe preceptivo del Ministerio de Hacienda y Administraciones Públicas.

De acuerdo con el criterio de racionalización anteriormente expuesto para toda la Administración General del Estado, tanto los organismos existentes en el sector público estatal como los de nueva creación aplicarán una gestión compartida de los servicios comunes, salvo que la decisión de no hacerlo se justifique en la memoria que acompañe a la norma de creación por razones de eficiencia, conforme al artículo 7 de la Ley Orgánica 2/2012, de 27 de abril, de Estabilidad Presupuestaria y Sostenibilidad Financiera, seguridad nacional o cuando la organización y gestión compartida afecte a servicios que deban prestarse de forma autónoma en atención a la independencia del organismo.

Por primera vez, se incluye para el sector público estatal un régimen de transformaciones y fusiones de organismos públicos de la misma naturaleza jurídica, bien mediante su extinción e integración en un nuevo organismo público, o bien mediante su absorción por otro ya existente. La fusión se llevará a cabo por una norma reglamentaria, aunque suponga modificación de la ley de creación. Se establece un mayor control para la transformación de organismo autónomo en sociedad mercantil estatal o en fundación del sector público, con el fin de evitar el fenómeno de la huida de los controles del derecho administrativo, para lo que se exige la elaboración de una memoria que lo justifique y un informe preceptivo de la Intervención General de la Administración del Estado. En cambio, se facilita la transformación de sociedades mercantiles estatales en organismos autónomos, que están sometidos a controles más intensos.

Se regula, también en el ámbito estatal, la disolución, liquidación y extinción de organismos públicos. En este sentido, se detallan las causas de disolución, entre las que destaca la situación de desequilibrio financiero durante dos ejercicios presupuestarios consecutivos, circunstancia que no opera de modo automático, al poder corregirse mediante un plan elaborado al efecto.

El proceso de disolución es ágil, al bastar un acuerdo del Consejo de Ministros. Deberá designarse un órgano administrativo o entidad del sector público institucional como liquidador, cuya responsabilidad será directamente asumida por la Administración que le designe, sin perjuicio de la posibilidad de repetir contra aquél cuando hubiera causa legal para ello.

Publicado el acuerdo de disolución, la liquidación se inicia automáticamente, y tendrá lugar por cesión e integración global de todo el activo y pasivo del organismo en la Administración General del Estado, que sucederá a la entidad extinguida en todos sus derechos y obligaciones. Formalizada la liquidación se producirá la extinción automática.

En cuanto a la tipología propia del sector institucional del Estado, la Ley contempla las siguientes categorías de entidades: organismos públicos, que comprende los organismos autónomos y las entidades públicas empresariales; las autoridades administrativas independientes; las sociedades mercantiles estatales; las fundaciones del sector público estatal; los consorcios; y los fondos sin personalidad jurídica. En los capítulos correspondientes a cada tipo se define su régimen jurídico, económico-financiero, presupuestario, de contratación, y de personal. Los organismos autónomos desarrollan actividades derivadas de la propia Administración Pública, en calidad de organizaciones instrumentales diferenciadas y dependientes de ésta, mientras que las entidades públicas empresariales, se cualifican por simultanear el ejercicio de potestades administrativas y de actividades prestacionales, de gestión de servicios o de producción de bienes de interés público, susceptibles de contraprestación. Las autoridades administrativas independientes, tienen atribuidas funciones de regulación o supervisión de carácter externo sobre un determinado sector o actividad económica, para cuyo desempeño deben estar dotadas de independencia funcional o una especial autonomía respecto de la Administración General del Estado, lo que deberá determinarse en una norma con rango de Ley. En atención a esta peculiar idiosincrasia, se rigen en primer término por su normativa especial, y supletoriamente, en cuanto sea compatible con su naturaleza y funciones, por la presente Ley.

Se mantiene el concepto de sociedades mercantiles estatales actualmente vigente en la Ley 33/2003, de 3 de noviembre, respecto de las cuales se incluye como novedad que la responsabilidad aplicable a los miembros de sus consejos de administración designados por la Administración General del Estado será asumida directamente por la Administración designante. Todo ello, sin perjuicio de que pueda exigirse de oficio la responsabilidad del administrador por los daños y perjuicios causados cuando hubiera concurrido dolo, o culpa o negligencia graves.

La Ley establece con carácter básico el régimen jurídico de los consorcios, al tratarse de un régimen que, por definición, afectará a todas las Administraciones Públicas, siguiendo la línea de las modificaciones efectuadas por la Ley 15/2014, de 16 de septiembre, de racionalización del Sector Público y otras medidas de reforma administrativa. La creación de un consorcio en el que participe la Administración General del Estado ha de estar prevista en una ley e ir precedida de la autorización del Consejo de Ministros. El consorcio se constituye mediante el correspondiente convenio, al que habrán de acompañarse los estatutos, un plan de actuación de igual contenido que el de los organismos públicos y el informe preceptivo favorable del departamento competente en la Hacienda Pública o la intervención general que corresponda. Las entidades consorciadas podrán acordar, con la mayoría que se establezca en los estatutos, o a falta de previsión estatutaria, por unanimidad, la cesión global de activos y pasivos a otra entidad jurídicamente adecuada con la finalidad de mantener la continuidad de la actividad y alcanzar los objetivos del consorcio que se liquida. Su disolución es automática mediante acuerdo del máximo órgano de gobierno del consorcio, que nombrará a un órgano o entidad como liquidador. La responsabilidad del empleado público que sea nombrado liquidador será asumida por la entidad o la Administración que lo designó, sin perjuicio de las acciones que esta pueda ejercer para, en su caso, repetir la responsabilidad que corresponda. Finalmente, cabe destacar que se avanza en el rigor presupuestario de los consorcios que estarán sujetos al régimen de presupuestación, contabilidad y control de la Administración Pública a la que estén adscritos y por tanto se integrarán o, en su caso, acompañarán a los presupuestos de la Administración de adscripción en los términos previstos en su normativa.

Se establece el régimen jurídico de las fundaciones del sector público estatal, manteniendo las líneas fundamentales de la Ley 50/2002, de 26 de diciembre, de Fundaciones. La creación de las fundaciones, o la adquisición de forma sobrevenida de esta forma jurídica, se efectuará por ley. Se deberá prever la posibilidad de que en el patrimonio de las fundaciones del sector público estatal pueda existir aportación del sector privado de forma no mayoritaria. Como novedad, se establece con carácter básico el régimen de adscripción pública de las fundaciones y del protectorado.

Se regulan por último en este Título los fondos carentes de personalidad jurídica del sector público estatal, figura cuya frecuente utilización demandaba el establecimiento de un régimen jurídico, y que deberán crearse por ley.

VI

El Título III establece un régimen completo de las relaciones entre las distintas Administraciones Públicas, que deberán sujetarse a nuevos principios rectores cuya última ratio se halla en los artículos 2, 14 y 138 de la Constitución, como la adecuación al sistema de distribución de competencias, la solidaridad interterritorial, la programación y evaluación de resultados y el respeto a la igualdad de derechos de todos los ciudadanos.

Siguiendo la jurisprudencia constitucional, se definen y diferencian dos principios clave de las relaciones entre Administraciones: la cooperación, que es voluntaria y la coordinación, que es obligatoria. Sobre esta base se regulan los diferentes órganos y formas de cooperar y coordinar.

Se desarrollan ampliamente las técnicas de cooperación y en especial, las de naturaleza orgánica, entre las que destaca la Conferencia de Presidentes, que se regula por primera vez, las Conferencias Sectoriales y las Comisiones Bilaterales de Cooperación. Dentro de las funciones de las Conferencias Sectoriales destaca como novedad la de ser informadas sobre anteproyectos de leyes y los proyectos de reglamentos del Gobierno de la Nación o de los Consejos de Gobierno de las Comunidades Autónomas, cuando afecten de manera directa al ámbito competencial de las otras Administraciones Públicas o cuando así esté previsto en la normativa sectorial aplicable. Con ello se pretende potenciar la planificación conjunta y evitar la aparición de duplicidades.

Se aclara que las Conferencias Sectoriales podrán adoptar recomendaciones, que implican el compromiso de quienes hayan votado a favor a orientar sus actuaciones en esa materia en el sentido acordado, con la obligación de motivar su no seguimiento; y acuerdos, que podrán adoptar la forma de planes conjuntos, que serán de obligado cumplimiento para todos los miembros no discrepantes, y que serán exigibles ante el orden jurisdiccional contencioso-administrativo. Cuando la Administración General del Estado ejerza funciones de coordinación, de acuerdo con la jurisprudencia constitucional, el acuerdo será obligatorio para todas las Administraciones de la conferencia sectorial.

Se prevé el posible funcionamiento electrónico de estos órganos, lo que favorecerá las convocatorias de las Conferencias Sectoriales, que podrán ser más frecuentes, ahorrando costes de desplazamiento.

Dentro del deber de colaboración se acotan los supuestos en los que la asistencia y cooperación puede negarse por parte de la Administración requerida, y se concretan las técnicas de colaboración: la creación y mantenimiento de sistemas integrados de información; el deber de asistencia y auxilio para atender las solicitudes formuladas por otras Administraciones para el mejor ejercicio de sus competencias y cualquier otra prevista en la Ley. No obstante, el deber de colaboración al que están sometidas las Administraciones Públicas se ejercerá con sometimiento a lo establecido en la normativa específica aplicable.

Se crea un Registro Electrónico estatal de Órganos e Instrumentos de Cooperación, con efecto constitutivo, de forma que pueda ser de general conocimiento, de forma fiable, la información relativa a los órganos de cooperación y coordinación en los que participa la Administración General del Estado y sus organismos públicos y entidades vinculados o dependientes, y qué convenios hay en vigor en cada momento.

Se da también respuesta legal a las interrelaciones competenciales que se han venido desarrollando durante los últimos años, propiciando la creación voluntaria de servicios integrados o complementarios, en los que cada Administración tenga en cuenta las competencias de otras Administraciones Públicas y conozca sus proyectos de actuación para mejorar la eficacia de todo el sistema administrativo.

También se potencia la disponibilidad de sistemas electrónicos de información mutua, cada vez más integrados, tal como se ha puesto de relieve con la Ley 20/2013, de 9 de diciembre, de garantía de la unidad de mercado.

En las disposiciones adicionales de la Ley se recogen, entre otras materias, la mención a la Administración de los Territorios Históricos del País Vasco, los Delegados del Gobierno en las Ciudades de Ceuta y Melilla, la estructura administrativa en las islas menores, las relaciones con las ciudades de Ceuta y Melilla, la adaptación de organismos públicos y entidades existentes, la gestión compartida de servicios comunes de los organismos públicos existentes, la transformación de los medios propios existentes, el Registro estatal de órganos e instrumentos de cooperación, la adaptación de los convenios vigentes, la Comisión sectorial de administración electrónica, la adaptación a los consorcios en los que participa el Estado, los conflictos de atribuciones intraministeriales, así como el régimen jurídico del Banco de España, las Autoridades Portuarias y Puertos del Estado, las entidades gestoras y servicios comunes de la Seguridad Social, la Agencia Estatal de Administración Tributaria y la organización militar, únicos cuyas peculiaridades justifican un tratamiento separado.

En las disposiciones transitorias se establece el régimen aplicable al sector público institucional existente en la entrada en vigor de la Ley, así como las reglas aplicables a los procedimientos de elaboración de normas en curso.

En la disposición derogatoria única se recoge la normativa y las disposiciones de igual o inferior rango que quedan derogadas.

Entre las disposiciones finales se incluye la modificación de la regulación del Gobierno contenida en la Ley 50/1997, de 27 de noviembre; también se modifica la Ley 33/2003, de 3 de noviembre; se establecen los títulos competenciales en base a los cuales se dicta la

Ley, la habilitación para su desarrollo normativo; y la entrada en vigor, prevista para un año después de la publicación de la Ley en el «Boletín Oficial del Estado».

Las modificaciones introducidas en la actual Ley del Gobierno suponen una serie de trascendentes novedades. Así, se adecúa el régimen de los miembros del Gobierno a las previsiones de la Ley 3/2015, de 30 de marzo, reguladora del ejercicio del alto cargo de la Administración General del Estado. En cuanto al Presidente del Gobierno, a los Vicepresidentes y a los Ministros, se introducen mejoras técnicas sobre el procedimiento y formalidades del cese. En el caso de que existan Ministros sin cartera, por Real Decreto se determinará el ámbito de sus competencias, la estructura administrativa, así como los medios materiales y personales que queden adscritos a dichos órganos.

Además de ello, se prevé excepcionalmente la asistencia de otros altos cargos al Consejo de Ministros, cuando sean convocados, posibilidad que hasta ahora solo se contemplaba respecto de los Secretarios de Estado.

Se flexibiliza el régimen de la suplencia de los miembros del Consejo de Ministros, ya que no se considerará ausencia la interrupción transitoria de la asistencia de los Ministros a las reuniones de un órgano colegiado. En tales casos, las funciones que pudieran corresponder al miembro del Gobierno durante esa situación serán ejercidas por la siguiente autoridad en rango presente.

El Real Decreto de creación de cada una de las Comisiones Delegadas del Gobierno deberá regular, además de otras cuestiones, el régimen interno de funcionamiento y, en particular, el de convocatorias y suplencias. De esta manera, se completa el régimen de tales órganos.

Se contempla asimismo una habilitación al Gobierno para que defina determinadas cuestiones, como son la regulación de las precedencias en los actos oficiales de los titulares de los poderes constitucionales y de las instituciones nacionales, autonómicas, los Departamentos ministeriales y los órganos internos de estos, así como el régimen de los expresidentes del Gobierno.

De acuerdo con el propósito de que la tramitación telemática alcance todos los niveles del Gobierno, se prevé que el Ministro de la Presidencia pueda dictar instrucciones para la tramitación de asuntos ante los órganos colegiados del Gobierno que regulen la posible documentación de propuestas y acuerdos por medios electrónicos.

Los órganos de colaboración y apoyo al Gobierno siguen siendo los mismos que en la normativa actual: Comisión General de Secretarios de Estado y Subsecretarios, Secretariado del Gobierno y Gabinetes del Presidente del Gobierno, de los Vicepresidentes, de los Ministros y de los Secretarios de Estado. La Ley introduce mejoras en el funcionamiento de estos órganos, en particular, atribuyendo a la Comisión General de Secretarios de Estado y Subsecretarios el análisis o discusión de aquellos asuntos que, sin ser competencia del Consejo de Ministros o sus Comisiones Delegadas, afecten a varios Ministerios y sean sometidos a la Comisión por su Presidente.

Se recogen también a nivel legal las funciones del Secretariado del Gobierno como órgano de apoyo del Ministro de la Presidencia, del Consejo de Ministros, de las Comisiones Delegadas del Gobierno y de la Comisión General de Secretarios de Estado y Subsecretarios, y se le encomiendan otras que están relacionadas con la tramitación administrativa de la sanción y promulgación real de las Leyes, la expedición de los Reales Decretos, la tramitación de los actos y disposiciones del Rey cuyo refrendo corresponde al Presidente del Gobierno o al Presidente del Congreso de los Diputados y la tramitación de los actos y disposiciones que el ordenamiento jurídico atribuye a la competencia del Presidente del Gobierno, entre otras.

En cuanto al régimen de funcionamiento del Consejo de Ministros, destaca como novedad la regulación de la posibilidad de avocar, a propuesta del Presidente del Gobierno, las competencias cuya decisión corresponda a las Comisiones Delegadas del Gobierno.

Por último, se modifica el Título V de la Ley del Gobierno, con dos finalidades.

En primer lugar, se reforma el procedimiento a través del cual se ejerce la iniciativa legislativa y la potestad reglamentaria, en línea con los principios establecidos con carácter general para todas las Administraciones en la Ley de Procedimiento Administrativo y que entrañan la elaboración de un Plan Anual Normativo; la realización de una consulta pública con anterioridad a la redacción de las propuestas; el reforzamiento del contenido de la Memoria del Análisis de Impacto Normativo; la atribución de funciones al Ministerio de la Presidencia para asegurar la calidad normativa; y la evaluación ex post de las normas aprobadas.

Estas importantes novedades, tributarias de las iniciativas llevadas a cabo sobre Better Regulation en la Unión Europea, siguen asimismo las recomendaciones que en esta materia ha formulado la Organización para la Cooperación y el Desarrollo Económicos (OCDE) en su informe emitido en 2014 «Spain: From Administrative Reform to Continous Improvement». Es la Comunicación de la Comisión Europea al Consejo de 25 de junio de 2008 (A «Small Bussiness Act» for Europe) la que entre sus recomendaciones incluye la de fijar fechas concretas de entrada en vigor de cualquier norma que afecte a las pequeñas y medianas empresas, propuesta que se incorpora a la normativa estatal y que contribuirá a incrementar la seguridad jurídica en nuestra actividad económica.

En segundo lugar, se extrae el artículo dedicado al control del Gobierno del Título V, en el que impropiamente se encontraba, de modo que pasa a constituir uno específico con este exclusivo contenido, con una redacción más acorde con la normativa reguladora de la jurisdicción contencioso-administrativa.

TÍTULO PRELIMINAR
Disposiciones generales, principios de actuación y funcionamiento del sector público

CAPÍTULO I
Disposiciones generales

ART. 1. Objeto.

La presente Ley establece y regula las bases del régimen jurídico de las Administraciones Públicas, los principios del sistema de responsabilidad de las Administraciones Públicas y de la potestad sancionadora, así como la organización y funcionamiento de la Administración General del Estado y de su sector público institucional para el desarrollo de sus actividades.

Ver arts. 103, 105 c) y 149.1.18.ª CE.

ART. 2. Ámbito Subjetivo.

1. La presente Ley se aplica al sector público que comprende:
a) La Administración General del Estado.
b) Las Administraciones de las Comunidades Autónomas.
c) Las Entidades que integran la Administración Local.
d) El sector público institucional.
2. El sector público institucional se integra por:
a) Cualesquiera organismos públicos y entidades de derecho público vinculados o dependientes de las Administraciones Públicas.
b) Las entidades de derecho privado vinculadas o dependientes de las Administraciones Públicas que quedarán sujetas a lo dispuesto en las normas de esta Ley que específicamente se refieran a las mismas, en particular a los principios previstos en el artículo 3, y en todo caso, cuando ejerzan potestades administrativas.
c) Las Universidades públicas que se regirán por su normativa específica y supletoriamente por las previsiones de la presente Ley.
3. Tienen la consideración de Administraciones Públicas la Administración General del Estado, las Administraciones de las Comunidades Autónomas, las Entidades que integran la Administración Local, así como los organismos públicos y entidades de derecho público previstos en la letra a) del apartado 2.

Ver arts. 1 LJCA; D.A. 1.ª y 3.ª LRJSP.

ART. 3. Principios generales.

1. Las Administraciones Públicas sirven con objetividad los intereses generales y actúan de acuerdo con los principios de eficacia, jerarquía, descentralización, desconcentración y coordinación, con sometimiento pleno a la Constitución, a la Ley y al Derecho.

Deberán respetar en su actuación y relaciones los siguientes principios:

a) Servicio efectivo a los ciudadanos.

b) Simplicidad, claridad y proximidad a los ciudadanos.

c) Participación, objetividad y transparencia de la actuación administrativa.

d) Racionalización y agilidad de los procedimientos administrativos y de las actividades materiales de gestión.

e) Buena fe, confianza legítima y lealtad institucional.

f) Responsabilidad por la gestión pública.

g) Planificación y dirección por objetivos y control de la gestión y evaluación de los resultados de las políticas públicas.

h) Eficacia en el cumplimiento de los objetivos fijados.

i) Economía, suficiencia y adecuación estricta de los medios a los fines institucionales.

j) Eficiencia en la asignación y utilización de los recursos públicos.

k) Cooperación, colaboración y coordinación entre las Administraciones Públicas.

2. Las Administraciones Públicas se relacionarán entre sí y con sus órganos, organismos públicos y entidades vinculados o dependientes a través de medios electrónicos, que aseguren la interoperabilidad y seguridad de los sistemas y soluciones adoptadas por cada una de ellas, garantizarán la protección de los datos de carácter personal, y facilitarán preferentemente la prestación conjunta de servicios a los interesados.

3. Bajo la dirección del Gobierno de la Nación, de los órganos de gobierno de las Comunidades Autónomas y de los correspondientes de las Entidades Locales, la actuación de la Administración Pública respectiva se desarrolla para alcanzar los objetivos que establecen las leyes y el resto del ordenamiento jurídico.

4. Cada una de las Administraciones Públicas del artículo 2 actúa para el cumplimiento de sus fines con personalidad jurídica única.

ART. 4. Principios de intervención de las Administraciones Públicas para el desarrollo de una actividad.

1. Las Administraciones Públicas que, en el ejercicio de sus respectivas competencias, establezcan medidas que limiten el ejercicio de derechos individuales o colectivos o exijan el cumplimiento de requisitos para el desarrollo de una actividad, deberán aplicar el principio de proporcionalidad y elegir la medida menos restrictiva, motivar su necesidad para la protección del interés público así como justificar su adecuación para lograr los fines que se persiguen, sin que en ningún caso se produzcan diferencias de trato discriminatorias. Asimismo deberán evaluar periódicamente los efectos y resultados obtenidos.

2. Las Administraciones Públicas velarán por el cumplimiento de los requisitos previstos en la legislación que resulte aplicable, para lo cual podrán, en el ámbito de sus respectivas competencias y con los límites establecidos en la legislación de protección de datos de carácter personal, comprobar, verificar, investigar e inspeccionar los hechos, actos, elementos, actividades, estimaciones y demás circunstancias que fueran necesarias.

CAPÍTULO II
De los órganos de las Administraciones Públicas

Sección 1.ª De los órganos administrativos

ART. 5. Órganos administrativos.

1. Tendrán la consideración de órganos administrativos las unidades administrativas a las que se les atribuyan funciones que tengan efectos jurídicos frente a terceros, o cuya actuación tenga carácter preceptivo.

2. Corresponde a cada Administración Pública delimitar, en su respectivo ámbito competencial, las unidades administrativas que configuran los órganos administrativos propios de las especialidades derivadas de su organización.

3. La creación de cualquier órgano administrativo exigirá, al menos, el cumplimiento de los siguientes requisitos:

a) Determinación de su forma de integración en la Administración Pública de que se trate y su dependencia jerárquica.

b) Delimitación de sus funciones y competencias.

c) Dotación de los créditos necesarios para su puesta en marcha y funcionamiento.

4. No podrán crearse nuevos órganos que supongan duplicación de otros ya existentes si al mismo tiempo no se suprime o restringe debidamente la competencia de estos. A este objeto, la creación de un nuevo órgano sólo tendrá lugar previa comprobación de que no existe otro en la misma Administración Pública que desarrolle igual función sobre el mismo territorio y población.

ART. 6. Instrucciones y órdenes de servicio.

1. Los órganos administrativos podrán dirigir las actividades de sus órganos jerárquicamente dependientes mediante instrucciones y órdenes de servicio.

Cuando una disposición específica así lo establezca, o se estime conveniente por razón de los destinatarios o de los efectos que puedan producirse, las instrucciones y órdenes de servicio se publicarán en el boletín oficial que corresponda, sin perjuicio de su difusión de acuerdo con lo previsto en la Ley 19/2013, de 9 de diciembre, de transparencia, acceso a la información pública y buen gobierno.

2. El incumplimiento de las instrucciones u órdenes de servicio no afecta por sí solo a la validez de los actos dictados por los órganos administrativos, sin perjuicio de la responsabilidad disciplinaria en que se pueda incurrir.

ART. 7. Órganos consultivos.

La Administración consultiva podrá articularse mediante órganos específicos dotados de autonomía orgánica y funcional con respecto a la Administración activa, o a través de los servicios de esta última que prestan asistencia jurídica.

En tal caso, dichos servicios no podrán estar sujetos a dependencia jerárquica, ya sea orgánica o funcional, ni recibir instrucciones, directrices o cualquier clase de indicación de los órganos que hayan elaborado las disposiciones o producido los actos objeto de consulta, actuando para cumplir con tales garantías de forma colegiada.

Sección 2.ª Competencia

ART. 8. Competencia.

1. La competencia es irrenunciable y se ejercerá por los órganos administrativos que la tengan atribuida como propia, salvo los casos de delegación o avocación, cuando se efectúen en los términos previstos en ésta u otras leyes.

La delegación de competencias, las encomiendas de gestión, la delegación de firma y la suplencia no suponen alteración de la titularidad de la competencia, aunque sí de los elementos determinantes de su ejercicio que en cada caso se prevén.

2. La titularidad y el ejercicio de las competencias atribuidas a los órganos administrativos podrán ser desconcentradas en otros jerárquicamente dependientes de aquéllos en los términos y con los requisitos que prevean las propias normas de atribución de competencias.

3. Si alguna disposición atribuye la competencia a una Administración, sin especificar el órgano que debe ejercerla, se entenderá que la facultad de instruir y resolver los expedientes corresponde a los órganos inferiores competentes por razón de la materia y del territorio. Si existiera más de un órgano inferior competente por razón de materia y territorio, la facultad para instruir y resolver los expedientes corresponderá al superior jerárquico común de estos.

ART. 9. Delegación de competencias.

1. Los órganos de las diferentes Administraciones Públicas podrán delegar el ejercicio de las competencias que tengan atribuidas en otros órganos de la misma Administración, aun cuando no sean jerárquicamente dependientes, o en los Organismos públicos o Entidades de Derecho Público vinculados o dependientes de aquéllas.

En el ámbito de la Administración General del Estado, la delegación de competencias deberá ser aprobada previamente por el órgano ministerial de quien dependa el órgano delegante y en el caso de los Organismos públicos o Entidades vinculados o dependientes, por el órgano máximo de dirección, de acuerdo con sus normas de creación. Cuando se trate de órganos no relacionados jerárquicamente será necesaria la aprobación previa del superior común si ambos pertenecen al mismo Ministerio, o del órgano superior de quien dependa el órgano delegado, si el delegante y el delegado pertenecen a diferentes Ministerios.

Asimismo, los órganos de la Administración General del Estado podrán delegar el ejercicio de sus competencias propias en sus Organismos públicos y Entidades vinculados o dependientes, cuando resulte conveniente para alcanzar los fines que tengan asignados y mejorar la eficacia de su gestión. La delegación deberá ser previamente aprobada por los órganos de los que dependan el órgano delegante y el órgano delegado, o aceptada por este último cuando sea el órgano máximo de dirección del Organismo público o Entidad vinculado o dependiente.

2. En ningún caso podrán ser objeto de delegación las competencias relativas a:

a) Los asuntos que se refieran a relaciones con la Jefatura del Estado, la Presidencia del Gobierno de la Nación, las Cortes Generales, las Presidencias de los Consejos de Gobierno de las Comunidades Autónomas y las Asambleas Legislativas de las Comunidades Autónomas.

b) La adopción de disposiciones de carácter general.

c) La resolución de recursos en los órganos administrativos que hayan dictado los actos objeto de recurso.

d) Las materias en que así se determine por norma con rango de Ley.

3. Las delegaciones de competencias y su revocación deberán publicarse en el «Boletín Oficial del Estado», en el de la Comunidad Autónoma o en el de la Provincia, según la Administración a que pertenezca el órgano delegante, y el ámbito territorial de competencia de éste.

4. Las resoluciones administrativas que se adopten por delegación indicarán expresamente esta circunstancia y se considerarán dictadas por el órgano delegante.

5. Salvo autorización expresa de una Ley, no podrán delegarse las competencias que se ejerzan por delegación.

No constituye impedimento para que pueda delegarse la competencia para resolver un procedimiento la circunstancia de que la norma reguladora del mismo prevea, como trámite preceptivo, la emisión de un dictamen o informe; no obstante, no podrá delegarse la competencia para resolver un procedimiento una vez que en el correspondiente procedimiento se haya emitido un dictamen o informe preceptivo acerca del mismo.

6. La delegación será revocable en cualquier momento por el órgano que la haya conferido.

7. El acuerdo de delegación de aquellas competencias atribuidas a órganos colegiados, para cuyo ejercicio se requiera un quórum o mayoría especial, deberá adoptarse observando, en todo caso, dicho quórum o mayoría.

Ver arts. 21, 23, 24, 34 y 35 LBRL; arts. 21 LPAC; 25.2 LRJSP

ART. 10. Avocación.

1. Los órganos superiores podrán avocar para sí el conocimiento de uno o varios asuntos cuya resolución corresponda ordinariamente o por delegación a sus órganos administrativos dependientes, cuando circunstancias de índole técnica, económica, social, jurídica o territorial lo hagan conveniente.

En los supuestos de delegación de competencias en órganos no dependientes jerárquicamente, el conocimiento de un asunto podrá ser avocado únicamente por el órgano delegante.

2. En todo caso, la avocación se realizará mediante acuerdo motivado que deberá ser notificado a los interesados en el procedimiento, si los hubiere, con anterioridad o simultáneamente a la resolución final que se dicte.

Contra el acuerdo de avocación no cabrá recurso, aunque podrá impugnarse en el que, en su caso, se interponga contra la resolución del procedimiento.

Ver arts. 8 LRJSP; 35, 40 a 43 LPAC

ART. 11. Encomiendas de gestión.

1. La realización de actividades de carácter material o técnico de la competencia de los órganos administrativos o de las Entidades de Derecho Público podrá ser encomendada a otros órganos o Entidades de Derecho Público de la misma o de distinta Administración, siempre que entre sus competencias estén esas actividades, por razones de eficacia o cuando no se posean los medios técnicos idóneos para su desempeño.

Las encomiendas de gestión no podrán tener por objeto prestaciones propias de los contratos regulados en la legislación de contratos del sector público. En tal caso, su naturaleza y régimen jurídico se ajustará a lo previsto en ésta.

2. La encomienda de gestión no supone cesión de la titularidad de la competencia ni de los elementos sustantivos de su ejercicio, siendo responsabilidad del órgano o Entidad encomendante dictar cuantos actos o resoluciones de carácter jurídico den soporte o en los que se integre la concreta actividad material objeto de encomienda.

En todo caso, la Entidad u órgano encomendado tendrá la condición de encargado del tratamiento de los datos de carácter personal a los que pudiera tener acceso en ejecución de la encomienda de gestión, siéndole de aplicación lo dispuesto en la normativa de protección de datos de carácter personal.

3. La formalización de las encomiendas de gestión se ajustará a las siguientes reglas:

a) Cuando la encomienda de gestión se realice entre órganos administrativos o Entidades de Derecho Público pertenecientes a la misma Administración deberá formalizarse en los términos que establezca su normativa propia y, en su defecto, por acuerdo expreso de los órganos o Entidades de Derecho Público intervinientes. En todo caso, el instrumento de formalización de la encomienda de gestión y su resolución deberá ser publicada, para su eficacia, en el Boletín Oficial del Estado, en el Boletín oficial de la Comunidad Autónoma o en el de la Provincia, según la Administración a que pertenezca el órgano encomendante.

Cada Administración podrá regular los requisitos necesarios para la validez de tales acuerdos que incluirán, al menos, expresa mención de la actividad o actividades a las que afecten, el plazo de vigencia y la naturaleza y alcance de la gestión encomendada.

b) Cuando la encomienda de gestión se realice entre órganos y Entidades de Derecho Público de distintas Administraciones se formalizará mediante firma del correspondiente convenio entre ellas, que deberá ser publicado en el «Boletín Oficial del Estado», en el Boletín oficial de la Comunidad Autónoma o en el de la Provincia, según la Administración a que pertenezca el órgano encomendante, salvo en el supuesto de la gestión ordinaria de los servicios de las Comunidades Autónomas por las Diputaciones Provinciales o en su caso Cabildos o Consejos insulares, que se regirá por la legislación de Régimen Local.

Ver art. 37 LBRL.

ART. 12. Delegación de firma.

1. Los titulares de los órganos administrativos podrán, en materias de su competencia, que ostenten, bien por atribución, bien por delegación de competencias, delegar la firma de sus resoluciones y actos administrativos en los titulares de los órganos o unidades administrativas que de ellos dependan, dentro de los límites señalados en el artículo 9.

2. La delegación de firma no alterará la competencia del órgano delegante y para su validez no será necesaria su publicación.

3. En las resoluciones y actos que se firmen por delegación se hará constar esta circunstancia y la autoridad de procedencia.

Ver arts. 8 y 9 LRJSP; 85 LPAC

ART. 13. Suplencia.

1. En la forma que disponga cada Administración Pública, los titulares de los órganos administrativos podrán ser suplidos temporalmente en los supuestos de vacante, ausencia o enfermedad, así como en los casos en que haya sido declarada su abstención o recusación.

Si no se designa suplente, la competencia del órgano administrativo se ejercerá por quien designe el órgano administrativo inmediato superior de quien dependa.

2. La suplencia no implicará alteración de la competencia y para su validez no será necesaria su publicación.

3. En el ámbito de la Administración General del Estado, la designación de suplente podrá efectuarse:

a) En los reales decretos de estructura orgánica básica de los Departamentos Ministeriales o en los estatutos de sus Organismos públicos y Entidades vinculados o dependientes según corresponda.

b) Por el órgano competente para el nombramiento del titular, bien en el propio acto de nombramiento bien en otro posterior cuando se produzca el supuesto que dé lugar a la suplencia.

4. En las resoluciones y actos que se dicten mediante suplencia, se hará constar esta circunstancia y se especificará el titular del órgano en cuya suplencia se adoptan y quien efectivamente está ejerciendo esta suplencia.

Ver art. 8 LRJSP.

ART. 14. Decisiones sobre competencia.

1. El órgano administrativo que se estime incompetente para la resolución de un asunto remitirá directamente las actuaciones al órgano que considere competente, debiendo notificar esta circunstancia a los interesados.

2. Los interesados que sean parte en el procedimiento podrán dirigirse al órgano que se encuentre conociendo de un asunto para que decline su competencia y remita las actuaciones al órgano competente.

Asimismo, podrán dirigirse al órgano que estimen competente para que requiera de inhibición al que esté conociendo del asunto.

3. Los conflictos de atribuciones sólo podrán suscitarse entre órganos de una misma Administración no relacionados jerárquicamente, y respecto a asuntos sobre los que no haya finalizado el procedimiento administrativo.

Sección 3.ª Órganos *colegiados de las distintas administraciones públicas*

Subsección 1.ª Funcionamiento

ART. 15. Régimen.

1. El régimen jurídico de los órganos colegiados se ajustará a las normas contenidas en la presente sección, sin perjuicio de las peculiaridades organizativas de las Administraciones Públicas en que se integran.

2. Los órganos colegiados de las distintas Administraciones Públicas en que participen organizaciones representativas de intereses sociales, así como aquellos compuestos por representaciones de distintas Administraciones Públicas, cuenten o no con participación de organizaciones representativas de intereses sociales, podrán establecer o completar sus propias normas de funcionamiento.

Los órganos colegiados a que se refiere este apartado quedarán integrados en la Administración Pública que corresponda, aunque sin participar en la estructura jerárquica de ésta, salvo que así lo establezcan sus normas de creación, se desprenda de sus funciones o de la propia naturaleza del organo colegiado.

3. El acuerdo de creación y las normas de funcionamiento de los órganos colegiados que dicten resoluciones que tengan efectos jurídicos frente a terceros deberán ser publicados en el Boletín o Diario Oficial de la Administración Pública en que se integran. Adicionalmente, las Administraciones podrán publicarlos en otros medios de difusión que garanticen su conocimiento.

Cuando se trate de un órgano colegiado a los que se refiere el apartado 2 de este artículo la citada publicidad se realizará por la Administración a quien corresponda la Presidencia.

Ver arts. 16 a 22 LRJSP.

ART. 16. Secretario.

1. Los órganos colegiados tendrán un Secretario que podrá ser un miembro del propio órgano o una persona al servicio de la Administración Pública correspondiente.

2. Corresponderá al Secretario velar por la legalidad formal y material de las actuaciones del órgano colegiado, certificar las actuaciones del mismo y garantizar que los procedimientos y reglas de constitución y adopción de acuerdos son respetadas.

3. En caso de que el Secretario no miembro sea suplido por un miembro del órgano colegiado, éste conservará todos sus derechos como tal.

Ver arts. 15 y 17 a 22 LRJSP.

ART. 17. Convocatorias y sesiones.

1. Todos los órganos colegiados se podrán constituir, convocar, celebrar sus sesiones, adoptar acuerdos y remitir actas tanto de forma presencial como a distancia, salvo que su reglamento interno recoja expresa y excepcionalmente lo contrario.

En las sesiones que celebren los órganos colegiados a distancia, sus miembros podrán encontrarse en distintos lugares siempre y cuando se asegure por medios electrónicos, considerándose también tales los telefónicos, y audiovisuales, la identidad de los miembros o personas que los suplan, el contenido de sus manifestaciones, el momento en que éstas se producen, así como la interactividad e intercomunicación entre ellos en tiempo real y la disponibilidad de los medios durante la sesión. Entre otros, se considerarán incluidos entre los medios electrónicos válidos, el correo electrónico, las audioconferencias y las videoconferencias.

2. Para la válida constitución del órgano, a efectos de la celebración de sesiones, deliberaciones y toma de acuerdos, se requerirá la asistencia, presencial o a distancia, del Presidente y Secretario o en su caso, de quienes les suplan, y la de la mitad, al menos, de sus miembros.

Cuando se trate de los órganos colegiados a que se refiere el artículo 15.2, el Presidente podrá considerar válidamente constituido el órgano, a efectos de celebración de sesión, si asisten los representantes de las Administraciones Públicas y de las organizaciones representativas de intereses sociales miembros del órgano a los que se haya atribuido la condición de portavoces.

Cuando estuvieran reunidos, de manera presencial o a distancia, el Secretario y todos los miembros del órgano colegiado, o en su caso las personas que les suplan, éstos podrán constituirse válidamente como órgano colegiado para la celebración de sesiones, deliberaciones y adopción de acuerdos sin necesidad de convocatoria previa cuando así lo decidan todos sus miembros.

3. Los órganos colegiados podrán establecer el régimen propio de convocatorias, si éste no está previsto por sus normas de funcionamiento. Tal régimen podrá prever una segunda convocatoria y especificar para ésta el número de miembros necesarios para constituir válidamente el órgano.

Salvo que no resulte posible, las convocatorias serán remitidas a los miembros del órgano colegiado a través de medios electrónicos, haciendo constar en la misma el orden del día junto con la documentación necesaria para su deliberación cuando sea posible, las condiciones en las que se va a celebrar la sesión, el sistema de conexión y, en su caso, los lugares en que estén disponibles los medios técnicos necesarios para asistir y participar en la reunión.

4. No podrá ser objeto de deliberación o acuerdo ningún asunto que no figure incluido en el orden del día, salvo que asistan todos los miembros del órgano colegiado y sea declarada la urgencia del asunto por el voto favorable de la mayoría.

5. Los acuerdos serán adoptados por mayoría de votos. Cuando se asista a distancia, los acuerdos se entenderán adoptados en el lugar donde tenga la sede el órgano colegiado y, en su defecto, donde esté ubicada la presidencia.

6. Cuando los miembros del órgano voten en contra o se abstengan, quedarán exentos de la responsabilidad que, en su caso, pueda derivarse de los acuerdos.

7. Quienes acrediten la titularidad de un interés legítimo podrán dirigirse al Secretario de un órgano colegiado para que les sea expedida certificación de sus acuerdos. La certificación será expedida por medios electrónicos, salvo que el interesado manifieste expresamente lo contrario y no tenga obligación de relacionarse con las Administraciones por esta vía.

Ver arts. 15, 16, 18 a 22 LRJSP.

ART. 18. Actas.

1. De cada sesión que celebre el órgano colegiado se levantará acta por el Secretario, que especificará necesariamente los asistentes, el orden del día de la reunión, las circunstancias del lugar y tiempo en que se ha celebrado, los puntos principales de las deliberaciones, así como el contenido de los acuerdos adoptados.

Podrán grabarse las sesiones que celebre el órgano colegiado. El fichero resultante de la grabación, junto con la certificación expedida por el Secretario de la autenticidad e integridad del mismo, y cuantos documentos en soporte electrónico se utilizasen como documentos de la sesión, podrán acompañar al acta de las sesiones, sin necesidad de hacer constar en ella los puntos principales de las deliberaciones.

2. El acta de cada sesión podrá aprobarse en la misma reunión o en la inmediata siguiente. El Secretario elaborará el acta con el visto bueno del Presidente y lo remitirá a través de medios electrónicos, a los miembros del órgano colegiado, quienes podrán manifestar por

los mismos medios su conformidad o reparos al texto, a efectos de su aprobación, considerándose, en caso afirmativo, aprobada en la misma reunión.

Cuando se hubiese optado por la grabación de las sesiones celebradas o por la utilización de documentos en soporte electrónico, deberán conservarse de forma que se garantice la integridad y autenticidad de los ficheros electrónicos correspondientes y el acceso a los mismos por parte de los miembros del órgano colegiado.

Ver arts. 15 a 17 y 19 a 22 LRJSP.

Subsección 2.ª De los órganos colegiados en la Administración General del Estado

ART. 19. Régimen de los órganos colegiados de la Administración General del Estado y de las Entidades de Derecho Público vinculadas o dependientes de ella.

1. Los órganos colegiados de la Administración General del Estado y de las Entidades de Derecho Público vinculadas o dependientes de ella, se regirán por las normas establecidas en este artículo, y por las previsiones que sobre ellos se establecen en la Ley de Procedimiento Administrativo Común de las Administraciones Públicas.

2. Corresponderá a su Presidente:

a) Ostentar la representación del órgano.

b) Acordar la convocatoria de las sesiones ordinarias y extraordinarias y la fijación del orden del día, teniendo en cuenta, en su caso, las peticiones de los demás miembros, siempre que hayan sido formuladas con la suficiente antelación.

c) Presidir las sesiones, moderar el desarrollo de los debates y suspenderlos por causas justificadas.

d) Dirimir con su voto los empates, a efectos de adoptar acuerdos, excepto si se trata de los órganos colegiados a que se refiere el artículo 15.2, en los que el voto será dirimente si así lo establecen sus propias normas.

e) Asegurar el cumplimiento de las leyes.

f) Visar las actas y certificaciones de los acuerdos del órgano.

g) Ejercer cuantas otras funciones sean inherentes a su condición de Presidente del órgano.

En casos de vacante, ausencia, enfermedad, u otra causa legal, el Presidente será sustituido por el Vicepresidente que corresponda, y en su defecto, por el miembro del órgano colegiado de mayor jerarquía, antigüedad y edad, por este orden.

Esta norma no será de aplicación a los órganos colegiados previstos en el artículo 15.2 en los que el régimen de sustitución del Presidente debe estar específicamente regulado en cada caso, o establecido expresamente por acuerdo del Pleno del órgano colegiado.

3. Los miembros del órgano colegiado deberán:

a) Recibir, con una antelación mínima de dos días, la convocatoria conteniendo el orden del día de las reuniones. La información sobre los temas que figuren en el orden del día estará a disposición de los miembros en igual plazo.

b) Participar en los debates de las sesiones.

c) Ejercer su derecho al voto y formular su voto particular, así como expresar el sentido de su voto y los motivos que lo justifican. No podrán abstenerse en las votaciones quienes por su cualidad de autoridades o personal al servicio de las Administraciones Públicas, tengan la condición de miembros natos de órganos colegiados, en virtud del cargo que desempeñan.

d) Formular ruegos y preguntas.

e) Obtener la información precisa para cumplir las funciones asignadas.

f) Cuantas otras funciones sean inherentes a su condición.

Los miembros de un órgano colegiado no podrán atribuirse las funciones de representación reconocidas a éste, salvo que expresamente se les hayan otorgado por una norma o por acuerdo válidamente adoptado, para cada caso concreto, por el propio órgano.

En casos de ausencia o de enfermedad y, en general, cuando concurra alguna causa justificada, los miembros titulares del órgano colegiado serán sustituidos por sus suplentes, si los hubiera.

Cuando se trate de órganos colegiados a los que se refiere el artículo 15 las organizaciones representativas de intereses sociales podrán sustituir a sus miembros titulares por otros, acreditándolo ante la Secretaría del órgano colegiado, con respeto a las reservas y limitaciones que establezcan sus normas de organización.

Los miembros del órgano colegiado no podrán ejercer estas funciones cuando concurra conflicto de interés.

4. La designación y el cese, así como la sustitución temporal del Secretario en supuestos de vacante, ausencia o enfermedad se realizarán según lo dispuesto en las normas específicas de cada órgano y, en su defecto, por acuerdo del mismo.

Corresponde al Secretario del órgano colegiado:

a) Asistir a las reuniones con voz pero sin voto, y con voz y voto si la Secretaría del órgano la ostenta un miembro del mismo.

b) Efectuar la convocatoria de las sesiones del órgano por orden del Presidente, así como las citaciones a los miembros del mismo.

c) Recibir los actos de comunicación de los miembros con el órgano, sean notificaciones, peticiones de datos, rectificaciones o cualquiera otra clase de escritos de los que deba tener conocimiento.

d) Preparar el despacho de los asuntos, redactar y autorizar las actas de las sesiones.

e) Expedir certificaciones de las consultas, dictámenes y acuerdos aprobados.

f) Cuantas otras funciones sean inherentes a su condición de Secretario.

5. En el acta figurará, a solicitud de los respectivos miembros del órgano, el voto contrario al acuerdo adoptado, su abstención y los motivos que la justifiquen o el sentido de su voto favorable.

Asimismo, cualquier miembro tiene derecho a solicitar la transcripción íntegra de su intervención o propuesta, siempre que, en ausencia de grabación de la reunión aneja al acta, aporte en el acto, o en el plazo que señale el Presidente, el texto que se corresponda fielmente con su intervención, haciéndose así constar en el acta o uniéndose copia a la misma.

Los miembros que discrepen del acuerdo mayoritario podrán formular voto particular por escrito en el plazo de dos días, que se incorporará al texto aprobado.

Las actas se aprobarán en la misma o en la siguiente sesión, pudiendo no obstante emitir el Secretario certificación sobre los acuerdos que se hayan adoptado, sin perjuicio de la ulterior aprobación del acta. Se considerará aprobada en la misma sesión el acta que, con posterioridad a la reunión, sea distribuida entre los miembros y reciba la conformidad de éstos por cualquier medio del que el Secretario deje expresión y constancia.

En las certificaciones de acuerdos adoptados emitidas con anterioridad a la aprobación del acta se hará constar expresamente tal circunstancia.

Ver arts. 15 a 18 y 20 a 22 LRJSP.

ART. 20. Requisitos para constituir órganos colegiados.

1. Son órganos colegiados aquellos que se creen formalmente y estén integrados por tres o más personas, a los que se atribuyan funciones administrativas de decisión, propuesta, asesoramiento, seguimiento o control, y que actúen integrados en la Administración General del Estado o alguno de sus Organismos públicos.

2. La constitución de un órgano colegiado en la Administración General del Estado y en sus Organismos públicos tiene como presupuesto indispensable la determinación en su norma de creación o en el convenio con otras Administraciones Públicas por el que dicho órgano se cree, de los siguientes extremos:

a) Sus fines u objetivos.

b) Su integración administrativa o dependencia jerárquica.

c) La composición y los criterios para la designación de su Presidente y de los restantes miembros.

d) Las funciones de decisión, propuesta, informe, seguimiento o control, así como cualquier otra que se le atribuya.

e) La dotación de los créditos necesarios, en su caso, para su funcionamiento.

3. El régimen jurídico de los órganos colegiados a que se refiere el apartado 1 de este artículo se ajustará a las normas contenidas en el artículo 19, sin perjuicio de las peculiaridades organizativas contenidas en la presente Ley o en su norma o convenio de creación.

ART. 21. Clasificación y composición de los órganos colegiados.

1. Los órganos colegiados de la Administración General del Estado y de sus Organismos públicos, por su composición, se clasifican en:

a) Órganos colegiados interministeriales, si sus miembros proceden de diferentes Ministerios.

b) Órganos colegiados ministeriales, si sus componentes proceden de los órganos de un solo Ministerio.

2. En los órganos colegiados a los que se refiere el apartado anterior, podrá haber representantes de otras Administraciones Públicas, cuando éstas lo acepten voluntariamente, cuando un convenio así lo establezca o cuando una norma aplicable a las Administraciones afectadas lo determine.

3. En la composición de los órganos colegiados podrán participar, cuando así se determine, organizaciones representativas de intereses sociales, así como otros miembros que se designen por las especiales condiciones de experiencia o conocimientos que concurran en ellos, en atención a la naturaleza de las funciones asignadas a tales órganos.

ART. 22. Creación, modificación y supresión de órganos colegiados.

1. La creación de órganos colegiados de la Administración General del Estado y de sus Organismos públicos sólo requerirá de norma específica, con publicación en el «Boletín Oficial del Estado», en los casos en que se les atribuyan cualquiera de las siguientes competencias:

a) Competencias decisorias.

b) Competencias de propuesta o emisión de informes preceptivos que deban servir de base a decisiones de otros órganos administrativos.

c) Competencias de seguimiento o control de las actuaciones de otros órganos de la Administración General del Estado.

2. En los supuestos enunciados en el apartado anterior, la norma de creación deberá revestir la forma de Real Decreto en el caso de los órganos colegiados interministeriales cuyo Presidente tenga rango superior al de Director general; Orden ministerial conjunta para los restantes órganos colegiados interministeriales, y Orden ministerial para los de este carácter.

3. En todos los supuestos no comprendidos en el apartado 1 de este artículo, los órganos colegiados tendrán el carácter de grupos o comisiones de trabajo y podrán ser creados por Acuerdo del Consejo de Ministros o por los Ministerios interesados. Sus acuerdos no podrán tener efectos directos frente a terceros.

4. La modificación y supresión de los órganos colegiados y de los grupos o comisiones de trabajo de la Administración General del Estado y de los Organismos públicos se llevará a cabo en la misma forma dispuesta para su creación, salvo que ésta hubiera fijado plazo previsto para su extinción, en cuyo caso ésta se producirá automáticamente en la fecha señalada al efecto.

Sección 4.ª Abstención y recusación

ART. 23. Abstención.

1. Las autoridades y el personal al servicio de las Administraciones en quienes se den algunas de las circunstancias señaladas en el apartado siguiente se abstendrán de intervenir en el procedimiento y lo comunicarán a su superior inmediato, quien resolverá lo procedente.

2. Son motivos de abstención los siguientes:

a) Tener interés personal en el asunto de que se trate o en otro en cuya resolución pudiera influir la de aquél; ser administrador de sociedad o entidad interesada, o tener cuestión litigiosa pendiente con algún interesado.

b) Tener un vínculo matrimonial o situación de hecho asimilable y el parentesco de consanguinidad dentro del cuarto grado o de afinidad dentro del segundo, con cualquiera de los interesados, con los administradores de entidades o sociedades interesadas y también con los asesores, representantes legales o mandatarios que intervengan en el procedimiento, así como compartir despacho profesional o estar asociado con éstos para el asesoramiento, la representación o el mandato.

c) Tener amistad íntima o enemistad manifiesta con alguna de las personas mencionadas en el apartado anterior.

d) Haber intervenido como perito o como testigo en el procedimiento de que se trate.

e) Tener relación de servicio con persona natural o jurídica interesada directamente en el asunto, o haberle prestado en los dos últimos años servicios profesionales de cualquier tipo y en cualquier circunstancia o lugar.

3. Los órganos jerárquicamente superiores a quien se encuentre en alguna de las circunstancias señaladas en el punto anterior podrán ordenarle que se abstengan de toda intervención en el expediente.

4. La actuación de autoridades y personal al servicio de las Administraciones Públicas en los que concurran motivos de abstención no implicará, necesariamente, y en todo caso, la invalidez de los actos en que hayan intervenido.

5. La no abstención en los casos en que concurra alguna de esas circunstancias dará lugar a la responsabilidad que proceda.

Ver art. 103.3 CE.

ART. 24. Recusación.

1. En los casos previstos en el artículo anterior, podrá promoverse recusación por los interesados en cualquier momento de la tramitación del procedimiento.

2. La recusación se planteará por escrito en el que se expresará la causa o causas en que se funda.

3. En el día siguiente el recusado manifestará a su inmediato superior si se da o no en él la causa alegada. En el primer caso, si el superior aprecia la concurrencia de la causa de recusación, acordará su sustitución acto seguido.

4. Si el recusado niega la causa de recusación, el superior resolverá en el plazo de tres días, previos los informes y comprobaciones que considere oportunos.

5. Contra las resoluciones adoptadas en esta materia no cabrá recurso, sin perjuicio de la posibilidad de alegar la recusación al interponer el recurso que proceda contra el acto que ponga fin al procedimiento.

Ver arts. 23 LRJSP y 74 LPAC.

CAPÍTULO III
Principios de la potestad sancionadora

ART. 25. Principio de legalidad.

1. La potestad sancionadora de las Administraciones Públicas se ejercerá cuando haya sido expresamente reconocida por una norma con rango de Ley, con aplicación del procedimiento previsto para su ejercicio y de acuerdo con lo establecido en esta Ley y en la Ley de Procedimiento Administrativo Común de las Administraciones Públicas y, cuando se trate de Entidades Locales, de conformidad con lo dispuesto en el Título XI de la Ley 7/1985, de 2 de abril.

2. El ejercicio de la potestad sancionadora corresponde a los órganos administrativos que la tengan expresamente atribuida, por disposición de rango legal o reglamentario.

3. Las disposiciones de este Capítulo serán extensivas al ejercicio por las Administraciones Públicas de su potestad disciplinaria respecto del personal a su servicio, cualquiera que sea la naturaleza jurídica de la relación de empleo.

4. Las disposiciones de este capítulo no serán de aplicación al ejercicio por las Administraciones Públicas de la potestad sancionadora respecto de quienes estén vinculados a ellas por relaciones reguladas por la legislación de contratos del sector público o por la legislación patrimonial de las Administraciones Públicas.

Ver art. 25 CE.

ART. 26. Irretroactividad.

1. Serán de aplicación las disposiciones sancionadoras vigentes en el momento de producirse los hechos que constituyan infracción administrativa.

2. Las disposiciones sancionadoras producirán efecto retroactivo en cuanto favorezcan al presunto infractor o al infractor, tanto en lo referido a la tipificación de la infracción como a la sanción y a sus plazos de prescripción, incluso respecto de las sanciones pendientes de cumplimiento al entrar en vigor la nueva disposición.

Ver arts. 9 y 25 CE y 2 CC.

ART. 27. Principio de tipicidad.

1. Sólo constituyen infracciones administrativas las vulneraciones del ordenamiento jurídico previstas como tales infracciones por una Ley, sin perjuicio de lo dispuesto para la Administración Local en el Título XI de la Ley 7/1985, de 2 de abril.

Las infracciones administrativas se clasificarán por la Ley en leves, graves y muy graves.

2. Únicamente por la comisión de infracciones administrativas podrán imponerse sanciones que, en todo caso, estarán delimitadas por la Ley.

3. Las disposiciones reglamentarias de desarrollo podrán introducir especificaciones o graduaciones al cuadro de las infracciones o sanciones establecidas legalmente que, sin constituir nuevas infracciones o sanciones, ni alterar la naturaleza o límites de las que la Ley contempla, contribuyan a la más correcta identificación de las conductas o a la más precisa determinación de las sanciones correspondientes.

4. Las normas definidoras de infracciones y sanciones no serán susceptibles de aplicación analógica.

Ver arts. 25 CE y 25 LRJSP.

ART. 28. Responsabilidad.

1. Sólo podrán ser sancionadas por hechos constitutivos de infracción administrativa las personas físicas y jurídicas, así como, cuando una Ley les reconozca capacidad de obrar, los grupos de afectados, las uniones y entidades sin personalidad jurídica y los patrimonios independientes o autónomos, que resulten responsables de los mismos a título de dolo o culpa.

2. Las responsabilidades administrativas que se deriven de la comisión de una infracción serán compatibles con la exigencia al infractor de la reposición de la situación alterada por el mismo a su estado originario, así como con la indemnización por los daños y perjuicios causados, que será determinada y exigida por el órgano al que corresponda el ejercicio de la potestad sancionadora. De no satisfacerse la indemnización en el plazo que al efecto se determine en función de su cuantía, se procederá en la forma prevista en el artículo 101 de la Ley del Procedimiento Administrativo Común de las Administraciones Públicas.

3. Cuando el cumplimiento de una obligación establecida por una norma con rango de Ley corresponda a varias personas conjuntamente, responderán de forma solidaria de las infracciones que, en su caso, se cometan y de las sanciones que se impongan. No obstante, cuando la sanción sea pecuniaria y sea posible se individualizará en la resolución en función del grado de participación de cada responsable.

4. Las leyes reguladoras de los distintos regímenes sancionadores podrán tipificar como infracción el incumplimiento de la obligación de prevenir la comisión de infracciones administrativas por quienes se hallen sujetos a una relación de dependencia o vinculación. Asimismo, podrán prever los supuestos en que determinadas personas responderán del pago de las sanciones pecuniarias impuestas a quienes de ellas dependan o estén vinculadas.

ART. 29. Principio de proporcionalidad.

1. Las sanciones administrativas, sean o no de naturaleza pecuniaria, en ningún caso podrán implicar, directa o subsidiariamente, privación de libertad.

2. El establecimiento de sanciones pecuniarias deberá prever que la comisión de las infracciones tipificadas no resulte más beneficioso para el infractor que el cumplimiento de las normas infringidas.

3. En la determinación normativa del régimen sancionador, así como en la imposición de sanciones por las Administraciones Públicas se deberá observar la debida idoneidad y necesidad de la sanción a imponer y su adecuación a la gravedad del hecho constitutivo de la infracción. La graduación de la sanción considerará especialmente los siguientes criterios:

a) El grado de culpabilidad o la existencia de intencionalidad.

b) La continuidad o persistencia en la conducta infractora.

c) La naturaleza de los perjuicios causados.

d) La reincidencia, por comisión en el término de un año de más de una infracción de la misma naturaleza cuando así haya sido declarado por resolución firme en vía administrativa.

4. Cuando lo justifique la debida adecuación entre la sanción que deba aplicarse con la gravedad del hecho constitutivo de la infracción y las circunstancias concurrentes, el órgano competente para resolver podrá imponer la sanción en el grado inferior.

5. Cuando de la comisión de una infracción derive necesariamente la comisión de otra u otras, se deberá imponer únicamente la sanción correspondiente a la infracción más grave cometida.

6. Será sancionable, como infracción continuada, la realización de una pluralidad de acciones u omisiones que infrinjan el mismo o semejantes preceptos administrativos, en ejecución de un plan preconcebido o aprovechando idéntica ocasión.

Ver art. 25.3 CE.

ART. 30. Prescripción.

1. Las infracciones y sanciones prescribirán según lo dispuesto en las leyes que las establezcan. Si éstas no fijan plazos de prescripción, las infracciones muy graves prescribirán a los tres años, las graves a los dos años y las leves a los seis meses; las sanciones impuestas por faltas muy graves prescribirán a los tres años, las impuestas por faltas graves a los dos años y las impuestas por faltas leves al año.

2. El plazo de prescripción de las infracciones comenzará a contarse desde el día en que la infracción se hubiera cometido. En el caso de infracciones continuadas o permanentes, el plazo comenzará a correr desde que finalizó la conducta infractora.

Interrumpirá la prescripción la iniciación, con conocimiento del interesado, de un procedimiento administrativo de naturaleza sancionadora, reiniciándose el plazo de prescripción si el expediente sancionador estuviera paralizado durante más de un mes por causa no imputable al presunto responsable.

3. El plazo de prescripción de las sanciones comenzará a contarse desde el día siguiente a aquel en que sea ejecutable la resolución por la que se impone la sanción o haya transcurrido el plazo para recurrirla.

Interrumpirá la prescripción la iniciación, con conocimiento del interesado, del procedimiento de ejecución, volviendo a transcurrir el plazo si aquél está paralizado durante más de un mes por causa no imputable al infractor.

En el caso de desestimación presunta del recurso de alzada interpuesto contra la resolución por la que se impone la sanción, el plazo de prescripción de la sanción comenzará a contarse desde el día siguiente a aquel en que finalice el plazo legalmente previsto para la resolución de dicho recurso.

Ver art. 25 CE.

ART. 31. Concurrencia de sanciones.

1. No podrán sancionarse los hechos que lo hayan sido penal o administrativamente, en los casos en que se aprecie identidad del sujeto, hecho y fundamento.

2. Cuando un órgano de la Unión Europea hubiera impuesto una sanción por los mismos hechos, y siempre que no concurra la identidad de sujeto y fundamento, el órgano competente para resolver deberá tenerla en cuenta a efectos de graduar la que, en su caso, deba imponer, pudiendo minorarla, sin perjuicio de declarar la comisión de la infracción.

Ver art. 25 CE.

CAPÍTULO IV
De la responsabilidad patrimonial de las Administraciones Públicas

Sección 1.ª Responsabilidad patrimonial de las Administraciones Públicas

ART. 32. Principios de la responsabilidad.

1. Los particulares tendrán derecho a ser indemnizados por las Administraciones Públicas correspondientes, de toda lesión que sufran en cualquiera de sus bienes y derechos, siempre que la lesión sea consecuencia del funcionamiento normal o anormal de los servicios públicos salvo en los casos de fuerza mayor o de daños que el particular tenga el deber jurídico de soportar de acuerdo con la Ley.

La anulación en vía administrativa o por el orden jurisdiccional contencioso administrativo de los actos o disposiciones administrativas no presupone, por sí misma, derecho a la indemnización.

2. En todo caso, el daño alegado habrá de ser efectivo, evaluable económicamente e individualizado con relación a una persona o grupo de personas.

3. Asimismo, los particulares tendrán derecho a ser indemnizados por las Administraciones Públicas de toda lesión que sufran en sus bienes y derechos como consecuencia de la aplicación de actos legislativos de naturaleza no expropiatoria de derechos que no tengan el deber jurídico de soportar cuando así se establezca en los propios actos legislativos y en los términos que en ellos se especifiquen.

La responsabilidad del Estado legislador podrá surgir también en los siguientes supuestos, siempre que concurran los requisitos previstos en los apartados anteriores:

a) Cuando los daños deriven de la aplicación de una norma con rango de ley declarada inconstitucional, siempre que concurran los requisitos del apartado 4.

b) Cuando los daños deriven de la aplicación de una norma contraria al Derecho de la Unión Europea, de acuerdo con lo dispuesto en el apartado 5.

4. Si la lesión es consecuencia de la aplicación de una norma con rango de ley declarada inconstitucional, procederá su indemnización cuando el particular haya obtenido, en cualquier instancia, sentencia firme desestimatoria de un recurso contra la actuación administrativa que ocasionó el daño, siempre que se hubiera alegado la inconstitucionalidad posteriormente declarada.

5. Si la lesión es consecuencia de la aplicación de una norma declarada contraria al Derecho de la Unión Europea, procederá su indemnización cuando el particular haya obtenido, en cualquier instancia, sentencia firme desestimatoria de un recurso contra la actuación administrativa que ocasionó el daño, siempre que se hubiera alegado la infracción del Derecho de la Unión Europea posteriormente declarada. Asimismo, deberán cumplirse todos los requisitos siguientes:

a) La norma ha de tener por objeto conferir derechos a los particulares.

b) El incumplimiento ha de estar suficientemente caracterizado.

c) Ha de existir una relación de causalidad directa entre el incumplimiento de la obligación impuesta a la Administración responsable por el Derecho de la Unión Europea y el daño sufrido por los particulares.

6. La sentencia que declare la inconstitucionalidad de la norma con rango de ley o declare el carácter de norma contraria al Derecho de la Unión Europea producirá efectos desde la fecha de su publicación en el «Boletín Oficial del Estado» o en el «Diario Oficial de la Unión Europea», según el caso, salvo que en ella se establezca otra cosa.

7. La responsabilidad patrimonial del Estado por el funcionamiento de la Administración de Justicia se regirá por la Ley Orgánica 6/1985, de 1 de julio, del Poder Judicial.

8. El Consejo de Ministros fijará el importe de las indemnizaciones que proceda abonar cuando el Tribunal Constitucional haya declarado, a instancia de parte interesada, la existencia de un funcionamiento anormal en la tramitación de los recursos de amparo o de las cuestiones de inconstitucionalidad.

El procedimiento para fijar el importe de las indemnizaciones se tramitará por el Ministerio de Justicia, con audiencia al Consejo de Estado.

9. Se seguirá el procedimiento previsto en la Ley de Procedimiento Administrativo Común de las Administraciones Públicas para determinar la responsabilidad de las Administraciones Públicas por los daños y perjuicios causados a terceros durante la ejecución de contratos cuando sean consecuencia de una orden inmediata y directa de la Administración o de los vicios del proyecto elaborado por ella misma sin perjuicio de las especialidades que, en su caso establezca el Real Decreto Legislativo 3/2011, de 14 de noviembre, por el que se aprueba el texto refundido de la Ley de Contratos del Sector Público.

Ver arts. 106 y 121 CE, 292 a 297 LOPJ; 121 a 123 Ley de 16 de diciembre de 1954 sobre expropiación forzosa.

ART. 33. Responsabilidad concurrente de las Administraciones Públicas.

1. Cuando de la gestión dimanante de fórmulas conjuntas de actuación entre varias Administraciones públicas se derive responsabilidad en los términos previstos en la presente Ley, las Administraciones intervinientes responderán frente al particular, en todo caso, de forma solidaria. El instrumento jurídico regulador de la actuación conjunta podrá determinar la distribución de la responsabilidad entre las diferentes Administraciones públicas.

2. En otros supuestos de concurrencia de varias Administraciones en la producción del daño, la responsabilidad se fijará para cada Administración atendiendo a los criterios de competencia, interés público tutelado e intensidad de la intervención. La responsabilidad será solidaria cuando no sea posible dicha determinación.

3. En los casos previstos en el apartado primero, la Administración competente para incoar, instruir y resolver los procedimientos en los que exista una responsabilidad concurrente de varias Administraciones Públicas, será la fijada en los Estatutos o reglas de la organización colegiada. En su defecto, la competencia vendrá atribuida a la Administración Pública con mayor participación en la financiación del servicio.

4. Cuando se trate de procedimientos en materia de responsabilidad patrimonial, la Administración Pública competente a la que se refiere el apartado anterior, deberá consultar a las restantes Administraciones implicadas para que, en el plazo de quince días, éstas puedan exponer cuanto consideren procedente.

Ver arts. 140 y sigs. LRJSP.

ART. 34. Indemnización.

1. Sólo serán indemnizables las lesiones producidas al particular provenientes de daños que éste no tenga el deber jurídico de soportar de acuerdo con la Ley. No serán indemnizables los daños que se deriven de hechos o circunstancias que no se hubiesen podido prever o evitar según el estado de los conocimientos de la ciencia o de la técnica existentes en el momento de producción de aquéllos, todo ello sin perjuicio de las prestaciones asistenciales o económicas que las leyes puedan establecer para estos casos.

En los casos de responsabilidad patrimonial a los que se refiere los apartados 4 y 5 del artículo 32, serán indemnizables los daños producidos en el plazo de los cinco años anteriores a la fecha de la publicación de la sentencia que declare la inconstitucionalidad de la norma con rango de ley o el carácter de norma contraria al Derecho de la Unión Europea, salvo que la sentencia disponga otra cosa.

2. La indemnización se calculará con arreglo a los criterios de valoración establecidos en la legislación fiscal, de expropiación forzosa y demás normas aplicables, ponderándose, en su caso, las valoraciones predominantes en el mercado. En los casos de muerte o lesiones corporales se podrá tomar como referencia la valoración incluida en los baremos de la normativa vigente en materia de Seguros obligatorios y de la Seguridad Social.

3. La cuantía de la indemnización se calculará con referencia al día en que la lesión efectivamente se produjo, sin perjuicio de su actualización a la fecha en que se ponga fin al procedimiento de responsabilidad con arreglo al Índice de Garantía de la Competitividad, fijado por el Instituto Nacional de Estadística, y de los intereses que procedan por demora en el pago de la indemnización fijada, los cuales se exigirán con arreglo a lo establecido en la Ley 47/2003, de 26 de noviembre, General Presupuestaria, o, en su caso, a las normas presupuestarias de las Comunidades Autónomas.

4. La indemnización procedente podrá sustituirse por una compensación en especie o ser abonada mediante pagos periódicos, cuando resulte más adecuado para lograr la reparación debida y convenga al interés público, siempre que exista acuerdo con el interesado.

Ver arts. 32 a 37 LRJSP.

ART. 35. Responsabilidad de Derecho Privado.

Cuando las Administraciones Públicas actúen, directamente o a través de una entidad de derecho privado, en relaciones de esta naturaleza, su responsabilidad se exigirá de conformidad con lo previsto en los artículos 32 y siguientes, incluso cuando concurra con sujetos de derecho privado o la responsabilidad se exija directamente a la entidad de derecho privado a través de la cual actúe la Administración o a la entidad que cubra su responsabilidad.

Sección 2.ª Responsabilidad de las autoridades y personal al servicio de las Administraciones Públicas

ART. 36. Exigencia de la responsabilidad patrimonial de las autoridades y personal al servicio de las Administraciones Públicas.

1. Para hacer efectiva la responsabilidad patrimonial a que se refiere esta Ley, los particulares exigirán directamente a la Administración Pública correspondiente las indemnizaciones por los daños y perjuicios causados por las autoridades y personal a su servicio.

2. La Administración correspondiente, cuando hubiere indemnizado a los lesionados, exigirá de oficio en vía administrativa de sus autoridades y demás personal a su servicio

la responsabilidad en que hubieran incurrido por dolo, o culpa o negligencia graves, previa instrucción del correspondiente procedimiento.

Para la exigencia de dicha responsabilidad y, en su caso, para su cuantificación, se ponderarán, entre otros, los siguientes criterios: el resultado dañoso producido, el grado de culpabilidad, la responsabilidad profesional del personal al servicio de las Administraciones públicas y su relación con la producción del resultado dañoso.

3. Asimismo, la Administración instruirá igual procedimiento a las autoridades y demás personal a su servicio por los daños y perjuicios causados en sus bienes o derechos cuando hubiera concurrido dolo, o culpa o negligencia graves.

4. El procedimiento para la exigencia de la responsabilidad al que se refieren los apartados 2 y 3, se sustanciará conforme a lo dispuesto en la Ley de Procedimiento Administrativo Común de las Administraciones Públicas y se iniciará por acuerdo del órgano competente que se notificará a los interesados y que constará, al menos, de los siguientes trámites:

a) Alegaciones durante un plazo de quince días.

b) Práctica de las pruebas admitidas y cualesquiera otras que el órgano competente estime oportunas durante un plazo de quince días.

c) Audiencia durante un plazo de diez días.

d) Formulación de la propuesta de resolución en un plazo de cinco días a contar desde la finalización del trámite de audiencia.

e) Resolución por el órgano competente en el plazo de cinco días.

5. La resolución declaratoria de responsabilidad pondrá fin a la vía administrativa.

6. Lo dispuesto en los apartados anteriores, se entenderá sin perjuicio de pasar, si procede, el tanto de culpa a los Tribunales competentes.

Ver arts. 112 y sigs. LPAC.

ART. 37. Responsabilidad penal.

1. La responsabilidad penal del personal al servicio de las Administraciones Públicas, así como la responsabilidad civil derivada del delito se exigirá de acuerdo con lo previsto en la legislación correspondiente.

2. La exigencia de responsabilidad penal del personal al servicio de las Administraciones Públicas no suspenderá los procedimientos de reconocimiento de responsabilidad patrimonial que se instruyan, salvo que la determinación de los hechos en el orden jurisdiccional penal sea necesaria para la fijación de la responsabilidad patrimonial.

Ver arts. 32 a 36 LPAC.

CAPÍTULO V
Funcionamiento electrónico del sector público

ART. 38. La sede electrónica.

1. La sede electrónica es aquella dirección electrónica, disponible para los ciudadanos a través de redes de telecomunicaciones, cuya titularidad corresponde a una Administración Pública, o bien a una o varios organismos públicos o entidades de Derecho Público en el ejercicio de sus competencias.

2. El establecimiento de una sede electrónica conlleva la responsabilidad del titular respecto de la integridad, veracidad y actualización de la información y los servicios a los que pueda accederse a través de la misma.

3. Cada Administración Pública determinará las condiciones e instrumentos de creación de las sedes electrónicas, con sujeción a los principios de transparencia, publicidad, responsabilidad, calidad, seguridad, disponibilidad, accesibilidad, neutralidad e interoperabilidad. En todo caso deberá garantizarse la identificación del órgano titular de la sede, así como los medios disponibles para la formulación de sugerencias y quejas.

4. Las sedes electrónicas dispondrán de sistemas que permitan el establecimiento de comunicaciones seguras siempre que sean necesarias.

5. La publicación en las sedes electrónicas de informaciones, servicios y transacciones respetará los principios de accesibilidad y uso de acuerdo con las normas establecidas al respecto, estándares abiertos y, en su caso, aquellos otros que sean de uso generalizado por los ciudadanos.

6. Las sedes electrónicas utilizarán, para identificarse y garantizar una comunicación segura con las mismas, certificados reconocidos o cualificados de autenticación de sitio web o medio equivalente.

ART. 39. Portal de internet.

Se entiende por portal de internet el punto de acceso electrónico cuya titularidad corresponda a una Administración Pública, organismo público o entidad de Derecho Público que permite el acceso a través de internet a la información publicada y, en su caso, a la sede electrónica correspondiente.

ART. 40. Sistemas de identificación de las Administraciones Públicas.

1. Las Administraciones Públicas podrán identificarse mediante el uso de un sello electrónico basado en un certificado electrónico reconocido o cualificado que reúna los requisitos exigidos por la legislación de firma electrónica. Estos certificados electrónicos incluirán el número de identificación fiscal y la denominación correspondiente, así como, en su caso, la identidad de la persona titular en el caso de los sellos electrónicos de órganos administrativos. La relación de sellos electrónicos utilizados por cada Administración Pública, incluyendo las características de los certificados electrónicos y los prestadores que los expiden, deberá ser pública y accesible por medios electrónicos. Además, cada Administración Pública adoptará las medidas adecuadas para facilitar la verificación de sus sellos electrónicos.

2. Se entenderá identificada la Administración Pública respecto de la información que se publique como propia en su portal de internet.

ART. 41. Actuación administrativa automatizada.

1. Se entiende por actuación administrativa automatizada, cualquier acto o actuación realizada íntegramente a través de medios electrónicos por una Administración Pública en el marco de un procedimiento administrativo y en la que no haya intervenido de forma directa un empleado público.

2. En caso de actuación administrativa automatizada deberá establecerse previamente el órgano u órganos competentes, según los casos, para la definición de las especificaciones, programación, mantenimiento, supervisión y control de calidad y, en su caso, auditoría del sistema de información y de su código fuente. Asimismo, se indicará el órgano que debe ser considerado responsable a efectos de impugnación.

ART. 42. Sistemas de firma para la actuación administrativa automatizada.

En el ejercicio de la competencia en la actuación administrativa automatizada, cada Administración Pública podrá determinar los supuestos de utilización de los siguientes sistemas de firma electrónica:

a) Sello electrónico de Administración Pública, órgano, organismo público o entidad de derecho público, basado en certificado electrónico reconocido o cualificado que reúna los requisitos exigidos por la legislación de firma electrónica.

b) Código seguro de verificación vinculado a la Administración Pública, órgano, organismo público o entidad de Derecho Público, en los términos y condiciones establecidos, permitiéndose en todo caso la comprobación de la integridad del documento mediante el acceso a la sede electrónica correspondiente.

ART. 43. Firma electrónica del personal al servicio de las Administraciones Públicas.

1. Sin perjuicio de lo previsto en los artículos 38, 41 y 42, la actuación de una Administración Pública, órgano, organismo público o entidad de derecho público, cuando utilice medios electrónicos, se realizará mediante firma electrónica del titular del órgano o empleado público.

2. Cada Administración Pública determinará los sistemas de firma electrónica que debe utilizar su personal, los cuales podrán identificar de forma conjunta al titular del puesto de trabajo o cargo y a la Administración u órgano en la que presta sus servicios. Por razones de seguridad pública los sistemas de firma electrónica podrán referirse sólo el número de identificación profesional del empleado público.

ART. 44. Intercambio electrónico de datos en entornos cerrados de comunicación.

1. Los documentos electrónicos transmitidos en entornos cerrados de comunicaciones establecidos entre Administraciones Públicas, órganos, organismos públicos y entidades de derecho público, serán considerados válidos a efectos de autenticación e identificación de los emisores y receptores en las condiciones establecidas en este artículo.

2. Cuando los participantes en las comunicaciones pertenezcan a una misma Administración Pública, ésta determinará las condiciones y garantías por las que se regirá que, al menos, comprenderá la relación de emisores y receptores autorizados y la naturaleza de los datos a intercambiar.

3. Cuando los participantes pertenezcan a distintas Administraciones, las condiciones y garantías citadas en el apartado anterior se establecerán mediante convenio suscrito entre aquellas.

4. En todo caso deberá garantizarse la seguridad del entorno cerrado de comunicaciones y la protección de los datos que se transmitan.

ART. 45. Aseguramiento e interoperabilidad de la firma electrónica.

1. Las Administraciones Públicas podrán determinar los trámites e informes que incluyan firma electrónica reconocida o cualificada y avanzada basada en certificados electrónicos reconocidos o cualificados de firma electrónica.

2. Con el fin de favorecer la interoperabilidad y posibilitar la verificación automática de la firma electrónica de los documentos electrónicos, cuando una Administración utilice sistemas de firma electrónica distintos de aquellos basados en certificado electrónico reconocido o cualificado, para remitir o poner a disposición de otros órganos, organismos públicos, entidades de Derecho Público o Administraciones la documentación firmada electrónicamente, podrá superponer un sello electrónico basado en un certificado electrónico reconocido o cualificado.

ART. 46. Archivo electrónico de documentos.

1. Todos los documentos utilizados en las actuaciones administrativas se almacenarán por medios electrónicos, salvo cuando no sea posible.

2. Los documentos electrónicos que contengan actos administrativos que afecten a derechos o intereses de los particulares deberán conservarse en soportes de esta naturaleza, ya sea en el mismo formato a partir del que se originó el documento o en otro cualquiera que asegure la identidad e integridad de la información necesaria para reproducirlo. Se asegurará en todo caso la posibilidad de trasladar los datos a otros formatos y soportes que garanticen el acceso desde diferentes aplicaciones.

3. Los medios o soportes en que se almacenen documentos, deberán contar con medidas de seguridad, de acuerdo con lo previsto en el Esquema Nacional de Seguridad, que garanticen la integridad, autenticidad, confidencialidad, calidad, protección y conservación de los documentos almacenados. En particular, asegurarán la identificación de los usuarios y el control de accesos, el cumplimiento de las garantías previstas en la legislación de protección de datos, así como la recuperación y conservación a largo plazo de los documentos electrónicos producidos por las Administraciones Públicas que así lo requieran, de acuerdo con las especificaciones sobre el ciclo de vida de los servicios y sistemas utilizados.

ART. 46 bis. Ubicación de los sistemas de información y comunicaciones para el registro de datos.

Los sistemas de información y comunicaciones para la recogida, almacenamiento, procesamiento y gestión del censo electoral, los padrones municipales de habitantes y otros registros de población, datos fiscales relacionados con tributos propios o cedidos y datos de los usuarios del sistema nacional de salud, así como los correspondientes tratamientos de datos personales, deberán ubicarse y prestarse dentro del territorio de la Unión Europea.

Los datos a que se refiere el apartado anterior no podrán ser objeto de transferencia a un tercer país u organización internacional, con excepción de los que hayan sido objeto de una decisión de adecuación de la Comisión Europea o cuando así lo exija el cumplimiento de las obligaciones internacionales asumidas por el Reino de España.

Añadido por Real Decreto-ley 14/2019, de 31 de octubre, por el que se adoptan medidas urgentes por razones de seguridad publica en materia de administración digital, contratación del sector público y telecomunicaciones. (BOE de 05-11-2019).

CAPÍTULO VI
De los convenios

ART. 47. Definición y tipos de convenios.

1. Son convenios los acuerdos con efectos jurídicos adoptados por las Administraciones Públicas, los organismos públicos y entidades de derecho público vinculados o dependientes o las Universidades públicas entre sí o con sujetos de derecho privado para un fin común.

No tienen la consideración de convenios, los Protocolos Generales de Actuación o instrumentos similares que comporten meras declaraciones de intención de contenido general o que expresen la voluntad de las Administraciones y partes suscriptoras para actuar con un objetivo común, siempre que no supongan la formalización de compromisos jurídicos concretos y exigibles.

Los convenios no podrán tener por objeto prestaciones propias de los contratos. En tal caso, su naturaleza y régimen jurídico se ajustará a lo previsto en la legislación de contratos del sector público.

2. Los convenios que suscriban las Administraciones Públicas, los organismos públicos y las entidades de derecho público vinculados o dependientes y las Universidades públicas, deberán corresponder a alguno de los siguientes tipos:

a) Convenios interadministrativos firmados entre dos o más Administraciones Públicas, o bien entre dos o más organismos públicos o entidades de derecho público vinculados o dependientes de distintas Administraciones públicas, y que podrán incluir la utilización de medios, servicios y recursos de otra Administración Pública, organismo público o entidad de derecho público vinculado o dependiente, para el ejercicio de competencias propias o delegadas.

Quedan excluidos los convenios interadministrativos suscritos entre dos o más Comunidades Autónomas para la gestión y prestación de servicios propios de las mismas, que se regirán en cuanto a sus supuestos, requisitos y términos por lo previsto en sus respectivos Estatutos de autonomía.

b) Convenios intradministrativos firmados entre organismos públicos y entidades de derecho público vinculados o dependientes de una misma Administración Pública.

c) Convenios firmados entre una Administración Pública u organismo o entidad de derecho público y un sujeto de Derecho privado.

d) Convenios no constitutivos ni de Tratado internacional, ni de Acuerdo internacional administrativo, ni de Acuerdo internacional no normativo, firmados entre las Administraciones Públicas y los órganos, organismos públicos o entes de un sujeto de Derecho internacional, que estarán sometidos al ordenamiento jurídico interno que determinen las partes.

Ver arts. 97 y 145 CE; 140 y sigs. LRJSP; 3, 4 y 5 Ley 9/2017, de 8 de noviembre, de Contratos del Sector Público, por la que se transponen al ordenamiento jurídico español las Directivas del Parlamento Europeo y del Consejo 2014/23/UE y 2014/24/UE, de 26 de febrero de 2014.

ART. 48. Requisitos de validez y eficacia de los convenios.

1. Las Administraciones Públicas, sus organismos públicos y entidades de derecho público vinculados o dependientes y las Universidades públicas, en el ámbito de sus respectivas competencias, podrán suscribir convenios con sujetos de derecho público y privado, sin que ello pueda suponer cesión de la titularidad de la competencia.

2. En el ámbito de la Administración General del Estado y sus organismos públicos y entidades de derecho público vinculados o dependientes, podrán celebrar convenios los titulares de los Departamentos Ministeriales y los Presidentes o Directores de las dichas entidades y organismos públicos.

3. La suscripción de convenios deberá mejorar la eficiencia de la gestión pública, facilitar la utilización conjunta de medios y servicios públicos, contribuir a la realización de actividades de utilidad pública y cumplir con la legislación de estabilidad presupuestaria y sostenibilidad financiera.

4. La gestión, justificación y resto de actuaciones relacionadas con los gastos derivados de los convenios que incluyan compromisos financieros para la Administración Pública o cualquiera de sus organismos públicos o entidades de derecho público vinculados o dependientes que lo suscriban, así como con los fondos comprometidos en virtud de dichos convenios, se ajustarán a lo dispuesto en la legislación presupuestaria.

5. Los convenios que incluyan compromisos financieros deberán ser financieramente sostenibles, debiendo quienes los suscriban tener capacidad para financiar los asumidos durante la vigencia del convenio.

6. Las aportaciones financieras que se comprometan a realizar los firmantes no podrán ser superiores a los gastos derivados de la ejecución del convenio.

7. Cuando el convenio instrumente una subvención deberá cumplir con lo previsto en la Ley 38/2003, de 17 de noviembre, General de Subvenciones y en la normativa autonómica de desarrollo que, en su caso, resulte aplicable.

Asimismo, cuando el convenio tenga por objeto la delegación de competencias en una Entidad Local, deberá cumplir con lo dispuesto en Ley 7/1985, de 2 de abril, Reguladora de las Bases del Régimen Local.

8. Los convenios se perfeccionan por la prestación del consentimiento de las partes.

Los convenios suscritos por la Administración General del Estado o alguno de sus organismos públicos o entidades de derecho público vinculados o dependientes resultarán eficaces una vez inscritos, en el plazo de 5 días hábiles desde su formalización, en el Registro Electrónico estatal de Órganos e Instrumentos de Cooperación del sector público estatal, al que se refiere la disposición adicional séptima. Asimismo, serán publicados en el plazo de 10 días hábiles desde su formalización en el «Boletín Oficial del Estado», sin perjuicio de su publicación facultativa en el boletín oficial de la comunidad autónoma o de la provincia que corresponda a la otra administración firmante.

9. Las normas del presente Capítulo no serán de aplicación a las encomiendas de gestión y los acuerdos de terminación convencional de los procedimientos administrativos.

Apdo. 8 modificado por Real Decreto-ley 36/2020, de 30 de diciembre, por el que se aprueban medidas urgentes para la modernización de la Administración Pública y para la ejecución del Plan de Recuperación, Transformación y Resiliencia. (BOE de 31-12-2020).

Ver arts. 97 y 145 CE; 140 y sigs. LRJSP; 3, 4 y 5 Ley 9/2017, de 8 de noviembre, de Contratos del Sector Público, por la que se transponen al ordenamiento jurídico español las Directivas del Parlamento Europeo y del Consejo 2014/23/UE y 2014/24/UE, de 26 de febrero de 2014.

ART. 49. Contenido de los convenios.

Los convenios a los que se refiere el apartado 1 del artículo anterior deberán incluir, al menos, las siguientes materias:

a) Sujetos que suscriben el convenio y la capacidad jurídica con que actúa cada una de las partes.

b) La competencia en la que se fundamenta la actuación de la Administración Pública, de los organismos públicos y las entidades de derecho público vinculados o dependientes de ella o de las Universidades públicas.

c) Objeto del convenio y actuaciones a realizar por cada sujeto para su cumplimiento, indicando, en su caso, la titularidad de los resultados obtenidos.

d) Obligaciones y compromisos económicos asumidos por cada una de las partes, si los hubiera, indicando su distribución temporal por anualidades y su imputación concreta al presupuesto correspondiente de acuerdo con lo previsto en la legislación presupuestaria.

e) Consecuencias aplicables en caso de incumplimiento de las obligaciones y compromisos asumidos por cada una de las partes y, en su caso, los criterios para determinar la posible indemnización por el incumplimiento.

f) Mecanismos de seguimiento, vigilancia y control de la ejecución del convenio y de los compromisos adquiridos por los firmantes. Este mecanismo resolverá los problemas de interpretación y cumplimiento que puedan plantearse respecto de los convenios.

g) El régimen de modificación del convenio. A falta de regulación expresa la modificación del contenido del convenio requerirá acuerdo unánime de los firmantes.

h) Plazo de vigencia del convenio teniendo en cuenta las siguientes reglas:

1.º Los convenios deberán tener una duración determinada, que no podrá ser superior a cuatro años, salvo que normativamente se prevea un plazo superior.

2.º En cualquier momento antes de la finalización del plazo previsto en el apartado anterior, los firmantes del convenio podrán acordar unánimemente su prórroga por un periodo de hasta cuatro años adicionales o su extinción.

En el caso de convenios suscritos por la Administración General del Estado o alguno de sus organismos públicos y entidades de derecho público vinculados o dependientes, esta prórroga deberá ser comunicada al Registro Electrónico estatal de Órganos e Instrumentos de Cooperación al que se refiere la disposición adicional séptima.

Letra g) redactada conforme a la corrección de errores publicada en BOE núm. 306, de 23/12/2015.

Ver arts. 97 y 145 CE; 140 y sigs. LRJSP; 3, 4 y 5 Ley 9/2017, de 8 de noviembre, de Contratos del Sector Público, por la que se transponen al ordenamiento jurídico español las Directivas del Parlamento Europeo y del Consejo 2014/23/UE y 2014/24/UE, de 26 de febrero de 2014; D.A. 138.ª Ley 11/2020, de 30 de diciembre, de Presupuestos Generales del Estado para el año 2021; Ley 22/2021, de 28 de diciembre, de Presupuestos Generales del Estado para el año 2022.

ART. 50. Trámites preceptivos para la suscripción de convenios y sus efectos.

1. Sin perjuicio de las especialidades que la legislación autonómica pueda prever, será necesario que el convenio se acompañe de una memoria justificativa donde se analice su necesidad y oportunidad, su impacto económico, el carácter no contractual de la actividad en cuestión, así como el cumplimiento de lo previsto en esta Ley.

2. Los convenios que suscriba la Administración General del Estado o sus organismos públicos y entidades de derecho público vinculados o dependientes se acompañarán además de:

a) El informe de su servicio jurídico, que deberá emitirse en un plazo máximo de siete días hábiles desde su solicitud, transcurridos los cuales se continuará la tramitación. En todo caso, dicho informe deberá emitirse e incorporarse al expediente antes de proceder al perfeccionamiento del convenio. No será necesario solicitar este informe cuando el convenio se ajuste a un modelo normalizado informado previamente por el servicio jurídico que corresponda.

b) Cualquier otro informe preceptivo que establezca la normativa aplicable, que deberá emitirse en un plazo máximo de siete días hábiles desde su solicitud, transcurridos los cuales se continuará la tramitación. En cualquier caso, deberán emitirse e incorporarse al expediente todos los informes preceptivos antes de proceder al perfeccionamiento del convenio.

c) La autorización previa del Ministerio de Hacienda y Función Pública para su firma, modificación, prórroga y resolución por mutuo acuerdo entre las partes, que deberá emitirse en un plazo máximo de siete días hábiles desde la solicitud, transcurridos los cuales se continuará la tramitación. En todo caso dicha autorización deberá emitirse e incorporarse al expediente antes de proceder al perfeccionamiento del convenio.

Cuando el convenio a suscribir esté excepcionado de la autorización a la que se refiere el párrafo anterior, también lo estará del informe del Ministerio de Política Territorial.

No obstante, en todo caso, será preceptivo el informe del Ministerio de Política Territorial, respecto de los convenios que se suscriban entre la Administración General del Estado y sus organismos públicos y entidades de derecho público vinculados o dependientes, con las Comunidades Autónomas o con Entidades Locales o con sus organismos públicos y entidades de derecho público vinculados o dependientes, en los casos siguientes:

1. Convenios cuyo objeto sea la cesión o adquisición de la titularidad de infraestructuras por la Administración General del Estado.

2. Convenios que tengan por objeto la creación de consorcios previstos en el artículo 123 de esta ley.

d) Cuando los convenios plurianuales suscritos entre Administraciones Públicas incluyan aportaciones de fondos por parte del Estado para financiar actuaciones a ejecutar exclusivamente por parte de otra Administración Pública y el Estado asuma, en el ámbito de sus competencias, los compromisos frente a terceros, la aportación del Estado de anualidades futuras estará condicionada a la existencia de crédito en los correspondientes presupuestos.

e) Los convenios interadministrativos suscritos con las Comunidades Autónomas serán remitidos al Senado por el Ministerio de Política Territorial.

Apdo. 2 modificado por Ley 22/2021, de 28 de diciembre, de Presupuestos Generales del Estado para el año 2022. (BOE 29-12-2021).

ART. 51. Extinción de los convenios.

1. Los convenios se extinguen por el cumplimiento de las actuaciones que constituyen su objeto o por incurrir en causa de resolución.

2. Son causas de resolución:

a) El transcurso del plazo de vigencia del convenio sin haberse acordado la prórroga del mismo.

b) El acuerdo unánime de todos los firmantes.

c) El incumplimiento de las obligaciones y compromisos asumidos por parte de alguno de los firmantes.

En este caso, cualquiera de las partes podrá notificar a la parte incumplidora un requerimiento para que cumpla en un determinado plazo con las obligaciones o compromisos que se consideran incumplidos. Este requerimiento será comunicado al responsable del mecanismo de seguimiento, vigilancia y control de la ejecución del convenio y a las demás partes firmantes.

Si trascurrido el plazo indicado en el requerimiento persistiera el incumplimiento, la parte que lo dirigió notificará a las partes firmantes la concurrencia de la causa de resolución y se entenderá resuelto el convenio. La resolución del convenio por esta causa podrá conllevar la indemnización de los perjuicios causados si así se hubiera previsto.

d) Por decisión judicial declaratoria de la nulidad del convenio.

e) Por cualquier otra causa distinta de las anteriores prevista en el convenio o en otras leyes.

ART. 52. Efectos de la resolución de los convenios.

1. El cumplimiento y la resolución de los convenios dará lugar a la liquidación de los mismos con el objeto de determinar las obligaciones y compromisos de cada una de las partes.

2. En el supuesto de convenios de los que deriven compromisos financieros, se entenderán cumplidos cuando su objeto se haya realizado en los términos y a satisfacción de ambas partes, de acuerdo con sus respectivas competencias, teniendo en cuenta las siguientes reglas:

a) Si de la liquidación resultara que el importe de las actuaciones ejecutadas por alguna de las partes fuera inferior a los fondos que la misma hubiera recibido del resto de partes del convenio para financiar dicha ejecución, aquella deberá reintegrar a estas el exceso que corresponda a cada una, *en el plazo máximo de un mes desde que se hubiera aprobado la liquidación*.

Transcurrido el plazo máximo de un mes, mencionado en el párrafo anterior, sin que se haya producido el reintegro, se deberá abonar a dichas partes, *también en el plazo de un mes a contar desde ese momento*, el interés de demora aplicable al citado reintegro, que será en todo caso el que resulte de las disposiciones de carácter general reguladoras del gasto público y de la actividad económico-financiera del sector público.

b) Si fuera superior, el resto de partes del convenio, *en el plazo de un mes desde la aprobación de la liquidación*, deberá abonar a la parte de que se trate la diferencia que corresponda a cada una de ellas, con el límite máximo de las cantidades que cada una de ellas se hubiera comprometido a aportar en virtud del convenio. En ningún caso las partes del convenio tendrán derecho a exigir al resto cuantía alguna que supere los citados límites máximos.

3. No obstante lo anterior, si cuando concurra cualquiera de las causas de resolución del convenio existen actuaciones en curso de ejecución, las partes, a propuesta de la comisión de seguimiento, vigilancia y control del convenio o, en su defecto, del responsable del mecanismo a que hace referencia la letra f) del artículo 49, podrán acordar la continuación y finalización de las actuaciones en curso que consideren oportunas, estableciendo un plazo improrrogable para su finalización, transcurrido el cual deberá realizarse la liquidación de las mismas en los términos establecidos en el apartado anterior.

Se declaran contrarios al orden constitucional de competencias los incisos destacados del apdo. 2, en los términos del fundamento jurídico 8.b), por STC 132/2018, de 13 de diciembre de 2018. Recurso de inconstitucionalidad 3774-2016. (BOE de 15-01-2019).

ART. 53. Remisión de convenios al Tribunal de Cuentas.

1. Dentro de los tres meses siguientes a la suscripción de cualquier convenio cuyos compromisos económicos asumidos superen los 600.000 euros, estos deberán remitirse electrónicamente al Tribunal de Cuentas u órgano externo de fiscalización de la Comunidad Autónoma, según corresponda.

2. Igualmente se comunicarán al Tribunal de Cuentas u órgano externo de fiscalización de la Comunidad Autónoma, según corresponda, las modificaciones, prórrogas o variaciones de plazos, alteración de los importes de los compromisos económicos asumidos y la extinción de los convenios indicados.

3. Lo dispuesto en los apartados anteriores se entenderá sin perjuicio de las facultades del Tribunal de Cuentas o, en su caso, de los correspondientes órganos de fiscalización externos de las Comunidades Autónomas, para reclamar cuantos datos, documentos y antecedentes estime pertinentes con relación a los contratos de cualquier naturaleza y cuantía.

Ver Ley Orgánica 2/1982, de 12 de mayo, del Tribunal de Cuentas.

TÍTULO I
Administración General del Estado

CAPÍTULO I
Organización administrativa

ART. 54. Principios y competencias de organización y funcionamiento de la Administración General del Estado.

1. La Administración General del Estado actúa y se organiza de acuerdo con los principios establecidos en el artículo 3, así como los de descentralización funcional y desconcentración funcional y territorial.

Asimismo, garantizará el principio de presencia equilibrada de mujeres y hombres en los nombramientos y designaciones de las personas titulares de los órganos superiores y directivos y en el personal de alta dirección de las entidades del sector público institucional estatal, de acuerdo con lo establecido en los artículos 55 bis y 84 bis.

2. Las competencias en materia de organización administrativa, régimen de personal, procedimientos e inspección de servicios, no atribuidas específicamente conforme a una Ley a ningún otro órgano de la Administración General del Estado, ni al Gobierno, corresponderán al Ministerio de Hacienda y Administraciones Públicas.

Apdo. 1 modificado por Ley Orgánica 2/2024, de 1 de agosto, de representación paritaria y presencia equilibrada de mujeres y hombres. (BOE 22-08-2024).

ART. 55. Estructura de la Administración General del Estado.

1. La organización de la Administración General del Estado responde a los principios de división funcional en Departamentos ministeriales y de gestión territorial integrada en Delegaciones del Gobierno en las Comunidades Autónomas, salvo las excepciones previstas por esta Ley.

2. La Administración General del Estado comprende:

a) La Organización Central, que integra los Ministerios y los servicios comunes.

b) La Organización Territorial.

c) La Administración General del Estado en el exterior.

3. En la organización central son órganos superiores y órganos directivos:

a) Órganos superiores:

1.º Los Ministros.

2.º Los Secretarios de Estado.

b) Órganos directivos:

1.º Los Subsecretarios y Secretarios generales.

2.º Los Secretarios generales técnicos y Directores generales.

3.º Los Subdirectores generales.

4. En la organización territorial de la Administración General del Estado son órganos directivos tanto los Delegados del Gobierno en las Comunidades Autónomas, que tendrán rango de Subsecretario, como los Subdelegados del Gobierno en las provincias, los cuales tendrán nivel de Subdirector general.

5. En la Administración General del Estado en el exterior son órganos directivos los embajadores y representantes permanentes ante Organizaciones internacionales.

6. Los órganos superiores y directivos tienen además la condición de alto cargo, excepto los Subdirectores generales y asimilados, de acuerdo con lo previsto en la Ley 3/2015, de 30 de marzo, reguladora del ejercicio del alto cargo de la Administración General del Estado.

7. Todos los demás órganos de la Administración General del Estado se encuentran bajo la dependencia o dirección de un órgano superior o directivo.

8. Los estatutos de los Organismos públicos determinarán sus respectivos órganos directivos.

9. Corresponde a los órganos superiores establecer los planes de actuación de la organización situada bajo su responsabilidad y a los órganos directivos su desarrollo y ejecución.

10. Los Ministros y Secretarios de Estado son nombrados de acuerdo con lo establecido en la Ley 50/1997, de 27 de noviembre, del Gobierno y en la Ley 3/2015, de 30 de marzo, reguladora del ejercicio del alto cargo de la Administración General del Estado.

11. Sin perjuicio de lo previsto en la Ley 3/2015, de 30 de marzo, reguladora del ejercicio del alto cargo de la Administración General del Estado, los titulares de los órganos superiores y directivos son nombrados, atendiendo a criterios de competencia profesional y experiencia, en la forma establecida en esta Ley, siendo de aplicación al desempeño de sus funciones:

a) La responsabilidad profesional, personal y directa por la gestión desarrollada.

b) La sujeción al control y evaluación de la gestión por el órgano superior o directivo competente, sin perjuicio del control establecido por la Ley General Presupuestaria.

ART. 55 bis. Presencia equilibrada de mujeres y hombres en los órganos superiores y directivos de la Administración General del Estado.

Las personas titulares de las Secretarías de Estado y de los órganos directivos de la Administración General del Estado se nombrarán atendiendo al principio de representación equilibrada entre mujeres y hombres, de tal manera que las personas de cada sexo no superen el sesenta por ciento ni sean menos del cuarenta por ciento en el ámbito de cada departamento ministerial.

> *Añadido por Ley Orgánica 2/2024, de 1 de agosto, de representación paritaria y presencia equilibrada de mujeres y hombres. (BOE 22-08-2024). Nota: debe tenerse en cuenta que la previsión contenida en este artículo se aplicará a los nombramientos que se produzcan tras la entrada en vigor de la precitada Ley Orgánica 2/2024 (el 22-08-2024) según lo establecido en el apdo. 3 de su disposición transitoria primera.*

ART. 56. Elementos organizativos básicos.

1. Las unidades administrativas son los elementos organizativos básicos de las estructuras orgánicas. Las unidades comprenden puestos de trabajo o dotaciones de plantilla vinculados funcionalmente por razón de sus cometidos y orgánicamente por una jefatura común. Pueden existir unidades administrativas complejas, que agrupen dos o más unidades menores.

2. Los jefes de las unidades administrativas son responsables del correcto funcionamiento de la unidad y de la adecuada ejecución de las tareas asignadas a la misma.

3. Las unidades administrativas se establecen mediante las relaciones de puestos de trabajo, que se aprobarán de acuerdo con su regulación específica, y se integran en un determinado órgano.

CAPÍTULO II
Los Ministerios y su estructura interna

ART. 57. Los Ministerios.

1. La Administración General del Estado se organiza en Presidencia del Gobierno y en Ministerios, comprendiendo a cada uno de ellos uno o varios sectores funcionalmente homogéneos de actividad administrativa.

2. La organización en Departamentos ministeriales no obsta a la existencia de órganos superiores o directivos u Organismos públicos no integrados o dependientes, respectivamente, en la estructura general del Ministerio que con carácter excepcional se adscriban directamente al Ministro.

3. La determinación del número, la denominación y el ámbito de competencia respectivo de los Ministerios y las Secretarías de Estado se establecen mediante Real Decreto del Presidente del Gobierno.

ART. 58. Organización interna de los Ministerios.

1. En los Ministerios pueden existir Secretarías de Estado, y Secretarías Generales, para la gestión de un sector de actividad administrativa. De ellas dependerán jerárquicamente los órganos directivos que se les adscriban.

2. Los Ministerios contarán, en todo caso, con una Subsecretaría, y dependiendo de ella una Secretaría General Técnica, para la gestión de los servicios comunes previstos en este Título.

3. Las Direcciones Generales son los órganos de gestión de una o varias áreas funcionalmente homogéneas.

4. Las Direcciones Generales se organizan en Subdirecciones Generales para la distribución de las competencias encomendadas a aquéllas, la realización de las actividades que les son propias y la asignación de objetivos y responsabilidades. Sin perjuicio de lo anterior, podrán adscribirse directamente Subdirecciones Generales a otros órganos directivos de mayor nivel o a órganos superiores del Ministerio.

ART. 59. Creación, modificación y supresión de órganos y unidades administrativas.

1. Las Subsecretarías, las Secretarías Generales, las Secretarías Generales Técnicas, las Direcciones Generales, las Subdirecciones Generales, y órganos similares a los anteriores se crean, modifican y suprimen por Real Decreto del Consejo de Ministros, a iniciativa del Ministro interesado y a propuesta del Ministro de Hacienda y Administraciones Públicas.

2. Los órganos de nivel inferior a Subdirección General se crean, modifican y suprimen por orden del Ministro respectivo, previa autorización del Ministro de Hacienda y Administraciones Públicas.

3. Las unidades que no tengan la consideración de órganos se crean, modifican y suprimen a través de las relaciones de puestos de trabajo.

ART. 60. Ordenación jerárquica de los órganos ministeriales.

1. Los Ministros son los jefes superiores del Departamento y superiores jerárquicos directos de los Secretarios de Estado y Subsecretarios.

2. Los órganos directivos dependen de alguno de los anteriores y se ordenan jerárquicamente entre sí de la siguiente forma: Subsecretario, Director general y Subdirector general.

Los Secretarios generales tienen categoría de Subsecretario y los Secretarios Generales Técnicos tienen categoría de Director general.

ART. 61. Los Ministros.

Los Ministros, como titulares del departamento sobre el que ejercen su competencia, dirigen los sectores de actividad administrativa integrados en su Ministerio, y asumen la responsabilidad inherente a dicha dirección. A tal fin, les corresponden las siguientes funciones:

a) Ejercer la potestad reglamentaria en las materias propias de su Departamento.

b) Fijar los objetivos del Ministerio, aprobar los planes de actuación del mismo y asignar los recursos necesarios para su ejecución, dentro de los límites de las dotaciones presupuestarias correspondientes.

c) Aprobar las propuestas de los estados de gastos del Ministerio, y de los presupuestos de los Organismos públicos dependientes y remitirlas al Ministerio de Hacienda y Administraciones Públicas.

d) Determinar y, en su caso, proponer la organización interna de su Ministerio, de acuerdo con las competencias que le atribuye esta Ley.

e) Evaluar la realización de los planes de actuación del Ministerio por parte de los órganos superiores y órganos directivos y ejercer el control de eficacia respecto de la actuación de dichos órganos y de los Organismos públicos dependientes, sin perjuicio de lo dispuesto en la Ley 47/2003, de 26 de noviembre, General Presupuestaria.

f) Nombrar y separar a los titulares de los órganos directivos del Ministerio y de los Organismos públicos o entidades de derecho público dependientes del mismo, cuando la competencia no esté atribuida al Consejo de Ministros a otro órgano o al propio organismo, así como elevar a aquél las propuestas de nombramientos que le estén reservadas de órganos directivos del Ministerio y de los Organismos Públicos dependientes del mismo.

g) Autorizar las comisiones de servicio con derecho a indemnización por cuantía exacta para altos cargos dependientes del Ministro.

h) Mantener las relaciones con las Comunidades Autónomas y convocar las Conferencias sectoriales y los órganos de cooperación en el ámbito de las competencias atribuidas a su Departamento.

i) Dirigir la actuación de los titulares de los órganos superiores y directivos del Ministerio, impartirles instrucciones concretas y delegarles competencias propias.

j) Revisar de oficio los actos administrativos y resolver los conflictos de atribuciones cuando les corresponda, así como plantear los que procedan con otros Ministerios.

k) Celebrar en el ámbito de su competencia, contratos y convenios, sin perjuicio de la autorización del Consejo de Ministros cuando sea preceptiva.

l) Administrar los créditos para gastos de los presupuestos del Ministerio, aprobar y comprometer los gastos que no sean de la competencia del Consejo de Ministros, aprobar las modificaciones presupuestarias que sean de su competencia, reconocer las obligaciones económicas y proponer su pago en el marco del plan de disposición de fondos del Tesoro Público, así como fijar los límites por debajo de los cuales estas competencias corresponderán, en su ámbito respectivo, a los Secretarios de Estado y Subsecretario del departamento. Corresponderá al Ministro elevar al Consejo de Ministros, para su aprobación, las modificaciones presupuestarias que sean de la competencia de éste.

m) Decidir la representación del Ministerio en los órganos colegiados o grupos de trabajo en los que no esté previamente determinado el titular del órgano superior o directivo que deba representar al Departamento.

n) Remitir la documentación a su Departamento necesaria para la elaboración de la Cuenta General del Estado, en los términos previstos en la Ley 47/2003, 26 de noviembre.

ñ) Resolver de los recursos administrativos y declarar la lesividad de los actos administrativos cuando les corresponda.

o) Otorgar premios y recompensas propios del Departamento y proponer las que corresponda según sus normas reguladoras.

p) Conceder subvenciones y ayudas con cargo a los créditos de gasto propios del Departamento, así como fijar los límites por debajo de los cuales podrán ser otorgadas por los Secretarios de Estado o el Subsecretario del Departamento.

q) Proponer y ejecutar, en el ámbito de su competencia, los Planes de Empleo del Departamento y de los organismos públicos de él dependientes.

r) Modificar las Relaciones de Puestos de Trabajo en los casos en que esa competencia esté delegada en el propio departamento o proponer al Ministerio de Hacienda y Administraciones Públicas las que sean de competencia de este último.

s) Imponer la sanción de separación del servicio por faltas muy graves.

t) Ejercer cuantas otras competencias les atribuyan las leyes, las normas de organización y funcionamiento del Gobierno y cualesquiera otras disposiciones.

ART. 62. Los Secretarios de Estado.

1. Los Secretarios de Estado son directamente responsables de la ejecución de la acción del Gobierno en un sector de actividad específica.

Asimismo, podrán ostentar por delegación expresa de sus respectivos Ministros la representación de estos en materias propias de su competencia, incluidas aquellas con proyección internacional, sin perjuicio, en todo caso, de las normas que rigen las relaciones de España con otros Estados y con las Organizaciones internacionales.

2. Los Secretarios de Estado dirigen y coordinan las Secretarías y las Direcciones Generales situadas bajo su dependencia, y responden ante el Ministro de la ejecución de los objetivos fijados para la Secretaría de Estado. A tal fin les corresponde:

a) Ejercer las competencias sobre el sector de actividad administrativa asignado que les atribuya la norma de creación del órgano o que les delegue el Ministro y desempeñar las relaciones externas de la Secretaría de Estado, salvo en los casos legalmente reservados al Ministro.

b) Ejercer las competencias inherentes a su responsabilidad de dirección y, en particular, impulsar la consecución de los objetivos y la ejecución de los proyectos de su organización, controlando su cumplimiento, supervisando la actividad de los órganos directivos adscritos e impartiendo instrucciones a sus titulares.

c) Nombrar y separar a los Subdirectores Generales de la Secretaría de Estado.

d) Mantener las relaciones con los órganos de las Comunidades Autónomas competentes por razón de la materia.

e) La autorización previa para contratar a los Organismos Autónomos adscritos a la Secretaría de Estado, por encima de una cuantía determinada, según lo previsto en la disposición transitoria tercera del Real Decreto Legislativo 3/2011, de 14 de noviembre por el que se aprueba el Texto Refundido de la Ley de Contratos del Sector Público.

f) Autorizar las comisiones de servicio con derecho a indemnización por cuantía exacta para los altos cargos dependientes de la Secretaría de Estado.

g) Celebrar contratos relativos a asuntos de su Secretaría de Estado y los convenios no reservados al Ministro del que dependan, sin perjuicio de la correspondiente autorización cuando sea preceptiva.

h) Conceder subvenciones y ayudas con cargo a los créditos de gasto propios de la Secretaría de Estado, con los límites establecidos por el titular del Departamento.

i) Resolver los recursos que se interpongan contra las resoluciones de los órganos directivos que dependan directamente de él y cuyos actos no agoten la vía administrativa, así como los conflictos de atribuciones que se susciten entre dichos órganos.

j) Administrar los créditos para gastos de los presupuestos del Ministerio por su materia propios de la Secretaría de Estado, aprobar las modificaciones presupuestarias de los mismos, aprobar y comprometer los gastos con cargo a aquellos créditos y reconocer las obligaciones económicas y proponer su pago en el marco del plan de disposición de fondos del Tesoro Público. Todo ello dentro de la cuantía que, en su caso, establezca el Ministro al efecto y siempre que los referidos actos no sean competencia del Consejo de Ministros.

k) Cualesquiera otras competencias que les atribuya la legislación en vigor.

ART. 63. Los Subsecretarios.

1. Los Subsecretarios ostentan la representación ordinaria del Ministerio, dirigen los servicios comunes, ejercen las competencias correspondientes a dichos servicios comunes y, en todo caso, las siguientes:

a) Apoyar a los órganos superiores en la planificación de la actividad del Ministerio, a través del correspondiente asesoramiento técnico.

b) Asistir al Ministro en el control de eficacia del Ministerio y sus Organismos públicos.

c) Establecer los programas de inspección de los servicios del Ministerio, así como determinar las actuaciones precisas para la mejora de los sistemas de planificación, dirección y organización y para la racionalización y simplificación de los procedimientos y métodos de trabajo, en el marco definido por el Ministerio de Hacienda y Administraciones Públicas.

d) Proponer las medidas de organización del Ministerio y dirigir el funcionamiento de los servicios comunes a través de las correspondientes instrucciones u órdenes de servicio.

e) Asistir a los órganos superiores en materia de relaciones de puestos de trabajo, planes de empleo y política de directivos del Ministerio y sus Organismos públicos, así como en la elaboración, ejecución y seguimiento de los presupuestos y la planificación de los sistemas de información y comunicación.

f) Desempeñar la jefatura superior de todo el personal del Departamento.

g) Responsabilizarse del asesoramiento jurídico al Ministro en el desarrollo de las funciones que a éste le corresponden y, en particular, en el ejercicio de su potestad normativa y en la producción de los actos administrativos de la competencia de aquél, así como a los demás órganos del Ministerio.

En los mismos términos del párrafo anterior, informar las propuestas o proyectos de normas y actos de otros Ministerios, cuando reglamentariamente proceda.

A tales efectos, el Subsecretario será responsable de coordinar las actuaciones correspondientes dentro del Ministerio y en relación con los demás Ministerios que hayan de intervenir en el procedimiento.

h) Ejercer las facultades de dirección, impulso y supervisión de la Secretaría General Técnica y los restantes órganos directivos que dependan directamente de él.

i) Administrar los créditos para gastos de los presupuestos del Ministerio por su materia propios de la Subsecretaría, aprobar las modificaciones presupuestarias de los mismos, aprobar y comprometer los gastos con cargo a aquellos créditos y reconocer las obligaciones económicas y proponer su pago en el marco del plan de disposición de fondos del Tesoro Público. Todo ello dentro de la cuantía que, en su caso, establezca el Ministro al efecto y siempre que los referidos actos no sean competencia del Consejo de Ministros.

j) Conceder subvenciones y ayudas con cargo a los créditos de gasto propios del Ministerio con los límites establecidos por el titular del Departamento.

k) Solicitar del Ministerio de Hacienda y Administraciones Públicas la afectación o el arrendamiento de los inmuebles necesarios para el cumplimiento de los fines de los servicios a cargo del Departamento.

l) Nombrar y cesar a los Subdirectores y asimilados dependientes de la Subsecretaría, al resto de personal de libre designación y al personal eventual del Departamento.

m) Convocar y resolver pruebas selectivas de personal funcionario y laboral.

n) Convocar y resolver los concursos de personal funcionario.

ñ) Ejercer la potestad disciplinaria del personal del Departamento por faltas graves o muy graves, salvo la separación del servicio.

o) Adoptar e impulsar, bajo la dirección del Ministro, las medidas tendentes a la gestión centralizada de recursos humanos y medios materiales en el ámbito de su Departamento Ministerial.

p) Autorizar las comisiones de servicio con derecho a indemnización por cuantía exacta para altos cargos dependientes del Subsecretario.

q) Cualesquiera otras que sean inherentes a los servicios comunes del Ministerio y a la representación ordinaria del mismo y las que les atribuyan la legislación en vigor.

2. La Subsecretaría del Ministerio de la Presidencia, en coordinación con la Secretaría General de la Presidencia del Gobierno, ejercerá las competencias propias de los servicios comunes de los Departamentos en relación con el área de la Presidencia del Gobierno.

3. Los Subsecretarios serán nombrados y separados por Real Decreto del Consejo de Ministros a propuesta del titular del Ministerio.

Los nombramientos habrán de efectuarse entre funcionarios de carrera del Estado, de las Comunidades Autónomas o de las Entidades locales, pertenecientes al Subgrupo A1, a que se refiere el artículo 76 del texto refundido de la Ley del Estatuto Básico del Empleado Público, aprobado por Real Decreto legislativo 5/2015, de 30 de octubre, o entre personas que hubieran perdido tal condición como consecuencia de su jubilación. En todo caso, habrán de reunir los requisitos de idoneidad establecidos en la Ley 3/2015, de 30 de marzo, reguladora del ejercicio del alto cargo de la Administración General del Estado.

Apdo. 3 modificado por Real Decreto-ley 6/2023, de 19 de diciembre, por el que se aprueban medidas urgentes para la ejecución del Plan de Recuperación, Transformación y Resiliencia en materia de servicio público de justicia, función pública, régimen local y mecenazgo. (BOE de 20-12-2023).

ART. 64. Los Secretarios generales.

1. Cuando las normas que regulan la estructura de un Ministerio prevean la existencia de un Secretario general, deberán determinar las competencias que le correspondan sobre un sector de actividad administrativa determinado.

2. Los Secretarios generales ejercen las competencias inherentes a su responsabilidad de dirección sobre los órganos dependientes, contempladas en el artículo 62.2.b), así como todas aquellas que les asigne expresamente el Real Decreto de estructura del Ministerio.

3. Los Secretarios generales, con categoría de Subsecretario, serán nombrados y separados por Real Decreto del Consejo de Ministros, a propuesta del titular del Ministerio o del Presidente del Gobierno.

Los nombramientos habrán de efectuarse entre personas con cualificación y experiencia en el desempeño de puestos de responsabilidad en la gestión pública o privada. En todo caso, habrán de reunir los requisitos de idoneidad establecidos en la Ley 3/2015, de 30 de marzo, reguladora del ejercicio del alto cargo de la Administración General del Estado.

ART. 65. Los Secretarios generales técnicos.

1. Los Secretarios generales técnicos, bajo la inmediata dependencia del Subsecretario, tendrán las competencias sobre servicios comunes que les atribuya el Real Decreto de estructura del Departamento y, en todo caso, las relativas a producción normativa, asistencia jurídica y publicaciones.

2. Los Secretarios generales técnicos tienen a todos los efectos la categoría de Director General y ejercen sobre sus órganos dependientes las facultades atribuidas a dicho órgano por el artículo siguiente.

3. Los Secretarios generales técnicos serán nombrados y separados por Real Decreto del Consejo de Ministros a propuesta del titular del Ministerio.

Los nombramientos habrán de efectuarse entre funcionarios de carrera del Estado, de las Comunidades Autónomas o de las Entidades locales, pertenecientes al Subgrupo A1, a que se refiere el artículo 76 de la Ley 7/2007, de 12 de abril. En todo caso, habrán de reunir los requisitos de idoneidad establecidos en la Ley 3/2015, de 30 de marzo, reguladora del ejercicio de alto cargo de la Administración General del Estado.

ART. 66. Los Directores generales.

1. Los Directores generales son los titulares de los órganos directivos encargados de la gestión de una o varias áreas funcionalmente homogéneas del Ministerio. A tal efecto, les corresponde:

a) Proponer los proyectos de su Dirección general para alcanzar los objetivos establecidos por el Ministro, dirigir su ejecución y controlar su adecuado cumplimiento.

b) Ejercer las competencias atribuidas a la Dirección general y las que le sean desconcentradas o delegadas.

c) Proponer, en los restantes casos, al Ministro o al titular del órgano del que dependa, la resolución que estime procedente sobre los asuntos que afectan al órgano directivo.

d) Impulsar y supervisar las actividades que forman parte de la gestión ordinaria del órgano directivo y velar por el buen funcionamiento de los órganos y unidades dependientes y del personal integrado en los mismos.

e) Las demás atribuciones que le confieran las leyes y reglamentos.

2. Los Directores generales serán nombrados y separados por Real Decreto del Consejo de Ministros, a propuesta del titular del Departamento o del Presidente del Gobierno.

Los nombramientos habrán de efectuarse entre funcionarios de carrera del Estado, de las Comunidades Autónomas o de las Entidades locales, pertenecientes al Subgrupo A1, a que se refiere el artículo 76 del texto refundido de la Ley del Estatuto Básico del Empleado Público, aprobada por Real Decreto legislativo 5/2015, de 30 de octubre, o entre personas que hubieran perdido tal condición como consecuencia de su jubilación, salvo que el Real Decreto de estructura permita que, en atención a las características específicas de las funciones de la Dirección General, su titular no reúna dicha condición de funcionario, debiendo motivarse mediante memoria razonada la concurrencia de las especiales características que justifiquen esa circunstancia excepcional. En todo caso, habrán de reunir los requisitos de idoneidad establecidos en la Ley 3/2015, de 30 de marzo, reguladora del ejercicio del alto cargo de la Administración General del Estado.

Apdo. 2 modificado por Real Decreto-ley 6/2023, de 19 de diciembre, por el que se aprueban medidas urgentes para la ejecución del Plan de Recuperación, Transformación y Resiliencia en materia de servicio público de justicia, función pública, régimen local y mecenazgo. (BOE de 20-12-2023).

ART. 67. Los Subdirectores generales.

1. Los Subdirectores generales son los responsables inmediatos, bajo la supervisión del Director general o del titular del órgano del que dependan, de la ejecución de aquellos proyectos, objetivos o actividades que les sean asignados, así como de la gestión ordinaria de los asuntos de la competencia de la Subdirección General.

2. Los Subdirectores generales serán nombrados, respetando los principios de igualdad, mérito y capacidad, y cesados por el Ministro, Secretario de Estado o Subsecretario del que dependan.

Los nombramientos habrán de efectuarse entre funcionarios de carrera del Estado, o de otras Administraciones, cuando así lo prevean las normas de aplicación, pertenecientes al Subgrupo A1, a que se refiere el artículo 76 de la Ley 7/2007, de 12 de abril.

ART. 68. Reglas generales sobre los servicios comunes de los Ministerios.

1. Los órganos directivos encargados de los servicios comunes, prestan a los órganos superiores y directivos del resto del Ministerio la asistencia precisa para el más eficaz cumplimiento de sus cometidos y, en particular, la eficiente utilización de los medios y recursos materiales, económicos y personales que tengan asignados.

Corresponde a los servicios comunes el asesoramiento, el apoyo técnico y, en su caso, la gestión directa en relación con las funciones de planificación, programación y presupuestación, cooperación internacional, acción en el exterior, organización y recursos humanos, sistemas de información y comunicación, producción normativa, asistencia jurídica, gestión financiera, gestión de medios materiales y servicios auxiliares, seguimiento, control e inspección de servicios, estadística para fines estatales y publicaciones.

2. Los servicios comunes funcionan en cada Departamento de acuerdo con las disposiciones y directrices adoptadas por los Ministerios con competencia sobre dichas funciones comunes en la Administración General del Estado. Todo ello, sin perjuicio de que determinados órganos con competencia sobre algunos servicios comunes sigan dependiendo funcional o jerárquicamente de alguno de los referidos Ministerios.

3. Mediante Real Decreto podrá preverse la gestión compartida de algunos de los servicios comunes que podrá realizarse de las formas siguientes:

a) Mediante su coordinación directa por el Ministerio de Hacienda y Administraciones Públicas o por un organismo autónomo vinculado o dependiente del mismo, que prestarán algunos de estos servicios comunes a otros Ministerios.

b) Mediante su coordinación directa por la Subsecretaría de cada Ministerio o por un organismo autónomo vinculado o dependiente de la misma que prestará algunos de estos servicios comunes a todo el Ministerio. El Real Decreto que determine la gestión compartida de algunos de los servicios comunes concretará el régimen de dependencia orgánica y funcional del personal que viniera prestando el servicio respectivo en cada unidad.

CAPÍTULO III
Órganos territoriales

Sección 1.ª La organización territorial de la Administración General del Estado

ART. 69. Las Delegaciones y las Subdelegaciones del Gobierno.

1. Existirá una Delegación del Gobierno en cada una de las Comunidades Autónomas.

2. Las Delegaciones del Gobierno tendrán su sede en la localidad donde radique el Consejo de Gobierno de la Comunidad Autónoma, salvo que el Consejo de Ministros acuerde ubicarla en otra distinta y sin perjuicio de lo que disponga expresamente el Estatuto de Autonomía.

3. Las Delegaciones del Gobierno están adscritas orgánicamente al Ministerio de Hacienda y Administraciones Públicas.

4. En cada una de las provincias de las Comunidades Autónomas pluriprovinciales, existirá un Subdelegado del Gobierno, que estará bajo la inmediata dependencia del Delegado del Gobierno.

Podrán crearse por Real Decreto Subdelegaciones del Gobierno en las Comunidades Autónomas uniprovinciales, cuando circunstancias tales como la población del territorio, el volumen de gestión o sus singularidades geográficas, sociales o económicas así lo justifiquen.

ART. 70. Los Directores Insulares de la Administración General del Estado.

Reglamentariamente se determinarán las islas en las que existirá un Director Insular de la Administración General del Estado, con el nivel que se determine en la relación de puestos de trabajo. Serán nombrados por el Delegado del Gobierno mediante el procedimiento de libre designación entre funcionarios de carrera del Estado, de las Comunidades Autónomas o de las Entidades Locales, pertenecientes a Cuerpos o Escalas clasificados como Subgrupo A1.

Los Directores Insulares dependen jerárquicamente del Delegado del Gobierno en la Comunidad Autónoma o del Subdelegado del Gobierno en la provincia, cuando este cargo exista, y ejercen, en su ámbito territorial, las competencias atribuidas por esta Ley a los Subdelegados del Gobierno en las provincias.

ART. 71. Los servicios territoriales.

1. Los servicios territoriales de la Administración General del Estado en la Comunidad Autónoma se organizarán atendiendo al mejor cumplimiento de sus fines, en servicios integrados y no integrados en las Delegaciones del Gobierno.

2. La organización de los servicios territoriales no integrados en las Delegaciones del Gobierno se establecerá mediante Real Decreto a propuesta conjunta del titular del Ministerio del que dependan y del titular del Ministerio que tenga atribuida la competencia para la racionalización, análisis y evaluación de las estructuras organizativas de la Administración General del Estado y sus organismos públicos, cuando contemple unidades con nivel de Subdirección General o equivalentes, o por Orden conjunta cuando afecte a órganos inferiores.

3. Los servicios territoriales no integrados dependerán del órgano central competente sobre el sector de actividad en el que aquéllos operen, el cual les fijará los objetivos concretos de actuación y controlará su ejecución, así como el funcionamiento de los servicios.

4. Los servicios territoriales integrados dependerán del Delegado del Gobierno, o en su caso Subdelegado del Gobierno, a través de la Secretaría General, y actuarán de acuerdo con las instrucciones técnicas y criterios operativos establecidos por el Ministerio competente por razón de la materia.

Sección 2.ª Los Delegados del Gobierno en las Comunidades Autónomas

ART. 72. Los Delegados del Gobierno en las Comunidades Autónomas.

1. Los Delegados del Gobierno representan al Gobierno de la Nación en el territorio de la respectiva Comunidad Autónoma, sin perjuicio de la representación ordinaria del Estado en las mismas a través de sus respectivos Presidentes.

2. Los Delegados del Gobierno dirigirán y supervisarán la Administración General del Estado en el territorio de las respectivas Comunidades Autónomas y la coordinarán, internamente y cuando proceda, con la administración propia de cada una de ellas y con la de las Entidades Locales radicadas en la Comunidad.

3. Los Delegados del Gobierno son órganos directivos con rango de Subsecretario que dependen orgánicamente del Presidente del Gobierno y funcionalmente del Ministerio competente por razón de la materia.

4. Los Delegados del Gobierno serán nombrados y separados por Real Decreto del Consejo de Ministros, a propuesta del Presidente del Gobierno. Su nombramiento atenderá a criterios de competencia profesional y experiencia. En todo caso, deberá reunir los requisitos de idoneidad establecidos en la Ley 3/2015, de 30 de marzo, reguladora del ejercicio del alto cargo de la Administración General del Estado.

5. En caso de ausencia, vacante o enfermedad del titular de la Delegación del Gobierno, será suplido por el Subdelegado del Gobierno que el Delegado designe y, en su defecto, al de la provincia en que tenga su sede. En las Comunidades Autónomas uniprovinciales en las que no exista Subdelegado la suplencia corresponderá al Secretario General.

ART. 73. Competencias de los Delegados del Gobierno en las Comunidades Autónomas.

1. Los Delegados del Gobierno en las Comunidades Autónomas son los titulares de las correspondientes Delegaciones del Gobierno y tienen, en los términos establecidos en este Capítulo, las siguientes competencias:

a) Dirección y coordinación de la Administración General del Estado y sus Organismos públicos:

1.º Impulsar, coordinar y supervisar con carácter general su actividad en el territorio de la Comunidad Autónoma, y, cuando se trate de servicios integrados, dirigirla, directamente o a través de los subdelegados del gobierno, de acuerdo con los objetivos y, en su caso, instrucciones de los órganos superiores de los respectivos ministerios.

2.º Nombrar a los Subdelegados del Gobierno en las provincias de su ámbito de actuación y, en su caso, a los Directores Insulares, y como superior jerárquico, dirigir y coordinar su actividad.

3.º Informar, con carácter preceptivo, las propuestas de nombramiento de los titulares de órganos territoriales de la Administración General del Estado y los Organismos públicos estatales de ámbito autonómico y provincial en la Delegación del Gobierno.

b) Información de la acción del Gobierno e información a los ciudadanos:

1.º Coordinar la información sobre los programas y actividades del Gobierno y la Administración General del Estado y sus Organismos públicos en la Comunidad Autónoma.

2.º Promover la colaboración con las restantes Administraciones Públicas en materia de información al ciudadano.

3.º Recibir información de los distintos Ministerios de los planes y programas que hayan de ejecutar sus respectivos servicios territoriales y Organismos públicos en su ámbito territorial.

4.º Elevar al Gobierno, con carácter anual, a través del titular del Ministerio de Hacienda y Administraciones Públicas, un informe sobre el funcionamiento de los servicios públicos estatales en el ámbito autonómico.

c) Coordinación y colaboración con otras Administraciones Públicas:

1.º Comunicar y recibir cuanta información precisen el Gobierno y el órgano de Gobierno de la Comunidad Autónoma. Realizará también estas funciones con las Entidades Locales en su ámbito territorial, a través de sus respectivos Presidentes.

2.º Mantener las necesarias relaciones de coordinación y cooperación de la Administración General del Estado y sus Organismos públicos con la de la Comunidad Autónoma y con las correspondientes Entidades Locales. A tal fin, promoverá la celebración de convenios con la Comunidad Autónoma y con las Entidades Locales, en particular, en relación a los programas de financiación estatal, participando en el seguimiento de la ejecución y cumplimiento de los mismos.

3.º Participar en las Comisiones mixtas de transferencias y en las Comisiones bilaterales de cooperación, así como en otros órganos de cooperación de naturaleza similar cuando se determine.

d) Control de legalidad:

1.º Resolver los recursos en vía administrativa interpuestos contra las resoluciones y actos dictados por los órganos de la Delegación, previo informe, en todo caso, del Ministerio competente por razón de la materia.

Las impugnaciones de resoluciones y actos del Delegado del Gobierno susceptibles de recurso administrativo y que no pongan fin a la vía administrativa, serán resueltas por los órganos correspondientes del Ministerio competente por razón de la materia.

Las reclamaciones por responsabilidad patrimonial de las Administraciones Públicas se tramitarán por el Ministerio competente por razón de la materia y se resolverán por el titular de dicho Departamento.

2.º Suspender la ejecución de los actos impugnados dictados por los órganos de la Delegación del Gobierno, cuando le corresponda resolver el recurso, de acuerdo con el artículo 117.2 de la Ley del Procedimiento Administrativo Común de las Administraciones Públicas, y proponer la suspensión en los restantes casos, así como respecto de los actos impugnados dictados por los servicios no integrados en la Delegación del Gobierno.

3.º Velar por el cumplimiento de las competencias atribuidas constitucionalmente al Estado y por la correcta aplicación de su normativa, promoviendo o interponiendo, según corresponda, conflictos de jurisdicción, conflictos de atribuciones, recursos y demás acciones legalmente procedentes.

e) Políticas públicas:

1.º Formular a los Ministerios competentes, en cada caso, las propuestas que estime convenientes sobre los objetivos contenidos en los planes y programas que hayan de ejecutar los servicios territoriales y los de los Organismos públicos, e informar, regular y periódicamente, a los Ministerios competentes sobre la gestión de sus servicios territoriales.

2.º Proponer ante el Ministro de Hacienda y Administraciones Públicas las medidas precisas para evitar la duplicidad de estructuras administrativas, tanto en la propia Administración General del Estado como con otras Administraciones Públicas, conforme a los principios de eficacia y eficiencia.

3.º Proponer al Ministerio de Hacienda y Administraciones Públicas medidas para incluir en los planes de recursos humanos de la Administración General del Estado.

4.º Informar las medidas de optimización de recursos humanos y materiales en su ámbito territorial, especialmente las que afecten a más de un Departamento. En particular, corresponde a los Delegados del Gobierno, en los términos establecidos en la Ley 33/2003, de 3 de noviembre, del Patrimonio de las Administraciones Públicas, la coordinación de la utilización de los edificios de uso administrativo por la organización territorial de la Administración General del Estado y de los organismos públicos de ella dependientes en su ámbito territorial, de acuerdo con las directrices establecidas por el Ministerio de Hacienda y Administraciones Públicas y la Dirección General del Patrimonio del Estado.

2. Asimismo, los Delegados del Gobierno ejercerán la potestad sancionadora, expropiatoria y cualesquiera otras que les confieran las normas o que les sean desconcentradas o delegadas.

3. Corresponde a los Delegados del Gobierno proteger el libre ejercicio de los derechos y libertades y garantizar la seguridad ciudadana, a través de los Subdelegados del Gobierno y de las Fuerzas y Cuerpos de seguridad del Estado, cuya jefatura corresponderá al Delegado del Gobierno, quien ejercerá las competencias del Estado en esta materia bajo la dependencia funcional del Ministerio del Interior.

4. En relación con los servicios territoriales, los Delegados del Gobierno, para el ejercicio de las competencias recogidas en este artículo, podrán recabar de los titulares de dichos servicios toda la información relativa a su actividad, estructuras organizativas, recursos humanos, inventarios de bienes muebles e inmuebles o a cualquier otra materia o asunto que consideren oportuno al objeto de garantizar una gestión coordinada y eficaz de los servicios estatales en el territorio.

Sección 3.ª Los Subdelegados del Gobierno en las provincias

ART. 74. Los Subdelegados del Gobierno en las provincias.

En cada provincia y bajo la inmediata dependencia del Delegado del Gobierno en la respectiva Comunidad Autónoma, existirá un Subdelegado del Gobierno, con nivel de Subdirector General, que será nombrado por aquél mediante el procedimiento de libre designación entre funcionarios de carrera del Estado, de las Comunidades Autónomas o de las Entidades Locales, pertenecientes a Cuerpos o Escalas clasificados como Subgrupo A1.

En las Comunidades Autónomas uniprovinciales en las que no exista Subdelegado, el Delegado del Gobierno asumirá las competencias que esta Ley atribuye a los Subdelegados del Gobierno en las provincias.

ART. 75. Competencias de los Subdelegados del Gobierno en las provincias.

A los Subdelegados del Gobierno les corresponde:

a) Desempeñar las funciones de comunicación, colaboración y cooperación con la respectiva Comunidad Autónoma y con las Entidades Locales y, en particular, informar sobre la incidencia en el territorio de los programas de financiación estatal. En concreto les corresponde:

1.º Mantener las necesarias relaciones de cooperación y coordinación de la Administración General del Estado y sus Organismos públicos con la de la Comunidad Autónoma y con las correspondientes Entidades locales en el ámbito de la provincia.

2.º Comunicar y recibir cuanta información precisen el Gobierno y el órgano de Gobierno de la Comunidad Autónoma. Realizará también estas funciones con las Entidades locales en su ámbito territorial, a través de sus respectivos Presidentes.

b) Proteger el libre ejercicio de los derechos y libertades, garantizando la seguridad ciudadana, todo ello dentro de las competencias estatales en la materia. A estos efectos, dirigirá las Fuerzas y Cuerpos de Seguridad del Estado en la provincia.

c) Dirigir y coordinar la protección civil en el ámbito de la provincia.

d) Dirigir, en su caso, los servicios integrados de la Administración General del Estado, de acuerdo con las instrucciones del Delegado del Gobierno y de los Ministerios correspondientes; e impulsar, supervisar e inspeccionar los servicios no integrados.

e) Coordinar la utilización de los medios materiales y, en particular, de los edificios administrativos en el ámbito territorial de su competencia.

f) Ejercer la potestad sancionadora y cualquier otra que les confiera las normas o que les sea desconcentrada o delegada.

Sección 4.ª La estructura de las delegaciones del gobierno

ART. 76. Estructura de las Delegaciones y Subdelegaciones del Gobierno.

1. La estructura de las Delegaciones y Subdelegaciones del Gobierno se fijará por Real Decreto del Consejo de Ministros a propuesta del Ministerio de Hacienda y Administraciones Públicas, en razón de la dependencia orgánica de las Delegaciones del Gobierno, y contarán, en todo caso, con una Secretaría General, dependiente de los Delegados o, en su caso, de los Subdelegados del Gobierno, como órgano de gestión de los servicios comunes,

y de la que dependerán los distintos servicios integrados en la misma, así como aquellos otros servicios y unidades que se determine en la relación de puestos de trabajo.

2. La integración de nuevos servicios territoriales o la desintegración de servicios territoriales ya integrados en las Delegaciones del Gobierno, se llevará a cabo mediante Real Decreto de Consejo de Ministros, a propuesta del Ministerio de Hacienda y Administraciones Públicas, en razón de la dependencia orgánica de las Delegaciones del Gobierno, y del Ministerio competente del área de actividad.

ART. 77. Asistencia jurídica y control económico financiero de las Delegaciones y Subdelegaciones del Gobierno.

La asistencia jurídica y las funciones de intervención y control económico financiero en relación con las Delegaciones y Subdelegaciones del Gobierno se ejercerán por la Abogacía del Estado y la Intervención General de la Administración del Estado respectivamente, de acuerdo con su normativa específica.

Sección 5.ª Órganos *colegiados*

ART. 78. La Comisión interministerial de coordinación de la Administración periférica del Estado.

1. La Comisión interministerial de coordinación de la Administración periférica del Estado es un órgano colegiado, adscrito al Ministerio de Hacienda y Administraciones Públicas.

2. La Comisión interministerial de coordinación de la Administración periférica del Estado se encargará de coordinar la actuación de la Administración periférica del Estado con los distintos Departamentos ministeriales.

3. Mediante Real Decreto se regularán sus atribuciones, composición y funcionamiento.

ART. 79. Los órganos colegiados de asistencia al Delegado y al Subdelegado del Gobierno.

1. En cada una de las Comunidades Autónomas pluriprovinciales existirá una Comisión territorial de asistencia al Delegado del Gobierno, con las siguientes características:

a) Estará presidida por el Delegado del Gobierno en la Comunidad Autónoma e integrada por los Subdelegados del Gobierno en las provincias comprendidas en el territorio de ésta.

b) A sus sesiones deberán asistir los titulares de los órganos y servicios territoriales, tanto integrados como no integrados, que el Delegado del Gobierno considere oportuno.

c) Esta Comisión desarrollará, en todo caso, las siguientes funciones:

1.º Coordinar las actuaciones que hayan de ejecutarse de forma homogénea en el ámbito de la Comunidad Autónoma, para asegurar el cumplimiento de los objetivos generales fijados por el Gobierno a los servicios territoriales.

2.º Homogeneizar el desarrollo de las políticas públicas en su ámbito territorial, a través del establecimiento de criterios comunes de actuación que habrán de ser compatibles con las instrucciones y objetivos de los respectivos departamentos ministeriales.

3.º Asesorar al Delegado del Gobierno en la Comunidad Autónoma en la elaboración de las propuestas de simplificación administrativa y racionalización en la utilización de los recursos.

4.º Cualesquiera otras que a juicio del Delegado del Gobierno en la Comunidad Autónoma resulten adecuadas para que la Comisión territorial cumpla la finalidad de apoyo y asesoramiento en el ejercicio de las competencias que esta Ley le asigna.

2. En las Comunidades Autónomas uniprovinciales existirá una Comisión de asistencia al Delegado del Gobierno, presidida por él mismo e integrada por el Secretario General y los titulares de los órganos y servicios territoriales, tanto integrados como no integrados, que el Delegado del Gobierno considere oportuno, con las funciones señaladas en el apartado anterior.

3. En cada Subdelegación del Gobierno existirá una Comisión de asistencia al Subdelegado del Gobierno presidida por él mismo e integrada por el Secretario General y los titulares de los órganos y servicios territoriales, tanto integrados como no integrados, que el Subdelegado del Gobierno considere oportuno, con las funciones señaladas en el apartado primero, referidas al ámbito provincial.

CAPÍTULO IV
De la Administración General del Estado en el exterior

ART. 80. El Servicio Exterior del Estado.

El Servicio Exterior del Estado se rige en todo lo concerniente a su composición, organización, funciones, integración y personal por lo dispuesto en la Ley 2/2014, de 25 de marzo, de la Acción y del Servicio Exterior del Estado y en su normativa de desarrollo y, supletoriamente, por lo dispuesto en esta Ley.

TÍTULO II
Organización y funcionamiento del sector público institucional

CAPÍTULO I
Del sector público institucional

ART. 81. Principios generales de actuación.

1. Las entidades que integran el sector público institucional están sometidas en su actuación a los principios de legalidad, eficiencia, estabilidad presupuestaria y sostenibilidad financiera así como al principio de transparencia en su gestión. En particular se sujetarán en materia de personal, incluido el laboral, a las limitaciones previstas en la normativa presupuestaria y en las previsiones anuales de los presupuestos generales.

2. Todas las Administraciones Públicas deberán establecer un sistema de supervisión continua de sus entidades dependientes, con el objeto de comprobar la subsistencia de los motivos que justificaron su creación y su sostenibilidad financiera, y que deberá incluir la formulación expresa de propuestas de mantenimiento, transformación o extinción.

3. Los organismos y entidades vinculados o dependientes de la Administración autonómica y local se regirán por las disposiciones básicas de esta ley que les resulten de aplicación, y en particular, por lo dispuesto en los Capítulos I y VI y en los artículos 129 y 134, así como por la normativa propia de la Administración a la que se adscriban.

> *Apdo. 3 redactado conforme a la corrección de errores publicada en BOE núm. 306, de 23/12/2015.*

ART. 82. El Inventario de Entidades del Sector Público Estatal, Autonómico y Local.

1. El Inventario de Entidades del Sector Público Estatal, Autonómico y Local, se configura como un registro público administrativo que garantiza la información pública y la ordenación de todas las entidades integrantes del sector público institucional cualquiera que sea su naturaleza jurídica.

La integración y gestión de dicho Inventario y su publicación dependerá de la Intervención General de la Administración del Estado.

2. El Inventario de Entidades del Sector Público contendrá, al menos, información actualizada sobre la naturaleza jurídica, finalidad, fuentes de financiación, estructura de dominio, en su caso, la condición de medio propio, regímenes de contabilidad, presupuestario y de control así como la clasificación en términos de contabilidad nacional, de cada una de las entidades integrantes del sector público institucional.

3. Al menos, la creación, transformación, fusión o extinción de cualquier entidad integrante del sector público institucional, cualquiera que sea su naturaleza jurídica, será inscrita en el Inventario de Entidades del Sector Público Estatal, Autonómico y Local.

> *Apdo. 1, segundo párrafo, modificado con efectos de 09/03/2018 por Ley 9/2017, de 8 de noviembre, de Contratos del Sector Publico, por la que se transponen al ordenamiento jurídico español las Directivas del Parlamento Europeo y del Consejo 2014/23/UE y 2014/24/UE, de 26 de febrero de 2014. (BOE de 09-11-2017).*

ART. 83. Inscripción en el Inventario de Entidades del Sector Público Estatal, Autonómico y Local.

1. El titular del máximo órgano de dirección de la entidad notificará, a través de la intervención general de la Administración correspondiente, la información necesaria para la inscripción definitiva en el Inventario de Entidades del Sector Público Estatal, Autonómico y

Local, en los términos previstos reglamentariamente, de los actos relativos a su creación, transformación, fusión o extinción, en el plazo de treinta días hábiles a contar desde que ocurra el acto inscribible. En la citada notificación se acompañará la documentación justificativa que determina tal circunstancia.

2. La inscripción definitiva de la creación de cualquier entidad integrante del sector público institucional en el Inventario de Entidades del Sector Público Estatal, Autonómico y Local se realizará de conformidad con las siguientes reglas:

a) El titular del máximo órgano de dirección de la entidad, a través de la intervención general de la Administración correspondiente, notificará, electrónicamente a efectos de su inscripción, al Inventario de Entidades del Sector Público Estatal, Autonómico y Local, la norma o el acto jurídico de creación en el plazo de 30 días hábiles desde la entrada en vigor de la norma o del acto, según corresponda. A la notificación se acompañará la copia o enlace a la publicación electrónica del Boletín Oficial en el que se publicó la norma, o copia del acto jurídico de creación, así como el resto de documentación justificativa que proceda, como los Estatutos o el plan de actuación.

b) La inscripción en el Inventario de Entidades del Sector Público Estatal, Autonómico y Local se practicará dentro del plazo de 15 días hábiles siguientes a la recepción de la solicitud de inscripción.

c) Para la asignación del Número de Identificación Fiscal definitivo y de la letra identificativa que corresponda a la entidad, de acuerdo con su naturaleza jurídica, por parte de la Administración Tributaria será necesaria la aportación de la certificación de la inscripción de la entidad en el Inventario de Entidades del Sector Público Estatal, Autonómico y Local.

CAPÍTULO II
Organización y funcionamiento del sector público institucional estatal

ART. 84. Composición y clasificación del sector público institucional estatal.

1. Integran el sector público institucional estatal las siguientes entidades:

a) Los organismos públicos vinculados o dependientes de la Administración General del Estado, los cuales se clasifican en:

1. Organismos autónomos.
2. Entidades públicas empresariales.
3. Agencias estatales.

b) Las autoridades administrativas independientes.
c) Las sociedades mercantiles estatales.
d) Los consorcios.
e) Las fundaciones del sector público.
f) Los fondos sin personalidad jurídica.
g) Las universidades públicas no transferidas.

2. La Administración General del Estado o entidad integrante del sector público institucional estatal no podrá, por sí misma ni en colaboración con otras entidades públicas o privadas, crear, ni ejercer el control efectivo, directa ni indirectamente, sobre ningún otro tipo de entidad distinta de las enumeradas en este artículo, con independencia de su naturaleza y régimen jurídico.

Lo dispuesto en este apartado no será de aplicación a la participación del Estado en organismos internacionales o entidades de ámbito supranacional, ni a la participación en los organismos de normalización y acreditación nacionales o en sociedades creadas al amparo de la Ley 27/1984, de 26 de julio, sobre reconversión y reindustrialización.

3. Las universidades públicas no transferidas se regirán por lo dispuesto en la Ley 47/2003, de 26 de noviembre, que les sea de aplicación y por lo dispuesto en esta ley en lo que no esté previsto en su normativa específica.

Modificado por Ley 11/2020, de 30 de diciembre, de Presupuestos Generales del Estado para el año 2021. (BOE de 31-12-2020).

Apdo. 2, segundo párrafo, modificado con efectos de 09/03/2018 por Ley 9/2017, de 8 de noviembre, de Contratos del Sector Publico, por la que se transponen al ordenamiento jurídico español las Directivas del Parlamento Europeo y del Consejo 2014/23/UE y 2014/24/UE, de 26 de febrero de 2014. (BOE de 09-11-2017).

Apdo. 3 redactado conforme a la corrección de errores publicada en BOE núm. 306, de 23/12/2015

ART. 84 bis. Presencia equilibrada entre mujeres y hombres en las entidades del sector público institucional estatal.

1. El principio de representación equilibrada entre mujeres y hombres será de aplicación a las personas titulares de las presidencias, vicepresidencias, direcciones generales, direcciones ejecutivas y asimilados de las entidades del sector público institucional estatal que tengan la condición de máximos responsables, así como a las personas con contratos de alta dirección en las citadas entidades, de tal manera que las personas de cada sexo no superen el sesenta por ciento ni sean menos del cuarenta por ciento en el ámbito de cada entidad.

2. El principio de representación equilibrada se garantizará también en la composición de los órganos colegiados de gobierno de las entidades.

Añadido por Ley Orgánica 2/2024, de 1 de agosto, de representación paritaria y presencia equilibrada de mujeres y hombres. (BOE 22-08-2024). Nota: debe tenerse en cuenta que la previsión contenida en este artículo se aplicará a los nombramientos que se produzcan tras la entrada en vigor de la precitada Ley Orgánica 2/2024 (el 22-08-2024) según lo establecido en el apdo. 3 de su disposición transitoria primera.

ART. 85. Control de eficacia y supervisión continua.

1. Las entidades integrantes del sector público institucional estatal estarán sometidas al control de eficacia y supervisión continua, sin perjuicio de lo establecido en el artículo 110.

Para ello, todas las entidades integrantes del sector público institucional estatal contarán, en el momento de su creación, con un plan de actuación, que contendrá las líneas estratégicas en torno a las cuales se desenvolverá la actividad de la entidad, que se revisarán cada tres años, y que se completará con planes anuales que desarrollarán el de creación para el ejercicio siguiente.

2. El control de eficacia será ejercido por el Departamento al que estén adscritos, a través de las inspecciones de servicios, y tendrá por objeto evaluar el cumplimiento de los objetivos propios de la actividad específica de la entidad y la adecuada utilización de los recursos, de acuerdo con lo establecido en su plan de actuación y sus actualizaciones anuales, sin perjuicio del control que de acuerdo con la Ley 47/2003, de 26 de noviembre, se ejerza por la Intervención General de la Administración del Estado.

3. Todas las entidades integrantes del sector público institucional estatal están sujetas desde su creación hasta su extinción a la supervisión continua del Ministerio de Hacienda y Administraciones Públicas, a través de la Intervención General de la Administración del Estado, que vigilará la concurrencia de los requisitos previstos en esta Ley. En particular verificará, al menos, lo siguiente:

a) La subsistencia de las circunstancias que justificaron su creación.

b) Su sostenibilidad financiera.

c) La concurrencia de la causa de disolución prevista en esta ley referida al incumplimiento de los fines que justificaron su creación o que su subsistencia no resulte el medio más idóneo para lograrlos.

Las actuaciones de planificación, ejecución y evaluación correspondientes a la supervisión continua se determinarán reglamentariamente.

4. Las actuaciones de control de eficacia y supervisión continua tomarán en consideración:

a) La información económico financiera disponible.

b) El suministro de información por parte de los organismos públicos y entidades sometidas al Sistema de control de eficacia y supervisión continúa.

c) Las propuestas de las inspecciones de los servicios de los departamentos ministeriales.

Los resultados de la evaluación efectuada tanto por el Ministerio de adscripción como por el Ministerio de Hacienda y Administraciones Públicas se plasmarán en un informe sujeto a procedimiento contradictorio que, según las conclusiones que se hayan obtenido, podrá contener recomendaciones de mejora o una propuesta de transformación o supresión del organismo público o entidad.

ART. 86. Medio propio y servicio técnico.

1. Las entidades integrantes del sector público institucional podrán ser consideradas medios propios y servicios técnicos de los poderes adjudicadores y del resto de entes y sociedades que no tengan la consideración de poder adjudicador cuando cumplan las condiciones y requisitos establecidos en la Ley 9/2017, de 8 de noviembre, de Contratos del

Sector Público, por la que se transponen al ordenamiento jurídico español las Directivas del Parlamento Europeo y del Consejo 2014/23/UE y 2014/24/UE, de 26 de febrero de 2014.

2. Tendrán la consideración de medio propio y servicio técnico cuando se acredite que, además de disponer de medios suficientes e idóneos para realizar prestaciones en el sector de actividad que se corresponda con su objeto social, de acuerdo con su norma o acuerdo de creación, se dé alguna de las circunstancias siguientes:

a) Sea una opción más eficiente que la contratación pública y resulta sostenible y eficaz, aplicando criterios de rentabilidad económica.

b) Resulte necesario por razones de seguridad pública o de urgencia en la necesidad de disponer de los bienes o servicios suministrados por el medio propio o servicio técnico.

Formará parte del control de eficacia de los medios propios y servicios técnicos la comprobación de la concurrencia de los mencionados requisitos.

En la denominación de las entidades integrantes del sector público institucional que tengan la condición de medio propio deberá figurar necesariamente la indicación "Medio Propio" o su abreviatura "M.P.".

3. En el supuesto de creación de un nuevo medio propio y servicio técnico deberá acompañarse la propuesta de declaración de una memoria justificativa que acredite lo dispuesto en el apartado anterior y que, en este supuesto de nueva creación, deberá ser informada por la Intervención General de la Administración del Estado.

Modificado por Ley 11/2020, de 30 de diciembre, de Presupuestos Generales del Estado para el año 2021. (BOE de 31-12-2020). Incluye la corrección de errores.

ART. 87. Transformaciones de las entidades integrantes del sector público institucional estatal.

1. Cualquier organismo autónomo, entidad pública empresarial, agencias estatales, sociedad mercantil estatal o fundación del sector público institucional estatal podrá transformarse y adoptar la naturaleza jurídica de cualquiera de las entidades citadas.

2. La transformación tendrá lugar, conservando su personalidad jurídica, por cesión e integración global, en unidad de acto, de todo el activo y el pasivo de la entidad transformada con sucesión universal de derechos y obligaciones.

La transformación no alterará las condiciones financieras de las obligaciones asumidas ni podrá ser entendida como causa de resolución de las relaciones jurídicas.

3. La transformación se llevará a cabo mediante Real Decreto, aunque suponga modificación de la Ley de creación, salvo en el caso de la transformación en agencias estatales que deberá efectuarse por ley.

4. Cuando un organismo autónomo, entidad pública empresarial o Agencias Estatales se transforme en una entidad pública empresarial, Agencias Estatales, sociedad mercantil estatal o en una fundación del sector público, el Real Decreto o la Ley mediante el que se lleve a cabo la transformación deberá ir acompañado de la siguiente documentación:

a) Una memoria que incluya:

1.º Una justificación de la transformación por no poder asumir sus funciones manteniendo su naturaleza jurídica originaria.

2.º Un análisis de eficiencia que incluirá una previsión del ahorro que generará la transformación y la acreditación de inexistencia de duplicidades con las funciones que ya desarrolle otro órgano, organismo público o entidad preexistente.

3.º Un análisis de la situación en la que quedará el personal, indicando si, en su caso, parte del mismo se integrará, bien en la Administración General del Estado o bien en la entidad pública empresarial, sociedad mercantil estatal o fundación que resulte de la transformación.

b) Un informe preceptivo de la Intervención General de la Administración del Estado en el que se valorará el cumplimiento de lo previsto en este artículo.

5. La aprobación del Real Decreto de transformación conllevará:

a) La adaptación de la organización de los medios personales, materiales y económicos que resulte necesaria por el cambio de naturaleza jurídica.

b) La posibilidad de integrar el personal en la entidad transformada o en la Administración General del Estado. En su caso, esta integración se llevará a cabo de acuerdo con los procedimientos de movilidad establecidos en la legislación de función pública o en la legislación laboral que resulte aplicable.

Los distintos tipos de personal de la entidad transformada tendrán los mismos derechos y obligaciones que les correspondan de acuerdo con la normativa que les sea de aplicación.

La adaptación, en su caso, de personal que conlleve la transformación no supondrá, por sí misma, la atribución de la condición de funcionario público al personal laboral que prestase servicios en la entidad transformada.

La integración de quienes hasta ese momento vinieran ejerciendo funciones reservadas a funcionarios públicos sin serlo podrá realizarse con la condición de "a extinguir", debiéndose valorar previamente las características de los puestos afectados y las necesidades de la entidad donde se integren.

De la ejecución de las medidas de transformación no podrá derivarse incremento alguno de la masa salarial preexistente en la entidad transformada.

Modificado por Ley 11/2020, de 30 de diciembre, de Presupuestos Generales del Estado para el año 2021. (BOE de 31-12-2020).

CAPÍTULO III
De los organismos públicos estatales

Sección 1.ª Disposiciones generales

ART. 88. Definición y actividades propias.

Son organismos públicos dependientes o vinculados a la Administración General del Estado, bien directamente o bien a través de otro organismo público, los creados para la realización de actividades administrativas, sean de fomento, prestación o de gestión de servicios públicos o de producción de bienes de interés público susceptibles de contraprestación; actividades de contenido económico reservadas a las Administraciones Públicas; así como la supervisión o regulación de sectores económicos, y cuyas características justifiquen su organización en régimen de descentralización funcional o de independencia.

ART. 89. Personalidad jurídica y potestades.

1. Los organismos públicos tiene personalidad jurídica pública diferenciada, patrimonio y tesorería propios, así como autonomía de gestión, en los términos previstos en esta Ley.

2. Dentro de su esfera de competencia, les corresponden las potestades administrativas precisas para el cumplimiento de sus fines, en los términos que prevean sus estatutos, salvo la potestad expropiatoria.

Los estatutos podrán atribuir a los organismos públicos la potestad de ordenar aspectos secundarios del funcionamiento para cumplir con los fines y el servicio encomendado, en el marco y con el alcance establecido por las disposiciones que fijen el régimen jurídico básico de dicho servicio.

Los actos y resoluciones dictados por los organismos públicos en el ejercicio de potestades administrativas son susceptibles de los recursos administrativos previstos en la Ley del Procedimiento Administrativo Común de las Administraciones Públicas.

ART. 90. Estructura organizativa en el sector público estatal.

1. Los organismos públicos se estructuran en los órganos de gobierno, y ejecutivos que se determinen en su respectivo Estatuto.

Los máximos órganos de gobierno son el Presidente y el Consejo Rector. El estatuto puede, no obstante, prever otros órganos de gobierno con atribuciones distintas.

La dirección del organismo público debe establecer un modelo de control orientado a conseguir una seguridad razonable en el cumplimiento de sus objetivos.

2. Corresponde al Ministro de Hacienda y Administraciones Públicas la clasificación de las entidades, conforme a su naturaleza y a los criterios previstos en Real Decreto 451/2012, de 5 de marzo, por el que se regula el régimen retributivo de los máximos responsables y directivos en el sector público empresarial y otras entidades. A estos efectos, las entidades serán clasificadas en tres grupos. Esta clasificación determinará el nivel en que la entidad se sitúa a efectos de:

a) Número máximo de miembros de los órganos de gobierno.

b) Estructura organizativa, con fijación del número mínimo y máximo de directivos, así como la cuantía máxima de la retribución total, con determinación del porcentaje máximo del complemento de puesto y variable.

ART. 91. Creación de organismos públicos estatales.

1. La creación de los organismos públicos se efectuará por Ley.

2. La Ley de creación establecerá:

a) El tipo de organismo público que crea, con indicación de sus fines generales, así como el Departamento de dependencia o vinculación.

b) En su caso, los recursos económicos, así como las peculiaridades de su régimen de personal, de contratación, patrimonial, fiscal y cualesquiera otras que, por su naturaleza, exijan norma con rango de Ley.

3. El anteproyecto de ley de creación del organismo público que se eleve al Consejo de Ministros deberá ser acompañado de una propuesta de estatutos y de un plan inicial de actuación, junto con el informe preceptivo favorable del Ministerio de Hacienda y Administraciones Públicas que valorará el cumplimiento de lo previsto en este artículo.

ART. 92. Contenido y efectos del plan de actuación.

1. El plan inicial de actuación contendrá, al menos:

a) Las razones que justifican la creación de un nuevo organismo público, por no poder asumir esas funciones otro ya existente, así como la constatación de que la creación no supone duplicidad con la actividad que desarrolle cualquier otro órgano o entidad preexistente.

b) La forma jurídica propuesta y un análisis que justifique que la elegida resulta más eficiente frente a otras alternativas de organización que se hayan descartado.

c) La fundamentación de la estructura organizativa elegida, determinando los órganos directivos y la previsión sobre los recursos humanos necesarios para su funcionamiento.

d) El anteproyecto del presupuesto correspondiente al primer ejercicio junto con un estudio económico-financiero que acredite la suficiencia de la dotación económica prevista inicialmente para el comienzo de su actividad y la sostenibilidad futura del organismo, atendiendo a las fuentes futuras de financiación de los gastos y las inversiones, así como a la incidencia que tendrá sobre los presupuestos generales del Estado.

e) Los objetivos del organismo, justificando su suficiencia o idoneidad, los indicadores para medirlos, y la programación plurianual de carácter estratégico para alcanzarlos, especificando los medios económicos y personales que dedicará, concretando en este último caso la forma de provisión de los puestos de trabajo, su procedencia, coste, retribuciones e indemnizaciones, así como el ámbito temporal en que se prevé desarrollar la actividad del organismo. Asimismo, se incluirán las consecuencias asociadas al grado de cumplimiento de los objetivos establecidos y, en particular, su vinculación con la evaluación de la gestión del personal directivo en el caso de incumplimiento. A tal efecto, el reparto del complemento de productividad o concepto equivalente se realizará teniendo en cuenta el grado de cumplimiento de los objetivos establecidos en el plan de creación y en los anuales.

2. Los organismos públicos deberán acomodar su actuación a lo previsto en su plan inicial de actuación. Éste se actualizará anualmente mediante la elaboración del correspondiente plan que permita desarrollar para el ejercicio siguiente las previsiones del plan de creación. El plan anual de actuación deberá ser aprobado en el último trimestre del año natural por el departamento del que dependa o al que esté vinculado el organismo y deberá guardar coherencia con el Programa de actuación plurianual previsto en la normativa presupuestaria. El Plan de actuación incorporará, cada tres años, una revisión de la programación estratégica del organismo.

La falta de aprobación del plan anual de actuación dentro del plazo fijado por causa imputable al organismo, y hasta tanto se subsane la omisión, llevará aparejada la paralización de las transferencias que deban realizarse a favor del organismo con cargo a los Presupuestos Generales del Estado, salvo que el Consejo de Ministros adopte otra decisión.

3. El plan de actuación y los anuales, así como sus modificaciones, se hará público en la página web del organismo público al que corresponda.

ART. 93. Contenido de los estatutos.

1. Los estatutos regularán, al menos, los siguientes extremos:

a) Las funciones y competencias del organismo, con indicación de las potestades administrativas que pueda ostentar.

b) La determinación de su estructura organizativa, con expresión de la composición, funciones, competencias y rango administrativo que corresponda a cada órgano. Asimismo se especificarán aquellos de sus actos y resoluciones que agoten la vía administrativa.

c) El patrimonio que se les asigne y los recursos económicos que hayan de financiarlos.

d) El régimen relativo a recursos humanos, patrimonio, presupuesto y contratación.

e) La facultad de participación en sociedades mercantiles cuando ello sea imprescindible para la consecución de los fines asignados.

2. Los estatutos de los organismos públicos se aprobarán por Real Decreto del Consejo de Ministros a propuesta conjunta del Ministerio de Hacienda y Administraciones Públicas y del Ministerio al que el organismo esté vinculado o sea dependiente.

3. Los estatutos deberán ser aprobados y publicados con carácter previo a la entrada en funcionamiento efectivo del organismo público.

ART. 94. Fusión de organismos públicos estatales.

1. Los organismos públicos estatales de la misma naturaleza jurídica podrán fusionarse bien mediante su extinción e integración en un nuevo organismo público, bien mediante su extinción por ser absorbido por otro organismo público ya existente.

2. La fusión se llevará a cabo mediante norma reglamentaria, aunque suponga modificación de la Ley de creación. Cuando la norma reglamentaria cree un nuevo organismo público resultante de la fusión deberá cumplir con lo previsto en el artículo 91.2 sobre requisitos de creación de organismos públicos.

3. A la norma reglamentaria de fusión se acompañará un plan de redimensionamiento para la adecuación de las estructuras organizativas, inmobiliarias, de personal y de recursos resultantes de la nueva situación y en el que debe quedar acreditado el ahorro que generará la fusión.

Si alguno de los organismos públicos estuviese en situación de desequilibrio financiero se podrá prever, como parte del plan de redimensionamiento, que las obligaciones, bienes y derechos patrimoniales que se consideren liquidables y derivados de la actividad que ocasionó el desequilibrio, se integren en un fondo, sin personalidad jurídica y con contabilidad separada, adscrito al nuevo organismo público o al absorbente, según corresponda.

La actividad o actividades que ocasionaron el desequilibrio dejarán de prestarse tras la fusión, salvo que se prevea su realización futura de forma sostenible tras la fusión.

El plan de redimensionamiento, previo informe preceptivo de la Intervención General de la Administración del Estado deberá ser aprobado por cada uno de los organismos públicos fusionados si se integran en uno nuevo o por el organismo público absorbente, según corresponda al tipo de fusión.

4. La aprobación de la norma de fusión conllevará:

a) La integración de las organizaciones de los organismos públicos fusionados, incluyendo los medios personales, materiales y económicos, en los términos previstos en el plan de redimensionamiento.

b) El personal de los organismos públicos extinguidos se podrá integrar bien en la Administración General del Estado o bien en el nuevo organismo público que resulte de la fusión o en el organismo público absorbente, según proceda, de acuerdo con lo previsto en la norma reglamentaria de fusión y de conformidad con los procedimientos de movilidad establecidos en la legislación de función pública o en la legislación laboral que resulte aplicable.

Los distintos tipos de personal de los organismos públicos fusionados tendrán los derechos y obligaciones que les correspondan de acuerdo con la normativa que les sea de aplicación.

La integración de quienes hasta ese momento vinieran ejerciendo funciones reservadas a funcionarios públicos sin serlo podrá realizarse con la condición de «a extinguir», debiéndose valorar previamente las características de los puestos afectados y las necesidades del organismos donde se integren.

Esta integración de personal no supondrá, en ningún caso, la atribución de la condición de funcionario público al personal laboral que prestase servicios en los organismos públicos fusionados.

De la ejecución de las medidas de fusión no podrá derivarse incremento alguno de la masa salarial en los organismos públicos afectados.

c) La cesión e integración global, en unidad de acto, de todo el activo y el pasivo de los organismos públicos extinguidos en el nuevo organismo público resultante de la fusión o en el organismo público absorbente, según proceda, que le sucederá universalmente en todos sus derechos y obligaciones.

La fusión no alterará las condiciones financieras de las obligaciones asumidas ni podrá ser entendida como causa de resolución de las relaciones jurídicas.

d) Si se hubiera previsto en el plan de redimensionamiento, las obligaciones, bienes y derechos patrimoniales que se consideren liquidables se integrarán en un fondo, sin personalidad jurídica y con contabilidad separada, adscrito al nuevo organismo público resultante de la fusión o al organismo público absorbente, según proceda, que designará un liquidador al que le corresponderá la liquidación de este fondo. Esta liquidación se efectuará de conformidad con lo previsto en el artículo 97.

La liquidación deberá llevarse a cabo durante los dos años siguientes a la aprobación de la norma reglamentaria de fusión, salvo que el Consejo de Ministros acuerde su prórroga, sin perjuicio de los posibles derechos que puedan corresponder a los acreedores. La aprobación de las normas a las que tendrá que ajustarse la contabilidad del fondo corresponderá al Ministro de Hacienda y Administraciones Públicas a propuesta de la Intervención General de la Administración del Estado.

ART. 95. Gestión compartida de servicios comunes.

1. La norma de creación de los organismos públicos del sector público estatal incluirá la gestión compartida de algunos o todos los servicios comunes, salvo que la decisión de no compartirlos se justifique, en la memoria que acompañe a la norma de creación, en términos de eficiencia, conforme al artículo 7 de la Ley Orgánica 2/2012, de 27 de abril, de Estabilidad Presupuestaria y Sostenibilidad Financiera, en razones de seguridad nacional o cuando la organización y gestión compartida afecte a servicios que deban prestarse de forma autónoma en atención a la independencia del organismo.

La organización y gestión de algunos o todos los servicios comunes se coordinará por el Ministerio de adscripción, por el Ministerio de Hacienda y Administraciones Públicas o por un organismo público vinculado o dependiente del mismo.

2. Se consideran servicios comunes de los organismos públicos, al menos, los siguientes:

a) Gestión de bienes inmuebles.

b) Sistemas de información y comunicación.

c) Asistencia jurídica.

d) Contabilidad y gestión financiera.

e) Publicaciones.

f) Contratación pública.

ART. 96. Disolución de organismos públicos estatales.

1. Los Organismos públicos estatales deberán disolverse:

a) Por el transcurso del tiempo de existencia señalado en la ley de creación.

b) Porque la totalidad de sus fines y objetivos sean asumidos por los servicios de la Administración General del Estado.

c) Porque sus fines hayan sido totalmente cumplidos, de forma que no se justifique la pervivencia del organismo público, y así se haya puesto de manifiesto en el control de eficacia.

d) Cuando del seguimiento del plan de actuación resulte el incumplimiento de los fines que justificaron la creación del organismo o que su subsistencia no es el medio más idóneo para lograrlos y así se concluya en el control de eficacia o de supervisión continua.

e) Por cualquier otra causa establecida en los estatutos.

f) Cuando así lo acuerde el Consejo de Ministros siguiendo el procedimiento determinado al efecto en el acto jurídico que acuerde la disolución.

2. Cuando un organismo público incurra en alguna de las causas de disolución previstas en las letras a), b), c), d) o e) del apartado anterior, el titular del máximo órgano de dirección del organismo lo comunicará al titular del departamento de adscripción en el plazo de dos meses desde que concurra la causa de disolución. Transcurrido dicho plazo sin que se haya producido la comunicación y concurriendo la causa de disolución, el organismo público quedará automáticamente disuelto y no podrá realizar ningún acto jurídico, salvo los estrictamente necesarios para garantizar la eficacia de su liquidación y extinción.

En el plazo de dos meses desde la recepción de la comunicación a la que se refiere el párrafo anterior, el Consejo de Ministros adoptará el correspondiente acuerdo de disolución, en el que designará al órgano administrativo o entidad del sector público institucional estatal que asumirá las funciones de liquidador, y se comunicará al Inventario de Entidades del Sector Público Estatal, Autonómico y Local para su publicación. Transcurrido dicho plazo sin que el acuerdo de disolución haya sido publicado, el organismo público quedará automáticamente disuelto y no podrá realizar ningún acto jurídico, salvo los estrictamente necesarios para garantizar la eficacia de su liquidación y extinción.

Modificado por Ley 11/2020, de 30 de diciembre, de Presupuestos Generales del Estado para el año 2021. (BOE de 31-12-2020).

ART. 97. Liquidación y extinción de organismos públicos estatales.

1. Publicado el acuerdo de disolución al que se refiere el artículo anterior, o transcurridos los plazos en él establecidos sin que éste haya sido publicado, se entenderá automáticamente iniciada la liquidación.

2. La liquidación tendrá lugar por la cesión e integración global, en unidad de acto, de todo el activo y el pasivo del organismo público en la Administración General del Estado que le sucederá universalmente en todos sus derechos y obligaciones. El órgano o entidad designada como liquidador determinará, en cada caso, el órgano o entidad concreta, de la Administración General del Estado, donde se integrarán los elementos que forman parte del activo y del pasivo del organismo público liquidado.

La responsabilidad que le corresponda al empleado público como miembro de la entidad u órgano liquidador será directamente asumida por la entidad o la Administración General del Estado que lo designó. La Administración General del Estado podrá exigir de oficio al empleado público que designó a esos efectos la responsabilidad en que hubiera incurrido por los daños y perjuicios causados en sus bienes o derechos cuando hubiera concurrido dolo, culpa o negligencia graves, conforme a lo previsto en las Leyes administrativas en materia de responsabilidad patrimonial.

3. La Administración General del Estado quedará subrogada automáticamente en todas las relaciones jurídicas que tuviera el organismo público con sus acreedores, tanto de carácter principal como accesorias, a la fecha de adopción del acuerdo de disolución o, en su defecto, a la fecha en que concurriera la causa de disolución, incluyendo los activos y pasivos sobrevenidos. Esta subrogación no alterará las condiciones financieras de las obligaciones asumidas ni podrá ser entendida como causa de resolución de las relaciones jurídicas.

4. Formalizada la liquidación del organismo público se producirá su extinción automática.

Sección 2.ª Organismos autónomos estatales

ART. 98. Definición.

1. Los organismos autónomos son entidades de derecho público, con personalidad jurídica propia, tesorería y patrimonio propios y autonomía en su gestión, que desarrollan actividades propias de la Administración Pública, tanto actividades de fomento, prestacionales, de gestión de servicios públicos o de producción de bienes de interés público, susceptibles de contraprestación, en calidad de organizaciones instrumentales diferenciadas y dependientes de ésta.

2. Los organismos autónomos dependen de la Administración General del Estado a la que corresponde su dirección estratégica, la evaluación de los resultados de su actividad y el control de eficacia.

3. Con independencia de cuál sea su denominación, cuando un organismo público tenga la naturaleza jurídica de organismo autónomo deberá figurar en su denominación la indicación «organismo autónomo» o su abreviatura «O.A.».

ART. 99. Régimen jurídico.

Los organismos autónomos se regirán por lo dispuesto en esta Ley, en su ley de creación, sus estatutos, la Ley de Procedimiento Administrativo Común de las Administraciones Públicas, el Real Decreto Legislativo 3/2011, de 14 de noviembre, la Ley 33/2003, de 3 de noviembre, y el resto de las normas de derecho administrativo general y especial que le sea de aplicación. En defecto de norma administrativa, se aplicará el derecho común.

ART. 100. Régimen jurídico del personal y de contratación.

1. El personal al servicio de los organismos autónomos será funcionario o laboral, y se regirá por lo previsto en la Ley 7/2007, de 12 de abril, y demás normativa reguladora de los funcionarios públicos y por la normativa laboral.

El nombramiento de los titulares de los órganos de los organismos autónomos se regirá por las normas aplicables a la Administración General del Estado.

El titular del máximo órgano de dirección del organismo tendrá atribuidas, en materia de gestión de recursos humanos, las facultades que le asigne la legislación específica.

El organismo autónomo estará obligado a aplicar las instrucciones sobre recursos humanos dictadas por el Ministerio de Hacienda y Administraciones Públicas y a comunicarle a este departamento cuantos acuerdos o resoluciones adopte en aplicación del régimen específico de personal establecido en su Ley de creación o en sus estatutos.

2. La contratación de los organismos autónomos se ajustará a lo dispuesto en la legislación sobre contratación del sector público. El titular del máximo órgano de dirección del organismo autónomo será el órgano de contratación.

ART. 101. Régimen económico-financiero y patrimonial.

1. Los organismos autónomos tendrán, para el cumplimiento de sus fines, un patrimonio propio, distinto del de la Administración Pública, integrado por el conjunto de bienes y derechos de los que sean titulares.

La gestión y administración de sus bienes y derechos propios, así como de aquellos del Patrimonio de la Administración que se les adscriban para el cumplimiento de sus fines, será ejercida de acuerdo a lo establecido para los organismos autónomos en la Ley 33/2003, de 3 de noviembre.

2. Los recursos económicos de los organismos autónomos podrán provenir de las siguientes fuentes:

a) Los bienes y valores que constituyen su patrimonio.

b) Los productos y rentas de dicho patrimonio.

c) Las consignaciones específicas que tuvieren asignadas en los presupuestos generales del Estado.

d) Las transferencias corrientes o de capital que procedan de la Administración o entidades públicas.

e) Las donaciones, legados, patrocinios y otras aportaciones de entidades privadas y de particulares.

f) Cualquier otro recurso que estén autorizados a percibir, según las disposiciones por las que se rijan o que pudieran serles atribuidos.

ART. 102. Régimen presupuestario, de contabilidad y control económico-financiero.

Los organismo autónomos aplicarán el régimen presupuestario, económico-financiero, de contabilidad, y de control establecido por la Ley 47/2003, de 26 de noviembre.

Sección 3.ª Las entidades públicas empresariales de ámbito *estatal*

ART. 103. Definición.

1. Las entidades públicas empresariales son entidades de Derecho público, con personalidad jurídica propia, patrimonio propio y autonomía en su gestión, que se financian con ingresos de mercado, a excepción de aquellas que tengan la condición o reúnan los requisitos para ser declaradas medio propio personificado de conformidad con la Ley de Contratos del Sector Público, y que junto con el ejercicio de potestades administrativas desarrollan actividades prestacionales, de gestión de servicios o de producción de bienes de interés público, susceptibles de contraprestación.

2. Las entidades públicas empresariales dependen de la Administración General del Estado o de un Organismo autónomo vinculado o dependiente de ésta, al que le corresponde la dirección estratégica, la evaluación de los resultados de su actividad y el control de eficacia.

3. Con independencia de cuál sea su denominación, cuando un organismo público tenga naturaleza jurídica de entidad pública empresarial deberá figurar en su denominación la indicación de «entidad pública empresarial» o su abreviatura «E.P.E».

Apdo. 1 modificado por Ley 11/2020, de 30 de diciembre, de Presupuestos Generales del Estado para el año 2021. (BOE de 31-12-2020).

ART. 104. Régimen jurídico.

Las entidades públicas empresariales se rigen por el Derecho privado, excepto en la formación de la voluntad de sus órganos, en el ejercicio de las potestades administrativas que tengan atribuidas y en los aspectos específicamente regulados para las mismas en esta Ley, en su Ley de creación, sus estatutos, la Ley de Procedimiento Administrativo Común, el Real Decreto Legislativo 3/2011, de 14 de noviembre, la Ley 33/2003, de 3 de noviembre, y el resto de normas de derecho administrativo general y especial que le sean de aplicación.

ART. 105. Ejercicio de potestades administrativas.

1. Las potestades administrativas atribuidas a las entidades públicas empresariales sólo pueden ser ejercidas por aquellos órganos de éstas a los que los estatutos se les asigne expresamente esta facultad.

2. No obstante, a los efectos de esta Ley, los órganos de las entidades públicas empresariales no son asimilables en cuanto a su rango administrativo al de los órganos de la Administración General del Estado, salvo las excepciones que, a determinados efectos se fijen, en cada caso, en sus estatutos.

ART. 106. Régimen jurídico del personal y de contratación.

1. El personal de las entidades públicas empresariales se rige por el Derecho laboral, con las especificaciones dispuestas en este artículo y las excepciones relativas a los funcionarios públicos de la Administración General del Estado, quienes se regirán por lo previsto en la Ley 7/2007, de 12 de abril y demás normativa reguladora de los funcionarios públicos o por la normativa laboral.

2. La selección del personal laboral de estas entidades se realizará conforme a las siguientes reglas:

a) El personal directivo, que se determinará en los estatutos de la entidad, será nombrado con arreglo a los criterios establecidos en el apartado 11 del artículo 55, atendiendo a la experiencia en el desempeño de puestos de responsabilidad en la gestión pública o privada.

b) El resto del personal será seleccionado mediante convocatoria pública basada en los principios de igualdad, mérito y capacidad.

3. (Suprimido).

4. El Ministerio de Hacienda y Administraciones Públicas efectuará, con la periodicidad adecuada, controles específicos sobre la evolución de los gastos de personal y de la gestión de sus recursos humanos, conforme a los criterios previamente establecidos por los mismos.

5. La Ley de creación de cada entidad pública empresarial deberá determinar las condiciones conforme a las cuales, los funcionarios de la Administración General del Estado, podrán cubrir destinos en la referida entidad, y establecerá, asimismo, las competencias que a la misma correspondan sobre este personal que, en todo caso, serán las que tengan legalmente atribuidas los Organismos autónomos.

6. La contratación de las entidades públicas empresariales se rige por las previsiones contenidas al respecto en la legislación de contratos del sector público.

Apdo. 3 suprimido por Ley 11/2020, de 30 de diciembre, de Presupuestos Generales del Estado para el año 2021. (BOE de 31-12-2020).

ART. 107. Régimen económico-financiero y patrimonial.

1. Las entidades públicas empresariales tendrán, para el cumplimiento de sus fines, un patrimonio propio, distinto del de la Administración Pública, integrado por el conjunto de bienes y derechos de los que sean titulares.

La gestión y administración de sus bienes y derechos propios, así como de aquellos del Patrimonio de la Administración que se les adscriban para el cumplimiento de sus fines, será ejercida de acuerdo con lo previsto en la Ley 33/2003, de 3 de noviembre.

2. Las entidades públicas empresariales podrán financiarse con los ingresos que se deriven de sus operaciones, obtenidos como contraprestación de sus actividades comerciales, y con los recursos económicos que provengan de las siguientes fuentes:

a) Los bienes y valores que constituyen su patrimonio.

b) Los productos y rentas de dicho patrimonio y cualquier otro recurso que pudiera serle atribuido.

Excepcionalmente, cuando así lo prevea la Ley de creación, podrá financiarse con los recursos económicos que provengan de las siguientes fuentes:

a) Las consignaciones específicas que tuvieran asignadas en los Presupuestos Generales del Estado.

b) Las transferencias corrientes o de capital que procedan de las Administraciones o entidades públicas.

c) Las donaciones, legados, patrocinios y otras aportaciones de entidades privadas y de particulares.

3. Las entidades público empresariales se financiarán mayoritariamente con ingresos de mercado, a excepción de aquellas que tengan la condición o reúnan los requisitos para ser declaradas medio propio personificado de conformidad con la Ley de Contratos del Sector Público. Se entiende que se financian mayoritariamente con ingresos de mercado cuando tengan la consideración de productor de mercado de conformidad con el Sistema Europeo de Cuentas.

A tales efectos se tomará en consideración la clasificación de las diferentes entidades públicas a los efectos de la contabilidad nacional que efectúe el Comité Técnico de Cuentas Nacionales y que se recogerá en el Inventario de Entidades del sector Público estatal, Autonómico y Local.

Apdo. 3 modificado por Ley 11/2020, de 30 de diciembre, de Presupuestos Generales del Estado para el año 2021. (BOE de 31-12-2020).

ART. 108. Régimen presupuestario, de contabilidad y control económico-financiero.

Las entidades públicas empresariales aplicarán el régimen presupuestario, económico-financiero, de contabilidad y de control establecido en la Ley 47/2003, de 26 de noviembre.

Sección 4.ª Agencias estatales

Añadida por Ley 11/2020, de 30 de diciembre, de Presupuestos Generales del Estado para el año 2021. (BOE de 31-12-2020).

ART. 108 bis. Definición.

1. Las Agencias Estatales son entidades de derecho público, dotadas de personalidad jurídica pública, patrimonio propio y autonomía en su gestión, facultadas para ejercer potestades administrativas, que son creadas por el Gobierno para el cumplimiento de los programas correspondientes a las políticas públicas que desarrolle la Administración General del Estado en el ámbito de sus competencias.

Las agencias estatales están dotadas de los mecanismos de autonomía funcional, responsabilidad por la gestión y control de resultados establecidos en esta ley.

2. Con independencia de cuál sea su denominación, cuando un organismo público tenga naturaleza de Agencia Estatales deberá figurar en su denominación la indicación de "Agencia Estatal".

Añadido por Ley 11/2020, de 30 de diciembre, de Presupuestos Generales del Estado para el año 2021. (BOE de 31-12-2020).

ART. 108 ter. Régimen jurídico.

1. Las agencias estatales se rigen por esta ley y, en su marco, por el estatuto propio de cada una de ellas; y el resto de las normas de derecho administrativo general y especial que le sea de aplicación.

2. La actuación de las agencias estatales se produce, con arreglo al plan de acción anual, bajo la vigencia y con arreglo al pertinente contrato plurianual de gestión que ha de establecer, como mínimo y para el periodo de su vigencia, los siguientes extremos:

a) Los objetivos a perseguir, los resultados a obtener y, en general, la gestión a desarrollar.

b) Los planes necesarios para alcanzar los objetivos, con especificación de los marcos temporales correspondientes y de los proyectos asociados a cada una de las estrategias y sus plazos temporales, así como los indicadores para evaluar los resultados obtenidos.

c) Las previsiones máximas de plantilla de personal y el marco de actuación en materia de gestión de recursos humanos.

d) Los recursos personales, materiales y presupuestarios a aportar para la consecución de los objetivos, si bien serán automáticamente revisados de conformidad con el contenido de la Ley de Presupuestos Generales del Estado del ejercicio correspondiente.

e) Los efectos asociados al grado de cumplimiento de los objetivos establecidos por lo que hace a exigencia de responsabilidad por la gestión de los órganos ejecutivos y el personal directivo, así como el montante de masa salarial destinada al complemento de productividad o concepto equivalente del personal laboral.

f) El procedimiento a seguir para la cobertura de los déficits anuales que, en su caso, se pudieran producir por insuficiencia de los ingresos reales respecto de los estimados y las consecuencias de responsabilidad en la gestión que, en su caso, deban seguirse de tales déficits. Dicho procedimiento deberá ajustarse, en todo caso, a lo que establezca el contenido de la Ley de Presupuestos Generales del Estado del ejercicio correspondiente.

g) El procedimiento para la introducción de las modificaciones o adaptaciones anuales que, en su caso, procedan.

3. En el contrato de gestión se determinarán los mecanismos que permitan la exigencia de responsabilidades a que se refiere la letra e) del apartado anterior por incumplimiento de objetivos.

4. El Consejo Rector de cada agencia estatal aprueba la propuesta de contrato inicial de gestión, en el plazo de tres meses desde su constitución.

Los posteriores contratos de gestión se presentarán en el último trimestre de la vigencia del anterior.

La aprobación del contrato de gestión tiene lugar por Orden conjunta de los Ministerios de adscripción, de Política Territorial y Función Pública y de Hacienda, en un plazo máximo de tres meses a contar desde su presentación. En el caso de no ser aprobado en este plazo mantendrá su vigencia el contrato de gestión anterior.

5. En el seno del Consejo Rector se constituirá una Comisión de Control, con la composición que se determine en los estatutos.

Corresponde a la Comisión de Control informar al Consejo Rector sobre la ejecución del contrato de gestión y, en general, sobre todos aquellos aspectos relativos a la gestión económico-financiera que deba conocer el propio Consejo y que se determinen en los Estatutos.

Añadido por Ley 11/2020, de 30 de diciembre, de Presupuestos Generales del Estado para el año 2021. (BOE de 31-12-2020).

ART. 108 quater. Régimen jurídico de personal.

1. El personal al servicio de las Agencias Estatales está constituido por:

a) El personal que esté ocupando puestos de trabajo en servicios que se integren en la Agencia Estatal en el momento de su constitución.

b) El personal que se incorpore a la Agencia Estatal desde cualquier administración pública por los correspondientes procedimientos de provisión de puestos de trabajo previstos en esta ley.

c) El personal seleccionado por la Agencia Estatal, mediante pruebas selectivas convocadas al efecto en los términos establecidos en esta Ley.

d) El personal directivo.

2. El personal a que se refieren las letras a) y b) del apartado anterior mantiene la condición de personal funcionario, estatutario o laboral de origen, de acuerdo con la legislación aplicable.

3. El personal funcionario y estatutario se rige por la normativa reguladora de la función pública correspondiente, con las especialidades previstas en esta Ley y las que, conforme a ella, se establezcan en el estatuto de cada agencia estatal.

El personal laboral se rige por el Texto refundido de la Ley del Estatuto de los Trabajadores, aprobado por Real Decreto Legislativo 2/2015, de 23 de octubre, y el resto de la normativa laboral.

4. La selección del personal al que se refiere la letra c) se realiza mediante convocatoria pública y de acuerdo con los principios de igualdad, mérito y capacidad, así como de acceso al empleo público de las personas con discapacidad. A tal efecto, y en el período previsto en el contrato de gestión, las agencias estatales determinan sus necesidades de personal a cubrir mediante pruebas selectivas. La determinación de las necesidades de personal a cubrir se realizará con sujeción a la tasa de reposición que, en su caso, se establezca en la Ley de Presupuestos Generales del Estado para el ejercicio correspondiente. La previsión de necesidades de personal se incorpora a la oferta anual de empleo de la correspondiente agencia estatal, que se integra en la oferta de empleo público estatal, de conformidad con lo que establezca la Ley anual de Presupuestos Generales del Estado.

Las agencias estatales seleccionan a través de sus propios órganos de selección, a su personal laboral de acuerdo con los requisitos y principios establecidos en el párrafo anterior.

Las convocatorias de selección de personal funcionario se efectuarán por el Ministerio al que se encuentren adscritos los cuerpos o escalas correspondientes, y, excepcionalmente por la propia agencia estatal mediante convenio suscrito al efecto.

Los órganos de representación del personal de la agencia estatal serán tenidos en cuenta en los procesos de selección que se lleven a cabo.

5. Las agencias estatales elaboran, convocan y, a propuesta de órganos especializados en selección de personal, resuelven las correspondientes convocatorias de provisión de puestos de trabajo de personal funcionario, de conformidad con los principios generales y procedimientos de provisión establecidos en la normativa de función pública.

6. La movilidad de los funcionarios destinados en las agencias estatales podrá estar sometida a la condición de autorización previa en las condiciones y con los plazos que se determinen en sus estatutos y de acuerdo con la normativa de función pública.

7. Las agencias estatales disponen de su relación de puestos de trabajo, elaborada y aprobada por la propia agencia estatal dentro del marco de actuación que, en materia de recursos humanos, se establezca en el contrato de gestión.

8. El personal que preste sus servicios en las agencias estatales verá reconocido su derecho a la promoción dentro de una carrera profesional evaluable, en el marco del Estatuto del Empleado Público. Dicha carrera tendrá elementos que permitan criterios de homogeneidad dentro de agencias estatales del mismo ámbito, facilitando similares retribuciones para niveles profesionales semejantes y posibilitando las medidas de movilidad entre el personal de aquellas, sin perjuicio de lo previsto en el apartado 6.

9. Los conceptos retributivos del personal funcionario y estatutario de las agencias estatales, son los establecidos en la normativa de función pública de la Administración General del Estado y sus cuantías se determinarán de conformidad con lo establecido en las Leyes de Presupuestos Generales del Estado.

Las condiciones retributivas del personal laboral son las determinadas en el convenio colectivo de aplicación y en el respectivo contrato de trabajo y sus cuantías se fijarán de acuerdo con lo indicado en el apartado 1 anterior.

La masa salarial de las agencias estatales se autorizará en las condiciones que establezca la normativa aplicable. La cuantía de la masa salarial destinada al complemento de productividad, o concepto equivalente del personal laboral, está en todo caso vinculada al grado de cumplimiento de los objetivos fijados en el contrato de gestión.

10. El personal directivo de las agencias estatales es el que ocupa los puestos de trabajo determinados como tales en el estatuto de las mismas en atención a la especial responsabilidad, competencia técnica y relevancia de las tareas a ellos asignadas.

El personal directivo de las agencias estatales es nombrado y cesado por su Consejo Rector a propuesta de sus órganos ejecutivos, atendiendo a criterios de competencia profesional y experiencia entre titulados superiores preferentemente funcionarios, y mediante procedimiento que garantice el mérito, la capacidad y la publicidad.

El proceso de provisión podrá ser realizado por los órganos de selección especializados a los que se refiere el apartado 5 de este artículo, que formularán propuesta motivada al director de la agencia estatal, incluyendo tres candidatos para cada puesto a cubrir.

Cuando el personal directivo de las agencias estatales tenga la condición de funcionario permanecerá en la situación de servicio activo en su respectivo cuerpo o escala o en la que corresponda con arreglo a la legislación laboral si se trata de personal de este carácter.

El estatuto de las agencias estatales puede prever puestos directivos de máxima responsabilidad a cubrir, en régimen laboral, mediante contratos de alta dirección.

Al personal directivo de las agencias estatales, en todo caso, le será de aplicación el Real Decreto 451/2012, de 5 de marzo, por el que se regula el régimen retributivo de los máximos responsables y directivos en el sector público empresarial y otras entidades. El personal directivo está sujeto, en el desarrollo de sus cometidos, a evaluación con arreglo a los criterios de eficacia, eficiencia y cumplimiento de la legalidad, responsabilidad por su gestión y control de resultados en relación con los objetivos que le hayan sido fijados.

El personal directivo percibe una parte de su retribución como incentivo de rendimiento, mediante el complemento correspondiente que valore la productividad, de acuerdo con los criterios y porcentajes que se establezcan por el Consejo Rector, a propuesta de los órganos directivos de la Agencia Estatal.

11. El órgano ejecutivo de la agencia estatal es el director. Es nombrado y separado por el Consejo Rector a propuesta del Presidente entre personas que reúnan las cualificaciones necesarias para el cargo, según se determine en el Estatuto.

Añadido por Ley 11/2020, de 30 de diciembre, de Presupuestos Generales del Estado para el año 2021. (BOE de 31-12-2020).

ART. 108 quinquies. Régimen económico financiero y contratación.

1. Las Agencias Estatales se financian con los siguientes recursos:

a) Las transferencias consignadas en los Presupuestos Generales del Estado.

b) Los ingresos propios que perciba como contraprestación por las actividades que pueda realizar, en virtud de contratos, convenios o disposición legal, para otras entidades públicas, privadas o personas físicas.

c) La enajenación de los bienes y valores que constituyan su patrimonio.

d) El rendimiento procedente de sus bienes y valores.

e) Las aportaciones voluntarias, donaciones, herencias y legados y otras aportaciones a título gratuito de entidades privadas y de particulares.

f) Los ingresos recibidos de personas físicas o jurídicas como consecuencia del patrocinio de actividades o instalaciones.

g) Los demás ingresos de derecho público o privado que estén autorizadas a percibir.

h) Cualquier otro recurso que pudiera serles atribuido.

2. En aquellos supuestos expresamente previstos en los estatutos, y solo en la medida que tengan capacidad para generar recursos propios suficientes, las Agencias Estatales podrán financiarse con cargo a los créditos previstos en el capítulo VIII de los Presupuestos Generales del Estado adjudicados de acuerdo con procedimientos de pública concurrencia y destinados a financiar proyectos de investigación y desarrollo. La Ley de Presupuestos Generales del Estado de cada ejercicio establecerá los límites de esta financiación.

3. Los recursos que se deriven de los apartados b), e), f) y g) del número 1 anterior, y no se contemplen inicialmente en el presupuesto de las Agencias Estatales se podrán destinar a financiar mayores gastos por acuerdo de su Director.

4. El recurso al endeudamiento está prohibido a las agencias estatales, salvo que por Ley se disponga lo contrario. No obstante, y con objeto de atender desfases temporales de tesorería, las agencias estatales pueden recurrir a la contratación de pólizas de crédito o préstamo, siempre que el saldo vivo no supere el 5 % de su presupuesto.

5. La contratación de las agencias estatales se rige por la normativa aplicable al sector público. Las sociedades mercantiles y fundaciones creadas o participadas mayoritariamente por las agencias estatales, deberán ajustar su actividad contractual, en todo caso, a los principios de publicidad y concurrencia.

Añadido por Ley 11/2020, de 30 de diciembre, de Presupuestos Generales del Estado para el año 2021. (BOE de 31-12-2020).

ART. 108 sexies. Régimen presupuestario, de contabilidad y control económico financiero.

1. El Consejo Rector elaborará y aprobará el anteproyecto de presupuesto de la agencia estatal, conforme a lo dispuesto en el contrato de gestión. El anteproyecto de presupuesto de la agencia estatal será remitido al Ministerio de adscripción para su examen, que dará posterior traslado del mismo al Ministerio de Hacienda. Una vez analizado por este último departamento ministerial, el anteproyecto se incorpora al de Presupuestos Generales del Estado para su aprobación por el Consejo de Ministros y remisión a las Cortes Generales, consolidándose con el de las restantes entidades que integran el sector público estatal.

2. La persona titular del Ministerio de Hacienda establece la estructura del presupuesto de las agencias estatales, así como la documentación que se debe acompañar al mismo.

El presupuesto de gastos de las agencias estatales, tiene carácter limitativo por su importe global y carácter estimativo para la distribución de los créditos en categorías económicas, con excepción de los correspondientes a gastos de personal que en todo caso tienen carácter limitativo y vinculante por su cuantía total, y de las subvenciones nominativas y las atenciones protocolarias y representativas que tendrán carácter limitativo y vinculante cualquiera que sea el nivel de la clasificación económica al que se establezcan.

3. La autorización de las variaciones presupuestarias corresponde:

a) A la persona titular del Ministerio de Hacienda, las variaciones de la cuantía global del presupuesto y las que afecten a gastos de personal, a iniciativa del director y propuesta del Consejo Rector, salvo las previstas en la letra siguiente.

Así mismo, corresponde a la persona titular del Ministerio de Hacienda acordar o denegar las modificaciones presupuestarias, en los supuestos de competencia de los directores de las agencias estatales, cuando exista informe negativo de la Intervención Delegada y el titular de la competencia lo remita en discrepancia al Ministro Hacienda.

b) A la persona titular de la Dirección de la propia agencia estatal, todas las restantes variaciones, incluso en la cuantía global cuando sean financiadas con recursos derivados de los apartados b), e), f), y g) del artículo 108 quinquies por encima de los inicialmente presupuestados, no afecten a gastos de personal y existan garantías suficientes de su efectividad, dando cuenta inmediata a la Comisión de Control.

4. Los remanentes de tesorería que resulten de la liquidación del ejercicio presupuestario no afectados a la financiación del presupuesto del ejercicio siguiente, podrán aplicarse al presupuesto de ingresos y destinarse a financiar incremento de gastos por acuerdo de la persona titular de la Dirección, dando cuenta a la Comisión de Control. Los déficits derivados del incumplimiento de la estimación de ingresos anuales se compensarán en la forma que se prevea en el contrato de gestión.

5. Las agencias estatales podrán adquirir compromisos de gasto que hayan de extenderse a ejercicios posteriores a aquel en que se autoricen, siempre que no se superen alguno de los siguientes límites:

a) El número de ejercicios a que pueden aplicarse los gastos no será superior a cuatro.

b) El gasto que se impute a cada uno de los ejercicios posteriores no podrá exceder de la cantidad que resulte de aplicar al importe total de cada programa, excluido el capítulo de gastos de personal y los restantes créditos que tengan carácter vinculante, los siguientes porcentajes: El 70 por 100 en el ejercicio inmediato siguiente, el 60 por ciento en el segundo ejercicio y el 50 por ciento en los ejercicios tercero y cuarto.

En el caso de gastos de personal o de otros que tengan carácter vinculante, podrán adquirirse compromisos de gasto con cargo a ejercicios futuros dentro de los límites señalados anteriormente, tomando como referencia de cálculo su dotación inicial.

El Gobierno podrá acordar la modificación de los límites anteriores en los casos especialmente justificados. A estos efectos, la persona titular del Ministerio de Hacienda, a iniciativa de la agencia estatal correspondiente, elevará al Consejo de Ministros la oportuna propuesta, previo informe de la Dirección General de Presupuestos.

6. La ejecución del presupuesto de las agencias estatales corresponde a sus órganos ejecutivos, que elaboran y remiten a la Comisión de Control, mensualmente, un estado de ejecución presupuestaria.

7. Las agencias estatales deberán aplicar los principios contables que les corresponda de acuerdo con lo establecido en el artículo 121 de la Ley General Presupuestaria, con la finalidad de asegurar el adecuado reflejo de las operaciones, los costes y los resultados de su actividad, así como de facilitar datos e información con trascendencia económica.

Corresponde a la Intervención General de la Administración del Estado establecer los criterios que precise la aplicación de la normativa contable a las agencias estatales, en los términos establecidos por la legislación presupuestaria para las entidades del sector público estatal.

8. Las agencias estatales dispondrán de:

a) Un sistema de información económica que:

i) Muestre, a través de estados e informes, la imagen fiel del patrimonio, de la situación financiera, de los resultados y de la ejecución del presupuesto.

ii) Proporcione información de costes sobre su actividad que sea suficiente para una correcta y eficiente adopción de decisiones.

b) Un sistema de contabilidad de gestión que permita efectuar el seguimiento del cumplimiento de los compromisos asumidos en el contrato de gestión.

La Intervención General de la Administración del Estado establece los requerimientos funcionales y, en su caso, los procedimientos informáticos, que deberán observar las agencias estatales para cumplir lo dispuesto en este artículo, de acuerdo con lo dispuesto en el artículo 125 de la Ley General Presupuestaria.

9. Las cuentas anuales de las agencias estatales se formulan por la persona titular de la Dirección en el plazo de tres meses desde el cierre del ejercicio económico. Una vez auditadas dichas cuentas por la Intervención General de la Administración del Estado son sometidas al Consejo Rector, para su aprobación antes del 30 de junio del año siguiente al que se refieran.

Una vez aprobadas por el Consejo Rector, las cuentas se remitirán a través de la Intervención General de la Administración del Estado al Tribunal de Cuentas para su fiscalización. Dicha remisión a la Intervención General se realizará dentro de los siete meses siguientes a la terminación del ejercicio económico.

10. El control externo de la gestión económico-financiera de las agencias estatales corresponde al Tribunal de Cuentas de acuerdo con su normativa específica.

El control interno de la gestión económico-financiera de las agencias estatales corresponde a la Intervención General de la Administración del Estado, y se realizará bajo las modalidades de control financiero permanente y de auditoría pública, en las condiciones y en los términos establecidos en la Ley General Presupuestaria. El control financiero permanente se realizará por las Intervenciones Delegadas en las Agencias Estatales, bajo la dependencia funcional de la Intervención General de la Administración del Estado.

Sin perjuicio del control establecido en el párrafo anterior, las agencias estatales estarán sometidas a un control de eficacia y de supervisión continua que será ejercido, a través del seguimiento del contrato de gestión y hasta su aprobación a través del plan de actuación en los términos establecidos en el artículo 85.

Añadido por Ley 11/2020, de 30 de diciembre, de Presupuestos Generales del Estado para el año 2021. (BOE de 31-12-2020).

CAPÍTULO IV
Las autoridades administrativas independientes de ámbito estatal

ART. 109. Definición.

1. Son autoridades administrativas independientes de ámbito estatal las entidades de derecho público que, vinculadas a la Administración General del Estado y con personalidad jurídica propia, tienen atribuidas funciones de regulación o supervisión de carácter externo sobre sectores económicos o actividades determinadas, por requerir su desempeño de independencia funcional o una especial autonomía respecto de la Administración General del Estado, lo que deberá determinarse en una norma con rango de Ley.

2. Las autoridades administrativas independientes actuarán, en el desarrollo de su actividad y para el cumplimiento de sus fines, con independencia de cualquier interés empresarial o comercial.

3. Con independencia de cuál sea su denominación, cuando una entidad tenga la naturaleza jurídica de autoridad administrativa independiente deberá figurar en su denominación la indicación «autoridad administrativa independiente» o su abreviatura «A.A.I.».

ART. 110. Régimen jurídico.

1. Las autoridades administrativas independientes se regirán por su Ley de creación, sus estatutos y la legislación especial de los sectores económicos sometidos a su supervisión y, supletoriamente y en cuanto sea compatible con su naturaleza y autonomía, por lo dispuesto en esta Ley, en particular lo dispuesto para organismos autónomos, la Ley del Procedimiento Administrativo Común de las Administraciones Públicas, la Ley 47/2003, de 26 de noviembre, el Real Decreto Legislativo 3/2011, de 14 de noviembre, la Ley 33/2003, de 3 de noviembre, así como el resto de las normas de derecho administrativo general y especial que le sea de aplicación. En defecto de norma administrativa, se aplicará el derecho común.

2. Las autoridades administrativas independientes estarán sujetas al principio de sostenibilidad financiera de acuerdo con lo previsto en la Ley Orgánica 2/2012, de 27 de abril.

CAPÍTULO V
De las sociedades mercantiles estatales

ART. 111. Definición.

1. Se entiende por sociedad mercantil estatal aquella sociedad mercantil sobre la que se ejerce control estatal:

a) Bien porque la participación directa, en su capital social de la Administración General del Estado o alguna de las entidades que, conforme a lo dispuesto en el artículo 84, integran el sector público institucional estatal, incluidas las sociedades mercantiles estatales, sea superior al 50 por 100. Para la determinación de este porcentaje, se sumarán las participaciones correspondientes a la Administración General del Estado y a todas las entidades integradas en el sector público institucional estatal, en el caso de que en el capital social participen varias de ellas.

b) Bien porque la sociedad mercantil se encuentre en el supuesto previsto en el artículo 4 de la Ley 24/1988, de 28 de julio, del Mercado de Valores respecto de la Administración General del Estado o de sus organismos públicos vinculados o dependientes.

2. En la denominación de las sociedades mercantiles que tengan la condición de estatales deberá figurar necesariamente la indicación «sociedad mercantil estatal» o su abreviatura «S.M.E.».

ART. 112. Principios rectores.

La Administración General del Estado y las entidades integrantes del sector público institucional, en cuanto titulares del capital social de las sociedades mercantiles estatales, perseguirán la eficiencia, transparencia y buen gobierno en la gestión de dichas sociedades mercantiles, para lo cual promoverán las buenas prácticas y códigos de conducta adecuados a la naturaleza de cada entidad. Todo ello sin perjuicio de la supervisión general que ejercerá el accionista sobre el funcionamiento de la sociedad mercantil estatal, conforme prevé la Ley 33/2003, de 3 de noviembre, del Patrimonio de las Administraciones Públicas.

ART. 113. Régimen jurídico.

Las sociedades mercantiles estatales se regirán por lo previsto en esta Ley, por lo previsto en la Ley 33/2003, de 3 de noviembre, y por el ordenamiento jurídico privado, salvo en las materias en que le sea de aplicación la normativa presupuestaria, contable, de personal, de control económico-financiero y de contratación. En ningún caso podrán disponer de facultades que impliquen el ejercicio de autoridad pública, sin perjuicio de que excepcionalmente la ley pueda atribuirle el ejercicio de potestades administrativas.

ART. 114. Creación y extinción.

1. La creación de una sociedad mercantil estatal o la adquisición de este carácter de forma sobrevenida será autorizada mediante acuerdo del Consejo de Ministros que deberá ser acompañado de una propuesta de estatutos y de un plan de actuación que contendrá, al menos:

a) Las razones que justifican la creación de la sociedad por no poder asumir esas funciones otra entidad ya existente, así como la inexistencia de duplicidades. A estos efectos, deberá dejarse constancia del análisis realizado sobre la existencia de órganos o entidades que desarrollan actividades análogas sobre el mismo territorio y población y las razones por las que la creación de la nueva sociedad no entraña duplicidad con entidades existentes.

b) Un análisis que justifique que la forma jurídica propuesta resulta más eficiente frente a la creación de un organismo público u otras alternativas de organización que se hayan descartado.

c) Los objetivos anuales y los indicadores para medirlos.

Al acuerdo de creación de la sociedad mercantil estatal se acompañará un informe preceptivo favorable del Ministerio de Hacienda y Administraciones Públicas o la Intervención General de la Administración del Estado, según se determine reglamentariamente, que valorará el cumplimiento de lo previsto en este artículo.

El Programa de Actuación Plurianual que conforme a la Ley 47/2003, de 26 de noviembre, deben elaborar las sociedades cada año incluirá un plan de actuación anual que servirá de base para el control de eficacia de la sociedad. La falta de aprobación del plan de actuación dentro del plazo anual fijado, por causa imputable a la sociedad y hasta tanto se subsane la omisión, llevará aparejada la paralización de las aportaciones que deban realizarse a favor de la sociedad con cargo a los presupuestos generales del Estado.

2. La liquidación de una sociedad mercantil estatal recaerá en un órgano de la Administración General del Estado o en una entidad integrante del sector público institucional estatal.

La responsabilidad que le corresponda al empleado público como miembro de la entidad u órgano liquidador será directamente asumida por la entidad o la Administración General del Estado que lo designó, quien podrá exigir de oficio al empleado público la responsabilidad que, en su caso, corresponda cuando concurra dolo, culpa o negligencia grave conforme a lo previsto en las leyes administrativas en materia de responsabilidad patrimonial.

ART. 115. Régimen de responsabilidad aplicable a los miembros de los consejos de administración de las sociedades mercantiles estatales designados por la Administración General del Estado.

1. La responsabilidad que le corresponda al empleado público como miembro del consejo de administración será directamente asumida por la Administración General del Estado que lo designó.

2. La Administración General del Estado podrá exigir de oficio al empleado público que designó como miembro del consejo de administración la responsabilidad en que hubiera incurrido por los daños y perjuicios causados en sus bienes o derechos cuando hubiera concurrido dolo, o culpa o negligencia graves, conforme a lo previsto en las leyes administrativas en materia de responsabilidad patrimonial.

ART. 116. Tutela.

1. Al autorizar la constitución de una sociedad mercantil estatal con forma de sociedad anónima, de acuerdo con lo previsto en el artículo 166.2 de la Ley 33/2003, de 3 de noviembre, el Consejo de Ministros podrá atribuir a un Ministerio, cuyas competencias guarden una relación específica con el objeto social de la sociedad, la tutela funcional de la misma.

2. En ausencia de esta atribución expresa corresponderá íntegramente al Ministerio de Hacienda y Administraciones Públicas el ejercicio de las facultades que esta Ley y la Ley 33/2003, de 3 de noviembre, otorgan para la supervisión de la actividad de la sociedad.

3. El Ministerio de tutela ejercerá el control de eficacia e instruirá a la sociedad respecto a las líneas de actuación estratégica y establecerá las prioridades en la ejecución de las mismas, y propondrá su incorporación a los Presupuestos de Explotación y Capital y Programas de Actuación Plurianual, previa conformidad, en cuanto a sus aspectos financieros, de la Dirección General del Patrimonio del Estado si se trata de sociedades cuyo capital corresponda íntegramente a la Administración General del Estado, o del organismo público que sea titular de su capital.

4. En casos excepcionales, debidamente justificados, el titular del departamento al que corresponda su tutela podrá dar instrucciones a las sociedades, para que realicen determinadas actividades, cuando resulte de interés público su ejecución.

5. Cuando las instrucciones que imparta el Ministerio de tutela impliquen una variación de los Presupuestos de Explotación y Capital de acuerdo con lo dispuesto en la Ley 47/2003, de 26 de noviembre, el órgano de administración no podrá iniciar la cumplimentación de la instrucción sin contar con la autorización del órgano competente para efectuar la modificación correspondiente.

6. En este caso, los administradores de las sociedades a las que se hayan impartido estas instrucciones actuarán diligentemente para su ejecución, y quedarán exonerados de la responsabilidad prevista en el artículo 236 del Real Decreto Legislativo 1/2010, de 2 de julio, por el que se aprueba el texto refundido de la Ley de Sociedades de Capital, si del cumplimiento de dichas instrucciones se derivaren consecuencias lesivas.

ART. 117. Régimen presupuestario, de contabilidad, control económico-financiero y de personal.

1. Las sociedades mercantiles estatales elaborarán anualmente un presupuesto de explotación y capital y un plan de actuación que forma parte del Programa Plurianual, que se integrarán con el Presupuesto General del Estado. El Programa contendrá la revisión trienal del plan de creación a que se refiere el artículo 85.

2. Las sociedades mercantiles estatales formularán y rendirán sus cuentas de acuerdo con los principios y normas de contabilidad recogidos en el Código de Comercio y el Plan General de Contabilidad y disposiciones que lo desarrollan.

3. Sin perjuicio de las competencias atribuidas al Tribunal de Cuentas, la gestión económico financiera de las sociedades mercantiles estatales estará sometida al control de la Intervención General de la Administración del Estado.

4. El personal de las sociedades mercantiles estatales, incluido el que tenga condición de directivo, se regirá por el Derecho laboral, así como por las normas que le sean de aplicación en función de su adscripción al sector público estatal, incluyendo siempre entre las

mismas la normativa presupuestaria, especialmente lo que se establezca en las Leyes de Presupuestos Generales del Estado.

CAPÍTULO VI
De los consorcios

ART. 118. Definición y actividades propias.

1. Los consorcios son entidades de derecho público, con personalidad jurídica propia y diferenciada, creadas por varias Administraciones Públicas o entidades integrantes del sector público institucional, entre sí o con participación de entidades privadas, para el desarrollo de actividades de interés común a todas ellas dentro del ámbito de sus competencias.

2. Los consorcios podrán realizar actividades de fomento, prestacionales o de gestión común de servicios públicos y cuantas otras estén previstas en las leyes.

3. Los consorcios podrán utilizarse para la gestión de los servicios públicos, en el marco de los convenios de cooperación transfronteriza en que participen las Administraciones españolas, y de acuerdo con las previsiones de los convenios internacionales ratificados por España en la materia.

4. En la denominación de los consorcios deberá figurar necesariamente la indicación «consorcio» o su abreviatura «C».

ART. 119. Régimen jurídico.

1. Los consorcios se regirán por lo establecido en esta Ley, en la normativa autonómica de desarrollo y sus estatutos.

2. En lo no previsto en esta Ley, en la normativa autonómica aplicable, ni en sus Estatutos sobre el régimen del derecho de separación, disolución, liquidación y extinción, se estará a lo previsto en el Código Civil sobre la sociedad civil, salvo el régimen de liquidación, que se someterá a lo dispuesto en el artículo 97, y en su defecto, el Real Decreto Legislativo 1/2010, de 2 de julio.

3. Las normas establecidas en la Ley 7/1985, de 2 de abril, y en la Ley 27/2013, de 21 de diciembre, de racionalización y sostenibilidad de la Administración Local sobre los Consorcios locales tendrán carácter supletorio respecto a lo dispuesto en esta Ley.

ART. 120. Régimen de adscripción.

1. Los estatutos de cada consorcio determinarán la Administración Pública a la que estará adscrito de conformidad con lo previsto en este artículo.

2. De acuerdo con los siguientes criterios, ordenados por prioridad en su aplicación y referidos a la situación en el primer día del ejercicio presupuestario, el consorcio quedará adscrito, en cada ejercicio presupuestario y por todo este periodo, a la Administración Pública que:

a) Disponga de la mayoría de votos en los órganos de gobierno.

b) Tenga facultades para nombrar o destituir a la mayoría de los miembros de los órganos ejecutivos.

c) Tenga facultades para nombrar o destituir a la mayoría de los miembros del personal directivo.

d) Disponga de un mayor control sobre la actividad del consorcio debido a una normativa especial.

e) Tenga facultades para nombrar o destituir a la mayoría de los miembros del órgano de gobierno.

f) Financie en más de un cincuenta por ciento, en su defecto, en mayor medida la actividad desarrollada por el consorcio, teniendo en cuenta tanto la aportación del fondo patrimonial como la financiación concedida cada año.

g) Ostente el mayor porcentaje de participación en el fondo patrimonial.

h) Tenga mayor número de habitantes o extensión territorial dependiendo de si los fines definidos en el estatuto están orientados a la prestación de servicios a las personas, o al desarrollo de actuaciones sobre el territorio.

3. En el supuesto de que participen en el consorcio entidades privadas, el consorcio no tendrá ánimo de lucro y estará adscrito a la Administración Pública que resulte de acuerdo con los criterios establecidos en el apartado anterior.

4. Cualquier cambio de adscripción a una Administración Pública, cualquiera que fuere su causa, conllevará la modificación de los estatutos del consorcio en un plazo no superior a seis meses, contados desde el inicio del ejercicio presupuestario siguiente a aquel en se produjo el cambio de adscripción.

ART. 121. Régimen de personal.

El personal al servicio de los consorcios podrá ser funcionario o laboral y habrá de proceder de las Administraciones participantes, en cuyo caso su régimen jurídico será el de la Administración Pública de adscripción y sus retribuciones en ningún caso podrán superar las establecidas para puestos de trabajo equivalentes en aquella.

Excepcionalmente, cuando no resulte posible contar con personal procedente de las Administraciones participantes en el consorcio en atención a la singularidad de las funciones a desempeñar o cuando, tras un anuncio público de convocatoria para la cobertura de un puesto de trabajo restringida a las administraciones consorciadas, no fuera posible cubrir dicho puesto, el Ministerio de Hacienda y Función Pública, u órgano competente de la Administración a la que se adscriba el consorcio, podrá autorizar la contratación de personal por parte del consorcio para el ejercicio de dichas funciones, en los términos previstos en la correspondiente Ley de Presupuestos Generales del Estado.

Modificado por Ley 31/2022, de 23 de diciembre, de Presupuestos Generales del Estado para el año 2023. (BOE de 24/12/2022).

ART. 122. Régimen presupuestario, de contabilidad, control económico-financiero y patrimonial.

1. Los consorcios estarán sujetos al régimen de presupuestación, contabilidad y control de la Administración Pública a la que estén adscritos, sin perjuicio de su sujeción a lo previsto en la Ley Orgánica 2/2012, de 27 de abril.

2. A efectos de determinar la financiación por parte de las Administraciones consorciadas, se tendrán en cuenta tanto los compromisos estatutarios o convencionales existentes como la financiación real, mediante el análisis de los desembolsos efectivos de todas las aportaciones realizadas.

3. El órgano de control interno de la Administración a la que se haya adscrito el consorcio, deberá realizar la auditoría de cuentas anuales de aquellos consorcios en los que, a fecha de cierre del ejercicio, concurran, al menos, dos de las tres circunstancias siguientes:

a) Que el total de las partidas del activo supere 2.400.000 euros.

b) Que el importe total de sus ingresos por gestión ordinaria en el caso de los consorcios del sector público administrativo, o la suma del importe de la cifra de negocios más otros ingresos de gestión, en el caso de los pertenecientes al sector público empresarial, sea superior a 2.400.000 euros.

c) Que el número medio de trabajadores empleados durante el ejercicio sea superior a 50.

Mediante Ley, podrán modificarse los límites anteriores cuando la estructura y composición de los consorcios adscritos a una administración así lo requiera.

Las circunstancias señaladas anteriormente se aplicarán teniendo en cuenta lo siguiente:

a) Cuando un consorcio, en la fecha de cierre del ejercicio, pase a cumplir dos de las citadas circunstancias, o bien cese de cumplirlas, tal situación únicamente producirá efectos en cuanto a lo señalado si se repite durante dos ejercicios consecutivos.

b) En el primer ejercicio económico desde su constitución o su adscripción al sector público correspondiente, los consorcios cumplirán lo dispuesto en los apartados anteriormente mencionados si reúnen, al cierre de dicho ejercicio, al menos dos de las tres circunstancias que se señalan.

c) Aun cuando, según las circunstancias señaladas, no exista obligación de someter las cuentas anuales de un consorcio a auditoría de cuentas, los órganos de control interno podrán, en todo caso, incluir su realización en sus planes anuales de control y auditoría.

4. Los consorcios deberán formar parte de los presupuestos e incluirse en la cuenta general de la Administración Pública de adscripción.

5. Los consorcios se regirán por las normas patrimoniales de la Administración Pública a la que estén adscritos.

Apdo. 3 modificado por Ley 31/2022, de 23 de diciembre, de Presupuestos Generales del Estado para el año 2023. (BOE de 24/12/2022).

Apdo. 3 anteriormente modificado por Ley 22/2021, de 28 de diciembre, de Presupuestos Generales del Estado para el año 2022. (BOE de 29-12-2021).

ART. 123. Creación.

1. Los consorcios se crearán mediante convenio suscrito por las Administraciones, organismos públicos o entidades participantes.

2. En los consorcios en los que participe la Administración General del Estado o sus organismos públicos y entidades vinculados o dependientes se requerirá:

a) Que su creación se autorice por ley.

b) El convenio de creación precisará de autorización previa del Consejo de Ministros. La competencia para la suscripción del convenio no podrá ser objeto de delegación, y corresponderá al titular del departamento ministerial participante, y en el ámbito de los organismos autónomos, al titular del máximo órgano de dirección del organismo, previo informe del Ministerio del que dependa o al que esté vinculado.

c) Del convenio formarán parte los estatutos, un plan de actuación, de conformidad con lo previsto en el artículo 92, y una proyección presupuestaria trienal, además del informe preceptivo favorable del Ministerio de Hacienda y Administraciones Públicas. El convenio suscrito junto con los estatutos, así como sus modificaciones, serán objeto de publicación en el «Boletín Oficial del Estado».

ART. 124. Contenido de los estatutos.

Los estatutos de cada consorcio determinarán la Administración Pública a la que estará adscrito, así como su régimen orgánico, funcional y financiero de acuerdo con lo previsto en esta Ley, y, al menos, los siguientes aspectos:

a) Sede, objeto, fines y funciones.

b) Identificación de participantes en el consorcio así como las aportaciones de sus miembros. A estos efectos, en aplicación del principio de responsabilidad previsto en el artículo 8 de la Ley Orgánica 2/2012, de 27 de abril, los estatutos incluirán cláusulas que limiten las actividades del consorcio si las entidades consorciadas incumplieran los compromisos de financiación o de cualquier otro tipo, así como fórmulas tendentes al aseguramiento de las cantidades comprometidas por las entidades consorciadas con carácter previo a la realización de las actividades presupuestadas.

c) Órganos de gobiernos y administración, así como su composición y funcionamiento, con indicación expresa del régimen de adopción de acuerdos. Podrán incluirse cláusulas que contemplen la suspensión temporal del derecho de voto o a la participación en la formación de los acuerdos cuando las Administraciones o entidades consorciadas incumplan manifiestamente sus obligaciones para con el consorcio, especialmente en lo que se refiere a los compromisos de financiación de las actividades del mismo.

d) Causas de disolución.

ART. 125. Causas y procedimiento para el ejercicio del derecho de separación de un consorcio.

1. Los miembros de un consorcio, al que le resulte de aplicación lo previsto en esta Ley o en la Ley 7/1985, de 2 de abril, podrán separarse del mismo en cualquier momento siempre que no se haya señalado término para la duración del consorcio.

Cuando el consorcio tenga una duración determinada, cualquiera de sus miembros podrá separase antes de la finalización del plazo si alguno de los miembros del consorcio hubiera incumplido alguna de sus obligaciones estatutarias y, en particular, aquellas que impidan cumplir con el fin para el que fue creado el consorcio, como es la obligación de realizar aportaciones al fondo patrimonial.

Cuando un municipio deje de prestar un servicio, de acuerdo con lo previsto en la Ley 7/1985, de 2 de abril, y ese servicio sea uno de los prestados por el Consorcio al que pertenece, el municipio podrá separarse del mismo.

2. El derecho de separación habrá de ejercitarse mediante escrito notificado al máximo órgano de gobierno del consorcio. En el escrito deberá hacerse constar, en su caso, el incumplimiento que motiva la separación si el consorcio tuviera duración determinada, la formulación de requerimiento previo de su cumplimiento y el transcurso del plazo otorgado para cumplir tras el requerimiento.

ART. 126. Efectos del ejercicio del derecho de separación de un consorcio.

1. El ejercicio del derecho de separación produce la disolución del consorcio salvo que el resto de sus miembros, de conformidad con lo previsto en sus estatutos, acuerden su

continuidad y sigan permaneciendo en el consorcio, al menos, dos Administraciones, o entidades u organismos públicos vinculados o dependientes de más de una Administración.

2. Cuando el ejercicio del derecho de separación no conlleve la disolución del consorcio se aplicarán las siguientes reglas:

a) Se calculará la cuota de separación que corresponda a quien ejercite su derecho de separación, de acuerdo con la participación que le hubiera correspondido en el saldo resultante del patrimonio neto, de haber tenido lugar la liquidación, teniendo en cuenta el criterio de reparto dispuesto en los estatutos.

A falta de previsión estatutaria, se considerará cuota de separación la que le hubiera correspondido en la liquidación. En defecto de determinación de la cuota de liquidación se tendrán en cuenta, tanto el porcentaje de las aportaciones al fondo patrimonial del consorcio que haya efectuado quien ejerce el derecho de separación, como la financiación concedida cada año. Si el miembro del consorcio que se separa no hubiere realizado aportaciones por no estar obligado a ello, el criterio de reparto será la participación en los ingresos que, en su caso, hubiera recibido durante el tiempo que ha pertenecido al consorcio.

Se acordará por el consorcio la forma y condiciones en que tendrá lugar el pago de la cuota de separación, en el supuesto en que esta resulte positiva, así como la forma y condiciones del pago de la deuda que corresponda a quien ejerce el derecho de separación si la cuota es negativa.

La efectiva separación del consorcio se producirá una vez determinada la cuota de separación, en el supuesto en que ésta resulte positiva, o una vez se haya pagado la deuda, si la cuota es negativa.

b) Si el consorcio estuviera adscrito, de acuerdo con lo previsto en la Ley, a la Administración que ha ejercido el derecho de separación, tendrá que acordarse por el consorcio a quien se adscribe, de las restantes Administraciones o entidades u organismos públicos vinculados o dependientes de una Administración que permanecen en el consorcio, en aplicación de los criterios establecidos en la Ley.

ART. 127. Disolución del consorcio.

1. La disolución del consorcio produce su liquidación y extinción. En todo caso será causa de disolución que los fines para los que fue creado el consorcio hayan sido cumplidos.

2. El máximo órgano de gobierno del consorcio al adoptar el acuerdo de disolución nombrará un liquidador que será un órgano o entidad, vinculada o dependiente, de la Administración Pública a la que el consorcio esté adscrito.

La responsabilidad que le corresponda al empleado público como miembro de la entidad u órgano liquidador será directamente asumida por la entidad o la Administración Pública que lo designó, quien podrá exigir de oficio al empleado público la responsabilidad que, en su caso, corresponda cuando haya concurrido dolo, culpa o negligencia graves conforme a lo previsto en las leyes administrativas en materia de responsabilidad patrimonial.

3. El liquidador calculará la cuota de liquidación que corresponda a cada miembro del consorcio de conformidad con lo previsto en los estatutos. Si no estuviera previsto en los estatutos, se calculará la mencionada cuota de acuerdo con la participación que le corresponda en el saldo resultante del patrimonio neto tras la liquidación, teniendo en cuenta que el criterio de reparto será el dispuesto en los estatutos.

A falta de previsión estatutaria, se tendrán en cuenta tanto el porcentaje de las aportaciones que haya efectuado cada miembro del consorcio al fondo patrimonial del mismo como la financiación concedida cada año. Si alguno de los miembros del consorcio no hubiere realizado aportaciones por no estar obligado a ello, el criterio de reparto será la participación en los ingresos que, en su caso, hubiera recibido durante el tiempo que ha pertenecido en el consorcio.

4. Se acordará por el consorcio la forma y condiciones en que tendrá lugar el pago de la cuota de liquidación en el supuesto en que ésta resulte positiva.

5. Las entidades consorciadas podrán acordar, con la mayoría que se establezca en los estatutos, o a falta de previsión estatutaria por unanimidad, la cesión global de activos y pasivos a otra entidad del sector público jurídicamente adecuada con la finalidad de mantener la continuidad de la actividad y alcanzar los objetivos del consorcio que se extingue. La cesión global de activos y pasivos implicará la extinción sin liquidación del consorcio cedente.

CAPÍTULO VII
De las fundaciones del sector público estatal

ART. 128. Definición y actividades propias.

1. Son fundaciones del sector público estatal aquellas que reúnan alguno de los requisitos siguientes:

a) Que se constituyan de forma inicial, con una aportación mayoritaria, directa o indirecta, de la Administración General del Estado o cualquiera de los sujetos integrantes del sector público institucional estatal, o bien reciban dicha aportación con posterioridad a su constitución.

b) Que el patrimonio de la fundación esté integrado en más de un 50 por ciento por bienes o derechos aportados o cedidos por la Administración General del Estado o cualquiera de los sujetos integrantes del sector público institucional estatal con carácter permanente.

c) La mayoría de derechos de voto en su patronato corresponda a representantes de la Administración General del Estado o del sector público institucional estatal.

2. Son actividades propias de las fundaciones del sector público estatal las realizadas, sin ánimo de lucro, para el cumplimiento de fines de interés general, con independencia de que el servicio se preste de forma gratuita o mediante contraprestación.

Únicamente podrán realizar actividades relacionadas con el ámbito competencial de las entidades del sector público fundadoras, debiendo coadyuvar a la consecución de los fines de las mismas, sin que ello suponga la asunción de sus competencias propias, salvo previsión legal expresa. Las fundaciones no podrán ejercer potestades públicas.

En la denominación de las fundaciones del sector público estatal deberá figurar necesariamente la indicación «fundación del sector público» o su abreviatura «F.S.P.».

3. Para la financiación de las actividades y el mantenimiento de la fundación, debe haberse previsto la posibilidad de que en el patrimonio de las fundaciones del sector público pueda existir aportación del sector privado de forma no mayoritaria.

Apdo. 1 modificado por Ley 22/2021, de 28 de diciembre, de Presupuestos Generales del Estado para el año 2022. (BOE de 29-12-2021).

ART. 129. Régimen de adscripción de las fundaciones.

1. Los estatutos de cada fundación determinarán la Administración Pública a la que estará adscrita de conformidad con lo previsto en este artículo.

2. De acuerdo con los siguientes criterios, ordenados por prioridad en su aplicación, referidos a la situación en el primer día del ejercicio presupuestario, la fundación del sector público quedará adscrita, en cada ejercicio presupuestario y por todo este periodo, a la Administración Pública que:

a) Disponga de mayoría de patronos.

b) Tenga facultades para nombrar o destituir a la mayoría de los miembros de los órganos ejecutivos.

c) Tenga facultades para nombrar o destituir a la mayoría de los miembros del personal directivo.

d) Tenga facultades para nombrar o destituir a la mayoría de los miembros del patronato.

e) Financie en más de un cincuenta por ciento, en su defecto, en mayor medida la actividad desarrollada por la fundación, teniendo en cuenta tanto la aportación del fondo patrimonial como la financiación concedida cada año.

f) Ostente el mayor porcentaje de participación en el fondo patrimonial.

g) Si la aplicación de los anteriores no resultara determinante, se adscribirá a la Administración General del Estado, y, en el caso de que ésta no participe, se adscribirá a la administración que decida su patronato.

3. En el supuesto de que participen en la fundación entidades privadas sin ánimo de lucro, la fundación del sector público estará adscrita a la Administración que resulte de acuerdo con los criterios establecidos en el apartado anterior.

4. El cambio de adscripción a una Administración Pública, cualquiera que fuere su causa, conllevará la modificación de los estatutos que deberá realizarse en un plazo no superior a tres meses, contados desde el inicio del ejercicio presupuestario siguiente a aquél en se produjo el cambio de adscripción.

5. Las fundaciones estarán sujetas al régimen presupuestario, económico financiero y de control de la Administración Pública a la que estén adscritas.

Apdo. 2.g y apdo. 5 se añaden por Ley 22/2021, de 28 de diciembre, de Presupuestos Generales del Estado para el año 2022. (BOE de 29-12-2021).

ART. 130. Régimen jurídico.

Las fundaciones del sector público estatal se rigen por lo previsto en esta Ley, por la Ley 50/2002, de 26 de diciembre, de Fundaciones, la legislación autonómica que resulte aplicable en materia de fundaciones, y por el ordenamiento jurídico privado, salvo en las materias en que le sea de aplicación la normativa presupuestaria, contable, de control económico-financiero y de contratación del sector público.

ART. 131. Régimen de contratación.

La contratación de las fundaciones del sector público estatal se ajustará a lo dispuesto en la legislación sobre contratación del sector público.

ART. 132. Régimen presupuestario, de contabilidad, de control económico-financiero y de personal.

1. Las fundaciones del sector público estatal elaborarán anualmente un presupuesto de explotación y capital, que se integrarán con el Presupuesto General del Estado y formularán y presentarán sus cuentas de acuerdo con los principios y normas de contabilidad recogidos en la adaptación del Plan General de Contabilidad a las entidades sin fines lucrativos y disposiciones que lo desarrollan, así como la normativa vigente sobre fundaciones.

2. Las fundaciones del sector público estatal aplicarán el régimen presupuestario, económico financiero, de contabilidad, y de control establecido por la Ley 47/2003, de 26 de noviembre, y sin perjuicio de las competencias atribuidas al Tribunal de Cuentas, estarán sometidas al control de la Intervención General de la Administración del Estado.

3. El personal de las fundaciones del sector público estatal, incluido el que tenga condición de directivo, se regirá por el Derecho laboral, así como por las normas que le sean de aplicación en función de su adscripción al sector público estatal, incluyendo entre las mismas la normativa presupuestaria así como lo que se establezca en las Leyes de Presupuestos Generales del Estado.

ART. 133. Creación de fundaciones del sector público estatal.

1. La creación de las fundaciones del sector público estatal o la adquisición de este carácter de forma sobrevenida se realizará por ley que establecerá los fines de la fundación y, en su caso, los recursos económicos con los que se le dota.

2. El anteproyecto de ley de creación de una fundación del sector público estatal que se eleve al Consejo de Ministros deberá ser acompañado de una propuesta de estatutos y del plan de actuación, de conformidad con lo previsto en el artículo 92, junto con el informe preceptivo favorable del Ministerio de Hacienda y Administraciones Públicas o la Intervención General de la Administración del Estado, según se determine reglamentariamente.

3. Los estatutos de las fundaciones del sector público estatal se aprobarán por Real Decreto de Consejo de Ministros, a propuesta conjunta del titular del Ministerio de Hacienda y Administraciones Públicas y del Ministerio que ejerza el protectorado, que estará determinado en sus Estatutos. No obstante, por Acuerdo del Consejo de Ministros podrá modificarse el Ministerio al que se adscriba inicialmente la fundación.

ART. 134. Protectorado.

El Protectorado de las fundaciones del sector público será ejercido por el órgano de la Administración de adscripción que tenga atribuida tal competencia, que velará por el cumplimiento de las obligaciones establecidas en la normativa sobre fundaciones, sin perjuicio del control de eficacia y la supervisión continua al que están sometidas de acuerdo con lo previsto en esta Ley.

ART. 135. Estructura organizativa.

En las fundaciones del sector público estatal la mayoría de miembros del patronato serán designados por los sujetos del sector público estatal.

La responsabilidad que le corresponda al empleado público como miembro del patronato será directamente asumida por la entidad o la Administración General del Estado que lo designó. La Administración General del Estado podrá exigir de oficio al empleado público que designó a esos efectos la responsabilidad en que hubiera incurrido por los daños y perjuicios causados en sus bienes o derechos cuando hubiera concurrido dolo, o culpa o negligencia graves, conforme a lo previsto en las leyes administrativas en materia de responsabilidad patrimonial.

ART. 136. Fusión, disolución, liquidación y extinción.

A las fundaciones del sector público estatal le resultará de aplicación el régimen de fusión, disolución, liquidación y extinción previsto en los artículos 94, 96 y 97.

CAPÍTULO VIII
De los fondos carentes de personalidad jurídica del sector público estatal

ART. 137. Creación y extinción.

1. La creación de fondos carentes de personalidad jurídica en el sector público estatal se efectuará por Ley. La norma de creación determinará expresamente su adscripción a la Administración General del Estado.

2. Con independencia de su creación por Ley se extinguirán por norma de rango reglamentario.

3. En la denominación de los fondos carentes de personalidad jurídica deberá figurar necesariamente la indicación «fondo carente de personalidad jurídica» o su abreviatura «F.C.P.J».

ART. 138. Régimen jurídico.

Los fondos carentes de personalidad jurídica se regirán por lo dispuesto en esta Ley, en su norma de creación, y el resto de las normas de derecho administrativo general y especial que le sea de aplicación.

ART. 139. Régimen presupuestario, de contabilidad y de control económico-financiero.

Los fondos carentes de personalidad jurídica estarán sujetos al régimen de presupuestación, contabilidad y control previsto en la Ley 47/2003, de 26 de noviembre.

TÍTULO III
Relaciones interadministrativas

CAPÍTULO I
Principios generales de las relaciones interadministrativas

ART. 140. Principios de las relaciones interadministrativas.

1. Las diferentes Administraciones Públicas actúan y se relacionan con otras Administraciones y entidades u organismos vinculados o dependientes de éstas de acuerdo con los siguientes principios:

a) Lealtad institucional.

b) Adecuación al orden de distribución de competencias establecido en la Constitución y en los Estatutos de Autonomía y en la normativa del régimen local.

c) Colaboración, entendido como el deber de actuar con el resto de Administraciones Públicas para el logro de fines comunes.

d) Cooperación, cuando dos o más Administraciones Públicas, de manera voluntaria y en ejercicio de sus competencias, asumen compromisos específicos en aras de una acción común.

e) Coordinación, en virtud del cual una Administración Pública y, singularmente, la Administración General del Estado, tiene la obligación de garantizar la coherencia de las actuaciones de las diferentes Administraciones Públicas afectadas por una misma materia para la consecución de un resultado común, cuando así lo prevé la Constitución y el resto del ordenamiento jurídico.

f) Eficiencia en la gestión de los recursos públicos, compartiendo el uso de recursos comunes, salvo que no resulte posible o se justifique en términos de su mejor aprovechamiento.

g) Responsabilidad de cada Administración Pública en el cumplimiento de sus obligaciones y compromisos.

h) Garantía e igualdad en el ejercicio de los derechos de todos los ciudadanos en sus relaciones con las diferentes Administraciones.

i) Solidaridad interterritorial de acuerdo con la Constitución.

2. En lo no previsto en el presente Título, las relaciones entre la Administración General del Estado o las Administraciones de las Comunidades Autónomas con las Entidades que integran la Administración Local se regirán por la legislación básica en materia de régimen local.

Ver arts. 103.1 CE, 141 y sigs. LRJSP; LBRL

CAPÍTULO II
Deber de colaboración

ART. 141. Deber de colaboración entre las Administraciones Públicas.

1. Las Administraciones Públicas deberán:

a) Respetar el ejercicio legítimo por las otras Administraciones de sus competencias.

b) Ponderar, en el ejercicio de las competencias propias, la totalidad de los intereses públicos implicados y, en concreto, aquellos cuya gestión esté encomendada a las otras Administraciones.

c) Facilitar a las otras Administraciones la información que precisen sobre la actividad que desarrollen en el ejercicio de sus propias competencias o que sea necesaria para que los ciudadanos puedan acceder de forma integral a la información relativa a una materia.

d) Prestar, en el ámbito propio, la asistencia que las otras Administraciones pudieran solicitar para el eficaz ejercicio de sus competencias.

e) Cumplir con las obligaciones concretas derivadas del deber de colaboración y las restantes que se establezcan normativamente.

2. La asistencia y colaboración requerida sólo podrá negarse cuando el organismo público o la entidad del que se solicita no esté facultado para prestarla de acuerdo con lo previsto en su normativa específica, no disponga de medios suficientes para ello o cuando, de hacerlo, causara un perjuicio grave a los intereses cuya tutela tiene encomendada o al cumplimiento de sus propias funciones o cuando la información solicitada tenga carácter confidencial o reservado. La negativa a prestar la asistencia se comunicará motivadamente a la Administración solicitante.

3. La Administración General del Estado, las de las Comunidades Autónomas y las de las Entidades Locales deberán colaborar y auxiliarse para la ejecución de sus actos que hayan de realizarse o tengan efectos fuera de sus respectivos ámbitos territoriales. Los posibles costes que pueda generar el deber de colaboración podrán ser repercutidos cuando así se acuerde.

Ver arts. 103.1 CE, 140 y sigs. LRJSP; LBRL

ART. 142. Técnicas de colaboración.

Las obligaciones que se derivan del deber de colaboración se harán efectivas a través de las siguientes técnicas:

a) El suministro de información, datos, documentos o medios probatorios que se hallen a disposición del organismo público o la entidad al que se dirige la solicitud y que la Administración solicitante precise disponer para el ejercicio de sus competencias.

b) La colaboración a fin de proporcionar la inclusión en un sistema integrado de información de las respectivas áreas personalizadas o carpetas ciudadanas, o determinadas funcionalidades de las mismas, de forma que el interesado pueda acceder a sus contenidos, notificaciones o funcionalidades mediante procedimientos seguros que garanticen la integridad y confidencialidad de los datos de carácter personal, independientemente de cuál haya sido el punto de acceso.

c) El desarrollo de la Plataforma Digital de Colaboración entre las Administraciones Públicas como instrumento destinado a facilitar las relaciones y el soporte electrónico de los órganos integrantes del sistema de Conferencias Sectoriales y en general de los órganos de cooperación, así como de otras de plataformas comunes para el intercambio de datos en el ámbito de todas las administraciones públicas.

d) La creación y mantenimiento de sistemas integrados de información administrativa con el fin de disponer de datos actualizados, completos y permanentes referentes a los diferentes ámbitos de actividad administrativa en todo el territorio nacional.

e) El deber de asistencia y auxilio, para atender las solicitudes formuladas por otras Administraciones para el mejor ejercicio de sus competencias, en especial cuando los efectos de su actividad administrativa se extiendan fuera de su ámbito territorial.

f) Cualquier otra prevista en una Ley.

Modificado por Real Decreto-ley 6/2022, de 29 de marzo, por el que se adoptan medidas urgentes en el marco del Plan Nacional de respuesta a las consecuencias económicas y sociales de la guerra en Ucrania. (BOE de 30-03-2022)

Ver arts. 103.1 CE, 140 y sigs. LRJSP; LBRL

CAPÍTULO III
Relaciones de cooperación

Sección 1.ª Técnicas de cooperación

ART. 143. Cooperación entre Administraciones Públicas.

1. Las Administraciones cooperarán al servicio del interés general y podrán acordar de manera voluntaria la forma de ejercer sus respectivas competencias que mejor sirva a este principio.

2. La formalización de relaciones de cooperación requerirá la aceptación expresa de las partes, formulada en acuerdos de órganos de cooperación o en convenios.

Ver arts. 103.1 CE, 140 y sigs. LRJSP; LBRL.

ART. 144. Técnicas de Cooperación.

1. Se podrá dar cumplimiento al principio de cooperación de acuerdo con las técnicas que las Administraciones interesadas estimen más adecuadas, como pueden ser:

a) La participación en órganos de cooperación, con el fin de deliberar y, en su caso, acordar medidas en materias sobre las que tengan competencias diferentes Administraciones Públicas.

b) La participación en órganos consultivos de otras Administraciones Públicas.

c) La participación de una Administración Pública en organismos públicos o entidades dependientes o vinculados a otra Administración diferente.

d) La prestación de medios materiales, económicos o personales a otras Administraciones Públicas.

e) La cooperación interadministrativa para la aplicación coordinada de la normativa reguladora de una determinada materia.

f) La emisión de informes no preceptivos con el fin de que las diferentes Administraciones expresen su criterio sobre propuestas o actuaciones que incidan en sus competencias.

g) Las actuaciones de cooperación en materia patrimonial, incluidos los cambios de titularidad y la cesión de bienes, previstas en la legislación patrimonial.

h) Cualquier otra prevista en la Ley.

2. En los convenios y acuerdos en los que se formalice la cooperación se preverán las condiciones y compromisos que asumen las partes que los suscriben.

3. Cada Administración Pública mantendrá actualizado un registro electrónico de los órganos de cooperación en los que participe y de convenios que haya suscrito.

Sección 2.ª Técnicas orgánicas de cooperación

ART. 145. Órganos de cooperación.

1. Los órganos de cooperación son órganos de composición multilateral o bilateral, de ámbito general o especial, constituidos por representantes de la Administración General del Estado, de las Administraciones de las Comunidades o Ciudades de Ceuta y Melilla o, en su caso, de las Entidades Locales, para acordar voluntariamente actuaciones que mejoren el ejercicio de las competencias que cada Administración Pública tiene.

2. Los órganos de cooperación se regirán por lo dispuesto en esta Ley y por las disposiciones específicas que les sean de aplicación.

3. Los órganos de cooperación entre distintas Administraciones Públicas en los que participe la Administración General del Estado, deberán inscribirse en el Registro estatal de Órganos e Instrumentos de Cooperación para que resulte válida su sesión constitutiva.

4. Los órganos de cooperación, salvo oposición por alguna de las partes, podrán adoptar acuerdos a través de un procedimiento simplificado y por suscripción sucesiva de las partes, por cualquiera de las formas admitidas en Derecho, en los términos que se establezcan de común acuerdo.

ART. 146. Conferencia de Presidentes.

1. La Conferencia de Presidentes es un órgano de cooperación multilateral entre el Gobierno de la Nación y los respectivos Gobiernos de las Comunidades Autónomas y está formada por el Presidente del Gobierno, que la preside, y por los Presidentes de las Comunidades Autónomas y de las Ciudades de Ceuta y Melilla.

2. La Conferencia de Presidentes tiene por objeto la deliberación de asuntos y la adopción de acuerdos de interés para el Estado y las Comunidades Autónomas, estando asistida para la preparación de sus reuniones por un Comité preparatorio del que forman parte un Ministro del Gobierno, que lo preside, y un Consejero de cada Comunidad Autónoma.

ART. 147. Conferencias Sectoriales.

1. La Conferencia Sectorial es un órgano de cooperación, de composición multilateral y ámbito sectorial determinado, que reúne, como Presidente, al miembro del Gobierno que, en representación de la Administración General del Estado, resulte competente por razón de la materia, y a los correspondientes miembros de los Consejos de Gobierno, en representación de las Comunidades Autónomas y de las Ciudades de Ceuta y Melilla.

2. Las Conferencias Sectoriales, u órganos sometidos a su régimen jurídico con otra denominación, habrán de inscribirse en el Registro Electrónico estatal de Órganos e Instrumentos de Cooperación para su válida constitución.

3. Cada Conferencia Sectorial dispondrá de un reglamento de organización y funcionamiento interno aprobado por sus miembros.

Ver arts. 148 a 152 LRJSP.

ART. 148. Funciones de las Conferencias Sectoriales.

1. Las Conferencias Sectoriales pueden ejercer funciones consultivas, decisorias o de coordinación orientadas a alcanzar acuerdos sobre materias comunes.

2. En particular, las Conferencias Sectoriales ejercerán, entre otras, las siguientes funciones:

a) Ser informadas sobre los anteproyectos de leyes y los proyectos de reglamentos del Gobierno de la Nación o de los Consejos de Gobierno de las Comunidades Autónomas cuando afecten de manera directa al ámbito competencial de las otras Administraciones Públicas o cuando así esté previsto en la normativa sectorial aplicable, bien a través de su pleno o bien a través de la comisión o el grupo de trabajo mandatado al efecto.

b) Establecer planes específicos de cooperación entre Comunidades Autónomas en la materia sectorial correspondiente, procurando la supresión de duplicidades, y la consecución de una mejor eficiencia de los servicios públicos.

c) Intercambiar información sobre las actuaciones programadas por las distintas Administraciones Públicas, en ejercicio de sus competencias, y que puedan afectar a las otras Administraciones.

d) Establecer mecanismos de intercambio de información, especialmente de contenido estadístico.

e) Acordar la organización interna de la Conferencia Sectorial y de su método de trabajo.

f) Fijar los criterios objetivos que sirvan de base para la distribución territorial de los créditos presupuestarios, así como su distribución al comienzo del ejercicio económico, de acuerdo con lo previsto en la Ley 47/2003, de 26 de noviembre.

Ver arts. 147, 149 a 152 LRJSP.

ART. 149. Convocatoria de las reuniones de las Conferencias Sectoriales.

1. Corresponde al Ministro que presida la Conferencia Sectorial acordar la convocatoria de las reuniones por iniciativa propia, al menos una vez al año, o cuando lo soliciten, al

menos, la tercera parte de sus miembros. En este último caso, la solicitud deberá incluir la propuesta de orden del día.

2. La convocatoria, que deberá acompañarse de los documentos necesarios con la suficiente antelación, deberá contener el orden del día previsto para cada sesión, sin que puedan examinarse asuntos que no figuren en el mismo, salvo que todos los miembros de la Conferencia Sectorial manifiesten su conformidad. El orden del día de cada reunión será propuesto por el Presidente y deberá especificar el carácter consultivo, decisorio o de coordinación de cada uno de los asuntos a tratar.

3. Cuando la conferencia sectorial hubiera de reunirse con el objeto exclusivo de informar un proyecto normativo, la convocatoria, la constitución y adopción de acuerdos podrá efectuarse por medios electrónicos, telefónicos o audiovisuales, que garanticen la intercomunicación entre ellos y la unidad de acto, tales como la videoconferencia o el correo electrónico, entendiéndose los acuerdos adoptados en el lugar donde esté la presidencia, de acuerdo con el procedimiento que se establezca en el reglamento de funcionamiento interno de la conferencia sectorial.

De conformidad con lo previsto en este apartado la elaboración y remisión de actas podrá realizarse a través de medios electrónicos.

Ver arts. 147, 148, 150 a 152 LRJSP.

ART. 150. Secretaría de las Conferencias Sectoriales.

1. Cada Conferencia Sectorial tendrá un secretario que será designado por el Presidente de la Conferencia Sectorial.

2. Corresponde al secretario de la Conferencia Sectorial, al menos, las siguientes funciones:

a) Preparar las reuniones y asistir a ellas con voz pero sin voto.

b) Efectuar la convocatoria de las sesiones de la Conferencia Sectorial por orden del Presidente.

c) Recibir los actos de comunicación de los miembros de la Conferencia Sectorial y, por tanto, las notificaciones, peticiones de datos, rectificaciones o cualquiera otra clase de escritos de los que deba tener conocimiento.

d) Redactar y autorizar las actas de las sesiones.

e) Expedir certificaciones de las consultas, recomendaciones y acuerdos aprobados y custodiar la documentación generada con motivo de la celebración de sus reuniones.

f) Cuantas otras funciones sean inherentes a su condición de secretario.

Ver arts. 147 a 149, 151 y 152 LRJSP.

ART. 151. Clases de decisiones de la Conferencia Sectorial.

1. La adopción de decisiones requerirá la previa votación de los miembros de la Conferencia Sectorial. Esta votación se producirá por la representación que cada Administración Pública tenga y no por los distintos miembros de cada una de ellas.

2. Las decisiones que adopte la Conferencia Sectorial podrán revestir la forma de:

a) Acuerdo: supone un compromiso de actuación en el ejercicio de las respectivas competencias. Son de obligado cumplimiento y directamente exigibles de acuerdo con lo previsto en la Ley 29/1998, de 13 de julio, reguladora de la Jurisdicción Contencioso-administrativa, salvo para quienes hayan votado en contra mientras no decidan suscribirlos con posterioridad. El acuerdo será certificado en acta.

Cuando la Administración General del Estado ejerza funciones de coordinación, de acuerdo con el orden constitucional de distribución de competencias del ámbito material respectivo, el Acuerdo que se adopte en la Conferencia Sectorial, y en el que se incluirán los votos particulares que se hayan formulado, será de obligado cumplimiento para todas las Administraciones Públicas integrantes de la Conferencia Sectorial, con independencia del sentido de su voto, siendo exigibles conforme a lo establecido en la Ley 29/1998, de 13 de julio. El acuerdo será certificado en acta.

Las Conferencias Sectoriales podrán adoptar planes conjuntos, de carácter multilateral, entre la Administración General del Estado y la de las Comunidades Autónomas, para comprometer actuaciones conjuntas para la consecución de los objetivos comunes, que tendrán la naturaleza de Acuerdo de la conferencia sectorial y se publicarán en el «Boletín Oficial del Estado».

El acuerdo aprobatorio de los planes deberá especificar, según su naturaleza, los siguientes elementos, de acuerdo con lo previsto en la legislación presupuestaria:

1.º Los objetivos de interés común a cumplir.
2.º Las actuaciones a desarrollar por cada Administración.
3.º Las aportaciones de medios personales y materiales de cada Administración.
4.º Los compromisos de aportación de recursos financieros.
5.º La duración, así como los mecanismos de seguimiento, evaluación y modificación.

b) Recomendación: tiene como finalidad expresar la opinión de la Conferencia Sectorial sobre un asunto que se somete a su consulta. Los miembros de la Conferencia Sectorial se comprometen a orientar su actuación en esa materia de conformidad con lo previsto en la Recomendación salvo quienes hayan votado en contra mientras no decidan suscribirla con posterioridad. Si algún miembro se aparta de la Recomendación, deberá motivarlo e incorporar dicha justificación en el correspondiente expediente.

Ver arts. 147 a 150 y 152 LRJSP.

ART. 152. Comisiones Sectoriales y Grupos de trabajo.

1. La Comisión Sectorial es el órgano de trabajo y apoyo de carácter general de la Conferencia Sectorial, estando constituida por el Secretario de Estado u órgano superior de la Administración General del Estado designado al efecto por el Ministro correspondiente, que la presidirá, y un representante de cada Comunidad Autónoma, así como un representante de la Ciudad de Ceuta y de la Ciudad Melilla. El ejercicio de las funciones propias de la secretaría de la Comisión Sectorial corresponderá a un funcionario del Ministerio correspondiente.

Si así se prevé en el reglamento interno de funcionamiento de la Conferencia Sectorial, las comisiones sectoriales y grupos de trabajo podrán funcionar de forma electrónica o por medios telefónicos o audiovisuales, que garanticen la intercomunicación entre ellos y la unidad de acto, tales como la videoconferencia o el correo electrónico, entendiendo los acuerdos adoptados en el lugar donde esté la presidencia, de acuerdo con el procedimiento que se establezca en el reglamento de funcionamiento interno de la Conferencia Sectorial.

2. La Comisión Sectorial ejercerá las siguientes funciones:

a) La preparación de las reuniones de la Conferencia Sectorial, para lo que tratará los asuntos incluidos en el orden del día de la convocatoria.

b) El seguimiento de los acuerdos adoptados por la Conferencia Sectorial.

c) El seguimiento y evaluación de los Grupos de trabajo constituidos.

d) Cualquier otra que le encomiende la Conferencia Sectorial.

3. Las Conferencias Sectoriales podrán crear Grupos de trabajo, de carácter permanente o temporal, formados por Directores Generales, Subdirectores Generales o equivalentes de las diferentes Administraciones Públicas que formen parte de dicha Conferencia, para llevar a cabo las tareas técnicas que les asigne la Conferencia Sectorial o la Comisión Sectorial. A estos grupos de trabajo podrán ser invitados expertos de reconocido prestigio en la materia a tratar.

El director del Grupo de trabajo, que será un representante de la Administración General del Estado, podrá solicitar con el voto favorable de la mayoría de sus miembros, la participación en el mismo de las organizaciones representativas de intereses afectados, con el fin de recabar propuestas o formular consultas.

Ver arts. 147 a 151 LRJSP.

ART. 153. Comisiones Bilaterales de Cooperación.

1. Las Comisiones Bilaterales de Cooperación son órganos de cooperación de composición bilateral que reúnen, por un número igual de representantes, a miembros del Gobierno, en representación de la Administración General del Estado, y miembros del Consejo de Gobierno de la Comunidad Autónoma o representantes de la Ciudad de Ceuta o de la Ciudad de Melilla.

2. Las Comisiones Bilaterales de Cooperación ejercen funciones de consulta y adopción de acuerdos que tengan por objeto la mejora de la coordinación entre las respectivas Administraciones en asuntos que afecten de forma singular a la Comunidad Autónoma, a la Ciudad de Ceuta o a la Ciudad de Melilla.

3. Para el desarrollo de su actividad, las Comisiones Bilaterales de Cooperación podrán crear Grupos de trabajo y podrán convocarse y adoptar acuerdos por videoconferencia o por medios electrónicos.

4. Las decisiones adoptadas por las Comisiones Bilaterales de Cooperación revestirán la forma de Acuerdos y serán de obligado cumplimiento, cuando así se prevea expresamente, para las dos Administraciones que lo suscriban y en ese caso serán exigibles conforme a lo establecido en la Ley 29/1998, de 13 de julio. El acuerdo será certificado en acta.

5. Lo previsto en este artículo será de aplicación sin perjuicio de las peculiaridades que, de acuerdo con las finalidades básicas previstas, se establezcan en los Estatutos de Autonomía en materia de organización y funciones de las comisiones bilaterales.

ART. 154. Comisiones Territoriales de Coordinación.

1. Cuando la proximidad territorial o la concurrencia de funciones administrativas así lo requiera, podrán crearse Comisiones Territoriales de Coordinación, de composición multilateral, entre Administraciones cuyos territorios sean coincidentes o limítrofes, para mejorar la coordinación de la prestación de servicios, prevenir duplicidades y mejorar la eficiencia y calidad de los servicios. En función de las Administraciones afectadas por razón de la materia, estas Comisiones podrán estar formadas por:

a) Representantes de la Administración General del Estado y representantes de las Entidades Locales.

b) Representantes de las Comunidades Autónomas y representantes de las Entidades locales.

c) Representantes de la Administración General del Estado, representantes de las Comunidades Autónomas y representantes de las Entidades Locales.

2. Las decisiones adoptadas por las Comisiones Territoriales de Cooperación revestirán la forma de Acuerdos, que serán certificados en acta y serán de obligado cumplimiento para las Administraciones que lo suscriban y exigibles conforme a lo establecido en la Ley 29/1998, de 13 de julio.

3. El régimen de las convocatorias y la secretaría será el mismo que el establecido para las Conferencias Sectoriales en los artículos 149 y 150, salvo la regla prevista sobre quién debe ejercer las funciones de secretario, que se designará según su reglamento interno de funcionamiento.

Ver art. 57 LBRL.

CAPÍTULO IV
Relaciones electrónicas entre las Administraciones

ART. 155. Transmisiones de datos entre Administraciones Públicas.

1. De conformidad con lo dispuesto en el Reglamento (UE) 2016/679 del Parlamento Europeo y del Consejo, de 27 de abril de 2016, relativo a la protección de las personas físicas en lo que respecta al tratamiento de datos personales y a la libre circulación de estos datos y por el que se deroga la Directiva 95/46/CE y en la Ley Orgánica 3/2018, de 5 de diciembre, de Protección de Datos Personales y garantía de los derechos digitales y su normativa de desarrollo, cada Administración deberá facilitar el acceso de las restantes Administraciones Públicas a los datos relativos a los interesados que obren en su poder, especificando las condiciones, protocolos y criterios funcionales o técnicos necesarios para acceder a dichos datos con las máximas garantías de seguridad, integridad y disponibilidad.

2. En ningún caso podrá procederse a un tratamiento ulterior de los datos para fines incompatibles con el fin para el cual se recogieron inicialmente los datos personales. De acuerdo con lo previsto en el artículo 5.1.b) del Reglamento (UE) 2016/679, no se considerará incompatible con los fines iniciales el tratamiento ulterior de los datos personales con fines de archivo en interés público, fines de investigación científica e histórica o fines estadísticos.

3. Fuera del caso previsto en el apartado anterior y siempre que las leyes especiales aplicables a los respectivos tratamientos no prohíban expresamente el tratamiento ulterior de los datos para una finalidad distinta, cuando la Administración Pública cesionaria de los datos pretenda el tratamiento ulterior de los mismos para una finalidad que estime compatible con el fin inicial, deberá comunicarlo previamente a la Administración Pública cedente a los efectos de que esta pueda comprobar dicha compatibilidad. La Administración Pública cedente podrá, en el plazo de diez días oponerse motivadamente. Cuando la Administración cedente sea la Administración General del Estado podrá en este supuesto, excepcional-

mente y de forma motivada, suspender la transmisión de datos por razones de seguridad nacional de forma cautelar por el tiempo estrictamente indispensable para su preservación. En tanto que la Administración Pública cedente no comunique su decisión a la cesionaria esta no podrá emplear los datos para la nueva finalidad pretendida.

Se exceptúan de lo dispuesto en el párrafo anterior los supuestos en que el tratamiento para otro fin distinto de aquel para el que se recogieron los datos personales esté previsto en una norma con rango de ley de conformidad con lo previsto en el artículo 23.1 del Reglamento (UE) 2016/679.

> *Modificado por Real Decreto-ley 14/2019, de 31 de octubre, por el que se adoptan medidas urgentes por razones de seguridad pública en materia de administración digital, contratación del sector público y telecomunicaciones. (BOE de 05-11-2019).*
>
> *Ver D.T. 2.ª del Real Decreto-ley 14/2019, de 31 de octubre, que regula la aplicación de esta modificación.*

ART. 156. Esquema Nacional de Interoperabilidad y Esquema Nacional de Seguridad.

1. El Esquema Nacional de Interoperabilidad comprende el conjunto de criterios y recomendaciones en materia de seguridad, conservación y normalización de la información, de los formatos y de las aplicaciones que deberán ser tenidos en cuenta por las Administraciones Públicas para la toma de decisiones tecnológicas que garanticen la interoperabilidad.

2. El Esquema Nacional de Seguridad tiene por objeto establecer la política de seguridad en la utilización de medios electrónicos en el ámbito de la presente Ley, y está constituido por los principios básicos y requisitos mínimos que garanticen adecuadamente la seguridad de la información tratada.

ART. 157. Reutilización de sistemas y aplicaciones de propiedad de la Administración.

1. Las Administraciones pondrán a disposición de cualquiera de ellas que lo solicite las aplicaciones, desarrolladas por sus servicios o que hayan sido objeto de contratación y de cuyos derechos de propiedad intelectual sean titulares, salvo que la información a la que estén asociadas sea objeto de especial protección por una norma. Las Administraciones cedentes y cesionarias podrán acordar la repercusión del coste de adquisición o fabricación de las aplicaciones cedidas.

2. Las aplicaciones a las que se refiere el apartado anterior podrán ser declaradas como de fuentes abiertas, cuando de ello se derive una mayor transparencia en el funcionamiento de la Administración Pública o se fomente con ello la incorporación de los ciudadanos a la Sociedad de la información.

3. Las Administraciones Públicas, con carácter previo a la adquisición, desarrollo o al mantenimiento a lo largo de todo el ciclo de vida de una aplicación, tanto si se realiza con medios propios o por la contratación de los servicios correspondientes, deberán consultar en el directorio general de aplicaciones, dependiente de la Administración General del Estado, si existen soluciones disponibles para su reutilización, que puedan satisfacer total o parcialmente las necesidades, mejoras o actualizaciones que se pretenden cubrir, y siempre que los requisitos tecnológicos de interoperabilidad y seguridad así lo permitan.

En este directorio constarán tanto las aplicaciones disponibles de la Administración General del Estado como las disponibles en los directorios integrados de aplicaciones del resto de Administraciones.

En el caso de existir una solución disponible para su reutilización total o parcial, las Administraciones Públicas estarán obligadas a su uso, salvo que la decisión de no reutilizarla se justifique en términos de eficiencia conforme al artículo 7 de la Ley Orgánica 2/2012, de 27 de abril, de Estabilidad Presupuestaria y Sostenibilidad Financiera.

ART. 158. Transferencia de tecnología entre Administraciones.

1. Las Administraciones Públicas mantendrán directorios actualizados de aplicaciones para su libre reutilización, de conformidad con lo dispuesto en el Esquema Nacional de Interoperabilidad. Estos directorios deberán ser plenamente interoperables con el directorio general de la Administración General del Estado, de modo que se garantice su compatibilidad informática e interconexión.

2. La Administración General del Estado, mantendrá un directorio general de aplicaciones para su reutilización, prestará apoyo para la libre reutilización de aplicaciones e impulsará el desarrollo de aplicaciones, formatos y estándares comunes en el marco de los esquemas nacionales de interoperabilidad y seguridad.

DISPOSICIONES ADICIONALES

D.A. 1.ª Administración de los Territorios Históricos del País Vasco.

En la Comunidad Autónoma del País Vasco, a efectos de lo dispuesto en el artículo segundo, se entenderá por Administraciones Públicas las Diputaciones Forales y las Administraciones institucionales de ellas dependientes o vinculadas.

D.A. 2.ª Delegados del Gobierno en las Ciudades de Ceuta y Melilla.

1. En las Ciudades de Ceuta y Melilla existirá un Delegado del Gobierno que representará al Gobierno de la Nación en su territorio.

2. Las disposiciones contenidas en la presente Ley que hagan referencia a los Delegados del Gobierno en las Comunidades Autónomas se deberán entender también referidas a los Delegados del Gobierno en las Ciudades de Ceuta y Melilla.

3. En las Ciudades de Ceuta y Melilla existirá una Comisión de asistencia al Delegado del Gobierno, presidida por él mismo e integrada por el Secretario General y los responsables de los servicios territoriales. A sus sesiones deberán asistir los titulares de los órganos y servicios territoriales, tanto integrados como no integrados que el Delegado del Gobierno considere oportuno.

D.A. 3.ª Relaciones con las ciudades de Ceuta y Melilla.

Lo dispuesto en esta Ley sobre las relaciones entre la Administración General del Estado y las Administraciones de las Comunidades Autónomas será de aplicación a las relaciones con las Ciudades de Ceuta y Melilla en la medida en que afecte al ejercicio de las competencias estatutariamente asumidas.

D.A. 4.ª Adaptación de entidades y organismos públicos existentes en el ámbito estatal.

Las entidades con régimen jurídico específico a la entrada en vigor de esta ley se seguirán rigiendo por su legislación específica, manteniendo su naturaleza jurídica, y únicamente de forma supletoria, y en tanto resulte compatible con su legislación específica por lo previsto en esta ley.

Los demás organismos y entidades, a los que se refiere el artículo 84.1 de esta ley, existentes en el momento de la entrada en vigor de la misma, deberán adaptarse a su contenido antes del 1 de octubre de 2024, rigiéndose hasta que se realice la adaptación por su normativa específica.

La adaptación se realizará preservando las actuales especialidades de los organismos y entidades en materia de personal, patrimonio, régimen presupuestario, contabilidad, control económico-financiero y de operaciones como agente de financiación, incluyendo, respecto a estas últimas, el sometimiento, en su caso, al ordenamiento jurídico privado. Las especialidades se preservarán siempre que no hubieran generado deficiencias importantes en el control de ingresos y gastos causantes de una situación de desequilibrio financiero en el momento de su adaptación.

Las entidades que no tuvieran la consideración de poder adjudicador, preservarán esta especialidad en tanto no se oponga a la normativa comunitaria.

Modificada por Ley 22/2021, de 28 de diciembre, de Presupuestos Generales del Estado para el año 2022. (BOE de 29-12-2021).

D.A. 5.ª Gestión compartida de servicios comunes de los organismos públicos estatales existentes.

1. Los organismos públicos integrantes del sector público estatal a la entrada en vigor de esta ley compartirán la organización y gestión de sus servicios comunes salvo que la decisión de no compartirlos se justifique, en una memoria elaborada al efecto y que se dirigirá al Ministerio de Hacienda y Administraciones Públicas, en términos de eficiencia, conforme al artículo 7 de la Ley Orgánica 2/2012, de 27 de abril, en razones de seguridad nacional, o cuando la organización y gestión compartida afecte a servicios que deban prestarse de forma autónoma en atención a la independencia del organismo público.

2. La organización y gestión compartida de los servicios comunes a los que se refiere el artículo 95 podrá realizarse de las formas siguientes:

a) Mediante su coordinación por el departamento con competencias en materia de Hacienda pública o por un organismo autónomo vinculado o dependiente del mismo.

b) Mediante su coordinación por el departamento al que esté vinculado o del que dependa el organismo público.

c) Mediante su coordinación por el organismo público al que esté vinculado o del que dependa a su vez el organismo público.

D.A. 6.ª Transformación de los medios propios estatales existentes.

Todas las entidades y organismos públicos que en el momento de la entrada en vigor de esta Ley tengan la condición de medio propio en el ámbito estatal deberán adaptarse a lo previsto en esta Ley en el plazo de seis meses a contar desde su entrada en vigor.

D.A. 7.ª Registro Electrónico estatal de Órganos e Instrumentos de Cooperación.

1. La Administración General del Estado mantendrá actualizado un registro electrónico de los órganos de cooperación en los que participa ella o alguno de sus organismos públicos o entidades vinculados o dependientes y de convenios celebrados con el resto de Administraciones Públicas. Este registro será dependiente de la Secretaría de Estado de Administraciones Públicas.

2. La creación, modificación o extinción de los órganos de cooperación, así como la suscripción, extinción, prórroga o modificación de cualquier convenio celebrado por la Administración General del Estado o alguno de sus organismos públicos o entidades vinculados o dependientes deberá ser comunicada por el órgano de ésta que lo haya suscrito, en el plazo de cinco días desde que ocurra el hecho inscribible, al Registro Electrónico estatal de Órganos e Instrumentos de Cooperación.

3. Los Departamentos Ministeriales que ejerzan la Secretaría de los órganos de cooperación deberán comunicar al registro antes del 30 de enero de cada año los órganos de cooperación que hayan extinguido.

4. El Ministro de Hacienda y Administraciones Públicas elevará anualmente al Consejo de Ministros un informe sobre la actividad de los órganos de cooperación existentes, así como sobre los convenios vigentes a partir de los datos y análisis proporcionados por el Registro Electrónico estatal de Órganos e Instrumentos de Cooperación.

5. Los órganos de cooperación y los convenios vigentes disponen del plazo de seis meses, a contar desde la entrada en vigor de la Ley, para solicitar su inscripción en este Registro.

6. Los órganos de cooperación que no se hayan reunido en un plazo de cinco años desde su creación o en un plazo de cinco años desde la entrada en vigor de esta ley quedarán extinguidos.

Apdo. 2 modificado por Real Decreto-ley 36/2020, de 30 de diciembre, por el que se aprueban medidas urgentes para la modernización de la Administración Pública y para la ejecución del Plan de Recuperación, Transformación y Resiliencia. (BOE de 31-12-2020).

D.A. 8.ª Adaptación de los convenios vigentes suscritos por cualquier Administración Pública e inscripción de organismos y entidades en el Inventario de Entidades del Sector Público Estatal, Autonómico y Local.

1. Todos los convenios vigentes suscritos por cualquier Administración Pública o cualquiera de sus organismos o entidades vinculados o dependientes deberán adaptarse a lo aquí previsto en el plazo de tres años a contar desde la entrada en vigor de esta Ley.

No obstante, esta adaptación será automática, en lo que se refiere al plazo de vigencia del convenio, por aplicación directa de las reglas previstas en el artículo 49.h).1.º para los convenios que no tuvieran determinado un plazo de vigencia o, existiendo, tuvieran establecida una prórroga tácita por tiempo indefinido en el momento de la entrada en vigor de esta Ley. En estos casos el plazo de vigencia del convenio será de cuatro años a contar desde la entrada en vigor de la presente Ley.

2. Todos los organismos y entidades, vinculados o dependientes de cualquier Administración Pública y cualquiera que sea su naturaleza jurídica, existentes en el momento de la entrada en vigor de esta Ley deberán estar inscritos en el Inventario de Entidades del Sector Público Estatal, Autonómico y Local en el plazo de tres meses a contar desde dicha entrada en vigor.

D.A. 9.ª Comisión Sectorial de administración electrónica.

1. La Comisión Sectorial de administración electrónica, dependiente de la Conferencia Sectorial de Administración Pública, es el órgano técnico de cooperación de la Administra-

ción General del Estado, de las Administraciones de las Comunidades Autónomas y de las Entidades Locales en materia de administración electrónica.

2. La Comisión Sectorial de la administración electrónica desarrollará, al menos, las siguientes funciones:

a) Asegurar la compatibilidad e interoperabilidad de los sistemas y aplicaciones empleados por las Administraciones Públicas.

b) Impulsar el desarrollo de la administración electrónica en España.

c) Asegurar la cooperación entre las Administraciones Públicas para proporcionar información administrativa clara, actualizada e inequívoca.

3. Cuando por razón de las materias tratadas resulte de interés, podrá invitarse a las organizaciones, corporaciones o agentes sociales que se estime conveniente en cada caso a participar en las deliberaciones de la Comisión Sectorial.

D.A. 10.ª Aportaciones a los consorcios.

Cuando las Administraciones Públicas o cualquiera de sus organismos públicos o entidades vinculados o dependientes sean miembros de un consorcio, no estarán obligados a efectuar la aportación al fondo patrimonial o la financiación a la que se hayan comprometido para el ejercicio corriente si alguno de los demás miembros del consorcio no hubiera realizado la totalidad de sus aportaciones dinerarias correspondientes a ejercicios anteriores a las que estén obligados.

D.A. 11.ª Conflictos de atribuciones intraministeriales.

1. Los conflictos positivos o negativos de atribuciones entre órganos de un mismo Ministerio serán resueltos por el superior jerárquico común en el plazo de diez días, sin que quepa recurso alguno.

2. En los conflictos positivos, el órgano que se considere competente requerirá de inhibición al que conozca del asunto, quien suspenderá el procedimiento por un plazo de diez días. Si dentro de dicho plazo acepta el requerimiento, remitirá el expediente al órgano requirente. En caso de considerarse competente, remitirá acto seguido las actuaciones al superior jerárquico común.

3. En los conflictos negativos, el órgano que se estime incompetente remitirá directamente las actuaciones al órgano que considere competente, quien decidirá en el plazo de diez días y, en su caso, de considerarse, asimismo, incompetente, remitirá acto seguido el expediente con su informe al superior jerárquico común.

4. Los interesados en el procedimiento plantearán estos conflictos de acuerdo a lo establecido en el artículo 14.

D.A. 12.ª Régimen Jurídico de las Autoridades Portuarias y Puertos del Estado.

Las Autoridades Portuarias y Puertos del Estado se regirán por su legislación específica, por las disposiciones de la Ley 47/2003, de 26 de noviembre, que les sean de aplicación y, supletoriamente, por lo establecido en esta Ley.

D.A. 13.ª Régimen jurídico de las Entidades gestoras y servicios comunes de la Seguridad Social.

1. A las Entidades gestoras, servicios comunes y otros organismos o entidades que conforme a la Ley integran la Administración de la Seguridad Social, les será de aplicación las previsiones de esta Ley relativas a los organismos autónomos, salvo lo dispuesto en el párrafo siguiente.

2. El régimen de personal, económico-financiero, patrimonial, presupuestario y contable, de participación en la gestión, así como la asistencia jurídica, será el establecido por su legislación específica, por la Ley 47/2003, de 26 de noviembre, General Presupuestaria, en las materias que sea de aplicación, y supletoriamente por esta Ley.

D.A. 14.ª La organización militar y las Delegaciones de Defensa.

1. La organización militar se rige por su legislación específica y por las bases establecidas en la ley Orgánica 5/2005, de 17 de noviembre, de la Defensa Nacional.

2. Las Delegaciones de Defensa permanecerán integradas en el Ministerio de Defensa y se regirán por su normativa específica.

D.A. 15.ª Personal militar de las Fuerzas Armadas y del Centro Nacional de Inteligencia.

Las referencias que en los artículos 63, 65, 66 y 67 de esta ley se realizan a los funcionarios de carrera pertenecientes al Subgrupo A1 comprenderán al personal militar de las Fuerzas Armadas perteneciente a cuerpos y escalas con una categoría equivalente a aquélla.

Dichas previsiones normativas serán igualmente aplicables al personal del Centro Nacional de Inteligencia perteneciente al Subgrupo A1, según su normativa estatutaria.

D.A. 16.ª Servicios territoriales integrados en las Delegaciones del Gobierno.

Los servicios territoriales que, a la entrada en vigor de esta Ley, estuviesen integrados en las Delegaciones del Gobierno continuarán en esta situación, siendo aplicable a los mismos lo previsto en la presente Ley.

D.A. 17.ª Régimen jurídico de la Agencia Estatal de Administración Tributaria.

La Agencia Estatal de Administración Tributaria se regirá por su legislación específica y únicamente de forma supletoria y en tanto resulte compatible con su legislación específica por lo previsto en esta Ley.

El acceso, la cesión o la comunicación de información de naturaleza tributaria se regirán en todo caso por su legislación específica.

D.A. 18.ª Régimen jurídico del Centro Nacional de Inteligencia.

La actuación administrativa de los órganos competentes del Centro Nacional de Inteligencia se regirá por lo previsto en su normativa específica y en lo no previsto en ella, en cuanto sea compatible con su naturaleza y funciones propias, por lo dispuesto en la presente Ley.

D.A. 19.ª Régimen jurídico del Banco de España.

El Banco de España en su condición de banco central nacional se regirá, en primer término, por lo dispuesto en el Tratado de Funcionamiento de la Unión Europea, los Estatutos del Sistema Europeo de Bancos Centrales y del Banco Central Europeo, el Reglamento (UE) n.º 1024/2013 del Consejo, de 15 de octubre de 2013 y la Ley 13/1994, de 1 de junio, de Autonomía del Banco de España.

En lo no previsto en las referidas normas y en cuanto sea compatible con su naturaleza y funciones será de aplicación lo previsto en la presente Ley.

D.A. 20.ª Régimen jurídico del Fondo de Reestructuración Ordenada Bancaria.

El Fondo de Reestructuración Ordenada Bancaria tendrá la consideración de autoridad administrativa independiente de conformidad con lo previsto en esta Ley.

D.A. 21.ª Órganos Colegiados de Gobierno.

Las disposiciones previstas en esta Ley relativas a los órganos colegiados no serán de aplicación a los órganos Colegiados del Gobierno de la Nación, los órganos colegiados de Gobierno de las Comunidades Autónomas y los órganos colegiados de gobierno de las Entidades Locales.

D.A. 22.ª Actuación administrativa de los órganos constitucionales del Estado y de los órganos legislativos y de control autonómicos.

La actuación administrativa de los órganos competentes del Congreso de los Diputados, del Senado, del Consejo General del Poder Judicial, del Tribunal Constitucional, del Tribunal de Cuentas, del Defensor del Pueblo, de las Asambleas Legislativas de las Comunidades Autónomas y de las instituciones autonómicas análogas al Tribunal de Cuentas y al Defensor del Pueblo, se regirá por lo previsto en su normativa específica, en el marco de los principios que inspiran la actuación administrativa de acuerdo con esta Ley.

D.A. 23.ª Régimen jurídico aplicable a la entidad pública empresarial Sociedad de Salvamento y Seguridad Marítima.

La Sociedad de Salvamento y Seguridad Marítima (SASEMAR) preservará su naturaleza de entidad pública empresarial y, con las especialidades contenidas en su legislación específica, se regirá por las disposiciones aplicables a dichas entidades en la Ley 40/2015, de 1 de octubre, de Régimen Jurídico del Sector Público, a excepción de lo dispuesto en los artículos 103.1 y 107.3 de la Ley, exclusivamente en lo que se refiere a la financiación mayoritaria con ingresos de mercado.

Añadida por Ley 11/2020, de 30 de diciembre, de Presupuestos Generales del Estado para el año 2021. (BOE de 31-12-2020).

D.A. 24.ª Régimen jurídico aplicable a la entidad pública empresarial Centro para el Desarrollo Tecnológico e Industrial.

El Centro para el Desarrollo Tecnológico e Industrial (CDTI) preservará su naturaleza de entidad pública empresarial y, con las especialidades contenidas en su legislación específica, se regirá por las disposiciones aplicables a dichas entidades en la Ley 40/2015, de 1 de octubre, de Régimen Jurídico del Sector Público, a excepción de lo dispuesto en los artículos 103.1 y 107.3 de la Ley, exclusivamente en lo que se refiere a la financiación mayoritaria con ingresos de mercado.

Añadida por Ley 11/2020, de 30 de diciembre, de Presupuestos Generales del Estado para el año 2021. (BOE de 31-12-2020).

D.A. 25.ª Régimen jurídico aplicable a los administradores generales de infraestructuras ferroviarias.

Los administradores generales de infraestructuras ferroviarias preservarán su naturaleza de entidades públicas empresariales y, con las especialidades contenidas en su legislación propia, se regirán por la Ley 40/2015, de 1 de octubre, de Régimen Jurídico del Sector del Sector Público a excepción de lo dispuesto en los artículos 103.1 y 107.3 de dicha Ley, exclusivamente en lo que se refiere a la financiación mayoritaria con ingresos de mercado.

Añadida por Ley 11/2020, de 30 de diciembre, de Presupuestos Generales del Estado para el año 2021. (BOE de 31-12-2020).

D.A. 26.ª Régimen jurídico aplicable a SEPES, Entidad Pública Empresarial del Suelo.

SEPES, Entidad Pública Empresarial de Suelo, preservará su naturaleza de entidad pública empresarial y, con las especialidades contenidas en su legislación específica, se regirá por las disposiciones aplicables a dichas entidades en la Ley 40/2015, de 1 de octubre, de Régimen Jurídico del Sector Público, a excepción de lo dispuesto en los artículos 103.1 y 107.3 de la Ley, exclusivamente en lo que se refiere a la financiación mayoritaria con ingresos de mercado.

Añadida por Ley 11/2020, de 30 de diciembre, de Presupuestos Generales del Estado para el año 2021. (BOE de 31-12-2020).

D.A. 27.ª Régimen jurídico aplicable a la Entidad Pública Empresarial Red.es.

La Entidad Pública Empresarial Red.es preservará su naturaleza de entidad pública empresarial y, con las especialidades contenidas en su legislación específica, se regirá por las disposiciones aplicables a dichas entidades en la Ley 40/2015, de 1 de octubre, de Régimen Jurídico del Sector Público, a excepción de lo dispuesto en los artículos 103.1 y 107.3 de la Ley, exclusivamente en lo que se refiere a la financiación mayoritaria con ingresos de mercado.

Añadida por Ley 11/2020, de 30 de diciembre, de Presupuestos Generales del Estado para el año 2021. (BOE de 31-12-2020).

D.A. 28.ª Régimen jurídico aplicable a la entidad pública empresarial Instituto para la Diversificación y Ahorro de la Energía.

El Instituto para la Diversificación y Ahorro de la Energía (IDAE) preservará su naturaleza de entidad pública empresarial y, con las especialidades contenidas en su legislación específica, se regirá por las disposiciones aplicables a dichas entidades en la Ley 40/2015, de 1 de octubre, de Régimen Jurídico del Sector Público, a excepción de lo dispuesto en los artículos 103.1 y 107.3 de la Ley, exclusivamente en lo que se refiere a la financiación mayoritaria con ingresos de mercado.

Añadida por Real Decreto-ley 36/2020, de 30 de diciembre, por el que se aprueban medidas urgentes para la modernización de la Administración Pública y para la ejecución del Plan de Recuperación, Transformación y Resiliencia. (BOE de 31-12-2020). Publicada corrección de errores el 26 de enero de 2021.

D.A. 29.ª Régimen jurídico aplicable a la Entidad Pública Empresarial ICEX España Exportación e Inversiones.

La Entidad Pública Empresarial ICEX España Exportación e Inversiones preservará su naturaleza de entidad pública empresarial y, con las especialidades contenidas en su legislación específica, se regirá por las disposiciones aplicables a dichas entidades en la Ley 40/2015, de 1 de octubre, de Régimen Jurídico del Sector Público, a excepción de lo dispuesto en los artículos 103.1 y 107.3 de la Ley, exclusivamente en lo que se refiere a la financiación mayoritaria con ingresos de mercado.

Añadida por Real Decreto-ley 36/2020, de 30 de diciembre, por el que se aprueban medidas urgentes para la modernización de la Administración Pública y para la ejecución del Plan de Recuperación, Transformación y Resiliencia. (BOE de 31-12-2020). Publicada corrección de errores el 26 de enero de 2021.

D.A. 30.ª Plataforma Digital de Colaboración entre las Administraciones Públicas.

1. El Ministerio de Asuntos Económicos y Transformación Digital y el Ministerio de Política Territorial impulsarán mediante orden ministerial conjunta las medidas necesarias para la creación y el funcionamiento de la Plataforma Digital de Colaboración entre las Administraciones Públicas como instrumento destinado a facilitar las relaciones y el soporte electrónico de los órganos integrantes del sistema de Conferencias Sectoriales y en general de los órganos de cooperación.

2. En aplicación del principio de colaboración, las Administraciones Públicas designarán los Puntos de Contacto correspondientes para atender las diversas funcionalidades de la Plataforma.

3. Reglamentariamente se regulará la configuración y régimen de funcionamiento de la Plataforma que, en cualquier caso, se adaptará a los criterios y directrices que sucesivamente establezca la Conferencia Sectorial de Administración Pública o, en su caso, la Comisión Sectorial de Administración Electrónica como órgano dependiente de aquélla.

Añadida por Real Decreto-ley 6/2022, de 29 de marzo, por el que se adoptan medidas urgentes en el marco del Plan Nacional de respuesta a las consecuencias económicas y sociales de la guerra en Ucrania. (BOE de 30-03-2022).

DISPOSICIONES TRANSITORIAS

D.T. 1.ª Composición y clasificación del sector público institucional.

La composición y clasificación del sector público institucional estatal prevista en el artículo 84 se aplicará únicamente a los organismos públicos y las entidades integrantes del sector público institucional estatal que se creen tras la entrada en vigor de la Ley y a los que se hayan adaptado de acuerdo con lo previsto en la disposición adicional cuarta.

D.T. 2.ª Entidades y organismos públicos existentes.

1. Todos los organismos y entidades integrantes del sector público estatal en el momento de la entrada en vigor de esta Ley continuarán rigiéndose por su normativa específica, incluida la normativa presupuestaria que les resultaba de aplicación, hasta su adaptación a lo dispuesto en la Ley de acuerdo con lo previsto en la disposición adicional cuarta.

2. No obstante, en tanto no resulte contrario a su normativa específica:

a) Los organismos públicos existentes en el momento de la entrada en vigor de esta Ley y desde ese momento aplicarán los principios establecidos en el Capítulo I del Título II, el régimen de control previsto en el artículo 85 y 92.2, y lo dispuesto en los artículos 87, 94, 96, 97 si se transformaran fusionaran, disolvieran o liquidaran tras la entrada en vigor de esta Ley.

b) Las sociedades mercantiles estatales, los consorcios, fundaciones y fondos sin personalidad jurídica existentes en el momento de la entrada en vigor de esta Ley aplicarán desde ese momento, respectivamente, lo previsto en el Capítulo V, Capítulo VI, Capítulo VII y Capítulo VIII del Título II.

D.T. 3.ª Procedimientos de elaboración de normas en la Administración General del Estado.

Los procedimientos de elaboración de normas que se hallaren en tramitación en la Administración General del Estado a la entrada en vigor de esta Ley se sustanciarán de acuerdo con lo establecido en la normativa vigente en el momento en que se iniciaron.

D.T. 4.ª Régimen transitorio de las modificaciones introducidas en la disposición final novena.

Lo dispuesto en la disposición final novena será de aplicación a los expedientes de contratación iniciados con posterioridad a la entrada en vigor de dicha disposición. A estos efectos se entenderá que los expedientes de contratación han sido iniciados si se hubiera publicado la correspondiente convocatoria del procedimiento de adjudicación del contrato. En el caso de procedimientos negociados, para determinar el momento de iniciación se tomará en cuenta la fecha de aprobación de los pliegos.

DISPOSICIONES DEROGATORIAS

D.DT. ÚNICA. Derogación normativa.

Quedan derogadas cuantas disposiciones de igual o inferior rango se opongan, contradigan o resulten incompatibles con lo dispuesto en la presente Ley y, en especial:

a) El artículo 87 de la Ley 7/1985, de 2 de abril, Reguladora de las Bases del Régimen Local.

b) El artículo 110 del texto refundido de las disposiciones legales vigentes en materia de Régimen Local aprobado por el Real Decreto Legislativo 781/1986, de 18 de abril.

c) Ley 6/1997, de 14 de abril, de Organización y Funcionamiento de la Administración General del Estado.

d) Los artículos 44, 45 y 46 de la Ley 50/2002, de 26 de diciembre, de Fundaciones.

e) Ley 28/2006, de 18 de julio, de Agencias estatales para la mejora de los servicios públicos.

f) Los artículos 12, 13, 14 y 15 y disposición adicional sexta de la Ley 15/2014, de 16 de septiembre, de racionalización del Sector Público y otras medidas de reforma administrativa.

g) El artículo 6.1.f), la disposición adicional tercera, la disposición transitoria segunda y la disposición transitoria cuarta del Real Decreto 1671/2009, de 6 de noviembre, por el que se desarrolla parcialmente la Ley 11/2007, de 22 de junio, de acceso electrónico de los ciudadanos a los servicios públicos.

h) Los artículos 37, 38, 39 y 40 del Decreto de 17 de junio de 1955 por el que se aprueba el Reglamento de Servicios de las Corporaciones locales.

Hasta que, de acuerdo con lo previsto en la disposición adicional cuarta, concluya el plazo de adaptación de las agencias existentes en el sector público estatal, se mantendrá en vigor la Ley 28/2006, de 18 de julio.

DISPOSICIONES FINALES

D.F. 1.ª Modificación de la Ley 23/1982, de 16 de junio, reguladora del Patrimonio Nacional.

El apartado uno del artículo octavo de la Ley 23/1982, de 16 de junio, reguladora del Patrimonio Nacional, quedará redactado en la forma siguiente:

«Uno. El Consejo de Administración del Patrimonio Nacional estará constituido por su Presidente, el Gerente y por un número de Vocales no superior a trece, todos los cuales deberán ser profesionales de reconocido prestigio. Al Presidente y al Gerente les será de aplicación lo establecido en el artículo 2 de la Ley 3/2015, de 30 de marzo, reguladora del ejercicio del Alto Cargo de la Administración General del Estado, debiendo realizarse su nombramiento entre funcionarios de carrera del Estado, de las Comunidades Autónomas o de las Entidades Locales, pertenecientes a cuerpos clasificados en el Subgrupo A1.

Dos de los Vocales, al menos, deberán de provenir de instituciones museísticas y culturales de reconocido prestigio y proyección internacional. Igualmente, en dos de los Vocales, al menos, habrá de concurrir la condición de Alcaldes de Ayuntamientos en cuyo término municipal radiquen bienes inmuebles históricos del Patrimonio Nacional.

El Presidente, el Gerente y los demás miembros del Consejo de Administración serán nombrados mediante Real Decreto, previa deliberación del Consejo de Ministros a propuesta del Presidente del Gobierno.»

D.F. 2.ª Modificación del Real Decreto-Ley 12/1995, de 28 de diciembre, sobre medidas urgentes en materia presupuestaria, tributaria y financiera.

Uno. Se añade un nuevo apartado tres a la disposición adicional sexta, renumerándose los apartados tres a seis como cuatro a siete. El apartado tres tendrá la siguiente redacción:

«Tres. Consejo General.

1. El Instituto de Crédito Oficial estará regido por un Consejo General, que tendrá a su cargo la superior dirección de su administración y gestión.

2. El Consejo General estará formado por el Presidente de la entidad, que lo será también del Consejo, y diez Vocales, y estará asistido por el Secretario y, en su caso, el Vicesecretario del mismo.

Todos los integrantes del Consejo General actuarán siempre en interés del Instituto de Crédito Oficial en el ejercicio de sus funciones como miembros del Consejo General.

3. El nombramiento y cese de los Vocales del Consejo General corresponde al Consejo de Ministros, a propuesta del Ministro de Economía y Competitividad, que los designará entre personas de reconocido prestigio y competencia profesional en el ámbito de actividad del Instituto de Crédito Oficial.

4. Cuatro de los diez Vocales del Consejo serán independientes. A tal efecto, se entenderá independiente aquél que no sea personal al servicio del Sector Público.

5. El mandato de los vocales independientes será de tres años, tras el cual cabrá una sola reelección.

Reglamentariamente se establecerán las causas de cese de dichos Vocales, así como el régimen jurídico al que quedan sometidos los integrantes del Consejo General.

6. Cada uno de los Vocales independientes dispondrá de dos votos exclusivamente para la adopción de acuerdos relativos a operaciones financieras de activo y pasivo propias del negocio del Instituto.»

Dos. Se añade una nueva disposición transitoria, que tendrá la siguiente redacción:

«D.T. quinta. Operaciones y atribuciones vigentes.

La modificación de la disposición adicional sexta del Real Decreto-Ley 12/1995, de 28 de diciembre, introducida por la disposición final segunda de la Ley 40/2015, de 1 de octubre, de Régimen Jurídico del Sector Público, no afectará al régimen de las operaciones del Instituto de Crédito Oficial actualmente en vigor, sin que por ello se modifiquen los términos y condiciones de los contratos y convenios suscritos.

Adicionalmente, se mantendrán las atribuciones, poderes y delegaciones conferidas por el Consejo General en otras autoridades y órganos del Instituto de Crédito Oficial hasta que el Consejo General decida, en su caso, su revisión.

Los Consejeros que, a la entrada en vigor de la disposición final segunda de la Ley 40/2015, de 1 de octubre, de Régimen Jurídico del Sector Público, formasen parte del Consejo General del Instituto de Crédito Oficial continuarán en el ejercicio de sus funciones hasta que se nombre a quienes hubieran de sucederles.»

D.F. 3.ª Modificación de la Ley 50/1997, de 27 de noviembre, del Gobierno.

La Ley 50/1997, de 27 de noviembre, del Gobierno, queda modificada en los siguientes términos:

Uno. El apartado segundo del artículo 4 queda redactado en los siguientes términos:

«2. Además de los Ministros titulares de un Departamento, podrán existir Ministros sin cartera, a los que se les atribuirá la responsabilidad de determinadas funciones gubernamentales. En caso de que existan Ministros sin cartera, por Real Decreto se determinará el ámbito de sus competencias, la estructura administrativa, así como los medios materiales y personales que queden adscritos al mismo.»

Dos. Se modifica el artículo 5 que queda redactado en los siguientes términos:

«Artículo 5. Del Consejo de Ministros.

1. Al Consejo de Ministros, como órgano colegiado del Gobierno, le corresponde el ejercicio de las siguientes funciones:

a) Aprobar los proyectos de ley y su remisión al Congreso de los Diputados o, en su caso, al Senado.

b) Aprobar el Proyecto de Ley de Presupuestos Generales del Estado.

c) Aprobar los Reales Decretos-leyes y los Reales Decretos Legislativos.

d) Acordar la negociación y firma de Tratados internacionales, así como su aplicación provisional.

e) Remitir los Tratados internacionales a las Cortes Generales en los términos previstos en los artículos 94 y 96.2 de la Constitución.

f) Declarar los estados de alarma y de excepción y proponer al Congreso de los Diputados la declaración del estado de sitio.

g) Disponer la emisión de Deuda Pública o contraer crédito, cuando haya sido autorizado por una Ley.

h) Aprobar los reglamentos para el desarrollo y la ejecución de las leyes, previo dictamen del Consejo de Estado, así como las demás disposiciones reglamentarias que procedan.

i) Crear, modificar y suprimir los órganos directivos de los Departamentos Ministeriales.

j) Adoptar programas, planes y directrices vinculantes para todos los órganos de la Administración General del Estado.

k) Ejercer cuantas otras atribuciones le confieran la Constitución, las leyes y cualquier otra disposición.

2. A las reuniones del Consejo de Ministros podrán asistir los Secretarios de Estado y excepcionalmente otros altos cargos, cuando sean convocados para ello.

3. Las deliberaciones del Consejo de Ministros serán secretas.»

Tres. El apartado segundo del artículo 6 queda redactado en los siguientes términos:

«2. El Real Decreto de creación de una Comisión Delegada deberá especificar, en todo caso:

a) El miembro del Gobierno que asume la presidencia de la Comisión.

b) Los miembros del Gobierno y, en su caso, Secretarios de Estado que la integran.

c) Las funciones que se atribuyen a la Comisión.

d) El miembro de la Comisión al que corresponde la Secretaría de la misma.

e) El régimen interno de funcionamiento y en particular el de convocatorias y suplencias.»

Cuatro. El apartado segundo del artículo 7 queda redactado en los siguientes términos:

«2. Actúan bajo la dirección del titular del Departamento al que pertenezcan. Cuando estén adscritos a la Presidencia del Gobierno, actúan bajo la dirección del Presidente.»

Cinco. El artículo 8 queda redactado en los siguientes términos:

«Artículo 8. De la Comisión General de Secretarios de Estado y Subsecretarios.

1. La Comisión General de Secretarios de Estado y Subsecretarios estará integrada por los titulares de las Secretarías de Estado y por los Subsecretarios de los distintos Departamentos Ministeriales.

Asistirá igualmente el Abogado General del Estado y aquellos altos cargos con rango de Secretario de Estado o Subsecretario que sean convocados por el Presidente por razón de la materia de que se trate.

2. La Presidencia de la Comisión General de Secretarios de Estado y Subsecretarios corresponde a un Vicepresidente del Gobierno o, en su defecto, al Ministro de la Presidencia. En caso de ausencia del Presidente de la Comisión, la presidencia recaerá en el Ministro que corresponda según el orden de precedencia de los Departamentos ministeriales. No se entenderá por ausencia la interrupción transitoria en la asistencia a la reunión de la Comisión. En ese caso, las funciones que pudieran corresponder al Presidente serán ejercidas por la siguiente autoridad en rango presente, de conformidad con el orden de precedencia de los distintos Departamentos ministeriales.

3. La Secretaría de la Comisión General de Secretarios de Estado y Subsecretarios será ejercida por el Subsecretario de la Presidencia. En caso de ausencia, vacante o enfermedad, actuará como Secretario el Director del Secretariado del Gobierno.

4. Las deliberaciones de la Comisión General de Secretarios de Estado y Subsecretarios serán reservadas. En ningún caso la Comisión podrá adoptar decisiones o acuerdos por delegación del Gobierno.

5. Corresponde a la Comisión General de Secretarios de Estado y Subsecretarios:

a) El examen de todos los asuntos que vayan a someterse a aprobación del Consejo de Ministros, excepto los nombramientos, ceses, ascensos a cualquiera de los empleos de la categoría de oficiales generales y aquéllos que, excepcionalmente y por razones de urgencia, deban ser sometidos directamente al Consejo de Ministros.

b) El análisis o discusión de aquellos asuntos que, sin ser competencia del Consejo de Ministros o sus Comisiones Delegadas, afecten a varios Ministerios y sean sometidos a la Comisión por su presidente.»

Seis. Se modifica el artículo 9 que queda redactado en los siguientes términos:

«Artículo 9. Del Secretariado del Gobierno.

1. El Secretariado del Gobierno, como órgano de apoyo del Consejo de Ministros, de las Comisiones Delegadas del Gobierno y de la Comisión General de Secretarios de Estado y Subsecretarios, ejercerá las siguientes funciones:

a) La asistencia al Ministro-Secretario del Consejo de Ministros.

b) La remisión de las convocatorias a los diferentes miembros de los órganos colegiados anteriormente enumerados.

c) La colaboración con las Secretarías Técnicas de las Comisiones Delegadas del Gobierno.

d) El archivo y custodia de las convocatorias, órdenes del día y actas de las reuniones.

e) Velar por el cumplimiento de los principios de buena regulación aplicables a las iniciativas normativas y contribuir a la mejora de la calidad técnica de las disposiciones aprobadas por el Gobierno.

f) Velar por la correcta y fiel publicación de las disposiciones y normas emanadas del Gobierno que deban insertarse en el 'Boletín Oficial del Estado'.

2. Asimismo, el Secretariado del Gobierno, como órgano de asistencia al Ministro de la Presidencia, ejercerá las siguientes funciones:

a) Los trámites relativos a la sanción y promulgación real de las leyes aprobadas por las Cortes Generales y la expedición de los Reales Decretos.

b) La tramitación de los actos y disposiciones del Rey cuyo refrendo corresponde al Presidente del Gobierno.

c) La tramitación de los actos y disposiciones que el ordenamiento jurídico atribuye a la competencia del Presidente del Gobierno.

3. El Secretariado del Gobierno se integra en la estructura orgánica del Ministerio de la Presidencia, tal como se prevea en el Real Decreto de estructura de ese Ministerio. El Director del Secretariado del Gobierno ejercerá la secretaría adjunta de la Comisión General de Secretarios de Estado y Subsecretarios.

4. De conformidad con las funciones que tiene atribuidas y de acuerdo con las normas que rigen la elaboración de las disposiciones de carácter general, el Secretariado del Gobierno propondrá al Ministro de la Presidencia la aprobación de las instrucciones que han de seguirse para la tramitación de asuntos ante los órganos colegiados del Gobierno y los demás previstos en el apartado segundo de este artículo. Las instrucciones preverán expresamente la forma de documentar las propuestas y acuerdos adoptados por medios electrónicos, que deberán asegurar la identidad de los órganos intervinientes y la fehaciencia del contenido.»

Siete. El artículo 10 queda redactado en los siguientes términos:

«10. De los Gabinetes.

1. Los Gabinetes son órganos de apoyo político y técnico del Presidente del Gobierno, de los Vicepresidentes, de los Ministros y de los Secretarios de Estado. Los miembros de los Gabinetes realizan tareas de confianza y asesoramiento especial sin que en ningún caso puedan adoptar actos o resoluciones que correspondan legalmente a los órganos de la Administración General del Estado o de las organizaciones adscritas a ella, sin perjuicio de su asistencia o pertenencia a órganos colegiados que adopten decisiones administrativas. Asimismo, los directores de los gabinetes podrán dictar los actos administrativos propios de la jefatura de la unidad que dirigen.

Particularmente, los Gabinetes prestan su apoyo a los miembros del Gobierno y Secretarios de Estado en el desarrollo de su labor política, en el cumplimiento de las tareas de carácter parlamentario y en sus relaciones con las instituciones y la organización administrativa.

El Gabinete de la Presidencia del Gobierno se regulará por Real Decreto del Presidente en el que se determinará, entre otros aspectos, su estructura y funciones. El resto de Gabinetes se regulará por lo dispuesto en esta Ley.

2. Los Directores de Gabinete tendrán el nivel orgánico que se determine reglamentariamente. El resto de miembros del Gabinete tendrán la situación y grado administrativo que les corresponda en virtud de la legislación correspondiente.

3. Las retribuciones de los miembros de los Gabinetes se determinan por el Consejo de Ministros dentro de las consignaciones presupuestarias establecidas al efecto adecuándose, en todo caso, a las retribuciones de la Administración General del Estado.»

Ocho. Se modifica el artículo 11 con la siguiente redacción:

«Artículo 11. De los requisitos de acceso al cargo.

Para ser miembro del Gobierno se requiere ser español, mayor de edad, disfrutar de los derechos de sufragio activo y pasivo, así como no estar inhabilitado para ejercer empleo o cargo público por sentencia judicial firme y reunir el resto de requisitos de idoneidad previstos en la Ley 3/2015, de 30 de marzo, reguladora del ejercicio del alto cargo de la Administración General del Estado.»

Nueve. El artículo 12 queda redactado en los siguientes términos:

«Artículo 12. Del nombramiento y cese.

1. El nombramiento y cese del Presidente del Gobierno se producirá en los términos previstos en la Constitución.

2. Los Vicepresidentes y Ministros serán nombrados y separados por el Rey, a propuesta del Presidente del Gobierno. El nombramiento conllevará el cese en el puesto que, en su caso, se estuviera desempeñando, salvo cuando en el caso de los Vicepresidentes, se designe como tal a un Ministro que conserve la titularidad del Departamento. Cuando el cese en el anterior cargo correspondiera al Consejo de Ministros, se dejará constancia de esta circunstancia en el nombramiento del nuevo titular. La separación de los Ministros sin cartera llevará aparejada la extinción de dichos órganos.

3. La separación de los Vicepresidentes del Gobierno llevará aparejada la extinción de dichos órganos, salvo el caso en que simultáneamente se designe otro vicepresidente en sustitución del separado.

4. Por Real Decreto se regulará el estatuto que fuera aplicable a los Presidentes del Gobierno tras su cese.»

Diez. El artículo 13 queda redactado en los siguientes términos:

«Artículo 13. De la suplencia.

1. En los casos de vacante, ausencia o enfermedad, las funciones del Presidente del Gobierno serán asumidas por los Vicepresidentes, de acuerdo con el correspondiente orden de prelación, y, en defecto de ellos, por los Ministros, según el orden de precedencia de los Departamentos.

2. La suplencia de los Ministros, para el despacho ordinario de los asuntos de su competencia, será determinada por Real Decreto del Presidente del Gobierno, debiendo recaer, en todo caso, en otro miembro del Gobierno. El Real Decreto expresará entre otras cuestiones la causa y el carácter de la suplencia.

3. No se entenderá por ausencia la interrupción transitoria de la asistencia a la reunión de un órgano colegiado. En tales casos, las funciones que pudieran corresponder al miembro del gobierno durante esa situación serán ejercidas por la siguiente autoridad en rango presente.»

Once. El artículo 20 queda redactado en los siguientes términos:

«Artículo 20. Delegación y avocación de competencias.

1. Pueden delegar el ejercicio de competencias propias:

a) El Presidente del Gobierno en favor del Vicepresidente o Vicepresidentes y de los Ministros.

b) Los Ministros en favor de los Secretarios de Estado y de los Subsecretarios dependientes de ellos, de los Delegados del Gobierno en las Comunidades Autónomas y de los demás órganos directivos del Ministerio.

2. Asimismo, son delegables a propuesta del Presidente del Gobierno las funciones administrativas del Consejo de Ministros en las Comisiones Delegadas del Gobierno.

3. No son en ningún caso delegables las siguientes competencias:

a) Las atribuidas directamente por la Constitución.

b) Las relativas al nombramiento y separación de los altos cargos atribuidas al Consejo de Ministros.

c) Las atribuidas a los órganos colegiados del Gobierno, con la excepción prevista en el apartado 2 de este artículo.

d) Las atribuidas por una ley que prohíba expresamente la delegación.

4. El Consejo de Ministros podrá avocar para sí, a propuesta del Presidente del Gobierno, el conocimiento de un asunto cuya decisión corresponda a las Comisiones Delegadas del Gobierno.

La avocación se realizará mediante acuerdo motivado al efecto, del que se hará mención expresa en la decisión que se adopte en el ejercicio de la avocación. Contra el acuerdo de avocación no cabrá recurso, aunque podrá impugnarse en el que, en su caso, se interponga contra la decisión adoptada.»

Doce. El Título V queda redactado del siguiente modo:

«TÍTULO V

De la iniciativa legislativa y la potestad reglamentaria del Gobierno

Artículo 22. Del ejercicio de la iniciativa legislativa y la potestad reglamentaria del Gobierno.

El Gobierno ejercerá la iniciativa y la potestad reglamentaria de conformidad con los principios y reglas establecidos en el Título VI de la Ley 39/2015, de 1 de octubre, del Procedimiento Administrativo Común de las Administraciones Públicas y en el presente Título.

Artículo 23. Disposiciones de entrada en vigor.

Sin perjuicio de lo establecido en el artículo 2.1 del Código Civil, las disposiciones de entrada en vigor de las leyes o reglamentos, cuya aprobación o propuesta corresponda al Gobierno o a sus miembros, y que impongan nuevas obligaciones a las personas físicas o jurídicas que desempeñen una actividad económica o profesional como consecuencia del ejercicio de ésta, preverán el comienzo de su vigencia el 2 de enero o el 1 de julio siguientes a su aprobación.

Lo previsto en este artículo no será de aplicación a los reales decretos-leyes, ni cuando el cumplimiento del plazo de transposición de directivas europeas u otras razones justificadas así lo aconsejen, debiendo quedar este hecho debidamente acreditado en la respectiva Memoria.

Artículo 24. De la forma y jerarquía de las disposiciones y resoluciones del Gobierno de la Nación y de sus miembros.

1. Las decisiones del Gobierno de la Nación y de sus miembros revisten las formas siguientes:

a) Reales Decretos Legislativos y Reales Decretos-leyes, las decisiones que aprueban, respectivamente, las normas previstas en los artículos 82 y 86 de la Constitución.

b) Reales Decretos del Presidente del Gobierno, las disposiciones y actos cuya adopción venga atribuida al Presidente.

c) Reales Decretos acordados en Consejo de Ministros, las decisiones que aprueben normas reglamentarias de la competencia de éste y las resoluciones que deban adoptar dicha forma jurídica.

d) Acuerdos del Consejo de Ministros, las decisiones de dicho órgano colegiado que no deban adoptar la forma de Real Decreto.

e) Acuerdos adoptados en Comisiones Delegadas del Gobierno, las disposiciones y resoluciones de tales órganos colegiados. Tales acuerdos revestirán la forma de Orden del Ministro competente o del Ministro de la Presidencia, cuando la competencia corresponda a distintos Ministros.

f) Órdenes Ministeriales, las disposiciones y resoluciones de los Ministros. Cuando la disposición o resolución afecte a varios Departamentos revestirá la forma de Orden del Ministro de la Presidencia, dictada a propuesta de los Ministros interesados.

2. Los reglamentos se ordenarán según la siguiente jerarquía:

1.º Disposiciones aprobadas por Real Decreto del Presidente del Gobierno o acordado en el Consejo de Ministros.

2.º Disposiciones aprobadas por Orden Ministerial.

Artículo 25. Plan Anual Normativo.

1. El Gobierno aprobará anualmente un Plan Normativo que contendrá las iniciativas legislativas o reglamentarias que vayan a ser elevadas para su aprobación en el año siguiente.

2. El Plan Anual Normativo identificará, con arreglo a los criterios que se establezcan reglamentariamente, las normas que habrán de someterse a un análisis sobre los resultados de su aplicación, atendiendo fundamentalmente al coste que suponen para la Administración o los destinatarios y las cargas administrativas impuestas a estos últimos.

3. Cuando se eleve para su aprobación por el órgano competente una propuesta normativa que no figurara en el Plan Anual Normativo al que se refiere el presente artículo será necesario justificar este hecho en la correspondiente Memoria del Análisis de Impacto Normativo.

4. El Plan Anual Normativo estará coordinado por el Ministerio de la Presidencia, con el objeto de asegurar la congruencia de todas las iniciativas que se tramiten y de evitar sucesivas modificaciones del régimen legal aplicable a un determinado sector o área de actividad en un corto espacio de tiempo. El Ministro de la Presidencia elevará el Plan al Consejo de Ministros para su aprobación antes del 30 de abril.

Por orden del Ministerio de la Presidencia se aprobarán los modelos que contengan la información a remitir sobre cada iniciativa normativa para su inclusión en el Plan.

Artículo 26. Procedimiento de elaboración de normas con rango de Ley y reglamentos.

La elaboración de los anteproyectos de ley, de los proyectos de real decreto legislativo y de normas reglamentarias se ajustará al siguiente procedimiento:

1. Su redacción estará precedida de cuantos estudios y consultas se estimen convenientes para garantizar el acierto y la legalidad de la norma.

2. Se sustanciará una consulta pública, a través del portal web del departamento competente, con carácter previo a la elaboración del texto, en la que se recabará opinión de los sujetos potencialmente afectados por la futura norma y de las organizaciones más representativas acerca de:

a) Los problemas que se pretenden solucionar con la nueva norma.

b) La necesidad y oportunidad de su aprobación.

c) Los objetivos de la norma.

d) Las posibles soluciones alternativas regulatorias y no regulatorias.

Podrá prescindirse del trámite de consulta pública previsto en este apartado en el caso de la elaboración de normas presupuestarias u organizativas de la Administración General del Estado o de las organizaciones dependientes o vinculadas a éstas, cuando concurran razones graves de interés público que lo justifiquen, o cuando la propuesta normativa no tenga un impacto significativo en la actividad económica, no imponga obligaciones relevantes a los destinatarios o regule aspectos parciales de una materia. También podrá prescindirse de este trámite de consulta en el caso de tramitación urgente de iniciativas normativas, tal y como se establece en el artículo 27.2. La concurrencia de alguna o varias de estas razones, debidamente motivadas, se justificarán en la Memoria del Análisis de Impacto Normativo.

La consulta pública deberá realizarse de tal forma que todos los potenciales destinatarios de la norma tengan la posibilidad de emitir su opinión, para lo cual deberá proporcionarse un tiempo suficiente, que en ningún caso será inferior a quince días naturales.

3. El centro directivo competente elaborará con carácter preceptivo una Memoria del Análisis de Impacto Normativo, que deberá contener los siguientes apartados:

a) Oportunidad de la propuesta y alternativas de regulación estudiadas, lo que deberá incluir una justificación de la necesidad de la nueva norma frente a la alternativa de no aprobar ninguna regulación.

b) Contenido y análisis jurídico, con referencia al Derecho nacional y de la Unión Europea, que incluirá el listado pormenorizado de las normas que quedarán derogadas como consecuencia de la entrada en vigor de la norma.

c) Análisis sobre la adecuación de la norma propuesta al orden de distribución de competencias.

d) Impacto económico y presupuestario, que evaluará las consecuencias de su aplicación sobre los sectores, colectivos o agentes afectados por la norma, incluido el efecto sobre la competencia, la unidad de mercado y la competitividad y su encaje con la legislación vigente en cada momento sobre estas materias. Este análisis incluirá la realización del test Pyme de acuerdo con la práctica de la Comisión Europea.

e) Asimismo, se identificarán las cargas administrativas que conlleva la propuesta, se cuantificará el coste de su cumplimiento para la Administración y para los obligados a soportarlas con especial referencia al impacto sobre las pequeñas y medianas empresas.

f) Impacto por razón de género, que analizará y valorará los resultados que se puedan seguir de la aprobación de la norma desde la perspectiva de la eliminación de desigualdades y de su contribución a la consecución de los objetivos de igualdad de oportunidades y de trato entre mujeres y hombres, a partir de los indicadores de situación de partida, de previsión de resultados y de previsión de impacto.

g) Un resumen de las principales aportaciones recibidas en el trámite de consulta pública regulado en el apartado 2.

La Memoria del Análisis de Impacto Normativo incluirá cualquier otro extremo que pudiera ser relevante a criterio del órgano proponente.

4. Cuando la disposición normativa sea un anteproyecto de ley o un proyecto de real decreto legislativo, cumplidos los trámites anteriores, el titular o titulares de los Departamentos proponentes lo elevarán, previo sometimiento a la Comisión General de Secretarios de Estado y Subsecretarios, al Consejo de Ministros, a fin de que éste decida sobre los ulteriores trámites y, en particular, sobre las consultas, dictámenes e informes que resulten convenientes, así como sobre los términos de su realización, sin perjuicio de los legalmente preceptivos.

Cuando razones de urgencia así lo aconsejen, y siempre que se hayan cumplimentado los trámites de carácter preceptivo, el Consejo de Ministros podrá prescindir de este y acordar la aprobación del anteproyecto de ley o proyecto de real decreto legislativo y su remisión, en su caso, al Congreso de los Diputados o al Senado, según corresponda.

5. A lo largo del procedimiento de elaboración de la norma, el centro directivo competente recabará, además de los informes y dictámenes que resulten preceptivos, cuantos estudios y consultas se estimen convenientes para garantizar el acierto y la legalidad del texto.

Salvo que normativamente se establezca otra cosa, los informes preceptivos se emitirán en un plazo de diez días, o de un mes cuando el informe se solicite a otra Administración o a un órgano u Organismo dotado de especial independencia o autonomía.

El centro directivo competente podrá solicitar motivadamente la emisión urgente de los informes, estudios y consultas solicitados, debiendo éstos ser emitidos en un plazo no superior a la mitad de la duración de los indicados en el párrafo anterior.

En todo caso, los anteproyectos de ley, los proyectos de real decreto legislativo y los proyectos de disposiciones reglamentarias, deberán ser informados por la Secretaría General Técnica del Ministerio o Ministerios proponentes.

Asimismo, cuando la propuesta normativa afectara a la organización administrativa de la Administración General del Estado, a su régimen de personal, a los procedimientos y a la inspección de los servicios, será necesario recabar la aprobación previa del Ministerio de Hacienda y Administraciones Públicas antes de ser sometidas al órgano competente para promulgarlos. Si transcurridos 15 días desde la recepción de la solicitud de aprobación por parte del citado Ministerio no se hubiera formulado ninguna objeción, se entenderá concedida la aprobación.

Será además necesario informe previo del Ministerio de Hacienda y Administraciones Públicas cuando la norma pudiera afectar a la distribución de las competencias entre el Estado y las Comunidades Autónomas.

6. Sin perjuicio de la consulta previa a la redacción del texto de la iniciativa, cuando la norma afecte a los derechos e intereses legítimos de las personas, el centro directivo competente publicará el texto en el portal web correspondiente, con el objeto de dar audiencia a los ciudadanos afectados y obtener cuantas aportaciones adicionales puedan hacerse por otras personas o entidades. Asimismo, podrá recabarse directamente la opinión de las organizaciones o asociaciones reconocidas por ley que agrupen o representen a las personas cuyos derechos o intereses legítimos se vieren afectados por la norma y cuyos fines guarden relación directa con su objeto.

El plazo mínimo de esta audiencia e información públicas será de 15 días hábiles, y podrá ser reducido hasta un mínimo de siete días hábiles cuando razones debidamente motivadas así lo justifiquen; así como cuando se aplique la tramitación urgente de iniciativas normativas, tal y como se establece en el artículo 27.2. De ello deberá dejarse constancia en la Memoria del Análisis de Impacto Normativo.

El trámite de audiencia e información pública sólo podrá omitirse cuando existan graves razones de interés público, que deberán justificarse en la Memoria del Análisis de Impacto Normativo. Asimismo, no será de aplicación a las disposiciones presupuestarias o que regulen los órganos, cargos y autoridades del Gobierno o de las organizaciones dependientes o vinculadas a éstas.

7. Se recabará el dictamen del Consejo de Estado u órgano consultivo equivalente cuando fuera preceptivo o se considere conveniente.

8. Cumplidos los trámites anteriores, la propuesta se someterá a la Comisión General de Secretarios de Estado y Subsecretarios y se elevará al Consejo de Ministros para su aprobación y, en caso de proyectos de ley, su remisión al Congreso de los Diputados o, en su caso, al Senado, acompañándolo de una Exposición de Motivos y de la documentación propia del procedimiento de elaboración a que se refieren las letras b) y d) del artículo 7 de la Ley 19/2013, de 9 de diciembre, de transparencia, acceso a la información pública y buen gobierno y su normativa de desarrollo.

9. El Ministerio de la Presidencia, con el objeto de asegurar la coordinación y la calidad de la actividad normativa del Gobierno analizará los siguientes aspectos:

a) La calidad técnica y el rango de la propuesta normativa.

b) La congruencia de la iniciativa con el resto del ordenamiento jurídico, nacional y de la Unión Europea, con otras que se estén elaborando en los distintos Ministerios o que vayan a hacerlo de acuerdo con el Plan Anual Normativo, así como con las que se estén tramitando en las Cortes Generales.

c) La necesidad de incluir la derogación expresa de otras normas, así como de refundir en la nueva otras existentes en el mismo ámbito.

d) El contenido preceptivo de la Memoria del Análisis de Impacto Normativo y, en particular, la inclusión de una sistemática de evaluación posterior de la aplicación de la norma cuando fuere preceptivo.

e) El cumplimiento de los principios y reglas establecidos en este Título.

f) El cumplimiento o congruencia de la iniciativa con los proyectos de reducción de cargas administrativas o buena regulación que se hayan aprobado en disposiciones o acuerdos de carácter general para la Administración General del Estado.

g) La posible extralimitación de la iniciativa normativa respecto del contenido de la norma comunitaria que se transponga al derecho interno.

Reglamentariamente se determinará la composición del órgano encargado de la realización de esta función así como su modo de intervención en el procedimiento.

10. Se conservarán en el correspondiente expediente administrativo, en formato electrónico, la Memoria del Análisis de Impacto Normativo, los informes y dictámenes recabados para su tramitación, así como todos los estudios y consultas emitidas y demás actuaciones practicadas.

11. Lo dispuesto en este artículo y en el siguiente no será de aplicación para la tramitación y aprobación de decretos-leyes, a excepción de la elaboración de la memoria prevista en el apartado 3, con carácter abreviado, y lo establecido en los números 1, 8, 9 y 10.

Artículo 27. Tramitación urgente de iniciativas normativas en el ámbito de la Administración General del Estado.

1. El Consejo de Ministros, a propuesta del titular del departamento al que corresponda la iniciativa normativa, podrá acordar la tramitación urgente del procedimiento de elaboración y aprobación de anteproyectos de ley, reales decretos legislativos y de reales decretos, en alguno de los siguientes casos:

a) Cuando fuere necesario para que la norma entre en vigor en el plazo exigido para la transposición de directivas comunitarias o el establecido en otras leyes o normas de Derecho de la Unión Europea.

b) Cuando concurran otras circunstancias extraordinarias que, no habiendo podido preverse con anterioridad, exijan la aprobación urgente de la norma.

La Memoria del Análisis de Impacto Normativo que acompañe al proyecto mencionará la existencia del acuerdo de tramitación urgente, así como las circunstancias que le sirven de fundamento.

2. La tramitación por vía de urgencia implicará que:

a) Los plazos previstos para la realización de los trámites del procedimiento de elaboración, establecidos en ésta o en otra norma, se reducirán a la mitad de su duración. Si, en aplicación de la normativa reguladora de los órganos consultivos que hubieran de emitir dictamen, fuera necesario un acuerdo para requerirlo en dicho plazo, se adoptará por el órgano competente; y si fuera el Consejo de Ministros, se recogerá en el acuerdo previsto en el apartado 1 de este artículo.

b) No será preciso el trámite de consulta pública previsto en el artículo 26.2, sin perjuicio de la realización de los trámites de audiencia pública o de información pública sobre el texto a los que se refiere el artículo 26.6, cuyo plazo de realización será de siete días.

c) La falta de emisión de un dictamen o informe preceptivo en plazo no impedirá la continuación del procedimiento, sin perjuicio de su eventual incorporación y consideración cuando se reciba.

Artículo 28. Informe anual de evaluación.

1. El Consejo de Ministros, a propuesta del Ministerio de la Presidencia, aprobará, antes del 30 de abril de cada año, un informe anual en el que se refleje el grado de cumplimiento del Plan Anual Normativo del año anterior, las iniciativas adoptadas que no estaban inicialmente incluidas en el citado Plan, así como las incluidas en anteriores informes de evaluación con objetivos plurianuales que hayan producido al menos parte de sus efectos en el año que se evalúa.

2. En el informe se incluirán las conclusiones del análisis de la aplicación de las normas a que se refiere el artículo 25.2, que, de acuerdo con lo previsto en su respectiva Memoria, hayan tenido que ser evaluadas en el ejercicio anterior. La evaluación se realizará en los términos y plazos previstos en la Memoria del Análisis de Impacto Normativo y deberá comprender, en todo caso:

a) La eficacia de la norma, entendiendo por tal la medida en que ha conseguido los fines pretendidos con su aprobación.

b) La eficiencia de la norma, identificando las cargas administrativas que podrían no haber sido necesarias.

c) La sostenibilidad de la disposición.

El informe podrá contener recomendaciones específicas de modificación y, en su caso, derogación de las normas evaluadas, cuando así lo aconsejase el resultado del análisis.»

Trece. Se añade un Título VI en el que se incluye el artículo 26 actual, que se renumera como artículo 29, y que queda redactado del siguiente modo:

«TÍTULO VI

Del control del Gobierno

Artículo 29. Del control de los actos del Gobierno.

1. El Gobierno está sujeto a la Constitución y al resto del ordenamiento jurídico en toda su actuación.

2. Todos los actos y omisiones del Gobierno están sometidos al control político de las Cortes Generales.

3. Los actos, la inactividad y las actuaciones materiales que constituyan una vía de hecho del Gobierno y de los órganos y autoridades regulados en la presente Ley son impugnables ante la jurisdicción contencioso-administrativa, de conformidad con lo dispuesto en su Ley reguladora.

4. La actuación del Gobierno es impugnable ante el Tribunal Constitucional en los términos de la Ley Orgánica reguladora del mismo.»

D.F. 4.ª Modificación de la Ley 50/2002, de 26 de diciembre, de Fundaciones.

El apartado 2 del artículo 34 de la Ley 50/2002, de 26 de diciembre, de Fundaciones, queda redactado en los siguientes términos:

«2. Las funciones de Protectorado respecto de las fundaciones de competencia estatal serán ejercidas por la Administración General del Estado a través de un único órgano administrativo, en la forma que reglamentariamente se determine.»

D.F. 5.ª Modificación de la Ley 22/2003, de 9 de julio, Concursal.

(DEROGADA)

Derogada por RDLeg. 1/2020, de 5 de mayo, por el que se aprueba el texto refundido de la Ley Concursal. (BOE de 07-05-2020).

D.F. 6.ª Modificación de la Ley 33/2003, de 3 de noviembre, del Patrimonio de las Administraciones Públicas.

La Ley 33/2003, de 3 de noviembre, del Patrimonio de las Administraciones Públicas queda modificada en los siguientes términos:

Uno. El apartado 1 del artículo 166, queda redactado como sigue:

«1. Las disposiciones de este título serán de aplicación a las siguientes entidades:

a) Las entidades públicas empresariales, a las que se refiere la Sección 3.ª del capítulo III del Título II de la Ley de Régimen Jurídico del Sector Público.

b) Las entidades de Derecho público vinculadas a la Administración General del Estado o a sus organismos públicos cuyos ingresos provengan, al menos en un 50 por ciento, de operaciones realizadas en el mercado.

c) Las sociedades mercantiles estatales, entendiendo por tales aquellas sobre la que se ejerce control estatal:

1.º Bien porque la participación directa en su capital social de la Administración General del Estado o algunas de las entidades que, conforme a lo dispuesto en el artículo 84 de la Ley de Régimen Jurídico del Sector Público integran el sector público institucional estatal, incluidas las sociedades mercantiles estatales, sea superior al 50 por 100. Para la determinación de este porcentaje, se sumarán las participaciones correspondientes a la Administración General del Estado y a todas las entidades integradas en el sector público institucional estatal, en el caso de que en el capital social participen varias de ellas.

2.º Bien porque la sociedad mercantil se encuentre en el supuesto previsto en el artículo 4 de la Ley 24/1988, de 28 de julio, del Mercado de Valores respecto de la Administración General del Estado o de sus organismos públicos vinculados o dependientes.»

Dos. El apartado segundo del artículo 167 queda redactado en los siguientes términos:

«2. Las entidades a que se refiere el párrafo c) del apartado 1 del artículo anterior ajustarán la gestión de su patrimonio al Derecho privado, sin perjuicio de las disposiciones de esta ley que les resulten expresamente de aplicación.»

D.F. 7.ª Modificación de la Ley 38/2003, de 17 de noviembre, General de Subvenciones.

Se introducen las siguientes modificaciones en la Ley 38/2003, de 17 de noviembre, General de Subvenciones:

Uno. Se modifica el artículo 10, que queda redactado como sigue:

«Artículo 10. Órganos competentes para la concesión de subvenciones.

1. Los Ministros y los Secretarios de Estado en la Administración General del Estado y los presidentes o directores de los organismos y las entidades públicas vinculados o dependientes de la Administración General del Estado, cualquiera que sea el régimen jurídico a que hayan de sujetar su actuación, son los órganos competentes para conceder subvenciones, en sus respectivos ámbitos, previa consignación presupuestaria para este fin.

2. No obstante lo dispuesto en el apartado anterior, para autorizar la concesión de subvenciones de cuantía superior a 12 millones de euros será necesario acuerdo del Consejo de Ministros o, en el caso de que así lo establezca la normativa reguladora de la subvención, de la Comisión Delegada del Gobierno para Asuntos Económicos.

En el caso de subvenciones concedidas en régimen de concurrencia competitiva, la autorización del Consejo de Ministros a que se refiere el párrafo anterior deberá obtenerse antes de la aprobación de la convocatoria cuya cuantía supere el citado límite.

La autorización a que se refiere el párrafo anterior no implicará la aprobación del gasto, que, en todo caso, corresponderá al órgano competente.

3. Las facultades para conceder subvenciones, a que se refiere este artículo, podrán ser objeto de desconcentración mediante real decreto acordado en Consejo de Ministros.

4. La competencia para conceder subvenciones en las corporaciones locales corresponde a los órganos que tengan atribuidas tales funciones en la legislación de régimen local.»

Dos. Se modifica el apartado 1 de la disposición adicional decimosexta con el siguiente contenido:

«1. Las fundaciones del sector público únicamente podrán conceder subvenciones cuando así se autorice a la correspondiente fundación de forma expresa mediante acuerdo del Ministerio de adscripción u órgano equivalente de la Administración a la que la fundación esté adscrita y sin perjuicio de lo dispuesto en el artículo 10.2.

La aprobación de las bases reguladoras, la autorización previa de la concesión, las funciones derivadas de la exigencia del reintegro y de la imposición de sanciones, así como las funciones de control y demás que comporten el ejercicio de potestades administrativas, serán ejercidas por los órganos de la Administración que financien en mayor proporción la subvención correspondiente; en caso de que no sea posible identificar tal Administración, las funciones serán ejercidas por los órganos de la Administración que ejerza el Protectorado de la fundación.»

Tres. Se introduce una nueva disposición transitoria tercera con el siguiente contenido:

«Disposición transitoria tercera. Convocatorias iniciadas y subvenciones concedidas con anterioridad a la entrada en vigor de la modificación de la Ley 38/2003, de 17 de noviembre, General de Subvenciones incluida en la disposición final séptima de la Ley 40/2015, de 1 de octubre, de Régimen Jurídico del Sector Público.

Las subvenciones públicas que se concedan en régimen de concurrencia competitiva cuya convocatoria se hubiera aprobado con anterioridad a la entrada en vigor de la modificación del artículo 10 de la Ley General de Subvenciones, se regirán por la normativa anterior.»

Cuatro. Se introduce una nueva disposición adicional vigésima quinta con el siguiente contenido:

«Disposición adicional vigésima quinta. Servicio Nacional de Coordinación Antifraude para la protección de los intereses financieros de la Unión Europea.

1. El Servicio Nacional de Coordinación Antifraude, integrado en la Intervención General de la Administración del Estado, coordinará las acciones encaminadas a proteger los intereses financieros de la Unión Europea contra el fraude y dar cumplimiento al artículo 325 del Tratado de Funcionamiento de la Unión Europea y al artículo 3.4 del Reglamento (UE, Euratom) n.° 883/2013, del Parlamento Europeo y del Consejo relativo a las investigaciones efectuadas por la Oficina Europea de Lucha contra el Fraude (OLAF).

2. Corresponde al Servicio Nacional de Coordinación Antifraude:

a) Dirigir la creación y puesta en marcha de las estrategias nacionales y promover los cambios legislativos y administrativos necesarios para proteger los intereses financieros de la Unión Europea.

b) Identificar las posibles deficiencias de los sistemas nacionales para la gestión de fondos de la Unión Europea.

c) Establecer los cauces de coordinación e información sobre irregularidades y sospechas de fraude entre las diferentes instituciones nacionales y la OLAF.

d) Promover la formación para la prevención y lucha contra el fraude.

3. El Servicio Nacional de Coordinación Antifraude ejercerá sus competencias con plena independencia y deberá ser dotado con los medios adecuados para atender los contenidos y requerimientos establecidos por la OLAF.

4. El Servicio Nacional de Coordinación Antifraude estará asistido por un Consejo Asesor presidido por el Interventor General de la Administración del Estado e integrado por representantes de los ministerios, organismos y demás instituciones nacionales que tengan competencias en la gestión, control, prevención y lucha contra el fraude en relación con los intereses financieros de la Unión Europea. Su composición y funcionamiento se determinarán por Real Decreto.

5. Las autoridades, los titulares de los órganos del Estado, de las Comunidades Autónomas y de las Entidades Locales, así como los jefes o directores de oficinas públicas, organismos y otros entes públicos y quienes, en general, ejerzan funciones públicas o desarrollen su trabajo en dichas entidades deberán prestar la debida colaboración y apoyo al Servicio. El Servicio tendrá las mismas facultades que la OLAF para acceder a la información pertinente en relación con los hechos que se estén investigando.

6. El Servicio podrá concertar convenios con la OLAF para la transmisión de la información y para la realización de investigaciones.»

D.F. 8.ª Modificación de la Ley 47/2003, de 26 de noviembre, General Presupuestaria.

Se modifica la Ley 47/2003, de 26 de noviembre, General Presupuestaria, que queda redactada como sigue:

Uno. Se modifica el artículo 2 que queda redactado en los siguientes términos:

«**Artículo 2. Sector público estatal.**

1. A los efectos de esta Ley forman parte del sector público estatal:

a) La Administración General del Estado.

b) El sector público institucional estatal.

2. Integran el sector público institucional estatal las siguientes entidades:

a) Los organismos públicos vinculados o dependientes de la Administración General del Estado, los cuales se clasifican en:

1.º Organismos autónomos.

2.º Entidades Públicas Empresariales.

b) Las autoridades administrativas independientes.

c) Las sociedades mercantiles estatales.

d) Los consorcios adscritos a la Administración General del Estado.

e) Las fundaciones del sector público adscritas a la Administración General del Estado.

f) Los fondos sin personalidad jurídica.

g) Las universidades públicas no transferidas.

h) Las entidades gestoras, servicios comunes y las mutuas colaboradoras con la Seguridad Social en su función pública de colaboración en la gestión de la Seguridad Social, así como sus centros mancomunados.

i) Cualesquiera organismos y entidades de derecho público vinculados o dependientes de la Administración General del Estado.

3. Los órganos con dotación diferenciada en los Presupuestos Generales del Estado que, careciendo de personalidad jurídica, no están integrados en la Administración General del Estado, forman parte del sector público estatal, regulándose su régimen económico-financiero por esta Ley, sin perjuicio de las especialidades que se establezcan en sus normas de creación, organización y funcionamiento. No obstante, su régimen de contabilidad y de control quedará sometido en todo caso a lo establecido en dichas normas, sin que les sea aplicable en dichas materias lo establecido en esta Ley.

Sin perjuicio de lo anterior, esta Ley no será de aplicación a las Cortes Generales, que gozan de autonomía presupuestaria de acuerdo con lo establecido en el artículo 72 de la Constitución; no obstante, se mantendrá la coordinación necesaria para la elaboración del Proyecto de Ley de Presupuestos Generales del Estado.»

Dos. Se modifica el artículo 3 que queda redactado como sigue:

«**Artículo 3. Sector público administrativo, empresarial y fundacional.**

A los efectos de esta Ley, el sector público estatal se divide en los siguientes:

1. El sector público administrativo, integrado por:

a) La Administración General del Estado, los organismos autónomos, las autoridades administrativas independientes, las universidades públicas no transferidas y las entidades gestoras, servicios comunes y las mutuas colaboradoras con la Seguridad Social, así como sus centros mancomunados, así como las entidades del apartado 3 del artículo anterior.

b) Cualesquiera organismos y entidades de derecho público vinculados o dependientes de la Administración General del Estado, los consorcios y los fondos sin personalidad jurídica, que cumplan alguna de las dos características siguientes:

1.ª Que su actividad principal no consista en la producción en régimen de mercado de bienes y servicios destinados al consumo individual o colectivo, o que efectúen operaciones de redistribución de la renta y de la riqueza nacional, en todo caso sin ánimo de lucro.

2.ª Que no se financien mayoritariamente con ingresos comerciales, entendiéndose como tales a los efectos de esta Ley, los ingresos, cualquiera que sea su naturaleza, obtenidos como contrapartida de las entregas de bienes o prestaciones de servicios.

2. El sector público empresarial, integrado por:

a) Las entidades públicas empresariales.

b) Las sociedades mercantiles estatales.

c) Cualesquiera organismos y entidades de derecho público vinculados o dependientes de la Administración General del Estado, los consorcios y los fondos sin personalidad jurídica no incluidos en el sector público administrativo.

3. El sector público fundacional, integrado por las fundaciones del sector público estatal.»

D.F. 9.ª Modificación del Texto Refundido de la Ley de Contratos del Sector Público, aprobado por Real Decreto Legislativo 3/2011, de 14 de noviembre.

El Texto Refundido de la Ley de Contratos del Sector Público, aprobado por Real Decreto Legislativo 3/2011, de 14 de noviembre, queda modificado como sigue:

Uno. El artículo 60 queda redactado del siguiente modo:

«Artículo 60. Prohibiciones de contratar.

1. No podrán contratar con las entidades previstas en el artículo 3 de la presente Ley con los efectos establecidos en el artículo 61 bis, las personas en quienes concurra alguna de las siguientes circunstancias:

a) Haber sido condenadas mediante sentencia firme por delitos de terrorismo, constitución o integración de una organización o grupo criminal, asociación ilícita, financiación ilegal de los partidos políticos, trata de seres humanos, corrupción en los negocios, tráfico de influencias, cohecho, prevaricación, fraudes, negociaciones y actividades prohibidas a los funcionarios, delitos contra la Hacienda Pública y la Seguridad Social, delitos contra los derechos de los trabajadores, malversación, blanqueo de capitales, delitos relativos a la ordenación del territorio y el urbanismo, la protección del patrimonio histórico y el medio ambiente, o a la pena de inhabilitación especial para el ejercicio de profesión, oficio, industria o comercio.

La prohibición de contratar alcanzará a las personas jurídicas que sean declaradas penalmente responsables, y a aquéllas cuyos administradores o representantes, lo sean de hecho o de derecho, vigente su cargo o representación y hasta su cese, se encontraran en la situación mencionada en este apartado.

b) Haber sido sancionadas con carácter firme por infracción grave en materia profesional, de falseamiento de la competencia, de integración laboral y de igualdad de oportunidades y no discriminación de las personas con discapacidad, o de extranjería, de conformidad con lo establecido en la normativa vigente; por infracción muy grave en materia medioambiental, de acuerdo con lo establecido en la Ley 21/2013, de 9 de diciembre, de evaluación ambiental; en la Ley 22/1988, de 28 de julio, de Costas; en la Ley 4/1989, de 27 de marzo, de Conservación de los Espacios Naturales y de la Flora y Fauna Silvestres; en la Ley 11/1997, de 24 de abril, de Envases y Residuos de Envases; en la Ley 10/1998, de 21 de abril, de Residuos; en el Texto Refundido de la Ley de Aguas, aprobado por Real Decreto Legislativo 1/2001, de 20 de julio, y en la Ley 16/2002, de 1 de julio, de Prevención y Control Integrados de la Contaminación; o por infracción muy grave en materia laboral o social, de acuerdo con lo dispuesto en el Texto Refundido de la Ley sobre Infracciones y Sanciones en el Orden Social, aprobado por el Real Decreto Legislativo 5/2000, de 4 de agosto, así como por la infracción grave prevista en el artículo 22.2 del citado texto.

c) Haber solicitado la declaración de concurso voluntario, haber sido declaradas insolventes en cualquier procedimiento, hallarse declaradas en concurso, salvo que en éste haya adquirido la eficacia un convenio, estar sujetos a intervención judicial o haber sido inhabilitados conforme a la Ley 22/2003, de 9 de julio, Concursal, sin que haya concluido el período de inhabilitación fijado en la sentencia de calificación del concurso.

d) No hallarse al corriente en el cumplimiento de las obligaciones tributarias o de Seguridad Social impuestas por las disposiciones vigentes, en los términos que reglamentariamente se determinen; o en el caso de empresas de 50 o más trabajadores, no cumplir el requisito de que al menos el 2 por ciento de sus empleados sean trabajadores con discapacidad, de conformidad con el artículo 42 del Real Decreto Legislativo 1/2013, de 29 de noviembre, por el que se aprueba el Texto Refundido de la Ley General de derechos de las personas con discapacidad y de su inclusión social, en las condiciones que reglamentariamente se determinen.

En relación con el cumplimiento de sus obligaciones tributarias o con la Seguridad Social, se considerará que las empresas se encuentran al corriente en el mismo cuando las deudas estén aplazadas, fraccionadas o se hubiera acordado su suspensión con ocasión de la impugnación de tales deudas.

e) Haber incurrido en falsedad al efectuar la declaración responsable a que se refiere el artículo 146 o al facilitar cualesquiera otros datos relativos a su capacidad y solvencia, o haber incumplido, por causa que le sea imputable, la obligación de comunicar la información que corresponda en materia de clasificación y la relativa a los registros de licitadores y empresas clasificadas.

f) Estar afectado por una prohibición de contratar impuesta en virtud de sanción administrativa firme, con arreglo a lo previsto en la Ley 38/2003, de 17 de noviembre, General de Subvenciones, o en la Ley 58/2003, de 17 de diciembre, General Tributaria.

g) Estar incursa la persona física o los administradores de la persona jurídica en alguno de los supuestos de la Ley 5/2006, de 10 de abril, de Regulación de los Conflictos de Intereses de los Miembros del Gobierno y de los Altos Cargos de la Administración General del Estado o las respectivas normas de las Comunidades Autónomas, de la Ley 53/1984, de 26 de diciembre, de

Incompatibilidades del Personal al Servicio de las Administraciones Públicas o tratarse de cualquiera de los cargos electivos regulados en la Ley Orgánica 5/1985, de 19 de junio, del Régimen Electoral General, en los términos establecidos en la misma.

La prohibición alcanzará a las personas jurídicas en cuyo capital participen, en los términos y cuantías establecidas en la legislación citada, el personal y los altos cargos a que se refiere el párrafo anterior, así como los cargos electos al servicio de las mismas.

La prohibición se extiende igualmente, en ambos casos, a los cónyuges, personas vinculadas con análoga relación de convivencia afectiva, ascendientes y descendientes, así como a parientes en segundo grado por consanguineidad o afinidad de las personas a que se refieren los párrafos anteriores, cuando se produzca conflicto de intereses con el titular del órgano de contratación o los titulares de los órganos en que se hubiere delegado la facultad para contratar o los que ejerzan la sustitución del primero.

h) Haber contratado a personas respecto de las que se haya publicado en el 'Boletín Oficial del Estado' el incumplimiento a que se refiere el artículo 18.6 de la Ley 5/2006, de 10 de abril, de Regulación de los Conflictos de Intereses de los Miembros del Gobierno y de los Altos Cargos de la Administración General del Estado o en las respectivas normas de las Comunidades Autónomas, por haber pasado a prestar servicios en empresas o sociedades privadas directamente relacionadas con las competencias del cargo desempeñado durante los dos años siguientes a la fecha de cese en el mismo. La prohibición de contratar se mantendrá durante el tiempo que permanezca dentro de la organización de la empresa la persona contratada con el límite máximo de dos años a contar desde el cese como alto cargo.

2. Además de las previstas en el apartado anterior, son circunstancias que impedirán a los empresarios contratar con las entidades comprendidas en el artículo 3 de la presente Ley, en las condiciones establecidas en el artículo 61 bis las siguientes:

a) Haber retirado indebidamente su proposición o candidatura en un procedimiento de adjudicación, o haber imposibilitado la adjudicación del contrato a su favor por no cumplimentar lo establecido en el apartado 2 del artículo 151 dentro del plazo señalado mediando dolo, culpa o negligencia.

b) Haber dejado de formalizar el contrato, que ha sido adjudicado a su favor, en los plazos previstos en el artículo 156.3 por causa imputable al adjudicatario.

c) Haber incumplido las cláusulas que son esenciales en el contrato, incluyendo las condiciones especiales de ejecución establecidas de acuerdo con lo señalado en el artículo 118, cuando dicho incumplimiento hubiese sido definido en los pliegos o en el contrato como infracción grave, concurriendo dolo, culpa o negligencia en el empresario, y siempre que haya dado lugar a la imposición de penalidades o a la indemnización de daños y perjuicios.

d) Haber dado lugar, por causa de la que hubiesen sido declarados culpables, a la resolución firme de cualquier contrato celebrado con una entidad de las comprendidas en el artículo 3 de la presente Ley.

3. Las prohibiciones de contratar afectarán también a aquellas empresas de las que, por razón de las personas que las rigen o de otras circunstancias, pueda presumirse que son continuación o que derivan, por transformación, fusión o sucesión, de otras empresas en las que hubiesen concurrido aquéllas.»

Dos. El artículo 61 queda redactado del siguiente modo:

«Artículo 61. Apreciación de la prohibición de contratar. Competencia y procedimiento.

1. Las prohibiciones de contratar relativas a las circunstancias contenidas en las letras c), d), f), g) y h) del apartado 1 del artículo anterior, se apreciarán directamente por los órganos de contratación, subsistiendo mientras concurran las circunstancias que en cada caso las determinan.

2. La prohibición de contratar por las causas previstas en las letras a) y b) del apartado 1 del artículo anterior se apreciará directamente por los órganos de contratación, cuando la sentencia o la resolución administrativa se hubiera pronunciado expresamente sobre su alcance y duración, subsistiendo durante el plazo señalado en las mismas.

En el caso de que la sentencia o la resolución administrativa no contengan pronunciamiento sobre el alcance o duración de la prohibición de contratar; en los casos de la letra e) del apartado primero del artículo anterior; y en los supuestos contemplados en el apartado segundo, también del artículo anterior, el alcance y duración de la prohibición deberá determinarse mediante procedimiento instruido al efecto, de conformidad con lo dispuesto en este artículo.

3. La competencia para fijar la duración y alcance de la prohibición de contratar en el caso de las letras a) y b) del apartado 1 del artículo anterior, en los casos en que no figure en la correspondiente sentencia o resolución, y la competencia para la declaración de la prohibición de contratar en el caso de la letra e) del apartado primero del artículo anterior respecto de la obligación de comunicar la información prevista en materia de clasificación y respecto del registro de licitadores y empresas clasificadas, corresponderá al Ministro de Hacienda y Administraciones

Públicas previa propuesta de la Junta Consultiva de Contratación Administrativa del Estado, o a los órganos que resulten competentes en el ámbito de las Comunidades Autónomas en el caso de la letra e) citada.

A efectos de poder dar cumplimiento a lo establecido en el párrafo anterior, el órgano judicial o administrativo del que emane la sentencia o resolución administrativa deberá remitir de oficio testimonio de aquélla o copia de ésta a la Junta Consultiva de Contratación Administrativa del Estado, sin perjuicio de que por parte de éste órgano, de tener conocimiento de su existencia y no habiendo recibido el citado testimonio de la sentencia o copia de la resolución administrativa, pueda solicitarlos al órgano del que emanaron.

En los supuestos previstos en la letra e) del apartado 1 del artículo anterior referido a casos en que se hubiera incurrido en falsedad al efectuar la declaración responsable a que se refiere el artículo 146, y en los supuestos previstos en el apartado segundo del artículo 60, la declaración de la prohibición de contratar corresponderá al órgano de contratación.

4. La competencia para la declaración de la prohibición de contratar en los casos en que la entidad contratante no tenga el carácter de Administración Pública corresponderá al titular del departamento, presidente o director del organismo al que esté adscrita o del que dependa la entidad contratante o al que corresponda su tutela o control. Si la entidad contratante estuviera vinculada a más de una Administración, será competente el órgano correspondiente de la que ostente el control o participación mayoritaria.

5. Cuando conforme a lo señalado en este artículo, sea necesaria una declaración previa sobre la concurrencia de la prohibición, el alcance y duración de ésta se determinarán siguiendo el procedimiento que en las normas de desarrollo de esta Ley se establezca.

6. En los casos en que por sentencia penal firme así se prevea, la duración de la prohibición de contratar será la prevista en la misma. En los casos en los que ésta no haya establecido plazo, esa duración no podrá exceder de cinco años desde la fecha de la condena por sentencia firme.

En el resto de los supuestos, el plazo de duración no podrá exceder de tres años, para cuyo cómputo se estará a lo establecido en el apartado tercero del artículo 61 bis.

7. En el caso de la letra a) del apartado 1 del artículo anterior, el procedimiento, de ser necesario, no podrá iniciarse una vez transcurrido el plazo previsto para la prescripción de la correspondiente pena, y en el caso de la letra b) del apartado 2 del mismo artículo, si hubiesen transcurrido más de tres meses desde que se produjo la adjudicación.

En los restantes supuestos previstos en dicho artículo, el procedimiento para la declaración de la prohibición de contratar no podrá iniciarse si hubiesen transcurrido más de tres años contados a partir de las siguientes fechas:

a) Desde la firmeza de la resolución sancionadora, en el caso de la causa prevista en la letra b) del apartado 1 del artículo anterior;

b) Desde la fecha en que se hubieran facilitado los datos falsos o desde aquella en que hubiera debido comunicarse la correspondiente información, en los casos previstos en la letra e) del apartado 1 del artículo anterior;

c) Desde la fecha en que fuese firme la resolución del contrato, en el caso previsto en la letra d) del apartado 2 del artículo anterior;

d) En los casos previstos en la letra a) del apartado 2 del artículo anterior, desde la fecha en que se hubiese procedido a la adjudicación del contrato, si la causa es la retirada indebida de proposiciones o candidaturas; o desde la fecha en que hubiese debido procederse a la adjudicación, si la prohibición se fundamenta en el incumplimiento de lo establecido en el apartado segundo del artículo 151.

e) Desde que la entidad contratante tuvo conocimiento del incumplimiento de las condiciones especiales de ejecución del contrato en los casos previstos en la letra c) del apartado segundo del artículo 61 bis.»

Tres. Se introduce un artículo 61 bis, con la siguiente redacción.

«Artículo 61 bis. Efectos de la declaración de la prohibición de contratar.

1. En los supuestos en que se den las circunstancias establecidas en el apartado segundo del artículo 60 y en la letra e) del apartado primero del mismo artículo en lo referente a haber incurrido en falsedad al efectuar la declaración responsable del artículo 146 o al facilitar otros datos relativos a su capacidad y solvencia, la prohibición de contratar afectará al ámbito del órgano de contratación competente para su declaración.

Dicha prohibición se podrá extender al correspondiente sector público en el que se integre el órgano de contratación. En el caso del sector público estatal, la extensión de efectos corresponderá al Ministro de Hacienda y Administraciones Públicas, previa propuesta de la Junta Consultiva de Contratación Administrativa del Estado.

En los supuestos en que, de conformidad con lo establecido en el primer párrafo del apartado tercero del artículo anterior respecto a la letra e) del apartado primero del artículo 60, la competencia para la declaración de la prohibición de contratar corresponda a los órganos que resulten competentes en el ámbito de las Comunidades Autónomas, la citada prohibición de contratar afectará a todos los órganos de contratación del correspondiente sector público.

Excepcionalmente, y siempre que previamente se hayan extendido al correspondiente sector público territorial, los efectos de las prohibiciones de contratar a las que se refieren los párrafos anteriores se podrán extender al conjunto del sector público. Dicha extensión de efectos a todo el sector público se realizará por el Ministro de Hacienda y Administraciones Públicas, previa propuesta de la Junta Consultiva de Contratación Administrativa del Estado, y a solicitud de la Comunidad Autónoma o Entidad Local correspondiente en los casos en que la prohibición de contratar provenga de tales ámbitos.

En los casos en que la competencia para declarar la prohibición de contratar corresponda al Ministro de Hacienda y Administraciones Públicas, la misma producirá efectos en todo el sector público.

2. Todas las prohibiciones de contratar, salvo aquellas en que se den alguna de las circunstancias previstas en las letras c), d), g) y h) del apartado primero del artículo 60, se inscribirán en el Registro Oficial de Licitadores y Empresas Clasificadas del Sector Público o el equivalente en el ámbito de las Comunidades Autónomas, en función del ámbito de la prohibición de contratar y del órgano que la haya declarado.

Los órganos de contratación del ámbito de las Comunidades Autónomas o de las entidades locales situadas en su territorio notificarán la prohibición de contratar a los Registros de Licitadores de las Comunidades Autónomas correspondientes, o si no existieran, al Registro Oficial de Licitadores y Empresas Clasificadas del Sector Público.

La inscripción de la prohibición de contratar en el Registro de Licitadores correspondiente caducará pasados 3 meses desde que termine su duración, debiendo procederse de oficio a su cancelación en dicho Registro tras el citado plazo.

3. Las prohibiciones de contratar contempladas en las letras a) y b) del apartado primero del artículo 60 producirán efectos desde la fecha en que devinieron firmes la sentencia o la resolución administrativa en los casos en que aquélla o ésta se hubieran pronunciado sobre el alcance y la duración de la prohibición.

En el resto de supuestos, los efectos se producirán desde la fecha de inscripción en el registro correspondiente.

No obstante lo anterior, en los supuestos previstos en las letras a) y b) del apartado primero del artículo 60 en los casos en que los efectos de la prohibición de contratar se produzcan desde la inscripción en el correspondiente registro, podrán adoptarse, en su caso, por parte del órgano competente para resolver el procedimiento de determinación del alcance y duración de la prohibición, de oficio, o a instancia de parte, las medidas provisionales que estime oportunas para asegurar la eficacia de la resolución que pudiera adoptarse.

4. Las prohibiciones de contratar cuya causa fuera la prevista en la letra f) del apartado primero del artículo 60, producirán efectos respecto de las Administraciones Públicas que se establezcan en la resolución sancionadora que las impuso, desde la fecha en que ésta devino firme.»

Cuatro. El apartado 2 del artículo 150 queda redactado de la siguiente manera:

«2. Los criterios que han de servir de base para la adjudicación del contrato se determinarán por el órgano de contratación y se detallarán en el anuncio, en los pliegos de cláusulas administrativas particulares o en el documento descriptivo.

En la determinación de los criterios de adjudicación se dará preponderancia a aquellos que hagan referencia a características del objeto del contrato que puedan valorarse mediante cifras o porcentajes obtenidos a través de la mera aplicación de las fórmulas establecidas en los pliegos. Cuando en una licitación que se siga por un procedimiento abierto o restringido se atribuya a los criterios evaluables de forma automática por aplicación de fórmulas una ponderación inferior a la correspondiente a los criterios cuya cuantificación dependa de un juicio de valor, deberá constituirse un comité que cuente con un mínimo de tres miembros, formado por expertos no integrados en el órgano proponente del contrato y con cualificación apropiada, al que corresponderá realizar la evaluación de las ofertas conforme a estos últimos criterios, o encomendar esta evaluación a un organismo técnico especializado, debidamente identificado en los pliegos.

La evaluación de las ofertas conforme a los criterios cuantificables mediante la mera aplicación de fórmulas se realizará tras efectuar previamente la de aquellos otros criterios en que no concurra esta circunstancia, dejándose constancia documental de ello. Las normas de desarrollo de esta Ley determinarán los supuestos y condiciones en que deba hacerse pública tal evaluación previa, así como la forma en que deberán presentarse las proposiciones para hacer posible esta valoración separada.

Cuando en los contratos de concesión de obra pública o gestión de servicios públicos se prevea la posibilidad de que se efectúen aportaciones públicas a la construcción o explotación así como cualquier tipo de garantías, avales u otro tipo de ayudas a la empresa, en todo caso figurará como un criterio de adjudicación evaluable de forma automática la cuantía de la reducción que oferten los licitadores sobre las aportaciones previstas en el expediente de contratación.»

Cinco. El artículo 254 queda redactado de la siguiente manera:

«Artículo 254. Aportaciones públicas a la construcción y garantías a la financiación.

1. Las Administraciones Públicas podrán contribuir a la financiación de la obra mediante aportaciones que serán realizadas durante la fase de ejecución de las obras, tal como dispone el artículo 240 de esta Ley, o una vez concluidas éstas, y cuyo importe será fijado por los licitadores en sus ofertas dentro de la cuantía máxima que establezcan los pliegos de condiciones.

2. Las aportaciones públicas a que se refiere el apartado anterior podrán consistir en aportaciones no dinerarias del órgano de contratación o de cualquier otra Administración con la que exista convenio al efecto, de acuerdo con la valoración de las mismas que se contenga en el pliego de cláusulas administrativas particulares.

Los bienes inmuebles que se entreguen al concesionario se integrarán en el patrimonio afecto a la concesión, destinándose al uso previsto en el proyecto de la obra, y revertirán a la Administración en el momento de su extinción, debiendo respetarse, en todo caso, lo dispuesto en los planes de ordenación urbanística o sectorial que les afecten.

3. Todas las aportaciones públicas han de estar previstas en el pliego de condiciones determinándose su cuantía en el procedimiento de adjudicación y no podrán incrementarse con posterioridad a la adjudicación del contrato.

4. El mismo régimen establecido para las aportaciones será aplicable a cualquier tipo de garantía, avales y otras medidas de apoyo a la financiación del concesionario que, en todo caso, tendrán que estar previstas en los pliegos.»

Seis. El artículo 256 queda redactado de la siguiente manera:

«Artículo 256. Aportaciones públicas a la explotación.

Las Administraciones Públicas podrán otorgar al concesionario las siguientes aportaciones a fin de garantizar la viabilidad económica de la explotación de la obra, que, en todo caso, tendrán que estar previstas en el pliego de condiciones y no podrán incrementarse con posterioridad a la adjudicación del contrato, sin perjuicio del reequilibrio previsto en el artículo 258.

a) Subvenciones, anticipos reintegrables, préstamos participativos, subordinados o de otra naturaleza, para ser aportados desde el inicio de la explotación de la obra o en el transcurso de la misma. La devolución de los préstamos y el pago de los intereses devengados en su caso por los mismos se ajustarán a los términos previstos en la concesión.

b) Ayudas, incluyendo todo tipo de garantías, en los casos excepcionales en que, por razones de interés público, resulte aconsejable la promoción de la utilización de la obra pública antes de que su explotación alcance el umbral mínimo de rentabilidad.»

Siete. El artículo 261 queda redactado de la siguiente manera:

«Artículo 261. Objeto de la hipoteca de la concesión y pignoración de derechos.

1. Las concesiones de obras públicas con los bienes y derechos que lleven incorporados serán hipotecables conforme a lo dispuesto en la legislación hipotecaria, previa autorización del órgano de contratación.

No se admitirá la hipoteca de concesiones de obras públicas en garantía de deudas que no guarden relación con la concesión correspondiente.

2. Las solicitudes referentes a las autorizaciones administrativas previstas en este artículo y en el siguiente se resolverán por el órgano competente en el plazo de un mes, debiendo entenderse desestimadas si no resuelve y notifica en ese plazo.

3. Los derechos derivados de la resolución de un contrato de concesión de obra o de gestión de servicio público, a que se refieren los primeros apartados de los artículos 271 y 288, así como los derivados de las aportaciones públicas y de la ejecución de garantías establecidos en los artículos 254 y 256, sólo podrán pignorarse en garantía de deudas que guarden relación con la concesión o el contrato, previa autorización del órgano de contratación, que deberá publicarse en el "Boletín Oficial del Estado" o en los diarios oficiales autonómicos o provinciales.»

Ocho. Los apartados 1 y 3 del artículo 271 quedan redactados de la siguiente manera:

«1. En los supuestos de resolución por causa imputable a la Administración, esta abonará en todo caso al concesionario el importe de las inversiones realizadas por razón de la expropiación de terrenos, ejecución de obras de construcción y adquisición de bienes que sean necesarios para la explotación de la obra objeto de la concesión, atendiendo a su grado de amortización. Al efecto, se aplicará un criterio de amortización lineal. La cantidad resultante se fijará dentro del plazo de seis meses, salvo que se estableciera otro en el pliego de cláusulas administrativas particulares.

En los casos en que la resolución se produzca por causas no imputables a la Administración, el importe a abonar a éste por razón de la expropiación de terrenos, ejecución de obras y adquisición de bienes que deban revertir a la Administración será el que resulte de la valoración de la concesión, determinado conforme a lo dispuesto en el artículo 271 bis.

En todo caso, se entenderá que la resolución de la concesión no es imputable a la Administración cuando obedezca a alguna de las causas previstas en las letras a), b), c), e) y j) del artículo 269 de esta Ley.»

«3. En los supuestos de los párrafos g), h) e i) del artículo 269, y sin perjuicio de lo dispuesto en el apartado 1 de este artículo, la Administración concedente indemnizará al concesionario por los daños y perjuicios que se le irroguen. Para determinar la cuantía de la indemnización se tendrán en cuenta:

a) los beneficios futuros que el concesionario dejará de percibir, cuantificándolos en la media aritmética de los beneficios antes de impuestos obtenidos durante un período de tiempo equivalente a los años que restan hasta la terminación de la concesión. En caso de que el tiempo restante fuese superior al transcurrido, se tomará como referencia este último.

La tasa de descuento aplicable será la que resulte del coste de capital medio ponderado correspondiente a las últimas cuentas anuales del concesionario.

b) la pérdida del valor de las obras e instalaciones que no hayan de ser entregadas a aquélla, considerando su grado de amortización.»

Nueve. Se añade un nuevo artículo 271 bis con la siguiente redacción:

«Artículo 271 bis. Nuevo proceso de adjudicación en concesión de obras en los casos en los que la resolución obedezca a causas no imputables a la Administración.

1. En el supuesto de resolución por causas no imputables a la Administración, el órgano de contratación deberá licitar nuevamente la concesión, siendo el tipo de licitación el que resulte del artículo siguiente. La licitación se realizará mediante subasta al alza siendo el único criterio de adjudicación el precio.

En el caso que quedara desierta la primera licitación, se convocará una nueva licitación en el plazo máximo de un mes, siendo el tipo de licitación el 50 % de la primera.

El adjudicatario de la licitación deberá abonar el importe de ésta en el plazo de dos meses desde que se haya adjudicado la concesión. En el supuesto de que no se abone el citado importe en el indicado plazo, la adjudicación quedará sin efecto, adjudicándose al siguiente licitador por orden o, en el caso de no haber más licitadores, declarando la licitación desierta.

La convocatoria de la licitación podrá realizarse siempre que se haya incoado el expediente de resolución, si bien no podrá adjudicarse hasta que éste no haya concluido. En todo caso, desde la resolución de la concesión a la apertura de las ofertas de la primera licitación no podrá transcurrir un plazo superior a tres meses.

Podrá participar en la licitación todo empresario que haya obtenido la oportuna autorización administrativa en los términos previstos en el apartado 2 del artículo 263.

2. El valor de la concesión, en el supuesto de que la resolución obedezca a causas no imputables a la Administración, será el que resulte de la adjudicación de las licitaciones a las que se refiere el apartado anterior.

En el caso de que la segunda licitación quedara desierta, el valor de la concesión será el tipo de ésta, sin perjuicio de la posibilidad de presentar por el concesionario originario o acreedores titulares al menos de un 5 % del pasivo exigible de la concesionaria, en el plazo máximo de tres meses a contar desde que quedó desierta, un nuevo comprador que abone al menos el citado tipo de licitación, en cuyo caso el valor de la concesión será el importe abonado por el nuevo comprador.

La Administración abonará al primitivo concesionario el valor de la concesión en un plazo de tres meses desde que se haya realizado la adjudicación de la licitación a la que se refiere el apartado anterior o desde que la segunda licitación haya quedado desierta.

En todo caso, el nuevo concesionario se subrogará en la posición del primitivo concesionario quedando obligado a la realización de las actuaciones vinculadas a las subvenciones de capital percibidas cuando no se haya cumplido la finalidad para la que se concedió la subvención.

3. El contrato resultante de la licitación referida en el apartado 1 tendrá en todo caso la naturaleza de contrato de concesión de obra pública, siendo las condiciones del mismo las establecidas en el contrato primitivo que se ha resuelto, incluyendo el plazo de duración.»

Diez. Se añade un nuevo artículo 271 ter con la siguiente redacción:

«Artículo 271 ter. Determinación del tipo de licitación de la concesión de obras en los casos en los que la resolución obedezca a causas no imputables a la Administración.

Para la fijación del tipo de la primera licitación, al que se refiere el artículo 271 bis se seguirán las siguientes reglas:

a) El tipo se determinará en función de los flujos futuros de caja que se prevea obtener por la sociedad concesionaria, por la explotación de la concesión, en el periodo que resta desde la resolución del contrato hasta su reversión, actualizados al tipo de descuento del interés de las obligaciones del Tesoro a diez años incrementado en 300 puntos básicos.

Se tomará como referencia para el cálculo de dicho rendimiento medio los últimos datos disponibles publicados por el Banco de España en el Boletín del Mercado de Deuda Pública.

b) El instrumento de deuda que sirve de base al cálculo de la rentabilidad razonable y el diferencial citados podrán ser modificados por la Comisión Delegada del Gobierno para Asuntos Económicos, previo informe de la Oficina Nacional de Evaluación, para adaptarlo a las condiciones de riesgo y rentabilidad observadas en los contratos del sector público.

c) Los flujos netos de caja futuros se cuantificarán en la media aritmética de los flujos de caja obtenidos por la entidad durante un período de tiempo equivalente a los años que restan hasta la terminación. En caso de que el tiempo restante fuese superior al transcurrido, se tomará como referencia este último. No se incorporará ninguna actualización de precios en función de la inflación futura estimada.

d) El valor de los flujos de caja será el que el Plan General de Contabilidad establece en el Estado de Flujos de Efectivo como Flujos de Efectivo de las Actividades de Explotación sin computar en ningún caso los pagos y cobros de intereses, los cobros de dividendos y los cobros o pagos por impuesto sobre beneficios.

e) Si la resolución del contrato se produjera antes de la terminación de la construcción de la infraestructura, el tipo de la licitación será el 70 % del importe equivalente a la inversión ejecutada. A estos efectos se entenderá por inversión ejecutada el importe que figure en las últimas cuentas anuales aprobadas incrementadas en la cantidad resultante de las certificaciones cursadas desde el cierre del ejercicio de las últimas cuentas aprobadas hasta el momento de la resolución. De dicho importe se deducirá el correspondiente a las subvenciones de capital percibidas por el beneficiario, cuya finalidad no se haya cumplido.»

Once. El apartado 1 del artículo 288 queda redactado de la siguiente manera:

«1. En los supuestos de resolución por causa imputable a la Administración, esta abonará al concesionario en todo caso el importe de las inversiones realizadas por razón de la expropiación de terrenos, ejecución de obras de construcción y adquisición de bienes que sean necesarios para la explotación de la obra objeto de la concesión, atendiendo a su grado de amortización. Al efecto, se aplicará un criterio de amortización lineal de la inversión.

Cuando la resolución obedezca a causas no imputables a la Administración, el importe a abonar a éste por razón de la expropiación de terrenos, ejecución de obras y adquisición de bienes que deban revertir a la Administración será el que resulte de la valoración de la concesión, determinado conforme a lo dispuesto en el artículo 271 bis.

En todo caso, se entenderá que no es imputable a la Administración la resolución del contrato cuando ésta obedezca a alguna de las causas establecidas en las letras a) y b) del artículo 223 de esta Ley.»

Doce. Se incorpora una nueva disposición adicional con el siguiente contenido:

«Disposición adicional trigésimo sexta. La Oficina Nacional de Evaluación.

1. Se crea la Oficina Nacional de Evaluación que tiene como finalidad analizar la sostenibilidad financiera de los contratos de concesiones de obras y contratos de concesión de servicios públicos.

2. Mediante Orden del Ministro de Hacienda y Administraciones Públicas, previo informe de la Comisión Delegada del Gobierno para Asuntos Económicos, se determinará la composición, organización y funcionamiento de la misma.

3. La Oficina Nacional de Evaluación, con carácter previo a la licitación de los contratos de concesión de obras y de gestión de servicios públicos a celebrar por los poderes adjudicadores dependientes de la Administración General del Estado y de las Corporaciones Locales, evacuará informe preceptivo en los siguientes casos:

a) Cuando se realicen aportaciones públicas a la construcción o a la explotación de la concesión, así como cualquier medida de apoyo a la financiación del concesionario.

b) Las concesiones de obra pública y los contratos de gestión de servicios en las que la tarifa sea asumida total o parcialmente por el poder adjudicador concedente, cuando el importe de las obras o los gastos de primer establecimiento superen un millón de euros.

Asimismo informará de los acuerdos de restablecimiento del equilibrio del contrato, en los casos previstos en los artículos 258.2 y 282.4 del Texto Refundido de la Ley de Contratos del Sector Público, respecto de las concesiones de obras y servicios públicos que hayan sido informadas previamente de conformidad con las letras a) y b) anteriores o que, sin haber sido informadas, supongan la incorporación en el contrato de alguno de los elementos previstos en éstas. Cada Comunidad Autónoma podrá adherirse a la Oficina Nacional de Evaluación para que realice dichos informes o si hubiera creado un órgano u organismo equivalente solicitará estos informes preceptivos al mismo cuando afecte a sus contratos de concesión.

Reglamentariamente se fijarán las directrices apropiadas para asegurar que la elaboración de los informes se realiza con criterios suficientemente homogéneos.

4. Los informes previstos en el apartado anterior evaluarán si la rentabilidad del proyecto obtenida en función del valor de la inversión, las ayudas otorgadas, los flujos de caja esperados y la tasa de descuento establecida es razonable en atención al riesgo de demanda que asuma el concesionario. En dicha evaluación se tendrá en cuenta la mitigación que las ayudas otorgadas puedan suponer sobre otros riesgos distintos del de demanda, que habitualmente deban ser soportados por los operadores económicos.

En los contratos de concesión de obra en los que el abono de la tarifa concesional se realice por el poder adjudicador la oficina evaluará previamente la transferencia del riesgo de demanda al concesionario. Si éste no asume completamente dicho riesgo, el informe evaluará la razonabilidad de la rentabilidad en los términos previstos en el párrafo anterior.

En los acuerdos de restablecimiento del equilibrio del contrato, el informe evaluará si las compensaciones financieras establecidas mantienen una rentabilidad razonable según lo dispuesto en el primer párrafo de este apartado.

5. Los informes serán evacuados, a solicitud del poder adjudicador contratante, en el plazo de treinta días desde la petición o nueva aportación de información al que se refiere el párrafo siguiente. Este plazo podrá reducirse a la mitad siempre que se justifique en la solicitud las razones de urgencia. Estos informes serán publicados a través de la central de información económico-financiera de las Administraciones Públicas dependiente del Ministerio de Hacienda y Administraciones Públicas y estarán disponibles para su consulta por el público a través de medios electrónicos.

El poder adjudicador que formule la petición remitirá la información necesaria a la Oficina, quien evacuará su informe sobre la base de la información recibida. Si dicha Oficina considera que la información remitida no es suficiente, no es completa o requiriere alguna aclaración se dirigirá al poder adjudicador peticionario para que le facilite la información requerida dentro del plazo que ésta señale al efecto. La información que reciba la Oficina deberá ser tratada respetando los límites que rigen el acceso a la información confidencial.

6. Si la Administración o la entidad destinataria del informe se apartara de las recomendaciones contenidas en un informe preceptivo de la Oficina, deberá motivarlo en un informe que se incorporará al expediente del correspondiente contrato y que será objeto de publicación. En el caso de la Administración General del Estado esta publicación se hará a través de la central de información económico-financiera de las Administraciones Públicas.

7. La Oficina publicará anualmente una memoria de actividad.»

Trece. Se incorpora una nueva disposición transitoria con el siguiente contenido:

«Disposición transitoria décima. Prohibición de contratar por incumplimiento de la cuota de reserva de puestos de trabajo para personas con discapacidad.

1. La prohibición de contratar establecida en el artículo 60.1.d) relativa al incumplimiento de la cuota de reserva de puestos de trabajo del 2 por ciento para personas con discapacidad no será efectiva en tanto no se desarrolle reglamentariamente y se establezca qué ha de entenderse por el cumplimiento de dicho requisito a efectos de la prohibición de contratar y cómo se acreditará el mismo, que, en todo caso, será bien mediante certificación del órgano administrativo correspondiente, con vigencia mínima de seis meses, o bien mediante certificación del correspondiente Registro de Licitadores, en los casos en que dicha circunstancia figure inscrita en el mismo.

2. Hasta el momento en que se produzca la aprobación del desarrollo reglamentario a que se refiere el apartado anterior, los órganos de contratación ponderarán en los supuestos que ello sea obligatorio, que los licitadores cumplen lo dispuesto en el Real Decreto Legislativo 1/2013, de 29 de noviembre, por el que se aprueba el Texto Refundido de la Ley General de derechos de las personas con discapacidad y de su inclusión social, en relación con la obligación de contar con un dos por ciento de trabajadores con discapacidad o adoptar las medidas alternativas correspondientes, de conformidad con lo dispuesto en la disposición adicional cuarta.»

D.F. 10.ª Modificación de la Ley 17/2012, de 27 de diciembre, de Presupuestos Generales del Estado para el año 2013.

Se modifica la disposición adicional décima tercera de la Ley 17/2012, de 27 de diciembre, de Presupuestos Generales del Estado para el año 2013, que queda redactada en los siguientes términos:

«Décima tercera. Subvenciones al transporte marítimo y aéreo para residentes en Canarias, Baleares, Ceuta y Melilla.

Uno. Con vigencia indefinida tendrán derecho a obtener bonificaciones en las tarifas de los servicios regulares de transporte marítimo y aéreo de pasajeros, los ciudadanos españoles, así como los de los demás Estados miembros de la Unión Europea o de otros Estados firmantes del Acuerdo sobre el Espacio Económico Europeo o de Suiza, sus familiares nacionales de terceros países beneficiarios del derecho de residencia o del derecho de residencia permanente y los ciudadanos nacionales de terceros países residentes de larga duración, que acrediten su condición de residente en las Comunidades Autónomas de Canarias e Illes Balears y en las Ciudades de Ceuta y Melilla.

El derecho de residencia de los familiares de ciudadanos de Estados miembros de la Unión Europea o de otro Estado parte en el Acuerdo del Espacio Económico Europeo se acreditará conforme al Real Decreto 240/2007, de 16 de febrero, sobre entrada, libre circulación y residencia en España de ciudadanos de los Estados miembros de la Unión Europea o de otro Estado parte en el Acuerdo del Espacio Económico Europeo. El derecho de residencia de larga duración de los nacionales de terceros países a que se refiere el párrafo anterior se acreditará conforme a lo previsto en la Ley Orgánica 4/2000, de 11 de enero, de derechos y libertades de los extranjeros en España y su integración social y su normativa de desarrollo.

Para ciudadanos españoles, de los Estados miembros de la Unión Europea o de los demás Estados firmantes del Acuerdo sobre el Espacio Económico Europeo o Suiza, el documento acreditativo de su identidad será el documento nacional de identidad o pasaporte en vigor. En el caso de los familiares de ciudadanos de Estados miembros de la Unión Europea o de otro Estado parte en el Acuerdo del Espacio Económico Europeo y los ciudadanos nacionales de terceros países residentes de larga duración, su identidad se acreditará mediante la tarjeta española de residencia de familiar de ciudadano de la Unión o de identidad de extranjero en la que debe constar su condición de residente de larga duración, respectivamente. Dichos documentos deben encontrarse en vigor.

En el caso de que telemáticamente se haya constatado que el pasajero cumple las condiciones para ser beneficiario de la subvención, éste podrá acreditar su identidad en el modo aéreo a través de los mismos medios que los pasajeros sin derecho a bonificación. En este caso, el pasajero no tendrá que acreditar su condición de residente ni en facturación ni en embarque.

Dos. El porcentaje de bonificación aplicable en los billetes de transporte marítimo, con vigencia indefinida, para los trayectos directos, ya sean de ida o de ida y vuelta, entre las Comunidades Autónomas de Canarias y las Illes Balears y las Ciudades de Ceuta y Melilla, respectivamente, y el resto del territorio nacional será del 50 por ciento de la tarifa bonificable y en los viajes interinsulares será del 25 por ciento de dicha cuantía.

Tres. El porcentaje de bonificación en las tarifas de los servicios regulares de transporte aéreo de pasajeros, entre las Comunidades Autónomas de Canarias e Illes Balears y las Ciudades de Ceuta y Melilla, respectivamente, y el resto del territorio nacional, así como en los viajes interinsulares será, con vigencia indefinida, del 50 por ciento de la tarifa bonificable por cada trayecto directo de ida o de ida y vuelta.

A estos efectos, se considera trayecto directo de ida aquél que se realiza desde el aeropuerto o helipuerto del punto de origen en los archipiélagos, Ceuta o Melilla, al de destino final, distinto del anterior, en el territorio nacional y viceversa, sin escalas intermedias o con escalas, siempre que estas no superen las 12 horas de duración, salvo aquéllas que vinieran impuestas por las necesidades técnicas del servicio o por razones de fuerza mayor.

A los efectos de esta bonificación, del importe de la tarifa bonificable se deducirá el importe correspondiente a las prestaciones patrimoniales públicas a que se refieren las letras d), e) y f) del artículo 68.2 de la Ley 21/2003, de 7 de julio, de Seguridad Aérea, con independencia de que hayan sido repercutidas o no al pasajero. A tal efecto, dichas prestaciones patrimoniales aparecerán desglosadas en la documentación justificativa de los cupones de vuelo.

Cuatro. La condición de residente en las Comunidades Autónomas de Canarias y las Illes Balears y en las Ciudades de Ceuta y Melilla a los efectos de las bonificaciones reguladas en esta disposición se acreditará mediante el certificado de empadronamiento en vigor.

Reglamentariamente podrán establecerse otros medios para la acreditación de la condición de residente, en sustitución del previsto en este apartado o como adicionales de éste.

Cinco. En relación con la verificación del cumplimiento de los requisitos exigidos en esta disposición:

a) Los órganos gestores de las bonificaciones del Ministerio de Fomento podrán acceder a los servicios de verificación y consulta de datos de identidad, domicilio, residencia, nacionalidad y régimen de extranjería de la Plataforma de Intermediación del Ministerio de Hacienda y Administraciones Públicas con el fin de comprobar el cumplimiento de los requisitos para ser beneficiarios de la subvención y realizar las funciones de control encomendadas a dichos órga-

nos, con las garantías previstas en la Ley Orgánica 15/1999, de 13 de diciembre, de Protección de Datos de Carácter Personal y en la Ley 58/2003, de 17 de diciembre, General Tributaria.

b) Los órganos gestores podrán facilitar por vía telemática a las agencias, las compañías aéreas o marítimas o sus delegaciones, que comercialicen los títulos de transporte bonificados y lo soliciten, la confirmación del cumplimiento de los requisitos para ser beneficiario de la subvención.

La cesión de datos prevista en los párrafos precedentes y su tratamiento, no requerirá el consentimiento de los interesados ni requerirá informarles sobre dicho tratamiento, de conformidad con lo previsto, respectivamente, en los artículos 11.2, letra a), y 5.5 de la Ley Orgánica 15/1999, de Protección de Datos de Carácter Personal.

La integración en el sistema telemático de acreditación de la residencia de los sistemas de emisión de billetes y su utilización al emitir billetes subvencionados será obligatoria para todas las compañías, aéreas o marítimas, que emitan billetes aéreos o marítimos subvencionados por razones de residencia en territorios no peninsulares, en todos sus canales de venta.

En el caso de la incorporación a un mercado subvencionado de una nueva compañía de transporte regular aéreo o marítimo, ésta podrá emitir billetes aéreos o marítimos con derecho a subvención, sin necesidad de hacer uso del sistema telemático, durante un máximo de tres meses hasta la implantación efectiva de dicho sistema en todos sus canales de venta.

Seis. Cuando el cumplimiento de los requisitos exigidos para ser beneficiario de estas subvenciones no pueda acreditarse a través de la Plataforma de Intermediación conforme a lo previsto en el apartado Cinco, dichos requisitos se acreditarán por cualquiera de los medios previstos en la normativa de aplicación. A estos efectos, el certificado de empadronamiento se ajustará a lo previsto reglamentariamente en la normativa de desarrollo de estas bonificaciones.

Siete. Sin perjuicio de lo dispuesto en el apartado Uno de esta disposición, las bonificaciones previstas en él para familiares nacionales de terceros países beneficiarios del derecho de residencia o del derecho de residencia permanente y los ciudadanos nacionales de terceros países residentes de larga duración, que acrediten su condición de residente en las Comunidades Autónomas de Canarias e Illes Balears y en las Ciudades de Ceuta y Melilla, surten efectos a partir del 1 de abril de 2013.

Ocho. Además de las obligaciones impuestas por la normativa reguladora de las subvenciones al transporte marítimo y aéreo para residentes en Canarias, Illes Balears, Ceuta y Melilla y para familias numerosas y por la Ley 38/2003, de 17 de noviembre, las compañías aéreas y marítimas, como entidades colaboradoras, deben cumplir lo siguiente:

a) En el caso de las compañías aéreas, presentarán las liquidaciones mensuales de los cupones bonificados volados durante un mes en el transcurso de los dos meses siguientes, salvo autorización expresa de la Dirección General de Aviación Civil por razones excepcionales. Estas liquidaciones podrán contener aquellos cupones volados en los seis meses anteriores que no hayan podido ser incluidos, por causas justificadas, en los ficheros de meses pasados.

En el caso de las compañías marítimas, presentarán las liquidaciones en el transcurso de los dos meses siguientes al periodo reglamentario de liquidación, salvo autorización expresa de la Dirección General de la Marina Mercante por razones excepcionales. Estas liquidaciones podrán contener aquellos embarques bonificados en los seis meses anteriores que no hayan podido ser incluidos, por causas justificadas, en los ficheros de liquidaciones pasadas.

b) En la documentación justificativa de la subvención desglosarán el precio y la identificación de todos los conceptos incluidos en el billete aéreo y marítimo, así como cualquier servicio adicional contratado por el pasajero incluido en el billete.

c) Levantarán un parte de incidente cuando un pasajero que posea un billete subvencionado no acredite su identidad y residencia de conformidad con la normativa aplicable. Los partes correspondientes a cada periodo de liquidación o, en otro caso, un certificado de inexistencia de incidentes en dicho período serán enviados al órgano gestor durante el periodo siguiente.

d) Cumplir con las obligaciones de registro establecidas reglamentariamente, así como registrar ante el órgano gestor, con anterioridad a su comercialización, las tarifas aéreas que incluyan servicios ajenos al transporte aéreo especificándolo en sus condiciones, así como los convenios, contratos o acuerdos de cualquier tipo, con sus anexos, adendas o modificaciones, susceptibles de generar la emisión de billetes subvencionados, con al menos un mes de antelación a la emisión del primer billete bonificado.

Nueve. Asimismo, las compañías marítimas y aéreas y sus agentes, incluidos los sistemas de reserva, habrán de conservar toda la información y documentación relativa a billetes bonificados tanto por razón de residencia no peninsular como por familias numerosas, cualquiera que sea su forma de almacenamiento, que acredite el importe de la subvención y el cumplimiento de los procedimientos recogidos reglamentariamente para la concesión de la subvención, a disposición del Ministerio de Fomento, durante el plazo de prescripción previsto en el artículo 39 de la Ley 38/2003, de 17 de noviembre.

A efectos de la liquidación de las bonificaciones aplicadas, las compañías marítimas, aéreas, y sus agentes, lo que incluye a los sistemas de reserva y a cualquier tercero que haya intervenido en la determinación de la tarifa bonificada, en el pago realizado por el pasajero o en la gestión o aplicación de la bonificación, estarán obligadas a prestar colaboración y facilitar cuanta documentación les sea requerida en relación con las tarifas comercializadas objeto de bonificación, las bonificaciones aplicadas, los pagos realizados por el pasajero y las liquidaciones efectuadas.

La negativa al cumplimiento de esta obligación se considerará resistencia, excusa, obstrucción o negativa a los efectos previstos en el artículo 37 de la Ley 38/2003, de 17 de noviembre, sin perjuicio de las sanciones que, en su caso, pudieran corresponder.

Diez. Se autoriza al órgano gestor a modificar mediante resolución, tras dar trámite de audiencia a las compañías aéreas que exploten los mercados sujetos a subvención y a las principales asociaciones de aerolíneas, el contenido de los modelos de los anexos, en lo que afecta a las bonificaciones al transporte aéreo, del Real Decreto 1316/2001, de 30 de noviembre, por el que se regula la bonificación en las tarifas de los servicios regulares de transporte aéreo y marítimo para los residentes en las Comunidades Autónomas de Canarias y las Illes Balears y en las Ciudades de Ceuta y Melilla.

Once. No serán objeto de liquidación por las compañías marítimas y aéreas, ni de reembolso a éstas:

a) Los billetes subvencionados con tarifas marítimas y aéreas que incluyan respectivamente servicios ajenos al transporte marítimo y aéreo, sean o no repercutidos al pasajero.

b) Los billetes aéreos subvencionados emitidos bajo contratos, convenios o acuerdos de cualquier tipo que no hayan sido registrados y expresamente aprobados por la Dirección General de Aviación Civil.

c) Los conceptos excluidos de bonificación por la normativa de aplicación, entre otros, las ofertas, descuentos, promociones o prácticas comerciales equivalentes, que deben ser aplicados de forma previa al cálculo de la subvención, así como los servicios opcionales del transporte comercializados por la compañía marítima y aérea.

Doce. Verificación de fichero informático de las liquidaciones solicitadas por las compañías marítimas con la relación de los embarques realmente producidos en puertos.

El procedimiento de inspección y control de las bonificaciones al transporte marítimo ha de incluir la comprobación de si los datos de los embarques contenidos en el fichero informático se corresponden con embarques reales producidos en los puertos. Para ello, las autoridades portuarias remitirán mensualmente a la Dirección General de la Marina Mercante la relación de todos los embarques reales producidos en los puertos correspondientes a los trayectos bonificables.

La relación mensual de todos los embarques reales producidos en cada puerto incluirá las relaciones de embarques de todas y cada una de las escalas que hayan tenido lugar durante ese período. Estas relaciones de embarques de cada trayecto serán recabadas directamente por las autoridades portuarias u organismos competentes en cada caso o, en su defecto, remitidas electrónicamente a éstas por las compañías marítimas. La remisión se realizará en el tiempo y forma que determine la Dirección General de la Marina Mercante, pero en todo caso, deberán haber sido recibidas por el órgano competente antes de que la nave llegue a su destino.

No podrá bonificarse ningún embarque contenido en el fichero informático que no esté incluido en la relación de embarques reales, salvo que se demuestre error u omisión.

Trece. El Gobierno dictará las normas de aplicación y desarrollo de las bonificaciones al transporte, marítimo y aéreo, regular de pasajeros.»

Apdo. 8.a) modificado por Ley 6/2018, de 3 de julio, de Presupuestos Generales del Estado para el año 2018. (BOE de 04-07-2018).

D.F. 11.ª Modificación de la Ley 20/2015, de 14 de julio, de ordenación, supervisión y solvencia de las entidades aseguradoras y reaseguradoras.

Se modifica el apartado 2 de la disposición final vigésima primera de la ley 20/2015, de 14 de julio, de ordenación, supervisión y solvencia de las entidades aseguradoras y reaseguradoras, que queda redactado en los siguientes términos:

«2. No obstante, la disposición transitoria decimotercera y la disposición adicional decimosexta entrarán en vigor el día siguiente al de su publicación. Las disposiciones transitorias cuarta y décima entrarán en vigor el 1 de septiembre de 2015. La disposición final novena entrará en vigor el 1 de julio de 2016. La disposición final duodécima entrará en vigor al día siguiente de la publicación de la Ley 40/2015, de 1 de octubre, de Régimen Jurídico del Sector Público.»

D.F. 12.ª Restitución o compensación a los partidos políticos de bienes y derechos incautados en aplicación de la normativa sobre responsabilidades políticas.

El reconocimiento de los derechos previstos en la Ley 50/2007, de 26 de diciembre, de modificación de la Ley 43/1998, de 15 de diciembre, de restitución o compensación a los partidos políticos de bienes y derechos incautados en aplicación de la normativa sobre responsabilidades políticas del periodo 1936-1939, así como la tramitación y resolución de los procedimientos iniciados al amparo de dicha Ley, seguirán suspendidos hasta que se verifiquen las condiciones que permitan atender las prestaciones que la Ley reconoce sin menoscabo de la financiación de otras actuaciones públicas prioritarias.

Una vez se constate la concurrencia de las expresadas condiciones, el Gobierno aprobará el Reglamento de desarrollo de la Ley, el cual fijará un nuevo plazo para la presentación de las solicitudes de restitución o compensación.

D.F. 13.ª Referencias normativas.

Las referencias hechas a Ley 30/1992, de 26 de noviembre, de Régimen Jurídico de las Administraciones Públicas y del Procedimiento Administrativo Común se entenderán hechas a la Ley del Procedimiento Administrativo Común de las Administraciones Públicas o a la Ley de Régimen Jurídico del Sector Público, según corresponda.

D.F. 14.ª Título competencial.

1. Esta Ley se dicta al amparo de lo dispuesto en el artículo 149.1.18.ª de la Constitución Española que atribuye al Estado competencia exclusiva sobre las bases régimen jurídico de las Administraciones Públicas, así como al amparo de lo previsto en el artículo 149.1.13.ª, relativo a las bases y coordinación de la planificación general de la actividad económica, y del artículo 149.1.14.ª, relativo a la Hacienda Pública general.

2. No tiene carácter básico y se aplica exclusivamente a la Administración General del Estado y al sector público estatal lo previsto en:

a) La subsección 2.ª referida a los órganos colegiados de la Administración General del Estado de la sección 3.ª del capítulo II del Título preliminar.

b) El Título I relativo a la Administración General del Estado.

c) Lo dispuesto en el Capítulo II relativo a la organización y funcionamiento del sector público institucional estatal, el Capítulo III de los organismos públicos estatales, el Capítulo IV de las Autoridades administrativas independientes, el Capítulo V de las sociedades mercantiles estatales, en el artículo 123.2 del Capítulo VI relativo a los Consorcios, los artículos 128, 130, 131, 132, 133, 135 y 136 del Capítulo VII de las fundaciones del sector público estatal y el Capítulo VIII de los fondos carentes de personalidad jurídica, todos ellos del Título II relativo a la organización y funcionamiento del sector público institucional.

d) Lo previsto en las disposiciones adicionales: cuarta, sobre adaptación de entidades y organismos estatales, quinta, sobre gestión compartida de servicios comunes en organismos públicos estatales, sexta, sobre medios propios, séptima, sobre el registro electrónico estatal de órganos e instrumentos de cooperación, undécima, sobre conflictos de atribuciones intraministeriales, duodécima, sobre Autoridades Portuarias y Puertos del Estado, decimotercera, relativa a las entidades de la Seguridad Social, decimocuarta, sobre la organización militar, decimoquinta, relativa al personal militar, la decimosexta, sobre Servicios territoriales integrados en las Delegaciones del Gobierno, decimoséptima, relativa a la Agencia Estatal de la Administración Tributaria, la decimoctava relativa al Centro Nacional de Inteligencia, la decimonovena relativa al Banco de España y la vigésima relativa al Fondo de Reestructuración Ordenada Bancaria.

D.F. 15.ª Desarrollo normativo de la Ley.

Se faculta al Consejo de Ministros y a los Ministros de Presidencia y de Hacienda y Administraciones Públicas, en el ámbito de sus competencias, para dictar cuantas disposiciones reglamentarias sean necesarias para el desarrollo de la presente Ley, así como para acordar las medidas necesarias para garantizar la efectiva ejecución e implantación de las previsiones de esta Ley.

En el plazo de tres meses desde la entrada en vigor de esta Ley, mediante Orden del Ministro de Hacienda y Administraciones Públicas, se desarrollará lo previsto en el artículo 85 sobre la supervisión continua.

D.F. 16.ª Precedencias en actos oficiales.

Por Real Decreto del Consejo de Ministros, a propuesta del Presidente del Gobierno, se determinarán las precedencias de los titulares de los poderes constitucionales y de las instituciones nacionales, así como las de los titulares de los departamentos ministeriales y de los órganos internos de estos en relación con los actos oficiales.

D.F. 17.ª Adaptación normativa.

1. En el plazo de un año a partir de la entrada en vigor de la Ley, se deberán adecuar a la misma las normas estatales o autonómicas que sean incompatibles con lo previsto en esta Ley.

2. Los consorcios creados por una ley singular aprobada por las Cortes Generales con anterioridad a la aprobación de esta Ley seguirán rigiéndose por su legislación especial hasta que se produzca la citada adaptación normativa.

D.F. 18.ª Entrada en vigor.

1. La presente Ley entrará en vigor al año de su publicación en el «Boletín Oficial del Estado», a excepción del punto cuatro de la disposición final quinta, de modificación de la Ley 22/2003, de 9 de julio, Concursal, de los puntos uno a once de la disposición final novena, de modificación del Texto Refundido de la Ley de Contratos del Sector Público, aprobado por Real Decreto Legislativo 3/2011, de 14 de noviembre y la disposición final decimosegunda, de restitución o compensación a los partidos políticos de bienes y derechos incautados en aplicación de la normativa sobre responsabilidades políticas que entrarán en vigor a los veinte días de su publicación en el «Boletín Oficial del Estado», y el punto doce de la misma disposición final novena, que lo hará a los seis meses de la citada publicación en el «Boletín Oficial del Estado».

2. No obstante, entrarán en vigor el día siguiente al de su publicación en el «Boletín Oficial del Estado» la disposición final primera, de modificación de la Ley 23/1982, de 16 de junio, reguladora del Patrimonio Nacional, la disposición final segunda, de modificación del Real Decreto-Ley 12/1995, de 28 de diciembre, sobre medidas urgentes en materia presupuestaria, tributaria y financiera, los puntos uno a tres de la disposición final quinta, de modificación de la Ley 22/2003, de 9 de julio, Concursal, la disposición final séptima, de modificación de la Ley 38/2003, de 17 de noviembre, General de Subvenciones y la disposición final undécima, de modificación de la Ley 20/2015, de 14 de julio, de ordenación, supervisión y solvencia de las entidades aseguradoras y reaseguradoras.

3. La disposición final décima de modificación de la disposición adicional décima tercera de la Ley 17/2012, de 27 de diciembre, de Presupuestos Generales del Estado para el año 2013, entrará en vigor el día siguiente al de su publicación en el «Boletín Oficial del Estado», sin perjuicio de que los apartados Uno, primer y segundo párrafo; Dos; Tres, párrafos primero y segundo; Cuatro; Cinco, párrafos primero a cuarto y, Seis, surtirán efectos a partir del 1 de enero de 2013, y de lo dispuesto en el apartado Siete.

Por tanto,
Mando a todos los españoles, particulares y autoridades, que guarden y hagan guardar esta ley.
Madrid, 1 de octubre de 2015.

FELIPE R.

El Presidente del Gobierno,
MARIANO RAJOY BREY

VI.
LEY 50/1997, DE 27 DE NOVIEMBRE, DEL GOBIERNO

–BOE núm. 285, de 28 de noviembre de 1997–

JUAN CARLOS I
REY DE ESPAÑA

A todos los que la presente vieren y entendieren.
Sabed: Que las Cortes Generales han aprobado y Yo vengo en sancionar la siguiente Ley.

EXPOSICIÓN DE MOTIVOS

Desde la aprobación de la Constitución Española en 1978, puede observarse con satisfacción como su espíritu, principios y articulado han tenido el correspondiente desarrollo normativo en textos de rango legal, impulsando un período de fecunda producción legislativa para incorporar plenamente los principios democráticos al funcionamiento de los poderes e instituciones que conforman el Estado Español.

En efecto, el conjunto de los poderes y órganos constitucionales han sido objeto de leyes que, con posterioridad a la Constitución, establecen las pautas de su organización, competencia y normas de funcionamiento a la luz de la norma vértice de nuestro ordenamiento democrático.

Existe, sin embargo, un relevante ámbito de los poderes constitucionales al que todavía no ha llegado el desarrollo legal de la Constitución. Tal es el caso del núcleo esencial de la configuración del poder ejecutivo como es el propio Gobierno. En efecto, carece todavía el Gobierno, como supremo órgano de la dirección de la política interior y exterior del Reino de España, de texto legal que contemple su organización, competencia y funcionamiento en el espíritu, principios y texto constitucional. Tal es el importante paso que se da con la presente Ley.

La Constitución de 1978 establece los principios y criterios básicos que deben presidir el régimen jurídico del Gobierno, siendo su artículo 97 el precepto clave en la determinación de la posición constitucional del mismo.

Al propio tiempo, el artículo 98 contiene un mandato dirigido al legislador para que éste proceda al correspondiente desarrollo normativo del citado órgano constitucional en lo que se refiere a la determinación de sus miembros y estatuto e incompatibilidades de los mismos.

Por otra parte, el Gobierno no puede ser privado de sus características propias de origen constitucional si no es a través de una reforma de la Constitución («garantía institucional»). Ahora bien, la potestad legislativa puede y debe operar autónomamente siempre y cuando no lleguen a infringirse principios o normas constitucionales.

Por ello, en lo que se refiere a aspectos orgánicos, procedimentales o funcionales, la presente Ley aparece como conveniente; y, en cuanto se trate de precisar y desarrollar las previsiones concretas de remisión normativa contenida en la Constitución, la Ley aparece como necesaria. Avala además la pertinencia del presente texto el hecho de que la organización y el funcionamiento del Gobierno se encuentra en textos legales dispersos, algunos de ellos preconstitucionales, y, por tanto, no del todo coherentes con el contenido de nuestra Carta Magna.

Tres principios configuran el funcionamiento del Gobierno: el principio de dirección presidencial, que otorga al Presidente del Gobierno la competencia para determinar las directrices políticas que deberá seguir el Gobierno y cada uno de los Departamentos; la colegialidad y consecuente responsabilidad solidaria de sus miembros; y, por último, el principio departamental que otorga al titular de cada Departamento una amplia autonomía y responsabilidad en el ámbito de su respectiva gestión.

Desde estos planteamientos, en el Título I se regula la posición constitucional del Gobierno, así como su composición, con la distinción entre órganos individuales y colegiados. Al propio tiempo, se destacan las funciones que, con especial relevancia, corresponden al Presidente y al Consejo de Ministros. Asimismo, se regula la creación, composición y funciones de las Comisiones Delegadas del Gobierno, órganos con una aquilatada tradición en nuestro Derecho.

En efecto, el artículo 98.1 de nuestra Carta Magna establece una composición fija -aún con elementos disponibles- del Gobierno, remitiéndose a la Ley para determinar el resto de sus componentes. En este sentido, se opta ahora por un desarrollo estricto del precepto constitucional, considerando como miembros del Gobierno al Presidente, a los Vicepresidentes cuando existan, y a los Ministros. En cuanto a la posición relativa de los miembros del Gobierno, se destaca la importancia del Presidente, con fundamento en el principio de dirección presidencial, dado que del mismo depende, en definitiva, la existencia misma del Gobierno. El Derecho comparado es prácticamente unánime en consagrar la existencia de un evidente desequilibrio institucionalizado entre la posición del Presidente, de supremacía, y la de los demás miembros del Gobierno. Nuestra Constitución y, por tanto, también la Ley se adscriben decididamente a dicha tesis.

Se mantiene, como no podía ser de otra manera, el carácter disponible de los Vicepresidentes, cuya existencia real en cada formación concreta del Gobierno dependerá de la decisión del Presidente. No se ha estimado conveniente, por otra parte, aumentar cualitativamente el número de categorías de quienes pueden ser miembros del Gobierno aun cuando esa posibilidad se encuentra permitida por el inciso final del artículo 98.1. En este sentido, si bien se contempla expresamente la figura de los Ministros sin cartera, no cabe duda de que su consideración es precisamente la de Ministros. Y desde esa posición, desempeñan una función política, encargándose de tareas que no corresponden, en principio ni en exclusiva, a uno de los Departamentos existentes. No son, en consecuencia, esos otros posibles miembros del Gobierno a que se refiere el artículo 98.1 de la Constitución.

Por lo que respecta a los Secretarios de Estado, se opta por potenciar su «status» y su ámbito funcional sin llegar a incluirlos en el Gobierno. Serán órganos de colaboración muy cualificados del Gobierno, pero no miembros, si bien su importancia destaca sobre el resto de órganos de colaboración y apoyo en virtud de su fundamental misión al frente de importantes parcelas de actividad política y administrativa, lo que les convierte, junto con los Ministros, en un engarce fundamental entre el Gobierno y la Administración.

El texto regula, asimismo, la Comisión General de Secretarios de Estado y Subsecretarios, con funciones preparatorias del Consejo de Ministros, el Secretariado del Gobierno y los Gabinetes.

El Título II se dedica a regular el estatuto de los miembros del Gobierno -cumpliendo el mandato contenido en el artículo 98.4 de la Constitución- y, en especial, los requisitos de acceso al cargo, su nombramiento y cese, el sistema de suplencias y el régimen de incompatibilidades.

Igualmente se contienen las normas sobre nombramiento, cese, suplencia e incompatibilidades de los Secretarios de Estado; y el régimen de nombramiento y cese de los Directores de Gabinete.

En el Título III se pormenorizan, dentro de los lógicos límites que impone el rango de la norma, las reglas de funcionamiento del Gobierno, con especial atención al Consejo de Ministros y a los demás órganos del Gobierno y de colaboración y apoyo al mismo. También se incluye una referencia especial a la delegación de competencias, fijando con claridad sus límites, así como las materias que resultan indelegables.

El Título IV se dedica exclusivamente a regular el Gobierno en funciones, una de las principales novedades de la Ley, con base en el principio de lealtad constitucional, delimitando su propia posición constitucional y entendiendo que el objetivo último de toda su actuación radica en la consecución de un normal desarrollo del proceso de formación del nuevo Gobierno.

Por último, en el Título V se regula el procedimiento para el ejercicio por el Gobierno de la iniciativa legislativa que le corresponde, comprendiendo dos fases principales en las que interviene el Consejo de Ministros, asumiendo la iniciativa legislativa, en un primer momento, y culminando con la aprobación del proyecto de ley.

Se regula asimismo el ejercicio de la potestad reglamentaria, con especial referencia al procedimiento de elaboración de los reglamentos y a la forma de las disposiciones y resoluciones del Gobierno, de sus miembros y de las Comisiones Delegadas. De este modo, el texto procede a una ordenación de las normas reglamentarias con base en los principios de jerarquía y de competencia, criterio este último que preside la relación entre los Reales Decretos del Consejo de Ministros y los Reales Decretos del Presidente del Gobierno, cuya parcela propia se sitúa en la materia funcional y operativa del órgano complejo que es el Gobierno.

Finalmente, se regulan diversas formas de control de los actos del Gobierno, de conformidad con lo establecido por nuestra Constitución y por nuestra jurisprudencia constitucional y ordinaria, con la finalidad de garantizar el control jurídico de toda la actividad del Gobierno en el ejercicio de sus funciones.

TÍTULO I
Del Gobierno: composición, organización y órganos de colaboración y apoyo

CAPÍTULO I
Del Gobierno, su composición, organización y funciones

ART. 1. Del Gobierno.

1. El Gobierno dirige la política interior y exterior, la Administración civil y militar y la defensa del Estado. Ejerce la función ejecutiva y la potestad reglamentaria de acuerdo con la Constitución y las leyes.

2. El Gobierno se compone del Presidente, del Vicepresidente o Vicepresidentes, en su caso, y de los Ministros.

3. Los miembros del Gobierno se reúnen en Consejo de Ministros y en Comisiones Delegadas del Gobierno.

ART. 2. Del Presidente del Gobierno.

1. El Presidente dirige la acción del Gobierno y coordina las funciones de los demás miembros del mismo, sin perjuicio de la competencia y responsabilidad directa de los Ministros en su gestión.

2. En todo caso, corresponde al Presidente del Gobierno:

a) Representar al Gobierno.

b) Establecer el programa político del Gobierno y determinar las directrices de la política interior y exterior y velar por su cumplimiento.

c) Proponer al Rey, previa deliberación del Consejo de Ministros, la disolución del Congreso, del Senado o de las Cortes Generales.

d) Plantear ante el Congreso de los Diputados, previa deliberación del Consejo de Ministros, la cuestión de confianza.

e) Proponer al Rey la convocatoria de un referéndum consultivo, previa autorización del Congreso de los Diputados.

f) Dirigir la política de defensa y ejercer respecto de las Fuerzas Armadas las funciones previstas en la legislación reguladora de la defensa nacional y de la organización militar.

g) Convocar, presidir y fijar el orden del día de las reuniones del Consejo de Ministros, sin perjuicio de lo previsto en el artículo 62.g) de la Constitución.

h) Refrendar, en su caso, los actos del Rey y someterle, para su sanción, las leyes y demás normas con rango de ley, de acuerdo con lo establecido en los artículos 64 y 91 de la Constitución.

i) Interponer el recurso de inconstitucionalidad.

j) Crear, modificar y suprimir, por Real Decreto, los Departamentos Ministeriales, así como las Secretarías de Estado. Asimismo, le corresponde la aprobación de la estructura orgánica de la Presidencia del Gobierno.

k) Proponer al Rey el nombramiento y separación de los Vicepresidentes y de los Ministros.

l) Resolver los conflictos de atribuciones que puedan surgir entre los diferentes Ministerios.

m) Impartir instrucciones a los demás miembros del Gobierno.

n) Ejercer cuantas otras atribuciones le confieran la Constitución y las leyes.

VI

ART. 3. Del Vicepresidente o Vicepresidentes del Gobierno.

1. Al Vicepresidente o Vicepresidentes, cuando existan, les corresponderá el ejercicio de las funciones que les encomiende el Presidente.

2. El Vicepresidente que asuma la titularidad de un Departamento Ministerial, ostentará, además, la condición de Ministro.

ART. 4. De los Ministros.

1. Los Ministros, como titulares de sus Departamentos, tienen competencia y responsabilidad en la esfera específica de su actuación, y les corresponde el ejercicio de las siguientes funciones:

a) Desarrollar la acción del Gobierno en el ámbito de su Departamento, de conformidad con los acuerdos adoptados en Consejo de Ministros o con las directrices del Presidente del Gobierno.

b) Ejercer la potestad reglamentaria en las materias propias de su Departamento.

c) Ejercer cuantas otras competencias les atribuyan las leyes, las normas de organización y funcionamiento del Gobierno y cualesquiera otras disposiciones.

d) Refrendar, en su caso, los actos del Rey en materia de su competencia.

2. Además de los Ministros titulares de un Departamento, podrán existir Ministros sin cartera, a los que se les atribuirá la responsabilidad de determinadas funciones gubernamentales. En caso de que existan Ministros sin cartera, por Real Decreto se determinará el ámbito de sus competencias, la estructura administrativa, así como los medios materiales y personales que queden adscritos al mismo.

Modificado por Ley 40/2015, de 1 de octubre, de Régimen Jurídico del Sector Publico. (BOE de 02-10-2015).

ART. 5. Del Consejo de Ministros.

1. Al Consejo de Ministros, como órgano colegiado del Gobierno, le corresponde el ejercicio de las siguientes funciones:

a) Aprobar los proyectos de ley y su remisión al Congreso de los Diputados o, en su caso, al Senado.

b) Aprobar el Proyecto de Ley de Presupuestos Generales del Estado.

c) Aprobar los Reales Decretos-leyes y los Reales Decretos Legislativos.

d) Acordar la negociación y firma de Tratados internacionales, así como su aplicación provisional.

e) Remitir los Tratados internacionales a las Cortes Generales en los términos previstos en los artículos 94 y 96.2 de la Constitución.

f) Declarar los estados de alarma y de excepción y proponer al Congreso de los Diputados la declaración del estado de sitio.

g) Disponer la emisión de Deuda Pública o contraer crédito, cuando haya sido autorizado por una Ley.

h) Aprobar los reglamentos para el desarrollo y la ejecución de las leyes, previo dictamen del Consejo de Estado, así como las demás disposiciones reglamentarias que procedan.

i) Crear, modificar y suprimir los órganos directivos de los Departamentos Ministeriales.

j) Adoptar programas, planes y directrices vinculantes para todos los órganos de la Administración General del Estado.

k) Ejercer cuantas otras atribuciones le confieran la Constitución, las leyes y cualquier otra disposición.

2. A las reuniones del Consejo de Ministros podrán asistir los Secretarios de Estado y excepcionalmente otros altos cargos, cuando sean convocados para ello, **sin perjuicio de lo dispuesto en los tratados internacionales válidamente celebrados por España**.

3. Las deliberaciones del Consejo de Ministros serán secretas.

Apdo. 2 modificado por Ley Orgánica 1/2025, de 2 de enero, de medidas en materia de eficiencia del Servicio Público de Justicia. (BOE 03-01-2025). Esta modificación entró en vigor el 03-04-2025.

Modificado por Ley 40/2015, de 1 de octubre, de Régimen Jurídico del Sector Publico. (BOE de 02-10-2015).

ART. 6. De las Comisiones Delegadas del Gobierno.

1. La creación, modificación y supresión de las Comisiones Delegadas del Gobierno será acordada por el Consejo de Ministros mediante Real Decreto, a propuesta del Presidente del Gobierno.

2. El Real Decreto de creación de una Comisión Delegada deberá especificar, en todo caso:

a) El miembro del Gobierno que asume la presidencia de la Comisión.

b) Los miembros del Gobierno y, en su caso, Secretarios de Estado que la integran.

c) Las funciones que se atribuyen a la Comisión.

d) El miembro de la Comisión al que corresponde la Secretaría de la misma.

e) El régimen interno de funcionamiento y en particular el de convocatorias y suplencias.

3. No obstante lo dispuesto en el apartado anterior, podrán ser convocados a las reuniones de las Comisiones Delegadas los titulares de aquellos otros órganos superiores y directivos de la Administración General del Estado que se estime conveniente.

4. Corresponde a las Comisiones Delegadas, como órganos colegiados del Gobierno:

a) Examinar las cuestiones de carácter general que tengan relación con varios de los Departamentos Ministeriales que integren la Comisión.

b) Estudiar aquellos asuntos que, afectando a varios Ministerios, requieran la elaboración de una propuesta conjunta previa a su resolución por el Consejo de Ministros.

c) Resolver los asuntos que, afectando a más de un Ministerio, no requieran ser elevados al Consejo de Ministros.

d) Ejercer cualquier otra atribución que les confiera el ordenamiento jurídico o que les delegue el Consejo de Ministros.

5. Las deliberaciones de las Comisiones Delegadas del Gobierno serán secretas.

Modificado por Ley 40/2015, de 1 de octubre, de Régimen Jurídico del Sector Publico. (BOE de 02-10-2015).

CAPÍTULO II
De los órganos de colaboración y apoyo del Gobierno

ART. 7. De los Secretarios de Estado.

1. Los Secretarios de Estado son órganos superiores de la Administración General del Estado, directamente responsables de la ejecución de la acción del Gobierno en un sector de actividad específica de un Departamento o de la Presidencia del Gobierno.

2. Actúan bajo la dirección del titular del Departamento al que pertenezcan. Cuando estén adscritos a la Presidencia del Gobierno, actúan bajo la dirección del Presidente.

3. Las competencias de los Secretarios de Estado son las que se determinan en la Ley de Organización y Funcionamiento de la Administración General del Estado.

Modificado por Ley 40/2015, de 1 de octubre, de Régimen Jurídico del Sector Publico. (BOE de 02-10-2015).

ART. 8. De la Comisión General de Secretarios de Estado y Subsecretarios.

1. La Comisión General de Secretarios de Estado y Subsecretarios estará integrada por los titulares de las Secretarías de Estado y por los Subsecretarios de los distintos Departamentos Ministeriales.

Asistirá igualmente el Abogado General del Estado y aquellos altos cargos con rango de Secretario de Estado o Subsecretario que sean convocados por el Presidente por razón de la materia de que se trate.

2. La Presidencia de la Comisión General de Secretarios de Estado y Subsecretarios corresponde a un Vicepresidente del Gobierno o, en su defecto, al Ministro de la Presidencia. En caso de ausencia del Presidente de la Comisión, la presidencia recaerá en el Ministro que corresponda según el orden de precedencia de los Departamentos ministeriales. No se entenderá por ausencia la interrupción transitoria en la asistencia a la reunión de la Comisión. En ese caso, las funciones que pudieran corresponder al Presidente serán ejercidas por la siguiente autoridad en rango presente, de conformidad con el orden de precedencia de los distintos Departamentos ministeriales.

3. La Secretaría de la Comisión General de Secretarios de Estado y Subsecretarios será ejercida por el Subsecretario de la Presidencia. En caso de ausencia, vacante o enfermedad, actuará como Secretario el Director del Secretariado del Gobierno.

4. Las deliberaciones de la Comisión General de Secretarios de Estado y Subsecretarios serán reservadas. En ningún caso la Comisión podrá adoptar decisiones o acuerdos por delegación del Gobierno.

5. Corresponde a la Comisión General de Secretarios de Estado y Subsecretarios:

a) El examen de todos los asuntos que vayan a someterse a aprobación del Consejo de Ministros, excepto los nombramientos, ceses, ascensos a cualquiera de los empleos de la categoría de oficiales generales y aquéllos que, excepcionalmente y por razones de urgencia, deban ser sometidos directamente al Consejo de Ministros.

b) El análisis o discusión de aquellos asuntos que, sin ser competencia del Consejo de Ministros o sus Comisiones Delegadas, afecten a varios Ministerios y sean sometidos a la Comisión por su presidente.

6. La Comisión General de Secretarios de Estado y Subsecretarios podrá celebrar sesiones, deliberar y aprobar actas a distancia por medios electrónicos, siempre que los miembros participantes se encuentren en territorio español y quede acreditada su identidad. Asimismo, se deberá asegurar la comunicación entre ellos en tiempo real durante la sesión, disponiéndose los medios necesarios para garantizar el carácter secreto o reservado de sus deliberaciones.

Apdo. 6 añadido por Real Decreto-ley 5/2023, de 28 de junio, por el que se adoptan y prorrogan determinadas medidas de respuesta a las consecuencias económicas y sociales de la Guerra de Ucrania, de apoyo a la reconstrucción de la isla de La Palma y a otras situaciones de vulnerabilidad; de transposición de Directivas de la Unión Europea en materia de modificaciones estructurales de sociedades mercantiles y conciliación de la vida familiar y la vida profesional de los progenitores y los cuidadores; y de ejecución y cumplimiento del Derecho de la Unión Europea. (BOE de 29/06/2023).

Modificado anteriormente por Ley 40/2015, de 1 de octubre, de Régimen Jurídico del Sector Publico. (BOE de 02-10-2015).

ART. 9. Del Secretariado del Gobierno.

1. El Secretariado del Gobierno, como órgano de apoyo del Consejo de Ministros, de las Comisiones Delegadas del Gobierno y de la Comisión General de Secretarios de Estado y Subsecretarios, ejercerá las siguientes funciones:

a) La asistencia al Ministro-Secretario del Consejo de Ministros.

b) La remisión de las convocatorias a los diferentes miembros de los órganos colegiados anteriormente enumerados.

c) La colaboración con las Secretarías Técnicas de las Comisiones Delegadas del Gobierno.

d) El archivo y custodia de las convocatorias, órdenes del día y actas de las reuniones.

e) Velar por el cumplimiento de los principios de buena regulación aplicables a las iniciativas normativas y contribuir a la mejora de la calidad técnica de las disposiciones aprobadas por el Gobierno.

f) Velar por la correcta y fiel publicación de las disposiciones y normas emanadas del Gobierno que deban insertarse en el "Boletín Oficial del Estado".

2. Asimismo, el Secretariado del Gobierno, como órgano de asistencia al Ministro de la Presidencia, ejercerá las siguientes funciones:

a) Los trámites relativos a la sanción y promulgación real de las leyes aprobadas por las Cortes Generales y la expedición de los Reales Decretos.

b) La tramitación de los actos y disposiciones del Rey cuyo refrendo corresponde al Presidente del Gobierno.

c) La tramitación de los actos y disposiciones que el ordenamiento jurídico atribuye a la competencia del Presidente del Gobierno.

3. El Secretariado del Gobierno se integra en la estructura orgánica del Ministerio de la Presidencia, tal como se prevea en el Real Decreto de estructura de ese Ministerio. El Director del Secretariado del Gobierno ejercerá la secretaría adjunta de la Comisión General de Secretarios de Estado y Subsecretarios.

4. De conformidad con las funciones que tiene atribuidas y de acuerdo con las normas que rigen la elaboración de las disposiciones de carácter general, el Secretariado del Gobierno propondrá al Ministro de la Presidencia la aprobación de las instrucciones que han de seguirse para la tramitación de asuntos ante los órganos colegiados del Gobierno

y los demás previstos en el apartado segundo de este artículo. Las instrucciones preverán expresamente la forma de documentar las propuestas y acuerdos adoptados por medios electrónicos, que deberán asegurar la identidad de los órganos intervinientes y la fehaciencia del contenido.

Modificado por Ley 40/2015, de 1 de octubre, de Régimen Jurídico del Sector Publico. (BOE de 02-10-2015).

ART. 10. De los Gabinetes.

1. Los Gabinetes son órganos de apoyo político y técnico del Presidente del Gobierno, de los Vicepresidentes, de los Ministros y de los Secretarios de Estado. Los miembros de los Gabinetes realizan tareas de confianza y asesoramiento especial sin que en ningún caso puedan adoptar actos o resoluciones que correspondan legalmente a los órganos de la Administración General del Estado o de las organizaciones adscritas a ella, sin perjuicio de su asistencia o pertenencia a órganos colegiados que adopten decisiones administrativas. Asimismo, los directores de los gabinetes podrán dictar los actos administrativos propios de la jefatura de la unidad que dirigen.

Particularmente, los Gabinetes prestan su apoyo a los miembros del Gobierno y Secretarios de Estado en el desarrollo de su labor política, en el cumplimiento de las tareas de carácter parlamentario y en sus relaciones con las instituciones y la organización administrativa.

El Gabinete de la Presidencia del Gobierno se regulará por Real Decreto del Presidente en el que se determinará, entre otros aspectos, su estructura y funciones. El resto de Gabinetes se regulará por lo dispuesto en esta Ley.

2. Los Directores de Gabinete tendrán el nivel orgánico que se determine reglamentariamente. El resto de miembros del Gabinete tendrán la situación y grado administrativo que les corresponda en virtud de la legislación correspondiente.

3. Las retribuciones de los miembros de los Gabinetes se determinan por el Consejo de Ministros dentro de las consignaciones presupuestarias establecidas al efecto adecuándose, en todo caso, a las retribuciones de la Administración General del Estado.

Modificado por Ley 40/2015, de 1 de octubre, de Régimen Jurídico del Sector Publico. (BOE de 02-10-2015).

TÍTULO II
Del estatuto de los miembros del Gobierno, de los Secretarios de Estado y de los Directores de los Gabinetes

CAPÍTULO I
De los miembros del Gobierno

ART. 11. De los requisitos de acceso al cargo.

Para ser miembro del Gobierno se requiere ser español, mayor de edad, disfrutar de los derechos de sufragio activo y pasivo, así como no estar inhabilitado para ejercer empleo o cargo público por sentencia judicial firme y reunir el resto de requisitos de idoneidad previstos en la Ley 3/2015, de 30 de marzo, reguladora del ejercicio del alto cargo de la Administración General del Estado.

Modificado por Ley 40/2015, de 1 de octubre, de Régimen Jurídico del Sector Publico. (BOE de 02-10-2015).

ART. 12. Del nombramiento y cese.

1. El nombramiento y cese del Presidente del Gobierno se producirá en los términos previstos en la Constitución.

2. Los Vicepresidentes y Ministros serán nombrados y separados por el Rey, a propuesta del Presidente del Gobierno. El nombramiento conllevará el cese en el puesto que, en su caso, se estuviera desempeñando, salvo cuando en el caso de los Vicepresidentes, se designe como tal a un Ministro que conserve la titularidad del Departamento. Cuando el cese en el anterior cargo correspondiera al Consejo de Ministros, se dejará constancia de

esta circunstancia en el nombramiento del nuevo titular. La separación de los Ministros sin cartera llevará aparejada la extinción de dichos órganos.

2 bis. En el nombramiento de las personas titulares de las Vicepresidencias y los Ministerios se garantizará el principio de presencia equilibrada de mujeres y hombres, de forma que cada uno de los sexos suponga como mínimo el cuarenta por ciento en su conjunto.

3. La separación de los Vicepresidentes del Gobierno llevará aparejada la extinción de dichos órganos, salvo el caso en que simultáneamente se designe otro vicepresidente en sustitución del separado.

4. Por Real Decreto se regulará el estatuto que fuera aplicable a los Presidentes del Gobierno tras su cese.

Apdo. 2 bis añadido por Ley Orgánica 2/2024, de 1 de agosto, de representación paritaria y presencia equilibrada de mujeres y hombres. (BOE 02-08-2024).

Modificado por Ley 40/2015, de 1 de octubre, de Régimen Jurídico del Sector Publico. (BOE de 02-10-2015).

ART. 13. De la suplencia.

1. En los casos de vacante, ausencia o enfermedad, las funciones del Presidente del Gobierno serán asumidas por los Vicepresidentes, de acuerdo con el correspondiente orden de prelación, y, en defecto de ellos, por los Ministros, según el orden de precedencia de los Departamentos.

2. La suplencia de los Ministros, para el despacho ordinario de los asuntos de su competencia, será determinada por Real Decreto del Presidente del Gobierno, debiendo recaer, en todo caso, en otro miembro del Gobierno. El Real Decreto expresará entre otras cuestiones la causa y el carácter de la suplencia.

3. No se entenderá por ausencia la interrupción transitoria de la asistencia a la reunión de un órgano colegiado. En tales casos, las funciones que pudieran corresponder al miembro del gobierno durante esa situación serán ejercidas por la siguiente autoridad en rango presente.

Modificado por Ley 40/2015, de 1 de octubre, de Régimen Jurídico del Sector Publico. (BOE de 02-10-2015).

ART. 14. Del régimen de incompatibilidades de los miembros del Gobierno.

1. Los miembros del Gobierno no podrán ejercer otras funciones representativas que las propias del mandato parlamentario, ni cualquier otra función pública que no derive de su cargo, ni actividad profesional o mercantil alguna.

2. Será de aplicación, asimismo, a los miembros del Gobierno el régimen de incompatibilidades de los altos cargos de la Administración General del Estado.

CAPÍTULO II
De los Secretarios de Estado

ART. 15. Del nombramiento, cese, suplencia e incompatibilidades de los Secretarios de Estado.

1. Los Secretarios de Estado son nombrados y separados por Real Decreto del Consejo de Ministros, aprobado a propuesta del Presidente del Gobierno o del miembro del Gobierno a cuyo Departamento pertenezcan.

2. La suplencia de los Secretarios de Estado del mismo Departamento se determinará según el orden de precedencia que se derive del Real Decreto de estructura orgánica del Ministerio.

3. Los Secretarios de Estado dependientes directamente de la Presidencia del Gobierno serán suplidos por quien designe el Presidente.

4. Es de aplicación a los Secretarios de Estado el régimen de incompatibilidades previsto para los altos cargos de la Administración General del Estado.

CAPÍTULO III
De los Directores de los Gabinetes de Presidente, Vicepresidentes, Ministros y Secretarios de Estado

ART. 16. Del nombramiento y cese de los Directores de los Gabinetes.

1. Los Directores de los Gabinetes del Presidente, de los Vicepresidentes y de los Ministros serán nombrados y separados por Real Decreto aprobado en Consejo de Ministros.

2. Los Directores de Gabinete de los Secretarios de Estado serán nombrados por Orden Ministerial, previo conocimiento del Consejo de Ministros.

3. Los Directores de los Gabinetes cesarán automáticamente cuando cese el titular del cargo del que dependen. En el supuesto del Gobierno en funciones continuarán hasta la formación del nuevo Gobierno.

4. Los funcionarios que se incorporen a los Gabinetes a que se refiere este artículo pasarán a la situación de servicios especiales, salvo que opten por permanecer en la situación de servicio activo en su Administración de origen.

Del mismo modo, el personal no funcionario que se incorpore a estos Gabinetes tendrá derecho a la reserva del puesto y antigüedad, conforme a lo dispuesto en su legislación específica.

TÍTULO III
De las normas de funcionamiento del Gobierno y de la delegación de competencias

ART. 17. De las normas aplicables al funcionamiento del Gobierno.

El Gobierno se rige, en su organización y funcionamiento, por la presente Ley y por:
a) Los Reales Decretos del Presidente del Gobierno sobre la composición y organización del Gobierno, así como de sus órganos de colaboración y apoyo.
b) Las disposiciones organizativas internas, de funcionamiento y actuación emanadas del Presidente del Gobierno o del Consejo de Ministros.

ART. 18. Del funcionamiento del Consejo de Ministros.

1. El Presidente del Gobierno convoca y preside las reuniones del Consejo de Ministros, actuando como Secretario el Ministro de la Presidencia.

2. Las reuniones del Consejo de Ministros podrán tener carácter decisorio o deliberante.

3. El orden del día de las reuniones del Consejo de Ministros se fijará por el Presidente del Gobierno.

4. De las sesiones del Consejo de Ministros se levantará acta en la que figurarán, exclusivamente, las circunstancias relativas al tiempo y lugar de su celebración, la relación de asistentes, los acuerdos adoptados y los informes presentados.

ART. 19. De las actas de las Comisiones Delegadas del Gobierno y de la Comisión General de Secretarios de Estado y Subsecretarios.

A las Comisiones Delegadas del Gobierno y a la Comisión General de Secretarios de Estado y Subsecretarios les será de aplicación lo dispuesto en el artículo 18 de la presente Ley en relación con las actas de dichos órganos colegiados.

ART. 20. Delegación y avocación de competencias.

1. Pueden delegar el ejercicio de competencias propias:
a) El Presidente del Gobierno en favor del Vicepresidente o Vicepresidentes y de los Ministros.
b) Los Ministros en favor de los Secretarios de Estado y de los Subsecretarios dependientes de ellos, de los Delegados del Gobierno en las Comunidades Autónomas y de los demás órganos directivos del Ministerio.

2. Asimismo, son delegables a propuesta del Presidente del Gobierno las funciones administrativas del Consejo de Ministros en las Comisiones Delegadas del Gobierno.

3. No son en ningún caso delegables las siguientes competencias:
a) Las atribuidas directamente por la Constitución.

b) Las relativas al nombramiento y separación de los altos cargos atribuidas al Consejo de Ministros.

c) Las atribuidas a los órganos colegiados del Gobierno, con la excepción prevista en el apartado 2 de este artículo.

d) Las atribuidas por una ley que prohíba expresamente la delegación.

4. El Consejo de Ministros podrá avocar para sí, a propuesta del Presidente del Gobierno, el conocimiento de un asunto cuya decisión corresponda a las Comisiones Delegadas del Gobierno.

La avocación se realizará mediante acuerdo motivado al efecto, del que se hará mención expresa en la decisión que se adopte en el ejercicio de la avocación. Contra el acuerdo de avocación no cabrá recurso, aunque podrá impugnarse en el que, en su caso, se interponga contra la decisión adoptada.

Modificado por Ley 40/2015, de 1 de octubre, de Régimen Jurídico del Sector Publico. (BOE de 02-10-2015).

TÍTULO IV
Del Gobierno en funciones

ART. 21. Del Gobierno en funciones.

1. El Gobierno cesa tras la celebración de elecciones generales, en los casos de pérdida de confianza parlamentaria previstos en la Constitución, o por dimisión o fallecimiento de su Presidente.

2. El Gobierno cesante continúa en funciones hasta la toma de posesión del nuevo Gobierno, con las limitaciones establecidas en esta Ley.

3. El Gobierno en funciones facilitará el normal desarrollo del proceso de formación del nuevo Gobierno y el traspaso de poderes al mismo y limitará su gestión al despacho ordinario de los asuntos públicos, absteniéndose de adoptar, salvo casos de urgencia debidamente acreditados o por razones de interés general cuya acreditación expresa así lo justifique, cualesquiera otras medidas.

4. El Presidente del Gobierno en funciones no podrá ejercer las siguientes facultades:

a) Proponer al Rey la disolución de alguna de las Cámaras, o de las Cortes Generales.

b) Plantear la cuestión de confianza.

c) Proponer al Rey la convocatoria de un referéndum consultivo.

5. El Gobierno en funciones no podrá ejercer las siguientes facultades:

a) Aprobar el Proyecto de Ley de Presupuestos Generales del Estado.

b) Presentar proyectos de ley al Congreso de los Diputados o, en su caso, al Senado.

6. Las delegaciones legislativas otorgadas por las Cortes Generales quedarán en suspenso durante todo el tiempo que el Gobierno esté en funciones como consecuencia de la celebración de elecciones generales.

TÍTULO V
De la iniciativa legislativa y la potestad reglamentaria del Gobierno

Modificado por Ley 40/2015, de 1 de octubre, de Régimen Jurídico del Sector Publico. (BOE de 02-10-2015).

ART. 22. Del ejercicio de la iniciativa legislativa y la potestad reglamentaria del Gobierno.

El Gobierno ejercerá la iniciativa y la potestad reglamentaria de conformidad con los principios y reglas establecidos en el Título VI de la Ley 39/2015, de 1 de octubre, del Procedimiento Administrativo Común de las Administraciones Públicas y en el presente Título.

Modificado por Ley 40/2015, de 1 de octubre, de Régimen Jurídico del Sector Publico. (BOE de 02-10-2015).

ART. 23. Disposiciones de entrada en vigor.

Sin perjuicio de lo establecido en el artículo 2.1 del Código Civil, las disposiciones de entrada en vigor de las leyes o reglamentos, cuya aprobación o propuesta corresponda al Gobierno o a sus miembros, y que impongan nuevas obligaciones a las personas físicas o jurídicas que desempeñen una actividad económica o profesional como consecuencia del ejercicio de ésta, preverán el comienzo de su vigencia el 2 de enero o el 1 de julio siguientes a su aprobación.

Lo previsto en este artículo no será de aplicación a los reales decretos-leyes, ni cuando el cumplimiento del plazo de transposición de directivas europeas u otras razones justificadas así lo aconsejen, debiendo quedar este hecho debidamente acreditado en la respectiva Memoria.

Modificado por Ley 40/2015, de 1 de octubre, de Régimen Jurídico del Sector Publico. (BOE de 02-10-2015).

ART. 24. De la forma y jerarquía de las disposiciones y resoluciones del Gobierno de la Nación y de sus miembros.

1. Las decisiones del Gobierno de la Nación y de sus miembros revisten las formas siguientes:

a) Reales Decretos Legislativos y Reales Decretos-leyes, las decisiones que aprueban, respectivamente, las normas previstas en los artículos 82 y 86 de la Constitución.

b) Reales Decretos del Presidente del Gobierno, las disposiciones y actos cuya adopción venga atribuida al Presidente.

c) Reales Decretos acordados en Consejo de Ministros, las decisiones que aprueben normas reglamentarias de la competencia de éste y las resoluciones que deban adoptar dicha forma jurídica.

d) Acuerdos del Consejo de Ministros, las decisiones de dicho órgano colegiado que no deban adoptar la forma de Real Decreto.

e) Acuerdos adoptados en Comisiones Delegadas del Gobierno, las disposiciones y resoluciones de tales órganos colegiados. Tales acuerdos revestirán la forma de Orden del Ministro competente o del Ministro de la Presidencia, cuando la competencia corresponda a distintos Ministros.

f) Órdenes Ministeriales, las disposiciones y resoluciones de los Ministros. Cuando la disposición o resolución afecte a varios Departamentos revestirá la forma de Orden del Ministro de la Presidencia, dictada a propuesta de los Ministros interesados.

2. Los reglamentos se ordenarán según la siguiente jerarquía:

1.º Disposiciones aprobadas por Real Decreto del Presidente del Gobierno o acordado en el Consejo de Ministros.

2.º Disposiciones aprobadas por Orden Ministerial.

Modificado por Ley 40/2015, de 1 de octubre, de Régimen Jurídico del Sector Publico. (BOE de 02-10-2015).

ART. 25. Plan Anual Normativo.

1. El Gobierno aprobará anualmente un Plan Normativo que contendrá las iniciativas legislativas o reglamentarias que vayan a ser elevadas para su aprobación en el año siguiente.

2. El Plan Anual Normativo identificará, con arreglo a los criterios que se establezcan reglamentariamente, las normas que habrán de someterse a un análisis sobre los resultados de su aplicación, atendiendo fundamentalmente al coste que suponen para la Administración o los destinatarios y las cargas administrativas impuestas a estos últimos.

3. Cuando se eleve para su aprobación por el órgano competente una propuesta normativa que no figurara en el Plan Anual Normativo al que se refiere el presente artículo será necesario justificar este hecho en la correspondiente Memoria del Análisis de Impacto Normativo.

4. El Plan Anual Normativo estará coordinado por el Ministerio de la Presidencia, con el objeto de asegurar la congruencia de todas las iniciativas que se tramiten y de evitar sucesivas modificaciones del régimen legal aplicable a un determinado sector o área de actividad en un corto espacio de tiempo. El Ministro de la Presidencia elevará el Plan al Consejo de Ministros para su aprobación antes del 30 de abril.

Por orden del Ministerio de la Presidencia se aprobarán los modelos que contengan la información a remitir sobre cada iniciativa normativa para su inclusión en el Plan.

Modificado por Ley 40/2015, de 1 de octubre, de Régimen Jurídico del Sector Publico. (BOE de 02-10-2015).

Ver Real Decreto 931/2017, de 27 de octubre, por el que se regula la Memoria del Análisis de Impacto Normativo.

ART. 26. Procedimiento de elaboración de normas con rango de Ley y reglamentos.

La elaboración de los anteproyectos de ley, de los proyectos de real decreto legislativo y de normas reglamentarias se ajustará al siguiente procedimiento:

1. Su redacción estará precedida de cuantos estudios y consultas se estimen convenientes para garantizar el acierto y la legalidad de la norma.

2. Se sustanciará una consulta pública, a través del portal web del departamento competente, con carácter previo a la elaboración del texto, en la que se recabará opinión de los sujetos potencialmente afectados por la futura norma y de las organizaciones más representativas acerca de:

a) Los problemas que se pretenden solucionar con la nueva norma.

b) La necesidad y oportunidad de su aprobación.

c) Los objetivos de la norma.

d) Las posibles soluciones alternativas regulatorias y no regulatorias.

Podrá prescindirse del trámite de consulta pública previsto en este apartado cuando concurra cualquiera de las siguientes circunstancias:

a) Cuando se trate de normas presupuestarias u organizativas de la Administración General del Estado o de las organizaciones dependientes o vinculadas a éstas.

b) Cuando concurran razones graves de interés público que lo justifiquen.

c) Cuando la propuesta normativa no tenga un impacto significativo en la actividad económica.

d) Cuando la propuesta no imponga obligaciones relevantes a los destinatarios.

e) Cuando la propuesta regule aspectos parciales de una materia.

f) Cuando se acuerde la tramitación urgente de iniciativas normativas, en los términos previstos en el artículo 27.2.

La concurrencia de alguna o varias de estas razones, debidamente motivadas, se justificarán en la Memoria del Análisis de Impacto Normativo.

La consulta pública deberá realizarse de tal forma que todos los potenciales destinatarios de la norma tengan la posibilidad de emitir su opinión, para lo cual deberá proporcionarse un tiempo suficiente, que en ningún caso será inferior a quince días naturales.

3. El centro directivo competente elaborará con carácter preceptivo una Memoria del Análisis de Impacto Normativo, que deberá contener los siguientes apartados:

a) Oportunidad de la propuesta y alternativas de regulación estudiadas, lo que deberá incluir una justificación de la necesidad de la nueva norma frente a la alternativa de no aprobar ninguna regulación.

b) Contenido y análisis jurídico, con referencia al Derecho nacional y de la Unión Europea, que incluirá el listado pormenorizado de las normas que quedarán derogadas como consecuencia de la entrada en vigor de la norma.

c) Análisis sobre la adecuación de la norma propuesta al orden de distribución de competencias.

d) Impacto económico y presupuestario, que evaluará las consecuencias de su aplicación sobre los sectores, colectivos o agentes afectados por la norma, incluido el efecto sobre la competencia, la unidad de mercado y la competitividad y su encaje con la legislación vigente en cada momento sobre estas materias. Este análisis incluirá la realización del test Pyme de acuerdo con la práctica de la Comisión Europea.

e) Asimismo, se identificarán las cargas administrativas que conlleva la propuesta, se cuantificará el coste de su cumplimiento para la Administración y para los obligados a soportarlas con especial referencia al impacto sobre las pequeñas y medianas empresas.

f) Impacto por razón de género, que analizará y valorará los resultados que se puedan seguir de la aprobación de la norma desde la perspectiva de la eliminación de desigualdades y de su contribución a la consecución de los objetivos de igualdad de oportunidades y de trato entre mujeres y hombres, a partir de los indicadores de situación de partida, de previsión de resultados y de previsión de impacto.

g) Un resumen de las principales aportaciones recibidas en el trámite de consulta pública regulado en el apartado 2.

h) Impacto por razón de cambio climático, que deberá ser valorado en términos de mitigación y adaptación al mismo.

La Memoria del Análisis de Impacto Normativo incluirá cualquier otro extremo que pudiera ser relevante a criterio del órgano proponente.

4. Cuando la disposición normativa sea un anteproyecto de ley o un proyecto de real decreto legislativo, cumplidos los trámites anteriores, el titular o titulares de los Departamentos proponentes lo elevarán, previo sometimiento a la Comisión General de Secretarios de Estado y Subsecretarios, al Consejo de Ministros, a fin de que éste decida sobre los ulteriores trámites y, en particular, sobre las consultas, dictámenes e informes que resulten convenientes, así como sobre los términos de su realización, sin perjuicio de los legalmente preceptivos.

Cuando razones de urgencia así lo aconsejen, y siempre que se hayan cumplimentado los trámites de carácter preceptivo, el Consejo de Ministros podrá prescindir de este y acordar la aprobación del anteproyecto de ley o proyecto de real decreto legislativo y su remisión, en su caso, al Congreso de los Diputados o al Senado, según corresponda.

5. A lo largo del procedimiento de elaboración de la norma, el centro directivo competente recabará, además de los informes y dictámenes que resulten preceptivos, cuantos estudios y consultas se estimen convenientes para garantizar el acierto y la legalidad del texto.

Salvo que normativamente se establezca otra cosa, los informes preceptivos se emitirán en un plazo de diez días, o de un mes cuando el informe se solicite a otra Administración o a un órgano u Organismo dotado de especial independencia o autonomía.

El centro directivo competente podrá solicitar motivadamente la emisión urgente de los informes, estudios y consultas solicitados, debiendo estos ser emitidos en un plazo no superior a la mitad de la duración de los indicados en el párrafo anterior.

En todo caso, los anteproyectos de ley, los proyectos de real decreto legislativo y los proyectos de disposiciones reglamentarias, deberán ser informados por la Secretaría General Técnica del Ministerio o Ministerios proponentes.

Asimismo, cuando la propuesta normativa afectara a la organización administrativa de la Administración General del Estado, a su régimen de personal, a los procedimientos y a la inspección de los servicios, será necesario recabar la aprobación previa del Ministerio de Hacienda y Función Pública una vez emitidos el resto de informes que conformen el expediente, a excepción en su caso del dictamen del Consejo de Estado, y antes de ser sometida al órgano competente para promulgarla. Si transcurridos 15 días desde la recepción de la solicitud y de los textos definitivos de la propuesta no se hubiera formulado ninguna objeción, se entenderá concedida la aprobación.

Será además necesario informe previo del Ministerio de Política Territorial cuando la norma pudiera afectar a la distribución de las competencias entre el Estado y las Comunidades Autónomas.

6. Sin perjuicio de la consulta previa a la redacción del texto de la iniciativa, cuando la norma afecte a los derechos e intereses legítimos de las personas, el centro directivo competente publicará el texto en el portal web correspondiente, con el objeto de dar audiencia a los ciudadanos afectados y obtener cuantas aportaciones adicionales puedan hacerse por otras personas o entidades. Asimismo, podrá recabarse directamente la opinión de las organizaciones o asociaciones reconocidas por ley que agrupen o representen a las personas cuyos derechos o intereses legítimos se vieren afectados por la norma y cuyos fines guarden relación directa con su objeto.

El plazo mínimo de esta audiencia e información públicas será de 15 días hábiles, y podrá ser reducido hasta un mínimo de siete días hábiles cuando razones debidamente motivadas así lo justifiquen; así como cuando se aplique la tramitación urgente de iniciativas normativas, tal y como se establece en el artículo 27.2. De ello deberá dejarse constancia en la Memoria del Análisis de Impacto Normativo.

El trámite de audiencia e información pública sólo podrá omitirse cuando existan graves razones de interés público, que deberán justificarse en la Memoria del Análisis de Impacto Normativo. Asimismo, no será de aplicación a las disposiciones presupuestarias o que regulen los órganos, cargos y autoridades del Gobierno o de las organizaciones dependientes o vinculadas a éstas.

7. Se recabará el dictamen del Consejo de Estado u órgano consultivo equivalente cuando fuera preceptivo o se considere conveniente.

8. Cumplidos los trámites anteriores, la propuesta se someterá a la Comisión General de Secretarios de Estado y Subsecretarios y se elevará al Consejo de Ministros para su aprobación y, en caso de proyectos de ley, su remisión al Congreso de los Diputados o, en su caso, al Senado, acompañándolo de una Exposición de Motivos y de la documentación

propia del procedimiento de elaboración a que se refieren las letras b) y d) del artículo 7 de la Ley 19/2013, de 9 de diciembre, de transparencia, acceso a la información pública y buen gobierno y su normativa de desarrollo.

9. El Ministerio de la Presidencia, con el objeto de asegurar la coordinación y la calidad de la actividad normativa del Gobierno analizará los siguientes aspectos:

a) La calidad técnica y el rango de la propuesta normativa.

b) La congruencia de la iniciativa con el resto del ordenamiento jurídico, nacional y de la Unión Europea, con otras que se estén elaborando en los distintos Ministerios o que vayan a hacerlo de acuerdo con el Plan Anual Normativo, así como con las que se estén tramitando en las Cortes Generales.

c) La necesidad de incluir la derogación expresa de otras normas, así como de refundir en la nueva otras existentes en el mismo ámbito.

d) El contenido preceptivo de la Memoria del Análisis de Impacto Normativo y, en particular, la inclusión de una sistemática de evaluación posterior de la aplicación de la norma cuando fuere preceptivo.

e) El cumplimiento de los principios y reglas establecidos en este Título.

f) El cumplimiento o congruencia de la iniciativa con los proyectos de reducción de cargas administrativas o buena regulación que se hayan aprobado en disposiciones o acuerdos de carácter general para la Administración General del Estado.

g) La posible extralimitación de la iniciativa normativa respecto del contenido de la norma comunitaria que se trasponga al derecho interno.

Reglamentariamente se determinará la composición del órgano encargado de la realización de esta función así como su modo de intervención en el procedimiento.

10. Se conservarán en el correspondiente expediente administrativo, en formato electrónico, la Memoria del Análisis de Impacto Normativo, los informes y dictámenes recabados para su tramitación, así como todos los estudios y consultas emitidas y demás actuaciones practicadas.

11. Lo dispuesto en este artículo y en el siguiente no será de aplicación para la tramitación y aprobación de decretos-leyes, a excepción de la elaboración de la memoria prevista en el apartado 3, con carácter abreviado, y lo establecido en los números 1, 8, 9 y 10.

> *Apdo. 2 modificado por Ley Orgánica 1/2025, de 2 de enero, de medidas en materia de eficiencia del Servicio Público de Justicia. (BOE 03-01-2025). Esta modificación entró en vigor el 03-04-2025.*
>
> *Apdo. 5 modificado por Ley 31/2022, de 23 de diciembre, de Presupuestos Generales del Estado para el año 2023. (BOE de 24/12/2022).*
>
> *Apdo. 3.h) se añade por Ley 7/2021, de 20 de mayo, de cambio climático y transición energética (BOE de 21-05-2021).*
>
> *Modificado anteriormente por Ley 40/2015, de 1 de octubre, de Régimen Jurídico del Sector Publico. (BOE de 02-10-2015).*
>
> *Ver Real Decreto 931/2017, de 27 de octubre, por el que se regula la Memoria del Análisis de Impacto Normativo.*

ART. 27. Tramitación urgente de iniciativas normativas en el ámbito de la Administración General del Estado.

1. El Consejo de Ministros, a propuesta del titular del departamento al que corresponda la iniciativa normativa, podrá acordar la tramitación urgente del procedimiento de elaboración y aprobación de anteproyectos de ley, reales decretos legislativos y de reales decretos, en alguno de los siguientes casos:

a) Cuando fuere necesario para que la norma entre en vigor en el plazo exigido para la transposición de directivas comunitarias o el establecido en otras leyes o normas de Derecho de la Unión Europea.

b) Cuando concurran otras circunstancias extraordinarias que, no habiendo podido preverse con anterioridad, exijan la aprobación urgente de la norma.

La Memoria del Análisis de Impacto Normativo que acompañe al proyecto mencionará la existencia del acuerdo de tramitación urgente, así como las circunstancias que le sirven de fundamento.

2. La tramitación por vía de urgencia implicará que:

a) Los plazos previstos para la realización de los trámites del procedimiento de elaboración, establecidos en ésta o en otra norma, se reducirán a la mitad de su duración. Si, en aplicación de la normativa reguladora de los órganos consultivos que hubieran de emitir dictamen, fuera necesario un acuerdo para requerirlo en dicho plazo, se adoptará por el órgano competente; y si fuera el Consejo de Ministros, se recogerá en el acuerdo previsto en el apartado 1 de este artículo.

b) No será preciso el trámite de consulta pública previsto en el artículo 26.2, sin perjuicio de la realización de los trámites de audiencia pública o de información pública sobre el texto a los que se refiere el artículo 26.6, cuyo plazo de realización será de siete días.

c) La falta de emisión de un dictamen o informe preceptivo en plazo no impedirá la continuación del procedimiento, sin perjuicio de su eventual incorporación y consideración cuando se reciba.

Añadido por Ley 40/2015, de 1 de octubre, de Régimen Jurídico del Sector Publico. (BOE de 02-10-2015).

ART. 28. Informe anual de evaluación.

1. El Consejo de Ministros, a propuesta del Ministerio de la Presidencia, aprobará, antes del 30 de abril de cada año, un informe anual en el que se refleje el grado de cumplimiento del Plan Anual Normativo del año anterior, las iniciativas adoptadas que no estaban inicialmente incluidas en el citado Plan, así como las incluidas en anteriores informes de evaluación con objetivos plurianuales que hayan producido al menos parte de sus efectos en el año que se evalúa.

2. En el informe se incluirán las conclusiones del análisis de la aplicación de las normas a que se refiere el artículo 25.2, que, de acuerdo con lo previsto en su respectiva Memoria, hayan tenido que ser evaluadas en el ejercicio anterior. La evaluación se realizará en los términos y plazos previstos en la Memoria del Análisis de Impacto Normativo y deberá comprender, en todo caso:

a) La eficacia de la norma, entendiendo por tal la medida en que ha conseguido los fines pretendidos con su aprobación.

b) La eficiencia de la norma, identificando las cargas administrativas que podrían no haber sido necesarias.

c) La sostenibilidad de la disposición.

El informe podrá contener recomendaciones específicas de modificación y, en su caso, derogación de las normas evaluadas, cuando así lo aconsejase el resultado del análisis.

Añadido por Ley 40/2015, de 1 de octubre, de Régimen Jurídico del Sector Publico. (BOE de 02-10-2015).

TÍTULO VI
Del control del Gobierno

Añadido por Ley 40/2015, de 1 de octubre, de Régimen Jurídico del Sector Publico. (BOE de 02-10-2015).

ART. 29. Del control de los actos del Gobierno.

1. El Gobierno está sujeto a la Constitución y al resto del ordenamiento jurídico en toda su actuación.

2. Todos los actos y omisiones del Gobierno están sometidos al control político de las Cortes Generales.

3. Los actos, la inactividad y las actuaciones materiales que constituyan una vía de hecho del Gobierno y de los órganos y autoridades regulados en la presente Ley son impugnables ante la jurisdicción contencioso administrativa, de conformidad con lo dispuesto en su Ley reguladora.

4. La actuación del Gobierno es impugnable ante el Tribunal Constitucional en los términos de la Ley Orgánica reguladora del mismo.

Añadido por Ley 40/2015, de 1 de octubre, de Régimen Jurídico del Sector Publico. (BOE de 02-10-2015).

DISPOSICIONES ADICIONALES

D.A. 1.ª

Quienes hubieran sido Presidentes del Gobierno tienen derecho a utilizar dicho título y gozarán de todos aquellos derechos, honores y precedencias que legal o reglamentariamente se determinen.

D.A. 2.ª

El Consejo de Estado, supremo órgano consultivo del Gobierno, se ajustará en su organización, funcionamiento y régimen interior, a lo dispuesto en su Ley Orgánica y en su Reglamento, en garantía de la autonomía que le corresponde.

D.A. 3.ª

1. En situaciones excepcionales, y cuando la naturaleza de la crisis lo exija, el Presidente del Gobierno podrá decidir motivadamente que el Consejo de Ministros y las Comisiones Delegadas del Gobierno puedan celebrar sesiones, adoptar acuerdos y aprobar actas a distancia por medios electrónicos, siempre que los miembros participantes se encuentren en territorio español y quede acreditada su identidad. Asimismo, se deberá asegurar la comunicación entre ellos en tiempo real durante la sesión, disponiéndose los medios necesarios para garantizar el carácter secreto o reservado de sus deliberaciones.

2. A estos efectos, se consideran medios electrónicos válidos las audioconferencias y videoconferencias.

Apdo. 1 modificado por Real Decreto-ley 5/2023, de 28 de junio, por el que se adoptan y prorrogan determinadas medidas de respuesta a las consecuencias económicas y sociales de la Guerra de Ucrania, de apoyo a la reconstrucción de la isla de La Palma y a otras situaciones de vulnerabilidad; de transposición de Directivas de la Unión Europea en materia de modificaciones estructurales de sociedades mercantiles y conciliación de la vida familiar y la vida profesional de los progenitores y los cuidadores; y de ejecución y cumplimiento del Derecho de la Unión Europea. (BOE de 29/06/2023).

Añadida por Real Decreto-ley 7/2020, de 12 de marzo, por el que se adoptan medidas urgentes para responder al impacto económico del COVID-19. (BOE de 13-03-2020).

DISPOSICIONES TRANSITORIAS

D.T. ÚNICA. Régimen aplicable a los procedimientos de elaboración de normas con rango de ley y reglamentos ya iniciados con carácter previo a la modificación del artículo 26.2 por la Ley Orgánica de medidas en materia de eficiencia del Servicio Público de Justicia.

No será necesaria la consulta pública en aquellos procedimientos de elaboración de normas con rango de ley y reglamentos ya iniciados a la entrada en vigor de la Ley Orgánica de medidas en materia de eficiencia del Servicio Público de Justicia, en los que concurra cualquiera de las circunstancias previstas en el artículo 26.2 de esta ley.

Añadida por Ley Orgánica 1/2025, de 2 de enero, de medidas en materia de eficiencia del Servicio Público de Justicia. (BOE 03-01-2025). Esta modificación entró en vigor el 03-04-2025.

DISPOSICIONES DEROGATORIAS

D.DT. ÚNICA.

1. Quedan derogadas cuantas disposiciones de igual o inferior rango se opongan a lo dispuesto en la presente Ley y, en concreto:

a) Los artículos que conforme a la disposición derogatoria 2.a) de la Ley de Organización y Funcionamiento de la Administración General del Estado continuaban vigentes de la Ley de Régimen Jurídico de la Administración del Estado, texto refundido aprobado por Decreto de 26 de julio de 1957.

b) Los artículos que conforme a la disposición derogatoria 2.b) de la Ley de Organización y Funcionamiento de la Administración General del Estado continuaban vigentes de la Ley 10/1983, de 16 de agosto, de Organización de la Administración Central del Estado.

c) Los artículos 48 a 53 de la Ley de Conflictos Jurisdiccionales, de 17 de julio de 1948.

d) Los artículos 129 a 132 de la Ley de Procedimiento Administrativo, de 17 de julio de 1958.

e) Se suprimen las menciones a los Directores de los Gabinetes de los Secretarios de Estado contenidas en el artículo 1.g) de la Ley 12/1995, de 11 de mayo, de Incompatibilidades de los miembros del Gobierno de la Nación y de los altos cargos de la Administración General del Estado.

Por tanto,
Mando a todos los españoles, particulares y autoridades, que guarden y hagan guardar esta Ley.
Madrid, 27 de noviembre de 1997

JUAN CARLOS R.

El Presidente del Gobierno
JOSÉ MARÍA AZNAR LÓPEZ

VII.
LEY 7/1985, DE 2 DE ABRIL, REGULADORA DE LAS BASES DEL RÉGIMEN LOCAL

–BOE núm. 80, de 3 de abril de 1985–

JUAN CARLOS I
REY DE ESPAÑA

A todos los que la presente vieren y entendieren, sabed:
Que las Cortes Generales han aprobado y Yo vengo en sancionar la siguiente Ley:

PREÁMBULO

I

La organización democrática de nuestra convivencia representada por la Constitución es un hecho singular de nuestra convulsa historia de los últimos siglos; singular por el grado de sosegado consenso que alcanzó en su elaboración y aprobación, hecho de por sí ya sin precedentes, y singular, también, por la importancia de los asuntos y viejas querellas que abordó; así en lo tocante a libertades y organización territorial del Estado, en torno a los cuales tal historia es pródiga en mostrarnos las notables y graves diferencias que dividían el sentimiento de los ciudadanos y eran causa de profundas alteraciones en la cosa pública.

La implantación de un cimiento tan sólido de convivencia, que vale tanto como decir de futuro, por fuerza ha de producir beneficiosos efectos a lo largo y ancho del ser nacional insuflando nueva savia y nuevas energías en los últimos reductos de la organización social; en una palabra, regenerando un tejido social desatendido cuando no decrépito y lacerado por los sucesivos embates de cuantos vicios y abusos asolaron nuestra vida pública, transformándola en campo de agramante de quienes disputaban el dominio de las instituciones para satisfacción de privados intereses.

Uno de los ámbitos en que mayores efectos produce y ha producido ya la aprobación de nuestra querida Constitución es el relativo a la Administración local tan necesitada de adaptación a la nueva realidad. En el día son numerosas las pruebas de la urgencia de definir desde el Estado el alcance de la autonomía que se reconoce a estas Entidades tan ricas en historia y en muestras de su importante contribución a la defensa y engrandecimiento de España, pero tan expuestas a sufrir los males que puedan derivarse de una abusiva limitación de su capacidad de actuación en los asuntos que son del pro-común de las villas, pueblos, parroquias, alfoces, comunidades y otros lugares que con distintos nombres son conocidos en las diferentes regiones de nuestra patria.

La gravedad del asunto no admite demora y mucho menos cuando, por mor de la nueva configuración territorial del Estado, las nuevas Comunidades Autónomas esperan, algunas con impaciencia, a que el Estado trace las líneas maestras definitorias de estas Entidades para, inmediatamente, proceder al ejercicio de las facultades que sus novísimos Estatutos les confían.

Se comprenderá fácilmente que, al elaborar las presentes normas reguladoras del régimen local, el legislador sienta la carga de una especial responsabilidad, que le incita a extender sus reflexiones a todos aquellos ámbitos relacionados con el asunto y a indagar sobre la misma desde todas las perspectivas posibles y en primer lugar volviendo la vista a la Historia. Y es que las Instituciones que conforman el régimen local, además de su importancia intrínseca, además de su inmediata proximidad no ya a colectivos más o menos nutridos, sino a la práctica totalidad de los ciudadanos, poseen extraordinaria densidad histórica; cuentan con un pasado multisecular susceptible por sí solo de proporcionar valiosas enseñanzas y de orientar el pulso del legislador.

Pensemos ante todo en el Municipio, marco por excelencia de la convivencia civil, cuya historia es en muy buena medida la del Occidente a que pertenecemos. Tanto en España como en Europa el progreso y el equilibrio social han estado asociados desde la antigüedad al esplendor de la vida urbana y al consiguiente florecimiento municipal. Y viceversa, los períodos de estancamiento o de retroceso se han caracterizado igualmente por la simultánea decadencia de las comunidades ciudadanas, que en siglos ya lejanos llegó a consumarse con la ruina y extinción de los municipios.

Al clausurarse el primer milenio de nuestra era, la confluencia de factores múltiples y de diversa índole provocó el resurgimiento de la poco menos que inexistente vida urbana. Los países de Europa occidental, España entre ellos, volvieron a presenciar la erupción de núcleos humanos compactos. Sus asentamientos dejan de ser meros centros de población para adquirir superior organicidad, personalidad progresivamente definida; para forjar lentamente un régimen jurídico específico. El municipio, claro es, no equivale sin más a la ciudad, a la materialidad de sus calles y edificios. El municipio es la organización jurídica peculiar del núcleo urbano y también, con frecuencia, de su entorno geográfico. No se olvide, en efecto, que los nacientes municipios medievales fueron durante varios siglos instrumentos esenciales de colonización de territorios ganados a los musulmanes. Con el decisivo concurso de los municipios y por impulso suyo se repoblaron amplias zonas y se crearon incontables villas y aldeas, organizándose, en suma, extensos términos y alfoces estrechamente vinculados a las ciudades respectivas. La expresión más acabada del alcance de la expansión municipal seguramente se encuentra en las numerosas comunidades castellanas de villa y tierra.

Se ha aludido a la singularidad de la organización municipal, pero ¿en qué consistió exactamente? Los hombres del siglo XX necesitamos ejercitar nuestra adormecida imaginación, trascender el horizonte histórico inmediato, para comprender cabalmente lo que antaño representó la emergencia del régimen municipal. Es menester recordar la anterior exclusividad de la vida agraria, controlada por entero por sectores señoriales cuya prepotencia se tradujo en el establecimiento y generalización de las relaciones de servidumbre. En ese contexto señorial, el renacimiento de las ciudades y su organización en municipios posibilita el disfrute de libertades hasta entonces inasequibles; permite redimirse de los malos usos y de la opresión señorial, así como adquirir un estatuto jurídico liberador de las pasadas y pesadas restricciones. No le faltaban motivos al hombre medieval para pregonar que «el aire de la ciudad hace libre». Si el Señorío es el arquetipo de la sujeción personal, el municipio es el reducto de las libertades. En verdad los municipios son enclaves liberadores en medio del océano señorial de payeses, solariegos, etcétera, sometidos a servidumbre.

No fue, naturalmente, el altruismo de los señores lo que motivó la concesión de esas libertades concretas. La iniciativa y el estímulo provienen de la Corona, interesada en debilitar la hegemonía y contrarrestar la influencia de las fuerzas señoriales, que se erige en protectora y aliada de las ciudades. De ahí que sea la monarquía la que otorga las normas singulares que cimentan el edificio municipal: innumerables y sucesivos fueros, privilegios, franquicias, exenciones, jalonan el régimen jurídico de las poblaciones que, tras recibirlas, se convierten en municipios. Como consecuencia de ese proceso no se encuentran dos municipios con idéntico régimen. Antes bien, coexisten tipos o modelos municipales diversos y dotados de distinto grado de desarrollo. Común a los municipios de realengo es, empero, el contraste jurídico con el señorío rural y la íntima conexión con la monarquía, como lo es, desde luego, haber obtenido generosas dosis de autogobierno consustanciales al municipio propiamente dicho. Porque, aun obviando los excesos interpretativos de la historiografía liberal, no es cuestionable que los municipios medievales -principal y precozmente los castellanos- cohonestaron su indiscutida dependencia de la realeza con el goce de amplia autonomía en todos los órdenes.

No obstante, la participación inicialmente igualitaria de la totalidad de los vecinos en el gobierno municipal ni se mantuvo en toda su pureza ni fue demasiado duradera. La aceptación de los criterios de estratificación estamental, a los que se sumaron las acusadas diferencias de riqueza que entre los convecinos provocó en determinadas ciudades la prosperidad comercial, no favorecía la perpetuación de la democracia municipal. La traducción jurídica de las distinciones sociales de base estamental (o económica) introdujo en el seno de las poblaciones un poderoso germen de desunión, engendró incesantes convulsiones y sumió a los municipios en una situación de crisis permanente.

La tendencia a la oligarquización del gobierno municipal, la descomposición y endémicos desórdenes del régimen urbano, la paralela propensión del poder central (en camino hacia el absolutismo) a fortalecer sus atribuciones en detrimento de la autonomía local, facilitaron la intervención de la monarquía. Entre mediados del siglo XIV y finales del XV la organización municipal experimentó profundas mutaciones que contribuyeron a estrechar considerablemente el ámbito del anterior autogobierno. Mencionemos, a título de ejemplo, sendas manifestaciones paradigmáticas del fenómeno que se acaba de indicar: las tempranas reformas de Alfonso XI en Castilla y las tardías de Fernando II en Cataluña, distintas y distanciadas en el tiempo, pero inspiradas a la postre en directrices políticas análogas.

A lo largo del bajo medievo los municipios quedaron, pues, literalmente atenazados de un lado -desde dentro-, por la acción de la nobleza y de los patriciados urbanos; de otro -desde fuera-, por las pretensiones intervencionistas de la propia monarquía. La pugna triangular que esmalta el acaecer del municipio hasta muy avanzado el Antiguo régimen desembocará en todo caso en el menoscabo de los sectores ciudadanos, a pesar de haberse alineado habitualmente en el bando de la realeza. El desarrollo de las oligarquías municipales se vió facilitado por la sustitución de las asambleas abiertas a todos los vecinos (Concejos abiertos) por organismos reducidos (Cabildos, Consells, Ayuntamientos) de los que todavía suelen formar parte, con los titulares de cargos de designación regia y sin confundirse con ellos, otros oficiales en principio rigurosamente electivos. La representatividad de las instituciones municipales es, sin embargo, decreciente. Mientras los oficios concebidos como resortes de protección del común de los vecinos pierden sustantividad, se desnaturalizan o se eclipsan, el fenómeno de patrimonialización de los cargos públicos que recorre Europa rompe el de por sí precario equilibrio y propicia el enquistamiento de las oligarquías locales gracias a la ocupación de los regimientos adquiridos por juro de heredad, transmisibles y «perpetuos».

Factores políticos y fiscales condujeron entre tanto a la monarquía a estrechar el cerco. Las vicisitudes del Estado absoluto repercutieron sobre los municipios en un doble orden de cosas. La formación de aquél supuso, en primer término, el notorio reforzamiento del control sobre el discurrir ciudadano, que se materializará en el despliegue de los corregidores reales por las poblaciones de cierta relevancia de la Corona castellana, sea cual fuere su posición geográfica (de Guipúzcoa a Cádiz, de La Coruña a Murcia). A los efectos que aquí atañen bastará con señalar que los corregidores eran los agentes por excelencia del poder regio y presidentes de los respectivos Ayuntamientos. La consolidación del Estado y los compromisos exteriores de los Austrias originaron, el segundo lugar, muy elevados costes y la consiguiente y crónica penuria de la Hacienda, que no reparó en medios para satisfacer sus perentorias exigencias. De esta suerte, a la desafortunada e inescrupulosa gestión económica de las oligarquías que gobiernan las ciudades, a la fortísima carga fiscal que gravita sobre la población pechera, se sumaron los trastornos ocasionados a los municipios por el innecesario acrecentamiento de oficios, por la proliferación de las exenciones de villas y lugares de los alfoces, por la imposición de múltiples gravámenes. Para alimentarse la Hacienda real vende sin tasa -oficios, villas, baldíos...-, a riesgo de empobrecer simultáneamente a los municipios y de poner en peligro la integridad de sus patrimonios.

La historia del municipio moderno es, con todo, sumamente compleja y está colmada de hechos de significación ambivalente, de matices aún inexplorados. Desde una óptica general es indudable su decadencia. No obstante, el régimen municipal preliberal tardó en desplomarse; conservó durante un período quizá más prolongado de lo que a menudo se cree parte de su potencia y los rescoldos de su pretérita autonomía distaron de apagarse al punto. ¿Acaso los denostados corregidores, brazo ejecutor de los designios reales, no sirvieron a la vez de freno a los abusos de las minorías poderosas?

En el tramo postrero del Antiguo Régimen, la organización municipal que los Austrias habían recibido, conservado y exportado a América, fue objeto de reformas inspiradas en los principios uniformistas y centralizadores característicos de la ilustración. Por más que resulten antagónicos de la orientación que preside esta Ley rehuyamos, en aras del rigor histórico, la tentación de silenciarlos o valorarlos acríticamente. No sería aceptable la atribución al Despotismo Ilustrado de pretensiones democratizadoras de la vida local. Interesa subrayar, sin embargo, tres vertientes de las reformas aludidas. Su gradación misma no carece de sig-

VII

nificado, por cuanto insinúa el orden de prioridades de los gobernantes de la época. En una primera etapa se acomete la unificación de los modelos municipales regnícolas.

Se aborda luego el saneamiento de las postradas haciendas locales. Y se ensaya, en fin, la tímida aplicación de determinados mecanismos representativos. Salvo en lo que se refiere al primer aspecto, las transformaciones del longevo régimen municipal absolutista no fueron demasiado profundas, a pesar de lo cual su ejecución tropezó con los intereses estamentales y provocó fuerte resistencia.

La llegada del liberalismo modificó sustancialmente los supuestos del régimen municipal que hasta aquí se ha descrito a grandes rasgos. El espíritu uniformista y centralizado, entonces al servicio de la renovación, se difundió por doquier. La abolición de los privilegios estamentales y la consagración del principio representativo tornó imposible la continuidad de los regimientos perpetuos, alteró por completo el procedimiento de acceso a los cargos municipales y prejuzgó la composición de los Ayuntamientos constitucionales. La concepción de la propiedad sustentada por la burguesía no presagiaba, precisamente el disfrute pacífico e indefinido de los bienes municipales amortizados. El propósito de racionalizar y dotar de homogeneidad a la actuación pública en el ámbito territorial condujo a la introducción de la fórmula provincial y a la paralela creación de las Diputaciones.

La versión inicial del régimen local constitucional, regulada en Cádiz, se estableció efectivamente en el trienio liberal. Se caracterizaba por la implantación de Ayuntamientos de traza uniforme en todas las poblaciones que contaran al menos con 1.000 habitantes y por el tendido de la red provincial en torno al binomio Diputación-Jefe político. Los integrantes de los Ayuntamientos son elegidos por sufragio indirecto. Es innegable que la articulación de los órganos locales con los del poder central se realizó con el concurso de las técnicas centralizadoras en boga, si bien la esfera de las competencias reservadas a los Ayuntamientos era todavía amplia y, por otra parte, los autores de la Instrucción de 1823 no vacilaron en dar cabida a algunas soluciones que entonces resultaban prudentemente descentralizadoras.

Cuando, tras los consabidos interludios absolutistas se produce la definitiva instalación del sistema constitucional, el legado doceañista en materia de régimen local es prontamente reemplazado por un nuevo modelo de cuño doctrinario que moderados y progresistas comparten en lo fundamental, cierto que con variantes y diferencias de grado no desdeñables. El sufragio indirecto cede ante el directo en su modalidad censitaria. El fortalecimiento del poder ejecutivo y el coetáneo despegue de la Administración del Estado reduplican las posibilidades de controlar eficazmente a las Entidades locales, sometidas, al fin, a la férrea centralización que, ahora ya con miras inmovilistas, los moderados llevaron a sus últimas consecuencias en las leyes municipal y provincial de 1845. Los progresistas propugnarán, por el contrario, la ampliación del censo y consiguiente extensión del sufragio, la suavización de los mecanismos centralizadores, el incremento de las facultades de los Ayuntamientos, la plena electividad de los alcaldes. En la mayoría de las ocasiones, tales propuestas carecieron de eco y obtuvieron, en el mejor de los casos, éxitos fugaces. En el periodo isabelino se emprende, por lo demás, y a fuerte ritmo, la desamortización civil, que privó a los municipios de buena parte de su patrimonio.

La aportación de la inmediata Revolución de septiembre al régimen local -que se concretó en la legislación municipal y provincial de 1870- consistirá en la adopción de sufragio universal, en la electividad de todos los cargos municipales, en el robustecimiento de las Diputaciones provinciales y en la considerable atenuación del centralismo. Los gobernantes de la Restauración no tardaron, sin embargo, en retornar a la orientación del régimen local de corte moderado anterior al Sexenio. La modificación en ese sentido de las Leyes de 1870 tuvo lugar en diciembre de 1876. El Real Decreto de 2 de octubre de 1877 contiene el texto refundido de la última Ley municipal del siglo, a la vez que la regulación del régimen provincial luego sustituida por la de la Ley de 29 de agosto de 1882.

En verdad, el panorama que ofrecían las instituciones locales finiseculares era desolador. En el plano provincial, las Diputaciones permanecen subordinadas por completo a los Gobernadores civiles; en el municipal, los Ayuntamientos, escasamente representativos, siguen sometidos a la estrecha tutela del Estado. El poder central continúa investido de atribuciones sobradas para intervenir en la designación de los alcaldes, remover a las autoridades locales o suspender los acuerdos municipales. Los criterios a que respondía la legislación local mencionada, lejos de infundir vitalidad a Ayuntamientos y Diputaciones, propiciaron su parálisis. La incidencia del caciquismo agravó la situación: atrapó al régimen local en las mallas de la inautenticidad, lo rodeó de prácticas corruptoras y lo condenó a pervivir en estado agónico. Los testimonios de los contemporáneos, unánimes a este respecto, no dejan lugar a dudas.

En esa tesitura, el régimen local, constreñido por leyes caducas y asfixiado por la espesa trama caciquil, devino en problemas político de grueso calibre. Al tiempo que una serie de proyectos legislativos predestinados a fracasar desfila por las Cortes, las críticas se generalizan hasta alcanzar en la voz de los regeneracionistas un volumen clamoroso. Entre tales proyectos merecen ser recordados el de Sánchez Toca de 1891, el de Silvela de 1899 y, sobre todo, el de Maura de 1907, sin duda el más ambicioso y el que fue debatido con mayor ardor. Maura era consciente de la inocuidad de las reformas parciales y de la imposibilidad de frenar la degradación de la vida local sin extirpar el caciquismo y sin invertir la orientación centralizadora que inspiraba las leyes de 1877 y 1882 a la sazón vigentes. El suyo fue el intento más serio y meditado de reconsideración del régimen local en su conjunto, de lucha contra la corrupción y en favor del reforzamiento de los organismos municipales y Provinciales. El Proyecto reconocía la diversidad local, derogaba las disposiciones desamortizadoras, fortalecía la posición de los alcaldes, aflojaba la tutela del Estado y simultáneamente pretendía extender la acción de los entes locales por la vía -entre otras- de la municipalización de servicios. Los proyectos posteriores al de 1907 corrieron la misma suerte. Si hasta entonces la reforma del régimen local había concitado fortísima oposición, el planteamiento con caracteres agudos de la cuestión regional que a continuación sobrevino, al abrir una nueva brecha en el de por sí agrietado sistema político, aumentó las dificultades.

La trayectoria legislativa del régimen local desembocó durante la dictadura de Primo de Rivera en los Estatutos municipal de 8 de marzo de 1924 y Provincial de 20 de marzo de 1925, obra de José Calvo Sotelo íntimamente conectada con el ideario local maurista. El Estatuto municipal participa, en efecto, de la convicción de que el saneamiento de la vida local dependía, en buena parte, del previo abandono de las directrices uniformistas y centralizadoras. Se prestó en consecuencia, cierta atención a los municipios rurales y a las entidades menores, procediéndose, por otro lado, a suprimir algunas de las manifestaciones más rigurosas de la subordinación de los Ayuntamientos a la Administración del Estado y a ensanchar el ámbito de las competencias municipales. Medidas antes previstas por Maura y ya aludidas, como la derogación de la legislación desamortizadora y la municipalización do servicios, fueron igualmente incorporadas al Estatuto, expresión, en definitiva, de las soluciones técnicas que se habían ido gestando en las décadas precedentes y de las doctrinas políticas de signo autoritario, cuyo influjo se traduce, por ejemplo, en la introducción de la representación corporativa. Con independencia de las declaraciones formales en sentido contrario, régimen dictatorial, descentralización y vigorización del régimen local se excluían mutuamente; de hecho, la aplicación de aquellos preceptos de los Estatutos que simbolizaban el reflujo de la centralización se dejó en suspenso y no llegó a producirse.

El rapidísimo bosquejo que antecede sugiere algunas reflexiones, demasiado obvias por su misma elementalidad como para que el legislador prescinda de ellas y las olvide. La experiencia histórica demuestra de modo irrefutable que el florecimiento de la vida local presupone el disfrute de amplia autonomía nutrida por la participación auténtica de los vecinos. Es igualmente indudable que los entes locales precisan recursos suficientes, susceptibles de satisfacer las necesidades y de procurar los servicios que el administrado requiere y reclama. Tampoco parece cuestionable, por último, que régimen local y régimen político han evolucionado al unísono, vertebrados ambos por idénticos principios. No por otro motivo la historia tardía de nuestro régimen local es la historia de una prolongada, creciente y devastadora frustración. Cuando, como ocurrió de manera particularmente aleccionadora a partir de mediados del ochocientos, se coarta la participación vecinal, se adultera la representación, se usa y abusa de la centralización, las instituciones locales languidecen hasta agotarse. No se debió al azar que los reiterados intentos de reforma del régimen local de la Restauración resultaran a la postre estériles. El advenimiento del Estado democrático y autonómico exige consolidar de forma definitiva unas instituciones locales capaces de responsabilizarse de sus propios intereses y vivificadoras de todo el tejido del Estado.

II

Como demuestra nuestra historia y proclama hoy la Constitución, decir régimen local es decir autonomía. La pervivencia misma, a lo largo del tiempo y bajo las más diversas circunstancias políticas, de esta nota caracterizadora muestra, no obstante, la indeterminación y ambigüedad del concepto. Sólo su configuración positiva desde unos postulados y en un contexto jurídico-político determinado, es capaz de dotarlo de un contenido preciso.

Para empezar, el sentido de la autonomía local no puede prescindir de esa referencia fundamentadora de nuestro orden constitucional en que España, designándose a sí misma como sujeto real y protagonista de su historia, se constituye en Estado social y democrático de derecho; anticipando así la formalización de ese dato en la fórmula concisa de residenciar toda soberanía en el pueblo español. La autonomía local ha de situarse, pues, a la luz de ese principio y en la perspectiva de los principios nucleares que la Constitución contiene para la total estructuración del Estado.

La voluntad del pueblo español ha sido la de enriquecer su trama organizativa, multiplicando sus centros de decisión, sin mengua de la superior unidad de su realidad unificadora. La definición de los Municipios y Provincias se hace de forma suficiente, aunque no prolija, en el texto supremo. La autonomía municipal debe ser el principio rector de la regulación de cada entidad. El criterio para evitar contradicciones con otras instancias radica en la determinación de sus intereses respectivos. Qué cosa sea el interés respectivo no ha sido desarrollado por la Constitución, aunque sí ha determinado los asuntos de interés de la Comunidad Autónoma (art. 148.1) y del Estado (art.149.1). Con esos elementos y con los datos que se desprenden de la realidad misma de las cosas, es posible construir las instituciones locales manteniéndolas en el lugar que debe corresponderles en un Estado complejo como el actual; y a las Cortes Generales compete enriquecer y concretar el diseño básico de las entidades locales como una de las piezas de la entera organización territorial del Estado. Presupone, pues, una perspectiva territorial, es decir, global y no sectorial. Su desarrollo representa poner en pie una institución territorial y, consecuentemente, su estatuto subjetivo -puntos de referencia del nuevo ordenamiento desde y por ellos vertebrado- y la ordenación de la capacidad potencialmente universal de dicha institución. Todos los sectores de la realidad a que se extiende la acción pública se encuentran, por ello, aludidos y en mayor o menor medida afectados. Se está, en definitiva, ante una Ley que atañe a la construcción misma del Estado y al diseño de uno de los ordenamientos jurídico-administrativos que en él se integran.

Si en sus orígenes medievales autonomía local es el municipio urbano, la ciudad que nace libre por exención del mundo señorial en declive y si, en el momento del surgimiento del Estado constitucional, esa caracterización pudo completarse identificándola con un supuesto orden local de competencias, ninguna de esas dos ideas sirve hoy para determinar la autonomía. No se trata ahora de utilizar el escalón municipal como pieza decisiva en un proceso histórico de emergencia de un nuevo orden político, sino más bien de delimitar el espacio y el papel propios de las entidades locales en el seno de un orden constituido, pero tampoco es posible entender hoy los poderes públicos como estructuras monolíticas, construidas en cascada de mayor a menor y dotadas de funciones relativamente estables y diferenciadas por serlo también el mundo al que se enfrenta.

Muy al contrario, la realidad social, cultural, tecnológica y económica ha roto definitivamente las situaciones singulares de relativo aislamiento y hoy la sociedad se nos muestra como un todo continuo donde la distancia, antes factor explicativo de supuestas autarquías, ha sido vencida por los medios de transporte, por las ondas y por la dependencia de un mercado único a nivel nacional a su vez ya íntimamente relacionado con la realidad internacional.

Esa continuidad del tejido social hace imposible marcar unas fronteras nítidas a los intereses cuya tutela respectiva se encomienda a los distintos poderes que destacan así su condición de formar parte de un conjunto institucional de arquitectura compleja en que las partes adquieren sentido en función del todo, pero articulándose entre sí no por principios formales, sino por criterios materiales que tratan de adaptar las competencias a los intereses reales en juego.

La autonomía local no puede definirse de forma unidimensional desde el puro objetivismo localista o regionalista, sino que requiere ser situada en el marco del ordenamiento integral del Estado.

La dificultad específica de ese objetivo radica en que éste no es único y homogéneo, sino constituido por la acción simultánea de los principios de unidad y autonomía de las nacionalidades y regiones, que encuentran su expresión organizativa en la distribución del poder entre las instituciones generales de la Nación y las Comunidades Autónomas. Puede calificarse de feliz la conceptuación de esa fórmula como Estado compuesto, un Estado con una única soberanía, un solo pueblo con un destino político común, que -reconociendo su diversidad- constituye el sistema de resolución permanente de sus contradicciones, conflictos y tensiones que no otra cosa es el Estado, sobre la base de una pluralidad de instancias autónomas y diversas, vertebradas entre sí para el mantenimiento del valor de la unidad. Carece, pues, de verdadero sentido la apelación sin más a modelos preestablecidos, pues las Corporaciones locales tienen en el sistema así descrito una posición propia, que no se define por relación a ninguna otra de las instancias territoriales, afirmándose -igual que éstas- en su condición, ganada por su peso histórico y actual, de partes componentes de la total estructura del Estado.

Huelga decir que la autonomía local, para su realidad, precisa de una institución capaz de actuarla; institución que, por expreso mandato constitucional y cuando menos en el escalón básico municipal, ha de montarse sobre la doble nota de la representatividad directa y la personificación. Pero, en lo que más interesa ahora, ello significa que el régimen local tiene que ser, por de pronto, la norma institucional de los entes locales. Esta comprobación elemental implica dos consecuencias de primera importancia. En primer término, que esa norma desarrolla la garantía constitucional de la autonomía local, función ordinamental que, al estarle reservada o, lo que es igual, vedada a cualesquiera otras normas, presta a su posición en el ordenamiento en su conjunto una vis específica, no obstante su condición formal de Ley ordinaria. De otro lado, el hecho de que las entidades locales, no obstante su inequívoca sustancia política, desplieguen su capacidad en la esfera de lo administrativo, justifica tanto esta última condición del marco definidor de su autonomía, como la identificación del título constitucional para su establecimiento en el artículo 149.1, apartado 18, en relación con el 148.1, apartado 2.º, del texto fundamental.

Queda explicado, así, que la determinación de ese marco es el resultado de la acción conjunta, según la concreta distribución de la potestad legislativa en la materia operada por el bloque normativo integrado por la Constitución y los Estatutos de Autonomía, de la Ley general y la Ley territorial.

La peculiar estructura de dicho marco -decisión básica constitucional en términos de garantía institucional y remisión al legislador ordinario de los entes locales-, no significa, sin embargo, que ese Estatuto deba quedar regulado agotadoramente por la Ley. Resurge aquí la vieja polémica entre uniformismo y diversidad en la organización local, en modo alguno resuelta con los intentos frustrados de tipificación de regímenes locales (que sólo suponen una estéril flexibilización del uniformismo), sólo que ahora transmutada en la tensión entre los valores constitucionales de unidad y autonomías (de las nacionalidades y regiones y de los entes locales). La resolución adecuada a esa tensión exige desde luego la constricción del marco general a lo estrictamente indispensable para satisfacer el interés nacional, pero también desde luego una específica ponderación, según su valor constitucional relativo, de las exigencias recíprocas del interés autonómico y el estrictamente local. De esa ponderación resulta que si en lo que trasciende a la conformación de la organización territorial (procesos de alteración de municipios y creación de nuevos entes territoriales), debe primar el interés autonómico, no sucede lo mismo en el plano de la organización interna de las entidades locales; plano en el que procede reconocer la primacía del interés de la acomodación de aquella a las características específicas de éstas.

Pero el régimen local, para cumplir su función de garantía de la autonomía e, incluso, su cometido específico en cuanto norma institucional de la Administración local, precisa extravasar lo puramente organizativo y de funcionamiento para penetrar en el campo de las competencias, las reglas de la actividad pública y el régimen de los medios personales y materiales. Obvio resulta decir que, en este campo, la regulación legal ha de tener muy presente la opción constitucional, expresada en el artículo 149.1, apartado 18, en favor de una ordenación común, configurando las inevitables peculiaridades de la Administración local desde ese fondo homogéneo, para su integración coherente en el mismo.

En punto al aspecto, absolutamente crucial, de las competencias, la base de partida no puede ser hoy otra que la de la radical obsolescencia, por las razones ya dichas anteriormente, de la vinculación de la autonomía a un bloque de competencias por naturaleza sedicentemente locales.

En efecto, salvo algunas excepciones son raras las materias que en su integridad puedan atribuirse al exclusivo interés de las corporaciones locales; lógicamente también son raras aquellas en las que no exista interés local en juego; de ahí que la cuestión de los ámbitos competenciales de los Entes locales deba tener en cuenta una composición equilibrada de los siguientes factores:

a) La necesidad de la garantía suficiente de la autonomía local, que cumple satisfacer en primer término a la Ley general por tratarse del desarrollo de una opción constructiva constitucional, que, por tanto, ha de tener vigencia en todo el territorio de la nación en términos de, cuando menos, un mínimo común denominador en cuento al contenido de dicha autonomía.

b) La exigencia de la armonización de esa garantía general con la distribución territorial de la disposición legislativa sobre las distintas materias o sectores orgánicos de acción pública, pues es a todas luces claro que una y otra no pueden, so pena de inconstitucionalidad, anularse recíprocamente.

c) La imposibilidad material, en todo caso, de la definición cabal y suficiente de las competencias locales en todos y cada uno de los sectores de intervención potencial de la Administración local desde la legislación del régimen local.

El sistema legal de concreción competencial de la autonomía local pretende realizar esa composición equilibrada a que se ha hecho alusión. Sobre el fondo del reconocimiento expreso de las potestades y exorbitancias que corresponden a los entes locales territoriales en su condición de Administración Pública, todo el sistema pivota sobre la plasmación del criterio material desde el que debe producirse la concreción legal de las competencias; criterio que no es otro que el derecho de las Corporaciones locales a intervenir, con la intensidad y el alcance máximos -desde el principio constitucional de la descentralización y para la realización del derecho fundamental a la participación en los asuntos públicos- que permita la implicación relativa de los intereses de las diferentes colectividades territoriales en cualesquiera de dichos asuntos públicos. El mecanismo de cierre lo proporciona, de un lado, la imposición a la legislación sectorial -desde la especial posición ordinamental que a la Ley del régimen local es propia según ya se ha hecho notar- de la ponderación del expresado criterio, y de otro, la articulación de las competencias administrativas en la materia de que se trate de forma consecuente con la misma, así como la atribución a la legislación básica estatal de una función de aseguramiento de un mínimo competencial a la Administración Local.

Finalmente, la organización básica de las Corporaciones locales y las relaciones de éstas con las otras dos Administraciones Públicas territoriales, se inscriben lógicamente en las líneas maestras que han quedado trazadas.

Por lo que hace a las relaciones interadministrativas, salta a la vista la radical inadecuación del mantenimiento en el nuevo y compuesto Estado constitucional de las técnicas y las categorías cristalizadas en el Estado centralista y autoritario. En particular, ese juicio de radical obsolescencia merece predicarse de las técnicas formalizadas actuales por voluntad unilateral de una de las administraciones e incidentes normalmente en la validez o la eficacia de los actos emanados de otra, en este sentido subordinada a la anterior, técnicas que no son sino trasunto y consecuencia lógicos de la construcción piramidal y jerárquica del poder público administrativo, puesto que la tutela, a la que todas ellas se reconducen, no es sino una categoría que expresa una situación de fuerte dependencia casi jerárquica. El principio constitucional de autonomía y el administrativo de la descentralización, en que se fundamenta el nuevo Estado, implican las diversificaciones de los centros del poder público administrativo y la actuación de cada uno de ellos, en su ámbito propio, con plena capacidad y bajo la propia responsabilidad, es decir, impiden la atribución a alguno de ellos de facultades de control que recaigan sobre la actividad en general de los otros y que supongan una limitación de la capacidad de éstos. Cierto que ello no significa en modo alguno la invertebración del poder público administrativo, pues simultáneamente juega el principio de unidad y su traducción administrativa en los de coordinación y eficacia. Sucede sólo que ya no es legítima la realización de estos valores por las vías expuestas; antes bien, ha de ser el resultado del juego mismo de la vida institucional desde sus presupuestos de representatividad democrática y gestión autónoma de las propias competencias (con lo que todas las instancias administrativas son idénticas en cuanto a capacidad en la esfera de sus asuntos, derivando la desigualdad únicamente de la estructura inherente al interés público) como fruto del esfuerzo permanente de integración político-social en el orden constituido. De este modo, las técnicas de relación entre Administraciones han de tener por objeto más bien la definición del marco y de los procedimientos que faciliten el encuentro y la comunicación, incluso de carácter informal, para la colaboración y la coordinación interadministrativas, fundamentalmente voluntarios y de base negocial. Naturalmente que el cuadro de técnicas ha de cerrarse por un sistema resolutorio del supuesto límite del conflicto, por fracaso de las mismas. La configuración de ese sistema de conflictos tiene que ser, a la vez, respetuosa con la esencial igualdad posicional de las Administraciones territoriales y aseguradora de que el planteamiento y la sustanciación del conflicto no alteran la específica estructura constitucional de los intereses públicos a los que sirven dichas Administraciones.

Las anteriores reflexiones son un compendio de la filosofía que inspira la Ley. Esta, más que pretender garantizar la autonomía sobre la quietud de compartimentos estancos e incomunicados y, en definitiva, sobre un equilibrio estático propio de las cosas inanimadas, busca fundamentar aquélla en el equilibrio dinámico propio de un sistema de distribución del poder, tratando de articular los intereses del conjunto, reconociendo a cada uno lo suyo y estableciendo las competencias, principios, criterios y directrices que guíen la aplicación práctica de la norma en su conjunto de forma abierta a la realidad y a las necesidades del presente.

TÍTULO I
Disposiciones generales

ART. 1.

1. Los Municipios son entidades básicas de la organización territorial del Estado y cauces inmediatos de participación ciudadana en los asuntos públicos, que institucionalizan y gestionan con autonomía los intereses propios de las correspondientes colectividades.

2. La Provincia y, en su caso, la Isla gozan, asimismo, de idéntica autonomía para la gestión de los intereses respectivos.

ART. 2.

1. Para la efectividad de la autonomía garantizada constitucionalmente a las Entidades Locales, la legislación del Estado y la de las Comunidades Autónomas, reguladora de los distintos sectores de acción pública, según la distribución constitucional de competencias, deberá asegurar a los Municipios, las Provincias y las Islas su derecho a intervenir en cuantos asuntos afecten directamente al círculo de sus intereses, atribuyéndoles las competencias que proceda en atención a las características de la actividad pública de que se trate y a la capacidad de gestión de la Entidad Local, de conformidad con los principios de descentralización, proximidad, eficacia y eficiencia, y con estricta sujeción a la normativa de estabilidad presupuestaria y sostenibilidad financiera.

2. Las Leyes básicas del Estado previstas constitucionalmente deberán determinar las competencias que ellas mismas atribuyan o que, en todo caso, deban corresponder a los entes locales en las materias que regulen.

ART. 3.

1. Son entidades locales territoriales:
a) El Municipio.
b) La Provincia.
c) La Isla en los archipiélagos balear y canario.
2. Gozan, asimismo, de la condición de Entidades Locales:
a) Las Comarcas u otras entidades que agrupen varios Municipios, instituidas por las Comunidades Autónomas de conformidad con esta Ley y los correspondientes Estatutos de Autonomía.
b) Las Áreas Metropolitanas.
c) Las Mancomunidades de Municipios.

ART. 4.

1. En su calidad de Administraciones públicas de carácter territorial, y dentro de la esfera de sus competencias, corresponden en todo caso a los municipios, las provincias y las islas:
a) Las potestades reglamentaria y de autoorganización.
b) Las potestades tributaria y financiera.
c) La potestad de programación o planificación.

d) Las potestades expropiatoria y de investigación, deslinde y recuperación de oficio de sus bienes.

e) La presunción de legitimidad y la ejecutividad de sus actos.

f) Las potestades de ejecución forzosa y sancionadora.

g) La potestad de revisión de oficio de sus actos y acuerdos.

h) Las prelaciones y preferencias y demás prerrogativas reconocidas a la Hacienda Pública para los créditos de la misma, sin perjuicio de las que correspondan a las Haciendas del Estado y de las comunidades autónomas; así como la inembargabilidad de sus bienes y derechos en los términos previstos en las leyes.

2. Lo dispuesto en el número precedente podrá ser de aplicación a las entidades territoriales de ámbito inferior al municipal y, asimismo, a las comarcas, áreas metropolitanas y demás entidades locales, debiendo las leyes de las comunidades autónomas concretar cuáles de aquellas potestades serán de aplicación, excepto en el supuesto de las mancomunidades, que se rigen por lo dispuesto en el apartado siguiente.

3. Corresponden a las mancomunidades de municipios, para la prestación de los servicios o la ejecución de las obras de su competencia, las potestades señaladas en el apartado 1 de este artículo que determinen sus Estatutos. En defecto de previsión estatutaria, les corresponderán todas las potestades enumeradas en dicho apartado, siempre que sean precisas para el cumplimiento de su finalidad, y de acuerdo con la legislación aplicable a cada una de dichas potestades, en ambos casos.

ART. 5.

Para el cumplimiento de sus fines y en el ámbito de sus respectivas competencias, las Entidades locales, de acuerdo con la Constitución y las leyes, tendrán plena capacidad jurídica para adquirir, poseer, reivindicar, permutar, gravar o enajenar toda clase de bienes, celebrar contratos, establecer y explotar obras o servicios públicos, obligarse, interponer los recursos establecidos y ejercitar las acciones previstas en las leyes.

ART. 6.

1. Las Entidades locales sirven con objetividad los intereses públicos que les están encomendados y actúan de acuerdo con los principios de eficacia, descentralización, desconcentración y coordinación, con sometimiento pleno a la ley y al Derecho.

2. Los Tribunales ejercen el control de legalidad de los acuerdos y actos de las Entidades locales.

ART. 7.

1. Las competencias de las Entidades Locales son propias o atribuidas por delegación.

2. Las competencias propias de los Municipios, las Provincias, las Islas y demás Entidades Locales territoriales solo podrán ser determinadas por Ley y se ejercen en régimen de autonomía y bajo la propia responsabilidad, atendiendo siempre a la debida coordinación en su programación y ejecución con las demás Administraciones Públicas.

3. El Estado y las Comunidades Autónomas, en el ejercicio de sus respectivas competencias, podrán delegar en las Entidades Locales el ejercicio de sus competencias.

Las competencias delegadas se ejercen en los términos establecidos en la disposición o en el acuerdo de delegación, según corresponda, con sujeción a las reglas establecidas en el artículo 27, y preverán técnicas de dirección y control de oportunidad y eficiencia.

4. Las Entidades Locales solo podrán ejercer competencias distintas de las propias y de las atribuidas por delegación cuando no se ponga en riesgo la sostenibilidad financiera del conjunto de la Hacienda municipal, de acuerdo con los requerimientos de la legislación de estabilidad presupuestaria y sostenibilidad financiera y no se incurra en un supuesto de ejecución simultánea del mismo servicio público con otra Administración Pública. A estos efectos, serán necesarios y vinculantes los informes previos de la Administración competente por razón de materia, en el que se señale la inexistencia de duplicidades, y de la Administración que tenga atribuida la tutela financiera sobre la sostenibilidad financiera de las nuevas competencias.

En todo caso, el ejercicio de estas competencias deberá realizarse en los términos previstos en la legislación del Estado y de las Comunidades Autónomas.

ART. 8.

Sin perjuicio de lo dispuesto en el artículo anterior, las Provincias y las islas podrán realizar la gestión ordinaria de servicios propios de la Administración autonómica, de conformidad con los Estatutos de Autonomía y la legislación de las Comunidades Autónomas.

ART. 9.

Las normas de desarrollo de esta Ley que afecten a los Municipios, Provincias, islas u otras Entidades locales territoriales no podrán limitar su ámbito de aplicación a una o varias de dichas Entidades con carácter singular, sin perjuicio de lo dispuesto en esta Ley para los regímenes municipales o provinciales especiales.

ART. 10.

1. La Administración Local y las demás Administraciones públicas ajustarán sus relaciones recíprocas a los deberes de información mutua, colaboración coordinación y respeto a los ámbitos competenciales respectivos.

2. Procederá la coordinación de las competencias de las entidades locales entre sí y, especialmente, con las de las restantes Administraciones públicas, cuando las actividades o los servicios locales trasciendan el interés propio de las correspondientes Entidades, incidan o condicionen relevantemente los de dichas Administraciones o sean concurrentes o complementarios de los de éstas.

3. En especial, la coordinación de las Entidades Locales tendrá por objeto asegurar el cumplimiento de la legislación de estabilidad presupuestaria y sostenibilidad financiera.

4. Las funciones de coordinación serán compatibles con la autonomía de las Entidades Locales.

TÍTULO II
El municipio

ART. 11.

1. El Municipio es la Entidad local básica de la organización territorial del Estado. Tiene personalidad jurídica y plena capacidad para el cumplimiento de sus fines.

2. Son elementos del Municipio el territorio, la población y la organización.

CAPÍTULO I
Territorio y población

ART. 12.

1. El término municipal es el territorio en que el ayuntamiento ejerce sus competencias.

2. Cada municipio pertenecerá a una sola provincia.

ART. 13.

1. La creación o supresión de municipios, así como la alteración de términos municipales, se regularán por la legislación de las Comunidades Autónomas sobre régimen local, sin que la alteración de términos municipales pueda suponer, en ningún caso, modificación de los límites provinciales. Requerirán en todo caso audiencia de los municipios interesados y dictamen del Consejo de Estado o del órgano consultivo superior de los Consejos de Gobierno de las Comunidades Autónomas, si existiere, así como informe de la Administración que ejerza la tutela financiera. Simultáneamente a la petición de este dictamen se dará conocimiento a la Administración General del Estado.

2. La creación de nuevos municipios solo podrá realizarse sobre la base de núcleos de población territorialmente diferenciados, de al menos 4.000 habitantes y siempre que los municipios resultantes sean financieramente sostenibles, cuenten con recursos suficientes para el cumplimiento de las competencias municipales y no suponga disminución en la calidad de los servicios que venían siendo prestados.

3. Sin perjuicio de las competencias de las Comunidades Autónomas, el Estado, atendiendo a criterios geográficos, sociales, económicos y culturales, podrá establecer medidas

VII

que tiendan a fomentar la fusión de municipios con el fin de mejorar la capacidad de gestión de los asuntos públicos locales.

4. Los municipios, con independencia de su población, colindantes dentro de la misma provincia podrán acordar su fusión mediante un convenio de fusión, sin perjuicio del procedimiento previsto en la normativa autonómica. El nuevo municipio resultante de la fusión no podrá segregarse hasta transcurridos diez años desde la adopción del convenio de fusión.

Al municipio resultante de esta fusión le será de aplicación lo siguiente:

a) El coeficiente de ponderación que resulte de aplicación de acuerdo con el artículo 124.1 del texto refundido de la Ley Reguladora de las Haciendas Locales, aprobado mediante Real Decreto Legislativo 2/2004, de 5 de marzo se incrementará en 0,10.

b) El esfuerzo fiscal y el inverso de la capacidad tributaria que le corresponda en ningún caso podrá ser inferior al más elevado de los valores previos que tuvieran cada municipio por separado antes de la fusión de acuerdo con el artículo 124.1 del texto refundido de la Ley Reguladora de las Haciendas Locales, aprobado mediante Real Decreto Legislativo 2/2004, de 5 de marzo.

c) Su financiación mínima será la suma de las financiaciones mínimas que tuviera cada municipio por separado antes de la fusión de acuerdo con el artículo 124.2 del texto refundido de la Ley Reguladora de las Haciendas Locales, aprobado mediante Real Decreto Legislativo 2/2004, de 5 de marzo.

d) De la aplicación de las reglas contenidas en las letras anteriores no podrá derivarse, para cada ejercicio, un importe total superior al que resulte de lo dispuesto en el artículo 123 del citado texto refundido de la Ley Reguladora de las Haciendas Locales.

e) Se sumarán los importes de las compensaciones que, por separado, corresponden a los municipios que se fusionen y que se derivan de la reforma del Impuesto sobre Actividades Económicas de la disposición adicional décima de la Ley 51/2002, de 27 de diciembre, de Reforma de la Ley 39/1988, de 28 de diciembre, Reguladora de las Haciendas Locales, actualizadas en los mismos términos que los ingresos tributarios del Estado en cada ejercicio respecto a 2004, así como la compensación adicional, regulada en la disposición adicional segunda de la Ley 22/2005, de 18 de noviembre, actualizada en los mismos términos que los ingresos tributarios del Estado en cada ejercicio respecto a 2006.

f) Queda dispensado de prestar nuevos servicios mínimos de los previstos en el artículo 26 que le corresponda por razón de su aumento poblacional.

g) Durante, al menos, los cinco primeros años desde la adopción del convenio de fusión, tendrá preferencia en la asignación de planes de cooperación local, subvenciones, convenios u otros instrumentos basados en la concurrencia. Este plazo podrá prorrogarse por la Ley de Presupuestos Generales del Estado.

La fusión conllevará:

a) La integración de los territorios, poblaciones y organizaciones de los municipios, incluyendo los medios personales, materiales y económicos, del municipio fusionado. A estos efectos, el Pleno de cada Corporación aprobará las medidas de redimensionamiento para la adecuación de las estructuras organizativas, inmobiliarias, de personal y de recursos resultantes de su nueva situación. De la ejecución de las citadas medidas no podrá derivarse incremento alguno de la masa salarial en los municipios afectados.

b) El órgano del gobierno del nuevo municipio resultante estará constituido transitoriamente por la suma de los concejales de los municipios fusionados en los términos previstos en la Ley Orgánica 5/1985, de 19 de junio, del Régimen Electoral General.

c) Si se acordara en el Convenio de fusión, cada uno de los municipios fusionados, o alguno de ellos podrá funcionar como forma de organización desconcentrada de conformidad con lo previsto en el artículo 24 bis.

d) El nuevo municipio se subrogará en todos los derechos y obligaciones de los anteriores municipios, sin perjuicio de lo previsto en la letra e).

e) Si uno de los municipios fusionados estuviera en situación de déficit se podrán integrar, por acuerdo de los municipios fusionados, las obligaciones, bienes y derechos patrimoniales que se consideren liquidables en un fondo, sin personalidad jurídica y con contabilidad separada, adscrito al nuevo municipio, que designará un liquidador al que le corresponderá la liquidación de este fondo. Esta liquidación deberá llevarse a cabo durante los cinco años siguientes desde la adopción del convenio de fusión, sin perjuicio de los posibles derechos que puedan corresponder a los acreedores. La aprobación de las normas a las que tendrá que ajustarse la contabilidad del fondo corresponderá al Ministro de Hacienda y Administraciones Públicas, a propuesta de la Intervención General de la Administración del Estado.

f) El nuevo municipio aprobará un nuevo presupuesto para el ejercicio presupuestario siguiente a la adopción del convenio de fusión.

5. Las Diputaciones provinciales o entidades equivalentes, en colaboración con la Comunidad Autónoma, coordinarán y supervisarán la integración de los servicios resultantes del proceso de fusión.

6. El convenio de fusión deberá ser aprobado por mayoría simple de cada uno de los plenos de los municipios fusionados. La adopción de los acuerdos previstos en el artículo 47.2, siempre que traigan causa de una fusión, será por mayoría simple de los miembros de la corporación.

Apdo. 2 modificado por Real Decreto-ley 6/2023, de 19 de diciembre, por el que se aprueban medidas urgentes para la ejecución del Plan de Recuperación, Transformación y Resiliencia en materia de servicio público de justicia, función pública, régimen local y mecenazgo. (BOE de 20-12-2023).

ART. 14.

1. Los cambios de denominación de los Municipios solo tendrán carácter oficial cuando, tras haber sido anotados en un Registro creado por la Administración del Estado para la inscripción de todas las Entidades a que se refiere la presente Ley, se publiquen en el «Boletín Oficial del Estado».

2. La denominación de los Municipios podrá ser, a todos los efectos, en castellano, en cualquier otra lengua española oficial en la respectiva Comunidad Autónoma, o en ambas.

ART. 15.

Toda persona que viva en España está obligada a inscribirse en el Padrón del municipio en el que resida habitualmente. Quien viva en varios municipios deberá inscribirse únicamente en el que habite durante más tiempo al año.

El conjunto de personas inscritas en el Padrón municipal constituye la población del municipio.

Los inscritos en el Padrón municipal son los vecinos del municipio.

La condición de vecino se adquiere en el mismo momento de su inscripción en el Padrón.

ART. 16.

1. El Padrón municipal es el registro administrativo donde constan los vecinos de un municipio. Sus datos constituyen prueba de la residencia en el municipio y del domicilio habitual en el mismo. Las certificaciones que de dichos datos se expidan tendrán carácter de documento público y fehaciente para todos los efectos administrativos.

La inscripción en el Padrón Municipal sólo surtirá efecto de conformidad con lo dispuesto en el artículo 15 por el tiempo que subsista el hecho que la motivó y, en todo caso, deberá ser objeto de renovación periódica cada dos años cuando se trate de la inscripción de extranjeros sin autorización de residencia de larga duración, no pertenecientes a un Estado miembro de la Unión Europea, a Estados parte en el Acuerdo sobre el Espacio Económico Europeo o a otros Estados a los que, en virtud de un convenio internacional se extienda el régimen jurídico previsto para los ciudadanos de los Estados mencionados anteriormente.

El transcurso del plazo señalado en el párrafo anterior será causa para acordar la caducidad de las inscripciones que deban ser objeto de renovación periódica, siempre que el interesado no hubiese procedido a tal renovación. En este caso, la caducidad podrá declararse sin necesidad de audiencia previa del interesado.

2. La inscripción en el Padrón municipal contendrá como obligatorios sólo los siguientes datos:

a) Nombre y apellidos.

b) Sexo.

c) Domicilio habitual, con especificación de la referencia catastral, en el territorio fiscal común o el código equivalente en los territorios forales, siempre que el domicilio cuente con referencia catastral o código equivalente.

d) Nacionalidad.

e) Lugar y fecha de nacimiento.

f) Número de documento nacional de identidad o, tratándose de extranjeros:

1.º Número de identidad de extranjero que conste en el certificado de inscripción en el Registro Central de Extranjeros expedido por las autoridades españolas, o en su defecto, número del documento acreditativo de la identidad o del pasaporte en vigor expedido por las autoridades del país de procedencia, tratándose de ciudadanos nacionales de Estados miembros de la Unión Europea, de otros Estados parte en el Acuerdo sobre el Espacio Económico Europeo o de Estados a los que, en virtud de un convenio internacional se extienda el régimen jurídico previsto para los ciudadanos de los Estados mencionados.

2.º Número de identidad de extranjero que conste en documento, en vigor, expedido por las autoridades españolas o, en su defecto, por no ser titulares de estos, el número del pasaporte en vigor expedido por las autoridades del país de procedencia, tratándose de ciudadanos nacionales de Estados no comprendidos en el párrafo anterior, salvo que, por virtud de Tratado o Acuerdo Internacional, disfruten de un régimen específico de exención de visado en materia de pequeño tráfico fronterizo con el municipio en el que se pretenda el empadronamiento, en cuyo caso, se exigirá el correspondiente visado.

g) Certificado o título escolar o académico que se posea.

h) Cuantos otros datos puedan ser necesarios para la elaboración del Censo Electoral, siempre que se garantice el respeto a los derechos fundamentales reconocidos en la Constitución Española.

Asimismo, de conformidad con la Ley 39/2015, de 1 de octubre, del Procedimiento Administrativo Común de las Administraciones Públicas, la inscripción en el Padrón municipal podrá recoger la aportación voluntaria de los datos relativos a la designación de las personas que pueden representar a cada vecino ante la administración municipal a efectos padronales, el número de teléfono de contacto y la dirección de correo electrónico.

3. Los datos obligatorios del Padrón Municipal se cederán a otras Administraciones públicas que lo soliciten sin consentimiento previo del afectado solamente cuando les sean necesarios para el ejercicio de sus respectivas competencias, y exclusivamente para asuntos en los que la residencia o el domicilio sean datos relevantes. También pueden servir para elaborar estadísticas oficiales sometidas al secreto estadístico, en los términos previstos en la Ley 12/1989, de 9 de mayo, de la Función Estadística Pública y en las leyes de estadística de las Comunidades Autónomas con competencia en la materia. Los datos de aportación voluntaria no serán susceptibles de cesión en ningún caso.

Modificado por Real Decreto-ley 6/2023, de 19 de diciembre, por el que se aprueban medidas urgentes para la ejecución del Plan de Recuperación, Transformación y Resiliencia en materia de servicio público de justicia, función pública, régimen local y mecenazgo. (BOE de 20-12-2023).

ART. 17.

1. La formación, mantenimiento, revisión y custodia del Padrón municipal corresponde al Ayuntamiento, de acuerdo con lo que establezca la legislación del Estado.

Con este fin, los distintos organismos de la Administración General del Estado, competentes por razón de la materia, remitirán periódicamente a cada Ayuntamiento información sobre las variaciones de los datos de sus vecinos que con carácter obligatorio deben figurar en el Padrón municipal, en la forma que se establezca reglamentariamente.

La gestión del Padrón municipal se llevará por los Ayuntamientos con medios informáticos. Las Diputaciones Provinciales o entidades equivalentes, Cabildos y Consejos insulares asumirán la gestión informatizada de los Padrones de los municipios que, por su insuficiente capacidad económica y de gestión, no puedan mantener los datos de forma automatizada.

2. Los Ayuntamientos realizarán las actuaciones y operaciones necesarias para mantener actualizados sus Padrones de modo que los datos contenidos en éstos concuerden con la realidad.

Si un ayuntamiento no llevara a cabo dichas actuaciones, el Instituto Nacional de Estadística, previo informe del Consejo de Empadronamiento, podrá requerirle previamente concretando la inactividad, y si fuere rechazado, sin perjuicio de los recursos jurisdiccionales que procedan, podrá acudir a la ejecución sustitutoria prevista en el artículo 60 de la presente ley.

3. Los Ayuntamientos remitirán al Instituto Nacional de Estadística los datos de sus respectivos Padrones, en la forma que reglamentariamente se determine por la Administración General del Estado, a fin de que pueda llevarse a cabo la coordinación entre los Padrones de todos los municipios.

El Instituto Nacional de Estadística, en aras a subsanar posibles errores y evitar duplicidades, realizará las comprobaciones oportunas, y comunicará a los Ayuntamientos las actuaciones y operaciones necesarias para que los datos padronales puedan servir de base para la elaboración de estadísticas de población a nivel nacional, para que las cifras resultantes de las revisiones anuales puedan ser declaradas oficiales, y para que los Ayuntamientos puedan remitir, debidamente actualizados, los datos del Censo Electoral.

Corresponderá a la persona que ejerza la Presidencia del Instituto Nacional de Estadística la resolución de las discrepancias que, en materia de empadronamiento, surjan entre los Ayuntamientos, Diputaciones Provinciales o entidades equivalentes, Cabildos y Consejos insulares o entre estos entes y el Instituto Nacional de Estadística, así como elevar al Gobierno de la Nación la propuesta de cifras oficiales de población de los municipios españoles, comunicándolo en los términos que reglamentariamente se determinan al Ayuntamiento interesado.

El Instituto Nacional de Estadística podrá ceder los datos de su base padronal a otras Administraciones Públicas en las mismas condiciones señaladas en el artículo 16.3. Asimismo, el Instituto Nacional de Estadística facilitará a los Institutos estadísticos de las Comunidades Autónomas, u órganos competentes en la materia, los datos relativos a los padrones de los municipios de su ámbito territorial en las condiciones previstas en el artículo 16.3, y con la periodicidad que se acuerde entre las partes.

4. Adscrito al Ministerio de Economía y Hacienda se crea el Consejo de Empadronamiento como órgano colegiado de colaboración entre la Administración General del Estado y los Entes Locales en materia padronal, de acuerdo con lo que reglamentariamente se establezca.

El Consejo será presidido por el Presidente del Instituto Nacional de Estadística y estará formado por representantes de la Administración General del Estado y de los Entes Locales.

El Consejo funcionará en Pleno y en Comisión, existiendo en cada provincia una Sección Provincial bajo la presidencia del Delegado del Instituto Nacional de Estadística y con representación de los Entes Locales.

El Consejo de Empadronamiento desempeñará las siguientes funciones:

A) Elevar a la decisión de la persona que ejerza la Presidencia del Instituto Nacional de Estadística propuesta vinculante de resolución de las discrepancias que surjan en materia de empadronamiento entre Ayuntamientos, Diputaciones Provinciales o entidades equivalentes, Cabildos, Consejos insulares o entre estos entes y el Instituto Nacional de Estadística.

B) Informar, con carácter vinculante, las propuestas que eleve al Gobierno el Presidente del Instituto Nacional de Estadística sobre cifras oficiales de población de los municipios españoles.

C) Proponer la aprobación de las instrucciones técnicas precisas para la gestión de los padrones municipales.

D) Cualquier otra función que se le atribuya por disposición legal o reglamentaria.

5. La Administración General del Estado, en colaboración con los Ayuntamientos y Administraciones de las Comunidades Autónomas confeccionará un Padrón de españoles residentes en el extranjero, al que será de aplicación las normas de esta Ley que regulan el Padrón municipal.

Las personas inscritas en este Padrón se considerarán vecinos del municipio español que figura en los datos de su inscripción únicamente a efectos del ejercicio del derecho de sufragio, no constituyendo, en ningún caso, población del municipio.

Apdo. 1 (tercer párrafo), apdo. 3 (tercer y cuarto párrafos), apdo. 4 (párrafo a) modificados por Real Decreto-ley 6/2023, de 19 de diciembre, por el que se aprueban medidas urgentes para la ejecución del Plan de Recuperación, Transformación y Resiliencia en materia de servicio público de justicia, función pública, régimen local y mecenazgo. (BOE de 20-12-2023).

ART. 18.

1. Son derechos y deberes de los vecinos:

a) Ser elector y elegible de acuerdo con lo dispuesto en la legislación electoral.

b) Participar en la gestión municipal de acuerdo con lo dispuesto en las leyes y, en su caso, cuando la colaboración con carácter voluntario de los vecinos sea interesada por los órganos de gobierno y administración municipal.

VII

c) Utilizar, de acuerdo con su naturaleza, los servicios públicos municipales, y acceder a los aprovechamientos comunales, conforme a las normas aplicables.

d) Contribuir mediante las prestaciones económicas y personales legalmente previstas a la realización de las competencias municipales.

e) Ser informado, previa petición razonada, y dirigir solicitudes a la Administración municipal en relación a todos los expedientes y documentación municipal, de acuerdo con lo previsto en el artículo 105 de la Constitución.

f) Pedir la consulta popular en los términos previstos en la ley.

g) Exigir la prestación y, en su caso, el establecimiento del correspondiente servicio público, en el supuesto de constituir una competencia municipal propia de carácter obligatorio.

h) Ejercer la iniciativa popular en los términos previstos en el artículo 70 bis.

i) Aquellos otros derechos y deberes establecidos en las leyes.

2. La inscripción de los extranjeros en el padrón municipal no constituirá prueba de su residencia legal en España ni les atribuirá ningún derecho que no les confiera la legislación vigente, especialmente en materia de derechos y libertades de los extranjeros en España.

CAPÍTULO II
Organización

ART. 19.

1. El Gobierno y la administración municipal, salvo en aquellos municipios que legalmente funcionen en régimen de Concejo Abierto, corresponde al ayuntamiento, integrado por el Alcalde y los Concejales.

2. Los Concejales son elegidos mediante sufragio universal, igual, libre, directo y secreto, y el Alcalde es elegido por los Concejales o por los vecinos; todo ello en los términos que establezca la legislación electoral general.

3. El régimen de organización de los municipios señalados en el título X de esta ley se ajustará a lo dispuesto en el mismo. En lo no previsto por dicho título, será de aplicación el régimen común regulado en los artículos siguientes.

ART. 20.

1. La organización municipal responde a las siguientes reglas:

a) El Alcalde, los Tenientes de Alcalde y el Pleno existen en todos los ayuntamientos.

b) La Junta de Gobierno Local existe en todos los municipios con población superior a 5.000 habitantes y en los de menos, cuando así lo disponga su reglamento orgánico o así lo acuerde el Pleno de su ayuntamiento.

c) En los municipios de más de 5.000 habitantes, y en los de menos en que así lo disponga su reglamento orgánico o lo acuerde el Pleno, existirán, si su legislación autonómica no prevé en este ámbito otra forma organizativa, órganos que tengan por objeto el estudio, informe o consulta de los asuntos que han de ser sometidos a la decisión del Pleno, así como el seguimiento de la gestión del Alcalde, la Junta de Gobierno Local y los concejales que ostenten delegaciones, sin perjuicio de las competencias de control que corresponden al Pleno. Todos los grupos políticos integrantes de la corporación tendrán derecho a participar en dichos órganos, mediante la presencia de concejales pertenecientes a los mismos en proporción al número de Concejales que tengan en el Pleno.

d) La Comisión Especial de Sugerencias y Reclamaciones existe en los municipios señalados en el título X, y en aquellos otros en que el Pleno así lo acuerde, por el voto favorable de la mayoría absoluta del número legal de sus miembros, o así lo disponga su Reglamento orgánico.

e) La Comisión Especial de Cuentas existe en todos los municipios, de acuerdo con la estructura prevista en el artículo 116.

2. Las leyes de las comunidades autónomas sobre el régimen local podrán establecer una organización municipal complementaria a la prevista en el número anterior.

3. Los propios municipios, en los reglamentos orgánicos, podrán establecer y regular otros órganos complementarios, de conformidad con lo previsto en este artículo y en las leyes de las comunidades autónomas a las que se refiere el número anterior.

ART. 21.

1. El Alcalde es el Presidente de la Corporación y ostenta las siguientes atribuciones:

a) Dirigir el gobierno y la administración municipal.

b) Representar al ayuntamiento.

c) Convocar y presidir las sesiones del Pleno, salvo los supuestos previstos en esta ley y en la legislación electoral general, de la Junta de Gobierno Local, y de cualesquiera otros órganos municipales cuando así se establezca en disposición legal o reglamentaria, y decidir los empates con voto de calidad.

d) Dirigir, inspeccionar e impulsar los servicios y obras municipales.

e) Dictar bandos.

f) El desarrollo de la gestión económica de acuerdo con el Presupuesto aprobado, disponer gastos dentro de los límites de su competencia, concertar operaciones de crédito, con exclusión de las contempladas en el artículo 158.5 de la Ley 39/1988, de 28 de diciembre, Reguladora de las Haciendas Locales, siempre que aquéllas estén previstas en el Presupuesto y su importe acumulado dentro de cada ejercicio económico no supere el 10 por ciento de sus recursos ordinarios, salvo las de tesorería que le corresponderán cuando el importe acumulado de las operaciones vivas en cada momento no supere el 15 por ciento de los ingresos corrientes liquidados en el ejercicio anterior, ordenar pagos y rendir cuentas; todo ello de conformidad con lo dispuesto en la Ley Reguladora de las Haciendas Locales.

g) Aprobar la oferta de empleo público de acuerdo con el Presupuesto y la plantilla aprobados por el Pleno, aprobar las bases de las pruebas para la selección del personal y para los concursos de provisión de puestos de trabajo y distribuir las retribuciones complementarias que no sean fijas y periódicas.

h) Desempeñar la jefatura superior de todo el personal, y acordar su nombramiento y sanciones, incluida la separación del servicio de los funcionarios de la Corporación y el despido del personal laboral, dando cuenta al Pleno, en estos dos últimos casos, en la primera sesión que celebre. Esta atribución se entenderá sin perjuicio de lo dispuesto en los artículos 99.1 y 3 de esta ley.

i) Ejercer la jefatura de la Policía Municipal.

j) Las aprobaciones de los instrumentos de planeamiento de desarrollo del planeamiento general no expresamente atribuidas al Pleno, así como la de los instrumentos de gestión urbanística y de los proyectos de urbanización.

k) El ejercicio de las acciones judiciales y administrativas y la defensa del ayuntamiento en las materias de su competencia, incluso cuando las hubiere delegado en otro órgano, y, en caso de urgencia, en materias de la competencia del Pleno, en este supuesto dando cuenta al mismo en la primera sesión que celebre para su ratificación.

l) La iniciativa para proponer al Pleno la declaración de lesividad en materias de la competencia de la Alcaldía.

m) Adoptar personalmente, y bajo su responsabilidad, en caso de catástrofe o de infortunios públicos o grave riesgo de los mismos, las medidas necesarias y adecuadas dando cuenta inmediata al Pleno.

n) Sancionar las faltas de desobediencia a su autoridad o por infracción de las ordenanzas municipales, salvo en los casos en que tal facultad esté atribuida a otros órganos.

ñ) (Derogada)

o) La aprobación de los proyectos de obras y de servicios cuando sea competente para su contratación o concesión y estén previstos en el presupuesto.

p) (Derogada)

q) El otorgamiento de las licencias, salvo que las leyes sectoriales lo atribuyan expresamente al Pleno o a la Junta de Gobierno Local.

r) Ordenar la publicación, ejecución y hacer cumplir los acuerdos del Ayuntamiento.

s) Las demás que expresamente le atribuyan las leyes y aquellas que la legislación del Estado o de las comunidades autónomas asignen al municipio y no atribuyan a otros órganos municipales.

2. Corresponde asimismo al Alcalde el nombramiento de los Tenientes de Alcalde.

3. El Alcalde puede delegar el ejercicio de sus atribuciones, salvo las de convocar y presidir las sesiones del Pleno y de la Junta de Gobierno Local, decidir los empates con el voto de calidad, la concertación de operaciones de crédito, la jefatura superior de todo el personal, la separación del servicio de los funcionarios y el despido del personal laboral, y las enunciadas en los párrafos a), e), j), k), l) y m) del apartado 1 de este artículo. No obstante,

podrá delegar en la Junta de Gobierno Local el ejercicio de las atribuciones contempladas en el párrafo j).

ART. 22.

1. El Pleno, integrado por todos los Concejales, es presidido por el Alcalde.

2. Corresponden, en todo caso, al Pleno municipal en los Ayuntamientos, y a la Asamblea vecinal en el régimen de Concejo Abierto, las siguientes atribuciones:

a) El control y la fiscalización de los órganos de gobierno.

b) Los acuerdos relativos a la participación en organizaciones supramunicipales; alteración del término municipal; creación o supresión de municipios y de las entidades a que se refiere el artículo 45; creación de órganos desconcentrados; alteración de la capitalidad del municipio y el cambio de nombre de éste o de aquellas entidades y la adopción o modificación de su bandera, enseña o escudo.

c) La aprobación inicial del planeamiento general y la aprobación que ponga fin a la tramitación municipal de los planes y demás instrumentos de ordenación previstos en la legislación urbanística, así como los convenios que tengan por objeto la alteración de cualesquiera de dichos instrumentos.

d) La aprobación del reglamento orgánico y de las ordenanzas.

e) La determinación de los recursos propios de carácter tributario; la aprobación y modificación de los presupuestos, y la disposición de gastos en materia de su competencia y la aprobación de las cuentas; todo ello de acuerdo con lo dispuesto en la Ley Reguladora de las Haciendas Locales.

f) La aprobación de las formas de gestión de los servicios y de los expedientes de municipalización.

g) La aceptación de la delegación de competencias hecha por otras Administraciones públicas.

h) El planteamiento de conflictos de competencias a otras entidades locales y demás Administraciones públicas.

i) La aprobación de la plantilla de personal y de la relación de puestos de trabajo, la fijación de la cuantía de las retribuciones complementarias fijas y periódicas de los funcionarios y el número y régimen del personal eventual.

j) El ejercicio de acciones judiciales y administrativas y la defensa de la corporación en materias de competencia plenaria.

k) La declaración de lesividad de los actos del Ayuntamiento.

l) La alteración de la calificación jurídica de los bienes de dominio público.

m) La concertación de las operaciones de crédito cuya cuantía acumulada, dentro de cada ejercicio económico, exceda del 10 por ciento de los recursos ordinarios del Presupuesto -salvo las de tesorería, que le corresponderán cuando el importe acumulado de las operaciones vivas en cada momento supere el 15 por ciento de los ingresos corrientes liquidados en el ejercicio anterior- todo ello de conformidad con lo dispuesto en la Ley Reguladora de las Haciendas Locales.

n) (Derogada)

ñ) La aprobación de los proyectos de obras y servicios cuando sea competente para su contratación o concesión, y cuando aún no estén previstos en los presupuestos.

o) (Derogada)

p) Aquellas otras que deban corresponder al Pleno por exigir su aprobación una mayoría especial.

q) Las demás que expresamente le confieran las leyes.

3. Corresponde, igualmente, al Pleno la votación sobre la moción de censura al Alcalde y sobre la cuestión de confianza planteada por el mismo, que serán públicas y se realizarán mediante llamamiento nominal en todo caso, y se rigen por lo dispuesto en la legislación electoral general.

4. El Pleno puede delegar el ejercicio de sus atribuciones en el Alcalde y en la Junta de Gobierno Local, salvo las enunciadas en el apartado 2, párrafos a), b), c), d), e), f), g), h), i), l) y p), y en el apartado 3 de este artículo.

Modificado por Real Decreto Legislativo 7/2015, de 30 de octubre, por el que se aprueba el texto refundido de la Ley de Suelo y Rehabilitación Urbana. (BOE de 31-10-2015).

ART. 23.

1. La Junta de Gobierno Local se integra por el Alcalde y un número de Concejales no superior al tercio del número legal de los mismos, nombrados y separados libremente por aquél, dando cuenta al Pleno.

2. Corresponde a la Junta de Gobierno Local:

a) La asistencia al Alcalde en el ejercicio de sus atribuciones.

b) Las atribuciones que el Alcalde u otro órgano municipal le delegue o le atribuyan las leyes.

3. Los Tenientes de Alcalde sustituyen, por el orden de su nombramiento y en los casos de vacante, ausencia o enfermedad, al Alcalde, siendo libremente designados y removidos por éste de entre los miembros de la Junta de Gobierno Local y, donde ésta no exista, de entre los Concejales.

4. El Alcalde puede delegar el ejercicio de determinadas atribuciones en los miembros de la Junta de Gobierno Local y, donde ésta no exista, en los Tenientes de Alcalde, sin perjuicio de las delegaciones especiales que, para cometidos específicos, pueda realizar en favor de cualesquiera Concejales, aunque no pertenecieran a aquélla.

ART. 24.

1. Para facilitar la participación ciudadana en la gestión de los asuntos locales y mejorar ésta, los municipios podrán establecer órganos territoriales de gestión desconcentrada, con la organización, funciones y competencias que cada ayuntamiento les confiera, atendiendo a las características del asentamiento de la población en el término municipal, sin perjuicio de la unidad de gobierno y gestión del municipio.

2. En los municipios señalados en el artículo 121 será de aplicación el régimen de gestión desconcentrada establecido en el artículo 128.

ART. 24 BIS.

1. Las leyes de las Comunidades Autónomas sobre régimen local regularán los entes de ámbito territorial inferior al Municipio, que carecerán de personalidad jurídica, como forma de organización desconcentrada del mismo para la administración de núcleos de población separados, bajo su denominación tradicional de caseríos, parroquias, aldeas, barrios, anteiglesias, concejos, pedanías, lugares anejos y otros análogos, o aquella que establezcan las leyes.

2. La iniciativa corresponderá indistintamente a la población interesada o al Ayuntamiento correspondiente. Este último debe ser oído en todo caso.

3. Solo podrán crearse este tipo de entes si resulta una opción más eficiente para la administración desconcentrada de núcleos de población separados de acuerdo con los principios previstos en la Ley Orgánica 2/2012, de 27 de abril, de Estabilidad Presupuestaria y Sostenibilidad Financiera.

CAPÍTULO III
Competencias

ART. 25.

1. El Municipio, para la gestión de sus intereses y en el ámbito de sus competencias, puede promover actividades y prestar los servicios públicos que contribuyan a satisfacer las necesidades y aspiraciones de la comunidad vecinal en los términos previstos en este artículo.

2. El Municipio ejercerá en todo caso como competencias propias, en los términos de la legislación del Estado y de las Comunidades Autónomas, en las siguientes materias:

a) Urbanismo: planeamiento, gestión, ejecución y disciplina urbanística. Protección y gestión del Patrimonio histórico. Promoción y gestión de la vivienda de protección pública con criterios de sostenibilidad financiera. Conservación y rehabilitación de la edificación.

b) Medio ambiente urbano: en particular, parques y jardines públicos, gestión de los residuos sólidos urbanos y protección contra la contaminación acústica, lumínica y atmosférica en las zonas urbanas.

c) Abastecimiento de agua potable a domicilio y evacuación y tratamiento de aguas residuales.

d) Infraestructura viaria y otros equipamientos de su titularidad.

e) Evaluación e información de situaciones de necesidad social y la atención inmediata a personas en situación o riesgo de exclusión social.

f) Policía local, protección civil, prevención y extinción de incendios.

g) Tráfico, estacionamiento de vehículos y movilidad. Transporte colectivo urbano.

h) Información y promoción de la actividad turística de interés y ámbito local.

i) Ferias, abastos, mercados, lonjas y comercio ambulante.

j) Protección de la salubridad pública.

k) Cementerios y actividades funerarias.

l) Promoción del deporte e instalaciones deportivas y de ocupación del tiempo libre.

m) Promoción de la cultura y equipamientos culturales.

n) Participar en la vigilancia del cumplimiento de la escolaridad obligatoria y cooperar con las Administraciones educativas correspondientes en la obtención de los solares necesarios para la construcción de nuevos centros docentes. La conservación, mantenimiento y vigilancia de los edificios de titularidad local destinados a centros públicos de educación infantil, de educación primaria o de educación especial.

ñ) Promoción en su término municipal de la participación de los ciudadanos en el uso eficiente y sostenible de las tecnologías de la información y las comunicaciones.

o) Actuaciones en la promoción de la igualdad entre hombres y mujeres así como contra la violencia de género.

3. Las competencias municipales en las materias enunciadas en este artículo se determinarán por Ley debiendo evaluar la conveniencia de la implantación de servicios locales conforme a los principios de descentralización, eficiencia, estabilidad y sostenibilidad financiera.

4. La Ley a que se refiere el apartado anterior deberá ir acompañada de una memoria económica que refleje el impacto sobre los recursos financieros de las Administraciones Públicas afectadas y el cumplimiento de los principios de estabilidad, sostenibilidad financiera y eficiencia del servicio o la actividad. La Ley debe prever la dotación de los recursos necesarios para asegurar la suficiencia financiera de las Entidades Locales sin que ello pueda conllevar, en ningún caso, un mayor gasto de las Administraciones Públicas.

Los proyectos de leyes estatales se acompañarán de un informe del Ministerio de Hacienda y Administraciones Públicas en el que se acrediten los criterios antes señalados.

5. La Ley determinará la competencia municipal propia de que se trate, garantizando que no se produce una atribución simultánea de la misma competencia a otra Administración Pública.

6. Con carácter previo a la atribución de competencias a los municipios, de acuerdo con el principio de diferenciación, deberá realizarse una ponderación específica de la capacidad de gestión de la entidad local, dejando constancia de tal ponderación en la motivación del instrumento jurídico que realice la atribución competencial, ya sea en su parte expositiva o en la memoria justificativa correspondiente.

Apdo. 6 añadido por Real Decreto-ley 6/2023, de 19 de diciembre, por el que se aprueban medidas urgentes para la ejecución del Plan de Recuperación, Transformación y Resiliencia en materia de servicio público de justicia, función pública, régimen local y mecenazgo. (BOE de 20-12-2023).

Letra o) del apdo. 2 se añade por Real Decreto-ley 9/2018, de 3 de agosto, de medidas urgentes para el desarrollo del Pacto de Estado contra la violencia de genero. (BOE de 04-08-2018).

ART. 26.

1. Los Municipios deberán prestar, en todo caso, los servicios siguientes:

a) En todos los Municipios: alumbrado público, cementerio, recogida de residuos, limpieza viaria, abastecimiento domiciliario de agua potable, alcantarillado, acceso a los núcleos de población y pavimentación de las vías públicas.

b) En los Municipios con población superior a 5.000 habitantes, además: parque público, biblioteca pública y tratamiento de residuos.

c) En los Municipios con población superior a 20.000 habitantes, además: protección civil, evaluación e información de situaciones de necesidad social y la atención inmediata a personas en situación o riesgo de exclusión social, prevención y extinción de incendios e instalaciones deportivas de uso público.

d) En los Municipios con población superior a 50.000 habitantes, además: transporte colectivo urbano de viajeros y medio ambiente urbano.

2. En los municipios con población inferior a 20.000 habitantes será la Diputación provincial o entidad equivalente la que coordinará la prestación de los siguientes servicios:

a) Recogida y tratamiento de residuos.

b) Abastecimiento de agua potable a domicilio y evacuación y tratamiento de aguas residuales.

c) Limpieza viaria.

d) Acceso a los núcleos de población.

e) Pavimentación de vías urbanas.

f) Alumbrado público.

Para coordinar la citada prestación de servicios la Diputación propondrá, con la conformidad de los municipios afectados, **al Ministerio de Hacienda y Administraciones Públicas*** la forma de prestación, consistente en la prestación directa por la Diputación o la implantación de fórmulas de gestión compartida a través de consorcios, mancomunidades u otras fórmulas. **Para reducir los costes efectivos de los servicios el mencionado Ministerio decidirá sobre la propuesta formulada que deberá contar con el informe preceptivo de la Comunidad Autónoma si es la Administración que ejerce la tutela financiera***.

Cuando el municipio justifique ante la Diputación que puede prestar estos servicios con un coste efectivo menor que el derivado de la forma de gestión propuesta por la Diputación provincial o entidad equivalente, el municipio podrá asumir la prestación y coordinación de estos servicios si la Diputación lo considera acreditado.

Cuando la Diputación o entidad equivalente asuma la prestación de estos servicios repercutirá a los municipios el coste efectivo del servicio en función de su uso. Si estos servicios estuvieran financiados por tasas y asume su prestación la Diputación o entidad equivalente, será a ésta a quien vaya destinada la tasa para la financiación de los servicios.

3. La asistencia de las Diputaciones o entidades equivalentes a los Municipios, prevista en el artículo 36, se dirigirá preferentemente al establecimiento y adecuada prestación de los servicios mínimos.

** Se declaran inconstitucionales y nulos los incisos en cursiva por Sentencia 111/2016, de 9 de junio de 2016. Recurso de inconstitucionalidad 1959-2014. (BOE de 15-07-2016).*

ART. 27.

1. El Estado y las Comunidades Autónomas, en el ejercicio de sus respectivas competencias, podrán delegar en los Municipios el ejercicio de sus competencias.

La delegación habrá de mejorar la eficiencia de la gestión pública, contribuir a eliminar duplicidades administrativas y ser acorde con la legislación de estabilidad presupuestaria y sostenibilidad financiera.

La delegación deberá determinar el alcance, contenido, condiciones y duración de ésta, que no podrá ser inferior a cinco años, así como el control de eficiencia que se reserve la Administración delegante y los medios personales, materiales y económicos, que ésta asigne sin que pueda suponer un mayor gasto de las Administraciones Públicas.

La delegación deberá acompañarse de una memoria económica donde se justifiquen los principios a que se refiere el párrafo segundo de este apartado y se valore el impacto en el gasto de las Administraciones Públicas afectadas sin que, en ningún caso, pueda conllevar un mayor gasto de las mismas.

2. Cuando el Estado o las Comunidades Autónomas deleguen en dos o más municipios de la misma provincia una o varias competencias comunes, dicha delegación deberá realizarse siguiendo criterios homogéneos.

La Administración delegante podrá solicitar la asistencia de las Diputaciones provinciales o entidades equivalentes para la coordinación y seguimiento de las delegaciones previstas en este apartado.

3. Con el objeto de evitar duplicidades administrativas, mejorar la transparencia de los servicios públicos y el servicio a la ciudadanía y, en general, contribuir a los procesos de racionalización administrativa, generando un ahorro neto de recursos, la Administración del Estado y las de las Comunidades Autónomas podrán delegar, siguiendo criterios homogéneos, entre otras, las siguientes competencias:

a) Vigilancia y control de la contaminación ambiental.

b) Protección del medio natural.

c) Prestación de los servicios sociales, promoción de la igualdad de oportunidades y la prevención de la violencia contra la mujer.

d) Conservación o mantenimiento de centros sanitarios asistenciales de titularidad de la Comunidad Autónoma.

e) Creación, mantenimiento y gestión de las escuelas infantiles de educación de titularidad pública de primer ciclo de educación infantil.

f) Realización de actividades complementarias en los centros docentes.

g) Gestión de instalaciones culturales de titularidad de la Comunidad Autónoma o del Estado, con estricta sujeción al alcance y condiciones que derivan del artículo 149.1.28.ª de la Constitución Española.

h) Gestión de las instalaciones deportivas de titularidad de la Comunidad Autónoma o del Estado, incluyendo las situadas en los centros docentes cuando se usen fuera del horario lectivo.

i) Inspección y sanción de establecimientos y actividades comerciales.

j) Promoción y gestión turística.

k) Comunicación, autorización, inspección y sanción de los espectáculos públicos.

l) Liquidación y recaudación de tributos propios de la Comunidad Autónoma o del Estado.

m) Inscripción de asociaciones, empresas o entidades en los registros administrativos de la Comunidad Autónoma o de la Administración del Estado.

n) Gestión de oficinas unificadas de información y tramitación administrativa.

o) Cooperación con la Administración educativa a través de los centros asociados de la Universidad Nacional de Educación a Distancia.

4. La Administración delegante podrá, para dirigir y controlar el ejercicio de los servicios delegados, dictar instrucciones técnicas de carácter general y recabar, en cualquier momento, información sobre la gestión municipal, así como enviar comisionados y formular los requerimientos pertinentes para la subsanación de las deficiencias observadas. En caso de incumplimiento de las directrices, denegación de las informaciones solicitadas, o inobservancia de los requerimientos formulados, la Administración delegante podrá revocar la delegación o ejecutar por sí misma la competencia delegada en sustitución del Municipio. Los actos del Municipio podrán ser recurridos ante los órganos competentes de la Administración delegante.

5. La efectividad de la delegación requerirá su aceptación por el Municipio interesado.

6. La delegación habrá de ir acompañada en todo caso de la correspondiente financiación, para lo cual será necesaria la existencia de dotación presupuestaria adecuada y suficiente en los presupuestos de la Administración delegante para cada ejercicio económico, siendo nula sin dicha dotación.

El incumplimiento de las obligaciones financieras por parte de la Administración autonómica delegante facultará a la Entidad Local delegada para compensarlas automáticamente con otras obligaciones financieras que ésta tenga con aquélla.

7. La disposición o acuerdo de delegación establecerá las causas de revocación o renuncia de la delegación. Entre las causas de renuncia estará el incumplimiento de las obligaciones financieras por parte de la Administración delegante o cuando, por circunstancias sobrevenidas, se justifique suficientemente la imposibilidad de su desempeño por la Administración en la que han sido delegadas sin menoscabo del ejercicio de sus competencias propias. El acuerdo de renuncia se adoptará por el Pleno de la respectiva Entidad Local.

8. Las competencias delegadas se ejercen con arreglo a la legislación del Estado o de las Comunidades Autónomas.

ART. 28.

Podrán establecerse, en municipios determinados de menos de 20.000 habitantes, sistemas de gestión colaborativa dirigidos a garantizar los recursos suficientes para el cumplimiento de las competencias municipales y, en particular, para una prestación de calidad, financieramente sostenible, de los servicios públicos mínimos obligatorios, mediante medidas de racionalización organizativa y de funcionamiento; de garantía de la prestación de dichos servicios mediante fórmulas de gestión comunes o asociativas; de sostenimiento del personal en común con otro u otros municipios; y, en general, de fomento del desarrollo económico y social de los municipios.

La aplicación efectiva a un municipio de la gestión colaborativa requerirá decisión en tal sentido de la Comunidad Autónoma respectiva, adoptada conforme a su legislación de régimen local propia, y en todo caso, con la conformidad previa del municipio afectado y el informe de las entidades locales afectadas.

Se dota de contenido a este artículo (había sido suprimido por Ley 27/2013, de 27 de diciembre) por Real Decreto-ley 6/2023, de 19 de diciembre, por el que se aprueban medidas urgentes para la ejecución del Plan de Recuperación, Transformación y Resiliencia en materia de servicio público de justicia, función pública, régimen local y mecenazgo. (BOE de 20-12-2023).

CAPÍTULO IV
Regímenes especiales

ART. 29.

1. Funcionan en Concejo Abierto:

a) Los municipios que tradicional y voluntariamente cuenten con ese singular régimen de gobierno y administración.

b) Aquellos otros en los que por su localización geográfica, la mejor gestión de los intereses municipales u otras circunstancias lo hagan aconsejable.

2. La constitución en concejo abierto de los municipios a que se refiere el apartado b) del número anterior, requiere petición de la mayoría de los vecinos, decisión favorable por mayoría de dos tercios de los miembros del Ayuntamiento y aprobación por la Comunidad Autónoma.

3. En el régimen de Concejo Abierto, el gobierno y la administración municipales corresponden a un Alcalde y una asamblea vecinal de la que forman parte todos los electores. Ajustan su funcionamiento a los usos, costumbres y tradiciones locales y, en su defecto, a lo establecido en esta Ley y las leyes de las Comunidades Autónomas sobre régimen local.

4. No obstante lo anterior, los alcaldes de las corporaciones de municipios de menos de 100 residentes podrán convocar a sus vecinos a Concejo Abierto para decisiones de especial trascendencia para el municipio. Si así lo hicieren deberán someterse obligatoriamente al criterio de la Asamblea vecinal constituida al efecto.

Los municipios que con anterioridad venían obligados por Ley en función del número de residentes a funcionar en Concejo Abierto, podrán continuar con ese régimen especial de gobierno y administración si tras la sesión constitutiva de la Corporación, convocada la Asamblea Vecinal, así lo acordaran por unanimidad los tres miembros electos y la mayoría de los vecinos.

ART. 30.

Las Leyes sobre régimen local de las Comunidades Autónomas, en el marco de lo establecido en esta Ley, podrán establecer regímenes especiales para Municipios pequeños o de carácter rural y para aquellos que reúnan otras características que lo hagan aconsejable, como su carácter histórico-artístico o el predominio en su término de las actividades turísticas, industriales, mineras u otras semejantes.

TÍTULO III
La provincia

ART. 31.

1. La Provincia es una Entidad local determinada por la agrupación de Municipios, con personalidad jurídica propia y plena capacidad para el cumplimiento de sus fines.

2. Son fines propios y específicos de la Provincia garantizar los principios de solidaridad y equilibrio intermunicipales, en el marco de la política económica y social, y, en particular:

a) Asegurar la prestación integral y adecuada en la totalidad del territorio provincial de los servicios de competencia municipal.

b) Participar en la coordinación de la Administración local con la de la Comunidad Autónoma y la del Estado.

3. El gobierno y la administración autónoma de la Provincia corresponden a la Diputación u otras Corporaciones de carácter representativo.

CAPÍTULO I
Organización

ART. 32.

La organización provincial responde a las siguientes reglas:

1. El Presidente, los Vicepresidentes, la Junta de Gobierno y el Pleno existen en todas las Diputaciones.

2. Asimismo, existirán en todas las Diputaciones órganos que tengan por objeto el estudio, informe o consulta de los asuntos que han de ser sometidos a la decisión del Pleno, así como el seguimiento de la gestión del Presidente, la Junta de Gobierno y los Diputados que ostenten delegaciones, siempre que la respectiva legislación autonómica no prevea una forma organizativa distinta en este ámbito y sin perjuicio de las competencias de control que corresponden al Pleno.

Todos los grupos políticos integrantes de la corporación tendrán derecho a participar en dichos órganos, mediante la presencia de Diputados pertenecientes a los mismos, en proporción al número de Diputados que tengan en el Pleno.

3. El resto de los órganos complementarios de los anteriores se establece y regula por las propias Diputaciones. No obstante las leyes de las comunidades autónomas sobre régimen local podrán establecer una organización provincial complementaria de la prevista en este texto legal.

ART. 32 BIS. Personal Directivo de Diputaciones, Cabildos y Consejos Insulares.

El nombramiento del personal directivo que, en su caso, hubiera en las Diputaciones, Cabildos y Consejos Insulares deberá efectuarse de acuerdo a criterios de competencia profesional y experiencia, entre funcionarios de carrera del Estado, de las Comunidades Autónomas, de las Entidades Locales o con habilitación de carácter nacional que pertenezcan a cuerpos o escalas clasificados en el subgrupo A1, salvo que el correspondiente Reglamento Orgánico permita que, en atención a las características específicas de las funciones de tales órganos directivos, su titular no reúna dicha condición de funcionario.

ART. 33.

1. El Pleno de la Diputación está constituido por el Presidente y los Diputados.

2. Corresponde en todo caso al Pleno:

a) La organización de la Diputación.

b) La aprobación de las ordenanzas.

c) La aprobación y modificación de los Presupuestos, la disposición de gastos dentro de los límites de su competencia y la aprobación provisional de las cuentas; todo ello de acuerdo con lo dispuesto en la Ley Reguladora de las Haciendas Locales.

d) La aprobación de los planes de carácter provincial.

e) El control y la fiscalización de los órganos de gobierno.

f) La aprobación de la plantilla de personal, la relación de puestos de trabajo, la fijación de la cuantía de las retribuciones complementarias fijas y periódicas de los funcionarios, y el número y régimen del personal eventual.

g) La alteración de la calificación jurídica de los bienes de dominio público.

h) El planteamiento de conflictos de competencias a otras Entidades locales y demás Administraciones públicas.

i) El ejercicio de acciones judiciales y administrativas y la defensa de la Corporación en materias de competencia plenaria.

j) La declaración de lesividad de los actos de la Diputación.

k) La concertación de las operaciones de crédito cuya cuantía acumulada en el ejercicio económico exceda del 10 por 100 de los recursos ordinarios, salvo las de tesorería, que le corresponderán cuando el importe acumulado de las operaciones vivas en cada momento supere el 15 por 100 de los ingresos corrientes liquidados en el ejercicio anterior, todo ello de conformidad con lo dispuesto en la Ley Reguladora de las Haciendas Locales.

l) (Derogada)

m) La aprobación de los proyectos de obra y de servicios cuando sea competente para su contratación o concesión y cuando aún no estén previstos en los Presupuestos.

n) (Derogada)

ñ) Aquellas atribuciones que deban corresponder al Pleno por exigir su aprobación una mayoría especial.

o) Las demás que expresamente la atribuyan las leyes.

3. Corresponde, igualmente, al Pleno la votación sobre la moción de censura al Presidente y sobre la cuestión de confianza planteada por el mismo, que serán públicas y se realizarán mediante llamamiento nominal en todo caso, y se rigen por lo dispuesto en la legislación electoral general.

4. El Pleno puede delegar el ejercicio de sus atribuciones en el Presidente y en la Comisión de Gobierno, salvo las enunciadas en el número 2, letras a), b), c), d), e), f), h) y ñ), y número 3 de este artículo.

ART. 34.

1. Corresponde en todo caso al Presidente de la Diputación:

a) Dirigir el gobierno y la administración de la provincia.

b) Representar a la Diputación.

c) Convocar y presidir las sesiones del Pleno, salvo los supuestos previstos en la presente Ley y en la legislación electoral general, de la Junta de Gobierno y cualquier otro órgano de la Diputación, y decidir los empates con voto de calidad.

d) Dirigir, inspeccionar e impulsar los servicios y obras cuya titularidad o ejercicio corresponde a la Diputación Provincial.

e) Asegurar la gestión de los servicios propios de la Comunidad Autónoma cuya gestión ordinaria esté encomendada a la Diputación.

f) El desarrollo de la gestión económica de acuerdo con el Presupuesto aprobado, disponer gastos dentro de los límites de su competencia, concertar operaciones de crédito, con exclusión de las contempladas en el artículo 158.5 de la Ley 39/1988, de 28 de diciembre, Reguladora de las Haciendas Locales, siempre que aquéllas estén previstas en el Presupuesto y su importe acumulado dentro de cada ejercicio económico no supere el 10 por 100 de sus recursos ordinarios, salvo las de tesorería que le corresponderán cuando el importe acumulado de las operaciones vivas en cada momento no supere el 15 por 100 de los ingresos corrientes liquidados en el ejercicio anterior, ordenar pagos y rendir cuentas; todo ello de conformidad con lo dispuesto en la Ley Reguladora de las Haciendas Locales.

g) Aprobar la oferta de empleo público de acuerdo con el Presupuesto y la plantilla aprobados por el Pleno, aprobar las bases de las pruebas para la selección del personal y para los concursos de provisión de puestos de trabajo y distribuir las retribuciones complementarias que no sean fijas y periódicas.

h) Desempeñar la jefatura superior de todo el personal, y acordar su nombramiento y sanciones, incluida la separación del servicio de los funcionarios de la Corporación y el despido del personal laboral, dando cuenta al Pleno en la primera sesión que celebre. Esta atribución se entenderá sin perjuicio de lo previsto en el artículo 99.1 y 3 de esta Ley.

i) El ejercicio de las acciones judiciales y administrativas y la defensa de la Diputación en las materias de su competencia, incluso cuando las hubiere delegado en otro órgano, y, en caso de urgencia, en materias de la competencia del Pleno, en este último supuesto dando cuenta al mismo en la primera sesión que celebre para su ratificación.

j) La iniciativa para proponer al Pleno la declaración de lesividad en materia de la competencia del Presidente.

k) (Derogada)

l) La aprobación de los proyectos de obras y de servicios cuando sea competente para su contratación o concesión y estén previstos en el Presupuesto.

m) (Derogada)

n) Ordenar la publicación y ejecución y hacer cumplir los acuerdos de la Diputación.

ñ) Las demás que expresamente les atribuyan las leyes.

o) El ejercicio de aquellas otras atribuciones que la legislación del Estado o de las Comunidades Autónomas asigne a la Diputación y no estén expresamente atribuidas a otros órganos.

2. El Presidente puede delegar el ejercicio de sus atribuciones, salvo la de convocar y presidir las sesiones del Pleno y de la Junta de Gobierno, decidir los empates con el voto de calidad, concertar operaciones de crédito, la jefatura superior de todo el personal, la separación del servicio de funcionarios y el despido del personal laboral, y las enunciadas en los párrafos a), i) y j) del número anterior.

3. Corresponde, asimismo, al Presidente el nombramiento de los Vicepresidentes.

ART. 35.

1. La Junta de Gobierno se integra por el Presidente y un número de Diputados no superior al tercio del número legal de los mismos, nombrados y separados libremente por aquél, dando cuenta al Pleno.

2. Corresponde a la Junta de Gobierno:

a) La asistencia al Presidente en el ejercicio de sus atribuciones.

b) Las atribuciones que el Presidente le delegue o le atribuyan las leyes.

3. El Presidente puede delegar el ejercicio de determinadas atribuciones en los miembros de la Junta de Gobierno, sin perjuicio de las delegaciones especiales que para cometidos específicos pueda realizar a favor de cualesquiera Diputados, aunque no perteneciera a la Junta de Gobierno.

4. Los Vicepresidentes sustituyen, por el orden de su nombramiento y en los casos de vacante, ausencia o enfermedad, al Presidente, siendo libremente designados por éste entre los miembros de la Junta de Gobierno.

CAPÍTULO II
Competencias

ART. 36.

1. Son competencias propias de la Diputación o entidad equivalente las que le atribuyan en este concepto las leyes del Estado y de las Comunidades Autónomas en los diferentes sectores de la acción pública y, en todo caso, las siguientes:

a) La coordinación de los servicios municipales entre sí para la garantía de la prestación integral y adecuada a que se refiere el apartado a) del número 2 del artículo 31.

b) La asistencia y cooperación jurídica, económica y técnica a los Municipios, especialmente los de menor capacidad económica y de gestión. En todo caso garantizará en los municipios de menos de 1.000 habitantes la prestación de los servicios de secretaría e intervención.

c) La prestación de servicios públicos de carácter supramunicipal y, en su caso, supracomarcal y el fomento o, en su caso, coordinación de la prestación unificada de servicios de los municipios de su respectivo ámbito territorial. En particular, asumirá la prestación de los servicios de tratamiento de residuos en los municipios de menos de 5.000 habitantes, y de prevención y extinción de incendios en los de menos de 20.000 habitantes, cuando éstos no procedan a su prestación.

d) La cooperación en el fomento del desarrollo económico y social y en la planificación en el territorio provincial, de acuerdo con las competencias de las demás Administraciones Públicas en este ámbito.

e) El ejercicio de funciones de coordinación en los casos previstos en el artículo 116 bis.

f) Asistencia en la prestación de los servicios de gestión de la recaudación tributaria, en periodo voluntario y ejecutivo, y de servicios de apoyo a la gestión financiera de los municipios con población inferior a 20.000 habitantes.

g) La prestación de los servicios de administración electrónica y la contratación centralizada en los municipios con población inferior a 20.000 habitantes.

h) El seguimiento de los costes efectivos de los servicios prestados por los municipios de su provincia. Cuando la Diputación detecte que estos costes son superiores a los de los servicios coordinados o prestados por ella, ofrecerá a los municipios su colaboración para una gestión coordinada más eficiente de los servicios que permita reducir estos costes.

i) La coordinación mediante convenio, con la Comunidad Autónoma respectiva, de la prestación del servicio de mantenimiento y limpieza de los consultorios médicos en los municipios con población inferior a 5000 habitantes.

2. A los efectos de lo dispuesto en las letras a), b) y c) del apartado anterior, la Diputación o entidad equivalente:

a) Aprueba anualmente un plan provincial de cooperación a las obras y servicios de competencia municipal, en cuya elaboración deben participar los Municipios de la Provincia. El plan, que deberá contener una memoria justificativa de sus objetivos y de los criterios de distribución de los fondos, criterios que en todo caso han de ser objetivos y equitativos y entre los que estará el análisis de los costes efectivos de los servicios de los municipios, podrá financiarse con medios propios de la Diputación o entidad equivalente, las aportaciones municipales y las subvenciones que acuerden la Comunidad Autónoma y el Estado con cargo a sus respectivos presupuestos. Sin perjuicio de las competencias reconocidas en los Estatutos de Autonomía y de las anteriormente asumidas y ratificadas por éstos, la Comunidad Autónoma asegura, en su territorio, la coordinación de los diversos planes provinciales, de acuerdo con lo previsto en el artículo 59 de esta Ley.

Cuando la Diputación detecte que los costes efectivos de los servicios prestados por los municipios son superiores a los de los servicios coordinados o prestados por ella, incluirá en el plan provincial fórmulas de prestación unificada o supramunicipal para reducir sus costes efectivos.

El Estado y la Comunidad Autónoma, en su caso, pueden sujetar sus subvenciones a determinados criterios y condiciones en su utilización o empleo y tendrán en cuenta el análisis de los costes efectivos de los servicios de los municipios.

b) Asegura el acceso de la población de la Provincia al conjunto de los servicios mínimos de competencia municipal y a la mayor eficacia y economía en la prestación de éstos mediante cualesquiera fórmulas de asistencia y cooperación municipal.

Con esta finalidad, las Diputaciones o entidades equivalentes podrán otorgar subvenciones y ayudas con cargo a sus recursos propios para la realización y el mantenimiento de obras y servicios municipales, que se instrumentarán a través de planes especiales u otros instrumentos específicos.

c) Garantiza el desempeño de las funciones públicas necesarias en los Ayuntamientos y les presta apoyo en la selección y formación de su personal sin perjuicio de la actividad desarrollada en estas materias por la Administración del Estado y la de las Comunidades Autónomas.

d) Da soporte a los Ayuntamientos para la tramitación de procedimientos administrativos y realización de actividades materiales y de gestión, asumiéndolas cuando aquéllos se las encomienden.

ART. 37.

1. Las Comunidades Autónomas podrán delegar competencias en las Diputaciones, así como encomendar a éstas la gestión ordinaria de servicios propios en los términos previstos en los Estatutos correspondientes. En este último supuesto las Diputaciones actuarán con sujeción plena a las instrucciones generales y particulares de las Comunidades.

2. El Estado podrá, asimismo, previa consulta e informe de la Comunidad Autónoma interesada, delegar en las Diputaciones competencias de mera ejecución cuando el ámbito provincial sea el más idóneo para la prestación de los correspondientes servicios.

3. El ejercicio por las Diputaciones de las facultades delegadas se acomodará a lo dispuesto en el artículo 27.

ART. 38.

Las previsiones establecidas para la Diputación en este Capítulo y en los restantes de la presente Ley serán de aplicación a aquellas otras Corporaciones de carácter representativo a las que corresponda el gobierno y la administración autónoma de la Provincia.

CAPÍTULO III
Regímenes especiales

ART. 39.

Los órganos forales de Álava, Guipúzcoa y Vizcaya conservan su régimen peculiar en el marco del Estatuto de Autonomía de la Comunidad Autónoma del País Vasco. No obstante, las disposiciones de la presente Ley les serán de aplicación con carácter supletorio.

ART. 40.

Las Comunidades Autónomas uniprovinciales y la Foral de Navarra asumen las competencias, medios y recursos que corresponden en el régimen ordinario a las Diputaciones Provinciales. Se exceptúa la Comunidad Autónoma de las Islas Baleares en los términos de su Estatuto propio.

ART. 41.

1. Los Cabildos Insulares Canarios, como órganos de gobierno, administración y representación de cada isla, se rigen por las normas contenidas en la disposición adicional decimocuarta de esta ley y supletoriamente por las normas que regulan la organización y funcionamiento de las Diputaciones provinciales, asumiendo las competencias de éstas, sin perjuicio de lo dispuesto en el Estatuto de Autonomía de Canarias.

2. En el Archipiélago Canario subsisten las mancomunidades provinciales interinsulares exclusivamente como órganos de representación y expresión de los intereses provinciales. Integran dichos órganos los Presidentes de los Cabildos insulares de las provincias correspondientes, presidiéndolos el del Cabildo de la Isla en que se halle la capital de la provincia.

3. Los Consejos Insulares de las Islas Baleares, a los que son de aplicación las normas de esta ley que regulan la organización y funcionamiento de las Diputaciones provinciales, asumen sus competencias de acuerdo con lo dispuesto en esta ley y las que les correspondan de conformidad con el Estatuto de Autonomía de Baleares.

TÍTULO IV
Otras Entidades locales

ART. 42.

1. Las Comunidades Autónomas, de acuerdo con lo dispuesto en sus respectivos Estatutos, podrán crear en su territorio comarcas u otras Entidades que agrupen varios Municipios, cuyas características determinen intereses comunes precisados de una gestión propia o demanden la prestación de servicios de dicho ámbito.

2. La iniciativa para la creación de una comarca podrá partir de los propios Municipios interesados. En cualquier caso, no podrá crearse la comarca si a ello se oponen expresamente las dos quintas partes de los Municipios que debieran agruparse en ella, siempre que, en este caso, tales Municipios representen al menos la mitad del censo electoral del territorio correspondiente. Cuando la comarca deba agrupar a Municipios de más de una Provincia, será necesario el informe favorable de las Diputaciones Provinciales a cuyo ámbito territorial pertenezcan tales Municipios.

3. Las Leyes de las Comunidades Autónomas determinarán el ámbito territorial de las comarcas, la composición y el funcionamiento de sus órganos de gobierno, que serán representativos de los Ayuntamientos que agrupen, así como las competencias y recursos económicos que, en todo caso, se les asignen.

4. La creación de las Comarcas no podrá suponer la pérdida por los Municipios de la competencia para prestar los servicios enumerados en el artículo 26, ni privar a los mismos de toda intervención en cada una de las materias enumeradas en el apartado 2 del artículo 25.

ART. 43.

1. Las Comunidades Autónomas, previa audiencia de la Administración del Estado y de los Ayuntamientos y Diputaciones afectados, podrán crear, modificar y suprimir, mediante Ley, áreas metropolitanas, de acuerdo con lo dispuesto en sus respectivos Estatutos.

2. Las áreas metropolitanas son Entidades locales integradas por los Municipios de grandes aglomeraciones urbanas entre cuyos núcleos de población existan vinculaciones económicas y sociales que hagan necesaria la planificación conjunta y la coordinación de determinados servicios y obras.

3. La legislación de la Comunidad Autónoma determinará los órganos de gobierno y administración, en los que estarán representados todos los Municipio integrados en el área; el régimen económico y de funcionamiento, que garantizará la participación de todos los Municipios en la toma de decisiones y una justa distribución de las cargas entre ellos; así como los servicios y obras de prestación o realización metropolitana y el procedimiento para su ejecución.

ART. 44.

1. Se reconoce a los municipios el derecho a asociarse con otros en mancomunidades para la ejecución en común de obras y servicios determinados de su competencia.

2. Las mancomunidades tienen personalidad y capacidad jurídicas para el cumplimiento de sus fines específicos y se rigen por sus Estatutos propios. Los Estatutos han de regular el ámbito territorial de la entidad, su objeto y competencia, órganos de gobierno y recursos, plazo de duración y cuantos otros extremos sean necesarios para su funcionamiento.

En todo caso, los órganos de gobierno serán representativos de los ayuntamientos mancomunados.

3. El procedimiento de aprobación de los estatutos de las mancomunidades se determinará por la legislación de las comunidades autónomas y se ajustará, en todo caso, a las siguientes reglas:

a) La elaboración corresponderá a los concejales de la totalidad de los municipios promotores de la mancomunidad, constituidos en asamblea.

b) La Diputación o Diputaciones provinciales interesadas emitirán informe sobre el proyecto de estatutos.

c) Los Plenos de todos los ayuntamientos aprueban los estatutos.

4. Se seguirá un procedimiento similar para la modificación o supresión de mancomunidades.

5. Podrán integrarse en la misma mancomunidad municipios pertenecientes a distintas comunidades autónomas, siempre que lo permitan las normativas de las comunidades autónomas afectadas.

ART. 45.

(SIN CONTENIDO)

Sin contenido, por Ley 27/2013, de 27 de diciembre, de racionalización y sostenibilidad de la Administración Local (BOE de 30-12-2013).

TÍTULO V
Disposiciones comunes a las Entidades locales

CAPÍTULO I
Régimen de funcionamiento

ART. 46.

1. Los órganos colegiados de las Entidades locales funcionan en régimen de sesiones ordinarias de periodicidad preestablecida y extraordinarias, que pueden ser, además, urgentes.

2. En todo caso, el funcionamiento del Pleno de las Corporaciones Locales se ajusta a las siguientes reglas:

a) El Pleno celebra sesión ordinaria como mínimo cada mes en los Ayuntamientos de municipios de más de 20.000 habitantes y en las Diputaciones Provinciales; cada dos meses en los Ayuntamientos de los municipios de una población entre 5.001 habitantes y 20.000 habitantes; y cada tres en los municipios de hasta 5.000 habitantes. Asimismo, el Pleno celebra sesión extraordinaria cuando así lo decida el Presidente o lo solicite la cuarta parte, al menos, del número legal de miembros de la Corporación, sin que ningún concejal pueda solicitar más de tres anualmente. En este último caso, la celebración del mismo no podrá demorarse por más de quince días hábiles desde que fuera solicitada, no pudiendo incorporarse el asunto al orden del día de un Pleno ordinario o de otro extraordinario con más asuntos si no lo autorizan expresamente los solicitantes de la convocatoria.

Si el Presidente no convocase el Pleno extraordinario solicitado por el número de concejales indicado dentro del plazo señalado, quedará automáticamente convocado para el décimo día hábil siguiente al de la finalización de dicho plazo, a las doce horas, lo que será notificado por el Secretario de la Corporación a todos los miembros de la misma al día siguiente de la finalización del plazo citado anteriormente. En ausencia del Presidente o de quien legalmente haya de sustituirle, el Pleno quedará válidamente constituido siempre que concurra el quórum requerido en la letra c) de este precepto, en cuyo caso será presidido por el miembro de la Corporación de mayor edad entre los presentes.

b) Las sesiones plenarias han de convocarse, al menos, con dos días hábiles de antelación, salvo las extraordinarias que lo hayan sido con carácter urgente, cuya convocatoria con este carácter deberá ser ratificada por el Pleno. La documentación íntegra de los asuntos incluidos en el orden del día, que deba servir de base al debate y, en su caso, votación, deberá figurar a disposición de los Concejales o Diputados, desde el mismo día de la convocatoria, en la Secretaría de la Corporación.

c) El Pleno se constituye válidamente con la asistencia de un tercio del mínimo legal de miembros del mismo, que nunca podrá ser inferior a tres. En los municipios de hasta 100 residentes, que no funcionen en régimen de Concejo Abierto, el Pleno se constituirá válidamente con la asistencia del número legal de miembros del mismo, que nunca deberá ser inferior a dos. Estos quórums deberán mantenerse durante toda la sesión.

En todo caso, se requiere la asistencia del Presidente y del Secretario de la Corporación o de quienes legalmente les sustituyan.

d) La adopción de acuerdos se produce mediante votación ordinaria, salvo que el propio Pleno acuerde, para un caso concreto, la votación nominal. El voto puede emitirse en sentido afirmativo o negativo, pudiendo los miembros de las Corporaciones abstenerse de votar.

La ausencia de uno o varios Concejales o Diputados, una vez iniciada la deliberación de un asunto, equivale, a efectos de la votación correspondiente, a la abstención.

En el caso de votaciones con resultado de empate, se efectuará una nueva votación, y si persistiera el empate, decidirá el voto de calidad del Presidente.

e) En los plenos ordinarios la parte dedicada al control de los demás órganos de la Corporación deberá presentar sustantividad propia y diferenciada de la parte resolutiva, debiéndose garantizar de forma efectiva en su funcionamiento y, en su caso, en su regulación, la participación de todos los grupos municipales en la formulación de ruegos, preguntas y mociones.

3. En todo caso, cuando concurran situaciones excepcionales de fuerza mayor, de grave riesgo colectivo, o catástrofes públicas que impidan o dificulten de manera desproporcionada el normal funcionamiento del régimen presencial de las sesiones de los órganos colegiados de las Entidades Locales, estos podrán, apreciada la concurrencia de la situación descrita por el Alcalde o Presidente o quien válidamente les sustituya al efecto de la convocatoria de acuerdo con la normativa vigente, constituirse, celebrar sesiones y adoptar acuerdos a distancia por medios electrónicos y telemáticos, siempre que sus miembros participantes se encuentren en territorio español y quede acreditada su identidad. Asimismo, se deberá asegurar la comunicación entre ellos en tiempo real durante la sesión, disponiéndose los medios necesarios para garantizar el carácter público o secreto de las mismas según proceda legalmente en cada caso.

A los efectos anteriores, se consideran medios electrónicos válidos las audioconferencias, videoconferencias, u otros sistemas tecnológicos o audiovisuales que garanticen adecuadamente la seguridad tecnológica, la efectiva participación política de sus miembros, la validez del debate y votación de los acuerdos que se adopten.

Apdo. 3 se añade por Real Decreto-ley 11/2020, de 31 de marzo, por el que se adoptan medidas urgentes complementarias en el ámbito social y económico para hacer frente al COVID-19 (BOE de 01-04-2020).

ART. 47.

1. Los acuerdos de las corporaciones locales se adoptan, como regla general, por mayoría simple de los miembros presentes. Existe mayoría simple cuando los votos afirmativos son más que los negativos.

2. Se requiere el voto favorable de la mayoría absoluta del número legal de miembros de las corporaciones para la adopción de acuerdos en las siguientes materias:

a) Creación y supresión de municipios y alteración de términos municipales.

b) Creación, modificación y supresión de las entidades a que se refiere el artículo 45 de esta ley.

c) Aprobación de la delimitación del término municipal.

d) Alteración del nombre y de la capitalidad del municipio.

e) Adopción o modificación de su bandera, enseña o escudo.

f) Aprobación y modificación del reglamento orgánico propio de la corporación.

g) Creación, modificación o disolución de mancomunidades u otras organizaciones asociativas, así como la adhesión a las mismas y la aprobación y modificación de sus estatutos.

h) Transferencia de funciones o actividades a otras Administraciones públicas, así como la aceptación de las delegaciones o encomiendas de gestión realizadas por otras administraciones, salvo que por ley se impongan obligatoriamente.

i) Cesión por cualquier título del aprovechamiento de los bienes comunales.

j) Concesión de bienes o servicios por más de cinco años, siempre que su cuantía exceda del 20 por ciento de los recursos ordinarios del presupuesto.

k) Municipalización o provincialización de actividades en régimen de monopolio y aprobación de la forma concreta de gestión del servicio correspondiente.

l) Aprobaciones de operaciones financieras o de crédito y concesiones de quitas o esperas, cuando su importe supere el 10 por ciento de los recursos ordinarios de su presupuesto, así como las operaciones de crédito previstas en el artículo 158.5 de la Ley 39/1988, de 28 de diciembre, reguladora de las Haciendas Locales.

ll) Los acuerdos que corresponda adoptar a la corporación en la tramitación de los instrumentos de planeamiento general previstos en la legislación urbanística.

m) Enajenación de bienes, cuando su cuantía exceda del 20 por ciento de los recursos ordinarios de su presupuesto.

n) Alteración de la calificación jurídica de los bienes demaniales o comunales.

ñ) Cesión gratuita de bienes a otras Administraciones o instituciones públicas.

o) Las restantes determinadas por la ley.

3. Las normas relativas a adopción de acuerdos en los municipios señalados en el artículo 121 de esta ley, son las contenidas en el apartado 2 del artículo 123.

ART. 48.

En los asuntos en que sea preceptivo el dictamen del Consejo de Estado, la correspondiente solicitud se cursará por conducto del Presidente de la Comunidad Autónoma.

Cuando el dictamen deba ser solicitado conjuntamente por Entidades pertenecientes al ámbito territorial de distintas Comunidades Autónomas, la solicitud se cursará por conducto del Ministerio de Administraciones Públicas a petición de la Entidad de mayor población.

ART. 49.

La aprobación de las Ordenanzas locales se ajustará al siguiente procedimiento:

a) Aprobación inicial por el Pleno.

b) Información pública y audiencia a los interesados por el plazo mínimo de treinta días para la presentación de reclamaciones y sugerencias.

c) Resolución de todas las reclamaciones y sugerencias presentadas dentro del plazo y aprobación definitiva por el Pleno.

En el caso de que no se hubiera presentado ninguna reclamación o sugerencia, se entenderá definitivamente adoptado el acuerdo hasta entonces provisional.

ART. 50.

1. Los conflictos de atribuciones que surjan entre órganos y Entidades dependientes de una misma Corporación local se resolverán:

a) Por el Pleno, cuando se trate de conflictos que afecten a órganos colegiados, miembros de éstos o Entidades locales de las previstas en el artículo 45.

b) Por el Alcalde o Presidente de la Corporación, en el resto de los supuestos.

2. Los conflictos de competencias planteados entre diferentes entidades locales serán resueltos por la Administración de la Comunidad Autónoma o por la Administración del Estado, previa audiencia de las Comunidades Autónomas afectadas, según se trate de entidades pertenecientes a la misma o a distinta Comunidad, y sin perjuicio de la ulterior posibilidad de impugnar la resolución dictada ante la Jurisdicción contencioso-administrativa.

3. Las cuestiones que se susciten entre municipios pertenecientes a distintas Comunidades Autónomas sobre deslinde de sus términos municipales se resolverán por la Administración del Estado, previo informe del Instituto Geográfico Nacional, audiencia de los municipios afectados y de las respectivas Comunidades Autónomas y dictamen del Consejo de Estado.

ART. 51.

Los actos de las Entidades locales son inmediatamente ejecutivos, salvo en aquellos casos en que una disposición legal establezca lo contrario o cuando se suspenda su eficacia de acuerdo con la Ley.

ART. 52.

1. Contra los actos y acuerdos de las Entidades locales que pongan fin a la vía administrativa, los interesados podrán ejercer las acciones que procedan ante la jurisdicción competente, pudiendo no obstante interponer con carácter previo y potestativo recurso de reposición.

2. Ponen fin a la vía administrativa las resoluciones de los siguientes órganos y autoridades:

a) Las del Pleno, los Alcaldes o Presidentes y las Juntas de Gobierno, salvo en los casos excepcionales en que una ley sectorial requiera la aprobación ulterior de la Administración del Estado o de la comunidad autónoma, o cuando proceda recurso ante éstas en los supuestos del artículo 27.2.

b) Las de autoridades y órganos inferiores en los casos que resuelvan por delegación del Alcalde, del Presidente o de otro órgano cuyas resoluciones pongan fin a la vía administrativa.

c) Las de cualquier otra autoridad u órgano cuando así lo establezca una disposición legal.

ART. 53.

Sin perjuicio de las previsiones específicas contenidas en los artículos 65, 67 y 110 de esta Ley, las Corporaciones locales podrán revisar sus actos y acuerdos en los términos y con el alcance que, para la Administración del Estado, se establece en la legislación del Estado reguladora del procedimiento administrativo común.

ART. 54.

Las Entidades locales responderán directamente de los daños y perjuicios causados a los particulares en sus bienes y derechos como consecuencia del funcionamiento de los servicios públicos o de la actuación de sus autoridades, funcionarios o agentes, en los términos establecidos en la legislación general sobre responsabilidad administrativa.

CAPÍTULO II
Relaciones interadministrativas

ART. 55.

Para la efectiva coordinación y eficacia administrativa, la Administración General del Estado, así como las Administraciones autonómica y local, de acuerdo con el principio de lealtad institucional, deberán en sus relaciones recíprocas:

a) Respetar el ejercicio legítimo por las otras Administraciones de sus competencias y las consecuencias que del mismo se deriven para las propias.

b) Ponderar, en la actuación de las competencias propias, la totalidad de los intereses públicos implicados y, en concreto, aquellos cuya gestión esté encomendada a otras Administraciones.

c) Valorar el impacto que sus actuaciones, en materia presupuestaria y financiera, pudieran provocar en el resto de Administraciones Públicas.

d) Facilitar a las otras Administraciones la información sobre la propia gestión que sea relevante para el adecuado desarrollo por éstas de sus cometidos.

e) Prestar, en el ámbito propio, la cooperación y asistencia activas que las otras Administraciones pudieran precisar para el eficaz cumplimiento de sus tareas.

ART. 56.

1. Las Entidades locales tienen el deber de remitir a las Administraciones del Estado y de las Comunidades Autónomas, en los plazos y forma que reglamentariamente se determinen, copia o, en su caso, extracto comprensivo de los actos y acuerdos de las mismas. Los Presidentes y, de forma inmediata, los Secretarios de las Corporaciones serán responsables del cumplimiento de este deber.

2. En todo caso, las Administraciones del Estado y de las Comunidades Autónomas estarán facultadas, con el fin de comprobar la efectividad, en su aplicación y, respectivamente, de la legislación estatal y la autonómica, para recabar y obtener información concreta sobre

la actividad municipal, pudiendo solicitar incluso la exhibición de expedientes y la emisión de informes.

3. La Administración del Estado y la de las Comunidades Autónomas deberán facilitar el acceso de los representantes legales de las Entidades locales a los instrumentos de planificación, programación y gestión de obras y servicios que les afecten directamente.

ART. 57.

1. La cooperación económica, técnica y administrativa entre la Administración local y las Administraciones del Estado y de las Comunidades Autónomas, tanto en servicios locales como en asuntos de interés común, se desarrollará con carácter voluntario, bajo las formas y en los términos previstos en las leyes, pudiendo tener lugar, en todo caso, mediante los consorcios o los convenios administrativos que suscriban.

De cada acuerdo de cooperación formalizado por alguna de estas Administraciones se dará comunicación a aquellas otras que, resultando interesadas, no hayan intervenido en el mismo, a los efectos de mantener una recíproca y constante información.

2. La suscripción de convenios y constitución de consorcios deberá mejorar la eficiencia de la gestión pública, eliminar duplicidades administrativas y cumplir con la legislación de estabilidad presupuestaria y sostenibilidad financiera.

3. La constitución de un consorcio solo podrá tener lugar cuando la cooperación no pueda formalizarse a través de un convenio y siempre que, en términos de eficiencia económica, aquélla permita una asignación más eficiente de los recursos económicos. En todo caso, habrá de verificarse que la constitución del consorcio no pondrá en riesgo la sostenibilidad financiera del conjunto de la Hacienda de la Entidad Local de que se trate, así como del propio consorcio, que no podrá demandar más recursos de los inicialmente previstos.

4. Asimismo, en el ámbito de las relaciones interadministrativas de cooperación, las entidades locales, cuando concurran situaciones ocasionadas tras la producción de una emergencia civil por catástrofes naturales o derivadas de la acción humana con graves daños, podrán aportar por decisión de los órganos competentes de la entidad local, con sujeción a la normativa de estabilidad presupuestaria y sostenibilidad financiera, medios humanos y materiales a las entidades locales afectadas gravemente por dicha catástrofe a fin de coadyuvar al restablecimiento de la normalidad en lo posible, todo ello en razón de la protección de los intereses públicos y la aplicación del principio de solidaridad.

Apdo. 4 añadido por Real Decreto-ley 7/2024, de 11 de noviembre, por el que se adoptan medidas urgentes para el impulso del Plan de respuesta Inmediata, reconstrucción y relanzamiento frente a los daños causados por la Depresión Aislada en Niveles Altos (DANA) en diferentes municipios entre el 28 de octubre y el 4 de noviembre de 2024. (BOE 12-11-2024).

ART. 57 bis. Garantía de pago en el ejercicio de competencias delegadas.

(ANULADO)

Declarado inconstitucional y nulo por Sentencia 41/2016, de 3 de marzo de 2016. Recurso de inconstitucionalidad 1792-2014. (BOE de 08-04-2016).

ART. 58.

1. Las leyes del Estado o de las Comunidades Autónomas podrán crear, para la coordinación administrativa, órganos de colaboración de las Administraciones correspondientes con las Entidades locales. Estos órganos, que serán únicamente deliberantes o consultivos, podrán tener ámbito autonómico o provincial y carácter general o sectorial.

Para asegurar la colaboración entre la Administración del Estado y la Administración Local en materia de inversiones y de prestación de servicios, el Gobierno podrá crear en cada Comunidad Autónoma una Comisión Territorial de Administración Local. Reglamentariamente, se establecerá la composición, organización y funcionamiento de la Comisión.

2. Tanto la Administración del Estado como las de las Comunidades Autónomas podrán participar en los respectivos órganos de colaboración establecidos por cada una de ellas.

En todo caso, las Administraciones que tengan atribuidas la formulación y aprobación de instrumentos de planificación deberán otorgar a las restantes una participación que permita armonizar los intereses públicos afectados.

La participación de los municipios en la formación de los planes generales de obras públicas que les afecten se realizará en todo caso de conformidad con lo que disponga la correspondiente legislación sectorial. Asimismo, en la determinación de usos y en la adopción de resoluciones por parte de otras Administraciones públicas en materia de concesiones o autorizaciones relativa al dominio público de su competencia, será requisito indispensable para su aprobación el informe previo de los municipios en cuyo territorio se encuentre dicho dominio público, de acuerdo con lo establecido en los artículos 82 y 83 de la Ley 30/1992, de 26 de noviembre, de Régimen Jurídico de las Administraciones Públicas y del Procedimiento Administrativo Común.

ART. 59.

1. A fin de asegurar la coherencia de la actuación de las Administraciones Públicas, en los supuestos previstos en el número 2 del artículo 10 y para el caso de que dicho fin no pueda alcanzarse por los procedimientos contemplados en los artículos anteriores o éstos resultaran manifiestamente inadecuados por razón de las características de la tarea pública de que se trate, las leyes del Estado y las de las Comunidades Autónomas, reguladoras de los distintos sectores de la acción pública, podrán atribuir al Gobierno de la Nación, o al Consejo de Gobierno, la facultad de coordinar la actividad de la Administración Local y, en especial, de las Diputaciones Provinciales en el ejercicio de sus competencias.

La coordinación se realizará mediante la definición concreta y en relación con una materia, servicio o competencia determinados de los intereses generales o comunitarios, a través de planes sectoriales para la fijación de los objetivos y la determinación de las prioridades de la acción pública en la materia correspondiente. En la tramitación de los mismos se observará lo dispuesto en el número 2 del artículo anterior.

Las Entidades locales ejercerán sus facultades de programación, planificación u ordenación de los servicios o actividades de su competencia en el marco de las previsiones de los planes a que se refiere el párrafo anterior.

2. En todo caso, la Ley deberá precisar, con el suficiente grado de detalle, las condiciones y los límites de la coordinación, así como las modalidades de control que se reserven las Cortes Generales o las correspondientes Asambleas Legislativas.

ART. 60.

Cuando una Entidad local incumpliera las obligaciones impuestas directamente por la Ley de forma que tal incumplimiento afectará al ejercicio de competencias de la Administración del Estado o de la Comunidad Autónoma, y cuya cobertura económica estuviere legalmente o presupuestariamente garantizada, una u otra, según su respectivo ámbito competencial, deberá recordarle su cumplimiento concediendo al efecto el plazo que fuere necesario. Si, transcurrido dicho plazo, nunca inferior a un mes, el incumplimiento persistiera, se procederá a adoptar las medidas necesarias para el cumplimiento de la obligación a costa y en sustitución de la Entidad local.

ART. 61.

1. El Consejo de Ministros, a iniciativa propia y con conocimiento del Consejo de Gobierno de la comunidad autónoma correspondiente o a solicitud de éste y, en todo caso, previo acuerdo favorable del Senado, podrá proceder, mediante real decreto, a la disolución de los órganos de las corporaciones locales en el supuesto de gestión gravemente dañosa para los intereses generales que suponga incumplimiento de sus obligaciones constitucionales.

2. Se considerarán, en todo caso, decisiones gravemente dañosas para los intereses generales en los términos previstos en el apartado anterior, los acuerdos o actuaciones de los órganos de las corporaciones locales que den cobertura o apoyo, expreso o tácito, de forma reiterada y grave, al terrorismo o a quienes participen en su ejecución, lo enaltezcan o justifiquen, y los que menosprecien o humillen a las víctimas o a sus familiares.

3. Acordada la disolución, será de aplicación la legislación electoral general, cuando proceda, en relación a la convocatoria de elecciones parciales y, en todo caso, la normativa reguladora de la provisional administración ordinaria de la corporación.

ART. 62.

En aquellos casos en que la naturaleza de la actividad de que se trate haga muy difícil o inconveniente una asignación diferenciada y distinta de facultades decisorias en la materia, las Leyes reguladoras de la acción pública en relación con la misma asegurarán, en todo caso, a las Entidades locales su participación o integración en actuaciones o procedimientos conjuntamente con la Administración del Estado y/o con la de la Comunidad Autónoma correspondiente, atribuyéndole a una de éstas la decisión final.

En ningún caso estas técnicas podrán afectar a la potestad de autoorganización de los servicios que corresponde a la Entidad local.

CAPÍTULO III
Impugnación de actos y acuerdos y ejercicio de acciones

ART. 63.

1. Junto a los sujetos legitimados en el régimen general del proceso contencioso-administrativo podrán impugnar los actos y acuerdos de las Entidades locales que incurran en infracción del ordenamiento jurídico:

a) La Administración del Estado y la de las Comunidades Autónomas, en los casos y términos previstos en este Capítulo.

b) Los miembros de las corporaciones que hubieran votado en contra de tales actos y acuerdos.

2. Están igualmente legitimadas en todo caso las Entidades locales territoriales para la impugnación de las disposiciones y actos de la Administraciones del Estado y de las Comunidades Autónomas que lesionen su autonomía, tal como ésta resulta garantizada por la Constitución y esta Ley.

3. Asimismo, las Entidades locales territoriales estarán legitimadas para promover, en los términos del artículo 119 de esta Ley, la impugnación ante el Tribunal Constitucional de leyes del Estado o de las Comunidades Autónomas cuando se estime que son éstas las que lesionan la autonomía constitucionalmente garantizada.

ART. 64.

La Administración del Estado y la de las Comunidades Autónomas pueden solicitar ampliación de la información a que se refiere el número 1 del artículo 56, que deberá remitirse en el plazo máximo de veinte días hábiles, excepto en el caso previsto en el artículo 67 do esta Ley, en el que lo será de cinco días hábiles. En tales casos se suspende el cómputo de los plazos a que se refieren el número 2 del artículo 65 y el 1 del artículo 67, que se reanudarán a partir de la recepción de la documentación interesada.

ART. 65.

1. Cuando la Administración del Estado o de las Comunidades Autónomas considere, en el ámbito de las respectivas competencias, que un acto o acuerdo de alguna Entidad local infringe el ordenamiento jurídico, podrá requerirla, invocando expresamente el presente artículo, para que anule dicho acto en el plazo máximo de un mes.

2. El requerimiento deberá ser motivado y expresar la normativa que se estime vulnerada. Se formulará en el plazo de quince días hábiles a partir de la recepción de la comunicación del acuerdo.

3. La Administración del Estado o, en su caso, la de la Comunidad Autónoma, podrá impugnar el acto o acuerdo ante la jurisdicción contencioso-administrativa dentro del plazo señalado para la interposición del recurso de tal naturaleza señalado en la Ley Reguladora de dicha Jurisdicción, contado desde el día siguiente a aquel en que venza el requerimiento dirigido a la Entidad local, o al de la recepción de la comunicación de la misma rechazando el requerimiento, si se produce dentro del plazo señalado para ello.

4. La Administración del Estado o, en su caso, la de la Comunidad Autónoma, podrá también impugnar directamente el acto o acuerdo ante la jurisdicción contencioso-administrativa, sin necesidad de formular requerimiento, en el plazo señalado en la Ley Reguladora de dicha Jurisdicción.

ART. 66.

Los actos o acuerdos de las Entidades locales que menoscaben competencias del Estado o de las Comunidades Autónomas, interfieran su ejercicio o excedan de la competencia de dichas Entidades, podrán ser impugnados por cualquiera de los procedimientos previstos en el artículo anterior.

VII

La impugnación deberá precisar la lesión o, en su caso, extralimitación competencial que la motiva y las normas legales vulneradas en que se funda. En el caso de que, además, contuviera petición expresa de suspensión del acto o acuerdo impugnado, razonada en la integridad y efectividad del interés general o comunitario afectado, el Tribunal, si la estima fundada, acordará dicha suspensión en el primer trámite subsiguiente a la presentación de la impugnación. No obstante, a instancia de la Entidad local y oyendo a la Administración demandante, podrá alzar en cualquier momento, en todo o en parte, la suspensión decretada, en caso de que de ella hubiera de derivarse perjuicio al interés local no justificado por las exigencias del interés general o comunitario hecho valer en la impugnación.

ART. 67.

1. Si una Entidad local adoptara actos o acuerdos que atenten gravemente al interés general de España, el Delegado del Gobierno, previo requerimiento para su anulación al Presidente de la Corporación efectuado dentro de los diez días siguientes al de la recepción de aquéllos, podrá suspenderlos y adoptar las medidas pertinentes para la protección de dicho interés.

2. El plazo concedido al Presidente de la Corporación en el requerimiento de anulación no podrá ser superior a cinco días. El del ejercicio de la facultad de suspensión será de diez días, contados a partir del siguiente al de la finalización del plazo del requerimiento o al de la respuesta del Presidente de la Corporación, si fuese anterior.

3. Acordada la suspensión de un acto o acuerdo, el Delegado del Gobierno deberá impugnarlo en el plazo de diez días desde la suspensión ante la Jurisdicción Contencioso-administrativa.

ART. 68.

1. Las Entidades locales tienen la obligación de ejercer las acciones necesarias para la defensa de sus bienes y derechos.

2. Cualquier vecino que se hallare en pleno goce de sus derechos civiles y políticos podrá requerir su ejercicio a la Entidad interesada. Este requerimiento, del que se dará conocimiento a quienes pudiesen resultar afectados por las correspondientes acciones, suspenderá el plazo para el ejercicio de las mismas por un término de treinta días hábiles.

3. Si en el plazo de esos treinta días la entidad no acordara el ejercicio de las acciones solicitadas, los vecinos podrán ejercitar dicha acción en nombre e interés de la Entidad local.

4. De prosperar la acción, el actor tendrá derecho a ser reembolsado por la Entidad de las costas procesales y a la indemnización de cuantos daños y perjuicios se le hubieran seguido.

CAPÍTULO IV
Información y participación ciudadanas

ART. 69.

1. Las Corporaciones locales facilitarán la más amplia información sobre su actividad y la participación de todos los ciudadanos en la vida local.

2. Las formas, medios y procedimientos de participación que las Corporaciones establezcan en ejercicio de su potestad de autoorganización no podrán en ningún caso menoscabar las facultades de decisión que corresponden a los órganos representativos regulados por la Ley.

ART. 70.

1. Las sesiones del Pleno de las corporaciones locales son públicas. No obstante, podrán ser secretos el debate y votación de aquellos asuntos que puedan afectar al derecho fundamental de los ciudadanos a que se refiere el artículo 18.1 de la Constitución, cuando así se acuerde por mayoría absoluta.

No son públicas las sesiones de la Junta de Gobierno Local.

2. Los acuerdos que adopten las corporaciones locales se publican o notifican en la forma prevista por la Ley. Las ordenanzas, incluidos el articulado de las normas de los planes urbanísticos, así como los acuerdos correspondientes a éstos cuya aprobación defi-

nitiva sea competencia de los entes locales, se publicarán en el 'Boletín Oficial' de la Provincia y no entrarán en vigor hasta que se haya publicado completamente su texto y haya transcurrido el plazo previsto en el artículo 65.2 salvo los presupuestos y las ordenanzas fiscales que se publican y entran en vigor en los términos establecidos en la Ley 39/1988, de 28 de diciembre, reguladora de las Haciendas Locales. Las Administraciones públicas con competencias urbanísticas deberán tener, a disposición de los ciudadanos que lo soliciten, copias completas del planeamiento vigente en su ámbito territorial.

3. Todos los ciudadanos tienen derecho a obtener copias y certificaciones acreditativas de los acuerdos de las corporaciones locales y sus antecedentes, así como a consultar los archivos y registros en los términos que disponga la legislación de desarrollo del artículo 105, párrafo b), de la Constitución. La denegación o limitación de este derecho, en todo cuanto afecte a la seguridad y defensa del Estado, la averiguación de los delitos o la intimidad de las personas, deberá verificarse mediante resolución motivada.

ART. 70 bis.

1. Los ayuntamientos deberán establecer y regular en normas de carácter orgánico procedimientos y órganos adecuados para la efectiva participación de los vecinos en los asuntos de la vida pública local, tanto en el ámbito del municipio en su conjunto como en el de los distritos, en el supuesto de que existan en el municipio dichas divisiones territoriales.

2. Los vecinos que gocen del derecho de sufragio activo en las elecciones municipales podrán ejercer la iniciativa popular, presentando propuestas de acuerdos o actuaciones o proyectos de reglamentos en materias de la competencia municipal.

Dichas iniciativas deberán ir suscritas al menos por el siguiente porcentaje de vecinos del municipio:

a) Hasta 5.000 habitantes, el 20 por ciento.

b) De 5.001 a 20.000 habitantes, el 15 por ciento.

c) A partir de 20.001 habitantes, el 10 por ciento.

Tales iniciativas deberán ser sometidas a debate y votación en el Pleno, sin perjuicio de que sean resueltas por el órgano competente por razón de la materia. En todo caso, se requerirá el previo informe de legalidad del secretario del ayuntamiento, así como el informe del interventor cuando la iniciativa afecte a derechos y obligaciones de contenido económico del ayuntamiento. En los municipios a que se refiere el artículo 121 de esta ley, el informe de legalidad será emitido por el secretario general del Pleno y cuando la iniciativa afecte a derechos y obligaciones de contenido económico, el informe será emitido por el Interventor general municipal.

Lo dispuesto en este apartado se entiende sin perjuicio de la legislación autonómica en esta materia.

Tales iniciativas pueden llevar incorporada una propuesta de consulta popular local, que será tramitada en tal caso por el procedimiento y con los requisitos previstos en el artículo 71.

3. Asimismo, las entidades locales y, especialmente, los municipios, deberán impulsar la utilización interactiva de las tecnologías de la información y la comunicación para facilitar la participación y la comunicación con los vecinos, para la presentación de documentos y para la realización de trámites administrativos, de encuestas y, en su caso, de consultas ciudadanas.

Las Diputaciones provinciales, Cabildos y Consejos insulares colaborarán con los municipios que, por su insuficiente capacidad económica y de gestión, no puedan desarrollar en grado suficiente el deber establecido en este apartado.

4. Cuando se trate de procedimientos y trámites relativos a una actividad de servicios y a su ejercicio incluida en el ámbito de aplicación de la Ley 17/2009, de 23 de noviembre, sobre el libre acceso a las actividades de servicios y su ejercicio, los prestadores podrán realizarlos, por medio de una ventanilla única, por vía electrónica y a distancia, salvo que se trate de la inspección del lugar o del equipo que se utiliza en la prestación del servicio.

Asimismo, las Entidades locales garantizarán, dentro del ámbito de sus competencias, que los prestadores de servicios puedan a través de la ventanilla única obtener la información y formularios necesarios para el acceso a una actividad y su ejercicio, y conocer las resoluciones y resto de comunicaciones de las autoridades competentes en relación con sus solicitudes. Las Entidades Locales impulsarán la coordinación para la normalización de los formularios necesarios para el acceso a una actividad y su ejercicio.

VII

ART. 70 ter.

1. Las Administraciones públicas con competencias de ordenación territorial y urbanística deberán tener a disposición de los ciudadanos o ciudadanas que lo soliciten, copias completas de los instrumentos de ordenación territorial y urbanística vigentes en su ámbito territorial, de los documentos de gestión y de los convenios urbanísticos.

2. Las Administraciones públicas con competencias en la materia, publicarán por medios telemáticos el contenido actualizado de los instrumentos de ordenación territorial y urbanística en vigor, del anuncio de su sometimiento a información pública y de cualesquiera actos de tramitación que sean relevantes para su aprobación o alteración.

En los municipios menores de 5.000 habitantes, esta publicación podrá realizarse a través de los entes supramunicipales que tengan atribuida la función de asistencia y cooperación técnica con ellos, que deberán prestarles dicha cooperación.

3. Cuando una alteración de la ordenación urbanística, que no se efectúe en el marco de un ejercicio pleno de la potestad de ordenación, incremente la edificabilidad o la densidad o modifique los usos del suelo, deberá hacerse constar en el expediente la identidad de todos los propietarios o titulares de otros derechos reales sobre las fincas afectadas durante los cinco años anteriores a su iniciación, según conste en el registro o instrumento utilizado a efectos de notificaciones a los interesados de conformidad con la legislación en la materia.

Modificado por Real Decreto Legislativo 7/2015, de 30 de octubre, por el que se aprueba el texto refundido de la Ley de Suelo y Rehabilitación Urbana. (BOE de 31-10-2015).

ART. 70 quáter.

1. Las Entidades Locales deberán adoptar las medidas necesarias para facilitar la accesibilidad de los servicios públicos a los vecinos, promoviendo la utilización de las tecnologías de la información y la comunicación en la prestación de los mismos. Para ello, elaborarán planes que tengan por objeto la implementación de mecanismos digitales que faciliten la accesibilidad de los vecinos y de las empresas a los servicios públicos.

2. Las Entidades Locales deberán crear y mantener un portal de internet de información a los vecinos y de acceso a los servicios públicos digitalizados para los que así se determine, que opere como plataforma tecnológica de comunicación entre aquellos y la Administración local destinada a promover la digitalización progresiva de los servicios públicos.

3. En este portal deberán publicar la información que las Administraciones locales consideren adecuada a este efecto y, en su caso, la relación de servicios públicos a los que se pueda acceder por el portal o los vínculos a la información sobre el acceso a los servicios públicos disponibles en el territorio, en los términos en los que disponga la normativa autonómica.

4. En el caso de los municipios de menos de 20.000 habitantes, los servicios previstos en este artículo se prestarán con las adaptaciones y plazos de implementación correspondientes a sus especialidades en los términos que se determinen por la legislación autonómica.

Añadido por Real Decreto-ley 6/2023, de 19 de diciembre, por el que se aprueban medidas urgentes para la ejecución del Plan de Recuperación, Transformación y Resiliencia en materia de servicio público de justicia, función pública, régimen local y mecenazgo. (BOE de 20-12-2023).

ART. 71.

De conformidad con la legislación del Estado y de la Comunidad Autónoma, cuando ésta tenga competencia estatutariamente atribuida para ello, los Alcaldes, previo acuerdo por mayoría absoluta del Pleno y autorización del Gobierno de la Nación, podrán someter a consulta popular aquellos asuntos de la competencia propia municipal y de carácter local que sean de especial relevancia para los intereses de los vecinos, con excepción de los relativos a la Hacienda local.

ART. 72.

Las Corporaciones locales favorecen el desarrollo de las asociaciones para la defensa de los intereses generales o sectoriales de los vecinos, les facilitan la más amplia información sobre sus actividades y, dentro de sus posibilidades, el uso de los medios públicos y el acceso a las ayudas económicas para la realización de sus actividades e impulsan su participación en la gestión de la Corporación en los términos del número 2 del artículo 69. A tales efectos pueden ser declaradas de utilidad pública.

CAPÍTULO V
Estatuto de los miembros de las Corporaciones locales

ART. 73.

1. La determinación del número de miembros de las Corporaciones locales, el procedimiento para su elección, la duración de su mandato y los supuestos de inelegibilidad e incompatibilidad se regularán en la legislación electoral.

2. Los miembros de las Corporaciones locales gozan, una vez que tomen posesión de su cargo, de los honores, prerrogativas y distinciones propios del mismo que se establezcan por la Ley del Estado o de las Comunidades Autónomas y están obligados al cumplimiento estricto de los deberes y obligaciones inherentes a aquél.

3. A efectos de su actuación corporativa, los miembros de las corporaciones locales se constituirán en grupos políticos, en la forma y con los derechos y las obligaciones que se establezcan con excepción de aquéllos que no se integren en el grupo político que constituya la formación electoral por la que fueron elegidos o que abandonen su grupo de procedencia, que tendrán la consideración de miembros no adscritos.

El Pleno de la corporación, con cargo a los Presupuestos anuales de la misma, podrá asignar a los grupos políticos una dotación económica que deberá contar con un componente fijo, idéntico para todos los grupos y otro variable, en función del número de miembros de cada uno de ellos, dentro de los límites que, en su caso, se establezcan con carácter general en las Leyes de Presupuestos Generales del Estado y sin que puedan destinarse al pago de remuneraciones de personal de cualquier tipo al servicio de la corporación o a la adquisición de bienes que puedan constituir activos fijos de carácter patrimonial.

Los derechos económicos y políticos de los miembros no adscritos no podrán ser superiores a los que les hubiesen correspondido de permanecer en el grupo de procedencia, y se ejercerán en la forma que determine el reglamento orgánico de cada corporación.

Esta previsión no será de aplicación en el caso de candidaturas presentadas como coalición electoral, cuando alguno de los partidos políticos que la integren decida abandonarla. Respecto a la dotación a que se refiere el párrafo segundo de este apartado 3, las aportaciones que los grupos políticos destinen a los partidos políticos, de conformidad con lo dispuesto en la normativa de financiación de estos últimos, no serán objeto de contabilidad específica excepto de aquellas cantidades que, en su caso, se pudiera reservar el grupo municipal que pondrá a disposición del pleno de la corporación siempre que este lo pida.

Cuando la mayoría de los concejales de un grupo político municipal abandonen la formación política que presentó la candidatura por la que concurrieron a las elecciones o sean expulsados de la misma, serán los concejales que permanezcan en la citada formación política los legítimos integrantes de dicho grupo político a todos los efectos. En cualquier caso, el secretario de la corporación podrá dirigirse al representante legal de la formación política que presentó la correspondiente candidatura a efectos de que notifique la acreditación de las circunstancias señaladas.

Párrafo 5.º del apdo. 3 modificado por Ley Orgánica 1/2025, de 2 de enero, de medidas en materia de eficiencia del Servicio Público de Justicia. (BOE 03-01-2025). Esta modificación entró en vigor el 03-04-2025.

ART. 74.

1. Los miembros de las Corporaciones locales quedan en situación de servicios especiales en los siguientes supuestos:

a) Cuando sean funcionarios de la propia Corporación para la que han sido elegidos.

b) Cuando sean funcionarios de carrera de otras Administraciones públicas y desempeñen en la Corporación para la que han sido elegidos un cargo retribuido y de dedicación exclusiva.

En ambos supuestos, las Corporaciones afectadas abonarán las cotizaciones de las mutualidades obligatorias correspondientes para aquellos funcionarios que dejen de prestar el servicio que motivaba su pertenencia a ellas, extendiéndose a las cuotas de clases pasivas.

2. Para el personal laboral rigen idénticas reglas, de acuerdo con lo previsto en su legislación específica.

3. Los miembros de las Corporaciones locales que no tengan dedicación exclusiva en dicha condición tendrán garantizada, durante el período de su mandato, la permanencia en

el centro o centros de trabajo públicos o privados en el que estuvieran prestando servicios en el momento de la elección, sin que puedan ser trasladados u obligados a concursar a otras plazas vacantes en distintos lugares.

ART. 75.

1. Los miembros de las Corporaciones locales percibirán retribuciones por el ejercicio de sus cargos cuando los desempeñen con dedicación exclusiva, en cuyo caso serán dados de alta en el Régimen general de la Seguridad Social, asumiendo las Corporaciones el pago de las cuotas empresariales que corresponda, salvo lo dispuesto en el artículo anterior.

En el supuesto de tales retribuciones, su percepción será incompatible con la de otras retribuciones con cargo a los presupuestos de las Administraciones públicas y de los entes, organismos o empresas de ellas dependientes, así como para el desarrollo de otras actividades, todo ello en los términos de la Ley 53/1984, de 26 de diciembre, de Incompatibilidades del Personal al Servicio de las Administraciones Públicas.

2. Los miembros de las Corporaciones locales que desempeñen sus cargos con dedicación parcial por realizar funciones de presidencia, vicepresidencia u ostentar delegaciones, o desarrollar responsabilidades que así lo requieran, percibirán retribuciones por el tiempo de dedicación efectiva a las mismas, en cuyo caso serán igualmente dados de alta en el Régimen General de la Seguridad Social en tal concepto, asumiendo las Corporaciones las cuotas empresariales que corresponda, salvo lo dispuesto en el artículo anterior. Dichas retribuciones no podrán superar en ningún caso los límites que se fijen, en su caso, en las Leyes de Presupuestos Generales del Estado. En los acuerdos plenarios de determinación de los cargos que lleven aparejada esta dedicación parcial y de las retribuciones de los mismos, se deberá contener el régimen de la dedicación mínima necesaria para la percepción de dichas retribuciones.

Los miembros de las Corporaciones locales que sean personal de las Administraciones públicas y de los entes, organismos y empresas de ellas dependientes solamente podrán percibir retribuciones por su dedicación parcial a sus funciones fuera de su jornada en sus respectivos centros de trabajo, en los términos señalados en el artículo 5 de la Ley 53/1984, de 26 de diciembre, sin perjuicio de lo dispuesto en el apartado sexto del presente artículo.

3. Sólo los miembros de la Corporación que no tengan dedicación exclusiva ni dedicación parcial percibirán asistencias por la concurrencia efectiva a las sesiones de los órganos colegiados de la Corporación de que formen parte, en la cuantía señalada por el pleno de la misma.

4. Los miembros de las Corporaciones locales percibirán indemnizaciones por los gastos efectivos ocasionados en el ejercicio de su cargo, según las normas de aplicación general en las Administraciones públicas y las que en desarrollo de las mismas apruebe el pleno corporativo.

5. Las Corporaciones locales consignarán en sus presupuestos las retribuciones, indemnizaciones y asistencias a que se hace referencia en los cuatro números anteriores, dentro de los límites que con carácter general se establezcan, en su caso. Deberán publicarse íntegramente en el "Boletín Oficial" de la Provincia y fijarse en el tablón de anuncios de la Corporación los acuerdos plenarios referentes a retribuciones de los cargos con dedicación exclusiva y parcial y régimen de dedicación de estos últimos, indemnizaciones y asistencias, así como los acuerdos del Presidente de la Corporación determinando los miembros de la misma que realizarán sus funciones en régimen de dedicación exclusiva o parcial.

6. A efectos de lo dispuesto en el artículo 37.3.d) del Estatuto de los Trabajadores y en el artículo 30.2 de la Ley 30/1984, se entiende por tiempo indispensable para el desempeño del cargo electivo de una Corporación local, el necesario para la asistencia a las sesiones del pleno de la Corporación o de las Comisiones y atención a las Delegaciones de que forme parte o que desempeñe el interesado.

7. Los representantes locales, así como los miembros no electos de la Junta de Gobierno Local, formularán declaración sobre causas de posible incompatibilidad y sobre cualquier actividad que les proporcione o pueda proporcionar ingresos económicos.

Formularán asimismo declaración de sus bienes patrimoniales y de la participación en sociedades de todo tipo, con información de las sociedades por ellas participadas y de las autoliquidaciones de los impuestos sobre la Renta, Patrimonio y, en su caso, Sociedades.

Tales declaraciones, efectuadas en los modelos aprobados por los plenos respectivos, se llevarán a cabo antes de la toma de posesión, con ocasión del cese y al final del mandato, así como cuando se modifiquen las circunstancias de hecho.

Las declaraciones anuales de bienes y actividades serán publicadas con carácter anual, y en todo caso en el momento de la finalización del mandato, en los términos que fije el Estatuto municipal.

Tales declaraciones se inscribirán en los siguientes Registros de intereses, que tendrán carácter público:

a) La declaración sobre causas de posible incompatibilidad y actividades que proporcionen o puedan proporcionar ingresos económicos, se inscribirá, en el Registro de Actividades constituido en cada Entidad local.

b) La declaración sobre bienes y derechos patrimoniales se inscribirá en el Registro de Bienes Patrimoniales de cada Entidad local, en los términos que establezca su respectivo estatuto.

Los representantes locales y miembros no electos de la Junta de Gobierno Local respecto a los que, en virtud de su cargo, resulte amenazada su seguridad personal o la de sus bienes o negocios, la de sus familiares, socios, empleados o personas con quienes tuvieran relación económica o profesional podrán realizar la declaración de sus bienes y derechos patrimoniales ante el Secretario o la Secretaria de la Diputación Provincial o, en su caso, ante el órgano competente de la Comunidad Autónoma correspondiente. Tales declaraciones se inscribirán en el Registro Especial de Bienes Patrimoniales, creado a estos efectos en aquellas instituciones.

En este supuesto, aportarán al Secretario o Secretaria de su respectiva entidad mera certificación simple y sucinta, acreditativa de haber cumplimentado sus declaraciones, y que éstas están inscritas en el Registro Especial de Intereses a que se refiere el párrafo anterior, que sea expedida por el funcionario encargado del mismo.

8. Durante los dos años siguientes a la finalización de su mandato, a los representantes locales a que se refiere el apartado primero de este artículo que hayan ostentado responsabilidades ejecutivas en las diferentes áreas en que se organice el gobierno local, les serán de aplicación en el ámbito territorial de su competencia las limitaciones al ejercicio de actividades privadas establecidas en el artículo 15 de la Ley 3/2015, de 30 de marzo, reguladora del ejercicio del alto cargo de la Administración General del Estado.

A estos efectos, los Ayuntamientos podrán contemplar una compensación económica durante ese periodo para aquéllos que, como consecuencia del régimen de incompatibilidades, no puedan desempeñar su actividad profesional, ni perciban retribuciones económicas por otras actividades.

Modificado por Real Decreto Legislativo 7/2015, de 30 de octubre, por el que se aprueba el texto refundido de la Ley de Suelo y Rehabilitación Urbana. (BOE de 31-10-2015).

ART. 75 bis. Régimen retributivo de los miembros de las Corporaciones Locales y del personal al servicio de las Entidades Locales.

1. Los miembros de las Corporaciones Locales serán retribuidos por el ejercicio de su cargo en los términos establecidos en el artículo anterior. Los Presupuestos Generales del Estado determinarán, anualmente, el límite máximo total que pueden percibir los miembros de las Corporaciones Locales por todos los conceptos retributivos y asistencias, excluidos los trienios a los que en su caso tengan derecho aquellos funcionarios de carrera que se encuentren en situación de servicios especiales, atendiendo entre otros criterios a la naturaleza de la Corporación local y a su población según la siguiente tabla:

Habitantes	Referencia
Más de 500.000	Secretario de Estado.
300.001 a 500.000	Secretario de Estado -10%.
150.001 a 300.000	Secretario de Estado -20%.
75.001 a 150.000	Secretario de Estado -25%.
50.001 a 75.000	Secretario de Estado -35%.
20.001 a 50.000	Secretario de Estado -45%.

10.001 a 20.000	Secretario de Estado -50%.
5.001 a 10.000	Secretario de Estado -55%.
1.000 a 5.000	Secretario de Estado -60%.

Los miembros de Corporaciones locales de población inferior a 1.000 habitantes no tendrán dedicación exclusiva. Excepcionalmente, podrán desempeñar sus cargos con dedicación parcial, percibiendo sus retribuciones dentro de los límites máximos señalados al efecto en la Ley de Presupuestos Generales del Estado.

2. Sin perjuicio de la regla general establecida en el apartado anterior, en el caso de las retribuciones de los Presidentes de las Diputaciones provinciales o entidades equivalentes, tendrán un límite máximo por todos los conceptos retributivos y asistencias que será igual a la retribución del tramo correspondiente al Alcalde o Presidente de la Corporación municipal más poblada de su provincia.

En el caso de los Cabildos y Consejos Insulares, sus Presidentes tendrán un límite máximo por todos los conceptos retributivos y asistencias referenciado a la retribución del tramo correspondiente al Alcalde o Presidente de la Corporación municipal más poblada de su provincia, según la siguiente tabla:

Habitantes	Referencia
Más de 150.000	Alcalde o Presidente de la Corporación municipal más poblada de su provincia.
25.000 a 150.000	70% del Alcalde o Presidente de la Corporación municipal más poblada de su provincia.
0 a 25.000	50% del Alcalde o Presidente de la Corporación municipal más poblada de su provincia.

Los concejales que sean proclamados diputados provinciales o equivalentes deberán optar por mantener el régimen de dedicación exclusiva en una u otra Entidad Local, sin que en ningún caso puedan acumularse ambos regímenes de dedicación.

3. Solo los miembros de la Corporación que no tengan dedicación exclusiva ni dedicación parcial percibirán asistencias por la concurrencia efectiva a las sesiones de los órganos colegiados de la Corporación de que formen parte, en la cuantía señalada por el Pleno de la misma.

4. En el marco de lo establecido en la Ley Orgánica 2/2012, de 27 de abril, de Estabilidad Presupuestaria y Sostenibilidad Financiera, y en el artículo 93.2 de esta Ley, las Leyes anuales de Presupuestos Generales del Estado podrán establecer un límite máximo y mínimo total que por todos los conceptos retributivos pueda percibir el personal al servicio de las Entidades Locales y entidades de ellas dependientes en función del grupo profesional de los funcionarios públicos o equivalente del personal laboral, así como de otros factores que se puedan determinar en las Leyes de Presupuestos Generales del Estado de cada año.

ART. 75 ter. Limitación en el número de los cargos públicos de las Entidades Locales con dedicación exclusiva.

1. De conformidad con lo establecido en el artículo 75 de esta Ley, la prestación de servicios en los Ayuntamientos en régimen de dedicación exclusiva por parte de sus miembros deberá ajustarse en todo caso a los siguientes límites:

a) En los Ayuntamientos de Municipios con población inferior a 1.000 habitantes, ningún miembro podrá prestar sus servicios en régimen de dedicación exclusiva.

b) En los Ayuntamientos de Municipios con población comprendida entre 1.001 y 2.000 habitantes, solo un miembro podrá prestar sus servicios en régimen de dedicación exclusiva.

c) En los Ayuntamientos de Municipios con población comprendida entre 2.001 y 3.000 habitantes, los miembros que podrán prestar sus servicios en régimen de dedicación exclusiva no excederá de dos.

d) En los Ayuntamientos de Municipios con población comprendida entre 3.001 y 10.000 habitantes, los miembros que podrán prestar sus servicios en régimen de dedicación exclusiva no excederá de tres.

e) En los Ayuntamientos de Municipios con población comprendida entre 10.001 y 15.000 habitantes, los miembros que podrán prestar sus servicios en régimen de dedicación exclusiva no excederá de cinco.

f) En Ayuntamientos de Municipios con población comprendida entre 15.001 y 20.000 habitantes, los miembros que podrán prestar sus servicios en régimen de dedicación exclusiva no excederá de siete.

g) En los Ayuntamientos de Municipios con población comprendida entre 20.001 y 35.000 habitantes, los miembros que podrán prestar sus servicios en régimen de dedicación exclusiva no excederá de diez.

h) En los Ayuntamientos de Municipios con población comprendida entre 35.001 y 50.000 habitantes, los miembros que podrán prestar sus servicios en régimen de dedicación exclusiva no excederá de once.

i) En los Ayuntamientos de Municipios con población comprendida entre 50.001 y 100.000 habitantes, los miembros que podrán prestar sus servicios en régimen de dedicación exclusiva no excederá de quince.

j) En los Ayuntamientos de Municipios con población comprendida entre 100.001 y 300.000 habitantes, los miembros que podrán prestar sus servicios en régimen de dedicación exclusiva no excederá de dieciocho.

k) En los Ayuntamientos de Municipios con población comprendida entre 300.001 y 500.000 habitantes, los miembros que podrán prestar sus servicios en régimen de dedicación exclusiva no excederá de veinte.

l) En los Ayuntamientos de Municipios con población comprendida entre 500.001 y 700.000 habitantes, los miembros que podrán prestar sus servicios en régimen de dedicación exclusiva no excederá de veintidós.

m) En los Ayuntamientos de Municipios con población comprendida entre 700.001 y 1.000.000 habitantes, los miembros que podrán prestar sus servicios en régimen de dedicación exclusiva no excederá de veinticinco.

n) En los Ayuntamientos de Municipios de Madrid y Barcelona, los miembros que podrán prestar sus servicios en régimen de dedicación exclusiva no excederán, respectivamente, de cuarenta y cinco y de treinta y dos.

2. El número máximo de miembros que podrán prestar sus servicios en régimen de dedicación exclusiva en las Diputaciones provinciales será el mismo que el del tramo correspondiente a la Corporación del municipio más poblado de su provincia.

3. En los Cabildos y Consejos Insulares el número máximo de miembros que podrán prestar sus servicios en régimen de dedicación exclusiva se determinará en función del siguiente criterio: en las islas con más de 800.000 habitantes se reduce en 2 respecto al número actual de miembros de cabildo, y en las de menos de 800.000 habitantes el 60% de los cargos electos en cada Cabildo Insular.

ART. 76.

Sin perjuicio de las causas de incompatibilidad establecidas por la Ley, los miembros de las Corporaciones locales deberán abstenerse de participar en la deliberación, votación, decisión y ejecución de todo asunto cuando concurra alguna de las causas a que se refiere la legislación de procedimiento administrativo y contratos de las Administraciones Públicas. La actuación de los miembros en que concurran tales motivos implicará, cuando haya sido determinante, la invalidez de los actos en que hayan intervenido.

ART. 77.

Todos los miembros de las Corporaciones locales tienen derecho a obtener del Alcalde o Presidente o de la Comisión de Gobierno cuantos antecedentes, datos o informaciones obren en poder de los servicios de la Corporación y resulten precisos para el desarrollo de su función.

La solicitud de ejercicio del derecho recogido en el párrafo anterior habrá de ser resuelta motivadamente en los cinco días naturales siguientes a aquél en que se hubiese presentado.

ART. 78.

1. Los miembros de las Corporaciones locales están sujetos a responsabilidad civil y penal por los actos y omisiones realizados en el ejercicio de su cargo. Las responsabilidades

se exigirán ante los Tribunales de Justicia competentes y se tramitarán por el procedimiento ordinario aplicable.

2. Son responsables de los acuerdos de las Corporaciones locales los miembros de las mismas que los hubiesen votado favorablemente.

3. Las Corporaciones locales podrán exigir la responsabilidad de sus miembros cuando por dolo o culpa grave, hayan causado daños y perjuicios a la Corporación o a terceros, si éstos hubiesen sido indemnizados por aquélla.

4. Los Presidentes de las Corporaciones locales podrán sancionar con multa a los miembros de las mismas, por falta no justificada de asistencia a las sesiones o incumplimiento reiterado de sus obligaciones, en los términos que determine la Ley de la Comunidad Autónoma y, supletoriamente, la del Estado.

TÍTULO VI
Bienes, actividades y servicios, y contratación

CAPÍTULO I
Bienes

ART. 79.

1. El patrimonio de las Entidades locales está constituido por el conjunto de bienes, derechos y acciones que les pertenezcan.

2. Los bienes de las Entidades locales son de dominio público o patrimoniales.

3. Son bienes de dominio público los destinados a un uso o servicio público. Tienen la consideración de comunales aquellos cuyo aprovechamiento corresponda al común de los vecinos.

ART. 80.

1. Los bienes comunales y demás bienes de dominio público son inalienables, inembargables e imprescriptibles y no están sujetos a tributo alguno.

2. Los bienes patrimoniales se rigen por su legislación específica y, en su defecto, por las normas de Derecho privado.

ART. 81.

1. La alteración de la calificación jurídica de los bienes de las Entidades locales requiere expediente en el que se acrediten su oportunidad y legalidad.

2. No obstante, la alteración se produce automáticamente en los siguientes supuestos:

a) Aprobación definitiva de los planes de ordenación urbana y de los proyectos de obras y servicios.

b) Adscripción de bienes patrimoniales por más de veinticinco años a un uso o servicio públicos.

ART. 82.

Las Entidades locales gozan, respecto de sus bienes, de las siguientes prerrogativas:

a) La de recuperar por sí mismas su posesión en cualquier momento cuando se trate de los de dominio público, y en el plazo de un año, los patrimoniales.

b) La de deslinde, que se ajustará a lo dispuesto en la legislación del Patrimonio del Estado y, en su caso, en la legislación de los montes.

ART. 83.

Los montes vecinales en mano común se regulan por su legislación específica.

CAPÍTULO II
Actividades y servicios

ART. 84.

1. Las Entidades locales podrán intervenir la actividad de los ciudadanos a través de los siguientes medios:

a) Ordenanzas y bandos.

b) Sometimiento a previa licencia y otros actos de control preventivo. No obstante, cuando se trate del acceso y ejercicio de actividades de servicios incluidas en el ámbito de aplicación de la Ley 17/2009, de 23 de noviembre, sobre el libre acceso a las actividades de servicios y su ejercicio, se estará a lo dispuesto en la misma.

c) Sometimiento a comunicación previa o a declaración responsable, de conformidad con lo establecido en el artículo 71 bis de la Ley 30/1992, de 26 de noviembre, de Régimen Jurídico de las Administraciones Públicas y del Procedimiento Administrativo Común.

d) Sometimiento a control posterior al inicio de la actividad, a efectos de verificar el cumplimiento de la normativa reguladora de la misma.

e) Órdenes individuales constitutivas de mandato para la ejecución de un acto o la prohibición del mismo.

2. La actividad de intervención de las Entidades locales se ajustará, en todo caso, a los principios de igualdad de trato, necesidad y proporcionalidad con el objetivo que se persigue.

3. Las licencias o autorizaciones otorgadas por otras Administraciones Públicas no eximen a sus titulares de obtener las correspondientes licencias de las Entidades locales, respetándose en todo caso lo dispuesto en las correspondientes leyes sectoriales.

ART. 84 bis.

1. Sin perjuicio de lo dispuesto en el artículo anterior, con carácter general, el ejercicio de actividades no se someterá a la obtención de licencia u otro medio de control preventivo.

No obstante, podrá exigirse una licencia u otro medio de control preventivo respecto a aquellas actividades económicas:

a) Cuando esté justificado por razones de orden público, seguridad pública, salud pública o protección del medio ambiente en el lugar concreto donde se realiza la actividad, y estas razones no puedan salvaguardarse mediante la presentación de una declaración responsable o de una comunicación.

b) Cuando por la escasez de recursos naturales, la utilización de dominio público, la existencia de inequívocos impedimentos técnicos o en función de la existencia de servicios públicos sometidos a tarifas reguladas, el número de operadores económicos del mercado sea limitado.

2. Las instalaciones o infraestructuras físicas para el ejercicio de actividades económicas solo se someterán a un régimen de autorización cuando lo establezca una Ley que defina sus requisitos esenciales y las mismas sean susceptibles de generar daños sobre el medioambiente y el entorno urbano, la seguridad o la salud públicas y el patrimonio histórico y resulte proporcionado. La evaluación de este riesgo se determinará en función de las características de las instalaciones, entre las que estarán las siguientes:

a) La potencia eléctrica o energética de la instalación.

b) La capacidad o aforo de la instalación.

c) La contaminación acústica.

d) La composición de las aguas residuales que emita la instalación y su capacidad de depuración.

e) La existencia de materiales inflamables o contaminantes.

f) Las instalaciones que afecten a bienes declarados integrantes del patrimonio histórico.

3. En caso de existencia de licencias o autorizaciones concurrentes entre una Entidad Local y otra Administración, la Entidad Local deberá motivar expresamente en la justificación de la necesidad de la autorización o licencia el interés general concreto que se pretende proteger y que éste no se encuentra ya cubierto mediante otra autorización ya existente.

ART. 84 ter.

Cuando el ejercicio de actividades no precise autorización habilitante y previa, las Entidades locales deberán establecer y planificar los procedimientos de comunicación necesarios, así como los de verificación posterior del cumplimiento de los requisitos precisos para el ejercicio de la misma por los interesados previstos en la legislación sectorial.

ART. 85.

1. Son servicios públicos locales los que prestan las entidades locales en el ámbito de sus competencias.

2. Los servicios públicos de competencia local habrán de gestionarse de la forma más sostenible y eficiente de entre las enumeradas a continuación:
A) Gestión directa:
a) Gestión por la propia Entidad Local.
b) Organismo autónomo local.
c) Entidad pública empresarial local.
d) Sociedad mercantil local, cuyo capital social sea de titularidad pública.

Solo podrá hacerse uso de las formas previstas en las letras c) y d) cuando quede acreditado mediante memoria justificativa elaborada al efecto que resultan más sostenibles y eficientes que las formas dispuestas en las letras a) y b), para lo que se deberán tener en cuenta los criterios de rentabilidad económica y recuperación de la inversión. Además, deberá constar en el expediente la memoria justificativa del asesoramiento recibido que se elevará al Pleno para su aprobación en donde se incluirán los informes sobre el coste del servicio, así como, el apoyo técnico recibido, que deberán ser publicitados. A estos efectos, se recabará informe del interventor local quien valorará la sostenibilidad financiera de las propuestas planteadas, de conformidad con lo previsto en el artículo 4 de la Ley Orgánica 2/2012, de 27 de abril, de Estabilidad Presupuestaria y Sostenibilidad Financiera.

B) Gestión indirecta, mediante las distintas formas previstas para el contrato de gestión de servicios públicos en el texto refundido de la Ley de Contratos del Sector Público, aprobado por Real Decreto Legislativo 3/2011, de 14 de noviembre.

La forma de gestión por la que se opte deberá tener en cuenta lo dispuesto en el artículo 9 del Estatuto Básico del Empleado Público, aprobado por Ley 7/2007, de 12 de abril, en lo que respecta al ejercicio de funciones que corresponden en exclusiva a funcionarios públicos.
3. (Suprimido)

ART. 85 bis.

1. La gestión directa de los servicios de la competencia local mediante las formas de organismos autónomos locales y de entidades públicas empresariales locales se regirán, respectivamente, por lo dispuesto en los artículos 45 a 52 y 53 a 60 de la Ley 6/1997, de 14 de abril, de Organización y Funcionamiento de la Administración General del Estado, en cuanto les resultase de aplicación, con las siguientes especialidades:
a) Su creación, modificación, refundición y supresión corresponderá al Pleno de la entidad local, quien aprobará sus estatutos. Deberán quedar adscritas a una Concejalía, Área u órgano equivalente de la entidad local, si bien, en el caso de las entidades públicas empresariales, también podrán estarlo a un organismo autónomo local. Excepcionalmente, podrán existir entidades públicas empresariales cuyos estatutos les asignen la función de dirigir o coordinar a otros entes de la misma o distinta naturaleza.
b) El titular del máximo órgano de dirección de los mismos deberá ser un funcionario de carrera o laboral de las Administraciones públicas o un profesional del sector privado, titulados superiores en ambos casos, y con más de cinco años de ejercicio profesional en el segundo. En los municipios señalados en el título X, tendrá la consideración de órgano directivo.
c) En los organismos autónomos locales deberá existir un consejo rector, cuya composición se determinará en sus estatutos.
d) En las entidades públicas empresariales locales deberá existir un consejo de administración, cuya composición se determinará en sus Estatutos. El secretario del Consejo de Administración, que debe ser un funcionario público al que se exija para su ingreso titulación superior, ejercerá las funciones de fe pública y asesoramiento legal de los órganos unipersonales y colegiados de estas entidades.
e) La determinación y modificación de las condiciones retributivas, tanto del personal directivo como del resto del personal, deberán ajustarse en todo caso a las normas que al respecto apruebe el Pleno o la Junta de Gobierno, según corresponda.
f) Estarán sometidos a controles específicos sobre la evolución de los gastos de personal y de la gestión de sus recursos humanos por las correspondientes concejalías, áreas u órganos equivalentes de la entidad local.
g) Su inventario de bienes y derechos se remitirá anualmente a la concejalía, área u órgano equivalente de la entidad local.

h) Será necesaria la autorización de la concejalía, área u órgano equivalente de la entidad local a la que se encuentren adscritos, para celebrar contratos de cuantía superior a las cantidades previamente fijadas por aquélla.

i) Estarán sometidos a un control de eficacia por la concejalía, área u órgano equivalente de la entidad local a la que estén adscritos.

j) Cualquier otra referencia a órganos estatales efectuada en la Ley 6/1997, de 14 de abril, y demás normativa estatal aplicable, se entenderá realizada a los órganos competentes de la entidad local.

Las referencias efectuadas en el presente artículo a la Junta de Gobierno, se entenderán efectuadas al Pleno en los municipios en que no exista aquélla.

2. Los estatutos de los organismos autónomos locales y de las entidades públicas empresariales locales comprenderán los siguientes extremos:

a) La determinación de los máximos órganos de dirección del organismo, ya sean unipersonales o colegiados, así como su forma de designación, con respeto en todo caso a lo dispuesto en el apartado anterior, con indicación de aquellos actos y resoluciones que agoten la vía administrativa.

b) Las funciones y competencias del organismo, con indicación de las potestades administrativas generales que éste puede ejercitar.

c) En el caso de las entidades públicas empresariales, los estatutos también determinarán los órganos a los que se confiera el ejercicio de las potestades administrativas.

d) El patrimonio que se les asigne para el cumplimiento de sus fines y los recursos económicos que hayan de financiar el organismo.

e) El régimen relativo a recursos humanos, patrimonio y contratación.

f) El régimen presupuestario, económico-financiero, de contabilidad, de intervención, control financiero y control de eficacia, que serán, en todo caso, conformes con la legislación sobre las Haciendas Locales y con lo dispuesto en el capítulo III del título X de esta ley.

3. Los estatutos deberán ser aprobados y publicados con carácter previo a la entrada en funcionamiento efectivo del organismo público correspondiente.

ART. 85 ter.

1. Las sociedades mercantiles locales se regirán íntegramente, cualquiera que sea su forma jurídica, por el ordenamiento jurídico privado, salvo las materias en que les sea de aplicación la normativa presupuestaria, contable, de control financiero, de control de eficacia y contratación, y sin perjuicio de lo señalado en el apartado siguiente de este artículo.

2. La sociedad deberá adoptar una de las formas previstas en el texto refundido de la Ley de Sociedades de Capital aprobado por el Real Decreto Legislativo 1/2010, de 2 de julio, y en la escritura de constitución constará el capital que deberá ser aportado por las Administraciones Públicas o por las entidades del sector público dependientes de las mismas a las que corresponda su titularidad.

3. Los estatutos determinarán la forma de designación y el funcionamiento de la Junta General y del Consejo de Administración, así como los máximos órganos de dirección de las mismas.

ART. 86.

1. Las Entidades Locales podrán ejercer la iniciativa pública para el desarrollo de actividades económicas, siempre que esté garantizado el cumplimiento del objetivo de estabilidad presupuestaria y de la sostenibilidad financiera del ejercicio de sus competencias. En el expediente acreditativo de la conveniencia y oportunidad de la medida habrá de justificarse que la iniciativa no genera riesgo para la sostenibilidad financiera del conjunto de la Hacienda municipal debiendo contener un análisis del mercado, relativo a la oferta y a la demanda existente, a la rentabilidad y a los posibles efectos de la actividad local sobre la concurrencia empresarial.

Corresponde al pleno de la respectiva Corporación local la aprobación del expediente, que determinará la forma concreta de gestión del servicio.

2. Se declara la reserva en favor de las Entidades Locales de las siguientes actividades o servicios esenciales: abastecimiento domiciliario y depuración de aguas; recogida, tratamiento y aprovechamiento de residuos, y transporte público de viajeros, de conformidad con lo previsto en la legislación sectorial aplicable. El Estado y las Comunidades Autóno-

VII

mas, en el ámbito de sus respectivas competencias, podrán establecer, mediante Ley, idéntica reserva para otras actividades y servicios.

La efectiva ejecución de estas actividades en régimen de monopolio requiere, además del acuerdo de aprobación del pleno de la correspondiente Corporación local, la aprobación por el órgano competente de la Comunidad Autónoma.

3. En todo caso, la Administración del Estado podrá impugnar los actos y acuerdos previstos en este artículo, con arreglo a lo dispuesto en el Capítulo III del Título V de esta Ley, cuando incumplan la legislación de estabilidad presupuestaria y sostenibilidad financiera.

ART. 87.

(DEROGADO)

Derogado por Ley 40/2015, de 1 de octubre, de Régimen Jurídico del Sector Publico. (BOE de 02-10-2015).

CAPÍTULO III
Contratación

ART. 88.

(DEROGADO)

Derogado por Ley 30/2007, de 30 de octubre, de Contratos del Sector Público. (BOE de 31-10-2007)

TÍTULO VII
Personal al servicio de las Entidades locales

CAPÍTULO I
Disposiciones generales

ART. 89.

El personal al servicio de las Entidades locales estará integrado por funcionarios de carrera, contratados en régimen de derecho laboral y personal eventual que desempeña puestos de confianza o asesoramiento especial.

ART. 90.

1. Corresponde a cada Corporación local aprobar anualmente, a través del Presupuesto, la plantilla, que deberá comprender todos los puestos de trabajo reservados a funcionarios, personal laboral y eventual.

Las plantillas deberán responder a los principios de racionalidad, economía y eficiencia y establecerse de acuerdo con la ordenación general de la economía, sin que los gastos de personal puedan rebasar los límites que se fijen con carácter general.

2. Las Corporaciones locales formarán la relación de todos los puestos de trabajo existentes en su organización, en los términos previstos en la legislación básica sobre función pública.

Corresponde al Estado establecer las normas con arreglo a las cuales hayan de confeccionarse las relaciones de puestos de trabajo, la descripción de puestos de trabajo tipo y las condiciones requeridas para su creación, así como las normas básicas de la carrera administrativa, especialmente por lo que se refiere a la promoción de los funcionarios a niveles y grupos superiores.

3. Las Corporaciones locales constituirán Registros de personal, coordinados con los de las demás Administraciones públicas, según las normas aprobadas por el Gobierno. Los datos inscritos en tal Registro determinarán las nóminas, a efectos de la debida justificación de todas las retribuciones.

ART. 91.

1. Las Corporaciones locales formarán públicamente su oferta de empleo, ajustándose a los criterios fijados en la normativa básica estatal.

2. La selección de todo el personal, sea funcionario o laboral, debe realizarse de acuerdo con la oferta de empleo público, mediante convocatoria pública y a través del sistema de concurso, oposición o concurso-oposición libre en los que se garanticen, en todo caso, los principios constitucionales de igualdad, mérito y capacidad, así como el de publicidad.

CAPÍTULO II
Disposiciones comunes a los funcionarios de carrera

ART. 92. Funcionarios al servicio de la Administración local.

1. Los funcionarios al servicio de la Administración local se rigen, en lo no dispuesto en esta Ley, por la Ley 7/2007, de 12 de abril, del Estatuto Básico del Empleado Público, por la restante legislación del Estado en materia de función pública, así como por la legislación de las Comunidades Autónomas, en los términos del artículo 149.1.18.ª de la Constitución.

2. Con carácter general, los puestos de trabajo en la Administración local y sus Organismos Autónomos serán desempeñados por personal funcionario.

3. Corresponde exclusivamente a los funcionarios de carrera al servicio de la Administración local el ejercicio de las funciones que impliquen la participación directa o indirecta en el ejercicio de las potestades públicas o en la salvaguardia de los intereses generales. Igualmente son funciones públicas, cuyo cumplimiento queda reservado a funcionarios de carrera, las que impliquen ejercicio de autoridad, y en general, aquellas que en desarrollo de la presente Ley, se reserven a los funcionarios para la mejor garantía de la objetividad, imparcialidad e independencia en el ejercicio de la función.

ART. 92 bis. Funcionarios de administración local con habilitación de carácter nacional.

1. Son funciones públicas necesarias en todas las Corporaciones locales, cuya responsabilidad administrativa está reservada a funcionarios de administración local con habilitación de carácter nacional:

a) La de Secretaría, comprensiva de la fe pública y el asesoramiento legal preceptivo.

b) El control y la fiscalización interna de la gestión económico-financiera y presupuestaria, y la contabilidad, tesorería y recaudación.

No obstante, en los municipios de gran población se tendrá en cuenta lo dispuesto en el Título X de la presente Ley y en los municipios de Madrid y de Barcelona la regulación contenida en las Leyes 22/2006, de 4 de julio, de Capitalidad y de Régimen Especial de Madrid y 1/2006, de 13 de marzo, por la que se regula el Régimen Especial del municipio de Barcelona respectivamente.

2. La escala de funcionarios de administración local con habilitación de carácter nacional se subdivide en las siguientes subescalas:

a) Secretaría, a la que corresponden las funciones contenidas en el apartado 1.a) anterior.

b) Intervención-tesorería, a la que corresponden las funciones contenidas en el apartado 1.b).

c) Secretaría-intervención a la que corresponden las funciones contenidas en los apartados 1.a) y 1.b).

3. Los funcionarios de las subescalas de Secretaría e Intervención-tesorería estarán integrados en una de estas dos categorías: entrada o superior.

4. El Gobierno, mediante real decreto, regulará las especialidades de la creación, clasificación y supresión de puestos reservados a funcionarios de administración local con habilitación de carácter nacional así como las que puedan corresponder a su régimen disciplinario y de situaciones administrativas.

5. La aprobación de la oferta de empleo público, selección, formación y habilitación de los funcionarios de administración local con habilitación de carácter nacional corresponde al Estado, a través del Ministerio de Hacienda y Administraciones Públicas, conforme a las bases y programas aprobados reglamentariamente.

6. El Gobierno, mediante real decreto, regulará las especialidades correspondientes de la forma de provisión de puestos reservados a funcionarios de administración local con habilitación de carácter nacional. En todo caso, el concurso será el sistema normal de provisión de puestos de trabajo. El ámbito territorial de los concursos será de carácter estatal.

Los méritos generales, de preceptiva valoración, se determinarán por la Administración del Estado, y su puntuación alcanzará un mínimo del 80% del total posible conforme al baremo correspondiente. Los méritos correspondientes a las especialidades de la Comunidad Autónoma se fijarán por cada una de ellas y su puntuación podrá alcanzar hasta un 15% del total posible. Los méritos correspondientes a las especialidades de la Corporación local se fijarán por ésta, y su puntuación alcanzará hasta un 5% del total posible.

Existirán dos concursos anuales: el concurso ordinario y el concurso unitario. El concurso unitario será convocado por la Administración del Estado. Las Corporaciones locales con puestos vacantes aprobarán las bases del concurso ordinario, de acuerdo con el modelo de convocatoria y bases comunes que se aprueben en el real decreto previsto en el apartado anterior, y efectuarán las convocatorias, remitiéndolas a la correspondiente Comunidad Autónoma para su publicación simultánea en los diarios oficiales.

Excepcionalmente, los puestos de trabajo reservados a funcionarios de administración local con habilitación de carácter nacional podrán cubrirse por el sistema de libre designación, en los municipios incluidos en el ámbito subjetivo definido en los artículos 111 y 135 del texto refundido de la Ley Reguladora de Haciendas Locales, aprobado por el Real Decreto Legislativo 2/2004, de 5 de marzo, así como las Diputaciones Provinciales, Áreas Metropolitanas, Cabildos y Consejos Insulares y las ciudades con estatuto de autonomía de Ceuta y Melilla, entre funcionarios de la subescala y categoría correspondiente. Cuando se trate de puestos de trabajo que tengan asignadas las funciones contenidas en el apartado 1.b) de este artículo, será precisa la autorización expresa del órgano competente de la Administración General del Estado en materia de Haciendas locales.

Igualmente, será necesario informe preceptivo previo del órgano competente de la Administración General del Estado en materia de Haciendas locales para el cese de aquellos funcionarios que tengan asignadas las funciones contenidas en el apartado 1.b) de este artículo y que hubieran sido nombrados por libre designación.

En caso de cese de un puesto de libre designación, la Corporación local deberá asignar al funcionario cesado un puesto de trabajo de su mismo grupo de titulación.

7. Las Comunidades Autónomas efectuarán, de acuerdo con la normativa establecida por la Administración del Estado, los nombramientos provisionales de funcionarios con habilitación de carácter nacional, así como las comisiones de servicios, acumulaciones, nombramientos de personal interino y de personal accidental.

8. Los funcionarios deberán permanecer en cada puesto de trabajo, obtenido por concurso, un mínimo de dos años para poder participar en los concursos de provisión de puestos de trabajo o ser nombrados con carácter provisional en otro puesto de trabajo, salvo en el ámbito de una misma Entidad Local.

Excepcionalmente, antes del transcurso de dicho plazo, se podrán efectuar nombramientos con carácter provisional por el Ministerio de Hacienda y Administraciones Públicas, siempre que existan razones y circunstancias que requieran la cobertura del puesto con carácter urgente por estos funcionarios, y la imposibilidad de efectuar un nombramiento provisional conforme a lo establecido en el párrafo anterior.

Reglamentariamente se establecerán las circunstancias excepcionales que justifiquen la solicitud de un nombramiento provisional, debiendo tenerse en cuenta, en todo caso, el posible perjuicio o menoscabo que se generaría en la Entidad Local en la que se ocupe el puesto en el momento de la solicitud.

9. En el Ministerio de Hacienda y Administraciones Públicas existirá un Registro de funcionarios de administración local con habilitación de carácter nacional integrado con las Comunidades Autónomas, donde se inscribirán y anotarán todos los actos que afecten a la vida administrativa de estos funcionarios.

10. Son órganos competentes para la incoación de expedientes disciplinarios a los funcionarios de administración local con habilitación de carácter nacional los siguientes:

a) El órgano correspondiente de la Corporación donde el funcionario hubiera cometido los hechos que se le imputan, cuando pudieran ser constitutivos de falta leve.

b) La Comunidad Autónoma respecto a funcionarios de corporaciones locales en su ámbito territorial, salvo cuando los hechos denunciados pudieran ser constitutivos de faltas muy graves tipificadas en la normativa básica estatal.

c) El Ministerio de Hacienda y Administraciones Públicas cuando los hechos denunciados pudieran ser constitutivos de faltas muy graves, tipificadas en la normativa básica estatal.

El órgano competente para acordar la incoación del expediente lo será también para nombrar instructor del mismo y decretar o alzar la suspensión provisional del expedientado, así como para instruir diligencias previas antes de decidir sobre tal incoación.

La instrucción del expediente se efectuará por un funcionario de carrera de cualquiera de los Cuerpos o Escalas del Subgrupo A1 de titulación, incluida la Escala de Funcionarios con Habilitación de carácter nacional, que cuente con conocimientos en la materia a la que se refiera la infracción.

11. Son órganos competentes para la imposición de sanciones disciplinarias a los funcionarios de administración local con habilitación de carácter nacional los siguientes:

a) El Ministro de Hacienda y Administraciones Públicas, cuando la sanción que recaiga sea por falta muy grave, tipificada en la normativa básica estatal.

b) La Comunidad Autónoma, cuando se trate de imponer sanciones de suspensión de funciones y destitución, no comprendidas en el párrafo anterior.

c) El órgano local competente, cuando se trate de imponer sanciones por faltas leves.

La sanción impuesta se ejecutará en sus propios términos, aun cuando en el momento de la ejecución, el funcionario se encontrara ocupando un puesto distinto a aquel en el que se produjeron los hechos que dieron lugar a la sanción.

La sanción de destitución implicará la pérdida del puesto de trabajo, con la prohibición de obtener destino en la misma Corporación en la que tuvo lugar la sanción, en el plazo que se fije, con el máximo de seis años, para las faltas muy graves, y de tres años para las faltas graves.

La sanción de suspensión de funciones tendrá una duración máxima de seis años, para las faltas muy graves, y de tres años para las faltas graves.

Modificado por Real Decreto-ley 10/2015, de 11 de septiembre, por el que se conceden créditos extraordinarios y suplementos de crédito en el presupuesto del Estado y se adoptan otras medidas en materia de empleo público y de estímulo a la economía. (BOE de 12-09-2015).

Ver Real Decreto 128/2018, de 16 de marzo, por el que se regula el régimen jurídico de los funcionarios de Administración Local con habilitación de carácter nacional.

ART. 93.

1. Las retribuciones básicas de los funcionarios locales tendrán la misma estructura e idéntica cuantía que las establecidas con carácter general para toda la función pública.

2. Las retribuciones complementarias se atendrán, asimismo, a la estructura y criterios de valoración objetiva de las del resto de los funcionarios públicos. Su cuantía global será fijada por el Pleno de la Corporación dentro de los límites máximos y mínimos que se señalen por el Estado.

3. Las Corporaciones locales reflejarán anualmente en sus presupuestos la cuantía de las retribuciones de sus funcionarios en los términos previstos en la legislación básica sobre función pública.

ART. 94.

La jornada de trabajo de los funcionarios de la Administración local será en cómputo anual la misma que se fije para los funcionarios de la Administración Civil del Estado.

Se les aplicarán las mismas normas sobre equivalencia y reducción de jornada.

ART. 95.

La participación de los funcionarios, a través de sus organizaciones sindicales, en la determinación de sus condiciones de empleo, será la establecida con carácter general para todas las Administraciones Públicas en el Estatuto básico de la función pública.

ART. 96.

El Instituto de Estudios de Administración Local desarrollará cursos de perfeccionamiento, especialización y promoción para los funcionarios al servicio de las Entidades locales, y colaborará en dichas funciones con los Institutos o Escuelas de funcionarios de las Comunidades Autónomas, así como con las instituciones de este tipo que acuerden constituir las propias Corporaciones.

ART. 97.

Los anuncios de convocatorias de pruebas de acceso a la función pública local y de concursos para la provisión de puestos de trabajo deberán publicarse en el «Boletín Oficial del Estado».

Las bases se publicarán en el «Boletín Oficial de la Provincia», salvo las relativas a las convocatorias de pruebas selectivas para la obtención de la habilitación de carácter nacional, que se publicarán en el «Boletín Oficial del Estado».

CAPÍTULO III
Selección y formación de los funcionarios con habilitación de carácter nacional y sistema de provisión de plazas

Este capítulo se deroga con el alcance establecido en la D.F. 4ª.2 de la Ley del Estatuto Básico del Empleado Público (RDLeg. 5/2015, de 30 de octubre), y ya había sido derogado de la misma forma por la Ley 7/2007, de 12 de abril.

ART. 98.

NOTA: Este artículo se deroga con el alcance establecido en la D.F. 4ª.2 de la Ley del Estatuto Básico del Empleado Público (RDLeg. 5/2015, de 30 de octubre), y ya había sido derogado de la misma forma por la Ley 7/2007, de 12 de abril.

1. La selección, formación y habilitación de los funcionarios a que se refiere el número 3 del artículo 92 corresponde al Instituto de Estudios de Administración Local, conforme a las bases y programas aprobados reglamentariamente.

Podrá descentralizarse territorialmente la realización de las pruebas de selección para el acceso a los cursos de formación en relación con las Corporaciones de determinado nivel de población, en los términos que establezca la Administración del Estado.

El Instituto de Estudios de Administración Local, deberá encomendar, mediante convenio, a los Institutos o Escuelas de funcionarios de las Comunidades Autónomas que así lo soliciten, la formación, por delegación, de los funcionarios que deben obtener una habilitación de carácter nacional.

2. Quienes hayan obtenido la habilitación a que se refiere el número anterior ingresarán en la Función Pública Local y estarán legitimados para participar en los concursos de méritos convocados para la provisión de las plazas o puestos de trabajo reservados a estos funcionarios en las plantillas de cada Entidad local.

ART. 99.

NOTA: Este artículo se deroga con el alcance establecido en la D.F. 4ª.2 de la Ley del Estatuto Básico del Empleado Público (RDLeg. 5/2015, de 30 de octubre), y ya había sido derogado de la misma forma por la Ley 7/2007, de 12 de abril.

1. El concurso será el sistema normal de provisión de puestos de trabajo y en él se tendrán en cuenta los méritos generales, entre los que figuran la posesión de un determinado grado personal, la valoración del trabajo desarrollado, los cursos de formación y perfeccionamiento superados y la antigüedad; los méritos correspondientes al conocimiento de las especialidades de la organización territorial de cada Comunidad Autónoma y de la normativa autonómica, y los méritos específicos directamente relacionados con las características del puesto.

Los méritos generales serán de preceptiva valoración en todo caso, se determinarán por la Administración del Estado, y su puntuación alcanzará el 65 por 100 del total posible conforme al baremo correspondiente. No regirá esta limitación cuando no se establezcan otros méritos.

Los méritos correspondientes al conocimiento de las especialidades de la organización territorial de la Comunidad Autónoma y de su normativa específica se fijará por cada Comunidad Autónoma, y su puntuación podrá alcanzar hasta un 10 por 100 del total posible.

Los méritos específicos se podrán determinar por cada Corporación local, y su puntuación alcanzará hasta un 25 por 100 del total posible.

Las Corporaciones locales aprobarán las bases del concurso, con inclusión de los méritos específicos que puedan establecer los determinados por su Comunidad Autónoma, así como el conocimiento de la lengua oficial propia de la misma en los términos previstos en la legislación autonómica respectiva.

Los Presidentes de las Corporaciones locales efectuarán las convocatorias de los concursos y las remitirán a las correspondientes Comunidades Autónomas para su publicación simultánea en los diarios oficiales, dentro de los plazos fijados reglamentariamente. Asimismo, el Ministerio para las Administraciones Públicas publicará en el "Boletín Oficial del Estado" extracto de las mismas, que servirá de base para el cómputo de plazos.

Las resoluciones de los concursos se efectuarán por las Corporaciones locales y se remitirán al Ministerio para las Administraciones Públicas, quien previa coordinación de las mismas para evitar la pluralidad simultánea de adjudicaciones a favor de un mismo concursante, procederá a formalizar los nombramientos, que serán objeto de publicación en los diarios oficiales de las Comunidades Autónomas y en el "Boletín Oficial del Estado".

El Ministerio de Administraciones Públicas efectuará, supletoriamente, en función de los méritos generales y los de valoración autonómica y de acuerdo con las Comunidades Autónomas respecto del requisito de la lengua, la convocatoria anual de los puestos de trabajo vacantes reservados a funcionarios de Administración Local con habilitación de carácter nacional que deban proveerse mediante concurso y que se encuentren en alguna de las siguientes situaciones:

a) Aquellos puestos que, encontrándose vacantes, no hubiesen sido convocados por las Corporaciones Locales en el concurso ordinario.

b) Aquellos puestos que, habiendo sido convocados en el concurso ordinario, se hubiesen quedado desiertos.

c) Aquellos puestos que, habiendo sido incluidos en el concurso ordinario, no se hubieran adjudicado por la Corporación Local por otras causas.

d) Aquellos puestos cuyas Corporaciones Locales soliciten expresamente su inclusión, a pesar de haber resultado vacantes con posterioridad a la convocatoria del concurso ordinario. La solicitud de la inclusión de nuevos puestos en el concurso unitario se efectuará por el Presidente de la Corporación que la enviará a la Dirección General para la Administración Local del Ministerio de Administraciones Públicas.

2. Excepcionalmente, podrán cubrirse por el sistema de libre designación, entre habilitados de carácter nacional de la subescala y categoría correspondientes, los puestos a ellos reservados que se determinen en las relaciones de puestos de trabajo. Dicho sistema sólo podrá adoptarse, en atención al carácter directivo de sus funciones o a la especial responsabilidad que asuman, respecto de los puestos en Diputaciones Provinciales, Cabildos y Consejos Insulares, Ayuntamientos, capitales de Comunidad Autónoma o de provincia y de municipios con población superior a cien mil habitantes, siempre que tengan asignado nivel 30 de complemento de destino.

Cuando se trate de puestos de intervención o tesorería, además de los requisitos anteriores, la cuantía mínima del presupuesto ordinario de la Corporación habrá de ser superior a tres mil millones de pesetas. A los funcionarios cesados en los mismos se les garantizará un puesto de trabajo de su subescala y categoría en la Corporación, que deberá figurar en su relación de puestos de trabajo.

Las bases de la convocatoria para cubrir estos puestos serán aprobadas por el Presidente de la Corporación y contendrán la denominación y requisitos indispensables para desempeñarlos.

La convocatoria, que se realizará con los requisitos de publicidad de los concursos, y la resolución, previa constatación de la concurrencia de los requisitos exigidos en la convocatoria, corresponden al Presidente de la Corporación, quien dará cuenta de esta última al Pleno de la misma.

3. La toma de posesión determina la adquisición de los derechos y deberes funcionariales inherentes a la situación en activo, pasando a depender el funcionario de la correspondiente Corporación, sin perjuicio de la facultad disciplinaria de destitución del cargo y de separación definitiva del servicio que queda reservada en todo caso a la Administración del Estado.

4. En todo caso, en esta última Administración se llevará un Registro relativo a los funcionarios locales con habilitación nacional, en el que deberán inscribirse, para su efectividad, todas las incidencias y situaciones de dichos funcionarios.

CAPÍTULO IV
Selección de los restantes funcionarios y reglas
sobre provisión de puestos de trabajo

ART. 100.

1. Es competencia de cada Corporación local la selección de los funcionarios con la excepción de los funcionarios con habilitación de carácter nacional.

2. Corresponde, no obstante, a la Administración del Estado, establecer reglamentariamente:

a) Las reglas básicas y los programas mínimos a que debe ajustarse el procedimiento de selección y formación de tales funcionarios.

b) Los títulos académicos requeridos para tomar parte en las pruebas selectivas, así como los Diplomas expedidos por el Instituto de Estudios de Administración Local o por los Institutos o Escuelas de funcionarios establecidos por las Comunidades Autónomas, complementarios de los títulos académicos, que puedan exigirse para participar en las mismas.

ART. 101.

Los puestos de trabajo vacantes que deban ser cubiertos por los funcionarios a que se refiere el artículo anterior se proveerán en convocatoria pública por los procedimientos de concurso de méritos o de libre designación, de acuerdo con las normas que regulen estos procedimientos en todas las Administraciones públicas.

En dichas convocatorias de provisión de puestos de trabajo, además de la participación de los funcionarios propios de la entidad convocante, podrán participar los funcionarios que pertenezcan a cualquiera de las Administraciones públicas, quedando en este caso supeditada la participación a lo que al respecto establezcan las relaciones de puestos de trabajo.

ART. 102.

1. Las pruebas de selección y los concursos para la provisión de puestos de trabajo, a que se refiere el presente Capítulo, se regirán por las bases que apruebe el Presidente de la Corporación, a quien corresponderá su convocatoria.

2. En las pruebas selectivas, el tribunal u órgano similar elevará la correspondiente relación de aprobados al Presidente de la Corporación para hacer el nombramiento, a quien también corresponderá la resolución motivada de los concursos para la provisión de puestos de trabajo, previa propuesta de aquellos órganos de selección.

CAPÍTULO V
Del personal laboral y eventual

ART. 103.

El personal laboral será seleccionado por la propia Corporación ateniéndose, en todo caso, a lo dispuesto en el artículo 91 y con el máximo respeto al principio de igualdad de oportunidades de cuantos reúnan los requisitos exigidos.

ART. 103 BIS. Masa salarial del personal laboral del sector público local.

1. Las Corporaciones locales aprobarán anualmente la masa salarial del personal laboral del sector público local respetando los límites y las condiciones que se establezcan con carácter básico en la correspondiente Ley de Presupuestos Generales del Estado.

2. La aprobación indicada en el apartado anterior comprenderá la referente a la propia Entidad Local, organismos, entidades públicas empresariales y demás entes públicos y sociedades mercantiles locales de ella dependientes, así como las de los consorcios adscritos a la misma en virtud de lo previsto en la legislación básica de régimen jurídico de las Administraciones Públicas y de las fundaciones en las que concurra alguna de las siguientes circunstancias:

a) Que se constituyan con una aportación mayoritaria, directa o indirecta, de las entidades citadas en este apartado.

b) Que su patrimonio fundacional, con un carácter de permanencia, esté formado en más de un 50 por 100 por bienes o derechos aportados o cedidos por las referidas entidades.

3. La masa salarial aprobada será publicada en la sede electrónica de la Corporación y en el Boletín Oficial de la Provincia o, en su caso, de la Comunidad Autónoma uniprovincial en el plazo de 20 días.

ART. 104.

1. El número, características y retribuciones del personal eventual será determinado por el Pleno de cada Corporación, al comienzo de su mandato. Estas determinaciones sólo podrán modificarse con motivo de la aprobación de los presupuestos anuales.

2. El nombramiento y cese de estos funcionarios es libre y corresponde al Alcalde o al Presidente de la Entidad local correspondiente. Cesan automáticamente en todo caso cuando se produzca el cese o expire el mandato de la autoridad a la que presten su función de confianza o asesoramiento.

3. Los nombramientos de funcionarios de empleo, el régimen de sus retribuciones y su dedicación se publicarán en el «Boletín Oficial» de la Provincia y, en su caso, en el propio de la Corporación.

ART. 104 bis. Personal eventual de las Entidades Locales.

1. Las dotaciones de puestos de trabajo cuya cobertura corresponda a personal eventual en los Ayuntamientos deberán ajustarse a los siguientes límites y normas:

a) Los Municipios de población entre 2.000 a 5.000 habitantes podrán excepcionalmente contar con un puesto de trabajo cuya cobertura corresponda a personal eventual cuando no haya miembros de la corporación local con dedicación exclusiva.

b) Los Ayuntamientos de Municipios con población superior a 5.000 y no superior a 10.000 habitantes podrán incluir en sus plantillas puestos de trabajo de personal eventual por un número que no podrá exceder de uno.

c) Los Ayuntamientos de Municipios con población superior a 10.000 y no superior a 20.000 habitantes podrán incluir en sus plantillas puestos de trabajo de personal eventual por un número que no podrá exceder de dos.

d) Los Ayuntamientos de Municipios con población superior a 20.000 y no superior a 50.000 habitantes podrán incluir en sus plantillas puestos de trabajo de personal eventual por un número que no podrá exceder de siete.

e) Los Ayuntamientos de Municipios con población superior a 50.000 y no superior a 75.000 habitantes podrán incluir en sus plantillas puestos de trabajo de personal eventual por un número que no podrá exceder de la mitad de concejales de la Corporación local.

f) Los Ayuntamientos de Municipios con población superior a 75.000 y no superior a 500.000 habitantes podrán incluir en sus plantillas puestos de trabajo de personal eventual por un número que no podrá exceder del número de concejales de la Corporación local.

g) Los Ayuntamientos de Municipios con población superior a 500.000 habitantes podrán incluir en sus plantillas puestos de trabajo de personal eventual por un número que no podrá exceder al 0,7 por ciento del número total de puestos de trabajo de la plantilla de las respectivas Entidades Locales, considerando, a estos efectos, los entes que tengan la consideración de Administración pública en el marco del Sistema Europeo de Cuentas.

Estos Ayuntamientos, si lo fueran del Municipio de mayor población dentro de un Área Metropolitana, podrán incluir en sus plantillas un número adicional de puestos de trabajo de personal eventual, que no podrá exceder del siguiente número:

- Seis, si el Municipio tiene una población entre 500.000 y 1.000.000 de habitantes.
- Doce, si el Municipio tiene una población entre 1.000.001 y 1.500.000 habitantes.
- Dieciocho, si el Municipio tiene una población de más de 1.500.000 habitantes.

2. El número de puestos de trabajo cuya cobertura corresponda a personal eventual en las Diputaciones provinciales será el mismo que el del tramo correspondiente a la Corporación del Municipio más poblado de su Provincia. En el caso de los Consejos y Cabildos insulares, no podrá exceder de lo que resulte de aplicar el siguiente criterio: en las islas con más de 800.000 habitantes, se reduce en 2 respecto al número actual de miembros de cabildo, y, en las de menos de 800.000 habitantes, el 60% de los cargos electos en cada Cabildo o Consejo Insular.

3. (Anulado)

4. (Anulado)

5. Las Corporaciones locales publicarán semestralmente en su sede electrónica y en el Boletín Oficial de la Provincia o, en su caso, de la Comunidad Autónoma uniprovincial el número de los puestos de trabajo reservados a personal eventual.

6. El Presidente de la Entidad Local informará al Pleno con carácter trimestral del cumplimiento de lo previsto en este artículo.

Se declaran inconstitucionales y nulos los apdos. 3 y 4 por Sentencia 54/2017, de 11 de mayo de 2017. Recurso de inconstitucionalidad 1996-2014. (BOE de 15-06-2017).

Segundo párrafo del apdo. 1.g) añadido por Ley 48/2015, de 29 de octubre.

TÍTULO VIII
Haciendas locales

ART. 105.

1. De conformidad con la legislación prevista en el artículo 5, se dotará a las Haciendas locales de recursos suficientes para el cumplimiento de los fines de las Entidades locales.

2. Las Haciendas locales se nutren, además de tributos propios y de las participaciones reconocidas en los del Estado y en los de las Comunidades Autónomas, de aquellos otros recursos que prevea la Ley.

ART. 106.

1. Las Entidades locales tendrán autonomía para establecer y exigir tributos de acuerdo con lo previsto en la legislación del Estado reguladora de las Haciendas locales y en las Leyes que dicten las Comunidades Autónomas en los supuestos expresamente previstos en aquélla.

2. La potestad reglamentaria de las Entidades locales en materia tributaria se ejercerá a través de Ordenanzas fiscales reguladoras de sus tributos propios y de Ordenanzas generales de gestión, recaudación e inspección. Las Corporaciones locales podrán emanar disposiciones interpretativas y aclaratorias de las mismas.

3. Es competencia de las Entidades locales la gestión, recaudación e inspección de sus tributos propios, sin perjuicio de las delegaciones que puedan otorgar a favor de las Entidades locales de ámbito superior o de las respectivas Comunidades Autónomas, y de las fórmulas de colaboración con otras Entidades locales, con las Comunidades Autónomas o con el Estado, de acuerdo con lo que establezca la legislación del Estado.

ART. 107.

1. Las Ordenanzas fiscales reguladoras de los tributos locales comenzarán a aplicarse en el momento de su publicación definitiva en el "Boletín Oficial" de la provincia o, en su caso, de la Comunidad Autónoma uniprovincial, salvo que en las mismas se señale otra fecha.

2. Las Ordenanzas fiscales obligan en el territorio de la respectiva Entidad local y se aplican conforme a los principios de residencia efectiva y de territorialidad, según los casos.

ART. 108.

Contra los actos sobre aplicación y efectividad de los tributos locales, y de los restantes ingresos de Derecho Público de las entidades locales, tales como prestaciones patrimoniales de carácter público no tributarias, precios públicos, y multas y sanciones pecuniarias, se formulará el recurso de reposición específicamente previsto a tal efecto en la Ley reguladora de las Haciendas Locales. Dicho recurso tendrá carácter potestativo en los municipios a que se refiere el título X de esta ley.

ART. 109.

1. La extinción total o parcial de las deudas que el Estado, las Comunidades Autónomas, la Seguridad Social y cualesquiera entidades de Derecho público dependientes de las anteriores tengan respectivamente con las Entidades Locales, o viceversa, podrá acordarse por vía de compensación, cuando se trate de deudas vencidas, líquidas y exigibles.

Lo previsto en este apartado se aplicará de conformidad con lo dispuesto en la normativa específica de la Seguridad Social y de la Hacienda Pública en materia de compensación de deudas.

2. La extinción total o parcial de las deudas de derecho público que las Comunidades Autónomas y cualesquiera otras entidades de Derecho público dependientes de ellas tengan con las entidades de Derecho público o sociedades vinculadas, dependientes o íntegramente participadas por las Entidades Locales, o viceversa, podrá acordarse por vía de compensación, cuando se trate de deudas vencidas, líquidas y exigibles.

ART. 110.

1. Corresponderá al Pleno de la Corporación la declaración de nulidad de pleno derecho y la revisión de los actos dictados en vía de gestión tributaria, en los casos y de acuerdo con el procedimiento establecido en los artículos 153 y 154 de la Ley General Tributaria.

2. En los demás casos, las Entidades locales no podrán anular sus propios actos declarativos de derechos, y su revisión requerirá la previa declaración de lesividad para el interés público y su impugnación en vía contencioso-administrativa, con arreglo a la Ley de dicha Jurisdicción.

ART. 111.

Los acuerdos de establecimiento, supresión y ordenación de tributos locales, así como las modificaciones de las correspondientes Ordenanzas fiscales, serán aprobados, publicados y entrarán en vigor, de acuerdo con lo dispuesto en las normas especiales reguladoras de la Imposición y Ordenación de tributos locales, sin que les sea de aplicación lo previsto en el artículo 70.2 en relación con el 65.2, ambos de la presente Ley.

ART. 112.

1. Las Entidades locales aprueban anualmente un presupuesto único que constituye la expresión cifrada, conjunta y sistemática de las obligaciones que, como máximo, pueden reconocer, y de los derechos con vencimiento o que se prevean realizar durante el correspondiente ejercicio económico. El Presupuesto coincide con el año natural y está integrado por el de la propia entidad y los de todos los organismos y empresas locales con personalidad jurídica propia dependientes de aquélla.

2. La Administración del Estado determinará con carácter general la estructura de los Presupuestos de las Entidades locales.

3. Aprobado inicialmente el presupuesto, se expondrá al público durante el plazo que señale la legislación del Estado reguladora de las Haciendas locales, con objeto de que los interesados puedan interponer reclamaciones frente al mismo. Una vez resueltas las que se hayan presentado, en los términos que prevea la Ley, el presupuesto definitivamente aprobado será insertado en el «Boletín Oficial» de la Corporación, si lo tuviera, y resumido, en el de la Provincia.

4. La aprobación definitiva del presupuesto por el Pleno de la Corporación habrá de realizarse antes del 31 de diciembre del año anterior al del ejercicio en que deba aplicarse.

5. Si el presupuesto no fuera aprobado antes del primer día del ejercicio económico correspondiente, quedará automáticamente prorrogada la vigencia del anterior.

ART. 113.

1. Contra los actos que pongan fin a las reclamaciones formuladas en relación con los acuerdos de las Corporaciones en materia de presupuestos, imposición, aplicación y efectividad de tributos o aprobación y modificación de Ordenanzas fiscales, los interesados podrán interponer directamente el recurso contencioso-administrativo.

2. El Tribunal de Cuentas deberá en todo caso emitir informe cuando la impugnación afecte o se refiera a la nivelación presupuestaria.

3. La interposición del recurso previsto en el párrafo primero y de las reclamaciones establecidas en los artículos 49, 108 y 112, número 3, no suspenderá por sí sola la efectividad del acto o acuerdo impugnado.

ART. 114.

Las Entidades locales quedan sometidas al régimen de contabilidad pública. La Administración del Estado establecerá, con carácter general, el plan de cuentas de las Entidades locales.

ART. 115.

La fiscalización externa de las cuentas y de la gestión económica de las Entidades locales corresponde al Tribunal de Cuentas, con el alcance y condiciones que establece la Ley Orgánica que lo regula, y sin perjuicio de los supuestos de delegación previstos en la misma.

ART. 116.

Las cuentas anuales se someterán antes del 1 de junio a informe de la Comisión Especial de Cuentas de la Entidad local, la cual estará constituida por miembros de los distintos grupos políticos integrantes de la Corporación, y serán asimismo objeto de información pública antes de someterse a la aprobación del Pleno, a fin de que puedan formularse contra las mismas reclamaciones, reparos u observaciones. Todo ello sin perjuicio de que pueda denunciarse ante el Tribunal de Cuentas la existencia de irregularidades en la gestión económica y en las cuentas aprobadas.

ART. 116 bis. Contenido y seguimiento del plan económico-financiero.

1. Cuando por incumplimiento del objetivo de estabilidad presupuestaria, del objetivo de deuda pública o de la regla de gasto, las corporaciones locales incumplidoras formulen su plan económico-financiero lo harán de conformidad con los requisitos formales que determine el Ministerio de Hacienda y Administraciones Públicas.

2. Adicionalmente a lo previsto en el artículo 21 de la Ley Orgánica 2/2012, de 27 de abril, de Estabilidad Presupuestaria y Sostenibilidad Financiera, el mencionado plan incluirá al menos las siguientes medidas:

a) Supresión de las competencias que ejerza la Entidad Local que sean distintas de las propias y de las ejercidas por delegación.

b) Gestión integrada o coordinada de los servicios obligatorios que presta la Entidad Local para reducir sus costes.

c) Incremento de ingresos para financiar los servicios obligatorios que presta la Entidad Local.

d) Racionalización organizativa.

e) Supresión de entidades de ámbito territorial inferior al municipio que, en el ejercicio presupuestario inmediato anterior, incumplan con el objetivo de estabilidad presupuestaria o con el objetivo de deuda pública o que el período medio de pago a proveedores supere en más de treinta días el plazo máximo previsto en la normativa de morosidad.

f) Una propuesta de fusión con un municipio colindante de la misma provincia.

3. La Diputación provincial o entidad equivalente asistirá al resto de corporaciones locales y colaborará con la Administración que ejerza la tutela financiera, según corresponda, en la elaboración y el seguimiento de la aplicación de las medidas contenidas en los planes económicos-financiero. La Diputación o entidad equivalente propondrá y coordinará las medidas recogidas en el apartado anterior cuando tengan carácter supramunicipal, que serán valoradas antes de aprobarse el plan económico-financiero, así como otras medidas supramunicipales distintas que se hubieran previsto, incluido el seguimiento de la fusión de Entidades Locales que se hubiera acordado.

ART. 116 ter. Coste efectivo de los servicios.

1. Todas las Entidades Locales calcularán antes del día 1 de noviembre de cada año el coste efectivo de los servicios que prestan, partiendo de los datos contenidos en la liquidación del presupuesto general y, en su caso, de las cuentas anuales aprobadas de las entidades vinculadas o dependientes, correspondiente al ejercicio inmediato anterior.

2. El cálculo del coste efectivo de los servicios tendrá en cuenta los costes reales directos e indirectos de los servicios conforme a los datos de ejecución de gastos mencionados en el apartado anterior: Por Orden del Ministro de Hacienda y Administraciones Públicas se desarrollarán estos criterios de cálculo.

3. Todas las Entidades Locales comunicarán los costes efectivos de cada uno de los servicios al Ministerio de Hacienda y Administraciones Públicas para su publicación.

TÍTULO IX
Organizaciones para la cooperación entre las Administraciones Públicas en materia de Administración Local

ART. 117.

1. La Comisión Nacional de Administración Local es el órgano permanente para la colaboración entre la Administración General del Estado y la Administración local.

2. La Comisión estará formada, bajo la presidencia del Ministro de Administraciones Públicas, por un número igual de representantes de las entidades locales y de la Administración General del Estado. La designación de los representantes de las entidades locales corresponde en todo caso a la asociación de ámbito estatal con mayor implantación.

Su composición, funcionamiento y régimen de adopción de acuerdos se determinará reglamentariamente, mediante real decreto aprobado por el Consejo de Ministros, a propuesta del Ministro de Administraciones Públicas.

3. La Comisión se reúne previa convocatoria de su Presidente, a iniciativa propia o a solicitud de la representación local. A sus reuniones podrán asistir, cuando sean convocados por su Presidente, representantes de las comunidades autónomas.

4. El Pleno de la Comisión Nacional de Administración Local podrá delegar funciones en sus Subcomisiones, con excepción del informe de los anteproyectos de ley que versen sobre las siguientes materias:

a) Normativa básica de régimen local.

b) Haciendas Locales.

c) Leyes Orgánicas que afecten a la Administración Local.

ART. 118.

1. Corresponde a la Comisión:

A) Emitir informe en los siguientes supuestos:

a) Anteproyectos de Ley y proyectos de disposiciones administrativas de competencia del Estado en las materias que afecten a la Administración local, tales como las referentes a su régimen organizativo y de funcionamiento; régimen sustantivo de sus funciones y servicios -incluidas la atribución o supresión de competencias-; régimen estatutario de sus funcionarios; procedimiento administrativo, contratos, concesiones y demás formas de prestación de los servicios públicos; expropiación y responsabilidad patrimonial; régimen de sus bienes y haciendas locales.

b) Criterios para las autorizaciones de operaciones de endeudamiento de las Corporaciones locales.

c) Previamente y en los supuestos en que el Consejo de Ministros acuerde la aplicación de lo dispuesto en el artículo 61 de la presente Ley.

B) Efectuar propuestas y sugerencias al Gobierno en materia de Administración local y, en especial, sobre:

a) Atribución y delegación de competencias en favor de las Entidades locales.

b) Distribución de las subvenciones, créditos y transferencias del Estado a la Administración local.

c) Participación de las Haciendas locales en los tributos del Estado.

d) Previsiones de los Presupuestos Generales del Estado que afecten a las Entidades locales.

2. La Comisión, para el cumplimiento de sus funciones, puede requerir del Instituto de Estudios de Administración Local la realización de estudios y la emisión de informes.

ART. 119.

La Comisión podrá solicitar de los órganos constitucionalmente legitimados para ello la impugnación ante el Tribunal Constitucional de las leyes del Estado o de las Comunidades Autónomas que estime lesivas para la autonomía local garantizada constitucionalmente.

Esta misma solicitud podrá realizarla la representación de las Entidades locales en la Comisión.

ART. 120.

1. El Instituto de Estudios de Administración Local, adscrito al Ministerio de Administración Territorial, es una entidad de Derecho público, dotada de personalidad y capacidad jurídicas y patrimonio propios, que actúa con plena autonomía funcional para el cumplimiento de sus fines.

Son fines esenciales del Instituto la investigación, el estudio, la información y la difusión sobre todas las materias que afecten a la Administración local, así como la selección, formación y perfeccionamiento de funcionarios de las Entidades locales.

2. Son órganos de gobierno del Instituto el Director y el Consejo Rector. El Director asume las funciones representativas, ejecutivas, de programación y coordinación, así como de dirección de los servicios. El Consejo Rector, al que corresponde la aprobación del presupuesto, programa de actividades y Memoria anuales, está integrado por el Director, que lo preside, y por ocho representantes de las Entidades locales designados por la asociación de éstas de ámbito estatal de mayor implantación, tres representantes de las Comunidades

VII

Autónomas designados por un período anual y por el orden cronológico de aprobación de los Estatutos de Autonomía y cinco representantes de la Administración del Estado designados por el Ministerio de Administración Territorial.

3. El Instituto, comprendido entre las Entidades a que se refiere el artículo 5 de la Ley de Entidades Estatales Autónomas de 26 de diciembre de 1958, tendrá la consideración de organismo autónomo de carácter administrativo a los efectos de lo establecido en el artículo 4 de la Ley General Presupuestaria de 4 de enero de 1977.

El Reglamento de régimen interior regula su organización y funcionamiento, y será aprobado por el Ministerio de Administración Territorial, a propuesta del Consejo Rector.

ART. 120 BIS.

El Estado impulsará la colaboración con las comunidades autónomas con el fin de crear órganos de cooperación conjuntos en materia de régimen local, tanto bajo la forma jurídica de Conferencia Sectorial como de otra naturaleza, de acuerdo con lo dispuesto en el artículo 5 de la ley 30/1992, de 26 de noviembre, de Régimen Jurídico de las Administraciones Públicas y del procedimiento Administrativo Común.

TÍTULO X
Régimen de organización de los municipios de gran población

CAPÍTULO I
Ámbito de aplicación

ART. 121. Ámbito de aplicación.

1. Las normas previstas en este título serán de aplicación:

a) A los municipios cuya población supere los 250.000 habitantes.

b) A los municipios capitales de provincia cuya población sea superior a los 175.000 habitantes.

c) A los municipios que sean capitales de provincia, capitales autonómicas o sedes de las instituciones autonómicas.

d) Asimismo, a los municipios cuya población supere los 75.000 habitantes, que presenten circunstancias económicas, sociales, históricas o culturales especiales.

En los supuestos previstos en los párrafos c) y d), se exigirá que así lo decidan las Asambleas Legislativas correspondientes a iniciativa de los respectivos ayuntamientos.

2. Cuando un municipio, de acuerdo con las cifras oficiales de población resultantes de la revisión del padrón municipal aprobadas por el Gobierno con referencia al 1 de enero del año anterior al del inicio de cada mandato de su ayuntamiento, alcance la población requerida para la aplicación del régimen previsto en este título, la nueva corporación dispondrá de un plazo máximo de seis meses desde su constitución para adaptar su organización al contenido de las disposiciones de este Título.

A estos efectos, se tendrá en cuenta exclusivamente la población resultante de la indicada revisión del padrón, y no las correspondientes a otros años de cada mandato.

3. Los municipios a los que resulte de aplicación el régimen previsto en este título, continuarán rigiéndose por el mismo aun cuando su cifra oficial de población se reduzca posteriormente por debajo del límite establecido en esta ley.

CAPÍTULO II
Organización y funcionamiento de los órganos municipales necesarios

ART. 122. Organización del Pleno.

1. El Pleno, formado por el Alcalde y los Concejales, es el órgano de máxima representación política de los ciudadanos en el gobierno municipal.

2. El Pleno será convocado y presidido por el Alcalde, salvo en los supuestos previstos en esta ley y en la legislación electoral general, al que corresponde decidir los empates con voto de calidad. El Alcalde podrá delegar exclusivamente la convocatoria y la presidencia del Pleno, cuando lo estime oportuno, en uno de los concejales.

3. El Pleno se dotará de su propio reglamento, que tendrá la naturaleza de orgánico. No obstante, la regulación de su organización y funcionamiento podrá contenerse también en el reglamento orgánico municipal.

En todo caso, el Pleno contará con un secretario general y dispondrá de Comisiones, que estarán formadas por los miembros que designen los grupos políticos en proporción al número de concejales que tengan en el Pleno.

4. Corresponderán a las comisiones las siguientes funciones:

a) El estudio, informe o consulta de los asuntos que hayan de ser sometidos a la decisión del Pleno.

b) El seguimiento de la gestión del Alcalde y de su equipo de gobierno, sin perjuicio del superior control y fiscalización que, con carácter general, le corresponde al Pleno.

c) Aquéllas que el Pleno les delegue, de acuerdo con lo dispuesto en esta ley.

En todo caso, serán de aplicación a estas Comisiones las previsiones contenidas para el Pleno en el artículo 46.2, párrafos b), c) y d).

5. Corresponderá al secretario general del Pleno, que lo será también de las comisiones, las siguientes funciones:

a) La redacción y custodia de las actas, así como la supervisión y autorización de las mismas, con el visto bueno del Presidente del Pleno.

b) La expedición, con el visto bueno del Presidente del Pleno, de las certificaciones de los actos y acuerdos que se adopten.

c) La asistencia al Presidente del Pleno para asegurar la convocatoria de las sesiones, el orden en los debates y la correcta celebración de las votaciones, así como la colaboración en el normal desarrollo de los trabajos del Pleno y de las comisiones.

d) La comunicación, publicación y ejecución de los acuerdos plenarios.

e) El asesoramiento legal al Pleno y a las comisiones, que será preceptivo en los siguientes supuestos:

1.º Cuando así lo ordene el Presidente o cuando lo solicite un tercio de sus miembros con antelación suficiente a la celebración de la sesión en que el asunto hubiere de tratarse.

2.º Siempre que se trate de asuntos sobre materias para las que se exija una mayoría especial.

3.º Cuando una ley así lo exija en las materias de la competencia plenaria.

4.º Cuando, en el ejercicio de la función de control y fiscalización de los órganos de gobierno, lo solicite el Presidente o la cuarta parte, al menos, de los Concejales.

Dichas funciones quedan reservadas a funcionarios de Administración local con habilitación de carácter nacional. Su nombramiento corresponderá al Presidente en los términos previstos en la disposición adicional octava, teniendo la misma equiparación que los órganos directivos previstos en el artículo 130 de esta ley, sin perjuicio de lo que determinen a este respecto las normas orgánicas que regulen el Pleno.

ART. 123. Atribuciones del Pleno.

1. Corresponden al Pleno las siguientes atribuciones:

a) El control y la fiscalización de los órganos de gobierno.

b) La votación de la moción de censura al Alcalde y de la cuestión de confianza planteada por éste, que será pública y se realizará mediante llamamiento nominal en todo caso y se regirá en todos sus aspectos por lo dispuesto en la legislación electoral general.

c) La aprobación y modificación de los reglamentos de naturaleza orgánica. Tendrán en todo caso naturaleza orgánica:

La regulación del Pleno.

La regulación del Consejo Social de la ciudad.

La regulación de la Comisión Especial de Sugerencias y Reclamaciones.

La regulación de los órganos complementarios y de los procedimientos de participación ciudadana.

La división del municipio en distritos, y la determinación y regulación de los órganos de los distritos y de las competencias de sus órganos representativos y participativos, sin perjuicio de las atribuciones del Alcalde para determinar la organización y las competencias de su administración ejecutiva.

La determinación de los niveles esenciales de la organización municipal, entendiendo por tales las grandes áreas de gobierno, los coordinadores generales, dependientes directamente de los miembros de la Junta de Gobierno Local, con funciones de coordinación de las distintas Direcciones Generales u órganos similares integradas en la misma área de gobierno, y de la gestión de los servicios comunes de éstas u otras funciones análogas y las Direcciones Generales u órganos similares que culminen la organización administrativa, sin perjuicio de las atribuciones del Alcalde para determinar el número de cada uno de tales órganos y establecer niveles complementarios inferiores.

La regulación del órgano para la resolución de las reclamaciones económico-administrativas.

d) La aprobación y modificación de las ordenanzas y reglamentos municipales.

e) Los acuerdos relativos a la delimitación y alteración del término municipal; la creación o supresión de las entidades a que se refiere el artículo 45 de esta ley; la alteración de la capitalidad del municipio y el cambio de denominación de éste o de aquellas Entidades, y la adopción o modificación de su bandera, enseña o escudo.

f) Los acuerdos relativos a la participación en organizaciones supramunicipales.

g) La determinación de los recursos propios de carácter tributario.

h) La aprobación de los presupuestos, de la plantilla de personal, así como la autorización de gastos en las materias de su competencia. Asimismo, aprobará la cuenta general del ejercicio correspondiente.

i) La aprobación inicial del planeamiento general y la aprobación que ponga fin a la tramitación municipal de los planes y demás instrumentos de ordenación previstos en la legislación urbanística.

j) La transferencia de funciones o actividades a otras Administraciones públicas, así como la aceptación de las delegaciones o encomiendas de gestión realizadas por otras Administraciones, salvo que por ley se impongan obligatoriamente.

k) La determinación de las formas de gestión de los servicios, así como el acuerdo de creación de organismos autónomos, de entidades públicas empresariales y de sociedades mercantiles para la gestión de los servicios de competencia municipal, y la aprobación de los expedientes de municipalización.

l) Las facultades de revisión de oficio de sus propios actos y disposiciones de carácter general.

m) El ejercicio de acciones judiciales y administrativas y la defensa jurídica del Pleno en las materias de su competencia.

n) Establecer el régimen retributivo de los miembros del Pleno, de su secretario general, del Alcalde, de los miembros de la Junta de Gobierno Local y de los órganos directivos municipales.

ñ) El planteamiento de conflictos de competencia a otras entidades locales y otras Administraciones públicas.

o) Acordar la iniciativa prevista en el último inciso del artículo 121.1, para que el municipio pueda ser incluido en el ámbito de aplicación del título X de esta ley.

p) Las demás que expresamente le confieran las leyes.

2. Se requerirá el voto favorable de la mayoría absoluta del número legal de miembros del Pleno, para la adopción de los acuerdos referidos en los párrafos c), e), f), j) y o) y para los acuerdos que corresponda adoptar al Pleno en la tramitación de los instrumentos de planeamiento general previstos en la legislación urbanística.

Los demás acuerdos se adoptarán por mayoría simple de votos.

3. Únicamente pueden delegarse las competencias del Pleno referidas en los párrafos d), k), m) y ñ) a favor de las comisiones referidas en el apartado 4 del artículo anterior.

ART. 124. El Alcalde.

1. El Alcalde ostenta la máxima representación del municipio.

2. El Alcalde es responsable de su gestión política ante el Pleno.

3. El Alcalde tendrá el tratamiento de Excelencia.

4. En particular, corresponde al Alcalde el ejercicio de las siguientes funciones:

a) Representar al ayuntamiento.

b) Dirigir la política, el gobierno y la administración municipal, sin perjuicio de la acción colegiada de colaboración en la dirección política que, mediante el ejercicio de las funciones ejecutivas y administrativas que le son atribuidas por esta ley, realice la Junta de Gobierno Local.

c) Establecer directrices generales de la acción de gobierno municipal y asegurar su continuidad.

d) Convocar y presidir las sesiones del Pleno y las de la Junta de Gobierno Local y decidir los empates con voto de calidad.

e) Nombrar y cesar a los Tenientes de Alcalde y a los Presidentes de los Distritos.

f) Ordenar la publicación, ejecución y cumplimiento de los acuerdos de los órganos ejecutivos del ayuntamiento.

g) Dictar bandos, decretos e instrucciones.

h) Adoptar las medidas necesarias y adecuadas en casos de extraordinaria y urgente necesidad, dando cuenta inmediata al Pleno.

i) Ejercer la superior dirección del personal al servicio de la Administración municipal.

j) La Jefatura de la Policía Municipal.

k) Establecer la organización y estructura de la Administración municipal ejecutiva, sin perjuicio de las competencias atribuidas al Pleno en materia de organización municipal, de acuerdo con lo dispuesto en el párrafo c) del apartado 1 del artículo 123.

l) El ejercicio de las acciones judiciales y administrativas en materia de su competencia y, en caso de urgencia, en materias de la competencia del Pleno, en este supuesto dando cuenta al mismo en la primera sesión que celebre para su ratificación.

m) Las facultades de revisión de oficio de sus propios actos.

n) La autorización y disposición de gastos en las materias de su competencia.

ñ) Las demás que le atribuyan expresamente las leyes y aquéllas que la legislación del Estado o de las comunidades autónomas asignen al municipio y no se atribuyan a otros órganos municipales.

5. El Alcalde podrá delegar mediante decreto las competencias anteriores en la Junta de Gobierno Local, en sus miembros, en los demás concejales y, en su caso, en los coordinadores generales, directores generales u órganos similares, con excepción de las señaladas en los párrafos b), e), h) y j), así como la de convocar y presidir la Junta de Gobierno Local, decidir los empates con voto de calidad y la de dictar bandos. Las atribuciones previstas en los párrafos c) y k) sólo serán delegables en la Junta de Gobierno Local.

ART. 125. Los Tenientes de Alcalde.

1. El Alcalde podrá nombrar entre los concejales que formen parte de la Junta de Gobierno Local a los Tenientes de Alcalde, que le sustituirán, por el orden de su nombramiento, en los casos de vacante, ausencia o enfermedad.

2. Los Tenientes de Alcalde tendrán el tratamiento de Ilustrísima.

ART. 126. Organización de la Junta de Gobierno Local.

1. La Junta de Gobierno Local es el órgano que, bajo la presidencia del Alcalde, colabora de forma colegiada en la función de dirección política que a éste corresponde y ejerce las funciones ejecutivas y administrativas que se señalan en el artículo 127 de esta ley.

2. Corresponde al Alcalde nombrar y separar libremente a los miembros de la Junta de Gobierno Local, cuyo número no podrá exceder de un tercio del número legal de miembros del Pleno, además del Alcalde.

*El Alcalde podrá nombrar como miembros de la Junta de Gobierno Local a personas que no ostenten la condición de concejales, siempre que su número no supere un tercio de sus miembros, excluido el Alcalde**. Sus derechos económicos y prestaciones sociales serán los de los miembros electivos.

En todo caso, para la válida constitución de la Junta de Gobierno Local se requiere que el número de miembros de la Junta de Gobierno Local que ostentan la condición de concejales presentes sea superior al número de aquellos miembros presentes que no ostentan dicha condición.

Los miembros de la Junta de Gobierno Local podrán asistir a las sesiones del Pleno e intervenir en los debates, sin perjuicio de las facultades que corresponden a su Presidente.

3. La Junta de Gobierno Local responde políticamente ante el Pleno de su gestión de forma solidaria, sin perjuicio de la responsabilidad directa de cada uno de sus miembros por su gestión.

4. La Secretaría de la Junta de Gobierno Local corresponderá a uno de sus miembros que reúna la condición de concejal, designado por el Alcalde, quien redactará las actas de las sesiones y certificará sobre sus acuerdos. Existirá un órgano de apoyo a la Junta de Gobierno Local y al concejal-secretario de la misma, cuyo titular será nombrado entre

VII

funcionarios de Administración local con habilitación de carácter nacional. Sus funciones serán las siguientes:

a) La asistencia al concejal-secretario de la Junta de Gobierno Local.

b) La remisión de las convocatorias a los miembros de la Junta de Gobierno Local.

c) El archivo y custodia de las convocatorias, órdenes del día y actas de las reuniones.

d) Velar por la correcta y fiel comunicación de sus acuerdos.

5. Las deliberaciones de la Junta de Gobierno Local son secretas. A sus sesiones podrán asistir los concejales no pertenecientes a la Junta y los titulares de los órganos directivos, en ambos supuestos cuando sean convocados expresamente por el Alcalde.

** Se declara inconstitucional y nulo el inciso destacado del párrafo segundo del apartado 2 por Sentencia del TC 103/2013, de 25 de abril.*

ART. 127. Atribuciones de la Junta de Gobierno Local.

1. Corresponde a la Junta de Gobierno Local:

a) La aprobación de los proyectos de ordenanzas y de los reglamentos, incluidos los orgánicos, con excepción de las normas reguladoras del Pleno y sus comisiones.

b) La aprobación del proyecto de presupuesto.

c) La aprobación de los proyectos de instrumentos de ordenación urbanística cuya aprobación definitiva o provisional corresponda al Pleno.

d) Las aprobaciones de los instrumentos de planeamiento de desarrollo del planeamiento general no atribuidas expresamente al Pleno, así como de los instrumentos de gestión urbanística y de los proyectos de urbanización.

e) La concesión de cualquier tipo de licencia, salvo que la legislación sectorial la atribuya expresamente a otro órgano.

f) (Derogada)

g) El desarrollo de la gestión económica, autorizar y disponer gastos en materia de su competencia, disponer gastos previamente autorizados por el Pleno, y la gestión del personal.

h) Aprobar la relación de puestos de trabajo, las retribuciones del personal de acuerdo con el presupuesto aprobado por el Pleno, la oferta de empleo público, las bases de las convocatorias de selección y provisión de puestos de trabajo, el número y régimen del personal eventual, la separación del servicio de los funcionarios del Ayuntamiento, sin perjuicio de lo dispuesto en el artículo 99 de esta ley, el despido del personal laboral, el régimen disciplinario y las demás decisiones en materia de personal que no estén expresamente atribuidas a otro órgano.

La composición de los tribunales de oposiciones será predominantemente técnica, debiendo poseer todos sus miembros un nivel de titulación igual o superior al exigido para el ingreso en las plazas convocadas. Su presidente podrá ser nombrado entre los miembros de la Corporación o entre el personal al servicio de las Administraciones públicas.

i) El nombramiento y el cese de los titulares de los órganos directivos de la Administración municipal, sin perjuicio de lo dispuesto en la disposición adicional octava para los funcionarios de Administración local con habilitación de carácter nacional.

j) El ejercicio de las acciones judiciales y administrativas en materia de su competencia.

k) Las facultades de revisión de oficio de sus propios actos.

l) Ejercer la potestad sancionadora salvo que por ley esté atribuida a otro órgano.

m) Designar a los representantes municipales en los órganos colegiados de gobierno o administración de los entes, fundaciones o sociedades, sea cual sea su naturaleza, en los que el Ayuntamiento sea partícipe.

n) Las demás que le correspondan, de acuerdo con las disposiciones legales vigentes.

2. La Junta de Gobierno Local podrá delegar en los Tenientes de Alcalde, en los demás miembros de la Junta de Gobierno Local, en su caso, en los demás concejales, en los coordinadores generales, directores generales u órganos similares, las funciones enumeradas en los párrafos e), f), g), h) con excepción de la aprobación de la relación de puestos de trabajo, de las retribuciones del personal, de la oferta de empleo público, de la determinación del número y del régimen del personal eventual y de la separación del servicio de los funcionarios, y l) del apartado anterior.

ART. 128. Los distritos.

1. Los ayuntamientos deberán crear distritos, como divisiones territoriales propias, dotadas de órganos de gestión desconcentrada, para impulsar y desarrollar la participación ciudadana en la gestión de los asuntos municipales y su mejora, sin perjuicio de la unidad de gobierno y gestión del municipio.

2. Corresponde al Pleno de la Corporación la creación de los distritos y su regulación, en los términos y con el alcance previsto en el artículo 123, así como determinar, en una norma de carácter orgánico, el porcentaje mínimo de los recursos presupuestarios de la corporación que deberán gestionarse por los distritos, en su conjunto.

3. La presidencia del distrito corresponderá en todo caso a un concejal.

ART. 129. La asesoría jurídica.

1. Sin perjuicio de las funciones reservadas al secretario del Pleno por el párrafo e) del apartado 5 del artículo 122 de esta ley, existirá un órgano administrativo responsable de la asistencia jurídica al Alcalde, a la Junta de Gobierno Local y a los órganos directivos, comprensiva del asesoramiento jurídico y de la representación y defensa en juicio del ayuntamiento, sin perjuicio de lo dispuesto en el apartado segundo del artículo 447 de la Ley 6/1985, de 1 de julio, del Poder Judicial.

2. Su titular será nombrado y separado por la Junta de Gobierno Local, entre personas que reúnan los siguientes requisitos:

a) Estar en posesión del título de licenciado en derecho.

b) Ostentar la condición de funcionario de administración local con habilitación de carácter nacional, o bien funcionario de carrera del Estado, de las comunidades autónomas o de las entidades locales, a los que se exija para su ingreso el título de doctor, licenciado, ingeniero, arquitecto o equivalente.

ART. 130. Órganos superiores y directivos.

1. Son órganos superiores y directivos municipales los siguientes:

A) Órganos superiores:

a) El Alcalde.

b) Los miembros de la Junta de Gobierno Local.

B) Órganos directivos:

a) Los coordinadores generales de cada área o concejalía.

b) Los directores generales u órganos similares que culminen la organización administrativa dentro de cada una de las grandes áreas o concejalías.

c) El titular del órgano de apoyo a la Junta de Gobierno Local y al concejal-secretario de la misma.

d) El titular de la asesoría jurídica.

e) El Secretario general del Pleno.

f) El interventor general municipal.

g) En su caso, el titular del órgano de gestión tributaria.

2. Tendrán también la consideración de órganos directivos, los titulares de los máximos órganos de dirección de los organismos autónomos y de las entidades públicas empresariales locales, de conformidad con lo establecido en el artículo 85 bis, párrafo b).

3. El nombramiento de los coordinadores generales y de los directores generales, atendiendo a criterios de competencia profesional y experiencia deberá efectuarse entre funcionarios de carrera del Estado, de las Comunidades Autónomas, de las Entidades Locales o con habilitación de carácter nacional que pertenezcan a cuerpos o escalas clasificados en el subgrupo A1, salvo que el Reglamento Orgánico Municipal permita que, en atención a las características específicas de las funciones de tales órganos directivos, su titular no reúna dicha condición de funcionario.

4. Los órganos superiores y directivos quedan sometidos al régimen de incompatibilidades establecido en la Ley 53/1984, de 26 de diciembre, de Incompatibilidades del personal al servicio de las Administraciones públicas, y en otras normas estatales o autonómicas que resulten de aplicación.

ART. 131. El Consejo Social de la Ciudad.

1. En los municipios señalados en este título, existirá un Consejo Social de la Ciudad, integrado por representantes de las organizaciones económicas, sociales, profesionales y de vecinos más representativas.

2. Corresponderá a este Consejo, además de las funciones que determine el Pleno mediante normas orgánicas, la emisión de informes, estudios y propuestas en materia de desarrollo económico local, planificación estratégica de la ciudad y grandes proyectos urbanos.

ART. 132. Defensa de los derechos de los vecinos.

1. Para la defensa de los derechos de los vecinos ante la Administración municipal, el Pleno creará una Comisión especial de Sugerencias y Reclamaciones, cuyo funcionamiento se regulará en normas de carácter orgánico.

2. La Comisión especial de Sugerencias y Reclamaciones estará formada por representantes de todos los grupos que integren el Pleno, de forma proporcional al número de miembros que tengan en el mismo.

3. La citada Comisión podrá supervisar la actividad de la Administración municipal, y deberá dar cuenta al Pleno, mediante un informe anual, de las quejas presentadas y de las deficiencias observadas en el funcionamiento de los servicios municipales, con especificación de las sugerencias o recomendaciones no admitidas por la Administración municipal. No obstante, también podrá realizar informes extraordinarios cuando la gravedad o la urgencia de los hechos lo aconsejen.

4. Para el desarrollo de sus funciones, todos los órganos de Gobierno y de la Administración municipal están obligados a colaborar con la Comisión de Sugerencias y Reclamaciones.

CAPÍTULO III
Gestión económico-financiera

ART. 133. Criterios de la gestión económico-financiera.

La gestión económico-financiera se ajustará a los siguientes criterios:

a) Cumplimiento del objetivo de estabilidad presupuestaria, de acuerdo con lo dispuesto en la legislación que lo regule.

b) Separación de las funciones de contabilidad y de fiscalización de la gestión económico-financiera.

c) La contabilidad se ajustará en todo caso a las previsiones que en esta materia contiene la Ley 39/1988, de 28 de diciembre, reguladora de las Haciendas Locales.

d) El ámbito en el que se realizará la fiscalización y el control de legalidad presupuestaria será el presupuesto o el estado de previsión de ingresos y gastos, según proceda.

e) Introducción de la exigencia del seguimiento de los costes de los servicios.

f) La asignación de recursos, con arreglo a los principios de eficacia y eficiencia, se hará en función de la definición y el cumplimiento de objetivos.

g) La administración y rentabilización de los excedentes líquidos y la concertación de operaciones de tesorería se realizarán de acuerdo con las bases de ejecución del presupuesto y el plan financiero aprobado.

h) Todos los actos, documentos y expedientes de la Administración municipal y de todas las entidades dependientes de ella, sea cual fuere su naturaleza jurídica, de los que se deriven derechos y obligaciones de contenido económico estarán sujetos al control y fiscalización interna por el órgano que se determina en esta Ley, en los términos establecidos en los artículos 194 a 203 de la Ley 39/1988, de 28 de diciembre, Reguladora de las Haciendas Locales.

ART. 134. Órgano u órganos de gestión económico-financiera y presupuestaria.

1. Las funciones de presupuestación, contabilidad, tesorería y recaudación serán ejercidas por el órgano u órganos que se determinen en el Reglamento orgánico municipal.

2. El titular o titulares de dicho órgano u órganos deberá ser un funcionario de Administración local con habilitación de carácter nacional, salvo el del órgano que desarrolle las funciones de presupuestación.

ART. 135. Órgano de Gestión Tributaria.

1. Para la consecución de una gestión integral del sistema tributario municipal, regido por los principios de eficiencia, suficiencia, agilidad y unidad en la gestión, se habilita al Pleno de los ayuntamientos de los municipios de gran población para crear un órgano de gestión tributaria, responsable de ejercer como propias las competencias que a la Administración Tributaria local le atribuye la legislación tributaria.

2. Corresponderán a este órgano de gestión tributaria, al menos, las siguientes competencias:

a) La gestión, liquidación, inspección, recaudación y revisión de los actos tributarios municipales.

b) La recaudación en período ejecutivo de los demás ingresos de derecho público del ayuntamiento.

c) La tramitación y resolución de los expedientes sancionadores tributarios relativos a los tributos cuya competencia gestora tenga atribuida.

d) El análisis y diseño de la política global de ingresos públicos en lo relativo al sistema tributario municipal.

e) La propuesta, elaboración e interpretación de las normas tributarias propias del ayuntamiento.

f) El seguimiento y la ordenación de la ejecución del presupuesto de ingresos en lo relativo a ingresos tributarios.

3. En el caso de que el Pleno haga uso de la habilitación prevista en el apartado 1, la función de recaudación y su titular quedarán adscritos a este órgano, quedando sin efecto lo dispuesto en el artículo 134.1 en lo que respecta a la función de recaudación.

ART. 136. Órgano responsable del control y de la fiscalización interna.

1. La función pública de control y fiscalización interna de la gestión económico-financiera y presupuestaria, en su triple acepción de función interventora, función de control financiero y función de control de eficacia, corresponderá a un órgano administrativo, con la denominación de Intervención general municipal.

2. La Intervención general municipal ejercerá sus funciones con plena autonomía respecto de los órganos y entidades municipales y cargos directivos cuya gestión fiscalice, teniendo completo acceso a la contabilidad y a cuantos documentos sean necesarios para el ejercicio de sus funciones.

3. Su titular será nombrado entre funcionarios de Administración local con habilitación de carácter nacional.

ART. 137. Órgano para la resolución de las reclamaciones económico-administrativas.

1. Existirá un órgano especializado en las siguientes funciones:

a) El conocimiento y resolución de las reclamaciones sobre actos de gestión, liquidación, recaudación e inspección de tributos e ingresos de derecho público, que sean de competencia municipal.

b) El dictamen sobre los proyectos de ordenanzas fiscales.

c) En el caso de ser requerido por los órganos municipales competentes en materia tributaria, la elaboración de estudios y propuestas en esta materia.

2. La resolución que se dicte pone fin a la vía administrativa y contra ella sólo cabrá la interposición del recurso contencioso-administrativo.

3. No obstante, los interesados podrán, con carácter potestativo, presentar previamente contra los actos previstos en el apartado 1 a) el recurso de reposición regulado en el artículo 14 de la Ley 39/1988, de 28 de diciembre, reguladora de las Haciendas Locales. Contra la resolución, en su caso, del citado recurso de reposición, podrá interponerse reclamación económico-administrativa ante el órgano previsto en el presente artículo.

4. Estará constituido por un número impar de miembros, con un mínimo de tres, designados por el Pleno, con el voto favorable de la mayoría absoluta de los miembros que legalmente lo integren, de entre personas de reconocida competencia técnica, y cesarán por alguna de las siguientes causas:

a) A petición propia.

b) Cuando lo acuerde el Pleno con la misma mayoría que para su nombramiento.

c) Cuando sean condenados mediante sentencia firme por delito doloso.

VII

d) Cuando sean sancionados mediante resolución firme por la comisión de una falta disciplinaria muy grave o grave.

Solamente el Pleno podrá acordar la incoación y la resolución del correspondiente expediente disciplinario, que se regirá, en todos sus aspectos, por la normativa aplicable en materia de régimen disciplinario a los funcionarios del ayuntamiento.

5. Su funcionamiento se basará en criterios de independencia técnica, celeridad y gratuidad. Su composición, competencias, organización y funcionamiento, así como el procedimiento de las reclamaciones se regulará por reglamento aprobado por el Pleno, de acuerdo en todo caso con lo establecido en la Ley General Tributaria y en la normativa estatal reguladora de las reclamaciones económico-administrativas, sin perjuicio de las adaptaciones necesarias en consideración al ámbito de actuación y funcionamiento del órgano.

6. La reclamación regulada en el presente artículo se entiende sin perjuicio de los supuestos en los que la ley prevé la reclamación económico-administrativa ante los Tribunales Económico-Administrativos del Estado.

CAPÍTULO IV
Conferencia de Ciudades

ART. 138.

En el seno de la Conferencia sectorial para asuntos locales, existirá una Conferencia de ciudades de la que formarán parte la Administración General del Estado, las comunidades autónomas y los alcaldes de los municipios comprendidos en el ámbito de aplicación del título X de esta ley.

TÍTULO XI
Tipificación de las infracciones y sanciones por las Entidades Locales en determinadas materias

ART. 139. Tipificación de infracciones y sanciones en determinadas materias.

Para la adecuada ordenación de las relaciones de convivencia de interés local y del uso de sus servicios, equipamientos, infraestructuras, instalaciones y espacios públicos, los entes locales podrán, en defecto de normativa sectorial específica, establecer los tipos de las infracciones e imponer sanciones por el incumplimiento de deberes, prohibiciones o limitaciones contenidos en las correspondientes ordenanzas, de acuerdo con los criterios establecidos en los artículos siguientes.

ART. 140. Clasificación de las infracciones.

1. Las infracciones a las ordenanzas locales a que se refiere el artículo anterior se clasificarán en muy graves, graves y leves.

Serán muy graves las infracciones que supongan:

a) Una perturbación relevante de la convivencia que afecte de manera grave, inmediata y directa a la tranquilidad o al ejercicio de derechos legítimos de otras personas, al normal desarrollo de actividades de toda clase conformes con la normativa aplicable o a la salubridad u ornato públicos, siempre que se trate de conductas no subsumibles en los tipos previstos en el capítulo IV de la Ley 1/1992, de 21 de febrero, de Protección de la Seguridad Ciudadana.

b) El impedimento del uso de un servicio público por otra u otras personas con derecho a su utilización.

c) El impedimento o la grave y relevante obstrucción al normal funcionamiento de un servicio público.

d) Los actos de deterioro grave y relevante de equipamientos, infraestructuras, instalaciones o elementos de un servicio público.

e) El impedimento del uso de un espacio público por otra u otras personas con derecho a su utilización.

f) Los actos de deterioro grave y relevante de espacios públicos o de cualquiera de sus instalaciones y elementos, sean muebles o inmuebles, no derivados de alteraciones de la seguridad ciudadana.

2. Las demás infracciones se clasificarán en graves y leves, de acuerdo con los siguientes criterios:

a) La intensidad de la perturbación ocasionada en la tranquilidad o en el pacífico ejercicio de los derechos de otras personas o actividades.

b) La intensidad de la perturbación causada a la salubridad u ornato públicos.

c) La intensidad de la perturbación ocasionada en el uso de un servicio o de un espacio público por parte de las personas con derecho a utilizarlos.

d) La intensidad de la perturbación ocasionada en el normal funcionamiento de un servicio público.

e) La intensidad de los daños ocasionados a los equipamientos, infraestructuras, instalaciones o elementos de un servicio o de un espacio público.

ART. 141. Límites de las sanciones económicas.

Salvo previsión legal distinta, las multas por infracción de Ordenanzas locales deberán respetar las siguientes cuantías:

Infracciones muy graves: hasta 3.000 euros.

Infracciones graves: hasta 1.500 euros.

Infracciones leves: hasta 750 euros.

DISPOSICIONES ADICIONALES

D.A. 1.ª

1. Las competencias legislativas o de desarrollo de la legislación del Estado sobre régimen local asumidas, según lo dispuesto en sus respectivos Estatutos, por las Comunidades Autónomas del Principado de Asturias, Cantabria, La Rioja, Murcia, Aragón, Castilla-La Mancha, Castilla y León, Islas Baleares, Extremadura y Madrid, se ejercerán, según los casos, en el marco de lo establecido en el artículo 13 y en el Título IV de esta Ley, así como, si procediere, en los términos y con el alcance previstos en los artículos 20.2, 32.2, 29 y 30 de la misma.

2. Las funciones administrativas que la presente Ley atribuye a las Comunidades Autónomas se entienden transferidas a las mencionadas en el número anterior, que ostentarán, asimismo, todas aquellas otras funciones de la misma índole que les transfiera la legislación estatal que ha de dictarse conforme a lo establecido en la disposición final primera de la misma.

D.A. 2.ª Régimen foral vasco.

Las disposiciones de la presente Ley, de acuerdo con la Constitución y el Estatuto de Autonomía para el País Vasco, se aplicarán en los Territorios Históricos de Araba/Álava, Gipuzkoa y Bizkaia, sin perjuicio de las siguientes peculiaridades:

1. De acuerdo con la disposición adicional primera de la Constitución y con lo dispuesto en los artículos 3, 24.2 y 37 del Estatuto Vasco, los Territorios Históricos de Araba/Álava, Gipuzkoa y Bizkaia organizarán libremente sus propias instituciones y dictarán las normas necesarias para su funcionamiento, amparando y garantizando, asimismo, las peculiaridades históricas de las Entidades Locales de sus territorios, sin que les sean de aplicación las contenidas en la presente Ley en materia de organización provincial.

2. Los Territorios Históricos de Araba/Álava, Gipuzkoa y Bizkaia ejercerán las competencias que les atribuyen el Estatuto Vasco y la legislación interna de la Comunidad Autónoma que se dicte en su desarrollo y aplicación, así como las que la presente Ley asigna con carácter general a las Diputaciones provinciales.

3. En el ejercicio de las competencias que el Estatuto y la legislación de la Comunidad Autónoma que se dicte en su desarrollo y aplicación les asignen, corresponde a las Instituciones Forales de los Territorios Históricos el desarrollo normativo y ejecución de la legislación básica del Estado en las materias correspondientes, cuando así se les atribuyan.

4. Cuando las Instituciones Forales de los Territorios Históricos realicen actividades en campos cuya titularidad competencial corresponde a la Administración del Estado o a la Comunidad Autónoma, les serán de aplicación las normas de esta Ley que disciplinen las relaciones de las Diputaciones provinciales con la Administración del Estado y la Administración Autónoma, en su caso, siempre y cuando dichas actividades las ejerciten en calidad

de Diputaciones provinciales ordinarias, y no como Instituciones Forales de acuerdo con su régimen especial privativo, en cuyo caso solo serán de aplicación tales normas cuando desarrollen o apliquen la legislación básica del Estado o invadan las competencias de éste.

5. En materia de Hacienda las relaciones de los Territorios Históricos con la Administración del Estado se ajustarán a lo dispuesto en la Ley 12/2002, de 23 de mayo, por la que se aprueba el concierto económico con la Comunidad Autónoma del País Vasco. Las funciones que los artículos 7.4 y 26.2 atribuyen a la Administración que ejerza la tutela financiera, serán ejercidas en el País Vasco por sus Instituciones competentes de conformidad con el artículo 48.5 de la mencionada Ley 12/2002, de 23 de mayo.

6. Los Territorios Históricos del País Vasco continuarán conservando su régimen especial en materia municipal en lo que afecta al régimen económico-financiero en los términos de la Ley del Concierto Económico, sin que ello pueda significar un nivel de autonomía de las Corporaciones Locales vascas inferior al que tengan las demás Corporaciones Locales, sin perjuicio de la aplicación de lo dispuesto en el artículo 115 de la presente Ley y de las competencias que a este respecto puedan corresponder a la Comunidad Autónoma.

A dichos efectos, las Diputaciones Forales desarrollarán los criterios de cálculo de conformidad con lo establecido en el artículo 116 ter de esta Ley recibiendo la comunicación del coste efectivo de los servicios que prestan las Entidades Locales de sus respectivos territorios.

Asimismo, en relación con el artículo 116 bis de esta Ley, en ejercicio de las facultades de tutela financiera, corresponderá a las Diputaciones Forales la aprobación, concretando las reglas necesarias para su formulación, de los planes económico-financieros de sus respectivas corporaciones, de conformidad con la normativa dictada al efecto por el Estado.

Igualmente, de acuerdo con lo previsto en la disposición transitoria cuarta de la Ley 27/2013 de racionalización y sostenibilidad de la Administración Local, las entidades de ámbito territorial inferior al municipio comunicarán a las Instituciones Forales sus cuentas y serán estas Instituciones Forales quienes acuerden su disolución si así procede en aplicación de la mencionada disposición.

7. En el ámbito de la Comunidad Autónoma del País Vasco, la normativa reguladora de los funcionarios de Administración local con habilitación de carácter nacional **prevista en el artículo 92.bis y concordantes de esta Ley**, se aplicará de conformidad con la disposición adicional primera de la Constitución, con el artículo 149.1.18.ª de la misma y con la Ley Orgánica 3/1979, de 18 de diciembre, por la que se aprueba el Estatuto de Autonomía para el País Vasco, teniendo en cuenta que todas las facultades previstas **en el citado artículo 92.bis** respecto a dicho personal serán asumidas en los términos que establezca la normativa autonómica, incluyendo entre las mismas la facultad de selección, la aprobación de la oferta pública de empleo para cubrir las vacantes existentes de las plazas correspondientes a las mismas en su ámbito territorial, convocar exclusivamente para su territorio los procesos de provisión para las plazas vacantes en el mismo, la facultad de nombramiento del personal funcionario en dichos procesos de provisión, la asignación del primer destino y las situaciones administrativas.

8. El porcentaje de baremo reservado al Estado en el artículo 92 bis.6 se establece en el 65 por 100, atribuyéndose un 30 por 100 del total posible a las instituciones competentes de la Comunidad Autónoma del País Vasco para que fije los méritos que correspondan al conocimiento de las especialidades jurídicas y económico-administrativas que se derivan de sus derechos históricos y especialmente del Concierto Económico.

Dentro del 5 por 100 restante, la Corporación Local interesada podrá establecer libremente los méritos específicos que estime convenientes en razón a las características locales.

9. En el convenio que se establecerá entre Instituciones que tengan encomendada la formación de este personal en el ámbito nacional y el Instituto Vasco de Administración Pública (IVAP) para la formación por este último de los funcionarios a que se refiere el artículo 92 bis de esta Ley, la Comunidad Autónoma del País Vasco podrá incluir materias o disciplinas propias de sus específicas peculiaridades, con la única condición del cumplimiento de los requisitos mínimos de orden académico que con carácter general estén establecidos para las cuestiones de exigencia común en todo el Estado, nunca superiores a los que rijan para el propio Instituto Nacional de Administración Pública.

10. El control y la fiscalización interna de la gestión económico-financiera y presupuestaria y la contabilidad, tesorería y recaudación de las Diputaciones Forales se organizará

libremente por éstas en el marco del Concierto Económico sin que sea de aplicación lo dispuesto en el artículo 92 bis de la presente Ley.

11. En el marco de los objetivos de estabilidad presupuestaria y en virtud de las competencias y facultades que en materia de régimen local y financiación local les confiere la disposición adicional primera de la Constitución Española, el Estatuto de Autonomía, la Ley del Concierto Económico y la disposición adicional segunda de la Ley de Bases de Régimen Local, los órganos forales de los Territorios Históricos vascos determinarán los límites máximos totales del conjunto de las retribuciones y asistencias de los miembros de las Corporaciones Locales, del personal eventual y del resto de personal al servicio de las Corporaciones Locales y su sector público y de los funcionarios con habilitación de carácter nacional. La determinación de tales retribuciones atenderá a los principios y estructura establecidos, en su caso, por la legislación estatal.

Apdo. 7 modificado por Ley Orgánica 1/2025, de 2 de enero, de medidas en materia de eficiencia del Servicio Público de Justicia. (BOE 03-01-2025). Esta modificación entró en vigor el 03-04-2025. Téngase en cuenta que la mencionada modificación se aplicará también a aquellos procedimientos o actuaciones iniciados o en tramitación con anterioridad a la entrada en vigor de la misma (el 03-04-2025) según lo establecido en la disposición transitoria decimocuarta de la precitada Ley Orgánica 1/2025.

Apdo. 7 anteriormente modificado por Real Decreto-ley 6/2023, de 19 de diciembre, por el que se aprueban medidas urgentes para la ejecución del Plan de Recuperación, Transformación y Resiliencia en materia de servicio público de justicia, función pública, régimen local y mecenazgo. (BOE de 20-12-2023).

Apdo. 7 anteriormente modificado por Ley 22/2021, de 28 de diciembre, de Presupuestos Generales del Estado para el año 2022. (BOE de 29-12-2021).

D.A. 3.ª

La presente Ley regirá en Navarra en lo que no se oponga al régimen que para su Administración local establece el artículo 46 de la Ley Orgánica 13/1982, de 10 de agosto, de Reintegración y Amejoramiento del Régimen Foral de Navarra. A estos efectos, la normativa estatal que, de acuerdo con las Leyes citadas en el mencionado precepto, rige en Navarra, se entenderá modificada por las disposiciones contenidas en la presente Ley.

De acuerdo con lo dispuesto en el número 1 del citado artículo 46, será de aplicación a la Comunidad Foral de Navarra lo establecido en el número 2 de la disposición adicional primera de esta Ley.

D.A. 4.ª

En el supuesto de que, en aplicación de lo previsto en el número 2 del artículo 42 de esta Ley, se impidiera de forma parcial y minoritaria la organización comarcal del conjunto del territorio de la Comunidad Autónoma, la Generalidad de Cataluña, por haber tenido aprobada en el pasado una organización comarcal para la totalidad de su territorio y prever su Estatuto, asimismo, una organización comarcal de carácter general, podrá, mediante Ley aprobada por mayoría absoluta de su Asamblea Legislativa, acordar la constitución de la comarca o las comarcas que resten para extender dicha organización a todo su ámbito territorial.

D.A. 5.ª

1. Las entidades locales pueden constituir asociaciones, de ámbito estatal o autonómico, para la protección y promoción de sus intereses comunes, a las que se les aplicará su normativa específica y, en lo no previsto en él, la legislación del Estado en materia de asociaciones.

2. Las asociaciones de entidades locales se regirán por sus estatutos, aprobados por los representantes de las entidades asociadas, los cuales deberán garantizar la participación de sus miembros en las tareas asociativas y la representatividad de sus órganos de gobierno. Asimismo, se señalará en los estatutos la periodicidad con la que hayan de celebrarse las Asambleas Generales Ordinarias, en caso de que dicha periodicidad sea superior a la prevista, con carácter general, en el artículo 11.3 de la Ley Orgánica 1/2002, de 22 de marzo, reguladora del Derecho de Asociación.

3. Dichas asociaciones, en el ámbito propio de sus funciones, podrán celebrar convenios con las distintas Administraciones Públicas. Asimismo, de conformidad con lo establecido en el artículo 12.2 de la Ley 38/2003, de 17 de noviembre, General de Subvenciones, podrán

actuar como entidades colaboradoras de la Administración en la gestión de las subvenciones de la que puedan ser beneficiarias las Entidades Locales y sus organismos dependientes.

Las asociaciones de Entidades Locales podrán adherirse al sistema de contratación centralizada estatal regulado en el artículo 206 del Texto Refundido de la Ley de Contratos del Sector Público, aprobado por Real Decreto Legislativo 3/2011, de 14 de noviembre, en los mismos términos que las Entidades Locales.

Conforme a lo previsto en el artículo 203 del Texto Refundido de la Ley de Contratos del Sector Público, estas asociaciones podrán crear centrales de contratación. Las Entidades Locales a ellas asociadas, podrán adherirse a dichas centrales para aquéllos servicios, suministros y obras cuya contratación se haya efectuado por aquéllas, de acuerdo con las normas previstas en ese Texto Refundido, para la preparación y adjudicación de los contratos de las Administraciones Públicas.

4. Las asociaciones de Entidades Locales de ámbito estatal con mayor implantación en todo el territorio ostentarán la representación institucional de la Administración local en sus relaciones con la Administración General del Estado.

D.A. 6.ª

1. El régimen especial del Municipio de Madrid, contenido en el Texto articulado aprobado por Decreto 1674/1963, de 11 de julio, modificado por Decreto 2482/1970, de 22 de agosto, continuará vigente, hasta tanto se dicte la Ley prevista en el artículo 6.º de la Ley Orgánica 3/1983, de 25 de febrero, del Estatuto de Autonomía de la Comunidad de Madrid, salvo en lo que se oponga, contradiga o resulte incompatible con lo establecido en la presente Ley. En particular, quedan expresamente derogados los artículos 2.º, apartado c); 4.º, párrafo 2, inciso final; 11, 12, 13 y 39, párrafo 2, de la mencionada Ley especial, así como todos aquellos que configuren un sistema de relaciones interadministrativas distinto al previsto en esta Ley.

2. El régimen especial del Municipio de Barcelona, contenido en el texto articulado aprobado por Decreto 1166/1960, de 23 de mayo; el Decreto-ley 5/1974, de 24 de agosto, y el Decreto 3276/1974, de 28 de noviembre, de constitución y desarrollo de la Entidad Metropolitana de Barcelona y sus disposiciones concordantes continuarán vigentes salvo en lo que se oponga, contradiga o resulte incompatible con lo establecido en la presente Ley.

3. Sin perjuicio de lo establecido en los apartados anteriores, mediante ley de las Comunidades Autónomas respectivas, se podrán actualizar dichos regímenes especiales, a cuyo efecto, respetando el principio de autonomía local y a instancia de los correspondientes Ayuntamientos, podrán establecerse las siguientes especialidades al régimen general de organización municipal previsto en la presente Ley:

1.ª Se podrá modificar la denominación de los órganos necesarios contemplados en el artículo 20.1 de esta Ley.

2.ª El Pleno u órgano equivalente podrá funcionar también mediante Comisiones. Corresponde, en este caso, a las Comisiones, además de las funciones previstas en el artículo 20.1.c) de esta Ley para los órganos complementarios que tengan como función el estudio, informe o consulta de los asuntos que hayan de ser sometidos a la decisión del Pleno, aquéllas que les atribuya o delegue dicho Pleno, salvo las contenidas en los apartados 2 y 3 del artículo 47 y las atribuciones contenidas en el apartado 3 del artículo 22 de esta Ley.

3.ª Se podrán atribuir a la Comisión de Gobierno prevista en el artículo 23 de esta Ley, como propias, competencias en las siguientes materias:

a) Aquéllas que la presente Ley no reserve en exclusiva al Pleno, por ser delegables o por no requerir una mayoría específica para la adopción de acuerdos.

b) Las que esta Ley atribuye al Alcalde en relación con el urbanismo, contratación, personal y adquisición y enajenación de bienes.

c) La aprobación de proyectos de reglamentos y ordenanzas y el proyecto de Presupuesto.

4.ª Se podrán atribuir al Alcalde, como propias, aquellas competencias que la presente Ley no reserva en exclusiva al Pleno, por ser delegables o por no requerir una mayoría específica para la adopción de acuerdos.

D.A. 7.ª Acceso a los datos del padrón.

Para la exclusiva finalidad del ejercicio de las competencias establecidas en la Ley orgánica de derechos y libertades de los extranjeros en España y su integración social, sobre control y permanencia de extranjeros en España, la Dirección General de la Policía accederá a los datos de inscripción padronal de los extranjeros existentes en los Padrones Municipales, preferentemente por vía telemática.

A fin de asegurar el estricto cumplimiento de la legislación de protección de datos de carácter personal, los accesos se realizarán con las máximas medidas de seguridad. A estos efectos, quedará constancia en la Dirección General de la Policía de cada acceso, la identificación de usuario, fecha y hora en que se realizó, así como de los datos consultados.

Con el fin de mantener actualizados los datos de inscripción padronal de extranjeros en los padrones municipales, la Dirección General de la Policía, comunicará, al menos mensualmente, al Instituto Nacional de Estadística, para el ejercicio de sus competencias, los datos de los extranjeros anotados en el Registro Central de Extranjeros.

Se habilita a los Ministros de Economía y del Interior para dictar las disposiciones que regulen las comunicaciones de los datos de los extranjeros anotados en el Registro Central de Extranjeros por medios electrónicos, informáticos o telemáticos al Instituto Nacional de Estadística.

> *Párrafo tercero modificado por Real Decreto-ley 6/2023, de 19 de diciembre, por el que se aprueban medidas urgentes para la ejecución del Plan de Recuperación, Transformación y Resiliencia en materia de servicio público de justicia, función pública, régimen local y mecenazgo. (BOE de 20-12-2023).*

D.A. 8.ª Especialidades de las funciones correspondientes a los funcionarios de Administración Local con habilitación de carácter nacional en los municipios incluidos en el ámbito de aplicación del título X y en los Cabildos Insulares Canarios regulados en la disposición adicional decimocuarta.

En los municipios incluidos en el ámbito de aplicación del título X de esta ley y en los Cabildos Insulares Canarios regulados en la disposición adicional decimocuarta, se aplicarán las siguientes normas:

a) Las funciones reservadas en dicho título a los funcionarios de Administración local con habilitación de carácter nacional serán desempeñadas por funcionarios de las subescalas que correspondan, de acuerdo con lo dispuesto en su normativa reglamentaria.

b) La provisión de los puestos reservados a estos funcionarios se efectuará por los sistemas previstos en el artículo 99 de esta ley y en las disposiciones reglamentarias de desarrollo y requerirá en todo caso una previa convocatoria pública.

c) Las funciones que la legislación electoral general asigna a los secretarios de los ayuntamientos, así como la llevanza y custodia del registro de intereses de miembros de la Corporación, serán ejercidas por el secretario del Pleno.

d) Las funciones de fe pública de los actos y acuerdos de los órganos unipersonales y las demás funciones de fe pública, salvo aquellas que estén atribuidas al secretario general del Pleno, al concejal secretario de la Junta de Gobierno Local y al secretario del consejo de administración de las entidades públicas empresariales, serán ejercidas por el titular del órgano de apoyo al secretario de la Junta de Gobierno Local, sin perjuicio de que pueda delegar su ejercicio en otros funcionarios del ayuntamiento.

e) Las funciones que la legislación sobre contratos de las Administraciones públicas asigna a los secretarios de los ayuntamientos, corresponderán al titular de asesoría jurídica, salvo las de formalización de los contratos en documento administrativo.

f) El secretario general del Pleno y el titular del órgano de apoyo al secretario de la Junta de Gobierno Local, dentro de sus respectivos ámbitos de actuación, deberán remitir a la Administración del Estado y a la de la comunidad autónoma copia o, en su caso, extracto, de los actos y acuerdos de los órganos decisorios del ayuntamiento.

D.A. 9.ª Redimensionamiento del sector público local.

1. Las Entidades Locales del artículo 3.1 de esta Ley y los organismos autónomos de ellas dependientes no podrán adquirir, constituir o participar en la constitución, directa o indirectamente, de nuevos organismos, entidades, sociedades, consorcios, fundaciones, unidades y demás entes durante el tiempo de vigencia de su plan económico-financiero o de su plan de ajuste.

Las entidades mencionadas en el párrafo anterior durante el tiempo de vigencia de su plan económico-financiero o de su plan de ajuste no podrán realizar aportaciones patrimoniales ni suscribir ampliaciones de capital de entidades públicas empresariales o de sociedades mercantiles locales que tengan necesidades de financiación. Excepcionalmente las

Entidades Locales podrán realizar las citadas aportaciones patrimoniales si, en el ejercicio presupuestario inmediato anterior, hubieren cumplido con los objetivos de estabilidad presupuestaria y deuda pública y su período medio de pago a proveedores no supere en más de treinta días el plazo máximo previsto en la normativa de morosidad.

2. Aquellas entidades que a la entrada en vigor de la presente Ley desarrollen actividades económicas, estén adscritas a efectos del Sistema Europeo de Cuentas a cualesquiera de las Entidades Locales del artículo 3.1 de esta Ley o de sus organismos autónomos, y se encuentren en desequilibrio financiero, dispondrán del plazo de dos meses desde la entrada en vigor de esta Ley para aprobar, previo informe del órgano interventor de la Entidad Local, un plan de corrección de dicho desequilibrio. A estos efectos, y como parte del mencionado plan de corrección, la Entidad Local de la que dependa podrá realizar aportaciones patrimoniales o suscribir ampliaciones de capital de sus entidades solo si, en el ejercicio presupuestario inmediato anterior, esa Entidad Local hubiere cumplido con los objetivos de estabilidad presupuestaria y deuda pública y su período medio de pago a proveedores no supere en más de treinta días el plazo máximo previsto en la normativa de morosidad.

Si esta corrección no se cumpliera a 31 diciembre de 2014, la Entidad Local en el plazo máximo de los seis meses siguientes a contar desde la aprobación de las cuentas anuales o de la liquidación del presupuesto del ejercicio 2014 de la entidad, según proceda, disolverá cada una de las entidades que continúe en situación de desequilibrio. De no hacerlo, dichas entidades quedarán automáticamente disueltas el 1 de diciembre de 2015.

Los plazos citados en el párrafo anterior de este apartado 2 se ampliarán hasta el 31 de diciembre de 2015 y el 1 de diciembre de 2016, respectivamente, cuando las entidades en desequilibrio estén prestando alguno de los siguientes servicios esenciales: abastecimiento domiciliario y depuración de aguas, recogida, tratamiento y aprovechamiento de residuos, y transporte público de viajeros.

Esta situación de desequilibrio financiero se referirá, para los entes que tengan la consideración de Administración pública a efectos del Sistema Europeo de Cuentas, a su necesidad de financiación en términos del Sistema Europeo de Cuentas, mientras que para los demás entes se entenderá como la situación de desequilibrio financiero manifestada en la existencia de resultados negativos de explotación en dos ejercicios contables consecutivos.

3. Los organismos, entidades, sociedades, consorcios, fundaciones, unidades y demás entes que estén adscritos, vinculados o sean dependientes, a efectos del Sistema Europeo de Cuentas, a cualquiera de las Entidades Locales del artículo 3.1 de esta Ley o de sus organismos autónomos, no podrán constituir, participar en la constitución ni adquirir nuevos entes de cualquier tipología, independientemente de su clasificación sectorial en términos de contabilidad nacional.

4. Aquellos organismos, entidades, sociedades, consorcios, fundaciones, unidades y demás entes que a la entrada en vigor de esta Ley no estén en situación de superávit, equilibrio o resultados positivos de explotación, estuvieran controlados exclusivamente por unidades adscritas, vinculadas o dependientes, a efectos del Sistema Europeo de Cuentas, de cualquiera de las Entidades Locales del artículo 3.1 de esta Ley, o de sus organismos autónomos deberán estar adscritos, vinculados o dependientes directamente a las Entidades Locales del artículo 3.1 de esta Ley, o bien ser disueltos, en ambos casos, en el plazo de tres meses desde la entrada en vigor de esta Ley e iniciar, si se disuelve, el proceso de liquidación en el plazo de tres meses a contar desde la fecha de disolución. De no hacerlo, dichas entidades quedarán automáticamente disueltas transcurridos seis meses desde la entrada en vigor de esta Ley.

En el caso de que aquel control no se ejerza con carácter exclusivo las citadas unidades dependientes deberán proceder a la transmisión de su participación en el plazo de tres meses desde la entrada en vigor de esta Ley.

Los plazos para el cambio de adscripción, vinculación o dependencia, la disolución y para proceder a la transmisión de la correspondiente participación citados en los dos párrafos anteriores de este apartado 4 se ampliarán en un año más, cuando las entidades en desequilibrio estén prestando alguno de los siguientes servicios esenciales: abastecimiento domiciliario y depuración de aguas, recogida, tratamiento y aprovechamiento de residuos, y transporte público de viajeros.

D.A. 10.ª Policías locales.

En el marco de lo dispuesto en las Leyes Orgánicas 6/1985, de 1 de julio, del Poder Judicial; 2/1986, de 13 de marzo, de Fuerzas y Cuerpos de Seguridad; 1/1992, de 21 de febrero, sobre Protección de la Seguridad Ciudadana, y en las disposiciones legales reguladoras del régimen local, se potenciará la participación de los Cuerpos de policía local en el mantenimiento de la seguridad ciudadana, como policía de proximidad, así como en el ejercicio de las funciones de policía judicial, a cuyos efectos, por el Gobierno de la Nación, se promoverán las actuaciones necesarias para la elaboración de una norma que defina y concrete el ámbito material de dicha participación.

D.A. 11.ª Régimen especial de los municipios de gran población.

Las disposiciones contenidas en el título X para los municipios de gran población prevalecerán respecto de las demás normas de igual o inferior rango en lo que se opongan, contradigan o resulten incompatibles.

D.A. 12.ª Retribuciones en los contratos mercantiles y de alta dirección del sector público local y número máximo de miembros de los órganos de gobierno.

1. Las retribuciones a fijar en los contratos mercantiles o de alta dirección suscritos por los entes, consorcios, sociedades, organismos y fundaciones que conforman el sector público local se clasifican, exclusivamente, en básicas y complementarias.

Las retribuciones básicas lo serán en función de las características de la entidad e incluyen la retribución mínima obligatoria asignada a cada máximo responsable, directivo o personal contratado.

Las retribuciones complementarias, comprenden un complemento de puesto y un complemento variable. El complemento de puesto retribuiría las características específicas de las funciones o puestos directivos y el complemento variable retribuiría la consecución de unos objetivos previamente establecidos.

2. Corresponde al Pleno de la Corporación local la clasificación de las entidades vinculadas o dependientes de la misma que integren el sector público local, en tres grupos, atendiendo a las siguientes características: volumen o cifra de negocio, número de trabajadores, necesidad o no de financiación pública, volumen de inversión y características del sector en que desarrolla su actividad.

Esta clasificación determinará el nivel en que la entidad se sitúa a efectos de:

a) Número máximo de miembros del consejo de administración y de los órganos superiores de gobierno o administración de las entidades, en su caso.

b) Estructura organizativa, con fijación del número mínimo y máximo de directivos, así como la cuantía máxima de la retribución total, con determinación del porcentaje máximo del complemento de puesto y variable.

3. Las retribuciones en especie que, en su caso, se perciban computarán a efectos de cumplir los límites de la cuantía máxima de la retribución total. La cuantía máxima de la retribución total no podrá superar los límites fijados anualmente en la Ley de presupuestos generales del Estado.

4. El número máximo de miembros del consejo de administración y órganos superiores de gobierno o administración de las citadas entidades no podrá exceder de:

a) 15 miembros en las entidades del grupo 1.

b) 12 miembros en las entidades del grupo 2.

c) 9 miembros en las entidades del grupo 3.

5. Sin perjuicio de la publicidad legal a que estén obligadas, las entidades incluidas en el sector público local difundirán a través de su página web la composición de sus órganos de administración, gestión, dirección y control, incluyendo los datos y experiencia profesional de sus miembros.

Las retribuciones que perciban los miembros de los citados órganos se recogerán anualmente en la memoria de actividades de la entidad.

6. El contenido de los contratos mercantiles o de alta dirección celebrados, con anterioridad a la entrada en vigor de esta Ley, deberá ser adaptados a la misma en el plazo de dos meses desde la entrada en vigor.

La adaptación no podrá producir ningún incremento, en relación a su situación anterior.

Las entidades adoptarán las medidas necesarias para adaptar sus estatutos o normas de funcionamiento interno a lo previsto en esta Ley en el plazo máximo de tres meses contados desde la comunicación de la clasificación.

7. La extinción de los contratos mercantiles o de alta dirección no generará derecho alguno a integrarse en la estructura de la Administración Local de la que dependa la entidad del sector público en la que se prestaban tales servicios, fuera de los sistemas ordinarios de acceso.

D.A. 13.ª

El Gobierno adoptará las medidas necesarias para hacer efectiva la participación de las entidades locales, a través de la asociación de ámbito estatal más representativa, en la formación de la voluntad nacional en la fase ascendente del proceso de elaboración de todas aquellas políticas comunitarias que afectan de manera directa a las competencias locales.

D.A. 14.ª Régimen especial de organización de los Cabildos Insulares Canarios.

1. Las normas contenidas en los capítulos II y III del título X de esta ley, salvo los artículos 128, 132 y 137, serán de aplicación:

a) A los Cabildos Insulares Canarios de islas cuya población sea superior a 175.000 habitantes.

b) A los restantes Cabildos Insulares de islas cuya población sea superior a 75.000 habitantes, siempre que así lo decida mediante Ley el Parlamento Canario a iniciativa de los Plenos de los respectivos Cabildos.

2. Serán órganos insulares necesarios de los Cabildos el Pleno, el Presidente y el Consejo de Gobierno Insular.

3. Las referencias contenidas en los artículos 122, 123, 124, 125 y 126 al Alcalde, se entenderán hechas al Presidente del Cabildo; las contenidas en los artículos 124, 125 y 127 a los Tenientes de Alcalde, a los Vicepresidentes; las contenidas en los artículos 123, 126, 127, 129 y 130 a la Junta de Gobierno local, al Consejo de Gobierno Insular y las contenidas en los artículos 122, 124 y 126 a los Concejales, a los Consejeros.

4. Las competencias atribuidas a los órganos mencionados en el apartado anterior serán asumidas por el respectivo órgano insular del Cabildo, siempre que las mismas no sean materias estrictamente municipales.

5. La Asesoría Jurídica, los Órganos Superiores y Directivos y el Consejo Social Insular, tendrán las competencias asignadas a los mismos en los artículos 129, 130 y 131. El nombramiento de los titulares de la Asesoría Jurídica y de los Órganos Directivos se efectuará teniendo en cuenta los requisitos exigidos en los artículos 129 y 130.

D.A. 15.ª Régimen de incompatibilidades y declaraciones de actividades y bienes de los Directivos locales y otro personal al servicio de las Entidades locales.

1. Los titulares de los órganos directivos quedan sometidos al régimen de incompatibilidades establecido en la Ley 53/1984, de 26 de diciembre, de Incompatibilidades del Personal al Servicio de las Administraciones Públicas, y en otras normas estatales o autonómicas que resulten de aplicación.

No obstante, les serán de aplicación las limitaciones al ejercicio de actividades privadas establecidas en el artículo 15 de la Ley 3/2015, de 30 de marzo, reguladora del ejercicio del alto cargo de la Administración General del Estado, en los términos en que establece el artículo 75.8 de esta Ley.

A estos efectos, tendrán la consideración de personal directivo los titulares de órganos que ejerzan funciones de gestión o ejecución de carácter superior, ajustándose a las directrices generales fijadas por el órgano de gobierno de la Corporación, adoptando al efecto las decisiones oportunas y disponiendo para ello de un margen de autonomía, dentro de esas directrices generales.

2. El régimen previsto en el artículo 75.7 de esta Ley será de aplicación al personal directivo local y a los funcionarios de las Corporaciones Locales con habilitación de carácter estatal que, conforme a lo previsto en el artículo 5.2 de la disposición adicional segunda de la Ley 7/2007, de 12 de abril, del Estatuto Básico del Empleado Público, desempeñen en las Entidades locales puestos que hayan sido provistos mediante libre designación en atención al carácter directivo de sus funciones o a la especial responsabilidad que asuman.

Modificado por Real Decreto Legislativo 7/2015, de 30 de octubre, por el que se aprueba el texto refundido de la Ley de Suelo y Rehabilitación Urbana. (BOE de 31-10-2015).

D.A. 16.ª Mayoría requerida para la adopción de acuerdos en las Corporaciones Locales.

(ANULADA)

Declarada inconstitucional y nula por Sentencia 111/2016, de 9 de junio de 2016. Recurso de inconstitucionalidad 1959-2014. (BOE de 15-07-2016).

D.A. 17.ª Derechos históricos de Cataluña.

Las previsiones de esta Ley se aplicarán respetando en todo caso la posición singular en materia de sistema institucional recogida en el artículo 5 del Estatuto de Autonomía de Cataluña, así como las competencias exclusivas y compartidas en materia de régimen local y organización territorial previstas en dicho Estatuto, de acuerdo con el marco competencial establecido en la Constitución y en especial en el Estatuto de Autonomía de Cataluña.

Añadida por Real Decreto-ley 6/2023, de 19 de diciembre, por el que se aprueban medidas urgentes para la ejecución del Plan de Recuperación, Transformación y Resiliencia en materia de servicio público de justicia, función pública, régimen local y mecenazgo. (BOE de 20-12-2023).

D.A. 18.ª Régimen aplicable al personal funcionario de administración local con habilitación de carácter nacional en la Comunidad Autónoma de Catalunya.

En el ámbito de Catalunya, la normativa reguladora de los funcionarios de la administración local con habilitación de carácter nacional prevista en el artículo 92.bis y concordantes de esta ley, se aplicará de conformidad con el artículo 149.1.18 de la Constitución y con la Ley Orgánica 6/2006 de 19 de julio, de Reforma del Estatuto de Autonomía de Catalunya, teniendo en cuenta que todas las facultades previstas en el citado artículo 92.bis, respecto a dicho personal, serán asumidas en los términos que establezca la normativa autonómica, incluyendo entre las mismas la creación, la clasificación y la supresión de puestos de trabajo reservados a personal funcionario de administración local con habilitación de carácter nacional, la aprobación de la oferta pública de empleo para cubrir las plazas vacantes existentes de las plazas correspondientes a las mismas en su ámbito territorial, la facultad de su selección, formación y habilitación, convocar de forma coordinada con el Estado los procesos de provisión para las plazas vacantes y resolverlos, la asignación del primer destino y las situaciones administrativas.

Añadida por Real Decreto-ley 15/2025, de 2 de diciembre, por el que se adoptan medidas urgentes para favorecer la actividad inversora de las entidades locales y de las comunidades autónomas, y por el que se modifica el Real Decreto 1007/2023, de 5 de diciembre, por el que se aprueba el Reglamento que establece los requisitos que deben adoptar los sistemas y programas informáticos o electrónicos que soporten los procesos de facturación de empresarios y profesionales, y la estandarización de formatos de los registros de facturación (BOE de 03-12-2025).

DISPOSICIONES DEROGATORIAS

D.DT. UNICA.

Quedan derogadas, en cuanto se opongan, contradigan o resulten incompatibles con las disposiciones de esta Ley:

a) La Ley de Régimen Local, texto articulado y refundido, aprobado por Decreto de 24 de junio de 1955.

b) El texto articulado parcial de la Ley 41/1975, de Bases del Estatuto de Régimen Local, aprobado por Real Decreto 3046/1977, de 6 de octubre.

c) La Ley 40/1981, de 28 de octubre, sobre Régimen Jurídico de las Corporaciones Locales, sin perjuicio de la vigencia transitoria del régimen de reclamaciones económico-administrativas en los términos previstos en la disposición transitoria décima.

d) La Ley 11/1960, de 12 de mayo, por la que se crea y regula la Mutualidad Nacional de Previsión de la Administración Local.

e) Cuantas otras normas, de igual o inferior rango, incurran en la oposición, contradicción o incompatibilidad a que se refiere el párrafo inicial de esta disposición.

DISPOSICIONES TRANSITORIAS

D.T. 1.ª

Las disposiciones que ha de refundir el Gobierno en uso de la autorización que le confiere la disposición final primera de esta Ley constituyen la legislación del Estado transitoriamente aplicable en los términos de los diferentes apartados de su artículo 5, teniendo, en consecuencia, según los diversos supuestos en él contemplados, el carácter de normativa estatal básica o, en su caso, supletoria de la que puedan ir aprobando las Comunidades Autónomas.

D.T. 2.ª

Hasta tanto la legislación del Estado y la de las Comunidades Autónomas que se dicte de conformidad con lo establecido en los artículos 5, apartado B), letra a); 25, apartado 2; y 36 de esta Ley, no disponga otra cosa, los Municipios, las Provincias y las Islas conservarán las competencias que les atribuye la legislación sectorial vigente en la fecha de entrada en vigor de esta Ley.

Los Municipios ostentarán, además, en las materias a que se refiere el artículo 28 de esta Ley, cuantas competencias de ejecución no se encuentren conferidas por dicha legislación sectorial a otras Administraciones Públicas.

D.T. 3.ª

Las Comisiones Permanentes municipales y las Comisiones de Gobierno de las Diputaciones provinciales constituidas con arreglo a la Ley 39/1978, de 17 de julio, de elecciones locales, cesarán en sus funciones en el momento en que queden designadas por el Presidente de la Corporación las respectivas Comisiones de Gobierno, lo que habrá de hacerse en el plazo máximo de tres meses desde la entrada en vigor de esta Ley en todos los Ayuntamientos y Diputaciones en que, de acuerdo con ella, la existencia de tal órgano resulta preceptiva.

D.T. 4.ª

Los Municipios que vean afectada su organización actual por lo establecido en la letra a) del número 1 del artículo 29 de la presente Ley, la mantendrán hasta la celebración de las próximas elecciones locales.

D.T. 5.ª

En el plazo de seis meses desde la entrada en vigor de la presente Ley, la Administración del Estado organizará el Registro previsto en el artículo 14, inscribiendo, en un primer momento, todas las Entidades locales a que se refiere esta Ley, bajo su actual denominación.

D.T. 6.ª

1. Dentro de los cinco meses siguientes a la entrada en vigor de esta Ley, el Gobierno aprobará el Reglamento de Organización y Funcionamiento de la Comisión Nacional de Administración Local.

2. Dentro del mismo plazo indicado en el número anterior, por el Ministro de Administración Territorial se aprobará el Reglamento del Instituto de Estudios de Administración Local.

3. Dentro de los tres meses siguientes a la entrada en vigor de los Reglamentos a que se alude en los números anteriores deberán quedar constituidos la Comisión Nacional de Administración Local y el Consejo Rector del Instituto de Estudios de Administración Local de acuerdo con sus previsiones y con lo dispuesto en esta Ley.

D.T. 7.ª

1. En tanto no se desarrolle lo dispuesto en esta Ley para los funcionarios públicos que precisen habilitación nacional, será de aplicación a quienes integran los actuales Cuerpos Nacionales de Administración Local el régimen estatutario vigente en todo aquello que sea compatible y no quede derogado por la presente Ley y por la legislación general del Estado en materia de Función Pública. Los actuales miembros de los Cuerpos Nacionales de Secretarios, Interventores y Depositarios tendrán a todos los efectos la habilitación de carácter nacional regulada en esta Ley.

2. Se autoriza al Gobierno para que, a iniciativa del Ministro de Administración Territorial y a propuesta del Ministro de la Presidencia, declare a extinguir determinados Cuerpos cuando lo exija el proceso general de racionalización o el debido cumplimiento de la presente Ley, estableciendo los criterios, requisitos y condiciones para que los funcionarios de estos Cuerpos se integren en otros.

3. Los funcionarios del actual Cuerpo Nacional de Directores de Bandas de Música Civiles, que queda suprimido en virtud de lo dispuesto en esta Ley, pasarán a formar parte de la plantilla de la respectiva Corporación como funcionarios propios de la misma, con respeto íntegro de sus derechos y situación jurídica surgidos al amparo de la legislación anterior, incluido el de traslado a otras Corporaciones locales, para lo cual gozarán de preferencia absoluta en los concursos que éstas convoquen para cubrir plazas de esa naturaleza.

D.T. 8.ª

1. No podrán celebrarse por las Administraciones locales contratos de colaboración temporal en régimen de Derecho administrativo, ni renovarse los existentes.

2. En el plazo de seis meses, a partir de la fecha de entrada en vigor de la presente Ley, las Administraciones locales procederán a realizar la clasificación de las funciones desempeñadas hasta ese momento por el personal contratado administrativo.

Esta clasificación determinará los puestos a desempeñar, según los casos, por funcionarios públicos o por personal laboral fijo o temporal.

De la citada clasificación podrán derivarse las modificaciones precisas en la plantilla.

3. Todo el personal que haya prestado servicios como contratado administrativo de colaboración temporal o como funcionario de empleo interino podrá participar en las pruebas de acceso para cubrir las correspondientes plazas.

En todo caso, estas convocatorias de acceso deberán respetar los criterios de mérito y capacidad, mediante las pruebas selectivas que reglamentariamente se determinen, en las que se valorarán los servicios efectivos prestados por este personal.

4. Mientras existan en vigor contratos administrativos y nombramientos de funcionarios de empleo en cualquier Administración Pública, éstos quedarán en suspenso durante el tiempo en que quienes los ocupan desempeñan en una Corporación local un cargo electivo retribuido y de dedicación exclusiva. Durante los treinta días siguientes al cese en estas condiciones, éstos tendrán derecho a reintegrarse en el puesto de trabajo que ocupaban hasta la suspensión, siempre que continuaran dándose las condiciones legales para el restablecimiento pleno de las correspondientes relaciones.

Asimismo, conservarán los derechos adquiridos hasta el momento de la suspensión y se les reconocerán, a título personal, los que pudieran haber adquirido durante la misma por aplicación de disposiciones de carácter general.

D.T. 9.ª

En el plazo máximo de un año desde la entrada en vigor de la presente Ley el Gobierno dispondrá, mediante Real Decreto, la disolución de la Mancomunidad de Diputaciones de Régimen Común, estableciendo lo necesario para la liquidación del patrimonio, obligaciones y personal de la misma.

D.T. 10.ª

1. A los acuerdos de aprobación de presupuestos y de Ordenanzas fiscales de imposición y ordenación de tributos locales, así como a los actos de aplicación y efectividad de dichas Ordenanzas, aprobados o dictados por las Corporaciones locales dentro del plazo de un año desde la entrada en vigor de esta Ley, les será de aplicación el régimen de reclamaciones económico-administrativas actualmente vigente.

2. Asimismo continuarán en todo caso tramitándose en vía económico-administrativa las reclamaciones interpuestas ante los Tribunales Económico-Administrativos Provinciales y los recursos de alzada presentados ante el Tribunal Económico-Administrativo Central, con anterioridad a la fecha señalada en el número anterior y que para entonces se hallen pendientes de resolución.

DISPOSICIONES FINALES

D.F. 1.ª

Se autoriza al Gobierno de la Nación para refundir en el plazo de un año, y en un solo texto, las disposiciones legales vigentes de acuerdo con lo dispuesto en la disposición derogatoria. La refundición comprenderá también la regularización, aclaración y armonización de dichas disposiciones.

El Gobierno, en idéntico plazo, procederá a actualizar y acomodar a lo dispuesto en la misma, todas las normas reglamentarias que continúen vigentes y, en particular, los siguientes Reglamentos:

a) El Reglamento de Población y Demarcación Territorial de las Entidades Locales, aprobado por Decreto de 17 de mayo de 1952, con las modificaciones de que haya sido objeto por disposiciones posteriores.

b) El Reglamento de Organización, Funcionamiento y Régimen Jurídico de las Corporaciones Locales, aprobado por Decreto de 17 de mayo de 1952, con las modificaciones de que haya sido objeto por disposiciones posteriores.

c) El Reglamento de Funcionarios de Administración Local, aprobado por Decreto de 30 de mayo de 1952, con las modificaciones de que haya sido objeto por disposiciones posteriores.

d) El Reglamento de Contratación de las Corporaciones Locales, aprobado por Decreto de 9 de enero de 1953, con las modificaciones de que haya sido objeto por disposiciones posteriores.

e) El Reglamento de Bienes de las Entidades locales, aprobado por Decreto de 27 de mayo de 1955, con las modificaciones de que haya sido objeto por disposiciones posteriores.

f) El Reglamento de Servicios de las Corporaciones Locales, aprobado por Decreto de 17 de junio de 1955, con las modificaciones de que haya sido objeto por disposiciones posteriores.

D.F. 2.ª

1. Los funcionarios públicos de la Administración local tendrán la misma protección social, en extensión e intensidad, que la que se dispense a los funcionarios públicos de la Administración del Estado y estará integrada en el Sistema de Seguridad Social.

2. La aportación de los funcionarios de la Administración local para la financiación de su Seguridad Social será la misma que se establezca para los funcionarios públicos de la Administración del Estado, cuando sea idéntica la acción protectora.

3. La gestión de la Seguridad Social de los funcionarios de la Administración Local correrá a cargo de la MUNPAL, persona jurídica de Derecho público dotada de plena capacidad jurídica y patrimonio propio para el cumplimiento de sus fines, adscrita orgánicamente al Ministerio de Administración Territorial, al que corresponde su superior dirección y tutela.

La MUNPAL gozará de los mismos beneficios de pobreza, franquicia postal y telegráfica y exenciones tributarias, reconocidos a las entidades gestoras de la Seguridad Social, de acuerdo con lo establecido en la Ley General de Seguridad Social, siendo en lo demás de aplicación la Ley 11/1960, en lo que no se oponga a la presente Ley, y sus normas de desarrollo.

D.F. 3.ª

El personal de las Policías Municipales y de los Cuerpos de Bomberos gozará de un Estatuto específico, aprobado reglamentariamente, teniendo en cuenta respecto de los primeros la Ley de Fuerzas y Cuerpos de Seguridad del Estado.

D.F. 4.ª

1. Quedan expresamente derogados los artículos 344 a 360, ambos inclusive, de la Ley de Régimen Local, de 24 de junio de 1955, sobre el Servicio Nacional de Inspección y Asesoramiento de las Corporaciones Locales.

2. El Gobierno regulará en el plazo de tres meses, a contar desde la entrada en vigor de la presente Ley, las peculiaridades del régimen orgánico y funcional del personal anteriormente adscrito a dicho Servicio, que se regirá por la legislación de funcionarios civiles del Estado.

3. Para el debido cumplimiento de las funciones que le competen a la Administración del Estado, en relación con las Entidades locales, el Gobierno podrá adscribir a sus servicios funcionarios de las Corporaciones Locales.

D.F. 5.ª

A partir de la entrada en vigor de esta Ley, los Municipios cabeza de partido judicial en que no exista establecimiento penitenciario alguno asumirán, en régimen de competencia delegada, la ejecución del servicio de depósito de detenidos a disposición judicial, correspondiendo la custodia de dichos detenidos a la Policía Municipal en funciones de Policía Judicial.

La Administración competente en materia penitenciaria pondrá a disposición de los Municipios a que se refiere el párrafo anterior los medios económicos suficientes para el mantenimiento del referido servicio en los términos previstos por la legislación sectorial correspondiente.

Por tanto,

Mando a todos los españoles, particulares y autoridades que guarden y hagan guardar esta Ley.

Palma de Mallorca a 2 de abril de 1985.

JUAN CARLOS R.

El Presidente del Gobierno,
FELIPE GONZALEZ MARQUEZ

VII

INDICE ANALÍTICO

A

Índice
Analítico

D

ENTIDADES PÚBLICAS
Ver ORGANISMOS PÚBLICOS

ESQUEMAS NACIONALES
Esquema Nacional de Interoperabilidad, 156, 158 **V**
Esquema Nacional de Seguridad 156 **V**

EXPEDIENTE
Expediente administrativo (concepto), 70 **I**
Formato electrónico de los expedientes, 70.2 **I**
Remisión del expediente administrativo, 48 **II**

F

FIN DE LA VÍA ADMINISTRATIVA
Fin de la vía administrativa, 114 **I**; 52 **VII**

FIRMA ELECTRONICA
Firma electrónica, 9, 10, 11, 12 **I**
Firma electrónica del personal al servicio de las AAPP 43 y sigs. **V**

FIRMEZA ADMINISTRATIVA
Firmeza administrativa, 113, 125 **I**

FONDOS
Fondo de Reestructuración Ordenada Bancaria, D.A. 20.ª **V**

FUNCIONARIOS
Funcionarios, 89-104 bis **VII**

FUNDACIONES
Ver ORGANISMOS PÚBLICOS

G

GABINETES
Gabinetes, 10. 16 **VI**

GARANTÍA DE LA UNIDAD DE MERCADO
Procedimiento de garantía de la unidad de mercado, 127 bis y sigs. **II**

GOBIERNO
Comisiones Delegadas del Gobierno, 6, 19 **VI**
Consejo de Estado, D.A. 2.ª **VI**
Consejo de Ministros, 5, 18 **VI**
Control del Gobierno, 29 **VI**
Gabinetes, 10. 16 **VI**
Gobierno en funciones, 21 **VI**
Gobierno español, 1 y sigs. y 17 y sigs. **VI**
Iniciativa legislativa del Gobierno, 22 **VI**
Miembros del Gobierno, 11 y sigs. **VI**
Ministros, 4 **VI**
Plan Anual Normativo, 25 **VI**
Presidente del Gobierno, 2, D.A. 1.ª **VI**
Secretarios de Estado, 7, 15, 19 **VI**
Secretarios de Gobierno, 9 **VI**
Vicepresidente del Gobierno, 3 **VI**

H

HACIENDAS LOCALES
Haciendas locales, 105-116 ter **VII**

HECHOS NUEVOS O DE NUEVA NOTICIA
Hechos nuevos o de nueva noticia, 118 **I**

I

IDIOMA

IMPRORROGABILIDAD

IMPUGNACIÓN DE ACTOS DE ENTIDADES LOCALES

INADMSIÓN

INDEMNIZACIÓN

INDEROGABILIDAD

INFORMACIÓN

INFORMES

INFRACCIONES

INICIACIÓN

INICIATIVA LEGISLATIVA

INSTRUCCIÓN DEL PROCEDIMIENTO

INTERESADO

J

JUNTA DE GOBIERNO LOCAL

JUZGADOS CENTRALES DE LO CONTENCIOSO-ADMINISTRATIVO

JUZGADOS DE LO CONTENCIOSO-ADMINISTRATIVO

L

LEGITIMACIÓN

LESIVIDAD

LICENCIAS ADMINISTRATIVAS

LITISPENDENCIA

M

MADRID
Régimen especial del Municipio de Madrid, D.A. 6.ª **VII**

MANCOMUNIDADES
Mancomunidades de Municipios, 3, 44 **VII**

MEDIDAS CAUTELARES
Medidas cautelares, 129-136, D.T. 8.ª **II**

MEDIDAS PROVISIONALES
Extinción de medidas, 56.5 **I**
Medidas provisionales, 56 **I**
Modificación de medidas, 56.5 **I**

MEDIOS ELECTRONICOS
Comunicación electrónica, 14, 43 **I**
Formato electrónico de los expedientes, 70.2 **I**
Funcionamiento electrónico del sector público 38-46 **V**
Procedimiento electrónico, 71 **I**

MIEMBROS
Miembros de las Corporaciones Locales, 73 y sigs. **VII**

MILITAR
Ver ORGANIZACIÓN MILITAR y PERSONAL MILITAR

MINISTERIOS
Ministerios y su organización 57-68 **V**

MINISTROS
Consejo de Ministros, 5, 18 **VI**; 61 **VII**
Ministros, 4 **VI**

MONTES VECINALES EN MANO COMÚN
Montes vecinales en mano común, 83 **VII**

MOTIVACIÓN
Ver ACTO ADMINISTRATIVO

MULTA
Multa coercitiva, 100.1.c), 103 **I**

MUNICIPIO
Competencias municipales, 25 y sigs. **VII**
Concepto de municipio, 1.1 **VII**
Delegación de competencias en los municipios, 27 **VII**
Municipios de gran población, 121 y sigs., D.A. 11.ª **VII**
Pleno municipal 20, 22 **VII**

N

NAVARRA
Administración local navarra, D.A. 3.ª **VII**

NORMAS
Ver ELABORACIÓN DE NORMAS

NOTIFICACIÓN
Notificación a través de anuncio en Boletín oficial, D.A. 3.ª **I**
Notificación infructuosa, 44 **I**
Ver ACTO ADMINISTRATIVO
Ver COMUNICACIÓN

NULIDAD
Nulidad de los actos expresos 47.1.f) **I**
Nulidad de los actos presuntos 47.1.f) **I**
Ver ACTO ADMINISTRATIVO

O

P

T

COLEX

LA EDITORIAL JURÍDICA DE REFERENCIA PARA LOS PROFESIONALES DEL DERECHO **DESDE 1981**

Paso a paso

Códigos comentados

Vademecum

Formularios

Flashes formativos

Colecciones científicas

DESCUBRA NUESTRAS OBRAS EN:

www.colex.es

Editorial Colex SL   Tel.: 910 600 164   info@colex.es